光华财税文库
Guanghua Public Finance &Taxation Library
国家社会科学基金资助项目（07XJY033）
西南财经大学学术专著出版基金资助

金融市场税收研究：
理论模型、计量实证、制度安排

Research on Taxation of Financial Market:
Theoretical Model, Measurement Demonstration, Institutional Arrangement

尹音频 等／著

中国财经出版传媒集团

经济科学出版社
Economic Science Press

图书在版编目（CIP）数据

金融市场税收研究：理论模型、计量实证、制度
安排/尹音频等著．—北京：经济科学出版社，2017.3
（西南财经大学光华财税文库）
ISBN 978 - 7 - 5141 - 7763 - 3

Ⅰ．①金…　Ⅱ．①尹…　Ⅲ．①金融市场—税收管理—
研究　Ⅳ．①F810.423

中国版本图书馆 CIP 数据核字（2017）第 027532 号

责任编辑：朱明静　肖　勇
责任校对：曹　力
版式设计：崔新艳　代小卫
责任印制：王世伟

金融市场税收研究：理论模型、计量实证、制度安排
尹音频　等　著
经济科学出版社出版、发行　新华书店经销
社址：北京市海淀区阜成路甲 28 号　邮编：100142
总编部电话：010 - 88191217　发行部电话：010 - 88191522
网址：www. esp. com. cn
电子邮件：esp@ esp. com. cn
天猫网店：经济科学出版社旗舰店
网址：http://jjkxcbs. tmall. com
北京季蜂印刷有限公司印装
710×1000　16 开　34.00 印张　7000000 字
2017 年 6 月第 1 版　2017 年 6 月第 1 次印刷
ISBN 978 - 7 - 5141 - 7763 - 3　定价：80.00 元

总　　序

　　"光华"者，我西南财经大学之代称也，亦为纪念西南财经大学前身院校之一的光华大学。其创建于 1925 年 6 月，由数百名脱离美国教会学校上海圣约翰大学的爱国师生组建而成。校名取之于古诗《卿云歌》中的"日月光华，旦复旦兮"句，体现反对列强的宏愿和光大中华民族的精神。抗日战争爆发，师生入川设立分校，1938 年 3 月 1 日在成都开学，校名为"私立光华大学成都分部"。次年，学校由市内王家坝校址迁至西郊杜甫草堂迤西，此地由此得名"光华村"。1952 年 9 月，在全国院系调整时，西南地区 17 所财经院校系科合并为四川财经学院，并以本校作为校址。由此，校园得名为"光华园"，师生自称为"光华学人""光华学子"，1939 年种植的"V"形铁树为"光华铁树"，学校礼堂为"光华会堂"，学校综合大楼为"光华楼"，学校所在社区为"光华街道办事处"，学校南门前至中国第 6 届花卉博览城温江区的快速通道为"光华大道"等。

　　"财税"者，财税学人、财税学科、财税学院之统称也。光华园之财税学人，学术传统厚重，学术渊源久远，他们中有汪桂馨、陈豹隐、梅远谋、柯瑞琪、汤象龙、李锐、许廷星、左治生、谭本源、张国干、李崇伸等知名教授。荟萃了一批留学美国、俄国、英国、日本、德国、法国等国的著名财政经济学者。作为我校的知名教授、被称为我国《资本论》中译本第一人的陈豹隐（又名：陈启修）先生，早在 1913 年攻读日本东京帝国大学法科时，就翻译了日本小林丑三郎著的《财政学提要》，并由上海科学会编译部（即商务印书馆的前身）于 1914 年出版发行。这本书开创了完全使用白话文翻译经济著作的先河，全部译文约 20 万字，主要内容是全面而系统地介绍欧洲资产阶级的租税论及资产阶级政府理财的办法。在刚刚推翻清王朝不久的民国4年，在废除了封建王朝的纳捐办法后，对于如何建立民国财政，尚缺乏全面的、系统的办法。因此，这本书的出版，深受国民党革命派的欢迎，对于巩固我国旧民主革命起到了积极作用。1919年，受蔡元培先生邀请，陈豹隐先生到北京大学任教，最初讲授具有正统学派和德国官房学派色彩的财政等课程，讲课稿经过整理后于1928年由商务印书馆等出版为《财政学总论》《地方财政学》等书。作为我校知名教授的李锐先生，在1935年与何廉合著的《财政学》（商务印书馆印行），直至今日仍被学术界誉为"中国人公开出版的第一部权威性财政学著作"，因此在20世纪30~40年代末再版多次，当时在国内有很大影响。新中国成立之后，作为我校的知名学者，陈豹隐教授、李锐教授等便成为财政学理论研究和课程建设的早期学术带头人。

1957年，我校许廷星教授在批判苏联学者的"货币关系论"的基础上，出版了专著《关于财政学的对象问题》（1957年由重庆人民出版社出版），在当时的学术界第一次比较系统地提出并论述了"国家分配论"的基本内容，对我校财政学专业建设和人才培养产生了深远的影响。1986年，由许廷星教授、谭本源教授、刘邦驰教授合著的《财政学原论》，则又进一步发展了"国家分配论"的财政理论体系。在20世纪90年代中期以前，"国家分配论"一直是我国财政学界居主流地位的财政理论，该理论在当前来讲，也是研究具有中国特色的社会主义公共财政问题所不可或缺的指引理论。

在秉承传统的同时，光华学人与时俱进、务真求实，推进和发展了社会主义财政理论。从20世纪80年代到现在，我院的中青年学术研究更有了长足的进步。我院第三代学术带头人，在20世纪80年代就提出了"国家所有制的存在形式不是唯一的，而是多种多样的"，1995年又提出财政主要有政治权力属性和财产权力属性的分配，指出财政是国家为了实现其职能的需要，凭借政治权力及财产权力参与一部分社会产品或国民收入分配和再分配的一系列经济活动（不仅仅只包括财政收支活动），从而基本形成了"国家分配论"之"国家特殊经济活动论"的研究核心；同时，还提出财政的公共性是发展的观点，公共财政是国家财政在市场经济条件下的一种模式，实现了"国家分配论"与"公共财政论"的理论对接。在汲取国内外财税理论与实践新成果的基础上，根据社会主义市场经济的发展，又从内涵与外延上对"国家分配论"进行了创新，形成了"国家财务论""马克思的两种权力学说与财政分配""公共财政辨析""社会主义税收若干问题研究""中国强大财政建设导论""涉外税收论纲""财政制度研究""税制模式论""税式支出的经济分析""财政基础理论研究""国债经济运行理论与实践前沿""政府间税收竞争研究""资本市场税制优化研究""财政制度变迁与政策选择""中国财政国库制度发展与建设""宪政视角下的税制改革研究""西南地区农村反贫困研究""凉山彝区政府反贫困研究""制度变迁与中国二元经济结构转换研究""国债经济运行研究""中国经济改革三十年·财税卷"等一批学术成果。

在西部财政尤其是贫困地区财政研究方面,在国内较早地运用定性与定量相结合的方法,研究西部省级财政发展战略问题及其他重大问题,并形成了"四川省财政中长期发展战略研究""中西部地区财政资金短缺问题研究""天然林保护工程中的政府职能与财政政策研究""西部生态环境建设与国际金融组织贷款项目研究""对若干国家级贫困县的调查研究及对策建议""西部贫困地区地方财政供给能力严重短缺问题""四川省经济跨越式发展与财政金融支持配套问题研究""四川'走出去'战略研究""解决'三农'问题与推进城乡一体化研究""四川丘陵县区工业发展研究""天然林保护工程中的政府绩效评估研究""鼓励与规范企业对外投资问题研究——经济全球化背景下中国企业对外直接投资税收政策研究""金融市场税收政策效应评估与税制优化研究""我省城市化进程中的社会矛盾问题研究——基于失地农民问题的视角""频繁灾害下的财政制度与政策选择——兼论汶川震后重建策略""地方对中央遵从与背离矛盾行动中的国家选择——基于政府对财政制度影响力调查的分析""加强我国应急体系建设的资金保障问题研究"等国家级、省部级课题成果。

光华园之财税学科,是西南财经大学传统特色学科,历史悠久,成绩显著,与时俱进。财税学科为我国首批设立、学校首批开办的系科之一。1983年财政学专业经国务院学位委员会批准为硕士授权点,1986年经国务院学位委员会批准为博士授权点;1995年财政学科被评为省(部)级重点学科,2001年被列为省级财政学本科人才培养基地建设项目;2007年财政学专业被评为省部级特色专业,财政学教学团队在教育部实施的高等学校本科教学质量与教学改革工程中被评为省部级教学团队。现财税学科含财政学专业、税务专业,均具有学士、硕士和博士学位授予权。

　　基于学校的办学思想，秉承"经世济民，孜孜以求"的光华园精神，我们凝练了"精财税、通财会、晓投资，培养宏微观管理精英；宽口径、厚基础、重能力，造就高素质复合人才"这一财税学科人才培养理念。进一步夯实《财政学》《税收筹划》《国家税收》《国家预算》等省（部）级精品课程和获教育部"普通高等教育'十五'国家级规划教材"的《财政学》，建设好获教育部"普通高等教育'十一五'国家级规划教材"的《国家税收》《财政与金融》《政府预算实务及案例》等。在科学研究方面，1995年以来，公开发表论文800余篇，出版专著31部，教材26部，共承担国家级课题14项，省部级课题33项及大量横向课题。

　　光华园之财税学院，乃是基于西南财经大学地处我国西部的实际。在面向全国的基础上，为了更好地为西部、为四川、为成都的财政经济服务，支持学校人才培养和学科建设，于1991年由学校与四川省财政厅、四川省税务局、四川省教委实行联合办学，在原财政系的基础上建立的我国第一家财政税务方面的专业学院。现董事单位已扩展到川、渝两地，主要包括：四川省财政厅、四川省国家税务局、四川省地方税务局、四川省信托投资公司、四川省教育厅，重庆市财政局、重庆市国家税务局、重庆市地方税务局等。在董事会及董事单位的大力支持下，学院师生拥有了数量众多、分布广泛的学生实习基地和教师调研基地。

　　由经济科学出版社出版的"光华财税文库"旨在宣传光华学人财税研究的成果。这套丛书既是我们劳作的园地，又是我们展示的窗口，还是我们构建的平台，同时获得西南财经大学"十一五""211工程"三期优势学科建设项目资助，对于我们传承历史，开拓未来，增强我们研究、探讨和解析问题的能力，是颇有意义的。

　　在"光华财税文库"出版之际，谨致以最美好的祝愿。

2009年9月8日于光华园

目　　录

上篇　金融市场税收理论分析框架

中篇　中国金融市场税收政策效应实证研究

下篇　中国金融市场税收制度安排

导　　论 ※

第一节　研究背景与研究意义

❦ 一、研究背景

金融是现代经济的核心，金融也是一把双刃剑，它具有促进经济发展与导致经济危机的双重作用。

从国际经济环境来考察，2008 年随着美国次贷危机升级为国际金融危机以来，国际金融危机对主要发达国家的实体经济产生了强烈的冲击，经济步入衰退周期，而发展中国家也受到了不同程度的影响，经济增速放缓。各国政府纷纷出台系列财政金融政策，加强金融监管，刺激实体经济的发展。

再从我国经济环境来考察，随着经济的发展，金融市场规模不断扩大，其资源配置功能逐渐得到有效发挥。例如，在股票市场上，2009 年深沪两市总市值 252 680.91 亿元，比 2008 年总市值 128 017.58 亿元增加了 97.38%；股票市值占 GDP 的比重（证券化率）超过 75.34%，比 2008 年的 42.27% 增长了 78.25%；2009 年股票成交 533 062.51 亿元，日均成交额 2 184.68 亿元，比 2008 年日均成交额增长 100.97%；2009 年深市有上市公司 830 家，比 2008 年增加了 90 家。在债券市场上，2009 年上海证券交易所与深圳证券交易所债券总成交额为 35 101.22 亿元，比 2008 年增加了 7 103.4 亿元，其中 2009 年深交所债券成交额为 828.72 亿元，比 2008 年增加了 317.86 亿元，增幅为 62.22%。①

同时，我国金融市场发展还不成熟，市场上噪声交易者较多，导致市场波动性较大，对实体经济的发展未能很好地起到"助力器"的作用。金融市场的缺陷影响到金融体系的运作效率。一方面实体经济有大量的资金需求难以满足，另一方面却有大量的资金低效运转。2008 年全球金融危机爆发之后，我国实体经济和金融市场发展均受到影响，股市一路下滑，内需严重不足，减缓了经济增长的速度。为此，政府采取了减税、② 增加财政支出等系列措施，促进经济增长，保持金融市场平稳运行。

---

① 根据《中国证券市场 CSMAR 系列研究数据库》、《深圳证券交易所》、《中经网统计数据库》的相关数据整理计算而得。

② 主要实施暂停课征利息税、证券印花税由双边征收改为单边征收等金融市场税收政策。

❧ 二、研究意义

（一）理论意义

现代金融理论的迅速发展强烈地呼唤着相关学科，尤其是税收学科的创新。然而，传统的税收理论与管理工具都是建立在实体经济基础之上的，它们已难以全面阐释与解决虚拟经济下的金融课税问题。为此，依据金融经济的性质，创建金融税收理论框架体系，对于推动税收理论的创新，促进税收学与金融学的融合发展，具有深广的理论意义。同时，应用实证分析工具，使经济学经典理论（如资产定价理论、跨期消费理论、经济增长理论、收入再分配理论等）能够走出象牙塔，为社会经济发展服务，使经济学的价值在市场经济与社会发展的实践中得到验证与发展，也具有重要的学术价值。

（二）现实意义

对于新兴崛起的中国而言，深入研究金融市场税收命题不仅具有深广的理论意义，而且更具有重要的现实意义。

1. 金融市场税收政策效应实证研究的现实意义

伴随着中国经济发展与金融市场运行，政府主要应用了两项金融市场税收政策：一是依据股市的运行状态，多次调整证券印花税税率；二是依据宏观经济的运行状态，多次调整利息税税率。这些税收政策的实际效果知何？是否达到了预期的政策目标？今后的税收政策取向又是什么？这些都是需要深入分析与计量的重大现实问题。

从经济效率的角度来考察，税收作为政府的重要政策工具，对促进金融市场的健康发展与推动实体经济的快速发展具有举足轻重的作用。在世界金融危机爆发后，我国需要拉动内需、刺激经济增长，稳定证券市场发展的背景下，从效率层面实证研究中国金融市场税收的经济效应，为选择未来的税收政策取向提供客观依据，具有重要的现实意义。

再从社会公平的角度来考察，随着我国经济的发展，居民收入差距不断扩大。根据城镇家庭居民收入的分组数据计算，1998 年占人口 10% 的最高收入家庭人均可支配收入（10 962.16 元）是占人口 10% 最低收入家庭人均可支配收入（2 476.75 元）的 4.43 倍，是占人口 5% 困难家庭人均可支配收入（2 198.88 元）的 4.99 倍；而 2008 年占人口 10% 的最高收入家庭人均可支配收入（43 613.75 元）是占人口 10% 最低收入家庭人均可支配收入（4 753.59 元）的 9.17 倍，是占人口 5% 困难家庭人均可支配收入（3 734.35 元）的 11.68 倍。[①]可见，在 10 年的时间内，我国城镇居民收入差距翻了一番之多，而且还有进一步扩大趋势。为此，从公平层面实证研究金融市场税收的收入再分配效应，为确

① 根据《中经网统计数据库》数据整理而得。

定未来税收政策的取向提供客观依据，也具有重要的现实意义。

为此，客观地评估中国金融市场税收政策的实际效应，对于更好地发挥金融市场税收的效率功能与公平功能，提供未来税收政策选择的依据，具有重要的实践意义与应用价值。

2. 金融市场税制优化与创新的现实意义

伴随着金融全球化时代的到来，中国政府采取了股权分置改革、扩大机构投资者入市规模、开展资产证券化试点以及构建股指期货市场等措施，推进金融市场的开放与发展进程。然而，现行税收制度的缺陷在一定程度上制约了金融市场的长足发展。为此，深入探索金融市场税制优化与创新的路径具有重要的实践意义与应用价值。

第二节　文献回顾与评析

一、国内外文献回顾

伴随着金融全球一体化的迅速发展，金融市场课税问题日渐引起国内外学者的关注，相关文献主要集中在理论研究、实证研究、制度研究三方面。

（一）金融市场税收的理论研究

1. 国外文献回顾

（1）不确定性下的税收理论。20 世纪 70 年代末 80 年代初，随着西方不确定性理论研究逐步趋向成熟，学界开始关注不确定性下税收制度建设与税收政策运用的研究。多玛和马斯格雷夫（Domar and Musgrave，1944）重点分析了某一税种或整个税制对各种经济行为主体从事风险活动的影响，探讨应如何设置税制从而尽可能减少对风险投资行为的扭曲作用。

（2）金融市场相关税种研究。托宾（J. Tobin，1978）[1] 倡议开征外汇交易税，以在快速运转的国际金融飞轮下面撒些沙子，让飞轮转得慢一点，放慢的金融市场反应速度对稳定经济是绝对必要的。哈蒙德（S. Hammond，1995）等学者[2]从证券市场运行、社会资本配置、财政收入效果等方面对证券交易税的经济效应进行了规范性研究，形成了正反不同的观点。

汉斯·沃纳斯（Hans-Werner Sinn，1987）[3] 从经济增长、企业融资与决策、国际资本流动等方面对资本利得税的经济效应与归宿进行了研究。

---

[1]　Tobin. J：A Proposal for International Monetary Reform，Eastevn Economic Journal，Vol. 4 July，1978.

[2]　S. Hammond：Securities transaction taxes—false hopes and unintended consequences，Edited by Suzanne Hammond，Catalyst Institute，1995.

[3]　Hans-Werner sinn：Capital income taxation and resource allocation，Edited by Elsevier Science Publishers B. V.，1987.

阿格纳·桑德莫[1]（1985）总结了西方学者对利息税的经济效应文献。基本结论是：利息税对消费与储蓄的影响是不确定的，因经济环境参数不同而不同。

（3）税收与金融市场的关系。凯文·霍兰（Kevin Hollan，2005）[2]所撰写的文献综述认为，税收对金融市场影响的研究一直处于支配地位。埃尔顿和格鲁伯（Eiton 和 Gruber，1970）、米勒（Miller，1986）、斯科尔斯（Scholes，2002）等对课税的金融市场影响进行了研究。他们的研究结果表明：税收会影响金融市场的各个方面（包括资产交易的价格、资产收益、证券的种类、交易的时机、甚至市场的所在地）。然而，近期金融市场对税收影响的研究正在加强，这方面的研究显示，与金融市场相联系的资产流对税收的水平和结构均有显著的影响；金融市场间联系的增加导致了资本更强的流动，也增加了税收竞争的可能性。

2. 国内文献回顾

尹音频[3]（2000）政府课征证券交易税与证券所得税，将从不同的侧面（市场价格、市场规模、市场结构等）影响金融市场功能的发挥以及宏观经济的运行。尹音频、杨欣彦[4]（2008）从超额税负角度剖析我国证券市场超额税负或已进入拉弗禁区，金融市场超额税收会通过漏损效应与效率损失遏制金融市场的健康发展。

曹利娜[5]（1996）认为，存款利息税对刺激居民消费起到一定的作用，但存款利息税造成居民扩大本期消费或超前消费，从而会导致严重的通货膨胀。阎坤、那英剑等[6]（2005）对利息税对储蓄的导向、对劳动供给的影响以及该税的废存问题，提出了不同的看法。唐学鹏[7]（2007）认为，降低存款利息税税率提高了税后利率，可以挤压掉股市泡沫，促进股市稳定。胡晓春[8]（2007）认为现阶段开征存款利息税是必要的，因为存款利息税不仅可以增加财政收入，而且有利于调整投资结构和引导资金的流向。

钱晟、卢凌波[9]（2003）认为，企业所得税制与个人所得税制之间存在经济性重复课税，造成民间投资者投资行为扭曲，阻碍了我国资本的形成和投资的增长。刘丽坚、江一钦[10]（2004）认为，股息的经济性重复课税严重阻碍了私人投

① 阿兰奥尔巴克等主编：《公共经济学手册第1卷》，经济科学出版社2005年版。

② Kevin Hollan（2005），taxation and capital Markets，An Interdisciplinary Approach to Research，Oxford University Press.

③ 尹音频：《对金融市场税收效应分析》，载于《四川财政》2000年第1期。

④ 尹音频、杨欣彦：《中国证券市场超额税负或早已进入"拉弗禁区"》，载于《涉外税务》2008年第6期。

⑤ 曹利娜：《现阶段我国不宜对居民储蓄利息课税》，载于《涉外税务》1996年第9期。

⑥ 阎坤、于树一：《对利息征税的改革方向及政策建议》，载于《税务研究》2005年第7期；那英剑：《对储蓄存款利息所得征收个人所得税之检讨》，载于《税务研究》2005年第7期。

⑦ 唐学鹏：《加息和减免利息税有助于股市稳定》，载于《21世纪经济报道》2007年7月2日。

⑧ 胡晓春：《利息税存在的必要性及配套措施改革》，载于《西北师大学报》（社会科学版）2007年第7期。

⑨ 钱晟、卢凌波：《缓解经济性重复课税与所得税制度创新》，载于《税务研究》2003年第2期。

⑩ 刘丽坚、江一钦：《消除股息经济性双重课税的现实制度设计》，载于《税务研究》2004年第11期。

资增长，应实行所得税一体化。

贺强①（2008）认为，资本利得税会增加投资者的交易成本，提高交易风险，它是调节股市过热最有效手段，但在我国股市低迷之时，不能使用资本利得税来调控股市运行，否则会造成特大利空，给市场带来恐慌。涂通②（2008）认为，我国开征资本利得税必然会对股市产生较大的冲击效应，原因在于我国证券市场上中小投资者所占比重较大，其心理承受能力比较弱；开征资本利得税也不利于企业从证券市场上融资，因为开征资本利得税后投资者将从证券市场上撤离资金，进而会影响证券市场的规模和结构。阮永平、胡晓涛③（2008）反对我国开征资本利得税。他们认为，开征资本利得税会对我国证券市场造成很大的冲击。贺旭光、钱春海、欧阳令男④（2002）则认为，开征资本利得税有利于促进证券市场有效运行，对操纵股票价格、内幕交易等违法违规行为起到有效的抑制作用，能够有效地抑制投资者的投机行为。解红⑤（2008）认为，资本利得税将使整个证券市场价格水平下降，能够降低过度的价格波动性，降低市场流动性。陈游⑥（2009）认为，资本利得税比证券印花税对市场更具有自我调节市场功能。

（二）金融市场税收效应的实证研究

1. 金融市场税收的微观经济效应

（1）国外文献回顾。已有的文献表明，国外学界主要研究了金融市场税收对金融市场价格、金融资产收益率、市场交易量以及市场波动性的影响。

a. 金融市场税收的价格效应。阿姆洛夫（Umlauf，1993）、萨波塔和营直人（Saporta and Kan，1997）、胡（Hu，1998）等学者考察了证券交易税对股票价格的影响，得出结论是：股价与证券交易税税率呈反向变化关系。阿姆洛夫于1993 年研究瑞典证券交易税对股价的影响，发现征收 1% 的证券交易税的当天，瑞典的股票价格综合指数下跌 2.2%，而在交易税税率由 1% 提高到 2% 的当天，股票价格综合指数下跌 0.8%。萨波塔和营直人于 1997 年研究发现英国证券交易税税率由 1% 提高到 2% 的当天，股票价格指数下跌 3.3%。

安德鲁·昂、维尼尔·班萨利和邢宇航（Andrew Ang，Vineer Bhansali and Yuhang Xing，2008）⑦ 通过免税债券和应税债券的收益率，实证考察了债券利息税对债券价格影响。实证结果表明，债券利息税对债券价格具有明显的刺激作用。

---

① 李晓晔：《全国政协委员贺强：我反对开征资本利得税不适合我国金融市场的现实情况》，载于《21世纪经济报道》2008 年 3 月 4 日。

② 涂通：《论开征资本利得税对证券市场的影响》，载于《福建金融》2008 年第 7 期。

③ 胡晓涛：《也谈我国证券资本利得税的征收》，载于《金融与经济》2008 年第 7 期。

④ 贺旭光、钱春海、欧阳令男：《我国开征资本利得税的一种可行性方案》，载于《经济与管理研究》2002 年第 3 期。

⑤ 阮永平、解红：《资本利得税与我国证券市场的发展》，载于《税务研究》2008 年第 3 期。

⑥ 陈游：《我国开征资本利得税的适用性研究》，载于《财会月刊》2009 年第 17 期。

⑦ Andrew Ang, Vineer Bhansali, Yuhang Xing (2008). Taxes on Tax – Exempt Bonds. Journal of Finance, Volume65 Issue2, Pages 565 – 601.

本·阿莫亚科·阿杜、拉希德和斯特宾斯（Ben Amoako-Adu，M. Rashid，M. Stebbins，1992）[1] 实证研究了加拿大资本利得税对证券价格的影响。实证结果表明，资本利得税政策调整对证券价格产生重要的影响，但资本利得税对高股利收益率股票价格和低股利收益率的股票价格影响不同；1987 年实施减征资本利得税之前，投资者预期到要出台此项政策，结果导致在资本利得税政策调整前一天股票市场价格产生了显著的反应。马克·朗和道格拉斯·沙克尔福德（Mark H. Lang and Douglas A. Shackelford，2000）[2] 实证研究了美国 1997 年资本利得税税率降低对股票价格的影响。其结果表明，股票价格与股利收益率呈反向变化关系，降低资本利得税税率导致股票价格降低。托德·西奈和约瑟夫·乔克（Todd Sinai and Joseph Gyourko，2004）[3] 也证实了 1997 年美国资本利得税税率调整使得股票价格下跌。

拉斯佛·阿姆齐亚纳（Lasfer M. Ameziane，1996）[4] 利用英国的经验数据，实证分析了公司所得税和个人所得税对股利支付调整以及股息除息日股票价格的影响。实证结果表明，公司通过实施股利政策使得其承担的税收最小，同时使得股东税后收益最大；股利所得税与资本利得税的差异导致除息日股票价格显著下降。

b. 金融市场税收对金融资产收益率的影响。保罗·库比克（Paul H. Kupiec，1996）[5] 认为证券交易税能减少风险资产价格的波动，但均衡的资产价格下降更多，结果导致风险资产收益率的波动性增强。詹姆斯·波特伯（James M. Poterba，1989）[6] 根据美国 1986 年税制改革前后债券市场的数据，实证分析了债券利息税对债券收益率的影响。实证结果表明，债券利息税的变化对债券市场有重要的影响，税率提高会使得投资者减少对债券的投资，也导致了应税债券与免税债券收益率差距扩大。兰登，斯图尔特和史密斯，康斯坦斯（Landon，Stuart and Smith，Constance，2008）[7] 实证考察了加拿大资本利得税对债券市场收益率的影响。实证结果表明，由于资本利得税税率高于债券利息税税率，因而折价债券收益率一直高于（至少等于）政府溢价证券的收益率；资本利得税税率降低使得折价债券税后收益率上升，但政府

① Ben Amoako-Adu，M. Rashid，M. Stebbins（1992）. Capital gains tax and equity values：Empirical test of stock price reaction to the introduction and reduction of capital gains tax exemption. Journal of Banking & Finance，Volume 16，Issue 2，Pages 275 – 287.

② Mark H. Lang and Douglas A. Shackelford（2000）. Capitalization of capital gains taxes：evidence from stock price reactions to the 1997 rate reduction. Journal of Public Economics，Volume 76，Issue 1，Pages 69 – 85.

③ Todd Sinai and Joseph Gyourko（2004）. The asset price incidence of capital gains taxes：evidence from the Taxpayer Relief Act of 1997 and publicly-traded real estate firms. Journal of Public Economics，Volume 88，Issue 7 – 8，Pages 1543 – 1565.

④ Lasfer M. Ameziane（1996）. Taxes and dividends：The UK evidence. Journal of Banking & Finance，Volume 20，Issue 3，Pages 455 – 472.

⑤ Paul H. Kupiec（1996）. A Noise Trader，Excess Volatility，and a Securities TransactionsTax. Journal of Financial Services Research，Volume 10，Issue 2，Pages 115 – 129.

⑥ James M. Poterba（1989）. Tax Reform and the Market for Tax-Exempt Debt，Journal of Regional Science and Urban Economics，Volume 19，Issue 3，pages 537 – 562.

⑦ Landon，Stuart and Smith，Constance（2008）. Taxation and bond market investment strategies：Evidence from the market for Government of Canada bonds. Journal of Canadian Tax，Volume 56，Issue 2，pages 337 – 336.

溢价债券税后收益率却是下降的，甚至使其为负值。

　　c. 金融市场税收对市场交易量的影响。金融市场税收市场交易量效应的研究没有形成定论。杰克逊和奥利弗·唐奈（Jackson and O'Donnell，1985）研究了英国 1964～1984 年间证券交易税税率调整对证券交易量的影响，其研究结果表明，降低证券交易税税率 1 个百分点，短期内将使证券交易量增加 0.4% 到 0.6%，而长期内将使证券交易量增加大约 1.63%。斯蒂文·阿姆洛夫（Steven R. Umlauf）于 1993 年研究瑞典股票交易税对股票交易量的影响，1986 年证券交易税由 1% 提高到 2% 后，11 只交易最活跃的瑞典股票 60% 的成交量转移到了伦敦，这些转移的成交量相当于在瑞典股票市场所有交易量的 30%。施沃特和塞金（Schwert and Seguin，1993）认为，提高证券交易税税率，会增加交易成本，从而导致交易量下降，交易量对交易成本的弹性介于 -0.25 和 -1.35 之间。

　　d. 金融市场税收对市场波动的影响。多数学者认为，证券交易税对证券价格和证券市场具有重要的影响，证券交易税能够降低证券市场波动，有利于稳定证券市场。约瑟夫·斯蒂格利茨（Joseph E. Stiglitz，1989）[1] 认为证券交易税具有抑制投资者的投机行为，因而可以有效地降低证券市场的波动性。林格伦和韦斯特隆德（Lindgren and Westlund，1990）通过对瑞典的数据进行实证分析发现，证券交易税上升 1 个百分点将导致市场波动性下降 50%。苏布拉马尼亚姆（Avanidhar Subrahmanyam，1998）[2] 认为，交易税使得金融市场流动性降低，信息投资者的收益降低，更多的投资者就会更加注重证券内在价值，从事长远的战略性投资，从而市场的波动性也会降低。

　　（2）国内文献回顾。

　　a. 金融市场税收的价格效应。王新颖[3]（2004）利用股票大盘指数，实证分析了证券印花税税率调整对股价的影响。其结果表明，降低证券印花税税率对股价波动产生显著性的影响，但随着时间的推移，其影响力逐渐减弱。周宏[4]（2007）利用深市股票价格指数数据，实证分析了证券印花税调整对股票价格的影响。其结果表明，深市对证券印花税税率调整有很敏感的反应，当降低证券印花税税率时，股票价格上升；反之，当提高税率时，股票价格下降。

　　b. 金融市场税收对市场收益率的影响。范南、王礼平[5]（2003）采用统计检验、事件研究和广义回归条件异方差（GARCH）模型，实证研究了我国证券印花税对股票市场波动性的影响，实证结果表明，证券印花税税率上调会导致股票市场

---

　　① Joseph E. Stiglitz (1989). Using tax policy to curb speculative short - term trading. Journal of Financial Services Research, Volume 3, Issue 2 - 3, Pages 101 - 115.
　　② Avanidhar Subrahmanyam (1998). Transaction Taxes and Financial Market Equilibrium. The Journal of Business, Volume 71, Issue1, pages 81 - 118.
　　③ 王新颖：《印花税调整对股票价格影响的实证研究》，载于《税务与经济》2004 年第 5 期。
　　④ 周宏：《中国金融市场风险与收益研究》，东北财经大学出版社 2007 年版，第 117～118 页。
　　⑤ 范南、王礼：《我国印花税变动对证券市场波动性影响实证研究》，载于《金融研究》2003 年第 6 期。

收益波动性提高，反之，证券印花税税率下调会导致市场收益波动性降低。师恩①（2009）认为，降低证券印花税税率会提高股票收益率；反之，提高税率会导致股票收益率降低。

崔百胜②（2008）从理论层面，分析了资本利得税对股票收益率的影响，研究结果表明，资本利得税税率与股票收益波动呈反向变化关系。

c. 金融市场税收效应的时效性。单飞（2007）、周宏（2007）实证考察了证券印花税对股票市场影响的时效性。证券印花税对股票价格水平、股市的波动性、交易量产生了显著的影响。在 10 个交易日内，股市对证券印花税税率的调整反应最强烈，随着时间推移，反应逐渐减弱，30 个交易日之后，反应较弱。

东北财经大学金融工程研究中心和华夏证券研究所联合课题组③（2003）实证研究了印花税和交易佣金变动对证券市场及微观主体的影响（对股票价格水平的影响、对市场的综合收益波动性的影响、对噪声收益波动性的影响、对税收收入的影响），并且对证券交易费用体系的发展方向进行了探讨。

2. 金融市场税收的宏观经济效应

（1）国外文献回顾。欧文·埃文斯（Owen J. Evans，1983）④ 和默罕默德·阿卜杜拉（Mohammed Abrar，1988）⑤ 利用生命周期模型，实证研究结果表明，居民消费与储蓄对税后收益率非常敏感，调整利息税会引起消费和储蓄的变化；居民消费与利息税税率呈正向变化关系，储蓄与利息税税率呈反向变化关系。而杨春生（Yang, Chun-sheng，1992）⑥ 却持有相反的观点，认为利息税并未抑制储蓄，反而具有刺激储蓄的作用。保罗·戴维和约翰·斯卡丁（Paul A. David and John L. Scadding，1974）⑦ 证实了丹尼森法则（Dension's law），即个人储蓄率是一个常数，税收制度、或者引起税后实际利率变化的政策并不影响个人储蓄率；利息税对居民消费与储蓄影响不显著。米歇歇尔·博斯金（Michael J. Boskin，1978）⑧ 利用美国的数据，实证研究结果也表明利息税对居民储蓄率没有影响。

① 师恩：《浅谈印花税调整对股票市场收益率影响程度》，载于《财政监督》2009 年第 6 期。

② 崔百胜：《资本利得税对股票收益波动影响的模型分析》，载于《河南金融管理干部学院学报》2008年第 3 期。

③ 东北财经大学金融工程研究中心和华夏证券研究所联合课题组：《中国证券市场交易费用效应问题的实证研究》，2003 年，http://www.sse.com.cn。

④ Owen J. Evans (1983). Tax Policy, the Interest Elasticity of Saving, and Capital Accumulation: Numerical Analysis of Theoretical Models. Source: The American Economic Review, Volume 73, Issue 3, pages 398 – 410.

⑤ Mohammed Abrar (1988). The interest elasticity of saving and the form of the utility function. Southern Economic Journal, Volume 5, Issue 1, pages 163 – 187.

⑥ Yang, Chun – sheng (1992). Taxation, interest rate and saving: the case study of taiwan. Unpublished Ph. D. Dissertation, Pennsylvania State University.

⑦ Paul A. David and John L. Scadding (1974). Private Savings: Ultrarationality, Aggregation, and 'Denison's Law'. The Journal of Political Economy, Volume 82, Issue 2, pages 225 –249.

⑧ Michael J. Boskin (1978). Taxation, Saving, and the Rate of Interest. The Journal of Political Economy, Volume 86, Issue 2, pages 3 – 27.

特维·拉尔夫（Turvey Ralph，1962）① 研究了资本利得税的公平性，他认为，资本利得税有利于增强税收的公平，但同时也会带来经济效率的损失，不利于经济增长。大卫·马丁（David Martin，1964）② 研究了资本利得税对储蓄、投资以及经济增长的影响，认为降低资本利得税税率有利于刺激居民储蓄，增加资金的供给，同时有利于投资的增加，从而促进经济增长。但资本利得税可能导致股息政策被扭曲，从而导致经济效率损失。大卫·多梅（David Domeij）和乔纳森·希思科特（Jonathan Heathcote，2004）③ 认为资本利得税对居民消费和投资决策具有重要影响，但其影响大小受投资者的财富以及证券税基等因素制约。

以米勒和莫迪利安尼（Miller and Modigliani）为代表的股利所得税无关论认为，股利所得税不会影响公司的融资决策，对公司投资没有影响。而以佐罗多、波特伯和萨默斯（Zordow、Poterba and Summers）为代表的股利所得税传统论则认为，股利所得税会影响公司的投资决策，会影响实际投资额。如詹姆斯·波特伯和劳伦斯·萨默斯（James M. Poterba and Lawrence H. Summers，1984）④ 认为股利所得税会影响股票和留利的资本成本，具有很强的资源配置功能。股息支付率与股利所得税税率呈显著的负相关关系，降低股利所得税税率有利于股息、红利的发放，也有利于实际投资活动的增长。

（2）国内文献回顾。张英⑤（2003）利用生命周期数理模型，分析了存款利息税的收入效应和替代效应。她认为在现实中，我国存款利息税并没有产生预期的有力刺激消费、投资的效果，对储蓄并没有产生抑制作用，城乡居民储蓄总量仍然持续高升。

王晓欢⑥（2007）认为存款利息税具有收入再分配的负效应，因为存款利息税主要来源于中低收入者，加重了中低收入者的经济负担，使得中低收入者的税收负担相对过重；另外，由于我国利息税制不完善，一些高收入者通过多种手段偷漏税，使得存款利息税起不到调节收入差距的作用。谭建立⑦（2007）则认为存款利息税具有调节收入差距的作用，且不可忽视。利息税收入用于转移支付、支援不发达地区，起到了保护普通公众的利益，实现了社会、经济公平的作用。

---

① Turvey Ralph (1960). Equity and a Capital Gains Tax, Oxford Economic Papers, New Series, Volume 12, Issue 2, pages 181－192.

② David Martin (1964), Economic effects of the capital gains tax. American Economic Review. Volume 54, Issue 3, pages 288－299.

③ David Domeij and Jonathan Heathcote (2003). On the distributional effects of reducing capital taxes. International economic review, Volume 45, Issue 2, pages 523－554.

④ James M. Poterba and Lawrence H. Summers (1984). The economic effects of dividend taxation, NBER working paper No. 1353.

⑤ 张英：《我国利息税政策效应分析》，载于《上海管理科学》2003 年第 6 期。

⑥ 王晓欢：《停减征利息税：因时制宜让利于民》，载于《金融时报》2007 年 6 月 28 日。

⑦ 谭建立：《利息税是"劫富济贫"，还是"嫌贫爱富"》，载于《解放日报》2007 年 5 月 28 日。

（三）金融市场的税制研究

1. 国际间关于金融衍生工具课税方式的探索

20世纪90年代以来，随着金融衍生工具交易市场的迅猛发展，传统的课税方式面临着一系列的挑战。自此，对金融衍生工具课税方式的探索就成为了OECD各国税法学者的研究焦点，这方面的研究还在进行。

2. 中国金融市场税制优化研究

（1）完善证券市场税制的研究。王建华[1]（1997）提出"实行与股指变动相关联的浮动税率"。江孝感等[2]（1999）提出了取消股市的涨停板制度，实施以股市价格的波动幅度为税源，以证券买卖双方为纳税人的证券交易税制。常华兵[3]（2000）提出了我国未来实行"税率乘数"型资本利得税的设想。

（2）完善投资基金税制的研究。蔡庆丰等[4]（2003）、万慧勇等[5]（2004）就我国证券投资基金投资活动与证券投资基金投资所得的课税相关税法规定进行了剖析，提出了完善税制的建议。

（3）构建金融衍生工具市场税制的研究。国际货币基金组织的报告《中国金融税收政策》[6]（2003）提出了构建中国金融衍生工具市场税制的原则性建议：学习国际会计与税务处理方法；采用市值调整法或实质高于形式法。刘燕[7]（2006）等对如何完善我国资产证券化税制（发起人税制、SPV税制、投资人税制）进行了探讨。

二、国内外文献述评

国内外的这些研究成果具有重要的启迪意义与参考价值，为本书展开更深入的研究奠定了良好的基础。但是，整体性、数理性、应用性的研究还十分薄弱，具体表现为：

（一）理论研究的局限性

1. 金融市场税收机理研究

目前西方学者只是从不同的角度对金融市场税制进行了局部的研究，缺乏系统的金融市场税收机制以及运行机理研究。

2. 最优金融税收理论研究

西方最优税收理论是建立在实体经济基础之上的，而虚拟经济与实体经济有着本质的差异，最优税收理论的基本假设、约束条件、基本结论难以完全适用于金融课税问题，因此，税收优化理论在金融市场税制方面的应用还有待拓展。

---

① 王建华：《证券交易印花税税率调整效应分析及改革设想》，载于《涉外税务》1997年第8期。
② 汪孝感等：《关于现行证券印花税的制度创新》，载于《税务研究》1999年第7期。
③ 常华兵：《关于构建我国证券税制体系的设想》，载于《河北经贸大学学报》2000年第3期。
④ 蔡庆丰：《我国基金课税制的若干问题探讨》，载于《首都经济贸易大学学报》2003年第6期。
⑤ 万慧勇等：《我国现行基金税收政策几大疑问探析》，载于《税务研究》2004年第7期。
⑥ 中国金融税制改革研究小组：《中国金融税制改革研究》，中国税务出版社2004年版。
⑦ 刘燕：《我国资产证券化中SPV税收政策评析》，载于《税务研究》2007年第4期。

（二）数理研究的局限性

1. 税负计量研究的盲区

目前国内外对金融经济税负计量研究非常薄弱，几乎还是理论盲区，一般都是采用名义税率来计量与比较证券交易税的税收负担。我们认为，这种分析方法具有相当的局限性：第一，实体经济与虚拟经济交易频率的显著差异决定了两者的实际税负存在非常大的偏差，故两者名义税负指标的可比性非常弱。第二，各国金融市场换手率的差异决定了不同国家之间的实际税负存在较大的偏差，故不同国家之间名义税负指标的可比性也是非常弱。

2. 数理模型扩展的盲区

数理模型是实证研究金融市场税收经济效应的数理基础，然而，现有的微观金融资产定价模型大多抽象掉了税收变量；而宏观经济模型（如经济增长模型、经济周期模型、稳态经济模型等）或抽象掉了税收变量、或没有区分不同的税种变量。因此，宏微观数理模型在金融市场税收方面的应用还有待拓展。

（三）实证研究的薄弱性

1. 中国金融市场税收微观效应实证研究盲区

第一，中国股市税收实证分析的局限性。虽然，国内学者对中国股市证券交易税的价格效应等进行了较深入的研究，但是，缺乏对中国股市税收负担的计量与评估，同时也缺乏对证券交易税反泡沫效应的实证分析。第二，中国债券市场税收实证分析的薄弱性。目前国内对债券市场税收效应的实证研究极为稀少，还处于待开拓阶段。

2. 中国金融市场税收宏观效应实证研究盲区

金融市场税收对宏观经济影响的间接性与曲折性导致计量实证分析困难重重，因此国内现除了有些定性分析利息税的文献之外，有关金融市场税收的经济增长效应、经济周期波动效应、稳态经济效应等宏观经济效应的实证研究还是盲区。

（四）制度分析的薄弱性

1. 证券税制研究的局限性

虽然学界已对直接证券税制的构建进行了较深入的探讨，但对间接证券税制构建的探索还很薄弱，有待推进系统性的深度研究。

2. 金融衍生工具税制研究的薄弱性

随着中国股指期货市场的启动以及金融衍生工具会计准则的推出，构建金融衍生工具市场税制已是迫在眉睫之事。虽然，有关文献提出了原则性建议，但是提供具体的期货税制、期权税制以及资产证券化税制方案与可操作性的税法规定仍是急需深入探讨的重要实践问题。

第三节　相关范畴与研究对象

❀ 一、相关范畴

本书的研究主题是"金融市场税收：理论、实证、制度"，它涉及金融学与税收学的交叉点以及两学科不同的分析路径，为了构建跨学科的统一分析框架，我们需要对以下范畴进行界定。

（一）实体经济与金融经济

虚拟经济（Fctitious economy）是国内学术界近年提出的一个概念，它是由马克思在《资本论》中所提出的"虚拟资本"的概念衍生出来的。一般认为虚拟经济是与实体经济相对应的两个范畴。所谓实体经济是指生产可以增加人类使用价值、效用和福利的产品或为其服务的经济活动，其基础是物质生产部门。虚拟经济则是指在经济全球化、信息化条件下，通过金融创新使资本脱离实体经济而独立运动的经济。它是虚拟资本以增值为目的进行独立化运动的权益交易，主要是指信用制度膨胀下金融活动与实体经济偏离或完全独立的那一部分经济形态。虚拟经济最本质的内涵是资本价值形态的独立运动。[①]

国外学者则把这种相对独立于实体经济运动的金融运动称为金融经济。也有学者认为，金融经济（Financial economy）是金融资产趋于虚拟化的过程。纵观经济发展过程，从实物经济、货币经济到金融经济是一个经济虚拟化的发展过程。[②]

我们认为，这两个概念（虚拟经济与金融经济）并无本质的区别，因此，在本书研究中，将虚拟经济与金融经济视为同一范畴。

（二）金融市场及相关范畴

1. 金融市场

查尔斯·吉斯特（Charles R. Geisst，1982）认为，金融市场是金融工具转手的场所。[③] 蒂姆·坎贝尔（Tim S. Campbell，1982）认为，金融市场是金融资产交易和确定价格的场所或机制。[④] 杜德利·鲁科特（Dudley G. Luckett，1980）认为，金融市场是各种金融工具交易的领域。这三个定义的共同之处是：把金融工具的交易作为金融市场立足点。目前学界普遍按照蒂姆·坎贝尔（Tim S. Campbell）的定义界定金融市场，即金融市场是指以金融工具（金融资产）为交易对象而形成的供求关系及其机制的总和。

---

① 周俊等主编：《金融市场与实体经济》，中国金融出版社 2003 年版，第 5 页。

② 李翀：《论从实物经济、货币经济、到金融经济的转型与异化现象》，载于《学术研究》2002 年第 6 期。

③ Charles R. Geisst (1982). A guide to the financial markets. London, Macmillan, Pages 1.

④ Tim S. Campbell (1982). Financial Institutions, Markets, and Economic Activity. McGraw-Hill, pages 2.

在金融市场上，各种金融交易的对象、方式、条件、期限等都不尽相同。为此，《金融市场学》按不同的标准进行了以下分类。

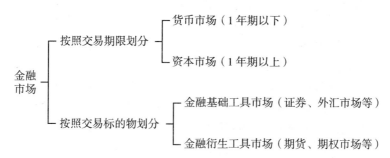

图 0 - 1　《金融市场学》对金融市场的主要分类

由图 0 - 1 可见，第一，如果以交易期限划为划分标准，则金融市场可以划分为货币市场与资本市场。货币市场是指进行 1 年期以下的金融资产交易的场所；而资本市场则是指进行 1 年期以上的金融资产交易的场所。一般来说，资本市场包括两大部分：银行中长期存贷款市场和有价证券市场。第二，如果以标的物为划分标准，则金融市场可以划分为金融基础工具市场与金融衍生工具市场。本书的金融市场以第二种分类法为基准。

2. 金融资产

金融资产是指拥有对有形资产所创造的一部分收入流量的索取权，能够为持有人带来货币收入流量的资产。依据金融资产索取权的不同，又可区分为债权资产与股本资产：债权资产代表着对有形资产创造的收入流量中事先约定部分的索取权；股本资产则是代表着对有形资产创造的收入流量的"剩余索取权"。

3. 金融资产价格

金融资产价格是指资产转换为货币的比例，也就是一单位资产可以转换为多少货币。本书中的金融资产价格包括两方面：一是金融资产交易价格；二是金融资产收益价格。金融资产交易的价格就是金融资产在交易时所体现出的货币量多少。金融资产收益价格是投资者拥有金融资产取得的收益所体现出的货币量多少。比如，拥有股票所取得的股息收益价格为：rd（股息率）；银行存款利息收益价格为：r（利息率）。

4. 金融市场税收

从广义的角度考察，金融市场税收是指对参与金融市场投融资活动的经济主体所课征的一切税收。从狭义的角度考察，金融市场税收则是指对参与金融市场投资活动的经济主体所课征的相关税收，主要涉及金融商品交易税、金融商品利得税、金融商品投资所得税（利息税与股息税）。本书的金融市场税收范畴主要以狭义定义为基准。

（三）经济变量范畴

1. 储蓄

储蓄是指推迟现时的消费行为，是收入扣除消费后的余额。[①] 人们的储蓄可以采用多种方式，就通过金融市场的储蓄而言，可通过银行存款、购买股票、债券等方式进行。本书中的储蓄是指消费后的余额通过储蓄存款、购买的股票、债券等金融资产方式进行储存，以获取收益。

2. 稳态消费与稳态资本

它们是指人均实际产出与人均资本量的增长率是按一定的比率增长，且两者的速度大致相同时，经济处于稳定状态下的消费量和资本量。

3. 消费的黄金律值与资本的黄金律值

菲尔普斯于 1961 年提出了经济黄金律的概念。黄金律消费和黄金律资本是指满足稳态人均消费最大化时的资本以及对应的消费量，该消费和资本分别被称为消费的黄金律值、资本的黄金律值。

✿ 二、研究对象

为了研究对象的需要，我们将从税制规则的基点出发，对金融市场的外延进行重新界定，并规定与之相对应的税制体系。

由图 0 - 2 可见，本书以标的物为依据，将金融市场区分为金融基础工具市场与金融衍生工具市场。金融基础工具市场是指一切基础性金融工具，如货币、债券、股票和外汇等交易市场。但本书将侧重分析股票市场与债券市场。金融衍生工具市场是指一切衍生性金融工具，如远期类工具和选择权类工具等交易市场。但本书侧重分析核心衍生工具（期货、期权）市场与其他衍生工具（资产证券化）市场。

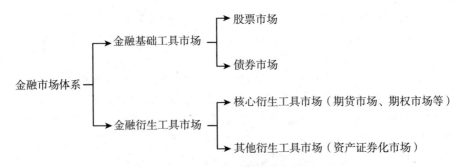

图 0 - 2　本书关于金融市场体系的界定

由于受数据获取等方面的约束，为了研究的需要，本书在税制划分方面，采

[①]　杜金富：《金融市场学》，中国金融出版社 2007 年版，第 2 页。

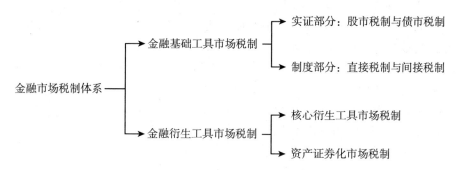

图 0 - 3　金融市场税制体系

用了多重标准：（1）金融基础工具市场税制体系。在本书中篇的实证分析中，将金融基础工具市场税制划分为股市税制与债市税制进行研究；在下篇的制度安排分析中，将金融基础工具市场税制划分为直接证券税制与间接证券税制进行讨论。从广义的角度考察，证券税制体系包括直接证券税制与间接证券税制两大子系统。直接证券税制是指对有价证券的直接交易行为与收益等的课税制度。间接证券税制则是指对间接投资者的交易行为与收益等的课税制度，如证券机构税制、证券投资基金税制、养老金税制等。（2）金融衍生工具市场税制体系。在下篇的制度安排分析中，将金融衍生工具市场税制划分为核心衍生工具市场税制与资产证券化税制进行讨论。

第四节　研究目的与研究方法

一、研究目的

本书力图综合应用宏观与微观经济学、金融市场理论、税收理论、行为经济学、博弈论、计量经济学、统计学等理论，采用科学的研究方法与分析工具，从金融学与税收学相融合的基点构建金融市场税收的理论框架；依据中国经济发展与金融市场实践，系统实证金融市场税收政策效果，为税收政策优化提供理论方法与经验依据；立足经济全球化与世界金融市场税制改革趋势，探索中国金融市场税收制度优化与创新路径。以达到创建税收理论框架、测度税收政策效果、优化税收政策选择、构建税收制度安排、提供税务管理工具的目的。

二、研究方法

本书将遵循从抽象到具体、从一般到特殊的研究规律，应用经济理论、借助计量工具与经验数据、比较与借鉴国际间金融市场税制安排，从理论视角、实证视角、制度视角全方位地探索研究金融市场税收命题。具体的研究方法如下：

（一）抽象分析与规范分析相结合的定性分析法

规范分析方法是以一定的价值判断作为出发点和基础，提出行为标准，并以此作为处理经济问题和制定经济政策的依据，探讨如何才能符合这些标准的分析方法。它以普遍承认的公理、一套演绎逻辑和大量的历史事实为分析基础，从事物的矛盾性出发，描述、阐释所研究的事物。本书将从金融税种、税制、税务管理等现象形态中抽象出金融市场税收机制范畴，进而逻辑推导出金融市场税收机制理论与税负理论。并以效率与公平为准则，探寻金融市场最优税收理论。

（二）数理分析与实证检验相结合的定量分析法

数理分析方法是在经济分析过程中，运用数学符号和数字算式的推导来研究经济过程与经济现象的研究方法。它使得经济过程和经济现象研究的表述较简洁清晰，其推理更加直观和精确，使经济学的理论框架更加条理化、逻辑化和明了化。实证分析法是通过运用经验数据，检验经济现象的客观规律。它通过采用相关数据对某一事物进行量化分析，对社会经济现象的数量特征、数量关系与数量变化的分析，揭示和描述社会经济现象的相互作用和发展趋势。本书将采用数理分析与实证检验相结合的定量分析法。一方面，应用数理分析方法，构建金融市场税收经济效应的数理模型，并对模型进行扩展与推导，为实证检验提供数理依据；另一方面，在数理分析的基础上，采用多种实证检验方法，揭示中国金融市场税收的实际经济效应，为调整与优化税收政策提供客观经验依据。

（三）静态与动态相结合的定量分析法

金融市场随着经济的发展而不断地发生变化，金融市场的税收经济效应大小也随经济环境的变化而不同。因此，本书将应用静态分析与动态分析相结合的方法深入研究金融市场税收经济效应。在经济学中，静态分析是经济现象达到均衡时的状态和均衡条件，而不考虑经济现象达到均衡状态的过程。动态分析则是对经济变动的实际过程所进行的分析，其中包括分析有关变量在一定时间过程中的变动，这些经济变量在变动过程中的相互影响和彼此制约的关系。本书既要从静态均衡的角度，考察金融市场税收对经济变量、经济增长的影响。同时还将从动态均衡的角度，就金融市场税收对稳态消费、稳态资本的影响进行动态模拟分析，运用时变参数模型实证考察金融市场税收的经济周期波动效应，并将考察金融市场税收随经济发展变化产生的收入再分配效应的变化。

（四）演化分析与比较分析的制度分析法

制度分析法关注制度与结构，分析制度结构与资源配置和经济发展的关系。本书力图通过对金融市场税制的国际比较与对中国金融市场税制的历史比较，揭示金融市场税制的演化变迁趋势；通过所构建的博弈模型，剖析中国金融市场税制的约束条件，探求能够实现制度均衡与制度创新的税制安排。

第五节　研究思路与逻辑框架

一、研究思路与技术路线

本书将沿着"构建金融市场税收理论框架→实证中国金融市场税收政策效应→探索中国金融市场税制优化与创新路径"的分析思路，进行深度探索。具体的技术路线与结构安排见图0－4。如图0－4所示，本书沿着三大子系统："理论框架→实证评估→制度安排"的路径进行探索，以形成深层次与全方位的逻辑构架。

（一）理论框架子系统

本子系统将应用抽象与规范相结合的定性分析方法，创建金融市场税收机制框架、探索金融市场税负理论，探讨金融市场税收优化理论，奠定全项目的理论基石。

（二）实证检验子系统

本子系统将综合应用数理分析与实证检验相结合以及静态分析与动态分析相结合的定量分析方法，实证检验中国金融市场税收政策的经济效应，并根据实证研究结果，提出重要的政策启示。从而奠定全项目的科学量化基石。

首先，在中国金融市场税收政策微观经济效应实证研究的层次中，将分别对中国股市税收政策与债市税收政策的微观经济效应进行实证检验与评估。

其次，在中国金融市场税收政策宏观经济效应实证研究的层次中，将从效率与公平两个视角实证计量税收的经济效应。在效率视角的研究中，又将分别从一般均衡与动态均衡两个侧面，考察金融市场税收对经济变量（消费、储蓄、投资）、经济增长、经济周期波动、稳态经济与黄金律水平的影响；在公平的视角的研究中，沿着结构视角和整体视角两条主线考察金融市场税收对社会收入再分配的影响。

最后，根据中国金融市场税收政策经济效应实证结果，获得重要的政策启示。

（三）制度安排子系统

本子系统将应用演化分析与比较分析的制度分析方法，以理论框架为基点，以实证分析为依据，探索金融市场税制优化与创新的路径，探讨金融市场税收管理制度强化的途径，从而实现提供决策支持与制度路径的目的。

二、逻辑框架

本书由理论分析、实证研究和制度安排三篇（共计十五章）构成。第一部分是导论。上篇（第一至第三章）是金融市场税收的理论分析。中篇（第四至第十

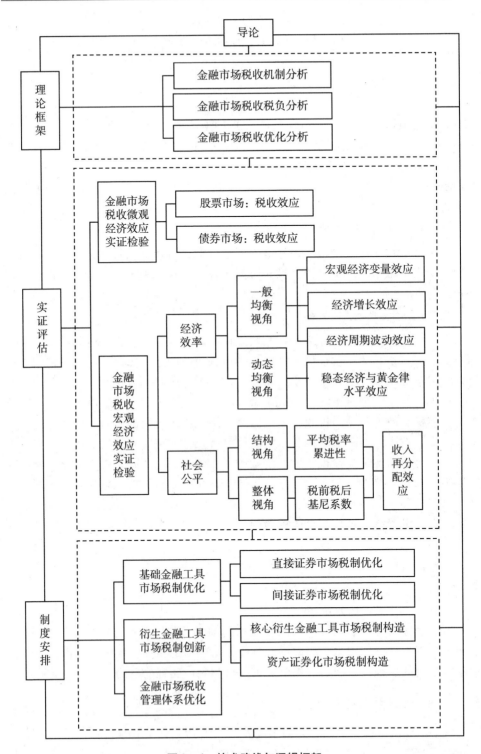

图 0 - 4　技术路线与逻辑框架

一章）是实证研究。第四至第五章从微观层面实证研究了金融市场税收对证券市场的影响。第六至第十章则是从宏观层面实证分析了金融市场税收对实体经济的影响。其中，第六至第九章是从经济效率视角研究金融市场税收对宏观经济变量、经济增长、经济周期波动以及稳态经济与黄金律水平的影响；第十章从社会公平视角考察金融市场税收的收入再分配效应。第十一章是实证结论与政策启示。下篇（第十二至第十五章）是制度安排。第十二章是中国基础金融工具市场税制体系（证券市场税制）的优化。第十三至第十四章是中国衍生金融工具市场税制体系的创新。其中，第十三章是中国核心衍生金融工具市场税制的构造；第十四章是中国资产证券化市场税制的构造。第十五章是金融市场税收管理体系优化探索。

导论。本部分阐述了研究背景与研究意义；回顾与评析了国内外相关文献；界定了相关范畴与研究对象；阐述了研究目的与研究方法；阐释了研究思路与逻辑框架；指出了本书可能的创新与尚需研究的问题。

第一章金融市场税收机制分析。本章从金融经济解析、金融市场税收机制、金融市场税收经济效应三个方面对金融市场税收机制进行了深入系统的探索。在解析金融经济的基础上，创建了金融市场税收机制理论，从静态与动态两方面揭示了金融市场税收机制的内在机理；阐释了金融市场税收的经济效应，以提供实证研究的理论基石。

第二章金融市场税收负担分析。本章从金融市场税负计量、税负归宿、适度税负三个方面对金融市场税收负担问题进行了深入的探讨。创建了金融市场税负计量方法与指标体系；探讨了金融市场税负归宿；在剖析金融市场超额税收漏损效应的基础上，阐释了金融市场适度税收负担的定性与定量标准。为中国证券市场税负评估提供理论依据与技术工具。

第三章金融市场税收优化分析。本章从税收优化理论解析、金融市场的最适税收、金融市场税制优化的约束与博弈、中国金融市场发展与税制优化四个方面对金融市场税收优化问题进行了综合探讨。在对西方三大税收优化理论解析的基础上，阐释了金融市场的最适税收。剖析了金融市场税制优化的约束因素与政府之间的税收博弈。在对中国金融市场发展回顾与展望的基础上，提出了中国金融市场税制优化的取向。

第四章金融市场税收政策微观经济效应——基于中国股票市场经验数据的实证分析。本章分别从中国股票市场税收负担与股市税收政策微观经济效应两方面实证评估税收政策效果。应用税负计量指标对中国股市的实际税收负担与股市超额税收漏损效应进行了实证度量。通过构建扩展的股票定价模型与理性泡沫模型，从多视角实证检验了中国股票市场税收的价格效应、市场规模效应、市场结构效应以及市场稳定效应等微观经济效应。

第五章金融市场税收政策微观经济效应——基于中国债券市场经验数据的实证分析。本章利用市场—般均衡理论，构建了金融市场税收的债券定价模型与市场交易量模型，进而实证度量了金融市场税收政策调整引起的债券价格效应与市场规模效应。

第六章金融市场税收政策宏观经济效应——基于中国宏观经济变量的实证分析。本章从宏观层面的经济效率视角，实证研究金融市场税收对系列经济变量的影响。在第四、第五章金融市场税收价格效应实证分析的基础上，沿着金融市场税收变化→金融资产价格变化→消费与储蓄变化→投资变化的思路，检验了中国金融市场税收的消费效应、储蓄效应以及投资效应，揭示金融市场税收对经济变量影响的规律。（1）金融市场税收的消费效应。在跨期消费模型基础上，利用中国经验数据，揭示了金融市场税收对城镇居民与农村居民消费的影响。（2）金融市场税收的储蓄效应。运用前节的数理模型以及计量回归数据，测算了金融市场税收政策调整引起城镇居民与农村居民储蓄的变化。（3）金融市场税收的投资效应。根据投资与消费、储蓄之间的关系，构建了金融市场税收对投资影响的数理模型，通过计量回归分析，揭示了金融市场税收政策变化导致投资变化的程度与方向。

第七章金融市场税收政策宏观经济效应——基于中国经济增长的实证分析。在第六章分析的基础上，本章继续沿着经济变量的变化→经济增长变化的思路，考察金融市场税收政策调整对经济增长的影响程度，揭示金融市场税收的经济增长效应规律。首先，在 Pagano 模型①的基础上，结合金融市场税收对消费、储蓄与投资影响的模型，构建了金融市场税收的经济增长效应模型，为实证检验提供数理依据。然后，利用中国经验数据，对参数进行估计，测算了金融市场税收政策变化引起经济增长的变化量，揭示了金融市场税收的经济增长效应趋势。

第八章金融市场税收政策宏观经济效应——基于中国经济周期波动的实证分析。在第六、第七章分析的基础上，本章采用固定参数下脉冲响应函数、方差分解函数与分布滞后模型以及时变参数下的状态空间模型，考察金融市场税收的经济周期波动效应，全面揭示金融市场税收的经济周期波动效应规律。首先，结合凯恩斯经济周期波动模型与货币供给模型，利用加速乘数模型，构建了金融市场税收经济周期波动效应模型，为实证分析提供数理依据。其次，把金融市场税收引入脉冲响应函数、方差分解函数、分布滞后模型以及状态空间模型，构建了金融市场税收经济周期波动效应的计量模型，为实证分析奠定计量基础。最后，在固定参数与时变参数计量模型下，实证检验金融市场税收的经济周期波动效应。揭示了金融市场税收与经济周期波动之间的长期趋势关系和时间变化规律。

第九章金融市场税收政策宏观经济效应——基于中国稳态经济与黄金律水平的实证分析。本章基于宏观动态均衡的视角，揭示金融市场税收政策调整引起经济稳态水平与黄金律水平变化规律。首先，在拓展的拉姆齐模型的基础上，通过相关参数估计与动态模拟，考察了金融市场税收对经济稳态水平的影响。然后，

---

① 该模型用以分析金融市场对经济增长的影响。

利用第六章金融市场税收对储蓄与投资影响的实证结果，以及本章第一节参数估计值，考察了金融市场税收对经济黄金律水平的影响。

第十章金融市场税收政策宏观经济效应——基于中国收入再分配经验数据的实证分析。本章从宏观层面的社会公平角度，阐示金融市场税收调节社会收入差距的作用。首先，从收入结构视角与整体视角，构建了金融市场税收收入再分配效应模型，为实证分析奠定数理基础。然后，在数理模型的基础上，利用中国经验数据，实证检验金融市场税收的收入再分配效应。一方面，从结构视角，通过计算金融市场税收在不同收入组间的平均税率累进性，评估金融税收调节收入差距的作用。另一方面，从整体视角，通过计算金融市场税收政策调整前后基尼系数变化量，评估金融市场税收收入再分配效应的程度。

第十一章实证结论与政策启示。本章首先概括了中国金融市场税收的实际经济效应，提供了政策建议的客观依据。然后，根据金融市场税收经济效应的实证结果，从微观与宏观的角度，提出了金融市场税收政策优化的路径。

第十二章中国基础金融工具市场税制体系的安排——证券市场税制的优化。在实证分析的基础上，本章从证券税制体系设计的理论分析、证券税制的国际比较与思考、中国证券税制结构分析、中国证券税制体系的优化与发展四个方面对中国证券市场税制优化问题进行了综合探讨，提出了中国直接证券税制与间接证券税制的优化路径。

第十三章中国金融衍生工具市场税制创新——核心金融衍生工具市场的税制安排。本章从金融衍生工具市场税制的理论分析、金融衍生工具市场税制的国际比较、中国金融衍生工具市场税制透析、中国金融衍生工具市场税制构造四个方面对中国金融衍生工具市场税制问题进行了综合探索，提出了中国金融衍生工具市场税制的构建与创新路径。

第十四章中国金融衍生工具市场税制创新——资产证券化市场的税制安排。本章从资产证券化税制的理论分析、资产证券化税制的国际比较、中国资产证券化税制构建三个方面对中国资产证券化税制问题进行了探索，提出了中国资产证券化税制的构建与创新路径。

第十五章金融市场税收管理体系优化探索。本章从金融市场税收管理的理论、中国金融市场税收管理制度的强化、国际金融市场税收管理制度的优化三个方面对金融市场税收管理问题进行了综合探索，在揭示金融市场税收管理机理的基础上，提出了强化金融市场税收管理体系的路径选择。

第六节　可能的创新与尚需研究的问题

一、可能的创新

"金融市场税收"这一命题必然涉及一系列理论与现实问题。对于这些问题，我们在吸收国内外研究成果的基础上，力图作出自己的理论探索、实证解析、政策建议，可能形成了以下创新见解：

（一）理论研究的创新性

1. 开拓深广的研究视角

从跨学科、全方位、多层次的视角，综合应用规范分析与实证分析、静态均衡与动态均衡、政策分析与制度分析等分析方法，开拓了"理论框架、实证研究、制度安排"深广的研究视角，构建了系统的分析构架。尤其是在所作的实证分析中，从微观与宏观、效率与公平、一般均衡与动态均衡等多视角、多层面地探索了中国金融市场税收的经济效应。第一层面：微观与宏观的全方位分析。在微观方面，研究了金融市场税收的市场效应；在宏观方面，考察金融市场税收对实体经济的影响。第二层面：经济效率与社会公平的全视角分析。在宏观分析中，从经济效率视角研究金融市场税收引起经济的变化；从社会公平视角分析金融市场税收的收入再分配效应。第三层面：静态均衡与动态均衡的全工具应用。在经济效率分析中，从静态均衡的角度考察金融市场税收对宏观经济变量（消费、储蓄、投资）、经济增长以及经济周期波动的影响；从动态均衡角度研究金融市场税收对稳态经济的影响。跨学科、全方位、多层次的研究视角与综合研究方法的应用具有方法论上的创新意义。

2. 创建金融市场税收机制的理论框架

文献综述显示金融市场税收运行机理研究至今是理论盲区。本书从金融市场税种、税制、税务管理等现象形态中抽象出金融市场税收机制范畴，逻辑推导出金融市场税收机制的性质、构成、作用机理，创建了金融市场税收机制的理论框架，从而为推进税收学与金融学的融合发展以及税收理论的创新提供了理论平台。

（1）金融市场税收机制的性质。虚拟资产交易的行为基础——资本化定价方式决定了虚拟经济具有虚拟性、波动性、不确定性，以及心理预期影响的重要性等特点，从而决定了金融市场税收机制具有税收政策作用的强烈性与敏感性、税基的虚拟性、税负的隐蔽性与难测性、超额负担的多重性、税务管理的复杂性的性质特征。为此，金融市场税收政策的制定与制度的设计必须考虑其特殊性。

（2）金融市场税收机制的传导。金融市场税收机制是由课税机制与传导机制两个子系统共同构成。传导机制包括信息机制、心理行为机制以及经济变量机制。信息机制是税收信息冲击效应的载体，税收政策变动的信息传输将产生信息冲击效应，再通过心理行为机制影响金融市场的变动。心理行为模型表明，金融市场主体的行为与金融市场环境是相互作用的产物。由于金融市场经济主体对经济环境的变化更具敏感性，因此金融市场经济主体的心理行为机制具有更强的作用。经济变量机制包括金融商品价格机制与投资者收入机制。金融市场课税机制通过传导机制，发挥分配机能与调节机能，从而对金融市场以及宏观经济运行产生重大的影响。

（3）金融市场税收机制的作用机理。金融市场税收机制发挥机能的过程就是"经济环境变量 E→税收变量 Et→心理变量 Et/P→行为变量 B→经济变量 S"之间的作用过程。第一阶段，政府的税收变化。政府根据经济发展状况，调整征税政策，使金融市场的课税发生变化。第二阶段，投资者的心理预期和物质利益变化及其所导致的经济行为变化。金融市场课税的变化将产生信息冲击与税负冲击，信息与税负的双重冲击将使投资者改变经济决策，调整其经济行为。第三阶段，社会经济活动变化。投资者经济行为的变化将直接影响金融市场的状况，进而通过货币传导机制使实体经济活动发生变化，影响社会资源的配置。为此，金融市场税收政策信息冲击效应的强烈性与敏感性是决策者应该考虑的重要政策参数。

3. 创建金融市场税收负担的分析框架

文献分析显示目前国内外研究成果大都是基于实体经济的税负分析，而对金融经济税负的研究极为薄弱。究其原因，金融市场课税对象的虚拟性、不确定性、高周转性使其税负受到多种复杂因素的影响，使得对金融市场税负的界定与计量更加困难。本书依据金融经济的性质特征，提出金融市场税负的计量方法与指标体系，构建金融市场适度税收理论体系，从而创建了金融市场税收负担的分析框架。这一分析框架为计量与比较金融市场税负提供了技术方法与度量工具，为探寻金融市场适度税负波动区间提供了分析路径。

（1）创建金融市场税负计量的方法与指标体系。我们认为，金融市场的双重属性决定了不能直接套用"实体经济税负计量法"，而应该寻求新的方法——"虚拟经济与实体经济双重计量方法"。它包含两层含义：一是以虚拟经济为基础确定金融市场名义税负计量指标，反映金融市场的税收收入状况。二是以实体经济为基础，修正虚拟经济中的虚拟成分，确定金融市场实际税负计量指标。实际税负计量指标应该是政府制定与调整税收政策与制度的基础。本书进一步从金融商品的特殊性入手，构建了以"证券交易税实际负担率"为代表的金融市场税负计量指标体系，从而为税负的计量与比较提供了技术工具。

（2）构建金融市场适度税收理论体系。该理论主要包括以下基本观点：第一，"超额税收"范畴。我们认为，西方"税收超额负担理论"具有局限性，为此，提出"超额税收"的范畴。超额税收是指政府的课税产生了过度收入效应与负替代效应，从而给纳税者与社会造成损失的税收。政府的课税有可能形成三种类型的"超额税收"。第二，金融市场超额税收漏损效应的理论观点。超额税收漏损效应是指因课税导致金融市场内的原始投资额不断缩小的变化结果。由于金融市场税收乘数效应的作用，在存在税收漏损效应的条件下，这种超强的税收乘数效应将导致金融市场的加速萎缩，从而造成经济效率损失。第三，金融市场适度税负的理论观点。金融经济的基础是实体经济，但金融经济有可能成倍放大或缩小它所代表的实体经济，因此，适度课税观是必须坚持的课税理念。就定性标准而言，金融市场的适度税收应该是政府对金融市场的课税仅产生了适度收入效应与正替代效应，从而能够增进社会福利与提高社会效率。就定量标准而言，投资者个体的适度税负区间为：$0 < t_x < t_s$，即它应该高于零，而低于实体经济税负。金融市场整体的适度税负区间为：$0 < T < M_s$，即在静态方面，它应该高于零，而低于上市公司的股息红利总额；$0 < \Delta T/T < \Delta M_s/M_s$，即在动态方面，它的增长速度应该高于零，而低于上市公司股利规模的增长速度。

（二）数理模型研究的拓展性

1. 构造金融市场税收竞争的博弈模型

（1）国家之间的金融市场税收竞争博弈分析。通过所构造的两阶段博弈模型说明各国为了自身利益，怎样选择金融市场的税率，以及最终结果是否符合经济效率。模型所得出的结论是各国税收竞争所导致的均衡税率低于通过税收协调形成的最佳税率，但各国的税率也不会无限下降。

（2）地方政府之间的金融市场税收竞争分析。借鉴伯特兰德（Bertrand）模型的思路对一个国家内部各地区之间的税收竞争进行解析，其结论是这种税收竞争将导致税率差异消失，政府税收收入减少，公共品供给下降和企业经济行为扭曲等问题，造成经济运行效率的无谓损失。

2. 拓展金融市场理性泡沫模型

西方的理性泡沫理论以市场有效性及经济主体行为理性为基本前提。大量的实证研究表明，尽管存在一些异常现象，而有效市场假说仍然能基本成立。中国证券市场也基本能达到弱式有效，因此我们在理性泡沫模型中引入了税收变量，构建了扩展的理性泡沫模型，以分析股市税收对股市泡沫的影响。

3. 构建金融市场税收的债券价格效应模型

传统的债券定价数理模型仅仅考虑了债券利息税、资本利得税以及市场利率对债券价格影响，但在构建债券定价模型时，未考虑存款利息税以及证券印花税等影响因素。本书利用市场一般均衡理论，把存款利息税和证券印花税引入到债券定价数理模型中，分析其税率变化对债券价格的影响。

4. 构建金融市场税收的消费与储蓄效应模型

（1）拓展构建含利息税的消费与储蓄效应模型。关于利息税对消费与储蓄的影响国内外都有一定的研究方式，但在构建数理模型时并未考虑物价因素，同时在选择家庭效用函数时多采用隐函数形式的效用函数或者采用柯布—道格拉斯（Cobb-douglas）形式的效用函数。本书在构建利息税对消费与储蓄影响的数理模型时，不仅考虑了物价因素，而且选择了可以囊括柯布—道格拉斯（Cobb-douglas）效用函数、完全替代效用函数、完全互补效用函数的效用函数，从而使得所构建的数理模型更具有一般性。

（2）拓展构建含证券印花税的消费与储蓄效应模型。将证券交易税、物价等变量同时引入到消费—储蓄模型中，拓展了跨期消费模型，能够同时考察证券交易税的消费效应与储蓄效应。

5. 构建金融市场税收的经济增长效应模型

学界较多地探讨了金融发展对经济增长的影响，而有关金融市场税收经济增长效应的模型研究甚为稀少。本书在帕加诺（Pagano，1993）内生增长模型的基础上，利用金融市场税收对消费、储蓄与投资影响的分析结果，构建了金融市场税收的经济增长效应模型。

6. 构建金融市场税收的经济周期波动效应模型

本书在综合凯恩斯学派与货币学派的数理模型（IS—LM 模型与乘数—加速模型；货币市场均衡模型）基础上，应用计量数理模型（脉冲响应函数、方差分解模型、分布滞后模型以及时变参数模型等），构建了金融市场税收的经济周期波动效应模型。

（三）　实证研究的开拓性

本书以理论框架为先导，以数理模型为基础，利用中国的经验数据，借助于计量工具，从不同视角深入地实证检验了金融市场税收政策的经济效应。尤其是对金融市场税收宏观效应的计量实证弥补了现行研究的空白。同时，开拓性的实证结论为政府政策的制定与调整提供了重要的科学依据与技术方法，具有重要的理论价值与决策参考意义。

1. 实证评估中国股票市场税收负担与市场稳定效应

（1）股票市场税收负担评估。文献综述表明，有关中国股票市场税收负担的实证研究文献鲜为少见。本书通过所构建的衡量实际税负的系列指标开拓了这方面的实证研究。实证结果表明：第一，我国股票市场总体税收负担较高且呈阶段性不均衡状态。第二，我国证券印花税实际税负较高。中国证券市场高换手率的特性决定了证券印花税的实际税负远远高于其名义税率；证券印花税税负增长快于实体经济流转税税负增长；中国证券印花税实际税负远高于成熟的证券市场国家的实际税负。第三，我国股市存在超额税收漏损效应，且呈阶段性非均衡状态。

（2）股市税收市场稳定效应评估。文献综述表明，中国股市税收的反泡沫效应实证分析的文献极为少见。本书通过采用独立样本 T 检验和单因素方差分析法开拓了这方面的实证研究。实证结果表明：证券印花税具有显著的市场稳定效应。提高证券印花税税率导致股市泡沫程度明显降低，因而证券印花税较好地起到了挤压股市泡沫，降低股票市场风险的作用。

2. 实证检验中国债券市场税收效应

已有的文献表明，存款利息所得税与证券印花税对中国债券市场影响的实证研究十分薄弱。本书利用事件研究法，结合 GACH 效应模型，实证考察了存款利息所得税与证券印花税的债券市场效应。实证结果表明，存款利息所得税、证券印花税对债券价格和债券交易量具有显著性影响。

3. 实证检验金融市场税收的消费效应、储蓄效应以及投资效应程度

利息税的消费效应与储蓄效应一直是国内学界争论的焦点。本书在跨期消费数理模型基础上，利用中国经验数据，实证考察了利息税的消费与储蓄效应的大小，得出了更具客观性的结论。本书的实证结果表明：利息税的收入效应大于替代效应，即提高利息税税率导致居民增加储蓄减少消费，而降低利息税税率引起居民减少储蓄增加消费；利息税对农村居民和城镇居民影响不同，利息税税率调整导致城镇居民消费与储蓄的绝对额变化较大，而利息税税率调整导致农村居民消费与储蓄的相对额变化较大。就证券印花税来看，学界直接研究其消费与储蓄效应较少，本书推进了这一研究。实证结果表明：提高证券印花税税率导致储蓄减少消费增加，而降低证券印花税税率导致储蓄增加消费减少。

4. 实证检验金融市场税收的经济增长效应

学界对税收经济增长效应的实证研究文献较多，但对利息税与证券印花税经济增长效应的实证分析较少。本书在金融市场税收对宏观经济变量影响的实证基础上，进一步检验了它们对经济增长的影响。实证结果表明：提高利息税税率抑制了经济增长，反之，降低利息税税率促进了经济增长。降低证券印花税税率对经济增长具有推动效应；证券印花税受外部环境的影响，对经济增长的影响还具有时期性。

5. 实证检验金融市场税收的经济周期波动效应

虽然，国内有学者实证检验了税收（主要是实体经济课税）的经济周期波动效应，但对利息税与证券印花税的经济周期波动效应实证研究甚为稀少。本书综合应用脉冲响应函数、方差分解模型、分布滞后模型以及时变参数模型等计量数理模型，实证检验了金融市场税收对经济周期波动效应的影响。实证结果表明：短期内金融市场税收对经济周期波动具有稳定效应，但长期内其稳定效应不明显。金融市场税收的经济周期波动稳定效应具有滞后性。

6. 动态模拟金融市场税收对稳态消费与稳态资本的影响

近几年，国内有些学者采用模拟分析法研究政策变化的效应，但对利息税与证券印花税的稳态消费与稳态资本效应研究却鲜为少见。本书从动态均衡视角，利用回归的参数数据，动态模拟分析了利息税、证券印花税税率调整对稳态消费与稳态资本的影响程度。

7. 实证研究金融市场税收的收入再分配效应

已有文献表明国内的相关研究主要集中在采用定性方法对利息税的公平性进行评判，形成了两种相反的观点，而对证券印花税和股利所得税的收入再分配效应的研究几乎没有。本书从结构与整体的双视角，开拓了这方面的实证研究。从结构视角，将利息税、股利所得税以及证券印花税的平均税率作为变量指标，分别计算出了它们各自在不同居民收入组的平均税率累进性。结果表明，利息税、股利所得税以及证券印花税的平均税率都具有累进性。又从整体视角，通过计算税收征收前后基尼系数的变化量，实证考察了金融市场税收的收入再分配效应。

结果表明，相对于税前基尼系数，利息税、股利所得税以及证券印花税的税后基尼系数变小，即它们具有收入再分配的正效应。

（四）制度研究的应用性

本书在理论分析、实证研究的基础上，提出了我国税收政策路径与税制安排方案，具有较强的现实性与可操作性，提供了决策支持，具有重要的实践意义与应用价值。

1. 提出中国金融市场税收政策选择的建议

（1）微观视角：金融市场税收政策选择。在当今全球金融危机与金融市场低迷的状态下，应该充分发挥证券印花税的微观调节作用，辅以证券所得税政策，促进我国金融市场的健康发展。第一，坚持金融市场税收负担的适度化。在构建科学的金融市场税负测量指标体系的基础上，多管齐下，调控金融市场税负规模，减轻超额税收的漏损效应。一是强力推进"上市公司强制分红制度"；[①]二是实施股利投资所得抵免制等减税政策，减少政府从证券市场抽走的税收总量；三是建立平准基金制度，在市场的特殊状态下，向市场注入资金。通过以上对策，逐步使我国证券市场整体税负回归到合理的区间。第二，坚持金融市场税收政策变动的透明化。为了减弱证券印花税调整不确定性带来的负信息冲击效应，应该实行透明的"交易税与市盈率相联动的浮动税率"政策变动方式。这种政策调整机制能够自动调整投资者的心理预期与投资行为，减少股票价格的过度波动，使证券印花税起到"自动稳定器"的作用。

（2）宏观视角：金融市场税收政策选择。由于我国利息税实际效应的特点是收入效应大于替代效应，因此政府应根据经济发展的不同时期，权衡应用利息税的政策目标。目前应恢复开征利息税，充分发挥其宏观经济调控作用。

2. 提出中国证券市场税制结构的优化路径与实施方案

（1）证券税制整体构造思路。根据证券市场的发展状况，分阶段配置税种，全方位地优化中国证券市场税制。第一，近期目标。构造以金融商品交易税为主体税种，辅之以印花税、投资所得税的直接证券税制。在间接证券税制方面，构建"证券投资基金导管税制"；并在全国推行EET企业年金税制。第二，远期目标。构建以金融利得税为主体税种，辅之以印花税、投资所得税与遗赠财产税的直接证券税制。在间接证券税制方面，构建系统规范的多层次养老金税制体系。

（2）金融利得税制方案。我国金融商品利得税应采取企业混合课征与个人分离课征相结合的综合课征模式，并实行"累进型"与"乘数型"相结合的税率结构。

3. 探索中国金融衍生工具市场税制的创新路径与实施方案

为了配合金融衍生工具市场的推进，我国应尽快构建金融衍生工具市场

---

① 证监会的《关于加强社会公众股股东权益保护的若干规定》（2004年12月7日颁布），该文件规定将分红和再融资资格直接挂钩。

税制。

（1）期权税制方案。第一，期权交易税制的设计。建议实行"权利金浮动征税"方案：一是选择以期权合约的市场价格为税基；二是实行浮动税率。以期权的内在价值为基准，当期权市价在正常范围内波动时，按最低税率征税；当期权市价超过正常范围时，逐级按更高的税率征税。第二，期权所得税制的设计。应该遵循"分期推进原则"确定纳税人的应税所得。近期实行"合并法与收付实现法"的计征方法，远期实行"分离法与市值法"的计征方法。

（2）资产证券化税制方案。依据法治性、公平性、效率性、系统性的原则，从发起人、SPV、投资者、其他参与者四个层面，提出了构建包括印花税、流转税、所得税等系统的资产证券化税制方案。

4. 探索金融市场税收管理体系的强化路径与实施方案

（1）金融市场税收管理机理的研究。在阐释金融市场税收管理的性质与特点的基础，应用 A—S 模型，对金融市场税收管理机理进行了拓展分析。得到的结论是：金融市场税收管理的特殊性决定了税制因素将直接决定与影响其他变量，因此，完善税制和参与国际税收协调是税务机关提高金融市场税收征收率，治理税收流失的重要途径。

（2）国际金融市场税收管理的优化路径。面对跨国金融交易的严峻挑战，通过成立国际税收组织，实施国际课税权，开征"托宾税"与市场价值净额所得税是破解国际金融市场税务管理难题的次优路径选择。

二、尚需研究的问题

由于研究对象的复杂性以及数据资料欠缺，本书对以下问题研究不足：（1）债券市场税收的实证研究不足。受数据资料所限，未能对债券市场税收负担进行计量评估。（2）金融衍生工具市场税收的理论与实证研究不足。由于研究对象的复杂性与缺乏相关数据，仅从制度层面探索了金融衍生工具市场税制，而未能从理论层面阐释与实证检验其经济效应。这些金融市场税收的理论与实证问题还有待进一步探索。

上篇

金融市场税收理论
分析框架

第一章 金融市场税收机制分析 ❈

在当代世界经济中，市场经济国家的金融经济均以超越实体经济的规模与速度在发展。金融经济显示着越来越重要的作用，以其正反效应左右着世界的经济增长与经济周期运行。本篇（第一至第三章）将力图构建金融市场税收理论分析框架。本章将在解析金融经济的基础上，探析金融市场税收机制，以揭示金融市场税收的作用机理。

第一节 金融经济解析

一、金融经济的性质

（一）虚拟经济与金融经济的界定

金融经济属于虚拟经济的范畴。我们认为金融经济是指有关金融资源的配置与运行的虚拟经济活动。

虚拟经济是国内近年来出现的一个概念，它是由马克思在《资本论》中所提出的"虚拟资本"的概念衍生出来的。但是，目前学术界对虚拟经济内涵的界定仍众说纷纭。

刘骏民教授认为，"经济的金融化或金融深化主要是虚拟资本的扩张造成的，而虚拟资本的扩张与房地产业的虚拟价值膨胀合在一起，就实际上构成了经济中的虚拟部分。在当代经济中，实际经济增长是相对缓慢的，而虚拟经济部分则在迅速膨胀，我们将经济中虚拟部分称作虚拟经济，将虚拟经济的膨胀速度超过实际经济增长速度的现象称作经济的虚拟化。"①

在《财富本质属性与虚拟经济》一文中，他进一步提出：虚拟经济是以资本化定价为其行为基础的一套特定的价值关系，其运行特征相对于实际经济（传统经济）具有更大的不确定性和更大的波动性。实际经济是以成本支撑的定价方式，而虚拟经济是以观念支撑的定价方式。虚拟经济的研究范围包括观念支撑定价导致其价格强烈波动的经济活动领域。虚拟经济是一个正在扩张的领域，整个经济系统不是一个"物质系统"，而是一个"价值系统"。②

在《虚拟经济的理论框架及其命题》一文中，他认为，在狭义的层面，虚

---

① 刘骏民：《从虚拟资本到虚拟经济》，山东人民出版社 1998 年版。
② 刘骏民：《财富本质属性与虚拟经济》，载于《南开经济研究》2002 年第 12 期。

拟经济是指以资本化定价行为为基础的价格系统，其运行的基本特征具有内在的波动性。由于是资本化定价，人们的心理因素将对这样的市场起重要作用。而在广义的层面，虚拟经济是指观念支撑的系统，而不是成本和技术支撑的价格体系。

关于虚拟经济的外延，刘骏民教授认为，虚拟经济研究范畴的界定不是按照行业而是按照定价方式和随之而来的特殊运行方式，就是为了涵盖资本化定价方式泛化对整个经济产生的一系列影响。虚拟经济领域被多数人界定为"金融"，有些人还要加上"房地产"。而他认为从行业界定虚拟经济就会误导虚拟经济研究的特殊性。例如，泡沫经济的典型之一是荷兰的郁金香事件，这是一个实物领域里发生的事件。虽然虚拟经济不能等同于泡沫经济，但是泡沫经济却一定是虚拟经济的研究范畴。显然，在实物领域里当人们购买某种商品的目的不是为了消费，而是作为一种投资行为的时候，该种商品的定价就不再是由其成本来支撑了，它将进入"预期收入折现"的定价方式，也就是资本化的定价方式。多数金融资产属于这种定价行为，当然也就被界定为虚拟经济的研究范畴。如果将虚拟经济的研究范畴界定在"市场经济中，以资本化定价为基础，以内在的波动性为特征的价格体系"的话，它不但包括金融，还要包括房地产、无形资产、某些高技术产品和信息产品以及其他可能长期或短期进入这种特殊运行方式的有形产品和劳务。尽管虚拟经济不能等同于金融，但是由于金融系统是最纯粹的价值系统，它在整个经济系统中具有当然的核心地位。[①]

成思危教授认为虚拟经济是指与虚拟资本以金融系统为主要依托的循环运动有关的经济活动，简单地说就是直接以钱生钱的活动。[②]

谢太峰博士认为虚拟经济的定义有广义和狭义之分，广义的虚拟经济泛指与传统的物质资料生产、交换相对应的一切虚拟经济活动。它大体上有三种范畴：一是指证券、期货、期权等虚拟资本的交易活动；二是指以信息技术为工具所进行的经济活动，也有称之为数字经济或信息经济；三是指用计算机模拟的可视化经济活动。狭义的虚拟经济则仅包括上述第一项内容。[③]

曾康霖教授反对简单地把马克思"虚拟资本"的含义移植过来，他认为把这类活动从经济学上概括为"虚拟经济"或"虚物经济"是不正确的，缺乏科学性。他提到虚拟资本存在的前提是生息资本，他把资本自行增值的观念牢固地树立起来了，进而总结出"马克思提出虚拟资本的目的是要指出一种假象，一种虚幻，一种思想方法上的错乱。"从这个角度来看，他认为有些学者将非物质产品商品的开发经济活动统称为虚拟经济是不正确的，所谓的"虚拟经济"应

① 刘骏民：《虚拟经济的理论框架及其命题》，载于《虚拟经济的理论与实践——第二届全国虚拟经济研讨会论文选》，南开大学出版社 2003 年版。
② 成思危：《虚拟经济与金融危机》，载于《经济界》1999 年第 3 期。
③ 谢太峰：《正确认识虚拟经济》，载于《金融时报》1999 年 10 月 30 日。

该叫做"权益经济"。①

王爱俭教授认为：对虚拟经济本质及其内涵界定的研究，要考虑虚拟经济运行的背景：（1）经济的全球化；（2）信息技术革命；（3）金融深化和国际金融创新浪潮。同时，在论述虚拟经济之前还应提出一个对应概念——实体经济，以方便说明虚拟经济的定义。

所谓实体经济是指生产可以增加人类使用价值、效用和福利的产品或为其服务的经济活动，其基础是物质生产部门。这一定义表明，实体经济不仅包括物质生产活动、精神商品生产活动、劳务消费品生产活动、产品交换活动，还包括金融、科技研究与开发和咨询等行业中为这些生产与流通服务的活动。所有这些实体经济的共同特征是都直接或间接地增加了人类的使用价值和效用，实实在在地提高了人类的整体福利水平。

虚拟经济则是指在经济全球化、信息化条件下，通过金融创新使资本脱离实体经济而独立运动的经济。它是虚拟资本以增值为目的进行独立化运动的权益交易，主要是指信用制度膨胀下金融活动与实体经济偏离或完全独立的那一部分经济形态。虚拟经济最本质的内涵是资本价值形态的独立运动。简单地说，虚拟经济不是靠生产和服务去挣钱而是"用钱挣钱"。虚拟经济的运行过程就是由虚拟资本不断追逐更多利润的过程。同时，我们还应认识到，虚拟经济跟实体经济并不是可以截然分开、界限分明的。②

我们赞同刘骏民教授与王爱俭教授的观点，并认为，虚拟经济是以实体经济为基础的，但又脱离实体经济的，以资本化定价行为为基础的独立经济运动。

（二）金融经济的特点

金融经济依着于实体经济而又相异于实体经济，它具有以下特征。

1. 虚拟性

金融经济的增长纯粹是一种符号的账面数字的增长，它没有生产出可以增加人类使用价值和效用的产品，也没有提高这些产品的生产效率，不能直接提高人类的福利水平。增值是资本生存和合法性的依据，它也同样是作为资本特殊存在形式的剩余资本从事金融经济的直接目的。只有这样，剩余资本在虚拟化的运作中才能自我维护，才能取得生存的权力，同时也获得高额的利润。

2. 寄生性

金融经济是由实体经济派生而来，它是实体经济投资行为的"虚拟"反映。虽然金融经济具有自我生存、自我循环、自我复制的特征，但是其终究要回归和收敛于实体经济。因此，金融经济不能替代实体经济或脱离实体经济而在完全意义上独立存在，两者有着千丝万缕的联系。具体而言，金融资本的寄生性主要表现在其市场价格往往受到投资对象经营业绩的影响，金融经济的寄生性则表现为

---

① 曾康霖：《虚拟企业、虚拟经济辨析》，载于《经济学动态》2000 年第 2 期。
② 周俊等：《资本市场与实体经济》，中国金融出版社 2003 年版，第 5 页。

其运行周期大体上取决于实体经济的运行周期，但短期的背离是可能发生的。

由于金融与实体这两种经济系统之间联系紧密，在实体经济系统中产生的风险，例如产品积压、企业破产等，都会传递到金融经济系统中，导致其失稳。而金融经济系统中的风险，例如股票指数大落、银行呆账剧增、货币大幅贬值等，也会对实体经济造成严重的影响。在金融已成为经济核心的今天，实体经济已不可能脱离金融经济系统而运行。

3. 复杂性

金融经济交易活动受多种因素的影响，交易的很小部分是为了套现获得流动性，大部分是为了通过交易获得利差。除去实际投资的增长对其有明显的影响之外，军事、政治和纯粹的心理波动对金融资产的定价也有很大影响。事实上大部分交易能够实现就是因为众人预期的不同所致。

4. 超速增值性

金融经济的超速增值性使投入具有溢出效应和报酬递增的特点。正是由于金融资产有着相对独立的增值方式，且资本的流动不受许多客观因素限制而受人们心理预期的影响，因此投机资本就可以制造机会进行套利投机。金融资产利用金融工具运行，使投入有很强的杠杆效应，这也是造成金融经济不稳定的重要原因。

5. 介稳性

金融经济系统是一个介稳系统，即远离平衡状态，但是还能保持相对稳定的系统。物理学通常认为，只有平衡的系统才是稳定的。物理学家普里高津认为一个系统在远离平衡的时候也能够相对稳定，但是稳定的条件是系统具有耗散结构，即系统是开放的，必须与外界有物质和能量的交换。若将此概念用于金融经济领域，则可以认为金融经济系统之所以能够在远离平衡的状态下保持相对稳定，就必须有耗散结构，即能够通过和外界资金的交换，通过自组织作用来维持相对稳定。以股市为例，如果交易量骤减，股市的稳定性就会降低。此外，介稳系统的稳定性也很容易被外界的扰动所破坏。

金融经济的介稳性来自三个方面：一是来自金融资本内在的不稳定性。而这种不稳定性来自其本身的虚拟性，即金融资本价格的确定不是依据其本身内在的价值，而是依据人们对其未来价格的主观预测，而且还要受到其供求状况的影响。二是来自货币的虚拟化。货币与金本位和金汇兑本位脱钩之后，虽然还具有其作为支付手段的使用价值，但已经不再具有真正能以某种实物来衡量的价值了。因为政府可以通过印钞票的方式来调节货币供应量，失去了以前的货币退出机制。这时货币的价值只能用其购买力来衡量，而货币的购买力又要受到货币发行量、利率、汇率、人们消费行为等因素的影响，因此货币的虚拟化就会增强金融经济的不稳定性。三是来自正反馈作用。从理论上说，股价上升会减少对股票的需求，由于买的人少了，股市供求就自动平衡了；但由于股市中存在着正反馈作用，股价上升后，许多投资者对股市前景乐观，会有更多的资金进入股市来投机，由于需求增多，会促使股价进一步上升。这种正反馈作用会造成放大效应，使金融资本的价格大起大落，造成金融经济系统更加不稳定。

6. 高风险性

在经济活动中所谓的风险是指人们预期的收益与实际收益之间的差异，这种差异既来自客观世界的不确定性，也来自人们对客观世界的认识能力的局限性。风险可分为客观风险和主观风险两类。

客观风险来自客观世界的不确定性，根据理性预期学派的观点，股票价值等于其未来价值的折现，取决于未来的收益和折现率，但实际上，未来的收益和折现率都是不确定的，因为未来收益取决于投资对象的经营业绩，而其经营业绩是不确定的，折现率的基础是利率，会受市场影响而波动。这两个不确定性就会造成风险，但这种风险是客观的，是不以人的主观意志为转移的，因为我们无法完全了解未来实体经济和金融经济基本面的变化，不可能完全准确地预测未来，这就存在着客观风险。

主观风险来自人们对未来预期收益主观估计的错误。股市发展是靠人们乐观的心理预期来支撑的，如果股市中没有投机、泡沫和风险，就不是股市。如果大家都是理性投资者，都能准确地预测未来，那股价就是固定的，也就不会有交易量了。投机者不是看未来收益的折现，而是看买卖差价。买卖差价的存在依赖于一部分人对未来有乐观的估计，所以他们购入某种股票的价格才有可能超过其理性价格；而有投机，就必然有泡沫，就是股市上的交易价格和理性价格之差。有泡沫就必然有风险，这种风险就是主观风险。这种风险有正反馈作用，很容易被放大。当金融经济中的泡沫成分过大时，就有可能引发金融风险甚至金融危机。[①]

（三）金融经济与实体经济的关系

金融经济与实体经济的关系是错综复杂的经济问题，学术界的研究主要有：（1）马克思的有关论述。区分虚拟经济与实体经济并论述两者之间的关系，最早见于马克思的《资本论》。（2）西方主流经济学的有关论述。西方主流经济学的宏观理论中，IS—LM模型将产品市场与金融市场联系在一起，从而弥补了微观经济学完全将经济系统看做是物质系统的缺陷。该理论是最早将资本市场与商品市场联系在一起的宏观模型。（3）我国学者的有关研究。主要从微观层面对价格泡沫的研究与在宏观层面上对泡沫经济的研究。此外，资产价格对经济的冲击与金融波动对整个经济影响的研究，也涉及金融经济与实体经济之间的关系问题。[②]

我们将以马克思的论述为基础，阐释金融经济与实体经济的关系。

---

① 周俊等：《资本市场与实体经济》，中国金融出版社2003年版，第5～6页。成思危：《虚拟经济论丛》，民主与建设出版社2003年版，第51～56页。

② 《虚拟经济的理论与实践（第二届全国虚拟经济研讨会论文选）》，南开大学出版社2003年版，第43～44页。

1. 实体经济是金融经济的基础

马克思认为社会再生产过程包括生产、分配、交换、消费四个环节：生产创造适合需要的对象；分配依照社会规律把它们分配；交换依照个人需要把已经分配的东西再分配；最后，在消费中，产品脱离这种社会运动，直接变成个人的需要对象。因此，生产表现为起点，消费表现为终点，分配和交换表现为中间环节。金融活动是以货币资本这个特殊商品为经营对象，它直接表现为分配和交换关系，虚拟资本并未直接进入生产领域，也未直接用来消费，它处于生产与消费之间的中间环节。它是被生产所决定的。在生息资本的运动形式：G—G—W—G"—C'和借贷资本两重使用、两重归流的论述中，马克思进一步深入地论述了生产决定金融、实体经济决定虚拟经济。按照马克思的理论，价值和剩余价值的创造是在实体经济领域，而不在虚拟经济领域。根据现行国民经济核算中 GNP 和 GDP 指标，并不包含股票等有价证券的价格。如果我们把手持现金 10 000 元存入银行或用它由某证券公司购买股票，这时社会投资和储蓄都没有增长，只是个人资产结构发生变化，只有当某种物质资本形成时，才会出现投资。

2. 金融经济对实体经济的双重作用

实体经济决定金融经济，反之，金融经济会影响实体经济。金融经济对实体经济的作用是双重的。

虚拟资本的定价机理决定了金融经济对实体经济具有双重作用。马克思认为，虚拟资本具有不同于现实资本的计量方式，它是把收入资本化确定虚拟资本的量。"人们把每一个有规则的会反复取得的收入按平均利息来计算，把它算作是按这个利息率贷出的资本会提供的收入，这样就把这个收入资本化了。"[①] 正是由于有价证券行市的这种特殊决定方式，决定虚拟资本量的因素之一是实体经济的投资回报率，它与现实资本量并无直接关系。"作为纸制复本，这些证券只是幻想的，它们的价值额的涨落，和它们代表的现实资本的价值变动完全无关。"[②] 因此，虚拟资本量的增加或减少，并不意味着现实资本也相应增加或减少。而且，在信用制度与投机的推动下，虚拟资本量的增长有可能超过现实资本量的增长。因此，在金融经济适度发展的范围内，它具有提高社会资本效率，促进社会再生产的积极作用；但是若金融经济过度膨胀，形成金融泡沫，就有可能导致金融危机。

"一旦劳动的社会性质表现为商品的货币存在，从而表现为一个处于现实生产之外的东西，独立的货币危机或作为现实危机尖锐化的货币危机，就是不可避免的。"[③] 在危机时期，商品价格下跌，大批企业倒闭，生产规模缩减，这就强制性地使生产规模和有支付能力的需求暂时相适应。伴随着商品跌价，企业倒闭和生产缩减，股票行市剧烈下跌，一部分以前的债务被强制清理了，新的债务也

---

① 《马克思恩格斯全集》第 25 卷，人民出版社 1972 年版，第 528 ~ 529 页。
② 《马克思恩格斯全集》第 25 卷，人民出版社 1972 年版，第 540 ~ 541 页。
③ 《马克思恩格斯全集》第 25 卷，人民出版社 1972 年版，第 585 页。

大大缩减，虚拟资本数量也大大减少。这种强制缩减过度膨胀的金融规模，并使它和实体经济取得某种适应的经济过程就是金融危机。

综上所述，实体经济与金融经济是市场经济赖以发展前进的两个轮子，它们相互依赖，是市场经济中的有机构成部分。实体经济是金融经济的基础，如果金融经济过度偏离实体经济，就会爆发金融危机；反之，如果没有金融经济，当今的实体经济也就无法发展。

❦ 二、金融资产的性质

金融资产是金融经济的载体，也是金融市场的税基，因此我们将对这一重要范畴进行剖析，为金融市场的课税研究奠定基础。

（一）资产、收入和价值

1. 资产

按照西方经济学中的通常定义，资产是"由企业或个人拥有并具有价值的有形的财产或无形的权利。资产之所以对物主有用，或者是由于它是未来事业的源泉，或者是由于它可以用于取得未来的利益。"

这个定义给出了两个有关资产的基本概念。第一个概念是资产所具有的"价值"（Value），这个价值是指"某一种货物或劳务在市场上所表现的价格，"第二个概念是资产能够作为"未来事业的源泉"或"用于取得未来的利益"，在西方经济学中，这个"源泉"和"利益"被统称为收入（Income）。① 按照能够为持有人带来收入流量的性质，经济中最主要的资产可以划分成三类：有形资产、债权资产与股本资产、货币资产。这是三种性质不同的资产：

（1）有形资产（实物资产）。有形资产是指那些主要产生服务流量而不是货币收入流量的资产。通常把有形资产进一步划分为六种类型，即住宅建筑、非住宅建筑、土地、耐用生产资料、耐用消费品和库存物资。从表面上看，这些有形资产既能够提供服务流量，也能够在一定条件下提供货币收入流量。例如，把房屋、机器等有形资产出租，便可使所有人获得租金这种货币收入流量，但这些货币收入流量实质上是租用者按期为获得别人的有形资产的服务流量而付出的价款。这时有形资产提供的仍然是服务流量，并没有因为出租者获得的是货币收入而改变其本身收入流量的性质。

（2）金融资产。金融资产一般分为债权资产与股本资产。债权资产代表着对有形资产创造的收入流量中事先约定部分的索取权。股本资产则是代表着对有形资产创造的收入流量的"剩余索取权"。金融资产与有形资产的最根本区别在于它的收入流量是货币收入流量而不是服务流量。一般把这种代表对有形资产所创造的一部分收入流量的索取权，能够为持有人带来货币收入流量的资产，称为金融资产。

---

① D. 格林沃尔德：《现代经济词典》，商务印书馆 1983 年版，第 27 页，第 466 页，第 219 页。

（3）货币资产。货币是一个相当独特的资产范畴，它是对某种资产（用它所购买的资产）的全部收入流量的索取。因而，货币不是金融资产，而是一种非常特殊的有形资产。其特殊性主要表现在两个方面：其一，它既是金融资产收入流量的表现形式，又是除自身之外所有资产的价值表现形式，这个特点是其他资产所不具有的，其二，最容易转换成其他的资产形态。几乎所有的资产形态转换，无论是房屋变成股票，还是存款变成电冰箱，都要首先把需转换的资产变成货币，然后再把货币转换成所需要的资产。可以说，货币资产是其他所有资产相互转换形态的媒介。正是上述这两个特殊性，使货币从一般的有形资产中分离出来，形成一个独立的资产范畴。①

金融资产包括两类：第一类，原生性金融资产。它包括股权、债权等。这类原生性金融资产或能为持有者带来货币收入流量；或能为交易者带来资本损益。第二类，衍生性金融资产。它包括期货合同和期权合同等，它们代表持有人在未来某时刻可以行使的某种买卖金融资产的权利。这些资产的交易能够为其持有人带来资本损益，而不能提供正常的货币收入流量。

表1 – 1　　　　　　　　　　　　　　**资产分类表**

实物资产	金融资产	
	原生性金融资产	衍生性金融资产
产生服务流量	对持有者：产生货币收入流量	
	对交易者：带来资本损益	对交易者：带来资本损益

2. 收入和价值

收入和价值是两个完全不同的概念。收入是相对某一段时期而言的，回答一段时期内每单位时间获取多少的问题，因而是一个流量（Flow）概念，而价值则是相对于某一时点而言的，回答某个时刻保持多少的问题，因而是一个存量（Stock）概念。

"收入"概念中最重要的部分是"一段时期内"这一提法，例如一周内、一年内的收入，而不是指具体某日的收入额。收入贯穿于整个时期而不停留在某一个具体的时点。它的表达形式是某期间单位时间获取多少数额，因而又称为收入流量（Stream of income）。

收入流量和资产之间具有"一对一"的对应关系，即每一种资产具有一个收入流量，反过来说，每一种收入流量都必然产生于或从属于一种特定的资产。

收入流量既有货币形式，称为货币收入流量（Pecuniary income stream），也有非货币形式，通常称为服务流量（Service flow）或实物性收入（Income in

---

① 张志平：《金融市场实务与理论研究》，中国金融出版社1991年版，第408～409页。

kind）。服务流量是一个资产所有者从拥有的资产上获得的实际服务。

　　而价值是一个存量概念，它是指某种资产在某一时点上的价格。由于资产对其所有者来讲，代表着一定时期内获得未来收入的源泉或权利，因此，资产购买人在购买某种资产时，总是要求该资产所能带来的未来收入流量不能少于他在购买时付出的价款。这样，一种资产的价值便体现为人们愿意为获得该资产的收入流量而付出的价格。资产能够产生的收入流量越大，其价值便越大，反之其价值便越小。

　　从金融资产来分析，由于它是对未来货币收入流量的索取权，因此它的价值主要取决于它能带来的货币收入流量。同时，未来收入流量所具有的时间性、不确定性以及预期性①的特性决定了金融资产的价值还要取决于其收入流量的时间因素、不确定因素以及信息成本因素。换言之，金融资产的价值是在已知或预期未来收入流量的基础上，用从该收入流量中扣除时间补偿额、风险补偿额以及信息成本补偿额的方法来计算的。②

　　3. 收入流量的资本化

　　如果我们仅从收入流量大小的角度确定的资产价值，这只是资产的所谓"内在价值"（Intrinsic value）。然而，在实际经济活动中，很多资产是可以相互替代的。在这些可替代的资产之间，如果投资人发现一种资产比另一种资产便宜，大家都会抛出手中较贵的资产而争相去购买便宜的资产，结果造成便宜的资产供不应求，价格上升，而较贵的资产供大于求，价格下跌，最终使各种可相互替代的资产比价趋于合理。在这个意义上，一种资产的价值还要取决于能够替代它的那些资产的价值。用这种方法确定的价值，叫做资产的"相对价值"（Relative value）。它的含义是：如果能相互替代的资产之间在价值上出现差异，便会导致市场参加者争相购买价格低于内在价值的资产，直至把这种资产的价格拉回到其内在价值的水平。这时，一种资产的相对价值取决于市场参加者利用购买价格低于内在价值的资产而获取利润的积极性。

　　利用内在价值和相对价值这两种方法，便可以确定某种特定资产的价值。简单说，一种资产的价值，就是把该资产从购买时点起的未来收入流量总和与一种最简单、最稳定、替代性最强的资产的收入流量相比较，据此计算出来的投资人愿意为购买该资产付出的价格。这一计算过程叫做收入流量资本化（Capitalizing an income stream）。利用这种方式确定的资产价值实际上就是资产在未来将给持有人带来的收入流量的资本化价值（Capitalized value），或者说是资产的资本化收入流量（Capitalized income stream）。金融经济中的资产就是属于这类资本化的定价方式。

（二）金融资产的定价

　　金融经济中金融资产价格的决定与实体经济中一般商品和服务价格的决定具

---

　　① 预期是指投资人对某种资产未来收入流量的数量及其可靠程度的猜测。

　　② 张志平：《金融市场实务与理论研究》，中国金融出版社 1991 年版，第 408~414 页。

有不同本质。实体经济领域中的价格决定受到客观物质技术因素的制约，而金融资产的价格是资本化定价方式决定的，这种独特的定价机制使得金融经济具有与实体经济不同的运行特征。

一般商品和服务价格的决定是建立在成本基础上的定价方式。从表面上看是供求关系决定一般商品的价格。而在一段考察期间内，特别是当需求保持稳定时，供给方的生产成本对产品价格起着决定作用，而生产成本则受到要素提供、生产技术约束等多种客观因素的制约。因此，在实体经济领域，产品的价格形成很大程度上受客观物质技术因素的约束。根据政治经济学的观点，商品的价值在支配其价格的运动，实体经济的最基本特征表现为：一是实体经济是以成本为基础的定价方式；二是实体经济具有负反馈和边际收益递减的运行特点，① 从而在没有外部冲击情况下是一种收敛的价格体系。

金融资产价格的决定是建立在观念支撑基础上的资本化定价方式。金融资产的价格与成本无关或关系很小，而主要由该金融资产能带来的预期收入决定。但对于什么决定预期收入，不同的理论有不同的看法。有人认为预期收入与金融资产的市场风险程度有关；也有人认为金融资产的预期收益不只对市场组合的风险变化做出反应，而且还受到经济中许多其他因素的影响。如国际形势，价格指数，政府的金融财政政策、政治事件、突发事件等；甚至有人认为与时尚、情绪有关，更有甚者则认为资产的预期收入是无法预测的。这些理论分别按照各自的理论假设前提，对资本化定价理论展开了研究。

在金融经济中，投资者根据对金融资产未来收益的预期进行投资决策，而金融资产未来收益受多方面因素的影响是不断变化的。由于获得信息不充分，处理信息的能力不同，处理信息的成本等的限制，实际上投资者不可能准确地对资产未来的价格进行预期。经常做出过于乐观或过于悲观的反应，从而使得金融经济比实体经济更具波动性。

因此，金融经济的基本特征表现为：一是金融经济是以观念支撑为基础的资本化定价方式；二是金融经济具有正反馈和边际收益递增的运行特征，这种扩张性的价格体系使金融经济具有更大的波动性。②

（三）金融资产的收益及其税务处理

通过以上分析，我们得知，金融资产是可为投资者带来收益的资产，或可为持有者带来货币收入流量；或可为交易者带来资本损益。在税务处理上，我们把前者称为权益收益，而把后者称为资本利得。

1. 权益收益及其税务处理

权益收益通常是指通过无形资产的运用而取得的收入。最典型的权益收益有

---

① 在某一时段，如果某种商品的价格有可能高于其价值，人们纷纷生产该产品，造成供过于求，以致其价格下跌回归价值，因而呈现负反馈趋势。

② 成思危、刘骏民：《虚拟经济的理论与实践——第二届全国虚拟经济研讨会论文选》，南开大学出版社 2003 年版，第 96～111 页。

股息、利息和特许权使用费。在各国税收涉及的课税客体中，对于股息、利息和特许权使用费等收益，习惯上都不予扣除任何成本费用，而是就其毛收入行使地域管辖权征税。所以，从严格的意义上说，应该区别于所得，而称之为收益。

2. 资本利得及其税务处理

（1）"资本性"资产的确定。如何确定与资本利得有关的资本性资产（Capital Assets）？对于这一问题，至今没有现成的定义。但由于美国在资本利税方面已具有悠久的历史，已形成一些对资本性资产的经验判断，我们不妨据以为鉴。美国税法中将资本性资产定义为纳税义务人持有的财产，但下列不包括在内：第一，各项存货；第二，以销售为目的而购进的资产；第三，用于商业贸易的折旧资产；第四，用于商业贸易的不动产；第五，版权、著作权、音乐及艺术作品许可与契约书等个人创作的财产，以及与之相类似的资产；第六，正常商业贸易的应收账款和应收票据；第七，政府出版物。

这种反列举方法主要是为税务征收实践提供方便，应当指明的是，股票、国库券、公司债券以及其他有价证券，除特定外，通常都属资本性资产。当然，经营证券交易的公司和投资公司不在此列，如果把购进的证券转化为存货或当做交易合同的保证金，则不能看做资本性资产。个人占有的不动产通常认定为资本资产，但是如用于商业贸易则不是资本性资产，拥有的资产如是用于生活不是用于商业买卖的可认定为资本性资产。

由此，可以看出，资本性资产主要指企业或个人作为存量财富的资产，包括不动产如土地、房屋；有形动产如机器设备、黄金珠宝等；有价证券如股票、债券等；非创作者持有的无形资产如专利权、商标权等。

（2）资本利得及其源泉。作为财富存量的资本在其保持不变形态的存续期间，会由于各种社会的、经济的原因，其价值发生一定的变化，这种变化后的财富价值较变化前的价值的差额即为资本利得。简而言之，资本利得是指纳税人通过出售资本项目所获取的收益。就具体的征税对象而言，有机器设备增值利得、房地增值利得、证券交易增值利得、无形资产增值利得，等等。

就本质而言，资本利得是不真实的，或者说是虚拟的。财产因转让或交换所发生的货币增值，无非是通货膨胀等因素的结果。从实物形态看，由于没有追加有效的资本、人力、技术等生产要素的投入，因而不可能有增值。同时，它是一种不能预期的所得以及不劳增益（Unearned Income）。从理论上来讲，资本利得的产生有如下几个方面的因素：第一，资产的量、形态、效用等本来的实质价值是不变的，但是伴随着通货膨胀导致的货币贬值，产生货币性增值；第二，市场利息率上下变动的情况，或是租税制度变更及市场资金流动量的变化导致投资意识高涨，土地、股票、书画、古董、宝石等价格上涨的时候，产生资本利得；第三，由于需求和供给的不平衡造成价格变动，其实际价值上升的时候，产生资本利得；第四，因土地利用率的好转而产生地价上升现象时产生的资本利得；第五，企业的成就逐渐增大引起行市上涨，从而呈现股票价格上升现象的时候，产生资本利得。

（3）资本利得的课税。从国际的角度考察，主要存在对资本利得征税与不征税两种不同的观点及处理方式：第一，法律依据。奉行"净资产增加说"的国家认为应该把它列入所得税的课征范围；而奉行"所得源泉说"的国家则反对把它列入所得税的课征范围。这种所得税立法思想的差异使得资本利得仅仅被一部分国家列为税收涉及的课税客体进行征税。第二，经济依据。主张对资本利得不征税的观点认为，由于资本利得是一种不真实的增值收益，因此，在投资方向和投资形式多变的历史条件下，如果对货币增值课税，结果是对原有资本的剥夺，不利于社会生产规模的扩大。而主张对资本利得征税的观点则认为，货币增值是一般所得的共同特征。资本资产既作为生产要素的主要构成部分，对其货币增值如不征税，会给税务行政管理带来困难，导致税源流失，甚至还会助长投机活动，给社会带来不利。不过，多数国家一方面坚持要征税，另一方面又主张它要与普通所得区别开来，课征较轻的税负。①

综上所述，实体经济与金融经济是市场经济整体中的有机构成部分，与之相对应的实体经济税收与金融经济税收也是税收制度的有机构成部分。然而，金融经济及其金融资产的特殊性又使得金融经济税收具有独特性，这是我们认识与研究金融市场税收问题的核心所在。

🌿 三、金融市场的性质

金融市场通常是指以金融资产为交易对象而形成的供求关系及其机制的总和。这个表述包括以下三个层面的含义：一是金融市场是进行金融资产交易的场所。金融资产的买卖交易构成了金融市场；反之，金融市场的形成和发展又为金融资产自身职能的充分发挥提供了必要的条件。二是金融市场反映了金融资产的供应者和需求者之间的供求关系，揭示了资金的集中——传递过程。三是金融市场包含金融资产交易过程中所产生的各种运行机制，其中最主要的是价格机制；它揭示了金融资产的定价过程，说明了如何通过这些定价过程在市场的各个参与者之间合理地分配风险和收益。金融市场是金融经济的重要领域，它集中体现了金融经济的本质特征。

作为金融经济的重要领域，金融市场具有以下经济功能：

（一）金融市场的微观经济功能

金融市场的出现和存在解决了金融资产的创造和分配、金融资产的流动性以及金融资产交易的便利等问题。具体而言，金融市场具有以下微观经济功能：

1. 融资功能

金融市场将拥有盈余资金一方的资金转移到需要资金投资于有形资产的一方。

---

① 唐腾翔：《比较税制》，中国财政经济出版社 1990 年版，第 196～197 页

2. 定价功能

金融市场上买方与卖方的相互作用决定了交易资产的价格，或者说确定了金融资产的收益率，从而引导资金在金融资产之间进行分配。

3. 分散风险功能

在转移资金的同时将与有形资金现金流相关的不可避免的风险在寻求资金和提供资金的各方之间进行重新分配。

4. 流动性功能

金融市场为投资者出售金融资产提供了流动性机制。如果金融资产缺乏流动性，则其所有者将被迫持有债务工具直至其到期，或者被迫持有权益工具直至公司破产清算，因而，流动性对于金融资产的投资者具有很大的吸引力。

5. 信息机制与功能

金融市场减少了交易者的搜寻成本和信息成本。搜寻成本是指通过广告以便能够出售和购买金融资产的显性成本以及确定交易对象时间的隐性成本。信息成本则是指与评估金融资产投资价值相关的成本。在有效的资本市场中，价格反映了所有市场参与者收集到的总信息。

6. 效率机制与功能

金融市场中的衍生市场使投资者能更有效地实施投资决策以达到其财务目标，并且使发行者能更有效地以令人满意的条件融资。

（二）金融市场的宏观经济功能

从经济系统运行的整体看，金融市场具备以下几种宏观经济功能：聚敛功能、配置功能、调节功能和反映功能。

1. 聚敛功能

金融市场的聚敛功能是指金融市场发挥着资金"蓄水池"的作用。它创造多种多样的金融工具并为之提供良好的流动性，满足资金供求双方不同期限、收益和风险的要求，为资金供应者提供适合的投资手段，引导众多分散的小额资金汇聚成可以投入社会再生产的大规模资金。

2. 配置功能

金融市场的配置功能表现在三个方面：一是资源的配置；二是财富的再分配；三是风险的再分配。资本总是在追逐利润，金融工具价格的波动反映了不同部门的收益率的差异，金融工具的交易客观上有助于将资源从低效部门转移到高效部门，从而实现稀缺资源的合理配置和有效利用。在经济金融化的时代里，金融资产成为社会财富的重要存在形式，金融资产价格的波动，改变了社会财富的存量分布，实现了社会财富的再分配。金融资产的定价遵循"无套利均衡"的原则，金融资产价格的确定实际上反映了风险和收益的动态均衡。金融市场的参与者根据自身对风险的态度选择不同的金融工具，风险厌恶者可以通过出让收益的方式将风险转嫁给风险的偏好者，从而实现风险的再分配。

3. 调节功能

金融市场的调节功能一方面体现在为政府的宏观经济政策提供传导途径，另一方面则体现为促进金融市场参与者的自我完善。金融市场的存在为政府实施宏观调控创造了条件，存款准备金、再贴现和公开市场操作等货币政策工具的实施都必须以金融市场的良好发育作为前提；而投资者为了自身的利益必须谨慎地挑选投资对象；工商企业也只有通过科学管理、保持良好的发展势头，才能继续生存并发展壮大，否则，就难以在金融市场上继续筹集资金，因此，金融市场具有自发性调节国民经济活动的功能。

4. 反映功能

金融市场往往被称为国民经济的"晴雨表"，这实际上指的就是金融市场的反映功能。交易所里证券价格的波动反映着上市工商企业的经营管理情况及发展前景；货币供应量的变化反映着宏观经济运行的状况。日益发达的电信网络系统广泛收集和传播着各种金融信息，将全球金融市场连成一体，从而使人们得以及时了解世界经济发展变化的情况。①

第二节　金融市场税收机制解析

一、金融市场税收机制性质

金融市场税收机制是指建立在金融资产经济基础之上的，金融市场税收的各个组成部分和环节彼此联系，相互制约和相互影响，从而有机地结合起来，推动整个机体运动和发展的方式。

（一）金融市场税收机制系统

金融市场税收机制是由课税机制与传导机制两个子系统共同构成。

1. 金融市场的课税机制

金融市场的课税机制包括税收行为主体制度、税种制度以及税收管理制度。

（1）金融市场的税收行为主体制度。以国家征税为起点的税收运动过程，实际上是利益分配和调整的过程。在存在多元利益主体的情况下，一定收入分配格局的形成，并非可由某一主体单方面地决定，即使是具有强制性的税收分配也是如此。另一方面，纳税人总是把税收看成是制约其以获利最大化为基本目的的经济活动的外生利益变量。不同的税收政策会引起其不同的行为反应。因此，就有必要研究金融市场税收运动过程中，各行为主体及其相应的特征。

金融市场的税收行为主体是指具有特殊经济利益目标，并在税收分配过程中采取一切可能行为追求其目标的参与者。具体包括：

第一，征税权力主体。税收是国家凭借政治权力以法律形式参与社会产品的

---

① 张亦春：《现代金融市场学》，中国金融出版社 2003 年版，第 8~9 页。

分配，国家是税收分配的权力主体。从抽象意义上分析，国家所追求的利益是全民利益，是为了实现社会福利最大化。为此，一方面，从分配目的进行考察。国家通过金融市场税收分配，实现收入公平分配。另一方面，国家政府运用税收杠杆对金融市场进行调节，进而对资源配置进行调节，使其达到优化状态。然而，在现实经济中，政府并非是先知先觉，在金融市场信息不完善以及各种约束条件下做出的税收决策，一般难以保证社会福利最大目标的实现。有鉴于此，有必要强化对政府在税收决策中的行为约束。

第二，纳税义务主体。从金融市场的参加者及纳税者来看，主要包括融资者（股份公司）、投资者、中介者（金融机构）。纳税者作为经济人的性质和地位，决定了它必然将税收当做影响其收益的重要的外生变量，并做出灵敏的行为反应。按不同的标准，可将投资者进行不同的分类。其一，以投资者的职业化为标准，可分为机构投资者与中小投资者。机构投资者是指进行金融意义上的投资行为的非个人化、职业化和社会化的团体或机构，它包括用自有资金或通过各种金融工具所筹资金并在金融市场对金融商品进行投资的非个人化机构。机构投资者与个人投资者有很大不同。对于个人投资者来说，其所有权和经营权是统一的；而机构投资者的所有权和经营权则是分开的，其中多了一层委托代理关系。其二，以掌握市场信息的程度以及交易行为准则的综合标准，可将证券市场交易者分为四类：充分信息交易者、部分信息交易者、无信息交易者（这三类交易者是根据各自所掌握市场信息的程度而区分），以及噪声交易者（这类是根据证券市场价格变动而不是证券的内在价值而买卖证券的交易者）。各类投资者的性质决定了其行为的差异性。

第三，赋税主体。在金融市场中，如果静态地考察税收负担的归宿，由于赋税人处于税负运动的终点，因而只能被动地接受纳税人转嫁的税负。但从国民经济的动态来考察，赋税人也会通过进入或退出金融市场的行为选择，对政府的税收政策作出行为反应。

（2）金融市场的税种制度。从狭义的角度考察，金融市场税种特指直接以金融商品为标的的系列税种，主要有印花税、交易税、所得税以及财产税等税种。但从广义的角度考察，除上述税种外，还应包含公司流转税与公司所得税。因为它们能够左右上市公司的盈利水平及股息水平，进而影响上市公司的股票价格及证券市场的运行。一是印花税。印花税类主要是对证券一级市场上的股票发行的课税。国际上一般是通过征收印花税、注册税或资本转让税来管理股票的发行。这些税的纳税人为发行股票的公司法人。从征税对象来看，有的对股票面额征税，有的对资本金征税。这两类征税对象不同的股票发行税，关键在于是否对股份制企业所获得的股票溢价发行收入课税。若以资本金为征税对象，则溢价收入也纳入了征税对象；若以股票面额为征税对象，则溢价收入也就不征税。因此，这两类课税方式的作用是不同的。二是交易税。交易税是对金融商品的交易行为，按买卖成交额所课征的一种流转税。由于不论交易盈亏，一律按税率全额课征，因而，它可以通过增减金融商品交易成本，直接影响投资者的交易决策与交易行为，从而影响金融市场的发展。三是所得税类。所得税类主要有资本利得税与投资所得（股息和利息）税。所得税能够通过左右投资者的可支配收入数量来影响金融市场的发展。四是财产税。遗赠税是以遗赠的金融商品为征税对象，以纳税人金融商品所有权转移时的当日市场价格计算的价值为计税依据，允许扣除一定的免征额，对超过免征额的部分，实行超额累进税率的一般财产税。它主要影响金融资产的持有者结构。

（3）金融市场的税收管理制度。金融市场税收管理制度是税务机关依据金融市场税收政策法规，为实施税收分配活动和处理税收分配关系，指导征纳双方正确行使征税权利和履行纳税义务，而对日常税务活动所进行的计划、组织、控制、协调和监督的制度体系。

2. 金融市场税收的传导机制

金融市场税收的传导机制包括金融市场的信息机制、心理行为机制以及经济变量机制。

（1）金融市场信息机制。金融市场实质上是一个信息市场。英国统计学家莫里斯肯德尔在 1953 年发表的《经济时间序列分析》一文中就提出了"股票价格取决于信息"的观点，换言之，各类信息及信息的交汇在金融商品价格的形成过程中起着重要的作用，同时，金融商品价格作为一种重要信息对金融市场功能的正常发挥具有不可替代的作用。为此，我们认为信息机制是指由信息数量、信息质量、信息流动（披露、传递、获取、反馈）、信息分布、信息监管所组成的信息体系，能够影响金融商品价格、投资者行为以及金融市场运行的机制。信息机制是税收信息冲击效应的载体。政府课税或税收政策变动的信息传输将产生税收信息冲击效应，再通过心理行为机制影响金融市场的变动。

（2）金融市场心理行为机制。社会心理学家库尔特·勒温（Kurt Lewin）在大量分析实验的基础之上，提出了著名的勒温行为模型。勒温的行为模型如下：

$$B = F(P - P_1, P_2, \cdots\cdots, P_n; E, -E_1, E_2, \cdots\cdots, E_n) \qquad (1-1)$$

式（1-1）中，B（behavior）表示个人的行为；P（personal）表示个人的内在条件和内在特征，$P - P_1$，P_2，$\cdots\cdots$，P_n 表示构成内在条件的各种生理和心理因素，如生理需要、生理特征、能力、气质、性格、态度等；E（environment）表示个人所处的外部环境，E，$-E_1$，E_2，$\cdots\cdots$，E_n 表示构成环境的各种因素，如自然环境，社会环境（包括税收环境）等。

该模型表明：人类的行为是个人与环境相互作用的产物，人类的行为方式、指向和强度，主要受两大类因素的影响和制约，即个人内在因素和外部环境因素。其中，个人因素包括生理和心理两类基本因素，而外部因素则包括自然环境和社会环境两类因素。

假定税收环境为 Et，它主要包括税收制度、税法建设、税收征管模式等。

纳税人的税收环境知觉为 Et/P，包括应纳税额预期、预期收益率、对各种税收行为对应后果的预期、对税负分担的公平感等。纳税人的行为为 B，如买卖或持有证券的行为。S 为金融市场的经济变量，如股价、成交量、指数等。由于金融市场经济主体对 E（环境）的变化更具敏感性，因此金融市场经济主体的心理行为机制具有更强的作用，可将其正向作用机理描述如下：

$$E \rightarrow Et \rightarrow Et/P \rightarrow B \rightarrow S \qquad\qquad (1-2)$$

式（1-2）的经济含义为：总体环境 E（如政治经济体制及其发展水平、历史文化因素等）将影响税收环境；同时，税收环境 Et 也会反作用于 E。税收环境将影响纳税人的税收环境知觉 E/P。纳税人的税收环境知觉 E/P 将改变纳税人的行为 B，进而影响金融市场的经济变量 S。

（3）金融市场经济变量机制。经济变量机制包括金融商品价格机制与投资者收入机制。前者主要通过金融商品（如股票、期权等）的价格波动，引导投资者的行为，影响金融市场的运动；后者则主要通过金融商品投资收益率的波动，引导投资者的行为，影响金融市场的运动。

金融市场课税机制通过税收传导机制，发挥分配机能与调节机能，从而对金融市场以及宏观经济运行产生重大的影响。

（二）金融市场税收机制的特殊性

我们认为，金融市场的课税与实体经济课税相比，虽然它也表现为政府对纳税人的流转额或收益额征税，但是由于金融资产交易的行为基础——资本化定价方式决定了金融经济具有虚拟性、波动性、不确定性，以及心理预期影响的重要性等特点，从而决定了金融市场税收机制具有税收政策作用的强烈性、税基的虚拟性、税负的难测性、超额负担的多重性、税务管理的复杂性等性质特征。

1. 税收政策作用的强烈性与敏感性

从征税者（政府）来考察，政府所做出的税收政策的调整变动能够通过信息冲击与税负冲击的双重作用左右金融商品的价格易变性与价格水平、金融市场的规模、结构、效率以及风险程度，直接影响金融市场的运行。从纳税者（投资者）来考察，金融商品价值与价格的心理预期性决定了投资者在金融市场上的经济行为对税收政策的调整变动具有更强的敏感性。依据政府将增税或减税的信号，投资者将迅速做出是否参与金融市场，改变持有金融商品的方式、数量、结构、时间等经济决策，直接影响金融市场的运行，进而影响社会资源的配置。

2. 税基的虚拟性

从金融商品利得税的税源来分析，它的税基具有整体零和性。由于金融市场的交易不会产生实际收益，而只是投资者之间的收益转移，因此金融市场的税基具有明显的虚拟性。而税基的性质将对其税负运动和归宿起重要作用，因此，税基的虚拟性将决定金融市场税负担运动与归宿的特殊性。

3. 税负的隐蔽性与难测性

从交易税来考察，该税的实际税负高低与股票的周转次数有关。在上市公司给股票市场的回报（股利）为一定的条件下，股票的 N 次周转（换手率）将造成 N 次重复征税，因此金融市场税负具有隐蔽性。而且，由于各国金融市场的换手率（周转次数）不同，因而直接对金融市场税负进行国际比较较为困难。

4. 超额负担的多重性

税收超额负担是政府课税所造成的经济效率损失的无形负担。金融市场的超额负担表现为投资者损失、融资者损失、金融市场效率损失等所集合的税收超额负担。

5. 税务管理的复杂性

金融市场包括基础金融工具市场与衍生金融工具市场。在这两个市场中，尤其是在衍生金融工具市场中，对资本利得的确定与计征具有相对的复杂性，例如，混合产品、掉期、合成产品等衍生金融商品资本利得的确定往往与传统所得税制度对特定时间里等量现金流动的处理不相吻合，因此，需要创新税收管理工具，既要保护套期保值的投资者，又要防范套税的投机者。

为此，金融市场税收政策的制定与制度的设计必须考虑其特殊性。

二、金融市场税收机制流程

（一）税收与国民收入循环流程：一般模型

美国经济学家马斯格雷夫在《财政理论与实践》一书中提出了税收与国民收入循环流程模型。在一般模型中，舍弃了国际收支，构造了一个包含企业部门、居民户和政府部门（即公共经济部门）在内的国民收入循环流程与税收运动关系的流程，如图 1-1 所示。

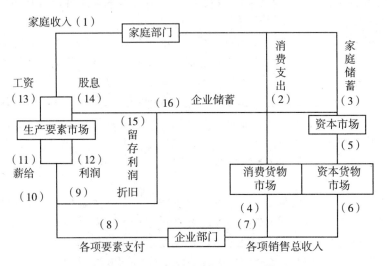

图 1-1　税收与国民收入：一般模型

图 1-1 显示了税收与国民收入流程的运行原理：家庭作为生产要素的占有者通过提供要素获取家庭收入（1），要素收入扣除缴纳的税收、加上政府的转移支付，形成家庭可支配收入，通过家庭的支出安排，形成个人消费支出（2）和家庭储蓄（3）。用于购买消费品的消费支出流入市场后成为企业收入（4）。储蓄通过资本市场形成投资（5），而后又成为生产资本品的企业收入（6）。工商企业的毛收入（7）由企业支配扣除一部分用于弥补原料的消耗后形成企业的生产总值（8），其中一部分用于折旧（9）；其余部分就是净产值（10），又要在要素市场上以薪给（11）购买劳务，以利润、利息等（12）购买资本和其他投入要素。这些要素的供应者又以工资（13）、股利、利息、租金等形式（14）成为家庭收入（1）。一部分未分配利润（15）加上折旧基金构成企业的储蓄（16），并与家庭储蓄一起形成投资资金，再购买资本品。

在国民收入的流转过程中，处处伴随着税负的运动及其影响：在（1）处征收个人所得税；在（2）处对个人消费支出征税；在（3）处征利息税；在（4）处征营业税；在（5）与（6）处为金融市场的系列课税；在（7）处是对企业的各项销售收入的征税；在（10）处征增值税（收入型）；在（11）处征社会保障税；在（12）处征公司所得税；在（14）处对股息征税；在（15）处对保留利润征税等。总之，国民收入流程分析揭示了税负运动内在于国民经济运行过程，参与国民收入价值形成、实现、支配和使用全过程，并以生产过程为媒介，不断循环。

（二）金融市场税收的流程：简单模型

我们将在税负与国民收入循环流程一般模型分析的基础上，以证券市场为分析对象，构造一个金融市场税收流程的简单模型，以进一步揭示税负运动与金融市场运行以及宏观经济运行的内在联系。

1. 税收与金融市场的循环流程

图 1-2 显示了课税与证券市场的运行流程：股份公司通过证券发行市场向股东 I 发行股票，股东认购股票，形成证券一级市场的资金运动（1）。在所有的股东 I 均出售所认购的股票的假定条件下，股东 I 通过证券二级市场出售所认购的股票，股东 II 购买股票。推而广之，股东们之间相互交易各类股票，形成证券二级市场的资金运动（2）。部分股东持有股票的股东将从股份公司获取股利收益，形成证券二级市场、股东以及股份公司之间的资金运动（3）。部分股东持有股票的股东，将股票遗赠，形成的存量资金运动（4）。

在证券市场的资金流转过程中，处处伴随着税负的运动及其影响：在证券发行环节（1），征收①证券印花税；在证券交易环节（2），征收②证券交易税与③证券交易所得税；在证券分配环节（3），征收④证券投资所得税；在证券遗赠环节（4），征收⑤证券遗赠财产税。

2. 税收与金融经济和实体经济的循环流程

图 1-3 显示了证券市场税收与金融经济和实体经济的运行原理，共由三个子

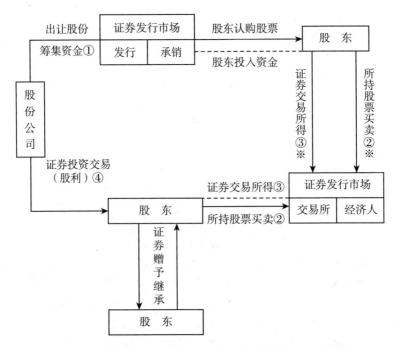

图1-2 税收与金融市场的循环流程

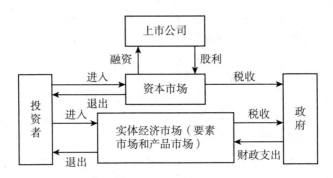

图1-3 税收与金融市场和实体经济的循环流程

系统构成。（1）上市公司与金融市场。一方面，上市公司向证券市场供给股票，吸取资本市场的资金；另一方面，上市公司向证券市场的投资者分配股利，向证券市场注入资金。上市公司的资金量与证券市场的资金量之间存在着联结点。（2）投资者与金融市场及实体经济市场。一方面，投资者进出金融市场，增减金融市场的资金量；另一方面，投资者进出实体经济市场，增减实体经济市场的资金量。投资者是连接金融市场与实体经济市场的桥梁，也是两个市场资金转化的联结点。（3）政府与金融市场及实体经济市场。一方面，政府向金融市场课税，减少金融市场的资金量。而且在一般条件下，政府不会向金融市场注入资金；另一方面，政府向实体经济市场课税与提供财政补贴（政府对某些实体经济领域提供财政支持，如财政支农支出），增减实体经济市场的资金量。政府也是连接金融市场与实体经济市场的桥梁，并且也是两个市场资金转化的联结点。

我们将国民收入流程分析方法引入金融市场税收运动分析的现实经济意义在于：（1）揭示金融市场税收运动过程与运动机理。税收运动内在于金融市场运行过程，参与金融市场的资本筹集、金融资产交易、金融资产收益分配的全过程，并以交易过程为媒介，不断循环周转，发挥其经济功能。（2）揭示金融市场税收运动与宏观经济运行的关系。金融市场税收与金融市场资金及实体经济市场资金交织运动，从而影响宏观经济运行。

三、金融市场税收机制运行机理

（一）金融市场税收机制的运行

金融市场税收具有分配职能与调节功能，金融市场税收的功能必须通过金融市场税收机制的运转才能实现，因此，金融市场税收机制在运行中通过发挥其经济功能，从金融经济与实体经济两方面影响社会经济的运行。

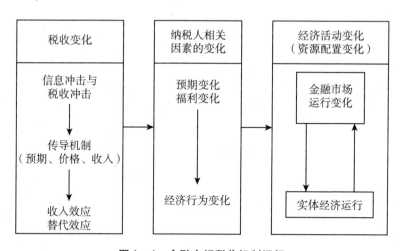

图 1-4 金融市场税收机制运行

金融市场税收机制的作用过程具体包括政府税收变化、投资者预期或实际物质利益以及经济行为变化、社会经济活动变化三个阶段。

第一阶段，政府的税收变化。政府根据经济发展状况（E），调整征税政策（Et），使金融市场的课税发生变化。

第二阶段，投资者的心理预期和物质利益变化及其所导致的经济行为变化。金融市场课税的变化将产生信息冲击与税负冲击，所谓税收信息冲击是指政府税收政策变化的信号对投资者心理预期波动的影响，如增税信号一般会导致投资者对预期收益看减的心理波动，出现对后市看空的预期气氛；减税信号一般会导致投资者对预期收益看增的心理波动，出现对后市看多的预期气氛。所谓税负冲击是指政府课税所形成的税收负担以及税负增减变化对投资者所产生的收入效应与替代效应。在以物质生产为主的经济体系中，财富和商品基本上以成本定价方式来衡量，心理预期对其影响并不是很大。而进入金融经济体系以后，金融商品交易都采用资本化定价方式，资本定价方式强调的是金融商品未来的收益和增值空间，心理预期对经济主体具有极其重要的影响。因此，政府增税或减税的课税信息与税负的双重冲击将通过投资者的心理预期机制的传导，影响金融商品预期收益率，改变投资者对税收环境的知觉（Et/P）与物质利益。物质利益的变化使投资者改变经济决策，重新调整其经济行为（B）。

第三阶段，社会经济活动变化。投资者的经济决策及经济行为变化将直接影响金融市场的状况（S），如金融市场的性质（熊市或牛市）、规模（资本注入或漏出）、结构、效率以及风险程度等，进而通过货币传导机制使实体经济活动发生变化，影响社会资源的配置。

综上所述，金融市场税收机制发挥机能的过程就是"经济环境变量 E→税收变量 Et→心理变量 Et/P→行为变量 B→经济变量 S"之间的作用过程。

（二）金融市场税收机制的作用机理

金融市场税收的机能是在其运行过程中实现的，其作用机理具体表现为：课税所产生的信息冲击与税负冲击将通过金融资产定价机制的传导引致金融资产价格的波动，金融资产价格波动又将通过"财富效应与 q 效应"传导机制左右经济变量，进而影响宏观经济运行。图 1-5 显示了金融市场税收机制的作用机理。

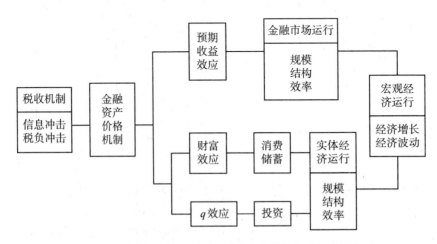

图 1-5 金融市场税收机制—金融资产价格机制—经济运行

资料来源：本图是在许荣著：《资产定价与宏观经济波动》（中国经济出版社 2007 年版）第 19 页（图 0-2）的基础上，进行了修改与拓展。

1. 金融市场税收与金融资产定价机制

资产定价理论是研究具有不确定未来收益索偿权的价值（或价格）的经济学理论。资产定价的核心问题是金融资产的价值（或价格）等于其预期收益的现值。所有的资产定价理论正是立于这一基点，沿着两种思路拓展。第一种思路是寻求资产的绝对价格或市场均衡定价法，即通过衡量某一资产的风险暴露而确定其价格，如资产定价模型（CAMP）、套利定价模型（APT）等就属这类；第二种思路是相对价格，即通过其他资产价格来推断某一资产的价格，如收入资本化定价方法、布莱克—斯科尔斯期权定价模型等就属这类。

投资学认为，定价就是确定金融资产公平价值的过程，定价的基本原则是：任何金融资产的价值等于预期现金流的价值。换言之，金融资产的价格主要由该金融资产能带来的预期收入决定，而预期收入又主要受金融资产的市场风险程度、经济中的其他因素（如国际形势，政府的金融财政政策、突发事件等）、投资者心理波动等因素的影响。

资产定价理论的基本假设之一是不存在交易成本（佣金和税费）以及干扰资产供求的障碍，即不存在所谓的市场"摩擦"。换言之，资产定价模型下探讨的金融资产价格均为不含税（证券交易税）价格。然而，税收是影响金融资产定价的重要因素。我们认为，依据流转税与所得税的不同传导机制，交易税通过交易成本机制影响金融资产的实际交易价格（或称为含税价格）；所得税则是通过收益机制影响金融资产的价值（或称为不含税价格），因此，我们将分别从交易成本机制与收益机制两方面，探讨金融市场税收机制的作用路径。

（1）交易税影响金融资产定价的路径。交易税作为金融资产交易成本的一部分，对金融资产价格起着重要的作用。但是，传统的资产定价理论抽象了交易费用因素，因而，目前国际上对交易税与金融资产定价机制之间的关系还未形成统一的认识。维克多利亚·萨波塔和菅直人（Victoria Saporta and Kamhon Kan, 1997）分析了交易税对英国股票价格的影响，得出了交易税税率变化会引起英国股票价格指数显著变化的结论，并且认为交易税效应至少会部分地资本化在价格之中。[①] 我们进一步认为交易税将通过两条路径影响金融资产的价格：一方面，交易税的税负冲击将通过它与投资边际成本的相关性决定投资者投资边际成本的高低，直接影响金融资产的含税价格；另一方面，交易税的信息冲击效应将通过它与投资者心理预期的相关性间接影响金融资产的预期收益率，进而资本化在金融资产的价格之中。

假设 I 表示投资者的收入线，C 表示投资者的成本线，在 C 中，SC 部分表示变动成本（佣金与证券交易税税金），它与收入线一样，同是股票量的函数，S 表示固定成本线，SQ 部分表示固定成本，它与股票数量之间没有关系。Q_1 点为"保本点"，T_1 表示交易税额，T_2 表示所得税额。在没有课税的情况下，投资

---

① Victoria Saporta and Kamhon Kan (1997), "The Effects of Stamp Duty on the Level and Volatility of UK Equity Prices", Bank of England Working Paper.

者的单位金融商品收入与成本的关系如图1－6所示。

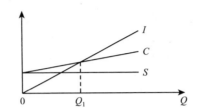

图1－6 无税下金融投资收入与成本的关系

在课税之后，情况将发生变化，见图1－7：图1－7（a）显示了征收交易税后的情况；图1－7（b）表示的是征收所得税后的情况。

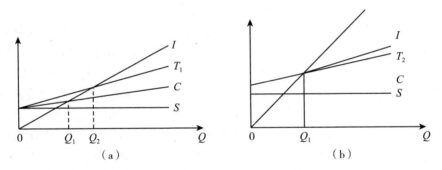

图1－7 征税下金融投资收入与成本的关系

证券交易税与投资者的边际成本之间具有相关性。投资者的边际成本与固定成本无关，而与可变成本有关，而可变成本是随金融商品数量的变动而变动的费用。例如，随着金融商品（股票等）数量的增加，佣金等费用都是递增的，因此，由可变成本所决定的边际成本也是递增的。如图1－7（a）所示，T_1（交易税）是通过增加投资者的支出实现的，它同可变成本一样，与金融商品数量成比例增加，金融商品数量每增加一单位，投资者就必须缴纳相应比例的交易税，并使其保本点由Q_1移至Q_2，因此，征收交易税必然引起投资者边际成本的上升，进而引起金融商品含税价格的变动。

一般而言，交易税会引起应税金融商品（如股票）的含税价格上涨，进而使应税股票与非应税证券（如国库券）、或与实体经济产品之间的相对价格将发生变化，相对价格的变化将导致投资者经济行为的变化，而投资者经济行为的变化又将引起股票市场的供求量、股票市场的规模与结构等系列金融经济变量的变动，最终导致经济资源配置的变动，从而影响金融市场与实体经济的运行。因此，证券交易税具有通过交易成本机制形成的利益导向，对金融资产定价以及金融市场运行产生直接影响的调节属性。

（2）所得税影响金融资产定价的路径。所得税与投资者的收益之间具有相关性。如图 1-7（b）所示，T_2（所得税）与投资者的边际成本之间没有相关性，而是与投资者的收益相关，它完全决定于投资者有无收益，以及收益的多少，是对收益的直接扣除。显然，它不直接影响投资者的边际成本，而是直接对投资者的收益率产生影响。所得税税负的高低将直接影响金融资产预期边际收益率的变动，进而引起投资者经济行为的变化，最终导致经济资源配置变化。因此，所得税与预期收益的相关性决定了所得税具有通过它与收入机制的相互作用形成利益导向，对金融资产定价以及金融市场运行产生直接影响的调节属性。

2. 金融市场影响实体经济运行的作用机理——基于股市传导机制的分析①

"股市是国民经济的寒暑表"。股市与国民经济或实体经济之间存在着对称性，即实体经济向好的时期，或者实体经济预期向好的时期，往往有一个持续上升的股市；实体经济萧条时期，或者实体经济预期向坏的时期，往往有一个不断下跌的股市。正如威廉·彼得·汉密尔顿所言，在一个有效率的股票市场上，股价可以反映一切信息。反之，股市并不只是被动地反映实体经济，而是能够通过其两大传导机制——消费支出传导机制与投资支出传导机制影响实体经济的发展。

（1）消费支出传导机制。消费支出传导机制的行为主体是投资者，投资者行为的变动能够通过财富效应渠道与流动性效应渠道影响股市运行。

a. 财富效应渠道。斯蒂格利茨在《经济学》中提到，财富效应是指："资本收益或者资产价值的变化改变了一个人的财富，当股票或不动产的价格上升，并且预期这一变化将长期持续时，拥有这些财富的人将提高他们的消费水平。这是因为人们的总财富增加了，即使他们没有立即从财富价值的上升中得到任何收入。"财富效应体现了人们预期的作用。F. 莫迪利亚尼（Madigliani Franco）的生命周期理论认为，人们的即期消费不取决于当期的劳动收入，而取决于生命周期内收入。在股票市场相对持续稳定增长时，股票市场不仅给投资者带来较为丰厚的红利，直接增大持股者的财富，而且在这种良好的示范效应下，大众继续持股，消费者心理上产生一种将股票收入由暂时性收入转化为持久性收入的预期，对未来经济发展确定性预期由此而增加。其结果，一是消费者信心指数不断攀升，即在居民收入不变的情况下，收入预期的看好也会促使居民扩大消费支出；二是消费支出的增加使居民不仅增加了现阶段的消费，甚至采用消费信用购买住房、汽车等。因此长期边际消费（MPC）呈扩大趋势，经济增长乘数 $k = 1/(1-MPC)$ 也不断扩大，进而促使整个经济的增长。

财富效应的传导路径可以表示为：股价（P）↑→财富（W）↑→消费（C）↑→总产出（Y）↑。

---

① 本部分根据周俊等：《资本市场与实体经济》，中国金融出版社 2003 年版，第 31～33 页的内容编写。

美国经济学者戴维斯和帕伦博通过对美国 1960～2000 年相关数据实证检验得到的实证结论是财富效应为 1∶0.039。换言之，家庭部门的财富每变动 1 美元，则家庭部门的消费支出将变动 3.9 美分。前美联储主席格林斯潘也曾认为，美国股票在 20 世纪 90 年代的持续攀升产生了巨大的财富效应，从而为美国经济带来强劲的总需求。

b. 流动性效应渠道。流动性效应的原理类似于财富效应，不同的只是从流动性的角度衡量，将个人资产划分为两大类——流动性强的资产与流动性弱的资产来进行分析。股票市场对耐用消费品及住宅支出也有影响。如果消费者拥有很多耐用品和住房，一旦财务上出现问题，消费者就要被迫出卖其耐用品或住房来增加货币，耐用品和房屋都是非常缺乏流动性的资产，在被迫出卖时将贬值。如果消费者对自己陷入财务困境的可能性预期较高，他将减少持有缺乏流动性的耐用品和住房等资产，多持有更具有流动性的资产。当股票价值上升时，消费者所持金融资产的价值也会提高，消费者的财务状况更为稳妥，遭受财务困难的概率也很低，从而耐用消费品、新住宅的支出也会增加。

流动性效应的传导路径可表示为：股价↑→金融资产的价值↑→财务困难的可能性↓→耐用消费品、新住宅支出↑→总产出↑。

（2）投资支出传导机制。投资支出传导机制的行为主体是上市公司，上市公司行为的变动能够通过 q 效应渠道与非对称信息效应渠道影响股市运行。

a. q 效应渠道。在分析货币与宏观经济总产出水平的传递机制时，托宾提出了一种有关股票价格和投资支出相互关联的理论（即 q 理论）。托宾认为，当货币供应量增加时，社会公众就会发现他们持有的货币比所需要的多，于是会通过支出来花掉这些货币，去处之一就是股票市场。一方面，社会公众增加对股票的需求，从而提高股票价格；另一方面，货币供应量的增加导致利率下降，企业的融资成本减少，盈利增加，净资产收益率上升。于是 q 值上升，即企业的市场价格高于企业的重置成本，新投资低于企业的市场价值，从而刺激企业投资扩大，总产出水平上升，总产出水平的提高会从提升就业率、工资水平和未来乐观预期等方面直接刺激消费需求的增长，个人消费支出的增长又引起经济的扩张，经济进入新一轮的财富增值循环中。

q 效应的传导路径可表示为：股价↑→q↓→I（投资）↑→Y（总产出）↑。

b. 非对称信息效应渠道。非对称信息理论发现，通过间接融资市场融资，由于信息不对称会产生逆向选择和道德风险，从而降低银行的贷款意愿，影响企业投资支出，进而会影响经济增长目标的实现。该理论认为，要解决这一问题的有效办法就是提高企业净值或贷款担保的价值，从而减少逆向选择和道德风险。股票市场的发展和股票价格的上涨是导致企业净值增加的重要途径，即股价水平上升通过强化银行信贷渠道而间接作用于企业投资支出，从而作用于实体经济。

非对称信息效应的传导过程可表述为：股价↑→企业净值↑→逆向选择↓，道德风险↓→贷款↑→投资↑→总产出↑。

　　由此可见，股市与实体经济之间的关系不是单向的，而是双向的：一方面，实体经济对股票市场具有直接的决定作用，使股票市场与实体经济之间存在对称性的可能；另一方面，股票市场运行状况也可以影响甚至在某种程度上决定着实体经济的运行状况。股市与实体经济之间存在作用与反作用的互动机制。

　　综上所述，金融市场税收机制能够通过金融资产定价机制，发挥其分配机能与调节机能，直接影响金融市场的运行，进而影响社会资源配置与宏观经济运行。

第三节　金融市场税收机制的经济效应

　　所谓税收效应，是指纳税人因政府课税而在其经济选择和经济行为方面作出的反应。金融市场税收机制能够通过金融商品价格与投资者收入等传导机制，释放"收入效应"与"替代效应"，发挥分配机能与调节机能，从而对金融市场运行以及宏观经济运行产生重大的影响。

一、微观效应：课税与金融市场运行

（一）税收的价格效应

中外学者对证券交易税对证券价格水平的影响，看法不一。

1. 刺激价格增长论

　　一些学者认为，课征证券交易税会提高证券资产的平均价格。那些认为证券交易税会降低过度价格易变性的学者认为，价格易变性风险的降低会调低证券资产所要求的投资收益率，从而可能会实际提高证券资产的平均价格。还有人认为证券交易税会使证券市场流动性降低，流动性降低使被课税证券投资收益率中的流动性溢价（Liquidity premium）减少，从而降低投资收益率并提高证券资产的平均价格。

2. 刺激价格下跌论

　　多数学者则认为，证券交易税的开征或税率提高，将导致证券资产价格的下跌（库比克 Kupiec，1993；维维 Whiye，1993；达夫 Duffee，1993）。证券交易税将增加二级市场的交易成本和风险，这要求较高的投资回报率（包含风险溢价），从而降低证券资产的价格。价格下跌的影响在不同证券表现并不一致，流动性强、交易活跃的证券价格下跌幅度较大。很多专家还进行了模型计量分析得出了提高 0.5% 的证券交易税，将使股票价格平均下跌 5% 的结论（Hubbard，1993）。中国学者刘勇（2004）以上海股市数据为样本，从股票指数与个股两方面对证券交易税的价格水平效应的实证研究结论也支持"刺激价格下跌论"。[①]

---

　　① 李靖野等：《证券交易税的经济效应分析》，载于《财经问题研究》2002 年第 1 期。刘勇：《股票交易印花税对股票价格影响研究》，载于《上海管理科学》2004 年第 3 期。

（二）税收的市场规模效应

1. 税收对金融商品供给的影响

（1）课税对企业资本结构及其股票供给的影响。从企业的融资方式来看，一般有自有资金、发行股票、债券、贷款等方式，课税将影响企业对融资方式的选择，从而形成不同的资本结构，改变股票的供给规模。

首先，证券交易税会改变企业的资本结构。如果对股票和债券课税结构的不同（如债券免税或税率较低），则会发生债券对股票的替代。从另外的角度分析，证券交易税会降低股票价格，从而降低托宾 q 值，托宾 q 值降低将使企业减少股票融资的比例。

其次，公司所得税会影响企业的资本结构。依据国际间的一般做法，在计算企业的应税所得时，贷款的利息支出是允许扣除的，而股利是不能扣除的，因而，对股利课征所得税具有"资本弱化"效应，即公司愿以举债方式筹措资本，从而享受贷款利息进行税前扣除的待遇；而以发行股票的形式筹资，则要承担较重的税负，甚至还会受到经济双重征税的威胁。

在现代资本结构理论中，以莫迪格利安尼和米勒定理（MM 理论）为代表的"税差学派"，着重探讨了税收差异对企业资本结构的影响。整个 MM 理论主要包括无公司税模型、公司税模型以及米勒模型。

a. 无公司税模型无公司税模型即莫迪格利安尼和米勒提出的三个定理：

定理 1：任何企业的市场价值与其资本结构无关，而是取决于按照与其风险程度相适应的预期收益率进行资本化的预期收益水平。

定理 2：股票每股预期收益率应等于与处于同一风险程度的纯粹权益流量相适应的资本化率。再加上与其财务风险相联系的溢价。其中财务风险是以负债权益比率与纯粹权益流量资本化率和利率之间差价的乘积来衡量。

定理 3：任何情况下，企业投资决策的选择点只能是纯粹权益流量资本化率，它完全不受用于为投资提供融资的证券类型的影响。

定理 1 说明，只要 EBIT 相等，那么处于同一风险等级里的企业，无论是负债经营的企业还是无负债经营即全为股本经营的企业它们的价值相等，$V_L = V_U$。企业的加权平均资本成本与资本结构毫不相关。定理 2 说明，负债企业的股本成本与同一风险等级中无负债企业的股本成本之间有一差额，这一差额即为负债企业所要承担的风险，即所谓风险补偿。举债增加将导致资本成本增加，而且损益相等。定理 2 是对定理 1 的解释。定理 3 说明，内涵报酬率大于综合资本成本及预期收益率是进行投资决策的基本前提。对于股份有限公司来讲，实施内涵报酬率超过综合资本成本的项目可以提高公司的股票价格。

b. 公司税模型引入公司所得税后资本结构对企业市场价值的影响，也称为修正的 MM 定理，或 MM 公司税模型。修正的 MM 定理的要点是，由于负债会因利息具有抵税作用，从而使企业价值随着负债融资程度的提高而增加，因此，企业负债率越高越好。MM 公司税模型同样包括三个命题：

命题 1：无负债企业的价值等于企业所得税后利润除以企业权益资本成本率；而负债企业的价值则等于同类风险的无负债企业的价值加上负债节税利益。负债节税利益等于公司所得税率乘上负债总额。引入公司所得税后，负债企业的价值会超过无负债企业的价值。负债越多，这个差异越大，因此，当负债比例最后趋近 100% 时，企业价值最大。

$$V_U = EBIT(1 - t)/K_{SU} \qquad\qquad (1-3)$$

$$V_L = V_U + TD \qquad\qquad (1-4)$$

命题 2：负债企业的权益资本成本率 K_{SL} 等于相同风险等级的无负债企业的权益资本成本率 K_{SU} 加上风险报酬，风险报酬则取决于公司的资本结构和所得税率。即：

$$K_{SL} = K_{SU} + (K_{SU} - K_d)(1-t)(D/S) \qquad\qquad (1-5)$$

K_d 为负债的利率，D 为企业负债总额，S 为普通股市场价值。由于 $(1-t)$ 总是小于 1，所以在考虑公司所得税后，尽管权益资本成本率还会随着负债程度的提高而上升，但公司赋税使股本成本上升的幅度低于无税时上升的幅度。因此，负债增加提高了企业价值。

命题 3：
$$IRR \geqslant K_{SU}[1 - T(D/V)] \qquad\qquad (1-6)$$

这里，$K_{SU}[1 - T(D/V)]$ 一项为新投资的临界率，只有那些收益率等于或大于这个临界率的项目才是可接受的。

由上可知，修正的 MM 理论认为，一公司可以由杠杆的不断增加而持续不断地降低其资本成本，杠杆程度越高，公司的价值就越高。为追求最佳的资本结构，公司应设法使用最大限度的杠杆。在一个有所得税存在的制度中，MM 理论的含义是：资本结构几乎可以完全由负债所构成。在这里，MM 舍弃了如下重要因素，即财务杠杆——财务风险——资本成本三者之间的密切相关性。米勒教授显然也意识到了以上结论的谬误之处，因此沿着以上研究的轨迹进一步完善了 MM 资本结构理论，即提出了关于资本结构的米勒模型。

c. 米勒模型。1976 年，米勒将个人所得税因素又加进了 MM 理论中，建立了一个包括公司所得税和个人所得税在内的模型，从而提出了米勒模型。

$$V_L = V_U + \left[1 - \frac{(1-Tc)(1-Ts)}{1-Td} \right] \times D \qquad\qquad (1-7)$$

式（1-10）中：Tc 为公司所得税率，Ts 为股票所得（股利 + 资本收益）税率，Td 为对债券征收的个人所得税率，D 为负债总额。

米勒模型可做如下说明：

第一，括号中 $\left[1 - \dfrac{(1-Tc)(1-Ts)}{1-Td} \right]$ 乘以 D 为负债收益，取代了 $V_L = V_U + TD$。

第二，若忽略所有的税率，$Tc = Ts = Td = 0$，则 $V_L = VU$，与 MM 理论的最初模型相同。

第三，若忽略个人所得税，$Ts = Td = 0$，括号中为 $[1 - (1 - Tc)] = Tc$，则 $V_L = V_U + TD_0$，这是 MM 公司税模型的表达式。

第四，如果个人股票和债券收益的个人所得税相等，$Ts = Td$，括号中也为 Tc。则它们对负债企业的市场价值的影响相互抵消。

第五，若 $(1 - Tc)(1 - Ts) = (1 - Td)$，括号中也为 0，使用负债杠杆的价值为 0。这说明企业负债的节税利益恰好被股本个人所得税所抵消，不论企业是使用债务融资还是权益融资，都无法获得税收上的利益好处，在这种情况下，资本结构对企业价值或资本成本无影响。这又回到 MM 的无税模型。

该模型认为，修正的 MM 理论高估了公司负债的好处，实际上，个人税在某种程度上抵消了公司利息支付减税的利益。因此，该模型的结论是：如果普通股收益的个人所得税少于债券收益的个人所得税，则在其他条件相同的情况下，债券的税前收益必须要大到足以补偿普通股收益的个人所得税和债券收益的个人所得税之间的差额，否则，没有人愿意持有债券。同理，对于一个负债券持有者个人的，他们必须支付与普通股收益不同的个人所得税。因此，一个层面上税收减免正好被另一个层面上税收增加的劣处所抵消。这样，米勒又得出与 MM 定理相一致的结论。[①]

我们认为，米勒教授舍弃了企业经营者与个人股东利益非同一性的现实基础，得出米勒模型的结论。然而，在现实社会中，企业经营者与个人股东利益存在着非同一性。企业经营者往往是利用债权融资的抵税作用，增加企业税后收益率以及公司税后股东投资回报率，而并不关心个人股东的税后（公司税和个人税）投资收益率。因此，企业所得税对融资方式差异性的税收待遇将改变企业经营者的融资决策行为，使得企业经营者具有选择债权融资方式，放弃股权融资方式的冲动与偏好。

综上所述，课税将改变企业经营者的融资决策行为，减少股票的供给规模。

（2）课税对企业利润分配结构及其股票供给的影响。"积累未分配盈余"系指股份制企业在经济活动过程中积累的税后利润，因未分配给股东而累积形成的账上盈余。证券交易利得与证券投资所得差异性的税收待遇将改变企业与股东的分配决策行为。因为，如果一国政府对证券交易利得不征税，而对证券投资所得却要征税，那么，同是一种投资行为，持有股票享受盈余分配的就必须负担所得税，而通过转让股票产生的所得则不必负担所得税。于是，纳税人经过安排即可将证券投资所得转化为证券交易利得（如要求股份公司送红股等），由应税标的转化为免税标的，从而产生"盈余证券化"的证券市场扩张效应。但根据"在手之鸟"理论，投资者对风险有天生的反感，并且认为风险将随着时间延长而增加，因而他们认为通过保留盈余再投资而获得的资本利得的不确定性要高于股利支付的不确定性。实际能拿到手的股利与增加留存收益后再投资得到的未来收

---

① 盖地：《企业税收筹划理论与实务》，东北财经大学出版社 2005 年版，第 245～247 页。

益相比，后者的风险性大得多。所以，投资者宁愿目前收到较少的股利，也不愿等到将来再收回不确定的较大的股利收益或获得较高的股票出售价格。因此在两种相互矛盾的效应的作用下，两种所得的税负差距影响是不确定的。

2. 税收对金融商品需求的影响

（1）证券交易税对金融商品需求的影响。从证券交易税来考察，在其他因素一定的条件下，证券交易税税负的高低通过增加或降低证券交易成本，引起证券价格的变动，进而影响参与证券市场交易的投资者数量，影响投资者购入证券的数量与品种，影响证券市场的币值总量，进而缩小或扩大证券市场的规模。

具体而言，这种影响表现在三个方面：第一，对过度投机的课税，一般都会带来成交量的缩减。第二，通过对市场结构性的影响（扭曲作用），降低证券市场交易量。比如，短期债务会比长期债务负担更多的交易税负，因而债券发行者将青睐于发行长期债券，致使短期债券市场将萎缩。第三，伴随着金融国际化程度的加深、现代网络交易市场的建立以及不同国家证券交易税负的差别，会出现证券市场的国际迁移，证券交易者和发行者转移到低税负国家。同时，金融产品的不断创新，使得一个国家的证券交易很容易通过一些所谓"模仿证券"（比如美国存托凭证、欧洲美元债券等）在另一个国家里进行。

（2）证券所得税对金融商品需求的影响。从证券所得税来考察，它对证券市场规模的影响具体表现在对投资者风险承担行为的影响与税率结构的影响两方面。

根据投资收益取得的风险程度的不同，可将"投资"划分为安全性投资和风险性投资。安全性投资是指能够取得确定性预期收入的投资（如国债投资）。风险性投资则是指其预期收入的取得通常带有风险性，收入具有不确定性的投资（如股票及期权投资）。一般而言，个人是否投资于一项资产，最基本的考虑有两点：一是这项资产的预期收益有多大；二是获得收益的风险有多大。在其他条件都相同的情况下，投资者的心理是矛盾的：一方面，他乐于选择预期收益高的资产；另一方面，他乐于选择更安全的资产。也就是说，人们更乐于把风险承担看做是获得更大收益的代价，只有当他们能够得到比安全投资更高的收益时人们才愿意冒险。在这一逻辑下可推知，典型的投资者不会选择完全持有安全资产（因其收益过低）或完全持有风险资产（因其风险过大），而是会持有一个对他而言理想的安全资产与风险资产组合。税收将通过左右投资者的投资组合，进而影响证券市场规模。

首先，我们来考察没有税收时投资者的资产选择行为。投资者的最优选择是其关于风险与收益组合的无关异曲线与现实的风险与收益组合的机会线的切点所决定的风险与收益的组合，如图 1-8 所示。

在图 1-8 中，横轴为收益，纵轴为风险；U_1，U_2 为投资者对于不同风险与收益组合的两条无差异曲钱；OP 为机会线。无差异曲线的形状表明风险承担是

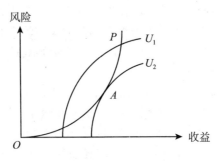

图1-8 无税时的投资选择

一劣等品，即虽说风险越大，可用更多的报酬来补偿，但超过一定风险，则收益再高也没有人愿做。需要说明的是，图中的无差异曲线只是表明了个人对于不同组合的风险和收益的评价。而现实中实际的机会线却是实实在在的，如图中 OP 线。它表明各种资产的收益都是有限的，超过了某一水平后，无论愿冒多大风险，也没有更大的收益。在此之前，则有一定的收益和一定的风险相互对应。投资者将选择 A 点决定的风险与收益的组合。

然后，我们再来分析课税条件下投资者的资产选择行为。传统的观点一直认为资产所得课税会通过降低预期收益率来歧视风险承担。但是，多马和马斯格雷夫（Evsey David Domar and Richard Abel Musgrave, 1944）却提出了不同观点。课税除了使政府在投资者预期收益中得到一个份额之外，政府也承担了风险。如果有完全的损失冲抵条款，那么损失就可以冲减其他应税收入，政府在获得收益的同时，实际上也承担着相同份额的可能损失。如果个人将足够大的权重归于税收的损失分享特征，那么税收歧视的方向就有可能相反。

假设：消费者对于财富（Y）在投资期结尾的概率分布有其偏好，并按照一个严格凹的效用函数 $U(Y)$ 来评估概率分布。初始财富（A）可以投资到两种资产中，其中货币（m）有确定的零收益率，风险资产（a）有随机收益率（x），对于收益按照比率 t 进行课税。

预算约束为：$m + a = A$ （1-8）

最终财富是：

$$Y = a[1 + x(1 - t)] + m$$
$$= A + ax(1 - t) \tag{1-9}$$

如果假定 x 在区间 $[-1, \infty]$ 内连续分布，预期效用是：

$$E[U] = \int_{-1}^{\infty} U(A + ax(1 - t))f(x)\,\mathrm{d}x \tag{1-10}$$

内解的一阶条件可以写为：

$$E[U'(Y)x(1 - t)] = 0 \tag{1-11}$$

凹性假定可满足二阶最大化条件。不难证明当且仅当 $E[x] > 0$ 时，风险资产的最适持有为正。我们将假定这是实际情形。

式（1-11）关于 t 的微分我们可以写为：

$$E\left[U''(Y)\left(\frac{\partial a}{\partial t}x(1-t)-ax\right)x(1-t)-U'(Y)x\right]=0$$

根据式（1-11）和由于 t 本身是非随机的，最后一项成为零，则肯定有：

$$\frac{\partial a}{\partial t}=\frac{a}{1-t} \text{ 或 } \frac{\partial a}{\partial t}\frac{t}{a}=\frac{t}{1-t} \tag{1-12}$$

由于投资者按照"法则"式（1-12）来调整他的资产组合，所以实际可以保持"最终财富"的概率分布不变。因此，在投资者通过增加风险资产的持有来对更高税率做出反应。所涉及的风险补贴大于对预期受益的课税。

如果我们进一步假定，货币（m）有确定的非零收益率（r），风险资产（a）有随机收益率（x），按照比率 t 对两种资产的收益进行征税，此时最终财富变为：

$$Y=a[1+x(1-t)]+m[1+r(1-t)]$$
$$=A[1+r(1-t)]+a(x-r)(1-t) \tag{1-13}$$

在最适状态下，在 a 进一步增加条件下，预期边际效用必须为零的条件与式（1-12）的形式完全相同。不过在这里由于 Y 的定义不同，这种情形的比较静态分析与前面的不同。对 t 求导数，我们得到：

$$\frac{\partial a}{\partial t}=\frac{E[U''(Y)(x-r)]}{E[U''(Y)(x-r)^2]}\times\frac{Ar}{1-t}+\frac{a}{1-t}$$

$$\frac{\partial a}{\partial A}=-\frac{1+r(1-t)}{1-t}\frac{\partial a}{\partial A}+\frac{a}{1-t}$$

或者以弹性的形式写出：

$$\frac{\partial a}{\partial t}\times\frac{t}{a}=-\frac{tr}{1+r(1-t)}\left(\frac{\partial a}{\partial A}\frac{A}{a}\right)+\frac{t}{1-t} \tag{1-14}$$

在式（1-14）中，第一项是收入效应。如果它是正的（这是一个合理的假定），则它就倾向于降低对风险资产的需求。第二项是替代效应。它与式（1-12）的结果完全相同，具有刺激对风险资产需求的作用。由于，收入效应与替代效应相互冲突，因而，无法就课税与风险承担之间的关系得出肯定的结论。[①]

具体而言，课税的收入效应与替代效应的大小以及对比与投资损失冲销的制度设计有关。

完全冲销投资损失指的是税法允许投资者从其应税所得中冲销所有亏损。在这种情况下，政府实际上成了投资者的"合伙人"，即政府不仅分享投资者成功

① 阿兰·J·奥尔巴克等：《公共经济学手册（第1卷）》，经济科学出版社2005年版，第257～260页。

时的收益，且当投资者亏损时，政府也分担了损失。这种情况下引入税收，一般会激励人们承担更多的风险。因为税收在降低了收益的同时也降低了风险，所以具有鼓励人们承担更多风险的倾向。我们可用税收的收入效应与替代效应对这一结论给予解释。在此，收入效应是指为多获得收益而甘愿承担更大的风险；而替代效应指的是既然冒同样的风险而收入不如从前，那么就选择少冒风险。但是在亏损能够完全冲抵的情形下，税收的替代效应降到了最低，而收入效应将驱使投资者选择更多的风险承担。税后，机会线变为 OP，新均衡点 B 对应的风险程度大于原来与 A 点对应的风险程度。图 1-9 显示了税收激励更多的风险承担。

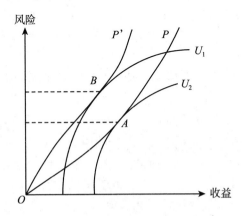

图 1-9 充分损失补偿课税制度下的投资选择

但是，若税法不允许冲销亏损，则政府只在投资者成功时分享利润，而在投资者亏损时不再作"合伙人"分担亏损。这种情形下，税收将会鼓励人们选择更具安全性的资产，如政府债券。或者说，替代效应可能大于收入效应，个人将宁可减少风险承担。

证券交易所得税的税率结构（如单一比例税率、多级比例税率、累进税率）将对金融市场规模产生影响。

第一，如果在较为成熟的证券市场中，开征累进的（包括多级比例税率）证券利得税，则它具有自动调节证券市场规模和市场涨跌的"自动稳定器"功能（具体机理见图 1-10）。因此，证券利得税是调节证券市场供求关系，平抑证券市场起落的有效杠杆。

第二，如果在不成熟的证券市场中，开征证券利得税，由于它直接明显地减少投资者的证券交易收益，因而，它具有十分强烈的压抑股市上涨或促使股市下挫的紧缩效应。从实际情况来看，国际上有些地区曾因发布开征证券利得税的消息，而引起证券市场狂跌的事件。1986 年，意大利政府讨论证券利得课税议案，准备对证券交易者持有期末满五年的股票达到一定金额者，就其交易所得课征所得税（最高税率为 62%，以及地方税率为 16.2%）。当这项消息传到米拉诺市股票市场时，股价急剧下跌。自 1986 年 5 月下旬至 6 月上旬止，股票指数下跌 25%，后因

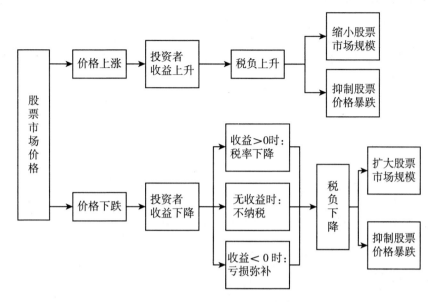

图1-10 证券利得税的"自动稳定器"功能

意大利财政部部长出面澄清，政府并不急于课征该税股市才渐趋回稳。[1]

(三) 税收的市场结构效应

1. 课税对金融市场主体结构的影响

首先，从股票供给者来考察，如果对未上市公司股票的买卖课征较高的交易税，而对上市公司股票的买卖课征较低的交易税，则能够鼓励公司股票公开上市交易，改变上市公司的结构。

其次，从投资者结构来考察，课税会改变投资者的交易与投资组合等行为，但对不同投资者的影响不同。第一，改变机构投资者与非机构投资者的结构。如果对证券投资基金等机构投资者课以低税或者实行免税，而对非机构投资者（中小投资者）课以较高的税，则会改变两类投资者的结构。第二，改变长期投资者与短期投资者的结构。如果以证券持有期的长短来划分证券投资行为与证券投机行为，采取差别性的税率，对持有期长的投资者课以较低的税，而对持有期短的投资者课以较高的税，就会起到抑制投机和减少短期行为的作用，鼓励人们从事长期投资。从而改变投资者的持股时间结构。第三，影响投资者的买卖行为。如果对买进证券课以较低的交易税或者实行免税，而对卖出证券课以较高的税，则会影响证券交易方向，鼓励投资者买进证券，限制投资者卖出证券，改变两类投资者的结构。

---

① 高永长：《资本增益课税与证券市场》，载于《财税研究》［台］1994年第2期。

　　最后，从金融机构结构来考察，课税对不同类型的金融机构影响不同，比如对期货等衍生金融工具课征交易税就会对商业银行等金融机构产生较大的影响（因为要对资产负债进行风险套期保值），而对养老基金的影响则较小。证券交易税通过影响金融机构之间的相对优势和运行成本，会造成金融机构的市场结构发生显著的变化。

　　2. 课税对金融工具结构的影响

　　从交易税来考察，课征交易税会引致金融工具之间替代性（substitution）的发生。比如，人们期望通过证券交易税降低股市的易变性，但对股票课征交易税将导致各类权益的债券对股票的替代（例如可转换债券等）。替代的净结果将是增加公司的债务权益比例，相应提高了公司所余权益价格的易变性，同时，将股市的一部分易变性转移到了债市。又如，一般对储蓄存款账户（也是一种金融工具）不征交易税，这样就产生了对货币市场基金的纳税优势。再如，一般对"互换"也免征交易税，因为它在形式上并不包含证券的转让，但是互换具有交换不同证券未来现金流（收益）而又不发生证券所有权转移的功能，实质上是实现了证券的转让。投资者可以进行成本收益的综合比较，确定是采取互换的方式，还是直接进行证券的交易。此外，一些西方学者认为，证券交易税具有扭曲有价证券和资金结构的副作用。因为，证券交易税将改变持有或发行不同证券的相对成本、市场净值和证券供应与需求，从而改变资金结构和投资有价证券结构。[1]

　　再从所得税来考察，对金融资产的收益课征所得税会产生金融效应。所谓的税收金融效应是指如果税收造成不同金融资产的收益乃至风险的相对状况发生变化，则对金融资产收益课征的所得税将会影响人们在不同储蓄方式之间的选择，即产生金融效应。"当同一实际经济活动对应于不同的支付形式而被课以不同税率时，这种效应就将产生。"[2] 例如，如果政府对储蓄存款利息所得征税，而对证券利得免税，则会影响人们对国债、储蓄、债券以及股票等投资方式的选择，改变人们对无风险资产与风险资产的持有以及不同风险资产之间的组合。

　　3. 课税对金融市场结构的影响

　　普遍而差别地征收证券交易税，将通过改变不同种类证券的持有者和发行者的相对成本，进而改变资本市场的原有结构。我们认为，证券交易税的实际税负与课税对象的周转次数呈同方向变化，交易越频繁的金融商品，其实际税负就越重。从各类金融商品来看，衍生金融工具的交易因其交易最为频繁，受到课税的影响最大，交易税使套期成本与风险管理成本提高，从而使得衍生工具的吸引力大为降低；货币市场受到课税的冲击也较大，因为货币工具期限较短，交易频繁，税负较重，短期金融工具的吸引力将有所减弱，货币市场的规模将缩小；投资基金也会受课税的影响，如果对投资基金的购买和赎回、投资基金购买其他证

---

　　① 李靖野等：《证券交易税的经济效应分析》，载于《财经问题研究》2002 年第 1 期。
　　② 杜莉：《论税收的金融效应与我国金融资产税收政策》，载于《金融研究》2000 年第 6 期。

券都要课征交易税，将产生双重征税问题。而且，即使在同等的税负下，各类金融商品虚拟性的强弱将决定证券持有者的实际税负不同，从而改变资本市场结构。

（四）税收的市场波动效应

关于证券交易税对金融市场证券价格波动性的影响，西方学者主要有三种不同的观点：

1. 抑止价格波动论

证券市场上存在"噪声交易者"与"知情下注交易者"，前者是根据证券市价变动而不是证券的内在价值而买卖证券；而后者是根据证券的内在价值进行投资。多数学者认为，证券交易税具有降低过度的价格波动性（又可称"易变性"，volatility）的作用，因为课征证券交易税可以减少外部消极因素，并能在整个经济中培养一个更有效的资源分配体系，以减少过度投机行为以及市场盲目交易的行为，从而减少对证券市场价格波动的影响。美国著名经济学家约瑟夫·斯蒂格利茨（1989）认为，"证券交易税是非常有益的，它可以打击短期的投机交易，增强市场的稳定性。"噪声交易者的投机的行为以及形成的"羊群效应"会导致过度的市场流动性，而证券交易税通过提高证券交易成本，可以降低噪声交易者的交易活动，也会降低"羊群"的规模，从而降低过度的市场波动性。

2. 刺激价格波动论

一部分学者则认为证券交易税会使证券市场中作市商的报价价差（Spread）扩大，从而增加市场价格波动性。其具体机制是作市商是证券市场流动性的主要提供者，它不断地交易手中的存货股票，但它不知道交易的对方是谁，如果对方也是一个流动性交易者，表明对方也不充分知道有关所交易股票价值的信息；如果对方是一个充分信息交易者，其交易是建立在知道股票价值信息基础之上，没有充分信息的作市商就要遭受损失。作市商弥补损失的手段就是要在与流动性交易者的交易中扩大报价的价差。市场中流动性交易者的交易量越大，作市商报价的价差就可以越小。证券交易税将缩减流动性交易者的交易量，因而作市商的报价价差就需要扩大，以弥补成本的提升。

3. 不确定论

还有一些学者认为，证券交易税对价格波动性的影响是不确定的。由于证券交易税是非歧视地对所有交易者课税的，除了降低噪声交易者的交易活动之外，同样会降低那些扮演稳定价格、提供流动性等功能的知情下注交易者的交易活动。然而，我们对证券交易税对稳定价格交易者和非稳定价格交易者的影响程度是不清楚的，因而很难判断证券交易税对价格易变性的影响。有些专家做出模型进行分析，指出根据不同的环境条件，市场价格易变性可能提高、降低或保持不变（Kupiec，1992）。[①]

---

① 史晨昱、范幸丽：《证券交易税理论与实践的发展》，载于《财贸经济》2004年第5期。

我们赞成不确定论，因为实证研究表明，罗尔（Roll，1989）和布洛森（Brorsen，1991）似早期研究结论倾向于支持提高交易成本将减少波动，然而近10年的研究越来越朝着不利于赞成派的方向发展。阿姆洛夫（1993）对1980年到1987年间交易税对瑞典股票市场收益率的影响作了研究。他发现，在征收交易税之后，在最大的税率期间（1986年7月到1987年12月税率是2%）收益率的日方差也是最高的。因此，在不同的时期与不同的市场环境下，交易税的价格效应是不相同的，必须通过实证检验，才能得到客观的结论。

（五）税收的市场效率效应

金融市场的作用在于资源配置，而投资者交易金融资产主要凭借的是其掌握的信息，因此价格对信息的反应是非常关键的。金融市场的有效是指市场对信息的反映是有效的。按照艾玛（Eama，1970）的定义，一个市场是有效的是指证券价格能反映全部信息。而按"可用信息集"定义的不同，市场的有效性被划分为三种形式：（1）弱有效形式：可用信息只有历史价格信息；（2）半强式有效形式：可用信息包括历史价格信息和其他公共信息；（3）强式有效形式：可用信息包括历史价格信息、其他公共信息和私人信息。因此，金融市场效率体现为市场价格对市场信息的反应程度，市场价格对市场信息反应越充分，市场效率就越高。关于课税是否能提高金融市场效率的问题，西方学者有截然不同的两种观点。

1. 市场效率降低论

大部分学者认为，证券课税（包括交易税与所得税）会直接提高交易成本与减少投资收益，从而降低市场效率。首先，证券课税具有投资"锁住效应"。"锁住效应"是指投资者为了避税，将不愿出售或延迟出售所持证券资产，把投资者锁住在现有的投资组合中。"锁住效应"降低了市场流动性和交易量，使得投资者对市场信息的敏感度减弱，从而降低市场效率，甚至导致市场失效。其次，加剧市场错误定价。当某种资产价格具有误导性，与其内在价值不一致的时候，套利行为能够纠正这种偏差。然而，交易税提高了套利的成本，市场错误定价将更加严重，从而降低市场效率。再者，课税有可能扭曲最优投资组合。当股票没有税收负担时，最优投资组合是最有效率的；而当对证券征税时，交易税对不同证券的影响不同，最优证券组合也会相应改变，这会导致最初证券组合资源配置的扭曲，市场效率也会降低。

2. 市场效率提高论

另一些学者则认为，课税有可能提高市场效率。对成熟的股票市场而言，证券交易税降低流动性从而损伤市场效率，但对欠发达的股票市场来说，它能够提高市场效率。新兴市场中存在着大量的噪声交易者，削弱了股市的信息质量。在这种情况下，适当的交易税虽然不加区别地限制了所有交易者，但主要是打击了噪声交易者，减少其交易对股价的影响，从而对股票市场失真的信息产生修复作用，使市场效率相对提高。[1]

我们认为，"投资锁住"效应是双向的：一方面它有利于减轻证券价格的易变性，减缓过度的市场波动，相对提高市场效率；另一方面它不利于投资者依据经济情况变动来重新安排最优的投资组合，干扰了资源的合理配置，不利于提高证券市场的效率。因此，对于不同发展阶段的证券市场，其正负效应的强弱程度是不同的。

二、宏观效应：课税与宏观经济运行

（一）金融市场课税对社会资源配置的影响

1. 金融市场课税对社会资源配置的作用路径

西方税收理论认为，在市场经济中，资源在经济各个部门之间或各种经济活动之间会发生频繁的流动，以寻求更高的收益率。在收益递减规律的作用下，这种流动的最终趋向是形成统一的收益率，这时资源配置就会处于一种最优状态。在没有差别课税和其他人为妨碍时，这种流动一般是由低效益部门流向高效益部门。但在差别课税的情况下，资源往往从高效益部门流向低效益部门，直至在税后形成相同的边际收益率，但这一过程中已发生了额外的经济效率损失。但是，我们认为如果将金融市场与实体经济市场视为两个独立的市场，两市场差别课税政策所产生的经济效应的优劣必须依据宏观经济运行状况才能具体确定。

假定：金融市场的税率为 tx，实体经济的税率为 tz；金融市场的税前边际收益率为 MR_x，实体经济的税前边际收益率为 MR_z；MR_{tx} 为金融市场的税后边际收益曲线，MR_{tz} 为实体经济的税后边际收益曲线。K_xK_z 为全社会拥有的资源总量。税前的资源均衡配置点为边际收益曲线的交点 C 决定，此时全社会的总收益为两纵轴、横轴和边际收益曲线 MR_x 与 MR_z 所围成的面积。

在金融市场处于过度的牛市时期，即金融市场的税前边际收益率（MR_x）远远高于实体经济的税前边际收益率（MR_z）时，金融市场的"赚钱效应"会吸引各行各业的投资者减少或完全撤出原行业的投资，纷纷涌入金融市场，加速金融市场泡沫的无序膨胀。在这种条件下，$tx > tz$ 的差异性税收政策将有利于纠正投资者的非理性行为，使他们减少投资或撤出金融市场，抑止或降低金融市场泡沫的膨胀度，从而产生正的替代效应，带来社会经济效率得益。如图 1-11（a）所示，税前的资源均衡配置点为边际收益曲线的交点 A，反映出金融市场的资源配置过多，虚拟经济中泡沫过重；税后的资源均衡配置点为边际收益曲线的交点 C，反映出虚拟经济与实体经济的资源配置达到均衡，带来了社会效率得益。

反之，在金融市场处于熊市时期，即金融市场的税前边际收益率（MR_x）低于实体经济的税前边际收益率（MR_z）时，$tx \geq tz$ 的差异性税收政策，必将导致更多的投资者撤离金融市场，转向其他方面的投资，进而会加速金融市场预期收

---

[1] 根据李靖野等：《证券交易税的经济效应分析》，载于《财经问题研究》2002 年第 1 期；史晨昱等：《证券交易税理论与实践的发展》，载于《财贸经济》2004 年第 5 期的相关内容进行了梳理。

益的下降，加剧金融市场的萎缩，产生负的替代效应，造成社会经济效率损失。如图 1 – 11 （b）所示，税前的资源均衡配置点为边际收益曲线的交点 A，反映出金融市场的资源配置过少；税后的资源均衡配置点为边际收益曲线的交点 C，同税前相比，加剧了金融市场的资源配置的下降，致使虚拟经济与实体经济的资源配置更加失衡，带来了社会效率损失。

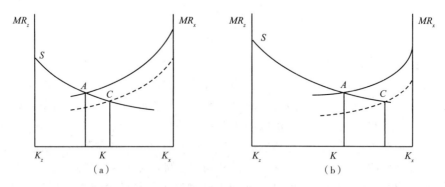

图 1 –11　金融市场税收对社会资源配置的作用

2. 西方学者的不同观点

关于金融市场的课税是否能提高社会资源配置效率的问题，西方学者有两种不同的观点。

（1）有效论。金融市场的效率对经济发展是相当有益的，它对资源配置、风险分散、解决融资中非对称信息问题等方面发挥重要作用。但一些经济学家认为，发达国家的金融市场效率水平已足够高，达到目前的效率水平的成本超过了效率带来的收益，至少在边际上是这样，其部分原因是很多的金融分析师将金融筹划和投机的边际成本等同于自己的边际收益，而不是加总的社会收益。其结果是太多的资源被消费，产生负的外部性。托宾（1984）就认为，美国的金融产业部门相对自身创造的社会效益而言，吸收了过多的经济资源。这一论点被斯蒂格利茨（1989）和萨默文斯（Summerws, 1989）进一步论证，他们认为，证券交易税会降低市场过度的波动性，从而降低非生产性投资在金融部门的过度资源分配，将资源在整个经济中得到更有效地配置。

而且，金融市场上一直对企业管理者过分注重股票的短期表现有意见，其原因在于交易者大都是短期持有股票并注重股票的短期表现，关心股票市场价格表现的管理者也自然热衷一些短期见效的项目而轻视一些长期来看大有可为的项目。证券交易税使交易者平均的持股时间变长（因为频繁地换手交易会增加成本），使管理者关心股票短期表现的程度有所减弱，会更多地去关注企业的长期发展战略，增加长期观念，减少短视行为，从而扭转资本市场不好的配置效果。

（2）无效论。另一些经济学者则认为，证券交易税会降低股票价格，提高股票预期收益率，从而提高资本成本。资本成本的提高将减少盈利项目流动性，降低预期投资需求和真实生产水平。证券交易税导致的证券价格下跌会影响全社会的财富，从而影响居民的消费需求。因此，证券交易税会使证券市场效率降低，同时也会造成证券市场所传递信息的失真和社会资源配置信号的紊乱，从而导致经济效率的损失。而且，证券交易税会降低股票价格，从而降低托宾 q 值，托宾 q 值的降低使企业减少股票融资的比例。[①]

（二）金融市场课税对重要经济变量的影响

金融市场的所得税类主要包括证券利得税、股息所得税与利息所得税，虽然它们的课税对象有所不同，但是征税后的结果却是相同的，即都会使纳税者的可支配收入减少。因而在很多方面（储蓄、消费、劳动力供给、社会财富分配），它们对社会经济的影响被视为具有相同的性质，因此，我们可以通过讨论利息所得税的宏观影响来分析金融市场所得税对重要宏观经济变量的影响。

1. 金融市场课税对资本积累的影响

从资本规模来看，资本是由收入转化而来的，凡是影响企业、个人、政府可支配收入的因素都会影响到资本积累的规模。对金融商品所得的课税能够对投资者可支配收入的数量产生直接影响：所得税的负担越重，投资者的可支配收入就越少；相反，所得税的负担越轻，投资者的可支配收入就越多，而投资者的可支配收入无非用于消费、储蓄或投资几方面，在消费函数和储蓄函数不变的条件下，所得税的税负水平将通过投资者可支配收入水平的变动，影响其储蓄与投资水平，进而影响资本积累的规模。

（1）理论假设。在分析金融市场所得税对人们储蓄决策行为的影响时，我们将以 Franco Modigliani 的生命同期模型为基础。该模型认为，在某个时期，个人的消费和储蓄的决策不仅取决于当时的收入状况，而是在考虑到一生的经济状况后做出的。因此，个人的储蓄份额不仅取决于当时的收入，还取决于之前取得的收入和以后将要取得的收入。于是，一个人的生命周期被分成"现在（工作时期）"和"未来（退休时期）"两个时期，将前者记为时期 0，这一时期的收入则记为 Y_0；同时将后者记为时期 1，这一时期的收入则记为 Y_1。个人的收入全部用于消费（C）和储蓄（S），即 $C + S = Y$，即一个人在一个时期只要决定了这一时期内的消费额，同时也就决定了同期的储蓄额。

同时，模型做了进一步的假设，它假设当一个人在某一时期取得一定收入后，储蓄和借款的组合只可能出现以下三种情况：

第一种情况，是本期收入多少就消费多少。这一组合被称为"保险点"（Endowment Point），在图（1-12）中用 E 点表示，其对应的本期消费额和未来期间的消费额分别为 Y_0 和 Y_1，表示个人在这一点既不贷款也不储蓄。用公式可将本期的消费和未来的消费表示为：

① 李靖野等：《证券交易税的经济效应分析》，载于《财经问题研究》2002 年第 1 期。

$$C_0 = Y_0, \quad C_1 = Y_1 \qquad\qquad (1-15)$$

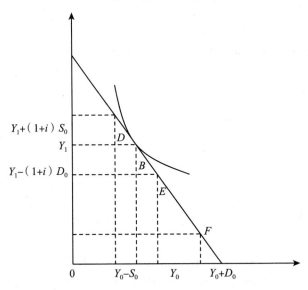

图 1-12 个人在消费与储蓄之间的选择

第二种情况是为了未来更多的消费而把本期的一部分收入储蓄起来，用公式可将本期消费和未来消费表示为：

$$C_0 = Y_0 - S_0, C_1 = Y_1 + S_0(1+i) ；（其中，i 表示银行储蓄利率） \qquad (1-16)$$

从图（1-12）中观察，则表现为个人为了增加未来期间的消费，从"保险点" E 点出发减少 S_0 个单位即期消费，增加 $(1+i)S_0$ 个未来期间的消费，从而使消费组合移动到图中 D 点的位置。

第三种情况和第二种情况恰恰相反，是指个人选择以未来收入为抵押，通过借款的方式来增加本期的消费。用公式可将本期消费和未来消费表示为：

$$C_0 = Y_0 + D_0, C_1 = Y_1 - D_0(1+i) \qquad (1-17)①$$

从图 1-12 中观察，则表现为个人为了获得更多的当前期间的消费，从"保险点" E 点出发减少 $(1+i)D_0$ 个未来期间的消费，增加 D_0 个当前期间的消费，从而使消费组合移动到图中 B 点的位置。

最后值得补充的一点是，个人在消费和储蓄之间进行选择，并且可以在未来和现在的消费中根据自己的偏好进行选择，目的是为了追求两个时期的个人效用组合的最大化。即要求下式最大化：

$$U = u(C_1, C_2) \qquad\qquad (1-18)$$

在图 1-12 中则表现为 B 点：预算约束线 NM 与个人效用无差异曲线 U 相切

---

① 在式（1-17）中，D 表示本期以收来收入作为抵押而取得的贷款。

的位置。

（2）利息税所引起的预算约束线变化。储蓄与借款是两种对立的行为，借款利息能否在应税收入中予以扣除会对储蓄产生不同的影响，严格来说有必要分两种情况分别讨论。但是由于我国目前所实行的利息所得税，是不考虑借款利息对应税所得的影响的，因此，下面主要就借款利息不能在税前抵扣的情况具体进行分析。

利息所得税会改变利息对人们决策的影响程度，进而使人们的储蓄和借款的组合发生变化。具体来讲，由于税收因素的引入，使得原用以描述本期消费和未来消费的表达式式（1－15）、式（1－16）、式（1－17）中，因为只有式（1－16）所描述的情况中涉及储蓄，使其表达式由式（1－17）变成新的式（1－19）。

$$C_0 = Y_0 - S_0, C_1 = Y_1 + S_0[1 + (1 - t)i] \qquad (1 - 19)$$

为此原用以描述储蓄和借款的三种组合由式（1－15）、式（1－16）、式（1－17）变成开征利息所得税后的式（1－15）、式（1－16）、式（1－17），从而使新的预算约束线变成图（1－13）中形状。

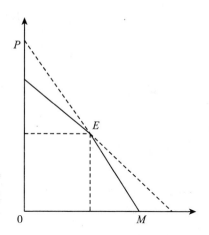

图 1－13 课征利息税下的预算约束

在图1－13中，可以留意到如果个人选择通过储蓄的方式来增加未来的消费，即使他的预算约束线从"保险点"E点出发向左移动S_0个单位，由于利息所得税的征收，就会使他在未来期间的消费增加$[1 + (1 - t)i]S_0$个单位。所以新的预算约束线在E点左边部分的斜率的绝对值将是$1 + (1 - t)i$；同样，如果个人选择以未来收入作为抵押，通过借款的方式来增加当期消费，即使他的预算约束线从E点出发向右侧移动D_0个单位，由于利息所得税不考虑借款利息成本的问题，那么将会导致他在未来期间的消费减少$(1 + i)D_0$个单位。所以新的预算约束线在E点的右边部分斜率的绝对值就是$1 + i$。最终导致开征利息所得税后的预算约束线为折线 PEM。

（3）利息税对储蓄的影响。利息所得税的开征，导致了预算约束线形状的变化。由于预算约束线形状的变化，进而引起了预算约束线与个人效用无差异曲线的切点位置的变化，从而决定了个人的储蓄行为。下面，我们就切点位置的不同，分别来讨论利息所得税对个人储蓄行为的影响。

情形 1，如图 1-14（a）：个人效用无差异曲线 U 和 U^t 分别与原预算约束线和新预算约束线相切于均衡点 B 和均衡点 B^t。在 B 点对应的本期消费为 C_0^*，而在 B^t 对应的本期消费为 C_0^t。较之"保险点" E 点的收入水平 Y_0，则在 B 点的储蓄水平为 $Y_0 - C_0^*$，而 B^t 点的储蓄水平为 $Y_0 - C_0^t$。很显然 B^t 点的储蓄水平要高于 B 点的消费水平，两者的差额为 $C_0^t - C_0^*$。

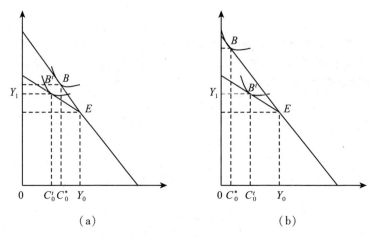

图 1-14　利息税对储蓄的影响

情形 2，如图 1-14（b）：个人效用无差异曲线 U 和 U^t 分别和原预算约束线和征税后的预算约束线相切于均衡点 B 和均衡点 B^t。很显然在图中 B^t 点所对应的储蓄水平要高于 B 点所对应的储蓄水平，并且两者的差额为 $C_0^* - C_0^t$。

（4）基本结论。利息所得税，虽然改变了人们在储蓄和借款间选择的预算约束线，但是它并不一定能够起到抑制个人储蓄的作用。原因在于：一方面，利息所得税降低了个人本期消费的机会成本，这往往会导致人们增加当期消费而减少储蓄，这是利息所得税的替代效应；另一方面，利息所得税使个人最终可支配的收入减少，可能会导致个人为了达到某一既定的消费目标，必须增加储蓄减少本期消费。因此，利息所得税究竟会抑制还是鼓励个人的消费，结果是不确定的，它取决于利息所得税的替代效应和收入效应力量强弱的对比。

更特殊的情况是，如果某人是一个借款偏好者，即其预算约束线总是处于 PEM 折线的 EM 段的位置，由于在这一段预算约束线的形状不受利息所得税开征与否的影响，因此，利息所得税的开征不会对他的行为产生任何影响。

2. 金融市场课税对消费的影响

金融市场所得税能够影响人们对储蓄和借款行为间的选择，同时也能通过对不同收入水平人群的相对收入的不同作用来影响人们的边际消费倾向，进而对整个经济运行态势产生一定的影响。

（1）理论假设。杜森贝里（J. Duesenberry）在他的著作《收入、消费和消费者行为理论》中首次提出了相对收入假说。这一假说是在否定凯恩斯"绝对收入"理论的基础上提出的，其核心内容如下：

第一，杜森贝里认为，一个人将其收入中的多大部分用于消费，不仅取决于他的绝对收入水平，而且被他周围其他人的消费水平所左右。这一命题被称为消费者的"示范效应"，所描述的就是消费者之间相互影响相互攀比的一种状态。

如果我们记 C_i 为第 i 个消费者的消费水平，Y_i 为第 i 个消费者的收入水平，$\bar{Y}$ 为整个社会的人均收入水平，那么以上假设也可以用公式表述为：

$$C_i = \alpha_0 Y_i + \alpha_1 \bar{Y} \qquad (1-20)$$

第二，杜森贝里还认为，一个人的消费现状不仅会由当期收入水平和周围其他人的消费状况决定，同时也会受他过去最高的消费水平决定。换句话来说，也就是如果某个消费者以前拥有过较高的消费水平，即便是现在他的收入水平下降了，他还是宁可采用借款的手段来保持他原有的消费水平。因而，这种现象又被称为消费中的"棘轮效应"。如果以 C_t 表示本期的消费水平，Y_t 表示本期的收入水平，Y_0 表示过去最高收入水平，在不考虑当期周围其他人的"示范效应"的情况下，当期个人的消费水平又可以用公式表述为：

$$C_t = \beta_0 Y_t + \beta_1 Y_0 \qquad (1-21)$$

同时，他又进一步指出，个人消费决策的调整总会滞后于他收入的变化状况。从短期来看，当个人的当期收入低于过去最高收入时，个人会减少储蓄、增加借款来维持过去的消费水平；而当个人的当期收入回复到过去最高收入时，人们首先会增加自己的储蓄水平，然后才是增加自己的消费水平；如果人们的收入水平已经超过过去最高收入水平时，消费者才会按照以前的比例同时增加自己的消费和储蓄水平。因此，他认为由于"棘轮效应"存在，只有从长期来看个人的消费倾向才会依据于个人的收入水平。

（2）利息所得税对消费倾向的影响。依据杜森贝里的理论，由于"示范效应"的存在，往往会使穷人的消费水平向富人靠拢，但是因为穷人和富人之间巨大的收入差距从而造成了穷人的消费倾向较高，而富人消费倾向较低这样一种反差。要想改善人们的消费行为，引导人们减少消极的储蓄，增加积极的消费，切入点也就在于利用合适的方式激活富人的消费，提高富人的消费倾向。然而，现行的利息所得税以存款利息为课税对象按固定比例计征，在穷人和富人之间实际上是让利息所得税具有了累退税率的性质，起不到抑制富人储蓄，促进其消费的作用。

3. 金融市场课税对劳动供给的影响

如对储蓄决策的分析相同，我们也可以从收入效应和替代效应两个方面分析金融市场所得税对劳动供给的影响。一方面，税收的替代效应使个人的劳动后的实际收入减少，因而导致个人情愿放弃努力的劳动而选择闲暇；另一方面，税收的收入效应则减少了个人税后的可支配收入，个人出于保证自己的可支配收入可以达到课税前的需要，可能会放弃闲暇而加倍工作。个人税后究竟会选择工作还是闲暇最终取决于替代效应和收入效应之间强弱的较量，如果替代效应强于收入效应则个人会选择闲暇；反之，若收入效应强于替代效应则个人会选择工作。

（三）金融市场课税对经济增长的影响

1. 经济增长：金融发展理论解析

金融发展理论是建立在内生经济增长理论基础之上的，研究金融发展与经济增长关系的学说。它主要探讨金融体系（包括金融中介与金融市场）在经济发展中的作用，研究如何建立有效的金融体系和金融政策组合来促进经济增长，以及如何合理利用金融资源来实现金融的可持续发展并最终实现经济的可持续发展。

（1）金融在经济中的作用。20世纪60年代，格利和肖（Gurley and Shaw）通过建立基本模型，分析了金融在经济中的作用。他们认为，金融的作用就在于把储蓄者的储蓄转化为投资者的投资，从而提高全社会的生产性投资水平。并进一步分析了金融发展与经济发展的关系，经济发展是金融发展的前提和基础，而金融发展则是推动经济发展的动力和手段。他们指出，在经济增长过程中，随着人均收入的提高，金融资产的增长率将超过产出或实际收入的增长率。帕特里克（Patrick，1966）提出需求带动和供给引导的金融问题。他认为，由于金融体系可以改进现有资本的构成，刺激储蓄与投资，因此在欠发达国家，需要采用金融优先发展的货币供给带动政策。

20世纪90年代，经济学者们着力探讨了金融体系作用于经济增长的机制。帕加诺（Pagano，1993）指出金融体系通过三种方式来提高资本生产率，从而促进经济增长。第一种方式是收集信息以便对各种可供选择的投资项目进行评估；第二种方式是通过提供风险分担来促使个人投资于风险更高但更具生产性的技术；第三种方式是促进创新活动。

（2）金融结构理论。戈德斯密斯（Goldsmith，1969）的杰出贡献是提出了金融结构理论，从而奠定了金融发展理论的基础。他创造性提出金融发展就是金融结构的变化，他采用定性和定量分析相结合的方法，确立了衡量金融结构与金融发展水平的基本指标体系，包括金融相关率、金融中介比率、金融机构发行需求的收入弹性、变异系数等。通过对35个国家近100年资料的统计分析，得出金融相关率与经济发展水平正相关的基本结论，为此后的研究提供了重要的分析基础。

（3）金融深化理论。20 世纪 70 年代，麦金农和肖（Mckinnon and Shaw，1973）所提出的"金融抑制"和"金融深化"理论在经济学界引起了强烈反响，标志着以发展中国家为研究对象的金融深化理论的真正建立。

麦金农认为，发展中国家金融市场的不完全性将大量的微观主体被排斥在市场之外，它们的有效资金需求得不到满足，致使整体投资下降。同时，政府对金融活动实行种种限制，如对利率和汇率进行严格管制，这种金融管制致使利率和汇率发生扭曲，不能真实地反映资金以及外汇的供求关系，其结果是银行储蓄资金进一步下降，投资减少，经济发展缓慢，这种状况就是"金融抑制"。这种金融抑制束缚了发展中国家的内部储蓄，加强了对国外资本的依赖。经验表明，发展中国家长期依赖国外资本来解决本国资本不足的问题是不合理的。

肖认为，金融体制与经济发展之间存在相互推动和相互制约的关系。金融深化一般表现为三个层次的动态发展：一是金融增长，即金融规模不断扩大；二是金融工具、金融机构不断优化；三是金融市场机制逐步健全，金融资源在市场机制的作用下得到优化配置。这三个层次的金融深化相互影响，互为因果关系。

麦金农和肖进一步提出，如果发展中国家要摆脱贫困陷阱，就必须改革金融体系，消除金融抑制。具体而言，政府应该取消对利率和汇率等的官方管制，减少对金融业的干预，加强金融体系的竞争程度，推进金融自由化进程。政府还应该放弃以通货膨胀来刺激经济增长的做法，应尽力挖掘本国资本，减少对外国资金的依赖性。

（4）金融约束理论。针对发展中国家推行金融自由化后的问题，许多经济学家对金融深化理论的缺失进行了反思。赫尔曼、默多克和斯蒂格利茨（Hellman、Murdock and Stiglitz，1997）提出了金融约束理论的分析框架。他们认为，由于存在金融市场失灵的问题，因而政府应该采取间接控制机制对金融市场实行监管。所谓的金融约束是政府通过一系列金融政策在民间部门创造租金机会，以达到既防止金融抑制的危害又能促使银行主动规避风险的目的。

事实上，金融约束是发展中国家从金融抑制状态走向金融自由化过程中的一个过渡性政策，它针对政府在市场失灵下的作用，因此它并不是与金融深化理论完全对立的政策，而是金融深化理论的丰富与发展。①

2. 金融市场课税对经济增长的影响

金融市场课税影响经济增长的路径是：税收（总量与结构）→金融发展（金融体系发展程度）→刺激或抑制储蓄与投资→经济增长。

（1）税收总量对经济增长的影响。从政府的角度来考察，金融市场税收总

---

① 陈雨露、汪昌云：《金融学文献通论——宏观金融卷》，中国人民大学出版社 2006 年版，第 444 ~ 469 页。

量具体表现为政府从金融市场课征的全部税收收入，而从纳税者的角度来考察，金融市场税收总量具体表现金融市场的投资者和融资者所承担的税负总量。

金融市场税负是否适度将直接决定金融市场的发展状态，进而影响经济增长。在金融市场中，金融资产税基的虚拟性和税负的隐蔽性极易造成金融商品的实际税负远远高于其名义税负，形成"超额税收"，引致"漏损效应"，[①] 导致金融抑制效应，致使金融市场难以正常地发挥其经济功能，降低储蓄转化为投资的速度与规模，抑制经济增长。反之，金融市场的适度税负能够健全金融市场机制，促进金融市场的合理发展，产生金融深化效应，促进储蓄转化为投资的速度与规模，推动经济增长。

（2）税收结构对经济增长的影响。金融市场的税收结构是指由对各类金融资产课税所形成的税收负担，以及各类金融资产之间相对税负所构成的体系。在金融市场税收总量一定的条件下，金融市场的税收结构会产生税收金融效应，影响人们对不同风险属性的储蓄投资方式的选择以及人们对不同风险与收益属性的金融资产的选择，进而影响金融市场的结构优化。例如，利率管制下的利息税将进一步强化利率管制的扭曲作用，抑制债务市场的发展；对衍生金融品课征高税将压抑金融工具创新与衍生金融工具市场的发展。然而，各类金融市场能否协调地发展将决定金融深化的合力程度，进而决定经济增长状况。

（四）金融市场课税对经济稳定的影响

1. 经济稳定：相关金融理论解析

在西方金融学中，与经济稳定相关的金融理论主要包括金融泡沫理论、金融脆弱性理论以及金融周期理论。这些理论从不同侧面揭示了金融经济运动的风险性，为政府运用政策工具调控金融经济运动提供了理论基础。

（1）金融泡沫理论。在经济领域，人们常用泡沫来形容股票市场、外汇市场、房地产市场等，以及整体经济态势先在一段时间内虚假繁荣，然后又急剧下降的经济现象。20 世纪 60 年代是经济增长理论的繁荣时期，与此同时，一些学者（Hahn、Samuelson 等）对金融泡沫的形成进行研究。该理论发展至今，形成了理性金融泡沫理论、非理性金融泡沫理论、基于信贷扩张的资产价格泡沫理论的不同流派。

理性金融泡沫理论认为，市场上的参与者都是理性的，因此在有限交易情形下，不会出现资产价格泡沫。然而，近十几年来越来越多的经济学家开始质疑该理论建立的前提假设基础（市场有效性假说、理性预期理论）。因为在现实的经济活动中，信息对每个经济人来说并非是完全的，经济人对未来的预期也充满不确定性，因此市场并非总是有效的。因此，该理论难以解释市场的价格波动性，

---

① "超额税收"是指政府的课税产生了过度收入效应与负替代效应，从而给纳税者与社会造成了损失的税收。"漏损效应"是指因课税导致金融市场内的原始投资额不断缩小的变化结果。我们将在第二章，对这些概念与因果关系展开分析。

尤其是资产价格偏离基础价值的泡沫现象。

针对理性金融泡沫理论的缺陷，一些经济学家放弃了投资者理性和市场有效性的假设，从投资者非理性的角度分析了资产价格偏离的泡沫成分，形成了非理性金融泡沫理论。该理论的基础是噪声交易理论。噪声交易理论认为噪声使市场不完全有效，以致金融资产价格会偏离基础价值。而且，不少经济心理实验与市场调查的结果表明投资者具有价格倾向，即市场存在"羊群效应"、"跟风"、"哄传交易"等现象，因而投资者并不总是理性的。因此，泡沫是估价过程中市场行为与心理机制共同作用的结果。

基于信贷扩张的资产价格泡沫理论认为，资产价格泡沫源于信贷扩张、对未来信贷扩张的预期以及金融市场的不确定性，信贷扩张对资产价格的作用机制是借款人的风险转移行为。该理论为研究金融泡沫开拓了新的思路。

（2）金融脆弱性理论。20世纪70年代以来，随着金融自由化、国际化进程的深入，金融危机不断爆发并呈现出与以往不同的特征。传统的经济理论从外部宏观经济角度来解释金融危机发生的原因越来越缺乏说服力，人们不得不放弃传统的思维方式，转而从内因（即从金融制度自身）来解释金融危机发生的根源，在这一背景下，金融脆弱性理论应运而生。

金融脆弱性与金融风险意义相近，但着重点不同。金融风险，一般是指潜在的损失可能性，而金融脆弱性不仅包括可能的损失，还包括已经发生的损失。金融脆弱性理论着重对导致金融脆弱性的根源进行了探讨，经济学家认为，导致金融脆弱性的因素主要有：第一，货币具有脆弱性。在商品经济中，货币的脆弱性表现在三方面：一是商品的价格经常与价值背离；二是货币的购买力总是处于升降变化之中；三是货币支付手段的职能有可能导致债务链的断裂。这些特点说明了脆弱性是货币与生俱来的。第二，宏观经济周期。金融体系的脆弱性与宏观经济周期密切相关，尤其与债务的清偿紧密相关，它是由过度负债产生的债务——通货紧缩过程引起的。第三，信息不对称。在现实经济活动中，交易双方的信息往往是不对称的，而信息不对称的存在将产生逆向选择与道德风险，进而引发金融风险。第四，资产价格的波动。金融市场上的脆弱性主要来自股市的过度波动性与市场的不完全有效性。从股市的过度波动性方面考察，当经济的繁荣推动股价上升时，幼稚的投资者开始涌向价格的"乐队车"，从而使股价上升得更快，以至于达到无法用实体经济因素来解释的水平。由于脱离了实体经济因素，市场预期最终发生逆转，导致股市泡沫破灭。再从金融市场的不完全有效性方面考察，在弱型有效市场上，市场信息公开程度很低，少数掌握较多信息甚至包括内幕消息的投资者往往利用所拥有的信息优势，恶意炒作，操纵市场。大多数信息缺乏的投资者容易产生盲目从众或投机行为，从而破坏市场均衡。金融市场上的泡沫因此而形成并迅速膨胀，市场脆弱性不断增加，当泡沫破灭时，金融危机爆发。第五，金融自由化。金融自由化在相当程度上激化了金融固有的脆弱性，暴露出金融体系内在的不稳定性与风险。此外，该理论进一步认为，通货膨胀、财政赤字、制度不完善等因素将加剧新兴市场的金融脆弱性。①

（3）金融经济周期理论。传统的周期理论认为金融因素不会对真实经济产生实质性的影响，强调实物因素在经济周期生成和传导的作用。然而，历次世界货币危机和金融危机证明，金融因素对经济周期运行的影响十分显著。为此，20世纪80年代，以伯南克为代表的经济学家们创立了金融经济周期理论框架。金融经济周期是指金融经济活动在内外部冲击下，通过金融体系传导而形成的持续性波动和周期性变化。金融经济周期反映了经济波动与金融因素之间的关系，体现了金融变量对真实经济周期的影响。

金融经济周期理论的核心是揭示金融摩擦如何影响周期的传导机制。该理论认为，由于信息不对称和市场缺陷，金融市场上普遍存在逆向选择与道德风险问题，这是金融经济周期的根源。金融摩擦②具有放大或缩小金融冲击的"金融加速器"的效应。在大多数情况下，金融摩擦通过"银行信贷渠道"与"资产负债表渠道"的乘数作用放大金融冲击，直接作用于银行的可贷资金规模和企业的外源融资升水，改变企业的融资条件，从而影响投资水平，最终加剧经济波动。由于金融摩擦通过改变经济周期传导机制，既可能增强、也可能缓解金融冲击对经济的影响，因此，政府应根据市场环境做出是否干预和如何干预的决策。③

上述金融理论对于政府制定和实施宏观经济政策具有重要的意义，全球金融一体化与金融工具的不断创新所引致的资本的高度流动性已改变了当今经济周期的运行特征，因而，政府不但要稳定实体经济的波动，还应注重调控金融波动，认识与掌握金融经济周期的运行规律对于正确制定和实施宏观经济政策是非常必要的。

2. 金融市场课税对经济稳定的影响

金融市场课税影响经济稳定的路径是：税收→金融市场发展状况（金融泡沫及脆弱性与金融萎缩）→经济周期状况。

金融市场的失灵决定了政府干预金融市场运行的必要性，而税收正是政府调控与监管金融市场的重要政策工具。正如前面的分析所示，税收具有良好的社会资源配置功能：当金融市场处于过度膨胀时期，重税政策能够纠正投资者的非理性行为，使他们减少投资或撤出金融市场，抑止或降低金融市场泡沫的膨胀程度，从而产生正的替代效应，带来社会经济效率得益；反之，当金融市场处于过度萎缩时期，轻税政策能够纠正投资者的非理性行为，使他们增加投资或进入金融市场，恢复市场信心，刺激金融市场发展，从而产生正的替代效应，带来社会

---

① 陈雨露、汪昌云：《金融学文献通论——宏观金融卷》，中国人民大学出版社 2006 年版，第 474 ~ 524 页。

② 金融摩擦是指金融市场缺陷而产生的交易成本，如信息成本、监督成本等。

③ 宋玉华等：《金融经济周期理论研究新进展》，载于《浙江大学学报》（人文社会科学版）2007 年第 4 期。

经济效率得益。如果政府能够根据市场环境，相机抉择地应用税收调节工具，就能够抑制或减轻金融市场的剧烈波动（金融泡沫与金融萎缩），推进良性的金融周期运行，促进经济的稳定发展。

（五）金融市场课税对社会收入与财富分配的影响

税收将改变社会经济主体之间的收入及财富总量与结构，因而，我们将从政府与国民之间（财政收入），以及国民与国民之间的两个层面分析金融市场课税对社会收入与财富分配的影响。

1. 金融市场课税对财政收入的影响

金融市场课税对财政收入的影响具体表现在影响财政收入总量与财政收入结构两方面。

（1）金融市场课税对财政收入总量的影响。一般而言，对金融市场课税为政府开辟了新的税源，能够增加财政收入。具体而言，交易税与所得税的聚财作用不同。

为了衡量证券交易税的聚财作用，西方学者提出了一个估算证券交易税税收收入的公式：

$$T = PQtv - \Delta OT \tag{1-22}$$

式（1-22）中各变量的含义是：T 表示税收收入，P 表示应税证券的平均交易价格，Q 表示证券成交量，t 表示证券交易税的平均税率，v 表示证券交易的年周转率，ΔOT 表示征收证券交易税带来的其他税种（所得税等）税收收入的变化。因此，交易税收入是四个参数的乘积：税率、价格水平、成交量和年周转率，其中任何一个因素的变动都会影响 T 的变化。由此可见，证券交易税的聚财规模与证券市场的规模与周转成正比，与所得税规模成反比。与所得税相比，交易税具有更强的聚财功能。

（2）金融市场课税对财政收入结构的影响。在传统经济的条件下，政府的税源几乎全部来源于实体经济。然而，在经济增长过程中，随着人均收入的提高，金融资产的增长率将超过产出或实际收入的增长率。[①] 为此，在现代经济条件下，金融经济将与实体经济并行或者金融经济超过实体经济的增长。经济结构的这种改变必然导致税源结构的变化，而金融经济税基所具有的强流动性和波动性等特征，将致使来源于这部分税基的税收收入也具有强流动性和波动性，这将影响政府财政收入的稳定性。

2. 金融市场课税对个人收入及财富再分配的影响

从交易税来考察，西方的一些学者认为，证券交易税有助于政府对社会财富进行公平地再分配，因为富人拥有更多的金融资产，而且愿意进行更为频繁的交易，因此提高税率将会使富人负担更多税负。政府征税后可以通过政府开支，将

---

① 陈雨露、汪昌云：《金融学文献通论——宏观金融卷》，中国人民大学出版社 2006 年版，第 446 页。

税收再分配给穷人。但是反对派则认为，交易税会伤害整个社会。因为证券持有者的数目巨大，并非只有富人才直接持有证券。只要穷人也交易，交易税就会伤害他们。另一个事实是证券持有者会忍受资本损失。交易成本将直接降低资产价值，直接造成当前持有者的财富损失。因此，交易税是否可以将财富部分地从富人手中转移到穷人手中，仍然是不确定的。[①]

再从所得税来考察，利息税对个人税后可支配收入的影响主要表现为：一方面，储蓄作为低收入者所普遍采用的投资方式，属于利息税的课征范围。而对于高收入者而言，他们拥有更为多样化的投资方式，致使他们的收入比较容易逃逸于利息税的课征范围之外；另一方面，如果利息税采用单一税率，则随着个人存款额的不断增加，实际上已经具有累退性，起不到均衡收入分配的作用。因此，利息税在一定程度上起到了加剧社会收入的不平等，扩大基尼系数的作用。

综上所述，由于税收本身具有收入效应与替代效应，其最终的净效应取决于收入效应与替代效应力量的强弱对比。因此，在许多情况下，金融市场课税经济效应的结果是不确定的，它将受到特定的国家、特定的时期、特定的经济背景下的金融市场环境的影响。因此，仅仅采用规范研究的方式抽象地分析金融市场课税的经济效应仍然存在很大的局限性，必须借助实证研究的方法，才能得到较为确定的结论。

---

① 史晨昱、范幸丽：《证券交易税理论与实践的发展》，载于《财贸经济》2004 年第 5 期。

第二章　金融市场税收负担分析 ✖

金融经济的虚拟性决定了金融市场税收负担运动与归宿的特殊性。本章力图突破传统税负计量方法的局限性，在所创立的"金融经济与实体经济双重分析方法"的基础上，构建计量金融市场税收负担的指标体系；剖析金融市场税负归宿；探索金融市场适度税负。

第一节　金融市场税收负担的计量

金融市场课税对象的特殊性决定了金融市场税收负担计量的困难性，因而，寻求科学的研究方法与构建科学的税负测量指标体系，以正确反映金融市场的实际税负，是确定金融市场适度税负的理论基础与技术基础。

🌿 一、金融市场税负研究方法的探讨

（一）金融市场税负研究的主要困难

目前，国内外对税收负担的研究取得了一定的成果，主要表现为西方学者偏重的税负计量方法与模型，如税负归宿局部均衡与一般均衡分析、税负归宿跨时期动态分析、税负归宿可计算一般均衡模型等；中国学者偏重的税负定性分析，如税收负担的原则、税收负担的制度分析等，[①] 但是这些研究成果都是基于实体经济的税负分析，而对金融经济（包括金融市场）的税负研究极为薄弱。究其原因，金融市场课税对象的虚拟性、不确定性、高周转性使其税负受到多种复杂因素（如实体经济与虚拟经济、客观因素与心理预期等）的影响，使得对金融市场税负的界定与计量更加困难。

（二）传统分析方法的局限性

虽然西方学者已经在一定程度上认识到金融资产的收益（资本利得）的虚拟性，但由于没有解决分析金融市场税负的障碍，也没有形成系统的分析框架，故目前国内外学者在涉及对金融市场税负论述时，大多直接套用"实体经济税负分析法"。例如，在国际货币基金组织的研究报告《中国金融税收政策》中，作者运用了两个指标（证券交易印花税税率和证券交易印花税收入占国内生产

① Arrow. K. J（1951），Social Choice and Individual Values，2nd ed. Wiley，New York. 郭庆旺等：《当代西方税收学》，东北财经大学出版社1994年版。于洪著：《中国税负归宿研究》，上海财经大学出版社2004年版。刘飞鹏著：《税收负担理论与政策》，中国财政经济出版社1995年版。

总值的比例），将中外证券交易税的税收负担直接进行比较研究。又如在"Securities transaction taxes—false hopes and unintended consequences"一书中，作者也是直接将部分国家的证券交易税税率进行国际比较。[①]

我们认为，直接套用"实体经济税负分析法"研究金融市场税负问题的具有相当的局限性，主要是：（1）它只能反映名义税负，无法揭示实际税负。（2）一国国内实体经济与虚拟经济之间税负的可比性弱。例如，我国对小规模企业销售货物课征 3% 的增值税，而对股票交易流转额课征 0.1%（买卖周转一次）的交易印花税，如果采用两者直接比较法，则会得出前者税负（3%）远远高于后者（0.1%）的结论。然而，如果假定在一定的时期内，前者的交易次数为 1 次，后者的交易次数为 50 次，则会得出后者税负（0.1% ×50 =5%）高于前者（3%）的相反结论。因此实体经济与虚拟经济交易频率的显著差异决定了两者的实际税负存在非常大的偏差，故两者名义税负指标的可比性非常弱。（3）国与国之间的证券交易税负的可比性弱。例如，A 国的证券交易税率为 0.2%，B 国的证券交易税率为 0.1%，如果采用两者直接比较法，则会得出前者税负（0.2%）高于后者（0.1%）的结论。然而，如果假定在一定的时期内，前者的换手率（交易次数）为 1 次，后者的换手率为 5 次，则会得出后者税负（01% ×5 =0.5%）高于前者（0.2%）的相反结论。因此各国金融市场换手率的差异决定了不同国家之间的实际税负存在较大的偏差，故不同国家之间名义税负指标的可比性也是非常弱。总而言之，金融市场税负的特殊性已使得传统的"实体经济税负分析方法"面临挑战与冲击。

（三）研究方法创新：金融经济与实体经济双重分析法

金融市场税收负担，在形式上表现为金融市场中的纳税人在一定时期内所承受的国家税收；在本质上表现为金融市场课税在经济行为主体身上引起的社会福利后果与社会效率后果。就金融市场性质而言，一方面，它具有虚拟经济的属性，金融资产交易的行为基础——资本化定价方式决定了金融市场的运行具有虚拟性、介稳性、高风险性，以及心理预期影响的重要性等特点，它有可能背离（放大或缩小）实体经济；另一方面，它又是以实体经济为基础的，金融市场的存在与发展必须适应实体经济的发展水平与要求。由此，我们认为，金融市场的这种性质决定了"金融经济与实体经济双重分析法"应该是研究金融市场税负问题的理论基础与现实基础。它包含两层含义：（1）以金融经济为基础确定金融市场名义税负计量指标。如证券交易税等的相对指标（税率）与绝对指标（税额），这些指标主要反映金融市场的税收收入状况。（2）以实体经济为基础，修正金融经济中的虚拟成分，确定金融市场实际税负计量指标。如金融市场净资

---

① 中国金融税制改革研究小组：《中国金融税制改革研究》，中国税务出版社 2004 年版，第 396 ~ 397 页。Suzanne Hammond（1995），Securities transaction taxes—false hopes and unintended consequences，Bureaucray and Public Economics，Catalyst Institute，Page112 – 113.

产负担率、金融市场收入负担率等，这些指标主要反映金融市场整体与个体的税收真实负担状况，它们应该是政府制定与优化金融市场税收政策与制度的基础。

以"金融经济与实体经济双重分析方法"来界定与计量金融市场税收负担具有较强的理论价值与应用价值：（1）能够较客观地反映金融市场整体与个体的实际税负；（2）能够较科学地反映金融市场税负变化对经济行为的实际影响；（3）能够提高金融市场税负指标的国内（虚拟经济与实体经济之间）可比性与国际可比性。这些都为评估税收政策效果、寻求适度税负区间、优化税收政策与税制奠定了良好的工具与技术平台。

二、金融市场税负的影响因素

从金融市场来考察，制约税负的主要因素有市场因素与税制因素。

（一）金融市场的市场因素

我们将以股票市场为典型分析对象，剖析影响股市税负的市场因素。

1. 股票供给因素

从股票供给因素来考察，上市公司的规模、结构、质量、分红数量将通过影响股票价格的波动与分配股利的大小，进而影响股市的实际税负。

2. 股票需求因素

从股票需求因素来考察，投资者的规模与结构、投资者的收入水平与投资数量、投资者所掌握信息的程度与理性程度将通过影响股票价格的波动与股市规模的大小，进而影响股市的实际税负。

3. 股票的供需弹性

股票供需弹性对税负的影响与实体经济中的商品交易不同。在商品交易中，商品的供需弹性主要影响税负的转嫁程度。而在股票市场中，由于上市公司并不直接在二级市场上供给股票，也不缴纳交易税，因此就不存在股票供给者所承担的流转税直接通过股票交易转嫁给股票需求者承担的问题，但是，股票供给者可以通过压低应付股息数量的隐蔽方式转嫁它所承担的其他税负。

4. 股票的价格

股票价格是股票内在价值、股市供求关系、风险程度、社会资本平均收益率、利率、政府的政策等多种因素综合影响的结果。在一定时期内，股票价格的高低与交易税名义税负的高低呈同方向变化，而实际税负则要视各个投资者的实际收益而定。

5. 股票市场状况

一国的经济发展水平将决定其金融市场的发展状况。从股票市场来考察，经济发展水平的高低将决定股票市场的成熟程度（新兴市场或成熟市场），进而决定股市的规模、结构、市场效率、换手率等股市发展状态。股市的发展状态将制约政府的税收政策（税负的高低、税种的设置），从而影响股市的实际税负。

（二）金融市场的税制因素

金融市场的课税与实体经济课税相比，它也表现为政府对纳税人的流转额或收益额征税，但正如前述，金融市场的虚拟性决定金融市场税制具有：（1）税收政策作用的强烈性与敏感性；（2）税基的虚拟性；（3）税负的隐蔽性与难测性；（4）税收超额负担的复杂性等特殊性，这些特性将从不同方面影响投资者的实际税负。

❧ 三、金融市场税负测量的指标体系

税收负担既然是体现税收分配的流量，必然要表现为各种量度的指标。税负的轻重一般以相对数即税收负担率的大小来表示，即纳税人的实纳税额占其课税依据的比率。

税收负担率同税率是两个既相联系，又相区别的概念。虽然在一般情况下，税率的高低直接决定税负的轻重，然而两者往往并不相等。税收负担率的含义要比税率广泛，它突出体现税收分配多层次、多方面的特点，既有宏观经济的总体负担，又有微观经济的个体负担；既有某一种税的单项负担，又有多种税的综合负担等。因此，对不同层次、不同方面的税收负担进行分析比较，是无法用简单的税率所能替代得了的，需要用不同的指标来反映，衡量金融市场税收负担的指标体系主要包括以下几类：

（一）衡量金融市场税收负担总量的指标

从金融市场整体的角度考核税收负担，可以综合反映出一个国家某一金融市场（如证券市场）税收负担的总体状况。反映金融市场总体税负的指标，主要是金融市场净资产负担率和金融市场收入负担率两个指标。

1. 金融市场净资产负担率

它是指一定时期内（通常为一年，下同）国家税收收入总额占同期金融市场净资产的比率。以股票市场为例，其公式为：

$$股票市场净资产负担率 = \frac{\sum_{i=1}^{n} T_i}{\sum_{j=1}^{m} X_j \times P_j} \qquad (2-1)$$

式（2-1）中，T_i 表示政府对股票市场所课征的某种税收的数量，主要有证券交易税、证券利得税、证券投资所得税等，分子表示政府对股票市场所课征的各类税收的总量；X_j 表示某种股票的股数，P_j 表示某种股票每股的净资产额，分母表示一定时期内股票市场的净资产总量。

股票的净资产价值是影响股票内在价值的决定性因素，也是股票市场价值的基础。换言之，股票的净资产价值是实体经济的数量，而股票市场价值是受金融市场诸因素的影响，以股票的净资产价值为轴心，围绕着它上下波动，成倍放大或缩小其净资产数量的虚拟经济数量。因此，股票市场市值负担率（税收总额/

股票市场市值总额）只能反映股票市场的名义税负，而股票市场净资产负担率则能够较好的反映股票市场的实际税负。

2. 金融市场收入负担率

它是指一定时期内国家税收收入总额占同期金融市场收入的比率。以股票市场为例，其公式为：

$$股票市场收入负担率 = \frac{\sum_{i=1}^{n} T_i}{M_s} \qquad (2-2)$$

式（2-2）中，T_i 表示政府对股票市场所课征的某种税收的数量，分子表示政府对股票市场所课征的各类税收的总量；M_s 表示一定时期内上市公司向股票市场分配股利收益的总量。

从现象形态考察，股市的收益表现为股利收益与资本利得收益，但从本质（税源）来考察，股利收益是投资者从实体经济中获得的收益，反映为股市整体中的真实收益；而资本利得收益是投资者从股市交易的虚拟经济中获得的收益，是投资者之间的收益转移，反映为股市整体中的虚拟收益。因此，我们认为在股市整体的收入负担率指标中，分母不宜包括资本利得收益，这样更能反映实际负担率。

金融市场净资产负担率和收入负担率一般反映国家对金融市场收入的总体集中占有水平，所以又称为金融市场中的宏观税负，是国家之间进行总体税负比较的重要参考指标。

（二）衡量某一税种或某一税类的负担指标

从税种或税类的角度分析比较税收负担，是从金融市场的个体层面上衡量税收负担水平，以便分析具体税种或某类税收相对于其调节对象的调节程度，或调节对象的承受状况。它既可以反映国家税收在具体税种或税类方面的调节水平和征收水平，又可以反映税法的名义税率和实际税率的差异情况。

按税种或税类计算的税收负担率，是指一定时期国家实际征收入库的某种或某类税收收入占该税种征税对象数额或数量的比率。其一般公式为：

$$某税种负担率 = 该税种实际征收额 \div 该税种征税对象 \qquad (2-3)$$

1. 证券市场流转税负的衡量指标

$$证券交易税名义负担率 = 证券交易税实际征收额 \div 证券市场成交金额 \qquad (2-4)$$

证券交易税实际负担率的计算公式：

（1）当换手率 ≤ 100% 时，证券交易税实际负担率 = 名义税率

（2）当换手率 > 100% 时，证券交易税实际负担率 = 证券交易税实际征收额 ÷（全年成交金额 ÷ 换手率） $\qquad (2-5)$

证券交易税的实际税负高低与股票的周转次数有关。在交易税税率一定的条件下，证券的 N 次周转将造成 N 次重复征税，因此我们认为考察交易税的实际税负应该考虑证券周转次数（换手率）的影响，将虚拟经济的税基还原为相当于实

体经济的税基，以测量其实际税负，使证券交易税负指标具有真实性与可比性。

2. 证券市场所得税负的衡量指标

由于在证券市场整体中，资本利得是一种为零的虚拟收益，因此无法计算证券市场整体的证券利得税负担率指标，只能确定证券投资所得税负担率指标。

$$\frac{\text{证券投资所得}}{\text{税负担率}} = \frac{\text{证券市场投资所得}}{\text{税实际征收额}} \div \frac{\text{证券市场股利}}{\text{收益总额}} \qquad (2-6)$$

（三）衡量纳税人税收负担的指标

从纳税人的角度考核税收负担，就是分别就不同的税款缴纳者来衡量税收负担水平。它可以具体反映出各类纳税人的税负状况，是国家制定税收政策和制度的重要依据。衡量纳税人负担的具体指标又可分为投资者综合负担率与投资者收益负担率等指标。

1. 投资者综合负担率

它是指一定时期投资者所纳各种税款的总额占同期投资者各项收入总额的比率。以股票市场为例，其公式为：

$$\text{投资者收益综合负担率} = \frac{\sum_{i=1}^{n} t_i}{m_s + m_z} \qquad (2-7)$$

式（2-7）中，t_i 表示某个投资者所缴纳的某种税收的数量，分子表示政府对某个投资者所课征的各类税收的总量；m_s 表示上市公司向某个投资者分配股利收益的数量，m_z 表示某个投资者在股市交易中获得的资本利得收益，分母表示一定时期内某个投资者从股票市场所获取的收益总量。

虽然，在股市整体中资本利得是一种为零的虚拟收益，但从各个投资者来考察，它还是表现为个体（部分投资者）所得到的实际收益。因此，我们认为在投资者收益综合负担率的指标中，分母应该包括资本利得收益，这样更能反映投资者的实际负担率。

这个指标主要反映国家参与投资者各项收入分配的总规模，体现国家运用税收手段参与投资者收益分配的程度。它是反映投资者税收负担的综合性指标。

2. 投资者某项收益负担率

它是指一定时期投资者所缴纳的某种税款的总额占同期投资者同类收入总额的比率。以证券市场为例，其公式为：

$$\frac{\text{投资者证券利得}}{\text{收益负担率}} = \frac{\text{证券市场利得税实缴额}/}{\text{证券市场利得收益总额}} \qquad (2-8)$$

$$\frac{\text{投资者证券投资}}{\text{收益负担率}} = \frac{\text{证券市场投资所得税实缴额}/}{\text{证券市场股利收益总额}} \qquad (2-9)$$

这些指标主要反映国家参与投资者某项收入分配的规模，体现国家运用税收手段参与投资者收益分配的程度。

第二节 金融市场税收归宿分析

一、金融市场：交易税的归宿

对金融资产交易课征的交易税，其税负的转嫁与归宿主要取决于金融资产供给弹性和需求弹性的大小。假定，政府对某种金融资产（如股票）课征从量计征的证券交易税，当其选择不同纳税人时的税负归宿如下：

（一）对金融资产供给者课税的税收归宿

如果对政府只对供给者（卖方）课征从量计征的交易税，其税负转嫁与归宿将如图2-1所示。

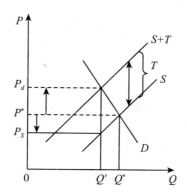

图2-1 对金融资产供给者课税的税收归宿

在图2-1中，供给曲线是 S，需求曲线是 D，均衡价格是 P^*。假定政府对金融商品交易课税的是从量税，则因供给者必须对其出售的每单位金融商品缴纳单位税，每单位金融商品的成本将按所纳税额（T）增加，故供给曲线也会以相同的数量向上移动。新的供给曲线是 $S+T$，供给曲线 S 与 $S+T$ 之间的箭头表明，这两条供给曲线的差额是税额。这时，价格上升至 P_d，供给量下降至 Q'。正如人们所预期的那样，当对供给者课税时，价格①将上升，需求者最后要承担一部分税收负担。

但是，需要注意的是，价格并不是按全部税额上升的。税额是供给曲线 S 与 $S+T$ 之间的距离，但 P^* 到 P_d 的距离小于税额。要在纵轴上找出全部税额，需要从 $S+T$ 与需求曲线 D 的交点开始向下作一垂直线，与原供给曲线 S 相交的点，确定了供给者在纳税之后所获得的单位价格。P_S 到 P_d 的距离才是全部税额。这表明，尽管交易税开始时是对供给者课征的，但供给者以提高价格的方式，把一

---

① 假定这里所说的价格为含税价格，即股票的市场价格加交易税税额。

部分税收负担转嫁给了需求者，其余部分由供给者承担。P^* 开始向上指的箭头表明的是需求者承担的税负部分，P^* 开始向下指的箭头，表明的是供给者承担的税负部分。这两部分的相对大小取决于某种金融资产（如股票）的供给弹性和需求弹性的对比状况。

（二）对金融资产需求者课税的税收归宿

如果对政府只对需求者（买方）课征从量计征的交易税，其税负转嫁与归宿将如图 2 - 2 所示。

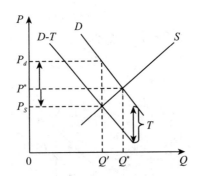

图 2 - 2　对金融资产者需求者课税的税收归宿

在图 2 - 2 中，供给曲线和需求曲线与图 2 - 1 是相同的，但交易税使需求曲线向下移动至 $D - T$。当投资者购买某种金融商品时，他们所关心的他们必须支付的总价格。所以，如果对这种金融商品课税，他们的需求将下降，下降的幅度等于税额，即 D 与 $D - T$ 之间的差额是税额。

在新的需求曲线之下，新的均衡价格是 P_s，新的均衡数量是 Q'。价格从 P^*下降至 P_s，把原本对需求者课征的一部分税负转嫁给了供给者。虽然需求者支付给供给者的价格是 P_s，但他们也必须支付税收，即 $D - T$ 与 D 之间的差额。从供给曲线 S 与需求曲线 $D - T$ 的交点开始，向上作一垂直线，与原需求曲线 D 相交的点，确定了需求者在纳税之后所支付的单位价格。在图 2 - 2 中，P^* 开始向上指的箭头，表明的是需求者承担的税负部分，P^* 开始向下指的箭头表明的是供给者承担的税负部分。这两部分的相对大小取决于某种金融资产（如股票）供给弹性和需求弹性的对比状况。

（三）对金融资产供求双方课税的税收归宿

图 2 - 1 和图 2 - 2 表明，政府对供给者课税，可能有一部分税负转嫁给了需求者；而对需求者课税，也可能有一部分转嫁给了供给者。因而，无论在哪种情况下，供给者和需求者最终都要分担税负。那么，如果政府对供求双方均要课税，则税收归宿状况可以用图 2 - 3 来说明。

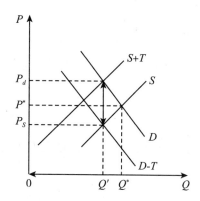

图2-3 对金融资产供求双方课税的税收归宿

在图2-3中，S和D曲线来自图2-1和图2-2，$S+T$曲线来自图2-1，$D-T$曲线来自图2-2。因此，图2-3是图2-1和图2-2的合成图。图中，供给曲线S与$S+T$之间的距离等同于需求曲线D与$D-T$之间的距离——两者都等于税额，故此，图中箭头指的是这两种情况下的税额。

需要注意的是，在第一种情况下供给曲线向上移动的幅度与第二种情况下需求曲线向下移动的幅度相同。这意味着，图2-1中的P_d与图2-2中的P_d是相同的，图2-1中的P_S与图2-2中的P_S也是相同的。在这两种情况下，无论最初是对谁课税的，需求者支付的数额是相同的，且供给者支付的数额也是相同的。因此，税收是对供给者课征的还是对需求者课征的，并没有差别，无论最初是对谁课税的，需求者和供给者最终都要支付相同的数额。但是，供给者支付的税额通常与需求者支付的税额是不同的，需求者或供给者支付的税收比例，取决于供给和需求的相对弹性。

如果政府对金融商品交易课税的是从价税，则它的税收归宿与从量税的税收归宿的主要区别在于供求曲线不是按照绝对额平行移动，而是按照税率所体现的价格的某一固定比例旋转移动，其分析方法与以下的所得税归宿的分析方法基本相同。

以上我们从局部均衡分析了证券交易税的税收归宿，如果我们扩展到一般均衡的角度来考察，则较为复杂。由于市场价格很可能会随着征收的税额作出调整，因此，证券交易税具有转嫁的可能性，但是要对最终由谁来承担证券交易税的负担做出判断却是十分困难的。从影响证券交易税最终归宿的主要因素分析，证券交易税会减少储蓄者从持有应税证券得到的回报，从而增加使用这些工具来筹措新资金的投资人的成本。由于不同资产的价格往往会按这样一种方式作出调整，使得不同资产的预期收入之间形成一种平衡，使特定的某类资产对回报产生的不同影响往往会延伸至所有的资产中去。因此，证券交易税的负担会波及所有资产持有人，包括那些非直接持有证券交易税的资产持有人。因此，证券交易税的最终归宿并非显而易见。①

🌾 二、金融市场：所得税的归宿

（一）所得税归宿的一般分析

对金融资产所得课征的所得税，其税负的转嫁与归宿也主要取决于金融资产供给弹性和需求弹性的大小。

1. 金融资产供给完全无弹性下的税负归宿

当金融资产的供给是完全无弹性时，金融资产的供给者将承担全部税负（见图 2 - 4）。

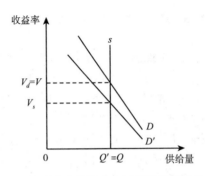

图 2 - 4　金融资产供给完全无弹性下的税负归宿

在图 2 - 4 中，横轴为金融资产的数量，纵轴为金融资产的收益率，D 代表对某种金融资产的需求，S 是这种金融资产的供给。图 2 - 4 显示，课税之前，金融资产税前收益率为 V。对金融资产所得课税后，实际需求曲线变为 D'，D 与 D' 之间的距离反映的是需求者支付的支出与供给者获得的收入之间的差额，即税收楔子。征税之后，金融资产供给者获得的所得为 V_s，而要素的需求者支付的价格不变（$P = P_d$），即 $V = V_d$。这说明，在金融资产供给完全无弹性的情况下，政府对金融资产供给者的所得课税，完全不能转嫁，而由供给者自己承担。

2. 金融资产供给弹性大于需求弹性下的税负归宿

当金融资产的供给弹性大而需求弹性小时，或者说，当金融资产的供给弹性大于其需求弹性时，对金融资产所得课税，其税收负担的大部分将由金融资产的需求者承担（见图 2 - 5）。

在图 2 - 5 中，金融资产的需求曲线较陡，表明其弹性较低。课税之前，供求曲线相交的 E 点，决定了税前收益率为 V，金融资产的供给量为 Q。课税之后，金融资产的供给者因净收益率下降而反应强烈，致使金融资产供给量下降的幅度大于净收益率下降的幅度，即 $QQ' > VV_s$。此时，金融资产需求者的实际支

---

① 中国金融税制改革研究小组：《中国金融税制改革研究》，中国税务出版社 2004 年版，第 466 页。

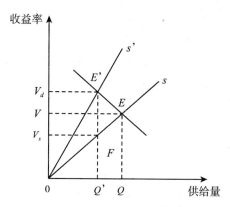

图 2 - 5　金融资产供给富有弹性下的税负归宿

付是 V_d，金融资产供给者实际获得的报酬却是 V_s，从 V_s 到 V_d 的距离就是税额。这项税额可分为两部分：一部分是 V_dV，另一部分是 VV_s，而 $V_dV > VV_s$。这表明，在金融资产供给弹性大于需求弹性的情况下，对金融资产课征的税收大部分将由需求者负担。

3. 金融资产供给弹性小于需求弹性下的税负归宿

当金融资产的供给弹性小而需求弹性大时，或者说，当金融资产的供给弹性小于其需求弹性时，对金融资产所得课税，其税收负担的大部分将由金融资产的供给者承担（见图 2 - 6）。

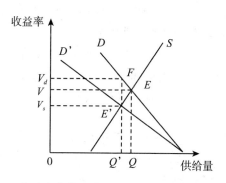

图 2 - 6　金融资产供给弹性小于需求弹性下的税负归宿

在图 2 - 6 中，金融资产的供给曲线较陡，表明其弹性较低。课税之前，供求曲线相交的 E 点，决定了税前收益率为 V，金融资产的供给量为 Q。课税之后，金融资产的供给者对净收益率的下降反应很小，因而，金融资产供给量下降的幅度小于净收益率下降的幅度，即 $QQ' < VV_s$。金融资产需求者的实际支付是 V_d，金融资产供给者实际获得的报酬却是 V_s，从 V_s 到 V_d 的距离就是税额。同样，

在这项税额中，金融资产需求者支付的部分是 V_dV，金融资产供给者支付的部分是 VV_s，而 $V_dV < VV_s$。这表明，在金融资产供给弹性小于需求弹性的情况下，对金融资产课征的税收大部分将由供给者负担。

从上述分析可以看出，若课税金融资产的供给弹性大于需求弹性，所得税的大部分税收负担将由金融资产的需求者承担；相反，若课税金融资产的供给弹性小于需求弹性，则所得税的大部分税收负担将由金融资产的供给者承担。

（二）利息所得税归宿的具体分析

利息所得税归宿局部均衡分析的重点是关注使储蓄与投资均衡的利率。如果在投资方没有税收扭曲的条件下，均衡条件为：

$$S(r(1-t)) = I(r) \tag{2-10}$$

在不同的情况下，利息所得税的归宿不同：（1）如果储蓄或者投资是完全无弹性的，则需要市场双方去面对一个独立于税收的净利率。（2）如果投资是没有弹性的，为了使 $r(1-t)$ 不变，税率的改变肯定意味着相反的利率变化，则课税的"成本"由投资者来承担。（3）如果储蓄是没有弹性的，通过降低其税后利率来支付成本的就是储蓄者。通常，税率对于均衡利率的效应取决于这两种弹性的比较值。

然而，这一分析至少存在以下局限性：第一，它只是一个局部均衡公式，并非一般均衡公式。第二，它只是一种静态理论，而税收的储蓄与投资均衡效应显然需要一个动态的均衡计算公式。可以将分析纳入哈伯格（Harberger，1962）的税收归宿模型中来解决第一问题。但是，这会受到要素供给不变这一假定的损害，因此不适合这一目的。显然，所需要的是一个经济增长模型，它考察税收的储蓄与投资均衡效应对资本存量的长期影响。

戴蒙德（Diamond，1970）最早得出了这样一种扩展模型，其出发点是劳动供给无弹性的消费——劳动组合模型。戴蒙德发现，利息所得税的不同归宿提高了税前利率，降低了工资率。当然，这对收入的功能分配的影响要取决于替代弹性。

费尔德斯坦（Feldstein，1974a，1974b）也使用了类似的框架。他阐释了在这一模型中资本所得税通常是由劳动者和资本家来负担，这种负担的分配取决于这两个群体储蓄倾向的差异和这些倾向对于利率变化的敏感性。有人可能认为这一结论关键取决于劳动供给外生性。不过，费尔德斯坦（Feldstein，1974a）证明了在劳动所得税的情形下，在长期稳定均衡中的长期税收归宿与劳动供给弹性无关。在短期，结论是不同的，更加接近于比较静态分析的结论。所以，这些结论非常清楚地表明我们在分析利息所得税的归宿时应当十分谨慎。[1]

---

[1] 阿兰·J·奥尔巴克等：《公共经济学手册》（第1卷），经济科学出版社2005年版，第252～253页。

第三节　金融市场适度税负分析

在金融市场的运行过程中，政府的课税必然形成纳税者的负担。如果税负过重，将产生超额税收损失；如果税负适度，将有利于金融市场的发展。

一、金融市场超额税收的损失

（一）超额税收的界定

西方税收理论认为，税收效应是指政府课税对消费者的选择以及生产者决策的影响。一般认为，税收具有收入效应和替代效应。税收的收入效应是指税收的课征只是使纳税人的收入减少，支付能力和满足程度下降，但并不改变人们的行为方式，不会破坏经济效率条件，因此不形成税收超额负担。税收的替代效应则是指税收的课征改变了市场相对价格（包括商品价格、服务价格、资产价格），进而改变了人们的经济决策，破坏了经济效率条件，因此会形成税收超额负担。可见，西方税收理论中的"税收超额负担"是特指税收的替代效应所造成的经济效率损失。

我们认为，应该全面地认识税收效应问题。一方面，过度的税收收入效应会造成纳税人的过度效用损失，进而造成社会福利的损失；另一方面，税收的替代效应既有可能产生效率损失，也有可能产生效率得益。

为此，我们提出"超额税收"的范畴。所谓超额税收是指政府的课税产生了过度收入效应与负替代效应，从而给纳税者与社会造成了损失的税收。

具体而言，政府的课税有可能形成三种类型的"超额税收"：

1. 产生过度收入效应的税收

从局部均衡的角度看，只产生收入效应的课税（如归总税）不会破坏效率条件，只是减少纳税人的收入水平。然而，我们认为，在适度的范围内，这种税具有激励作用，例如，归总税的征收减少了纳税人的收入，会使一部分纳税人为了弥补税后收入的下降，而增加劳动时间，减少闲暇。但在过度的范围内，这种税具有抑制作用，假如归总税的征收完全侵蚀了纳税人的收入，则纳税人就会放弃劳动而选择闲暇。从而改变纳税人的行为，造成社会效率的损失。因此产生过度收入效应的税收既会降低纳税者的效用，也可能造成社会效率损失。

2. 产生负替代效应的课税

从一般均衡的角度看，绝大多数的课税都产生替代效应，但是我们应该全面的认识替代效应。政府对排污行为的课税会产生正替代效应，带来社会效率得益；而政府对节能生产课税就会产生负替代效应，造成社会效率损失。

3. 混合型课税

即具有上述两种特征的课税，混合型课税必然造成社会福利与社会效率的双重损失。

（二）金融市场超额税收的漏损效应

在金融市场的运行过程中，如果税负过重，将产生的过度的收入效应，不仅会导致投资者的效用损失，同时还将产生金融市场资金的漏损效应。我们将因课税导致金融市场内的原始投资额不断缩小的变化结果称之为税收的漏损效应。

1. 超额税收的漏损效应

基本假定：（1）在一定时期内，证券市场内的原始投资额 k 保持不变，即 k 为一个常数；（2）设上市公司分配的股利总额为 M_s，股利所得税税率为 t_0，股利所得税总额为 T_0，即 $T_0 = (M_s \times t_0)$。由于 M_s 须缴纳股利所得税，因此投资者税后股利收益为 $M_s' = M_s(1 - t_0)$，显然 $M_s' < M_s$。设投资者将得到的全部税后股利 M_s' 用于扩大再投资，即从市场外部注入证券市场的新增投资量 $\Delta k = M_s'$，证券市场的投资总额 $K = k + \Delta k$ 或 $K = k + M_s'$。

（1）证券交易税的漏损效应。假定某国对证券交易双方均课征税率为 t_1（$0 < t_1 < 1 =$ 的交易税。投资者的集合为 A，他们在二级市场上，每次用初始投资额 k 交易了平均价格为 P_i（$i = 1, 2, 3 \cdots\cdots n$）的股票集。$k_i'$（$i = 0, 1, 2, 3 \cdots\cdots n$）表示证券市场税后的资金数量。

当 $i = 1$ 时， $T_1 = 2P_1 \times t_1$, $k_1' = k(1 - t_1)$

…

…

当 $i = n$ 时， $T_1 = \sum_{i=1}^{n} 2Pi \times t_1$, $k_n' = k(1 - t_1)^n$ (2-11)

在式（2-11）中，若 $n \to \infty$，则 $(1 - t_1) \to 0$，$k_n' \to 0$

由此可见，在初始投资额 k 为一定的条件下，课征一次交易税，就会使初始投资额 k 以证券交易税 T_1 的形式流出证券市场。我们可以将以上现象称为税收对股票市场资金造成的"漏损效应"。由于股票市场的资金流出数额与股票交易次数直接正相关，所以在一个换手率较高的股票市场中，证券交易税所导致的资金流失现象就更为严重。因此当股票交易次数 n 为无穷大时，初始投资额 k 也就趋于零。

故此，我们可以得到以下结论：一是在上市公司分配的股利总额为零（$M_s' = 0$）的条件下，证券交易税实质是对证券市场的初始投资额（税本）征税；二是在上市公司分配的股利总额大于零（$M_s' > 0$）的条件下，当证券交易税额超过 M_s' 时，证券交易税实质也是对证券市场的初始投资额（税本）征税；三是证券交易税税率与证券市场的换手率是影响证券市场"资金漏损"规模与速度的决定性因素。

（2）证券利得税的漏损效应。假定某国对获得证券利得 M_e 的投资者课征税率为 t_2 的利得税总额为 T_2，即 $T_2 = (M_e \times t_2)$。

由于证券市场中并不会创造真实收益，证券利得只是一种盈亏投资者之间的收入转移，因此从税源上分析，M_e 只是证券市场的投资总额（$K = k + M_s'$）中的一部分。课征 T_2 将会使 K 下降，若 $T_2 \leqslant M_s'$，则还未课及原始投资额 k（税本）；

但若 $T_2 > M'_s$，则已课及原始投资额 k（税本），在证券交易税的基础上，进一步产生证券市场资金的漏损效应。

（3）证券税收的叠加漏损效应。综合来考察，若 $(T_1 + T_2) \leqslant M'_s$，则还未课及原始投资额 k（税本），不存在税收漏损效应；但若 $(T_1 + T_2) > M'_s$，则已课及原始投资额 k（税本），就会产生证券市场资金的税收漏损效应，导致金融市场的萎缩。

2. 超额税收的漏损乘数效应

税收乘数一般是指税收变化与所引起的国民收入变化之间的比例。其定义公式为：$K_t = \Delta Y / \Delta T$（式中：$\Delta Y$ 代表由于税率变动引起的国民收入变动，ΔT 代表税收变动）。税收乘数效应则是指政府税收的增加会引起国民收入的减少，而且具有倍减的性质，即国民收入的减少额必定大于最初的税收增加额。

如果将其推广至金融市场，则可将金融市场税收乘数定义为税收变化与所引起的金融市场投资额变化之间的比例。其定义公式为：$K_t = \Delta K / \Delta T$（式中：$\Delta K$ 代表由于税率变动引起的金融市场投资额的变动，ΔT 代表税收变动）。金融市场税收乘数效应则是指政府税收的增加会引起金融市场投资额的减少，而且具有超强倍减的性质，即金融市场投资额的减少额必定大于最初的税收增加额。

我们认为，对金融衍生工具的课税将产生典型的金融市场税收乘数效应，因为在金融衍生工具市场的运行过程中，投资者可以以小博大，从而使其投资额具有很强的资金杠杆效应，因此对金融衍生工具课征的每元税额的乘数效应远远大于对实体经济课征的每元税额的乘数效应。在存在金融市场税收漏损效应的条件下，这种超强的税收乘数效应将导致金融市场的加速萎缩。

（三）金融市场超额税收的效率损失

在宏观经济的运行过程中，相对于实体经济税负而言，如果金融市场税负过重，则将产生替代效应。在正常的金融市场运行条件下（无过度泡沫的市场），这种替代效应一般都是负的替代效应。金融市场课税的负替代效应将会导致包括投资者、融资者、社会资源配置所集合形成的经济效率损失。

1. 投资者的效用与效率损失

（1）课税所造成的投资者效用损失。

假定：投资者甲的投资额既定为 y，在两种投资 x（金融投资）和 z（实体经济投资）之间选择，两种投资的价格分别为 P_x 和 P_z，可得税前预算约束为 $P_x x + P_z z = y$，反映为图 2 - 7 中的预算线 AB，总可找到一条无差异曲线，设为 II，与该预算线 AB 相切，设切点为 E_1，决定甲税前投资 x 和 z 的最优组合，由微观经济学可知，这时，$MRS_{xz} = P_x / P_z$。如果对两类投资方式均按税率 t 课征从价税，预算约束变为式（2 - 12）。

$$(1 + t) P_x x + (1 + t) P_z z = y$$

即 $\qquad\qquad P_x x + P_z z = y / (1 + t) \qquad\qquad (2 - 12)$

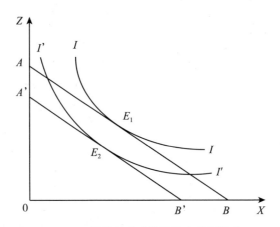

图2-7 课税所造成的投资者效用损失

由图2-7可见，税后甲的实际投资额下降到[$y/(1+t)$]，预算线平行内移，反映为图中的$A'B'$。同样，总可找到一条无差异曲线与之相切，设为$I'I'$，切点为E_2，决定税投资者甲后投资x和z的最优组合，由微观经济学可知，这时，税后无差异曲线的斜率等于税后预算线的斜率，这意味着投资者甲的税后边际替代率没有改变，$(MRS_{xz})' = P_x/P_z$。在这种情况下，金融市场课税虽然没有产生替代效应，但必然产生收入效应，造成投资者的投资额下降，投资者的效用水平由II下降到$I'I'$。

（2）课税所造成的投资者效率损失。

假定：其他因素如上，但如果两类投资方式的税收负担不同，只对z按税率t课征从价税而对z免税（或对两种投资按不同税率征税），则预算约束变为式（2-13）。

$$(1+t)P_xx + P_zz = y \qquad (2-13)$$

则 $$(1+t)P_xx/P_zz \neq P_x/P_z \qquad (2-14)$$

由图2-8可见，税后预算线的斜率已发生变化，不再等于P_x/P_z，而是等于$(1+t)P_x/P_z$。税后预算线为$A'B'$，不再平行于原预算线，而是发生旋转性移动，由于对商品z不课税，所以原来的A点仍在税后预算线上（此时$I=0$）。总可找到一条无差异曲线$I''I''$与之相切，设切点为E_3，在这一点，无差异曲线$I''I''$斜率等于税后预算线$A'B'$的斜率，亦即改变了两种投资的相对价格（见式（2-14）），产生了替代效应。如前所述，我们认为对于这种替代效应的优劣评判，如果仅从个人角度考察，产生了个人效率损失；但对社会效率而言，还须依据宏观经济运行状况才能具体确定。

2. 融资者的效率损失

在金融市场课税产生了负替代效应的条件下，大量的投资者将改变投资行为，撤离金融市场，进行实体经济投资，使得金融市场进入熊市。而低迷的金融

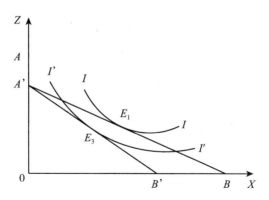

图 2 - 8 课税所造成的投资者效率损失

市场的状况将强行改变融资者的融资行为。在这种情况下，由于新股发行价甚低、或投资者不愿购买新股，或投资者放弃配股，上市公司被迫减少或放弃股票融资方式，而选择借债等其他融资方式，从而造成融资者的效率损失。

3. 社会资源配置的效率损失

在第一章第三节第二部分，我们分析了金融市场课税对社会资源配置的影响，由此可知，在金融市场处于熊市时期，过重的课税必将导致更多的投资者撤离金融市场，转向其他方面的投资，进而会加速金融市场预期收益的下降，加剧金融市场的萎缩，产生负的替代效应，造成社会经济效率损失。如图 1 - 11（b）所示，税前的资源均衡配置点为边际收益曲线的交点 A，反映出金融市场的资源配置过少；税后的资源均衡配置点为边际收益曲线的交点 C，同税前相比，加剧了金融市场的资源配置的下降，致使金融市场与实体经济的资源配置更加失衡，带来了社会效率损失。

综上所述，金融市场超额税收会通过其漏损效应与效率损失效应遏制金融市场的健康发展。

🌿 二、金融市场适度税负：一个分析框架

适度税负是保证金融市场稳定发展的重要因素，而过度的税负将会造成超额税收及其负面影响。为此，我们必须依据公平原则与效率原则，探寻总量适度的、结构合理的金融市场税负体系。下面将从定性分析与定量分析两方面，探讨金融市场适度税负的分析框架。

（一）金融市场适度税负的定性标准

从规范研究的角度考察，我们认为，金融市场的适度税收是指政府对金融市场的课税产生了适度收入效应与正替代效应，从而能够增进社会福利与提高社会效率的税收。具体而言，金融市场的适度税收必须满足两个标准：

1. 税收的收入效应适度

政府应该坚持量能负担原则，依据金融市场个体与整体的负担能力进行课税，不能课及税本（投资者的投资额）。"拉弗曲线"原理同样适用于金融市场税收。

在图 2 - 9 中，纵轴代表税率，横轴代表税收。当税率为零时，税收为零；随着税率的增加，税收也将增加。但当税率上升为 100% 时，意味着投资者的收入全部都要作为税收上缴给政府，这时也就没人愿意投资了。此时，政府同样也将没有收入。拉弗曲线说明，当税率超过图中 E 点时，挫伤投资者积极性的影响将大于对收入影响。所以尽管税率提高了，但税基降低了，税收反而减少了。图中的阴影部分被称为"税率禁区"，当税率进入禁区后，税率与税收呈反比关系，要扩大税基，就必须降低税率。

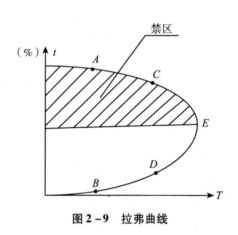

图 2 - 9　拉弗曲线

2. 税收的替代效应合理

政府应该坚持相机决策原则，依据宏观经济与金融市场运行状况，适时调整金融市场税收政策。一般而言，在金融市场过度亢进时期，应该实行增税政策。虚拟资产的定价方式决定了金融市场天生具有虚幻性，而投资者"买涨"的非理性行为又会加剧虚幻泡沫膨胀，最终导致金融危机。而此时，政府应该提高税负，并配合其他经济政策，遏止金融市场的过度亢奋。反之，在金融市场低迷时期，应该实行减税政策。金融资产的定价方式决定了心理预期在金融市场中的重要作用，而投资者"不买跌"的非理性行为又会加剧心理预期（市场人气）急剧下降，最终导致市场急剧萎缩。而此时，政府应该降低税负，并配合其他经济政策，刺激金融市场的亢奋。

（二）金融市场适度税负的定量标准

从实证研究的角度考察，金融市场适度税负值是客观存在的，我们力图依据"拉弗曲线"理论，从静态与动态两方面探索金融市场适度税负的合理区间。

1. 金融市场税种的适度税负分析

依据"拉弗曲线"的原理，如果证券交易税的税率过高，最终将导致税收收入的减少。第一，高税的降价效应（$t\uparrow \to P\downarrow$）。[1] 西方许多学者认为开征证券交易税或提高税率会使证券价格下跌，因为证券交易税将增加二级市场的交易成本和风险，这要求较高的投资回报率，从而降低证券资产的价格。哈伯德（Hubbard，1993）通过模型计量的结果显示，提高 0.5% 的证券交易税，将使股票价格平均下跌 5%。第二，高税的减量效应（$t\uparrow \to Q\downarrow$）。一方面，证券交易税将提高交易成本，而交易成本与交易量之间存在相反关系。施沃特和塞金（Schwert and Seguin，1993）采用"弹性法"对这种效应进行了检验，其结果是弹性介于 -0.25 和 -1.35 之间，即交易成本每增加 1 个百分点，交易量将降低 0.25% ~ 1.35%。另一方面，过高的税负会造成证券市场的国际迁移。阿姆洛夫（1993）发现，1986 年瑞典的证券交易税由 0.8% 上升为 2% 后，11 家最活跃的上市公司 60% 的交易量转移到伦敦，瑞典所有上市公司 30% 的交易量转移到伦敦。[2] 第三，高税的抑动效应（$t\uparrow \to v\downarrow$）。证券交易税将提高交易成本，而交易成本的增加将严重影响金融市场的流动性。因此，交易价格、成交量以及年周转率的下降都会减少税收收入，实践证明，金融市场课税的税率不可过高，对其财政收入功能不能期望过高。否则欲速不达。

2. 金融市场投资者的适度税负分析

西方学者对于"风险程度不同的资产的税收待遇"问题，一直存有争议：一种观点主张对高风险资产课以低税，以激励风险承担。而反对者却认为应该按照相同比率对所有资产征税，以减少扭曲。我们赞同前一种观点，因为税收不仅会减少风险资产中的无风险收益，同时也将降低其风险溢价收益（由于对风险溢价收益也征了税）。[3] 因此，资产税负的高低应与资产的风险程度成反向关系。

如果假定 t_z 表示实体经济的平均税率，t_x 表示金融市场的平均税率，M_z 表示实体经济投资的税后收益率，M_K 表示金融市场投资的税后收益率。由于金融市场投资的税后收益率包含风险补偿金的因素，因而 $M_x > M_z$，则金融市场个体税负的合理波动区间为：

$$0 < t_x < t_z$$

其经济含义为：如果 $t_x = 0$ 或 $t_x < 0$，则国家对金融市场收益没有征税或无法征到税；如果 $t_x = t_z$，则国家只参与金融市场的收益分配，而没有与投资者共同承担投资风险。更有甚者，如果 $t_x < t_z$，则政府对金融市场的收益实行歧视性的重税政策。因此，$0 < t_x < t_z$ 应该是金融市场个体税负的合理波动区间。

---

[1] 括号中字母符号的含义详见本书式（1 - 21）。
[2] 史晨昱、范幸丽：《证券交易税理论与实践的发展》，载于《财贸经济》2002 年第 1 期。
[3] 具体分析详见本书（表 5 - 1）的模拟分析结论。

3. 金融市场整体适度税负分析

从静态分析，以股票市场为例，假定 T 表示政府从股票市场征收的各类税收总额，M_s 代表上市公司分配的股利总额，其整体税负的合理波动区间为：

$$0 < T < M_s$$

其经济含义为：如果 $T = 0$ 或 $T < 0$，则国家没有征税或无法征到税；如果 $T = M_s$，则股票市场的真实收益全部成为了政府的税收。更有甚者，如果 $T > M_s$，则除了股票市场的全部收益都成为政府的税收之外，投资者的部分投资额也成为了政府的税收，即政府的税收已经课及到了税本。因此，$0 < T < M_s$ 应该是股票市场整体税负的合理波动区间。

从动态分析，假定 $\Delta T/T$ 表示税收的增长速度，$\Delta M_s/M_s$ 表示股票市场所获得的股利规模的增长速度，则股票市场整体税负的合理波动区间为：

$$0 < \Delta T/T < \Delta M_s/M_s$$

其经济含义为：如果 $\Delta T/T = 0$ 或 $\Delta T/T < 0$，则国家税收没有增长或减少；如果 $\Delta T/T = \Delta M_s/M_s$，则股票市场真实收益的增量全部成为了政府的税收。更有甚者，如果 $\Delta T/T > \Delta M_s/M_s$，则除了金融市场真实收益的增量全部都成为政府的税收之外，投资者的部分投资额也成为了政府的税收，即政府的税收已经课及到了税本。因此，$0 < \Delta T/T < \Delta M_s/M_s$ 是股票市场整体税负增长的合理区间。

第三章　金融市场税收优化分析 ✠

税收优化是税收理论与税制实践的核心命题。本章将从理论视角，探索金融市场的最适税收以及金融市场税收竞争模型；并从实践视角，探讨中国金融市场发展与税制优化的动态关系。

第一节　税收优化理论解析

一、西方最优税收理论

自 20 世纪 20 年代以来，西方国家经济理论中有关税制优化问题的研究，先后形成了三大较具代表性的理论流派，即最优税理论、供给学派的税制优化理论和公共选择学派的税制优化理论。这三大流派在现代西方税收理论中都占据了较重要的地位，其中有些流派还对税制优化方面的政策实践产生了直接影响。

（一）最优税收理论

最优税收理论（Optimal Tax Theory）是从 20 世纪 20 年代末开始发展起来的，到 70 年代初进入鼎盛时期，至今仍在西方税制优化理论中占正统地位。主要代表人物有拉姆齐（Frank Ramsey）、阿特金森（Atkinson）、斯蒂格里兹（Stiglitz）、米尔利斯（Mirrlees）、费尔德斯坦（Feldstein）、戴蒙德（Diamond）等人。

最优课税理论源于福利经济学中的"最优"概念。"最优原则"的基本含义是市场机制对经济资源的有效配置，即"市场配置效率原则"。传统的研究结果认为，市场自身足以有效地配置资源。福利经济学认为，如果不存在任何市场失灵，市场机制就能使商品的供求达到均衡，消费者对最后一个单位商品所愿意支付的价格（即商品的边际价格）正好等于竞争性生产者生产该商品的成本（即边际成本）。在这种条件下，价格调整供给与需求各种生产要素与经济资源得到充分的利用与有效的配置，从而在交换、生产与总体市场上都实现了均衡，这就是所谓的资源配置的"帕累托最优状态"。实现帕累托最优状态必须满足三个必要条件：（1）生产效率条件。即任何两种产出之间或一种产出同一种要素之间的边际转换率对于所有的生产者相等。同时，任何两种生产要素之间的边际转换率对于所有的生产者也要相等。（2）交换效率条件。任何一对物品的边际替代率对于所有的消费者相等。（3）经济效率条件。即对于生产者和消费者双方来说，任何一对物品的生产边际转换率等于其消费边际替代率，也就是，任何一对物品的边际成本之比应等于完全竞争市场中相应的价格之比。这三个条件中任意一个被破坏，都意味着资源的最优配置不能实现，从而出现经济的低效率或效率损失。另外实现帕累托最优的前提假定是必须是完全竞争市场，也就是没有垄断、外部经济、规模经济递增和完全信息。

但在现实世界中，这几个条件难以同时满足。在存在如公共物品、外部性等市场失灵的情况下，市场机制配置资源不是最有效率的。这就需要政府干预，即需要政府运用包括税收在内的政策工具参与资源配置。然而，绝大部分税收是不符合最优原则，因为税收在市场有效配置资源的过程中加进了"税收楔子"（Tax Wedge），使消费者愿意支付的数量与生产者愿意提供的数量之间产生了差额，造成消费者剩余损失或生产者剩余损失，必然影响到消费者或生产者的行为，带来经济效率损失。

鉴于最优原则在现实的税制设置中无法实现，西方经济学家把"次优原则"应用于税制建设中，建立了"最适课税理论"。最适课税理论是以资源配置的效率性与所得分配的公平性为准则，对构建经济合理的税制体系进行分析的学说，其核心是探讨课税公平与效率之间如何权衡的问题。最适课税理论的核心内容如下：

1. 最适商品税理论

最优商品税理论主要分析如何在税收收入数量既定的情况下，经济合理地使对不同的商品和劳务征税的额外负担最小化。其主要内容包括一般税与选择税的比较和最优税率结构的确定。

（1）一般税与选择税的比较。从经济效率的角度来分析，一般税造成的额外负担较小，所以课征一般税比选择税更优。但是从社会公平的角度来考察，大范围的一般税必然将许多一般生活品包括在内，使低收入者承担具有累退性的税收负担，这违背了社会公平目标。因此，从公平与效率兼顾的观点出发，最优商品课税应尽可能广泛课征，同时对一些基本生活必需品免税。

（2）最优税率结构。传统的理论认为最优商品税是对所有商品征收的单一税率商品税，因为单一税率不影响相对价格；差别税率将扭曲相对价格，故非最优税率结构。然而，拉姆齐却认为，在商品课税体系中，当各种商品的需求是相互独立时，对各种商品课征的税率必须与该商品自身的价格弹性呈反比例。最适商品课税要求，对弹性相对小的商品课以相对高的税率；对弹性相对大的商品课以相对低的税率。如果对无弹性或低弹性商品（如食品）采用高税率征税，会使总体超额负担最小化，是一种最优税率。然而，仅从经济效率角度所得出的这一结论是违背社会公平原则的。当社会成员的收入水平存在一定差距时，不能完全依照弹性反比法则制订税率，而应对生活必需品课征较低的税率，而对奢侈品课征较高的税率，通过这种差别税率结构来增加商品税的累进性。

2. 最适所得税理论

最优所得税的主要进展是由米尔利斯等人在 20 世纪 70 年代取得的。传统的观点认为，最优累进所得税率具有相当高的累进程度，并且边际税率是递增的，即按照由低到高的序列分布，这样才能最好地促进收入和财富的公平分配。米氏的分析与结论推翻了这一传统观念。他假定政府的目标是使社会福利（效用）函数极大化，政府征收所得税而非其他税收。在一些其他限定条件下，米氏得出了如下几个结论：（1）无论社会福利函数的具体形式如何，只要收入分配数量存在一个已知的上限，则最高收入档次的边际税率应该为零。这一结论指明了这种可能性：即使社会把穷人的福利置于社会福利函数中的重要位置，社会福利函数的极大化也不必通过高边际税率的办法达到。简言之，改进穷人的福利不必要通过高累进税率去实现。（2）最优税率是近似线性的，并附有特定的免税水平，收入低于该水平者，纳税义务为负值，即政府应给予补贴。（3）边际税率相当低，一般在20%～30%，从不超过40%。

最优所得税研究所得到的一般结论是：社会可以采用较低累进的所得税来促进再分配目标，高累进税率不仅有损效率，而且对于促进收入平等分配来说也是不可取的。不过，这方面的研究基本上没有得出有关最优税率水平具体数值的统一结论，各种数值相差常常很大。这一方面与所采用的社会福利函数的具体形式不同有关，更主要的在于最优税率水平高度依赖于劳动供给弹性，而这一弹性值的高低一直存在很大的分歧。大多数学者认为税收影响供给的潜力大，故主张较为平缓的累进税率结构；但也有部分学者认为这一弹性值较低，这意味着所得税再分配的边际成本较低，故可以应用较高累进程度的税率结构，不过这一观点已退居次要地位。

3. 直接税与间接税搭配

许多经济学家从不同角度分析了直接税（所得税）和间接税（商品税）的优劣。①商品税与所得税都有存在的必然性。虽然所得税是一种良税，但差别商品税在资源配置方面的作用是所得税不能取代的：一是由于所得税不能对闲暇课税，而政府可利用商品税对闲暇商品课征高税，以抑制人们对闲暇的消费；二是由于经济活动存在着外部不经济性，故政府可通过征收差别商品税使各项经济活动的私人成本等于社会成本，以使社会资源得到更合理的配置。所以，最适课税论承认无论是商品税还是所得税都有其存在的必然性。②税制模式的选择取决于政府的政策目标。一般而言，所得税适用于实现分配公平的目标，商品税适用于实现经济效率的目标。政府的政策如果以分配公平为主，则选择所得税为主体税种；如果以经济效率为主，则选择商品税为主体税种。所以，一国税收制度最终实行何种税收模式，要取决于公平与效率目标间的权衡。

（二）供给学派的税制优化理论

供给学派（Supply Siders）的基本经济思想是强调供给因素对于经济的决定作用，主张政府的经济政策应以有效地刺激供给、提高生产效率作为出发点和基本目标。这与凯恩斯主义经济理论强调需求的分析传统正好形成对照。供给学派的主要代表人物有阿瑟·拉弗（Arthur B. Laffer）、罗伯特·蒙德尔（Robert Mundell）、保罗·罗伯茨（Paul Roberts）和诺曼·图尔（Norman Ture）等。

供给学派的税制优化理论大致可概括为两部分：对最优税制的看法以及刺激供给的税收政策。

1. 最优税制的标准

虽然供给学派并未直接定义什么是好的税收制度，也未对这种税制应具备的特征给以明确的刻画。但是供给学派有关税收问题的许多论述实际上已包含对最优税收制度的看法。这种税收制度最重要的目标是促进经济效率，但也允许具有一定的累进程度。从结构上看，供给学派认为下列税收工具符合最优特征：（1）对个人挣钱能力征收的总付税。（2）若总付税不可行，次优的选择是对个人自然增长的资本利得（即未实现的资本利得）征税，或对休闲的补充品征税，或对个人一生的支出征税。（3）对供应和需求相对缺乏弹性的商品和生产要素（如土地）征税。（4）对意外所得和因占有稀缺资源而获得的收益征税。（5）用以矫正市场失灵的税。关于这套税制所应具备的最优税率水平，供给学派未能得出明确的结论。所得出的肯定性看法是：应对不同商品和个人收入设计不同的税率；不宜采用高边际税率；现行所得税的高边际税率和累进程度应予降低。

供给学派所倡导的理想的税制，虽以效率为最重要目标，但并未将公平排斥在外。相反，供给学派含蓄地认为：拓宽税基和降低名义税率是协调公平与效率的最好办法，而传统上以高累进税率去获取公平的做法是不可取的。这既损害效率又未能改进公平分配。

2. 刺激供给的税收理论

以税收刺激供给是供给学派税制优化理论分析的重点。供给学派认为，税收制度、政府支出和货币措施都会影响人们从事某项活动的吸引力，进而影响到储蓄、投资和劳动供给。在各种刺激供给的手段中，税收被认为是最有效和最重要的手段，其中最关键的因素又是降低边际税率，因为正是边际税率决定着人们从事经济活动的税后净收益率，由此影响到人们从事该项活动的经济动因。因此，减税形式的选择对于刺激供给的有效性来说是个十分重要的问题。只是降低边际税率而不是降低平均税率的减税形式，对于刺激供给来说才会产生明显的效果。那种仅仅降低税负而没有降低边际税率的减税，只能起到增加纳税人税后收入和刺激需求的作用，对于鼓励工作和储蓄、抑制休闲和消费是无效的。当然，为了使降低边际税率能有效地刺激供给，政府采取控制开支和紧缩货币供应量的措施也是非常必要的，但这种需求管理政策只应作为辅助和配合手段加以应用，不应成为经济政策的核心和出发点，大幅度和持续地降低高边际税率才是经济政策的重心。70 年代中期，拉弗用驰名西方税收理论界的拉弗曲线来阐述了上述思想和政策主张。

（三）公共选择学派的税制优化理论

公共选择（Public Choice）理论又称"政治学的经济理论"，詹姆斯·布坎南（James M. Buchanan）被认为是该学派最杰出的代表人物。该理论的基本特点是以经济学的市场行为分析方法，去分析个体选择形成社会选择的政治过程，致力于说明由于同市场失灵相对应的政府失灵的存在，市场失灵不是把问题交给政府去处理的充分理由。

公共选择理论的分析采用的是契约主义的财政观。这种观点把个人作为分析的基本单位，认为国家并非一个单一的实体，而是在特定的制度环境下相互影响的、具有有限理性并追求利益极大化的个人组成的集合体。按照这一观点，分析个人在经济市场中关于商品供求选择行为的方法，同样地适用于分析政治市场。如同在经济市场中的情形那样，参与公共选择的个人也是利己的、具有有限理性的个人，他们依据自己所掌握的不充分的、不完全的信息和个人偏好，以最有利于自己的方式做出个人选择，公共选择就是在个人自由表达意愿的基础上形成的，是社会中的人们在自身利益的基础上进行自由选择和自愿交换、表达所需要的政治过程的结果。

按照公共选择理论的契约观，公共选择的基础只能是个别偏好和个别效用函数，不可能是社会福利函数。据此，对各种可供选择的公共政策的相对优劣作出恰当评价的唯一方法，就是看个人是否一致同意。如同经济市场上交换双方在一致同意的基础上达成互利的交易一样，一致性规则也是政治交换所必需的，同时也是衡量交换过程效率高低的理想标准。交换越是接近一致性，交换过程的效率越高。当然，考虑到政治交换过程本身也需要交易成本，实际生活中可以采取某种近似一致规则或某种小于一致的选择规则（如多数规则或少数服从多数规则），但至少在理论上应追求一致性规则。

公共选择理论在上述基本思想指导下展开了对税制优化问题的分析，其基本内容包括三个方面。

1. 最优税制的标准

公共选择理论认为，最优的税收工具就是参与公共选择的人们能够至少在理论上获得一致同意的那种税收工具。由于在实际生活中不要求达到一致同意（因为达到完全一致同意需要高昂的交易成本），故这样的税收工具表现为一种次最优的税收工具。这样的税收工具必须联系收入和支出过程。因为只有当纳税人预计到他们从政府那里享受到的公共服务的利益，大于其通过税收转移给政府的资源价值时，才会同意纳税。很明显，当公共服务成本为零时，最优税收就是不征税。

在公共选择理论看来，要建立优化的税制绝不是个简单的税制问题，还必须对税收转化为公共支出的过程进行研究，如果对用以提供公共服务而筹集的资金应如何分配缺乏认识，对公共财政政策的制订、选择和执行所赖以依存的制度、体制和公共机构安排缺乏了解，那就不能对税收手段的优劣作出判断。因此，凡不考虑分配和由税收筹资提供的公共服务程度大小而建立起来的税收制度，绝不会是优化的，甚至连理论上都不可能优化。

因此，公共选择理论认为，最优税收制度是指这套税收制度产生的收入所提供的公共品，以它该税制所分摊给每个纳税人的税收份额，能获得纳税人广泛的一致赞同。

2. 优化的税制与偏好显示

要确立起能获得广泛赞同的优化税制，公共选择理论认为有一个关键的问题需要解决，这就是个人真实偏好强度的显示问题。如果偏好显示失真，欺诈行为就会产生，交易成本将会扩大，政治过程所产生的结果就不会是公正和有效率的。不幸的是，在公共品场合，个人缺乏显示其真实偏好的动机。相反，因受"搭便车"动机支配，个人要么有意夸张其偏好（当偏好的公共品供应水平不与所分担的税收份额挂钩时），要么有意隐藏其偏好（当将偏好水平与其纳税份额相联系时）。在这种情况下，为保证公共品的有效供应，必须由社会建立起一套适当的机制，以促使个人在公共品场合也能真实地显示其偏好。这套机制应具备这样的功能：能够使个人感到只有真实地显示自己的偏好，才能使自己处于最佳境地。公共选择理论认为，某种特定的税收结构可以产生这样的功能。一旦这种税收机制作为个人对公共支出方案的真实偏好显示机制被采纳，税收制度应包括两类税：一类税用以补偿公共品的生产成本，另一类税用以保证个人真实地显示偏好。

3. 税制选择与公共开支的最优水平

公共选择理论认为，优先的税收制度不仅应促使个人真实地显示其对公共开支的偏好水平，还应将政府的实际公共开支水平限定在公众所意愿的水平之上。公众所意愿的公共开支水平也就是社会最优的公共品供应水平，这一最优水平由个人通过公共选择过程加以确定。①

🌿 二、西方税收优化理论之思考

西方三大税收优化流派为构建税收优化理论体系奠定了基石，具有重要的启迪意义，然而，西方税收优化理论的核心内容——税收中性理论是否完全科学合理？它是否具有局限性？如何对其局限性进行再造？这些都是值得我们深思的学术问题。

（一）对"中性税收"范畴集的质疑

"中性税收"范畴集是指税收中性原则以及税收超额负担等系列相关概念，它们是西方税收优化理论的核心内容。

西方税收理论认为，税收经济效率原则（中性原则）是指政府通过税制在把数量既定的资源转移给公共部门的过程中，尽量使不同税种对市场经济产生的扭曲对经济造成效率损失（税收超额负担）的最小化。而税收超额负担则是指政府税收的替代效应给纳税人所造成的，除缴纳税收之外的额外损失。税收超额负担产生的缘由是税收的替代效应。课税将产生收入效应与替代效应。但是，税

---

① 根据郭庆旺等：《当代西方税收学》，东北财经大学出版社 1994 年版，第 279～281 页，第 300～332 页；王雍君：《税制优化原理》，中国财政经济出版社 1995 年版，第 231～245 页的内容改编。

收的收入效应只是使纳税人的收入减少，支付能力和满足程度下降，并不干扰相对价格与改变人们的行为方式，不会破坏经济效率条件，因此不形成税收超额负担。税收的替代效应则会改变市场相对价格（包括商品价格、服务价格、资产价格），进而改变了人们的经济决策，产生经济效率损失，形成税收超额负担。

在西方税收理论假设的基础上，由税收中性原则，我们可以得到以下推论：（1）凡引发替代效应的税收都是非效率税收。其推理过程是：税收的替代效应→改变经济效率条件→产生税收超额负担→导致经济效率损失→税收非中性（税收非效率）。（2）凡只产生收入效应的税收（如归总税）都是有效率的课税。其推理过程是：税收的收入效应→仅导致经济效用损失，不会导致经济效率损失→不会产生税收超额负担→中性税收（税收效率）。

我们认为，西方的税收中性原则及相关范畴集有失偏颇，我们应该辩证地看待税收效应，重新认识税收效率问题。

1. 过度课税的双重效应与双重损失

从局部均衡的角度考察，西方税收理论认为，只产生收入效应的课税（如归总税）不会破坏效率条件，只是减少纳税人的收入水平。然而，我们认为，在适度的范围内，只产生收入效应的课税具有激励作用，如归总税的征收减少了纳税人的收入，会使一部分纳税人为了弥补税后收入的下降，而增加劳动时间，减少闲暇。但在过度的范围内，如果归总税的征收完全侵蚀了纳税人的收入（例如税负高达90%～100%），则这种高额的归总税除了产生收入效应之外，还会派生出替代效应。因为面对如此高额的归总税，纳税人就会放弃劳动而选择闲暇。从而改变纳税人的行为，造成社会效率的损失。劳动力供给背弯曲线就能形象的说明这一问题。

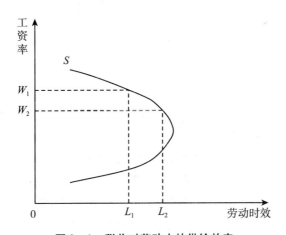

图 3-1　税收对劳动力的供给效应

图 3-1 揭示了税收对劳动力的供给效应。其中，S 表示劳动力的供给曲线。

在开始阶段，工资水平提高之后，劳动力供给倾向于增加。但工资水平上升到一定程度后，劳动力的供给便不再倾向于增加，而趋于减少。因此，劳动力的供给曲线先是递增，然后是一条向后弯曲的线。现假定政府决定对劳动者的收入征税t。纳税人的可支配收入由W_1降至W_2。随着纳税人税后可支配收入的下降，劳动力的供给趋向于增加，劳动时数由原来的L_1增加至L_2。但是当课税增至S曲线的下半部分时（即进入"拉弗禁区"之后），劳动力的供给就会趋向于减少，劳动时数由原来的L_1向原点方向移动，造成减少劳动时间，增加闲暇时间的替代效应。

再从一般均衡的角度考察，西方税收理论仍然认为，只产生收入效应的课税（如归总税）不会破坏效率条件，只是减少纳税人的收入水平。然而，我们认为，这一结论只有在适度课税的范围内成立，一旦课税（即使是归总税）超过了一定的临界点，也会因过度收入效应而派生出替代效应，从而带来降低纳税者的经济效用与社会经济效率下降的双重损失。

现假定一国有公共品与私人品两种商品，课税收入均用于供给公共品。如果在帕累托效率条件下，征税总量为T_1（$T_1=1$），公共品与私人品比率关系为1/3；而一旦提高征税总量（$T_2=2T_1$），则会改变公共品与私人品比率关系，由1/3变为2/2，从而破坏原帕累托效率条件下，造成社会效率损失（见表3-1）。

表3-1 过度课税的双重效应

社会效率状态	课税状态	公共品	私人品	公共品与私人品比率（斜率）
帕累托效率	适度课税	1	3	1/3
破坏帕累托效率	过度课税	2	2	2/2

因此，过度课税会产生收入与替代双重效应，从而造成社会经济效用与经济效率的双重损失。

2. 税收替代效应的双重性

在不同的经济条件下，税收的替代效应具有双重性。当经济达到帕累托效率的状态下，由于具有替代效应的课税会改变最优的效率条件，打破了最优均衡状态，因此将带来经济效率损失；反之，当经济未达到帕累托效率的状态下，具有替代效应的课税也许会促使不良效率条件向最优的帕累托效率条件转变，因此有可能产生效率得益（岳树民，2003）。[1] 例如，在证券市场中，当投资者"非理性"选择引发羊群效应积聚时，政府的合理课税将产生正的替代效应，改变投资者不合理的决策行为，从而产生税收额外收益，增加资本市场和社会整体效

---

[1] 税收的额外收益是政府征税改变了市场相对价格使生产者、消费者的决策发生变化，改变了既定的资源配置格局，从整个社会范围内看，资源的配置更为有效，使整个社会取得了政府税收收入之外的收益。岳树民：《中国税制优化的理论分析》，中国人民大学出版社2003年版，第19页。

率；反之，在不存在市场失灵与投资者"非理性"选择的条件下，政府的课税将产生负的替代效应，改变投资者合理的决策行为，从而产生税收额外负担，降低社会整体效率。因此，正如哈维·S·罗森在其《财政学》中指出，一般对税收额外负担的分析，是在假定经济中除正在考虑的税之外，没有其他扭曲因素。但在现实中，在开征一种新税时，已经有其他扭曲因素，如垄断、外部影响和已经课征的其他税。这样，对课税的效率损失问题就要重新评估。[①]

（二）"中性税收"范畴集的再造

由以上分析可见，"中性税收"范畴集存在一定的理论局限性，为此，我们试图提出以"超额税收与税收超额负担"概念为基础的新的"中性税收"范畴集，以再造其内涵与外延。

所谓"超额税收与超额负担"是指政府的课税产生了过度收入效应与负替代效应，从而给纳税者与社会造成损失的税收。具体而言，它有三种表现形式：（1）超额税收。这是产生过度收入效应的税收，政府的这种过度课税会造成纳税人与社会的经济效用损失。（2）税收超额负担。这是产生负替代效应的税收，政府的这种课税改变了帕累托最优效率条件，打破了最优均衡状态，由此造成纳税人与社会的经济效率损失。（3）混合型课税。这是具有过度收入效应与负替代效应双重特征的税收，混合型课税必然造成社会福利与社会效率的双重损失，它是一种最劣的税收。

基于"超额税收与超额负担"范畴的基点，"中性税收"的新内涵应该是"超额税收与税收超额负担"最小化的税收。换言之，它是指政府通过税制在把数量既定的资源转移给公共部门的过程中，尽量使不同税种对经济造成的效用损失与效率损失的最小化。

（三）"中性税收"范畴集的理论推想

我们认为，较之于传统的"中性税收"范畴，这一"中性税收"框架具有更强的理论包容性与政策应用性。

1. "中性税收"涵盖适度税收的特征

早在古典经济学时期，一些学者就注意到适度课税的问题。西斯蒙第所提出的税收原则之一就是关于适度课税的原则，即税收不可侵及资本的原则："一切赋税必须以收入而不以资本为对象，对前者征税，国家只是支出个人所应支出的东西；对后者征税，就是毁灭应该用于维持个人和国家生存的财富。"在瓦格纳的所提出的税收原则中，也包含适度课税的原则。他所提出的国民经济原则认为，要慎重选择税源。为了保护和发展国民经济，避免税收妨碍生产的消极作用，发挥税收促进经济发展的积极作用，要慎重选择税源和税种。原则上税源要求来自国民收入，不能来自税本。要保护税本，保护和发展经济，必须注意不能

---

① 哈维·S·罗森：《财政学》，中国财政经济出版社 1992 年版，第 399 页。

破坏国民财产或国民资本。① 而供给学派的拉弗曲线理论则是对适度课税观进行了更深入理论阐释。供给学派在深信经济对税收变化的弹性相当高的基础上，认为政府的课税应该保持适度的规模，在宏观方面必须与经济发展相适应，在微观方面必须与纳税人的负担能力相适应。

国家课税是将货币购买力从纳税人手中转移到政府手中的活动。如果这项资源转移的数量超过了一定限度，挤占了纳税人的投资额，课征到了税本，则税收超过了纳税人税收负担能力，就会进入产生负效应的"拉弗禁区"。因此，适度课税是中性税收的基本特征。

相对于实体经济课税而言，坚持适度课税观对于金融经济课税具有更为重要的意义。从本质上考察，金融经济税源的基础是实体经济，但是金融经济的税源有可能成倍放大或缩小它所代表的实体经济税源，因此，适度课税观是研究金融市场税收优化问题必须坚持的课税理念。

2. "中性税收"涵盖效率税收的特征

税收机制发挥机能的过程包括政府税收变化、投资者物质利益及经济行为变化和社会经济活动变化三个阶段。在不同的经济运行状态下，中性税收体系应该能够激励纳税者的正向选择，改变纳税者的负向选择，弥补市场失灵，产生最大的超额得益与最小的超额负担，增进全社会的效率。因此，效率课税是中性税收的重要特征。

就金融经济课税而言，在存在市场失灵与个人"非理性"选择的条件下，如存在股市羊群效应时，政府的合理课税将产生正的替代效应，改变投资者不合理的决策行为，从而产生税收额外收益，增加金融市场和社会整体效率；在不存在市场失灵与个人"非理性"选择的条件下，政府的课税将产生负的替代效应，改变投资者合理的决策行为，从而产生税收额外负担，降低社会整体效率。因此在研究金融市场税收优化问题时，坚持税收替代效应辩证观具有方法论上的重要意义。

3. "中性税收"涵盖宪政税收的特征

公共选择理论认为，宪法赋予了人民参政的权力，政府的课税应该反映人民的意愿。最优的税制无非就是那种至少在理论上能获得一致赞同的税制。中性税收要求政府在制定税收政策时，应该让经济行为主体能够真实地显示自己的偏好，充分听取与反映市场行为主体的意愿，使税收决策机制能够产生"用手投票"而不是"用脚投票"的效应。因此，宪政课税也是中性税收的重要特征。

相对于实体经济课税而言，坚持宪政课税观对于金融经济课税具有更为重要的意义。因为金融资本比工商业资本具有更强的流动性与税收敏感性，如果 A 国的金融市场税收税制完全不代表投资者的意愿，则投资者就会采取"用脚投票"的方式，将金融资本转移到他国的金融市场，造成 A 国的税基流失。因此，

① 国税总局科研所：《西方税收理论》，中国财政经济出版社 1997 年版，第 99～100 页。

宪政课税观也是研究金融市场税收优化问题必须坚持的课税理念。

综上所述，西方"中性税收"理论存在着将两种税收效应（收入效应与替代效应）孤立化与绝对化的局限性。为此，我们应该辩证地看待两种税收效应，尽量避免课税中的"超额税收与超额负担"，以实现新中性税收——"适度税收、效率税收、宪政税收"的目标。

第二节　金融市场最适税收的探讨

🌿 一、金融市场：最适交易税

西方的最适商品税理论主要从实物资产的角度，讨论了一般税与选择税的比较和最优税率结构的确定。然而，我们认为，相对于实物资产而言，金融资产具有更强的流动性，它对税收的敏感性更强，若只提高某类金融资产的交易税税率，则资本就会迅速转移到其他金融资产。而且由于金融资产的价格弹性较高，若提高某类金融资产的交易税税率，总体超额负担就会增大。因此，最适交易税要求对金融资产尽可能地采用相同的课税方法，适用统一的实际税率，这样才能实现金融资源的配置效率。

🌿 二、金融市场：最适所得税

（一）最适利息税

西方学者对"储蓄最适课税"问题的探讨主要形成两种不同观点：一种是"双重储蓄课税"的观点。许多学者宣称，将具有相同比率的一般所得税应用到劳动所得和资本所得上，会引起对储蓄的歧视，因为购买任何一种资产的所得已经被征税。另一种是庞巴维克和庇古的观点。他们认为经济行为主体没有远见，具有储蓄太少的倾向，因而没有为将来提供足够大的资本存量。这些问题和相关的问题近年来已由一系列在最适税收框架中进行分析的文章加以研究（奥德沃Ordover，1976；奥德沃和菲尔普斯Ordover and Phelps，1979；阿特金森和桑德莫Atkinson and Sandmo，1980；金King，1980）。

下面我们将采用阿特金森——桑德莫分析模型的简化形式进行分析。该模型是一个稳态增长模型，其中，人口按照比例 n 增加；每一个消费者的生活都有两个时期，第一时期工作，第二时期退休；政府有一个外生给定的财政收入要求，这一要求必须通过对劳动所得和资本所得的扭曲性课税来筹集资金，一次性总付税被剔除在外。在每一代人中，所有个人都是相同的，典型消费者的问题是在预算约束下追求效用最大化。

$$U = U(C_1, C_2, L) \qquad (3-1)$$

在式（3-1）中，C_1、C_2 为第一期及第二期的消费量，L 是在第一期享受的闲暇。在第一期可以得到的时间为 T，因此我们有 $L + H = T$，其中 H 是工作时间。为了发挥这一模型的特定用途，H 可以视为每天或每周的工作小时、每年工作的天数等。

如果 a 是可以通过一次性总付税进行调节的一次性总收入，那么在没有扭曲课税时的预算约束为：

$$C_1 + p_2 C_2 = w(1 + t_w)(T - L) + a \qquad (3-2)$$

在式（3-2）中，$p_2 = \left\{1 + r(1 - tr)\right\}^{-1}$ 是未来消费的价格，r 为利率，tr 为资本所得的税率，w 为工资率，t_w 为劳动所得税率，这里考虑了按不同比率对资本所得和劳动所得征税的可能性；尽管一次性总项 a 已经被包括在内，但是这实际上被限定为零。

消费者的最适状态现在可通过一阶条件来表示：

$$U_1 - \lambda = 0 \qquad (3-3)$$

$$U_2 - \lambda p_2 = 0 \qquad (3-4)$$

$$U_L - \lambda w(1 - t_w) = 0 \qquad (3-5)$$

根据式（3-2）至式（3-5），我们可以解出需求函数，将它们代回到效用函数中，我们就有间接效用函数：

$$V = V(p_2, w(1 - t_w), a) \qquad (3-6)$$

$$\frac{\partial V}{\partial a} = \lambda \qquad (3-7a)$$

式（3-7a）有偏导数：

$$\frac{\partial V}{\partial t_r} = \frac{\partial V}{\partial p_2} \times \frac{\partial p_2}{\partial t_r} = -\lambda C_2 r p_2^2 \qquad (3-7b)$$

$$\frac{\partial V}{\partial t_w} = -\lambda w(T - L) \qquad (3-7c)$$

政府的问题现在可以这样提出，即在下面的预算约束的限制下，选择 t_r 和 t_w 来使 V 最大：

$$t_w w(T - L) + t_r \frac{r p_2 C_2}{1 + n} = R \qquad (3-8)$$

在式（3-8）中，R 是既定的。左边的第二项是政府的资本所得课税收入。活着的老一代人的储蓄是 $P_2 C_2$，相应的所得为 $r P_2 C_2$。为了将从这里所获得的税收收入与劳动所得课税收入进行比较，我们必须除以（$1 + n$）来考虑老一代人数量更少这一因素。

我们通过求以下拉格朗日函数关于 t_r 和 t_w 的导数来解决这一问题：

$$\wp = V(P_2, w(1 - t_w), a) + \mu\left(t_w w(T - L) + tr \frac{r p_2 C_2}{1 + n} - R\right) \qquad (3-9)$$

使它们等于零，得到：

$$- \lambda C_2 r p_2^2 + \mu \Big(- t_w w \frac{\partial L}{\partial t_r} + t_r \frac{r p_2}{1+n} \frac{\partial C_2}{\partial t_r} + \frac{r p_2 C_2}{1+n} + tr \frac{r^2 p_2^2 C_2}{1+n} \Big) = 0 \quad (3-10)$$

$$- \lambda w(T-L) + \mu \Big(w(T-L) - t_w w \frac{\partial L}{\partial t_w} + t_r \frac{r p_2}{1+n} \frac{\partial C_2}{\partial t_w} \Big) = 0 \quad (3-11)$$

式（3-10）除以式（3-11），我们得到：

$$\frac{C_2 r p_2^2}{W(T-L)} = \frac{- t_w w \dfrac{\partial L}{\partial tr} + tr \dfrac{r p_2}{1+n} \dfrac{\partial C_2}{\partial t_r} + \dfrac{r p_2 C_2}{1+n}(1 + t_r r p_2)}{w(T-L) - t_w w \dfrac{\partial L}{\partial t_w} + t_r \dfrac{r p_2}{1+n} \dfrac{\partial C_2}{\partial t_w}}$$

如果我们代入斯拉茨基等式，这一表达式就可以大大简化。收入效应此时可以删去，我们得到的是：

$$\frac{n-r}{1+n} C_2 (T-L) + w t_w C_2 S_{LL} - \frac{t_r r p_2}{1+n} C_2 S_{2L}$$

$$= t_w w(T-L) S_{l2} + \frac{t_r r p_2}{1+n}(T-L) S_{22}$$

用劳动供给（而不是闲暇）的补偿效应来改写上式很方便。将前者定义为 $S_{HH} = -S_{LL}$ 和 $S_{H2} = -S_{l2}$，并用等式除 C_2，$T-L$，我们最后得到：

$$\frac{t_r r}{1+n}(-\sigma_{22} + \sigma_{H2}) = \frac{t_w}{1-t_w}(\sigma_{HH} - \sigma_{2H}) + \frac{r-n}{1+n} \quad (3-12)$$

在式（3-12）中，σ 表示补偿弹性。该等式描述了劳动所得税率的资本所得税率的相对水平，绝对水平是由政府财政收入要求所决定的。我们首先注意到这一描述取决于补偿弹性而不是总弹性。没有收入效应可解释为收入效应与一次性总付税的效应相类似，对于估算不同种类的扭曲性课税的相对优点无关紧要。

为了解释方便，假定 $r = n$，交叉弹性为零。此时，我们有：

$$\frac{t_r r}{1+r} \Big/ \frac{t_w}{1-t_w} = \frac{\sigma_{HH}}{-\sigma_{22}} \quad (3-13)$$

通过以上分析，我们可以得出以下结论：

（1）比较静态视角下的最优税率。如果劳动供给完全没有弹性（在补偿供给曲线上），那么最适利息所得税为零，而劳动所得税相当于一次性总付税，可以任意地定得很高。另一方面，如果未来消费的需求没有弹性，观点就相反。此时，从效率的角度出发，利息所得是理想的税基。通常，相对税率取决于两种弹性的相对值，没有特殊的理由相信两种来源所得的最优税率应当相同。在适当修正后，这一解释可适用于交叉弹性不为零的情形。其重要性可以通过以下事实来解释，即对于任何给定的劳动所得税率来说，如果利息所得税导致的需求和供给变化抵消了与工资税相联系的变化，那么利息所得税的理由就会更充分。

（2）动态视角下的最优税率。由于式（3-12）中最后一项的符号是由与利率与增长率之差决定，因此它在经济处于黄金法则增长路径上的时候为零。如果我们认为税率系数为正（即直接替代效应占主导地位）是一种正常的情况，就会立即看到在 $r < n$ 的无效增长路径上，利息所得税的理由会被削弱。由于利率等于资本的边际生产率，也就是说经济中的资本密度过高，人们因而希望阻碍储蓄。在保持税收收入不变时，降低利息所得税意味着必须增加工资所得税，就可以解决这一悖论。这减少了劳动供给（在补偿意义上）以及储蓄所产生的所得。在保持前面对弹性已作假定的条件下，这种课税转换产生的总效应恰好就是阻止储蓄。这一结论接近于庞巴维克和庇古的论点。如果人口增长率不等于收益率，人口增长就会有一种金钱上的外部性。不过，这种社会短视并没有体现为他们的观点中处于重要地位的个人短视。如果个人低估了其为将来消费付费的"真正"意愿，就有理由认为对储蓄提供补贴或者提供公共储蓄是一种优品。毫无疑问，在实际中很多人认为这种优品观点对于社会保障和养老金计划的公共提供具有决定意义。

（3）最适课税模型的结论容易受到有关政府可用工具的假定的影响。在目前的情形中，式（3-12）中的最后一个外部性纠正项就很好地说明了这一点。正如阿特金森和桑德莫（Atkinson and Sandmo，1980）所证实的，如果政府可以采取一次性总付式在多代人之间转移所得，或者是可以持续实施一种独立的债务政策，那么它通常可以获得 $r = n$ 的黄金法则发展路径。此时，分析结果完全与标准最适税收理论相同。

（4）对"双重储蓄课税"观点的评价。首先，最终对效率评价起作用的不是对某种商品征税的数量，而是最终的有效税率。其次，通过分析发现在纯理论基础上，并没有充分的理由认为效率因素意味着资本所得税率应低于或者高于工资税率。这一问题必须以涉及的需求弹性和供给弹性的经验估计结果为基础。

（二）风险资产的最适课税

风险程度不同的资产的税收待遇问题，在西方财政理论和实际税收政策中一直存有争议的，主要形成两种不同观点：一种观点主张市场经济需要一些激励风险承担的措施，这或是因为从社会的角度看个人过于回避风险，或是因为市场不完善的缘故。另一种观点则认为经济效率需要非扭曲的资产课税，或者至少是"中性"的课税（即按照相同比率对所有资产征税）。

1. 奥尔巴克（Auerbach，1981）的研究结论

奥尔巴克假定经济有完整的一组阿罗—德布鲁（Arrow-Debreu）市场。在二期消费模型中，这意味着在每一种资产当且仅当状态 s 存在的时候才会用于将来消费，资产是依状态而定的。假定有两种状态，且消费者偏好可以用某个效用函数来表示：

$$U = U(C_1, C_{21}, C_{22}) = \pi_1 U(C_1, C_{22}) + (1 - \pi_1) U(C_1, C_{22}) \qquad (3-14)$$

在式（3-14）中，假定预期效用原理成立，π_1 表示状态 1 的概率，C_{22} 表示在状态 $s(s=1,2)$ 的消费量。另外假定有不变的技术系数。这样，生产机会就由

下式给出：

$$C_1 + p_{21}C_{21} + p_{22}C_{22} = I \qquad (3-15)$$

假定政府现在希望通过对未来消费的要求征税来筹集一定数量的税收收入，消费者价格提高至 $P_{2S} = p_{2S} + t_{2S}$。从正式的角度看，这是一个标准的最适税收原理问题。在这种情况下，要求用补偿弹性对相对税率加以描述。通过使用预期效用假说所隐含的特别的偏好结构，奥尔巴克将科利特和黑格的描述转变成一个包含效用函数的序数特征（替代弹性）和基数特征（相对风险回避）的描述。尽管这很有意义，但是结论本身并没有告诉我们许多与资产课税有关的内容，因为这些资产实际上不会采用依状态而定的形式。不过，这一分析容易扩展到资产数量等于状态数量这种更一般的资产市场情形。在这种情况下，奥尔巴克的分析使他断定有差别的资产课税通常是可取的，并进一步认为，显然合理的偏好约束意味着就对风险更大的资产征更重的税。

2. 斯蒂格利茨的研究结论

斯蒂格利茨（Stiglitz，1972）认为，解释上述结论必须谨慎，因为一组完整的资产市场这一假定可能至关重要。当抛弃这一假定时，所出现的一个问题就涉及如何构建政府的收入约束：是否对每一个自然状态都要有一个约束，或是要有一个以预期税收收入表示的约束（对于政府来说，后一做法显然意味着风险中性）。他论证了若政府是风险中性的，而个人不是风险中性的，则有理由按照比风险税率更高的税率对安全资产（或者行业）征税。由此可见，风险资产最适课税的研究几乎没有为风险资产应该按照低于还是高于安全资产的税率征税这一建议提供任何先验基础。从实践角度上看，关于资产所得的税收政策应当考虑风险市场的特定结构以及与管理和政治相关的问题。

3. 瓦里安的研究结论

最优风险承担条件不再成立的一种重要情形是未来工资率和劳动所得的不确定性。在这里没有保险市场主要是因为道德风险问题。瓦里安（Varian，1980）指出，在这些条例上，一次性总课税通常不是最适的。即使一次性总付税可以使用，为了降低风险，正的边际劳动所得税率是可取的。如果工作努力是外生给定的，那么对风险回避个人的最优解就是100%的边际税率加上税收收入的一次性再分配，而妨碍该解的是高边际税率的劳动供给效应。所以说，最适税收方案代表了对劳动供给激励效应的关注和希望风险多样化之间的折中。这种推理方法当然也适用于资产组合多样化的可能性具有限的不完全金融市场情形。[①]

---

① 根据阿兰·J·奥尔巴克等：《公共经济学手册》（第1卷），经济科学出版社2005年版，第253～240页的内容进行了梳理。

第三节　金融市场税制优化的约束与博弈

🌿 一、金融市场与税制优化

经济环境与税制的关系是经济环境决定税制状况与税制变迁；而税制状况与税制变迁又会影响经济环境的变化与发展。从经济决定税收来考察，正如美国经济学家丹尼尔·W·布罗姆利在分析制度变迁时指出："在任何时候，经济条件在决定制度交易的发生以及制度安排的出现过程中将起到重要的作用。当经济和社会条件发生变化时，现存的制度结构就会变得不相适宜。为对新的条件作出反应，社会成员就会尽力修正制度安排（或者是惯例或者是所有权），以至于使它们与新的稀缺性、新的技术性机会、收入或财富的新的再分配和新的爱好与偏好保持一致。"① 税收制度总是依着一条随着经济和社会条件的变化而不断优化的过程。再从税收影响经济来考察，作为一种制度安排，优良的税制能够纠正经济运行中的负外部效应，降低社会成本，推动经济健康发展；而不良的税制则会产生超额负担，增加社会成本，遏制经济的发展。

经济环境对金融市场税制的决定作用主要表现为宏观经济状况和金融市场状况两个层面的影响。宏观经济中的经济增长速度、经济结构状况、经济均衡状况等因素都将影响金融市场税制状况与税制变迁。然而金融市场发展状况则会对金融市场税制产生更为直接的影响。

（一）金融市场环境与税制优化

1. 金融市场规模对税制的影响

金融市场规模对税制的影响表现为：（1）金融市场规模会对税制的收入目标产生影响。金融市场的规模一般与税收收入成同方向变化关系，由于证券交易税是依据证券市场市值为课税依据，即证券市场规模→证券市场市值→证券交易税规模，因此证券交易税收入与证券市场规模成正比变化。（2）金融市场规模会对税制的调节目标产生影响。从经济均衡的角度来看，实体经济与虚拟经济之间存在均衡关系，金融市场规模过大或过小都将对宏观经济的运行产生不利的影响，因此当金融市场规模发展不正常时，就需要进行增税或减税的目标进行调整。

2. 金融市场结构对税制的影响

金融市场结构会从多方面影响税制构成与税制选择。

（1）投资者结构的影响。在此，金融市场投资者结构是指机构投资者（如证券投资基金）与中小投资者的比重结构。相对于中小投资者而言，机构投资

---

① 丹尼尔·W·布罗姆利：《经济利益与经济制度》，上海三联书店、上海人民出版社 1996 年版，第 130 页。

者的优势在于：一是具有规模经济的功能。由于机构投资者具有集合投资的特征，因而无论是自营还是委托代理经营，都发挥着规模经济优势。二是具有降低风险的功能。由于机构投资者是由受过专门训练的职业经理所管理的，它们对上市公司管理中所面临的潜在利益冲突认识得更为清楚。同时，当机构投资者投资于某一上市公司时，为防止上市公司管理层产生的道德风险和逆向选择给自己的投资带来不利的影响，它们更倾向于通过加强市场制度建设来减少信息不对称现象以保护自身利益，从而有助于证券市场公平和透明度的增加。与此相对应，金融市场税制结构包括针对中小投资者的直接税制与针对机构投资者的间接税制（基金税制、养老金税制等），不同的投资者结构将影响两类税制的构成及政策走向。

（2）市场组织结构的影响。金融市场组织结构是指一级发行市场与二级交易市场的结构。不同的金融市场组织结构将影响税种的选择，如一般在一级市场开征印花税，而在二级市场开征交易税。

（3）市场机制结构的影响。金融市场机制结构是指买空机制与卖空机制的结构。在存在卖空机制的市场中，金融商品的交易具有更强的流动性与风险性，将对税收规模与税收政策选择产生影响。

（4）市场工具结构的影响。金融市场工具结构是指基础金融商品（如股票、债券等）市场与衍生金融商品的结构。由于衍生金融商品具有很强的创新性与易变性，因而针对这两类不同的金融商品，必须选择难易不同的课税方式，并且存在两类税收政策的协调问题。

（5）市场范围结构的影响。金融市场范围结构是指国内市场与国际市场的结构。由于国际金融市场具有跨国性、更强的流动性、更大的风险性，因而国际金融市场税制更为复杂、税务管理更为困难。

3. 金融市场成熟程度对税制的影响

金融市场效率在实际运行中集中反映为市场的成熟程度。经济发展水平的高低将决定金融市场的成熟程度。一般而言，成熟金融市场的效率较高，理性投资者的比例较大，换手率较低；而非成熟的新兴市场的效率较低，投机者的比例较大，换手率较高。成熟程度不同的金融市场对税收变动的灵敏度与反应各不相同。例如，我国台湾地区在 1988 年 9 月 24 日股市休市后宣布，将于 1989 年 1 月 1 日起恢复征证券交易所得税。9 月 29 日开市后，当时发行量加权股价指数重挫175 点，9 月 30 日剧挫 210 点，成交量总值从平日新台币五百亿元减缩至三亿五千五百万元，52 种股票有行无市，无法成交。自 9 月 29 日起至 10 月 21 日止，中国台湾证券市场发行量加权指数下跌幅度达 36%，引起证券投资者一再示威抗议，要求继续免征所得税。① 因此，金融市场的发展阶段与成熟程度是政府制定与调整税收政策必须考虑的重要因素。

---

① 　高永长：《资本增益课税与证券市场》，载于《财税研究》［台］1994 年第 2 期。

4. 金融市场监管制度对税制的影响

为了解决"市场失灵"问题，政府有必要对金融市场实行监管。金融市场监管制度一般包括四项内容：（1）信息披露监管。要求证券发行人对现实或潜在购买者提供有关证券的公开财务信息。政府对发行公司实行信息披露监管的目的是纠正发行公司的管理者与证券的投资者之间的信息不对称的局面，维护投资者的利益。（2）金融活动监管——包括对证券交易者和金融市场交易的有关法律规定。主要有：第一，对内幕人士交易的监管。内幕交易是不对称信息产生的又一问题。内幕人士是公司高管或其他在职人员，他们比一般投资公众了解更多的有关公司前景的信息。第二，对证券交易所的结构和运作方面的管理，进行这些管理的理由是证券交易所的成员在某些情况下可能勾结起来欺骗一般投资公众。（3）金融机构监管。这是指政府对金融机构贷款、借款和融资等重要领域的活动进行的限制和管理。政府实施监管的原因是由于金融机构在现代经济中具有特殊作用，金融机构的失灵将在很大程度上扰乱经济秩序。（4）对外国参与者的监管。主要是限制外国公司在国内市场上的作用以及其对金融机构所有权的控制。健全的金融市场监管制度对于纠正"市场失灵"、维护市场秩序发挥着重要的作用，而有序的金融市场环境才有利于促进税制的优化。

5. 经济政策对税收政策效果的影响

按经济政策（包括税收政策）对金融市场的作用，可分为刺激市场上涨的利好政策与刺激市场下跌的利空政策。一般而言，多种利好（或利空）政策同时（或间隔期较短）实施具有叠加效应；而利好政策与利空政策同时（或间隔期较短）实施具有对冲效应。例如，2001 年，在国有股减持方案出台之后，给中国股市带来强烈的振荡，股市一路下跌。为了刺激低迷的股市，证监会于2001 年 10 月 22 日宣布停止首次发行和增发股票时出售国有股的消息之后，财政部又于2001 年 11 月 16 日出台调减证券交易印花税税率的政策（由 0.4% 降为 0.2%）。尽管在本次降税之前已有利好消息出台，但税收政策公布当日，上证综合指数和上证股指数分别增长了 1.556 和 1.550 个百分点。由此可见，其他利好政策与减税政策具有刺激股市上涨的叠加效应。

6. 金融市场交易技术系统对税收管理的影响

不同的金融市场交易技术系统会对税收管理产生不同的影响。传统的手工式交易技术系统将提升税收管理的难度与成本，降低税收管理效率；而先进的电脑撮合式交易技术系统将营造一个信息全对称的管理环境，从而大幅度地降低税收管理的难度与成本，提高税收管理效率。

（二）金融市场主体行为与税制优化

从广义的角度讲，金融市场的主体包括：投资者、上市公司、金融证券机构、政府（各国政府、中央政府、地方政府），这些主体均有各自的经济利益，他们的行为会影响金融市场税制的运行与税收政策的实施效力。

1. 投资者行为对税制的影响

勒温的行为模型（见式（1－1））表明了人类的行为是个人与环境相互作用的产物。但另一方面，人类的行为也会产生反作用，即可将心理行为机制的反向作用机理描述如下：

$$E \leftarrow Et \leftarrow S \leftarrow B \qquad\qquad (3-16)$$

式（3－16）的经济含义为：纳税人的行为 B 将改变金融市场的经济变量 S，金融市场经济变量 S 的变化将影响税收环境 Et 的变化，最终影响总体环境 E 的变化。

在金融市场上，投资者的目的是获取最大化收益。那么投资者如何进行判断和决策呢？传统的理论认为投资者的行为是基本符合理性原则的。然而实证研究表明，人的非理性因素对投资行为会产生显著影响。在金融市场上，投资者面对海量的信息，当影响未来收益的因素发生变化时，投资者需要在极短的时间内做出反应。在这种情况下，借助财务分析和各种组合投资模型进行常规的判断可能会丧失机会。于是，人们往往会采取卡尼曼和特维尔斯基所说的经验法则（rules of thumb）来迅速地识别情景，做出判断。但这种决策方法的理性实现程度是较低的，可能产生系统性的偏差（常见的有三种：代表性偏差、可得性偏差、锚定与调整偏差）。

投资者做出判断后还必须进行决策。人们在进行投资决策时，经常有两个因素被认为是最重要的。一个因素是投资者对证券的安全性（security）和未来收益潜力（potentiality）的权衡。风险规避型投资者更偏好安全性，风险爱好型投资者更偏好未来收益潜力。另一个因素是对财富的渴望程度（aspiration level）。投资者对财富的需求不同，需求水平高的更愿意承受风险，按最大期望值原则进行决策。

由于投资者的非理性判断与决策，出现了一些金融市场中特殊的行为：（1）个体行为——"噪声交易者"（noise trades）的存在。所谓噪声交易者是指那些不是根据期望收益和风险来买卖资产的交易者，也指那些对受益和风险做出非理性预期的交易者。噪声交易者的存在增加市场的投机性与风险性。（2）群体行为——"从众行为"的存在。所谓从众行为是指市场参与者在某些因素的影响下与大多数参与者的行为趋于一致的现象。在金融市场上，它表现为投资者在观察到其他投资者的决策和行为之后，改变原先想法，追随那些被观察者的决策和行为。并且，在个人投资者、机构投资者和整个市场层面都会出现。从众行为具有放大效应。具体表现在两方面：如果被模仿者的行为指向市场效率优化的一面，从众行为就会强化这一指向，从而出现有效率的格局；如果指向效率下降的一面，从众行为就会加重效率的下降和扭曲。在经济学上，从众行为的原因主要可归为以下四类：一是因信息层叠而引起的从众行为；二是为维护自己的职业自誉而产生的从众行为；三是信息溢出效应产生的从众行为；四是投资者群体情绪的模仿传染而形成的从众行为。这些原因基本上得到了从众行为实证研究的支持。①

① 周战强：《行为金融理论与应用》，清华大学出版社 2004 年版，第 238 页。

　　投资者的这些行为将影响金融市场的运行，出现以下现象：（1）反应不足与反应过度现象。前者是指金融商品价格变化没能瞬时反映公布的信息，反应迟缓；后者则是指金融商品价格变化对反映公布的信息反应过度。例如，一组对公司有利的信息常常会导致相应股票被高估。（2）投机性泡沫。有效市场模型认为：股票价格是根据风险水平调整过的未来预期收入的现值。也就是说，股票的价格波动和该股票所代表资产的预期收入的波动，两者应该是一致的。然而，席勒却认为，事实上股价的波动并不是与股息的波动密切联系的。20世纪末美国股价所处惊人的高位，只是一个投机性的泡沫——由投资者购买行为造成的价格非持续性增长，而不是由真实的价值和基本信息引起的增长。① 金融市场的运行状况又将对税制运行产生重要的影响。

　　综合来考察（式（1-2）与式（3-16）），一方面，金融市场税收环境的变化会改变投资者的行为选择，另一方面，投资者的行为及行为变化又将通过的左右金融市场的运行而影响税收政策导向、税收政策的实施效果。

　　2. 上市公司行为对税制的影响

　　上市公司的运行、质量以及行为都将通过左右股票价格以及证券市场运行，进而影响金融市场税制的运行。作为股票的供给者与实际资金的管理者，上市公司与投资者（股东）之间存在着信息非对称的委托代理关系。由于信息不对称，上市公司的管理者有可能存在隐藏信息（或行动）的道德风险行为，也许会按自身利益行事而损害投资者利益，如业绩造假行为、疯狂圈钱（配股）行为、不分配或压低分配股利行为等，而上市公司的这些道德风险行为将加剧金融市场的资金流出，减少资金流入，从而改变政府既定的金融市场税收负担，增加投资者的实际税负。

　　3. 金融证券机构行为对税制的影响

　　金融证券机构在金融市场中的行为主要包括交易中介行为、代理投资业务以及自营投资行为。由于金融证券机构的资金规模较为雄厚，极易形成市场操纵行为。所谓市场操纵是指个人或机构通过欺诈或误导和制造虚假价格等手段人为地操纵股票价格，以引诱他人参与股票交易，为自己牟取私利（包括直接或间接地获取利润或转嫁风险）的行为。市场操纵行为是对投资者买卖证券权利的非法使用和滥用。操纵市场的庄家主要是机构投资者，包括证券公司、基金公司、上市公司及（或）其大股东和其他机构投资者及大资金持有者等。庄家通过操纵股票的交易价格和交易量，制造假象，改变市场供求关系，误导其他投资者盲目跟风，追涨杀跌。庄家或是在股价炒高后抛出股票获取巨额利润，或是在股价压低后吸足筹码准备以后拉高股价获利，而不明真相的其他投资者或是高位承接庄家抛出的筹码而被套住，或是在低位抛售造成直接损失，使其合法权益遭受严重损害，使市场失去公平与公正，从而破坏证券市场的良性运行，妨碍经济的健

---

　　① 薛求直等：《行为经济学——理论与应用》，复旦大学出版社2003年版，第98页。

康发展。由于股票交易具有集中和快速的特点，风险会迅速扩散，控制不当，个别股票的交易风险有可能演变成为整个市场的系统性风险，甚至导致市场的崩溃。美国 20 世纪 30 年代证券市场崩溃的重要原因之一就是市场操纵，因此美国最先在其 1934 年证券交易法中设立反市场操纵条款，其他国家或地区也纷纷立法禁止和严厉惩治市场操纵行为，使庄家的活动余地大为缩小。市场操纵行为破坏了金融市场的有效运行，从而降低税收政策效果。

4. 各国政府行为对税制的影响

随着全球经济一体化的发展，金融市场全球一体化的进程也不断加快。金融市场全球一体化意味着全世界的金融市场统一成为一个国际金融市场，任何国家的经济实体在寻求融资时不必受限于其国内金融市场，投资者也不受其国内市场上发行的金融资产的限制。因此，受预期汇率、利率、地区税后收益率差异等因素的影响，国际金融资本迅猛发展。面对金融资本的跨国流动，各国政府纷纷制定税收优惠政策，吸引外国金融资本的流入，以促进本国或地区的经济发展，这就形成了国际税收竞争。各国政府间的税收竞争格局给主权国家的税收决策施加了外在约束条件，主权国家的金融市场税制构建、税负确定、税收政策调整、税务管理的效率必然受到国际环境的制约。同时，在一国内部，地方政府之间为了争夺金融资源，也会展开激烈的国内税收竞争。因此，金融市场税收竞争会影响税负水平与税收政策。

二、政府税收博弈与税制优化

在金融市场上，各个国家和地区存在着税收竞争现象。当一国（地区）出台了一些优惠政策时，其他国家（地区）常常会制定更优惠的政策。如何解释税收竞争的产生？税收竞争的结果是有效率的吗？如果现实中的税收竞争导致了非效率，如何进行改进？我们将进一步讨论这些问题。

（一）国家之间的金融市场税收竞争

在全球化的背景下，金融市场国际化成为必然趋势。一个国家的金融市场向其他国家开放，可以弥补本国资本不足。国际金融资本总是从税后净收益率低的证券市场流向税后净收益率高的市场。税收就成为影响资本流动的一个重要因素。我们将通过所构造的博弈模型说明各国为了自身利益，怎样选择金融市场的税率，以及最终结果是否符合效率。设：（1）两个国家，分别称为国家 1 和国家 2，这两个国家为了追求社会总福利的最大化决定金融市场的税率，分别为 t_1、t_2；（2）两个国家的金融市场是完全竞争市场，资本可以完全流动；（3）两国各有一个投资者，分别称为投资者 1 和投资者 2，他们既在国内投资，又在另一个国家投资；（4）国家 1 的金融市场上只有一种证券 1，国家 2 的金融市场上只有一种证券 2。

假定 i 国的税率与税后资本收益率的函数关系式是 $R_i = a - t_i$，其中 R_i 为 i 国的税后资本收益率，t_i 为 i 国金融市场的税率。如果用 Q_i 记在 i 国金融市场上的资金总量，则该市场的市场出清的税后资本收益率 R_i 为 Q_i 的函数。假设一国金融市场上的资金总量与税后资本收益率成正比。我们设该函数为 $Q_i = b + dR_i$，$i = 1，2$。$b + ad > d$。设投资者 i 在国内投资的总量为 h_i，在另一国投资的总量为 e_i，因此 $Q_i = h_i + e_j$，$i，j = 1，2$，当 $i = 1$ 时，$j = 2$，当 $i = 2$ 时，$j = 1$。再假设两个投资者的边际投资成本同为常数 c，且都无固定成本，则投资者 i 的投资总成本为 $c(h_i + e_i)$。当两国都对金融市场征税时，则税收也是投资者的成本。如果国家 j 的税率为 t_j，则投资者 i 的在 j 国投资的成本为 $ce_i + t_j e_i$，在本国投资的成本为 $ch_i + t_i h_i$。

假设先由两国政府同时制定税率为 t_1，t_2，然后投资者 1 和投资者 2 根据 t_1 和 t_2 同时决定各自的投资量 h_1、e_1 和 h_2、e_2。这是一个两阶段都有同时选择的四方动态博弈。

在这个博弈中，投资者作为博弈方的得益是他们唯一关心的利润：

$$\pi_i = \pi_i(t_i, t_j, h_i, h_j, e_i, e_j) = R_i h_i + R_j e_i - (ce_i + t_j e_i + ch_i + t_i h_i)$$

$$= [a - t_i] h_i + [a - t_j] e_i - (ce_i + t_j e_i + ch_i + t_i h_i) \tag{3-17}$$

国家作为博弈方的得益则是它们所关心的社会总福利，包括本国金融市场上的资金总量和国家税收收入三部分：

$$Wi = wi(t_i, t_j, h_i, h_j, e_i, e_j) = h_i + e_j + t_i(h_i + e_j) \quad (i = 1,2) \tag{3-18}$$

我们用逆推归纳法来这个博弈，先从第二阶段投资者的选择开始。假设两国已选择税率分别为 t_1 和 t_2，则如果（h_1^*，e_1^*，h_2^*，e_2^*）是在设定 t_1 和 t_2 的情况下两个投资者之间的一个纳什均衡，那么（h_i，e_i）必须是下列最大值问题的解：

$$\max_{h_i, e_i \geq 0} \pi i(t_i, t_j, h_i, h_j^*, e_i, e_j^*) \tag{3-19}$$

由于 πi 可以分成投资者在国内金融市场的利润和国外金融市场的利润两部分之和，且国内市场的利润取决于 h_i，e_j^*，国外市场的利润取决于 e_i，h_j^*，因此上述最大值问题可分解为下列两个最大值问题：

$$\max_{h_i \geq 0} \{ h_i(a - t_i - c - t_i) \} \tag{3-20}$$

$$\max_{e_i \geq 0} \{ e_i(a - t_j - c - t_j) \} \tag{3-21}$$

由 $Q_i = h_i + e_j$，$Q_i = b + dR_i$，$R_i = a - t_i$ 可得

$$h_i + e_j = b + d(a - t_i)$$

$$t_i = \frac{ad + b - h_i - e_j}{d} \tag{3-22}$$

假设 $ad + cd + 2b > 2e_j$，我们可从式（3-20）解得

$$h_i^* = \frac{1}{4}(ad + cd + 2b - 2e_j^*) \tag{3-23}$$

假设 $ad + cd + 2b > 2h_j^*$，我们可从式（3-21）解得

$$e_i^* = \frac{1}{4}(ad + cd + 2b - 2h_j^*) \qquad (3-24)$$

由于式（3-23）和式（3-24）都是对 $i=1$，2 和 $j=2$，1 成立的，且

$$t_i = \frac{ad + b - h_i - e_j}{d},$$

因此我们可得到四个方程的联立方程组。解之可得：

$$h_i^* = \frac{1}{2}(cd - ad + 2dt_i)$$

$$e_i^* = \frac{1}{2}(cd - ad + 2dt_j) \qquad (3-25)$$

其中 $i=1$，2 和 $j=2$，1。这就是在设定 t_1 和 t_2 的情况下，两个投资者第二阶段静态博弈的纳什均衡。

现在我们回到第一阶段两个国家之间的博弈，即两国家同时选择 t_1 和 t_2。因为国家 1 和国家 2 都清楚两国投资者的决策思路和方式，即知道当两国政府确定 t_1 和 t_2 以后，两国的投资者会根据式（3-25）决定均衡投资量（h_1^*，e_1^*，h_2^*，e_2^*），因此两国的得益将为 $w_i = w_i(t_1, t_2, h_1^*, e_1^*, h_2^*, e_2^*)$，其中 h_1^*，e_1^*，h_2^*，e_2^* 都是 t_1 和 t_2 的函数。为了简便起见，我们简单地用 $w_i(t_1, t_2)$，$i=1$，2，来表示上述两国的得益。对国家 i 来说，它现在是要选择 t_i^*，满足：

$$\max_{t_i \geq 0} w_i(t_i, t_j^*)$$

我们把式（3-25）决定的均衡投资量（h_1^*，e_1^*，h_2^*，e_2^*）代入国家 i 的福利函数，可得：

$$W_i = w_i(t_i, t_j, h_i, h_j, e_i, e_j) = h_i + e_j + t_i(h_i + e_j) = [b + d(a - t_i)](1 + t_i)$$
$$(3-26)$$

对上式求对 t_i 的导数，并令其为 0，可得

$$t_i^* = \frac{b + ad - d}{2d} \qquad (3-27)$$

该式对 $i=1$，2 都成立，也就是说，两国的最佳税率选择都是 $\frac{b + ad - d}{2d}$。将它们代入式（3-25）得：

$$h_i^* = e_i^* = \frac{b + cd - d}{2} \qquad (i=1,2) \qquad (3-28)$$

这是投资者在第二阶段，已知税率都为 $t_i^* = \frac{b + ad - d}{2d}$ 以后的最佳国内和国外投资量选择。两个投资者的总投资量都是 $h_i^* + e_i^* = b + cd - d$。因为上面推导出的两个阶段的选择都是纳什均衡，肯定不存在任何不可信的承诺和威胁，因此这是一个子博弈完美纳什均衡解。

上述结论说明，国家为了追求社会福利最大化，其理性选择应该是对金融市

场的税率为 $\dfrac{b+ad-d}{2d}$。此时两国金融市场的总量都为 $b+cd-d$。当税率为零时，

两国金融市场的总量都为 $cd-ad$。由于 $b+ad>d$，$b+cd-d>cd-ad$，所以税

率为零时，两国金融市场的资金总量小于税率为 $\dfrac{b+ad-d}{2d}$ 时的总量。当两国通

过协调追求共同利益最大化时，其最佳税率为 $\dfrac{b+ad-d}{d}$，两国金融市场上的资

金总量都为 $cd+2b+ad-2d$，由于 $b+ad>d$，所以 $b+cd-d>cd+2b+ad-2d$。

可见通过税收协调可以增加两国的社会总福利。

（二）地方政府之间的金融市场税收竞争

一个国家内部的不同行政管理主体为了争夺税源，常常会采取税收优惠措施，形成税收竞争。地方政府为什么会这样做呢？威廉·尼斯坎南（William. A. Jr Niskanen）认为，官员追求的目标是在他的任期内获得最大化预算。一个官员可能追求的目标：薪金、职务津贴、公共声誉、权力、任免权、机构的产出都与政府预算规模有单调正相关关系。因此，作为效用最大化者的官员也是预算最大化者。[①] 地方政府通过帮助本地企业的上市、配股和增发在金融市场上为本地区筹集资金。这一方面可抑制本地区资金的外流，另一方面还可将其他地区的资金吸引到本地。本地的资金越多，经济就越容易更快地增长，税收收入就越多，也就越能满足地方政府官员追求效用最大化的需要。地方政府为了达到上述目的。就有可能将税收优惠政策作为提高企业净资产收益率的手段。

税收优惠政策是政府为了达到某种社会经济目标所采取的倾斜性措施。税收优惠政策的存在给地区之间从事税收竞争提供了工具。这种竞争的机理是什么？会有什么样的后果？下面借鉴伯特兰（Bertrand）模型的思路进行分析。假设：（1）一个国家有两个地方政府，分别称为政府1和政府2；（2）地方政府的目标是追求预算收入最大化；（3）地方政府可以通过税收优惠措施决定上市公司的实际税率，记为 t_1 和 t_2；（4）政府吸引投资无固定成本，边际成本分别为 c_1 和 c_2；（5）两个地方政府是同时决策的。

假设两个地区吸引的投资量 q_1、q_2 分别是 t_1 和 t_2 的函数，用公式表示为

$$q_1=q_1(t_1,t_2)=a_1-b_1t_1+d_1t_2 \qquad (3-29)$$
$$q_2=q_2(t_1,t_2)=a_2-b_2t_2+d_2t_1$$

这样就构成了一个博弈。两博弈方为政府1和政府2；它们各自的策略空间为 $s_1=[0,t_{1\max}]$ 和 $s_2=[0,t_{2\max}]$，其中 $t_{1\max}$ 和 $t_{2\max}$ 是两政府能吸引资本的最高价格；两博弈方的得益就是各自的净预算收入，即税收收入减去吸引资本流入的成本，它们都是双方税率的函数：

---

① William. A. Niskanen, Jr (1971)：Bureaucracy and Representative Government，Chicago，Aldine-Atherton Press.

$$u_1 = u_1(t_1, t_2) = t_1 q_1 - c_1 q_1 = (t_1 - c_1) q_1 = (t_1 - c_1)(a_1 - b_1 t_1 + d_1 t_2)$$

$$u_2 = u_2(t_1, t_2) = t_2 q_2 - c_2 q_2 = (t_2 - c_2) q_2 = (t_2 - c_2)(a_2 - b_2 t_2 + d_2 t_1) \qquad (3-30)$$

我们用反应函数法分析这个博弈。利用上述得益函数在偏导数为 0 时有最大值，很容易求出两地政府对对方策略（税率）的反应函数分别为：

$$t_1 = R_1(t_2) = \frac{1}{2b_1}(a_1 + b_1 c_1 + d_1 t_2)$$

$$t_2 = R_2(t_1) = \frac{1}{2b_2}(a_2 + b_2 c_2 + d_2 t_1) \qquad (3-31)$$

纳什均衡（t_1^*，t_2^*）必是两反应函数的交点，即必须满足

$$\begin{cases} t_1^* = \dfrac{1}{2b_1}(a_1 + b_1 c_1 + d_1 t_2^*) \\ t_2^* = \dfrac{1}{2b_2}(a_2 + b_2 c_2 + d_2 t_1^*) \end{cases} \qquad (3-32)$$

解此方程组得：

$$t_1^* = \frac{d_1}{4b_1 b_2 - d_1 d_2}(a_2 + b_2 c_2) + \frac{2b_2}{4b_1 b_2 - d_1 d_2}(a_1 + b_1 c_1)$$

$$t_2^* = \frac{d_2}{4b_1 b_2 - d_1 d_2}(a_1 + b_1 c_1) + \frac{2b_1}{4b_1 b_2 - d_1 d_2}(a_2 + b_2 c_2) \qquad (3-33)$$

（t_1^*，t_2^*）为该博弈唯一的纳什均衡。将 t_1^*，t_2^* 代入两得益函数则可得到两地方政府的均衡得益。该博弈结果的效率不如两地方政府通过协商、合作谋求总体利益最大化的博弈结果。根据总体利益最大化确定税率两地方政府的得益更多。当然，在独立决策、缺乏协调机制的两个地方政府之间，这种合作的结果并不容易实现，即使实现了也往往是不稳定的。合作难以实现或维持的原因主要是，在合作的组合下，双方都可以通过独自改变（降低）自己的税率而得到更大的预算净收益。在中国，虽然中央制定了严格的政策防止过多过滥的擅自减免现象，但却屡禁不止，上述模型阐释了其中的原因，揭示了博弈规律的作用。陈晓等（2003）通过对中国各地区的实际所得税率的描述性统计和方差分析，发现各地区的企业实际所得税率明显低于法定的 33%，且地区之间不存在显著差异。由此他们认为各地区之间存在着为在金融市场上争夺流动性资金而开展税收竞争的行为。这种税收竞争导致税率差异消失，不仅不会起到预期的政策倾斜作用，反而会导致政府税收收入减少，公共品供给下降和企业经济行为扭曲等问题，造成经济运行效率的无谓损失。①

① 陈晓、肖星、王永胜：《税收竞争及其在我国金融市场中的表现》，载于《税务研究》2003 年第 6 期。

第四节 中国金融市场发展与税制优化

🌿 一、中国金融市场：回顾与展望

（一）中国金融市场发展回顾

按照本文对"金融市场"研究范围的界定，我们将重点考察中国的证券市场与金融衍生工具市场的发展历程。

1. 中国证券市场的发展历程

（1）中国直接证券市场的发展历程。1984 年 11 月，经中国人民银行上海分行的批准，中国工商银行上海信托投资公司静安证券业务部代理发行了上海飞乐音响公司的股票，这成为全国股票市场的开端。以此为契机，我国的证券市场经历了起步、初步发展两个阶段，并将进入完善的新阶段。

起步阶段（1984 年至 1990 年）。在这一时期，上海、深圳、广州、沈阳、西安、温州等地的一些企业以集资入股的方式在内部或向社会募集资金，这实际上是股票的雏形。当时发行的股票基本上是内部股票，很不规范，如不能在市场上流通，有一定期限、红利事先固定等。

1984 年，北京成立全国第一家股份有限公司——北京天桥百货股份有限公司，公司发行了定期 4 年的股票。随后，上海飞乐音响公司部分地公开向社会发行了不偿还股票，从而拉开了股票交易的序幕。1986 年 9 月，上海工商银行信托投资公司静安证券业务部开办了股票柜台买卖业务，以挂牌方式，公开委托买卖股票。1986 年 9 月 26 日，"上海飞乐音响公司"和"上海延中实业公司"通过静安证券部上市，开创了新中国股票二级市场交易的历史。

发展阶段（1990 年至 2000 年）。随着《上海市证券市场管理办法》、《深圳市股票发行与交易管理暂行办法》的正式颁布实施，以及 1990 年 11 月和 1991 年 4 月，上海证券交易所与深圳证券交易所的正式成立，标志着我国的证券市场进入了法制轨道，从而为我国证券市场的健康发展提供了保证。同时针对我国国有企业股份制改革中分设国家股、法人股和普通股的特殊情况，在北京设立了 STAQ 法人股市场和 NET 法人股市场，进行法人股交易和转让试点。我国还专门向外籍投资者发行了外资股（B 股），并在上海证券交易所和深圳证券交易所分别设立了 B 股市场。此外，为了鼓励和支持国有大中型企业到境外市场筹集资金，我国还有部分大中型企业到境外证券市场（中国香港、美国等）发行和挂牌上市股票，从而初步形成了我国多系统的证券市场体系。

1999 年 7 月 1 日，规范中国证券市场的《中华人民共和国证券法》开始实施。《证券法》的颁布实施，推动了中国证券市场法制化、规范化进程。证券监管的职能定位更加明确，上市公司、证券公司等市场主体的规范运作程度不断提高，投资者法律意识有所增强，对市场发展更有信心，中国证券市场进入规范稳健发展的时期。

完善发展阶段（2000 年至今）。尽管我国的股票市场取得了长足的发展，但依然处于初级阶段，还存在着市场规模狭小、波动过大与过度投机、隐藏着内幕交易与市场操纵、上市公司发布虚假信息，欺诈投资者等一系列问题。随着 2005 年《证券法》的进一步修改，我国还将从完善相关法律体系、完善上市公司规范运作的制度、完善证券经营机构规范运作的制度等方面进一步加强证券市场的建设，以促进证券市场的健康发展。

（2）中国间接证券市场的发展历程。随着金融投融资活动的日益频繁，作为金融市场的一个新组成部分——基金市场出现了，它包括投资基金、社保基金、养老基金等在内的各类基金。这些基金为金融市场提供了机构投资者，使证券市场的外延进一步扩大，由此可以视为是间接证券市场。

投资基金的发展。中国投资基金市场的兴起可以追溯到 80 年代中期，然而直到 1990 年法国东方汇理银行在国内组建了"上海基金"后，投资基金业务才有了实质性进展。1991 年，国内投资基金取得了重大突破。中国农村发展信托投资公司公开发行的"淄博基金"成为第一家国内基金，并且成为首家在证券交易所上市的基金。1992～1993 年，投资基金纷纷涌现，以沈阳、天津、大连等证券交易中心为主的全国性基金二级市场初步形成，但是针对各地越权审批设立基金情况相当严重的局面，国务院于 1994 年暂时冻结了投资基金的审批和设立。到 1997 年，国务院颁布施行《证券投资基金管理暂行办法》，此后我国掀起新一轮投资基金热潮。

虽然，这十多年来，我国证券投资基金得到了较快的发展，但是它在金融市场比重较低。据统计，证券投资基金占深沪两市股票流通市值的比重仅为 12% 左右，远远低于成熟市场的水平。为此，管理层提出了"超常规发展投资基金的思路"，其具体内容是：第一，加强制度与法规建设，鼓励市场竞争。在规模扩张，品种设计和约束激励机制方面充分发挥市场作用，积极研究推出符合市场发展潮流的新产品，主要是开放式基金。在基金设立、发行上从审批制逐渐过渡到注册制，并创造宽松的政策条件。例如，避免重复征税、设立多样化的基金费率结构、推行多层次的激励机制等。第二，利用国外成熟经验和最新科技成果，确立基金业的后收优势。利用银行、保险公司的网点优势，扩大基金销售渠道，利用网络技术提高管理和销售效率。第三，进一步明确监管重点。在市场发展初期，监管者主要是当好裁判员，同时要起到培育市场的作用。监管部门应配合立法部门搞好《投资基金法》的制定工作。进一步强化信息披露，增加内容，提高质量。① 管理层所提出的"超常规发展机构投资者战略"，旨在以发展证券投资基金来拓展证券市场广度和深度，引导理性投资，强化市场机制。

其他入市基金的发展。除证券投资基金以外，其他投资基金也不断发展。第一，保险资金间接入市规模不断扩大，直接入市的可能性增加。2002 年 10 月，

---

① 2000 年 5 月 24 日，周小川在"基金发展国际研讨会"上的讲话。

全国人大审议通过《关于修改〈中华人民共和国保险法〉的决定》，根据修改后的《保险法》，尽管对保险资金的运用有适当的限制，但是"国务院规定的其他资金运用形式"的规定使得保险资金在拓宽运用渠道方面仍然可以有所作为，其中包括对金融市场的直接投资。第二，社保基金入市进程加快。按照规定，社保基金可投资证券投资基金、但投资股票的比例不得高于40%。因此，社保基金也将是证券市场上重要的机构投资力量。

2. 中国金融衍生工具市场发展的考察

20世纪80年代以后，随着中国市场经济的发展，在证券市场发展的基础上，我国逐步建立了以期货市场为核心、权证交易为辅的初级金融衍生工具市场。

（1）中国期货市场的实践。我国期货市场起步虽晚，但发展迅速。纵观我国期货市场的发展历程，大体可将其分为三个阶段。

酝酿阶段（20世纪80年代中后期）。这一阶段主要是对建立期货市场必要性认识的逐渐加深，并作相应的理论准备。随着经济体制改革特别是价格体制改革的深化，到1988年我国大约50%~70%的主要农副产品价格开始由市场供求决定，因而价格波动在所难免，有的产品在不同年份的价格波动甚至高达50%以上，由此产生了培育期货市场，利用期货交易作为避险工具的需要。1988年年初，国务院发展研究中心和国家经济体制改革委员会联合成立了期货市场工作小组，负责建立期货市场的研究和试验工作。

初步发展阶段（1990~1994年）。期货市场在我国逐渐建立和发展起来。1990年10月，经国务院批准，郑州粮食批发市场成立，这是中国期货市场发展的起点，其设计过程中引入了现代期货交易所的大部分交易机制，如会员制，保证金制度，集中交易，自由竞价交易，停板制度等，这一机制推广到其他相继成立的交易所，推动了我国期货交易所行业的迅速发展，其中深圳有色金属交易所（SME）和上海金属交易所（SHME）后来居上，在发展合约，实质性地引入期货交易所具备的套期保值机制方面取得了突破性进展。比期货交易所来势更猛的是期货经纪公司，它如雨后春笋般在各地出现。但由于期货市场上过度投机、操纵市场的违规行为屡屡发生，针对这种情况，1994年后，政府主管部门着力加强对期货市场各类主体的管理，以促进我国期货市场健康规范的发展。

规范发展阶段（1994年以后）。中国期货市场在经过长达7年的清理整顿，连续6年每年30%的大幅度萎缩之后，2002年进入到转型发展的重要阶段。2002年1月18日，中国证监会主席周小川与美国商品期货交易委员会主席纽瑟姆正式签署中美期货监管合作谅解备忘录，从而揭开了致力于维护期货市场公开、公平、有效、健康运作的序幕。随着中国期货市场的环境的改善，2010年4月16日沪深300股指期货正式推出，A股引入做空机制，股市进入双边市时代。

期货市场现已成为我国市场体系的重要组成部分，正发挥着举足轻重的作用。尤其是在我国加入世贸组织之后，一方面国内企业会更多地参与国际竞争，另一方面国内市场将受到前所未有的来自国外的冲击。这一切都迫切需要期货市场充分发挥价格发现和风险管理的功能，引导国内企业参与国际竞争，抵御外来冲击。随着我国对外开放与市场经济发展的需求，期货市场还将加快发展步伐。

（2）中国权证市场的实践。权证是一种有价证券，投资者付出权利金购买后，有权利（而非义务）在某一特定期间（或特定时点）按约定价格向发行人购买或者出售标的证券。① 中国在 20 世纪 90 年代初曾有配股权证（大飞乐配股权证）交易，但因市场波动过大、风险过高而被关闭。迄今为止，我国权证演变发展路径是：配股权证/新股权证→可转换债券权证→配合股权分置改革的权证实践，与此相应，中国的权证市场也在逐步发展。

中国可转换债券市场的实践。我国可转换债券市场的发展历程，大体可将其分为三个阶段。

试点阶段（20 世纪 90 年代初期）。中国可转换债券市场的发展起步于 20 世纪 90 年代初期。当时，国内还没有正式的有关可转换债券融资的相关文件。一些企业、包括部分上市公司，出于融资的需要，就已经开始尝试可转换债券的发行，并且到国际金融市场上筹集了一部分资金。可以说，中国的可转换债券市场最初的发展与股票市场基本上是同步的。1995 年由于深宝安可转换债券转股的失败（转换率仅 2.7%），中国可转换债券市场的发展基本处于停滞状态，而同期，中国的股票市场却呈现几何级数增长。

初步发展阶段（1997～2001 年）。1997 年 3 月，国务院证券委颁布了《可转换公司债券管理暂行办法》，三家非上市公司（南宁化工、吴江丝绸和茂名石化）先后发行可转换债券。2000 年，虹桥机场和鞍钢新轧可转换债券上市发行，这是继深宝安以后上市公司第一次被允许发行可转换债券。此时，在深、沪两地交易所挂牌交易的可转换债券品种增加到了 5 只。加上在海外发行的可转换债券，中国企业可转换债券融资总额接近 100 亿元人民币，交易市场重现生机。

规范与发展阶段（2001 年以后）。自 2001 年下半年以来，国内股票市场跌宕起伏，股指大幅滑落，证券市场进入调整低迷时期，上市公司再融资也困难重重。在这种市场状态下，管理层和许多上市公司开始尝试可转换债券作为新的融资工具。2001 年 4 月，中国证监会颁布了《上市公司发行可转换公司债券实施办法》和 3 个配套的相关文件，允许上市公司出售可转换公司股票的债券给国内投资者。自此，中国可转换债券市场的发展步入了一个新的阶段。

债权转股权的实践。1999 年 3 月，国务院为了推动国有大中型企业尽快摆脱困境，决定对部分国有重点企业实施债转股，即将有关商业银行原有的不良信贷资产转为资产管理公司对企业的股权。1999 年 8 月债转股工作启动。实施债权转股权后，资产管理公司实际上成为企业阶段性持股股东依法行使股东权力，参与公司重大事务的决策，但不干预企业的日常生产经营活动。当时共确认了

---

① 权证定义：发行人是指上市公司或证券公司等机构；权利金是指购买权证时支付的价款；标的证券可以是个股、基金、债券、一篮子股票或其他证券，是发行人承诺按约定条件向权证持有人购买或出售的证券。

580 户企业实施债转股，债转股总额 4 050 亿元。

上市公司股权分置改革中的权证实践。为了解决长期困扰着中国金融市场发展的难点问题，2005 年 4 月 29 日中国证监会发布《关于上市公司股权分置改革试点有关问题的通知》，以及沪深交易所发布了《权证管理暂行办法》，正式启动了股权分置改革进程。2005 年 5 月 1 日之后，推出三一重工、清华同方等四家上市公司作为改革试点。在第二批股权分置改革试点公司的方案中，宝钢股份和长江电力推出了各自的权证方案，这预示着我国的权证市场将进入新的发展时期。

权证按发行人不同可分为股本权证和备兑权证。股本权证一般是由上市公司发行，而备兑权证（衍生权证）一般是由证券公司等金融机构发行。一般认为，只有后者才属于金融衍生工具中的期权。两种权证的主要区别如下：

表 3 - 2　　　　　　　　　　　　股本权证和备兑权证的区别

项　　目	股本权证	备兑权证（衍生权证）
发行人	标的证券发行人	标的证券发行人以外的第三方
标的证券	需要发行新股	已在交易所挂牌交易的证券
发行目的	为筹资或高管人员激励用	为投资者提供避险、套利工具
行权结果	公司股份增加、每股净值稀释	不造成股本增加或权益稀释

从我国第二批股权分置改革试点公司中的权证方案来考察，长江电力的权证方案是一种配股权证，即股本认购权证。而宝钢股份的权证方案则是一种发行人为上市公司的衍生权证（宝钢股票已在上海证券交易所挂牌交易），而且，国泰君安已申请发行宝钢备兑权证。因此，宝钢股份权证的发行与交易开启了中国期权交易的大门。就长期而言，我国权证市场的发展重心无疑是衍生权证市场，包括 ETF 等一篮子股票权证和指数权证等。

总之而言，2004 年 2 月中国银监会发布了首部关于金融衍生商品的法规《金融机构衍生产品交易业务管理暂行办法》，其后，财政部和银监会所发布的《衍生产品监管指引》、《货币经纪公司管理暂行办法》、《金融机构衍生金融工具交易和套期业务会计处理暂行规定》等法规，为我国金融衍生商品交易扫清了法律障碍。目前，中国工商银行已开办包括远期、掉期、期货和期权在内的外汇金融衍生业务。中国银行、中国建设银行、交通银行等也有相关的外汇金融衍生业务。中国农业银行还加入了 ISDA（国际掉期与衍生工具协会）。这说明金融衍生业务在国内已进入实质性操作阶段。而且国务院已批准建立金融交易所（中国的金融衍生品交易所）的前期工作，[①] 这标志着中国金融衍生工具市场也将由萌芽状态进入推进阶段。

---

① 高鹤君：《金融市场在突破》，载于《经济参考报》2006 年 1 月 23 日。

（二）　中国金融市场发展展望①

虽然与境外成熟金融市场相比，中国金融市场在许多方面仍然存在一定的差距。但是，我们也应当看到，中国经济发展的良好前景，为金融市场的发展提供了历史性机遇。而中国金融市场未来发展趋势又为优化金融市场税制提供了环境基础与激励。中国证券监督管理委员会所撰写的《中国金融市场发展报告》提出了中国金融市场未来发展的宏图。

展望未来，随着法制和监管体系的逐步完善，市场规模的扩大和效率的提高，国际竞争力的增强，中国金融市场将成为建设和谐社会的重要力量，并伴随中国经济的成长而发展成为一个具有国际竞争力的市场，在国际金融体系中发挥应有的作用。具体的战略措施如下：

1. 正确处理政府与市场的关系，完善法律和监管体系，建设公正、透明、高效的市场

在新兴市场的发展过程中，政府往往同时肩负市场监管者和推动者的双重责任。因此，应该采取以下措施：（1）正确处理政府与市场的关系，合理界定政府职能边界，进一步简化行政审批，培育市场化发行和创新机制；（2）完善法律体系，加大执法力度；（3）加强监管队伍建设，提高监管效率。

2. 大力推进多层次股票市场体系建设，满足多元化的投融资需求

随着中国经济的持续发展和创新型经济体系的逐步建立，企业的融资及其他金融服务需求将是持续和多元化的。同时，随着各类投资者的进一步成熟和壮大，投资需求也会日益显现出多样化的趋势。因此，应该采取以下措施，建设多层次股票市场：（1）大力发展主板市场；（2）继续推进中小企业板与创业板市场的建设；（3）建立适应不同层次市场的交易制度和转板机制，完善登记、托管和结算体系。

3. 推动债券市场的市场化改革，加快债券市场的发展

作为金融市场的重要组成部分，债券市场丰富了企业的融资渠道，为投资者提供了风险相对较低、收益相对稳定的投资产品。大力发展债券市场，有利于提高直接融资比例，对改善中国金融市场结构具有重要意义。加快债券市场发展的具体的措施是：（1）完善监管体制，改革发行制度；（2）建立健全债券市场主体的信用责任机制；（3）建立统一互联的债券交易结算体系；（4）丰富债券品种，完善债券投资者结构。

4. 积极稳妥地发展金融衍生品市场

金融衍生品市场对各种商品市场的成熟和中国经济的稳定发展具有重要意义，因此，要稳步推进金融衍生品市场发展，强化制度建设，丰富品种，扩大规模，使金融衍生品市场在国民经济发展中发挥应有的作用。我国衍生品市场发展路径应该是：商品类期货交易→股权类期货交易→国债期货、外汇远期交易、商品期权、股权类期权→债券期权、外汇期货及期权、互换。

---

① 中国证券监督管理委员会：《中国金融市场发展报告》，中国金融出版社 2008 年版。

5. 促进上市公司健康发展

上市公司质量是金融市场的基石，应不断完善上市公司监管体系和市场约束机制，提高公司治理水平和整体质量，推动上市公司做优做强。促进上市公司健康发展的具体措施是：（1）加强公司信息披露；（2）完善公司治理结构；（3）完善上市公司退市制度。

6. 促进公平和有效竞争格局的形成，建设有国际竞争力的证券期货业

金融市场的效率和健康发展有赖于证券公司、证券投资基金管理公司、期货公司和其他证券期货经营机构的规范运作，金融市场的国际竞争力也取决于这些机构的核心竞争力。因此，营造鼓励创新和公平竞争的环境，促进证券期货业的发展，具有重要意义。促进证券期货业健康发展的具体措施是：（1）进一步放松管制，营造有利于创新和公平竞争的环境；（2）完善证券期货经营机构的治理结构；（3）完善风险管理制度，拓宽业务范围，推动证券公司提高核心竞争力；（4）继续大力发展机构投资者；（5）培养金融市场专业人才。

7. 稳步推进对外开放，建设有国际竞争力的金融市场

遵循"积极稳妥、循序渐进、兼收并蓄、为我所用、公平竞争、互利共赢"的基本原则，扩大开放领域，优化开放结构，提高开放质量，安全、高效地继续推进金融市场对外开放，以不断增强开放条件下中国金融市场的国际竞争力为主要政策目标来构筑对外开放路径。具体措施是：（1）坚持对外开放，把握好对外开放的节奏；（2）在风险可控的前提下，有选择性地探索"走出去"的路径；（3）加强国际监管合作。

🌿 二、中国金融市场税制优化的约束

伴随着经济与金融的发展，我国已初步构建了金融市场税收制度。现行的金融市场税制对于促进金融市场的发展起到了一定的积极作用，但受外部因素与内部因素的双重约束，还存在系列问题，这些都是发展金融市场与优化税制必须解决的障碍。

（一）中国金融市场税制优化的外部约束[①]

不成熟的中国金融市场从以下各方面制约了税制的良性运行。

1. 金融市场规模对税制优化的影响

（1）金融市场总体规模偏小，直接融资比例较低。我国金融市场虽然发展较快，但总体来看市场规模偏小，直接融资比例较低。截至 2006 年年底，中国资本市场资产总额占金融总资产的比例仅为 22%，而同期美国、英国、日本和韩国该比例分别为 82%、71%、62% 和 75%。2007 年 9 月底，中国资本市场资产总额的比例虽然有了快速提高，升至 37%（如图 3 - 2 所示），但是与其他一

[①] 本部分的数据与图表主要源自：中国证券监督管理委员会：《中国金融市场发展报告》，中国金融出版社 2008 年版；成思危：《虚拟经济论丛》，民主与建设出版社 2003 年版，第 243～264 页。

些国家相比比例仍然较低，资本市场整体规模依然偏小。同时，直接融资比例较低，。在大部分成熟市场和一些新兴市场上，公司外部融资主要通过发行股票和公司债券等直接融资方式，而不是银行贷款。在中国，目前公司外部融资中直接融资的比例仍然较低。2001～2007年，中国境内直接融资筹资额与同期银行贷款增加额之比分别为9.5%、4.1%、3.0%、4.5%、2.1%、8.4%和22.0%，虽然该比例在逐步提高但是仍然偏低（如图3-3所示）。2006年，中国非金融企业的直接融资仅占企业外部融资总额的15.1%，间接融资比例高达84.9%。

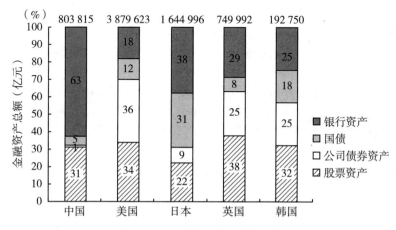

图3-2　金融资产结构国际对照表

注：中国数据截至2007年9月底，其他国家数据截至2006年年底。

资料来源：中国证监会，中国银监会，中国债券信息网，世界银行。

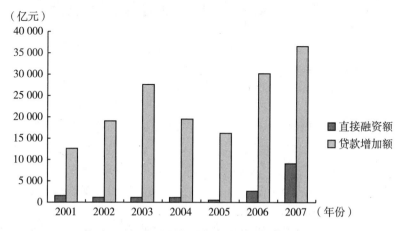

图3-3　直接融资额与贷款增加额对比

注：直接融资不包括短期融资券与企业债，也不包括企业境外融资。

资料来源：中国证监会，中国人民银行，《中国证券期货统计年鉴2007》。

（2）股票市场规模的问题。

第一，股票市场实际进入流通的股份①比例偏低。2007年股票市场规模迅速扩大，截至2007年年底，股票总市值达到32.7万亿元，相当于GDP的比值为132.6%，但是实际进入流通的股份比例偏低，仅为上市公司总股本的28.4%，尤其是大市值上市公司实际进入流通的股份比例过低。

第二，上海、深圳证券交易所主板市场规模偏小。按照上市公司总市值排名，2007年年底上海、深圳证券交易所主板市场与美国、英国等成熟市场的主要证券交易所相比仍然有差距。

第三，深圳证券交易所中小企业板尚处于发展初期。小企业板尚处于发展初期，规模小、行业覆盖面较窄。截至2007年年底，中小企业板上市公司仅202家，总市值1.1万亿元，远远不能满足众多成长型中小企业的直接融资需求。

（3）债券市场规模的问题。

第一，债券市场整体规模过小。截至2007年年底，中国债券市场资产总量为8.7万亿元，仅相当于当年GDP的35.3%，远低于境外成熟市场的水平（如图3-4所示）。

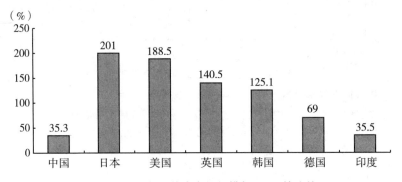

图3-4 各国债券市场规模与GDP的比值

注：中国数据截至2007年年底，其他国家数据截至2006年年底。

资料来源：中国证监会，中国债券信息网（www.chinabond.com.cn），世界银行。

第二，公司债市场发展滞后。截至2007年年底，中国债券市场只有少量的短期融资券（3 203亿元）、可转债及可分离交易可转债（共324亿元）以及上市公司债（112亿元）属于真正意义上的公司债，在债券市场总量中的比例为4.2%，仅相当于2007年GDP的1.5%，远低于成熟市场的比例（如图3-5所示）。

（4）金融衍生品市场的规模问题。

第一，商品期货市场规模较小。2006年全球期货、期权成交量为118.6亿

---

① 实际进入流通的股份是指上市公司总股本中不受锁定期限制，能够自由进入二级市场交易的股份。

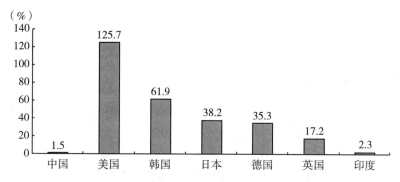

图3-5 各国公司债券市场规模与 GDP 的比值

注：中国数据截至 2007 年年底，其他国家数据截至 2006 年年底。

资料来源：中国证监会，中国债券信息网（<u>www.chinabond.com.cn</u>），世界银行。

手，其中美国 45.7 亿手，而中国 3 家期货交易所共成交 2.2 亿手，约占全球总成交量的 1.9%，低于中国 GDP 占全球 GDP 总额 5.5% 的比例。

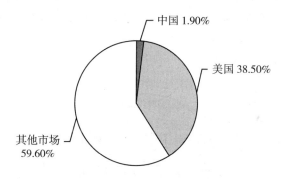

图3-6 2006 年世界衍生品市场交易总量分布

资料来源：中国证监会。

第二，金融衍生品市场尚待发展。目前，仅有少量权证、可转债以及股指期货等金融衍生品，利率期货、股票期权等主流金融衍生品尚未推出。

从理论上讲，金融市场整体的规模越大，其稳定性应当较好；个股的盘子越大，其稳定性也应较好。金融市场规模偏小造成的问题是金融市场的稳定性较差与税基较小，由此将制约金融市场税制的收入规模与税收政策的调控效果。

2. 金融市场结构对税制优化的影响

（1）中国股票市场与债券市场结构失衡。截至 2007 年年底，中国债券市场规模仅相当于股票市场规模的 27%，远低于美国等成熟市场，也低于韩国、印度等新兴市场（如图 3 - 7 所示），结构失衡问题较为突出。

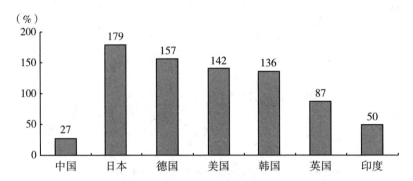

图 3 - 7 债券市场规模与股票市场相对规模国际比较

注：中国数据截至 2007 年年底，其他国家数据截至 2006 年年底。

资料来源：中国证监会，中国债券信息网（www. chinabond. com. cn），世界银行。

（2）金融市场工具结构的问题。

第一，债券市场品种结构不合理。2007 年年底，中国债券市场总量中 90.3% 为国债、政策性金融债及普通金融债，企业债规模仅为 4 507 亿元，约占债券市场总量的 5.2%，短期融资券、资产支持证券、可转债、上市公司债等产品累计仅占债券市场总量的 4.6%（如图 3 - 8 所示）。

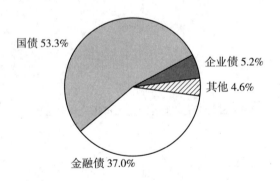

图 3 - 8 2007 年年底中国债券市场构成

注：图中的其他是指公司债。

资料来源：中国证监会，中国债券信息网（www. chinabond. com. cn）。

第二，期货市场品种结构简单。中国期货市场规模较小与品种结构简单有密切关系。截至 2007 年年底，全球已有数千个期货交易品种，而中国期货市场的交易品种仅有 16 个，全球成交活跃的能源期货合约仍未上市。虽然近年商品期货品种上市步伐加快，但产品丰富程度和创新能力仍显不足。

第三，基金市场产品创新不足。过去几年中，基金市场取得了快速发展，成绩显著。但是，与成熟市场相比，中国基金行业规模仍然较小（如图 3－9 所示）。证券投资基金管理公司现有经营模式单一、产品不够丰富。

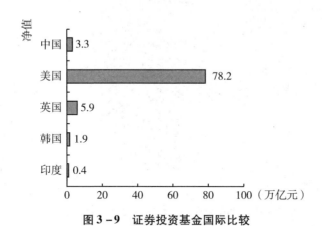

图 3－9　证券投资基金国际比较

注：中国数据截至 2007 年年底，其他国家数据截至 2006 年年底。

资料来源：中国证监会，世界银行。

（3）金融市场投资者结构的问题。

第一，股票市场投资者结构不合理。与成熟市场相比，长期以来，中国股票市场一直以中小投资者为主。近年来，随着机构投资者特别是证券投资基金的快速发展，投资者结构有所改善，但是，总体而言，中国股市的投资者结构不合理，机构投资者整体规模偏小，发展不平衡（如图 3－10 所示）。

据《深圳证券交易所投资者结构和行为分析报告》的分析，至 2007 年年底，股票市场投资者累计开户数量已经达到 1.4 亿户，但是在深圳证券交易所开户的账户中，真正持有股票的账户数量不到累计开户数量的 1/3，2005 年、2006 年以及 2007 年 1 月至 8 月末深圳证券交易所市场平均持股账户数目分别为 1 119 万户、1 055 万户、1 237 万户，占同期累计开户数量的比例分别为33%、28%、26%。

第二，债券市场相互分割，投资者结构不合理。目前，中国债券市场仍然存在证券交易所市场、银行间市场、银行柜台市场（OTC）相互分割的问题（如图 3－11 所示）。债券市场投资者同质化现象较为严重，2006 年年底，银行系统投资者持有的债券总额高达整个债券市场的 79%。

（4）金融市场范围将逐步扩大。伴随着融入金融全球化的进程，中国的金融市场正在逐步开放，允许外资参股基金管理公司是我国加入 WTO、开放金融

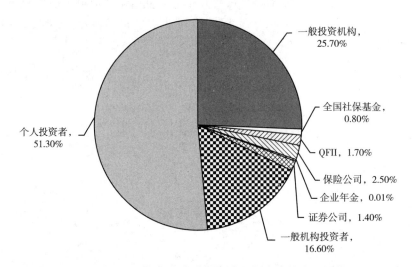

图 3 – 10　2007 年年底股票市场投资者的市场份额

资料来源：中国证监会。

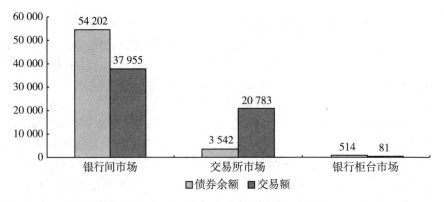

图 3 – 11　2006 年年底中国债券市场分布情况

资料来源：中国人民银行《中国金融市场发展报告（2006）》。

服务领域的必需步骤。① 2002 年 7 月 1 日，证监会颁布的《外资参股基金管理公司设立规则》和《外资参股证券公司设立规则》开始实施。2002 年 10 月经证监会批准，首家外资参股基金管理公司——国安基金管理公司获准筹，2003 年 QFII 机制全面启动。这些标志着加入 WTO 的承诺已正式付诸实施。

　　完善的金融市场体系、多层次的金融工具结构，以及合理的投资者结构将有

───────────

　　① 根据中美协议，中国加入 WTO 后，外资金融企业参股成立合资基金管理公司的股权比例可达 33%，3 年后可达到不超过 49% 的比例。

利于发挥金融市场系统的正向作用，降低金融风险。我国不合理的金融市场结构将制约金融市场税收政策的实施空间与调控效果。同时，中国金融市场的全面开放将对涉外金融税务管理带来严峻的挑战。

3. 金融市场机制的影响

虽然，近年来我国金融市场机制得到较大完善，市场化资源配置功能得到一定程度的发挥。但是中国金融市场的发展，难以脱离经济发展的整体水平和体制改革的总体进程。在市场经济体制不完善、社会信用体系不健全的大背景下，中国金融市场尚未形成真正的资本约束机制，市场价格对社会资源的引导和企业行为的约束都不够有效，市场效率有待提高。

（1）发行体制市场改革有待深化。

第一，股票发行体制改革有待推进。随着改革的不断深入，我国的股票发行虽已经在一定程度上实现了市场化定价。但现有发行体制仍然存在行政控制环节过多、审批程序复杂等问题。股票发行体制仍然采用行政色彩较浓的核准制，发行人资格审查、发行规模、发行乃至上市时间等，在很大程度上都由监管机构决定。而在境外成熟市场上，股票发行普遍实行注册制，程序更为便捷和标准化，定价机制更加市场化。

第二，债券市场发行机制存在诸多缺陷。由于不同部门制定的发行审批规则差别很大，造成不同债券产品的发行审批标准不同。① 此外，企业债券发行审核体制总体上仍然沿用高度依赖行政审批的额度制。这些因素在一定程度上阻碍了债券市场的发展。

（2）交易机制有待完善。

第一，股票市场交易机制体系不完善。首先，做市商制度和当日回转交易机制等均未建立。其次，交易成本较高。与成熟市场相比，目前中国股票市场交易成本较高，平均为 50 基点②左右（如图 3 – 12 和图 3 – 13 所示）。

再者，在市场深度和流动性成本指标方面，中国股票市场与境外主要市场相比还存在一定差距。以上海、深圳证券交易所市场交易的价格冲击成本（价格冲击指数）与境外市场相比较，③ 中国股票市场的流动性成本不仅高于美国、英国、德国、日本等成熟市场，也高于印度、韩国等新兴市场（如图 3 – 14 所示）。

第二，债券市场交易机制体系欠完善。首先，债券市场的流动性较弱。目前，银行间债券市场、交易所债券市场以及银行柜台债券市场相互连通不足，债券交易的流动性成本较高，效率较低（如图 3 – 15 所示）。

---

① 详见中国证券监督管理委员会：《中国金融市场发展报告》，中国金融出版社 2008 年版，第 98 页，表 3 – 6 中国债券市场监管体系。

② 1 个基点 = 0.01%。

③ 价格冲击指数代表了投资者进行股票交易的隐性成本，计算方法通常为 10 万元交易对股票价格的冲击程度（以基点为单位）。

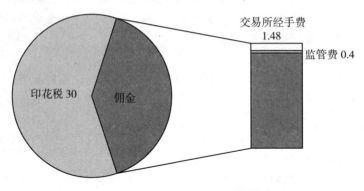

图 3-12 中国股票市场的交易成本

注：股票市场上交易佣金的起点为 5 元、上限不超过 0.3%（30 个基点）。但是在实际交易中佣金通常低于 30 个基点，此处选择 20 个基点作为交易佣金的平均值。

资料来源：《深圳证券交易所 2006 年度股票市场绩效报告分析与建议》。

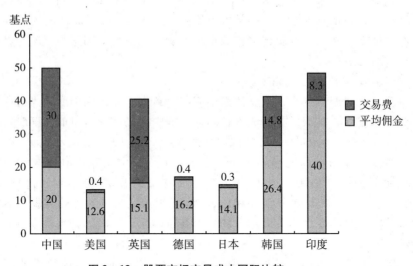

图 3-13 股票市场交易成本国际比较

资料来源：《深圳证券交易所 2006 年度股票市场绩效报告分析与建议》。

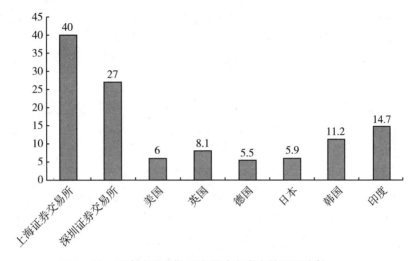

图 3 – 14 证券交易所股票交易冲击成本的国际比较

资料来源：《上海证券交易所 2006 年度股票市场绩效报告分析与建议》及《深圳证券交易所 2006 年度股票市场绩效报告分析与建议》。

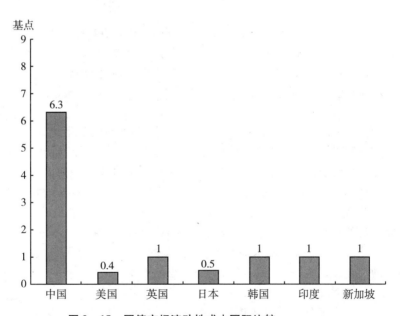

图 3 – 15 国债市场流动性成本国际比较

注：中国数据截至 2004 年年底，其他国家数据截至 2007 年 10 月 25 日。

资料来源：世界银行。

其次，国债市场的定价功能较弱。国债交易市场流动性不足，收益率曲线不完整（如图 3 – 16 所示），导致债券市场的发行和交易均缺乏必要的利率基准，制约了其市场化定价功能的有效发挥。

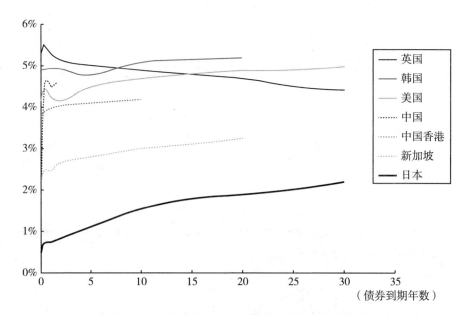

图 3 – 16　部分国家和地区的债券市场收益率曲线

注：由于中国国债市场流动性偏低，收益率曲线不连续，此处用上海银行间同业拆放利率（2007 年 12 月 29 日）代替。其他国家为 2007 年 10 月 15 日数据。

资料来源：上海银行间同业拆放利率网（www. Shibor. org），世界银行。

（3）登记结算体系有待完善。虽然中国已经建立了集中统一的证券登记结算管理体制，但是由于历史原因，目前上海、深圳证券交易所的登记结算技术系统仍然相互独立，导致投资者在两个交易所交易需要分别开立证券账户，同一个投资者持有的证券分别登记在两个证券账户内。这种相对分割的登记结算体系降低了股票市场的整体运行效率，增加了跨市场创新产品推出的技术难度。此外，债券市场的托管登记也由中央国债登记结算公司及中国证券登记结算公司分别负责。虽然两个登记结算公司之间可以进行转托管，但是分割的登记结算系统仍然是限制债券交易效率进一步提高的一个重要因素。

（4）市场的弱效率性。

第一，市场分割降低了市场的有效性。目前中国股票市场分为 A 股市场、B 股市场、中国香港红筹股和 H 股市场，债券市场则分为银行间债券市场、交易所债券市场和银行柜台交易市场。市场间相互分割，缺乏必要的套利机制，降低了中国股票市场和债券市场的有效性。

第二，"政策市"的问题。一个高效健康的证券市场的价格、回报及其波动性在宏观上和长期内主要应受实体经济状况的影响，且对政策的反应也是适度的。如果政府对证券市场的干预过多，或市场对政策的反应过度，市场价格、回报及其波动性长期主要受政策驱动，则意味着该市场存在严重缺陷，无法发挥其配置资源的基本功能，从而成为一个"政策市"。然而，许多证据表明，我国政府政策和官方有关言论的确是导致中国股市价格异常变化的主要原因之一。例如1991~2001年上证指数的25个最高和最低日回报都与有关的政策及信息发布相对应。同时，有关研究在对四个具有代表性的政策事件（1999年7月1日《证券法》的颁布实施、2000年2月14日公布"保险资金入市"和"向二级市场投资者配售新股"、1996年1月27日《关于1996年上市公司配股工作的通知》、1996年12月16日《人民日报》关于《正确认识当前股票市场》的社论）进行分析后发现，中国股票市场对政策存在着过度反应。由于政策周期对我国股市周期的运行的影响远大于经济周期的影响，市场价格、回报及其波动性长期主要受政策驱动，而且对政策存在着过度反应，故可以认为我国的股市受政策因素的影响过大，具有"政策市"的特征。中国股市"政策市"的后果，就是使许多投资者（特别是中小投资者）产生过分依赖政策信息的倾向，导致"炒作信息"的过度投机现象。

第三，"投机市"的问题。一个成熟的股票市场是适度投机的市场，尽管在外部环境的影响下会产生波动，但通常可以保持比较稳健的运行，在发挥其促进经济发展作用的同时，还会给多数投资者带来比较满意的回报。判断一个股票市场是否过度投机，主要看投资者主体看重上市公司的短期价格还是长远价值，以及市场是否背离了"风险—回报"对称的规律。中国股市中的某些股票价格严重背离其理性价格，表现在股利对股票价格的解释作用较小。据研究，中国股市中股利对股价变化的解释能力仅为10%（1年）和20%（2年）；而美国股市中股利的解释能力为48%（1年）和53%（2年），因此，我国股市的投机程度要比美国股市高得多。

健全的金融市场机制将有利于发挥金融市场系统的积极作用，降低金融风险。我国不健全的金融市场机制将制约税收政策的调控效果。例如"政策市"将放大税收政策的正负效应；"投机市"将加大税收政策调控的难度与调控的力度。总之，不健全的金融市场机制将制约金融市场税收政策的实施效果。

4. 证券市场主体行为对税制优化的影响

（1）上市公司的行为。在我国金融市场上，上市公司整体实力有待提高，内部治理和外部约束机制有待加强。

第一，上市公司对国民经济的代表性不足。目前，许多大型企业集团只是将部分业务或资产发行上市，还有一些大型企业没有上市或者仅在境外市场上市，① 这导致上市公司对国民经济的代表性不够强。2006年下半年以来，银行、

---

① 例如电信行业四大公司中目前仅有中国联通在中国境内股票市场上市，而中国移动、中国电信和中国网通都在境外上市。

保险、铁路等行业的一些大型企业陆续在境内发行上市，在一定程度上改善了股票市场的结构，但是总体而言，目前中国股票市场上绩优大盘蓝筹股仍然偏少，上市公司的结构仍然无法全面反映国民经济的发展特点和趋势。

第二，公司治理水平有待提高。虽然，近几年中国上市公司的治理水平有了明显提高，但是由于受体制、机制等多种因素的影响，仍然存在着影响上市公司规范发展突出问题。例如，部分控股股东直接干预上市公司事务、部分上市公司的"三会"（股东大会、董事会和监事会）运作流于形式、部分上市公司高管人员的勤勉尽责意识淡薄。

第三，部分公司弄虚作假，压低分红。在中国证券市场上，存在一部分上市公司对其财务状况弄虚作假，欺骗投资者的行为，而且部分企业不分红（即使是分红也多是用送红股的方式，而少用现金分红的方式）。2000年我国股票市场缴纳的印花税和投资者交给券商的佣金共900多亿元，而上市公司的利润总额只有500多亿元，其中拿出来进行分配的含税红利仅有140多亿元。虽然在证监会[2004] 118号文件①出台后，上市公司分红状况有所改善，但仍不尽如人意。由于投资者难以从分红中取得收益，故只能拼命追求买卖价差收入，从而增大了市场的投机程度。我国证券市场低分红的特征，也是我们确定合理税收负担必须考虑的重要因素。

第四，市场化筛选机制有待完善。现行退市制度强调连续三年亏损，这种标准对公司增强盈利能力、提示退市风险起到了一定的积极作用，但是过于强调上市公司的业绩使得退市标准过于僵化与单一，不利于多层次资本市场的形成。因此，不完善的退市机制使得市场的优胜劣汰机制得不到充分的发挥。

（2）投资者的行为。

第一，短抄盛行、交易较为频繁。投资者持股期限短、交易较为频繁是我国证券投资者的典型行为。投资者的短期行为通常是指一次股票操作的运作周期在六个月以内来获取短期利差的行为，这是中国股市普遍存在的现象。目前中国股票市场上的投资者大体上可以分为机构投资者、散户和私募基金三大类，这三类投资者的行为都显著地呈现出短期化的特征。机构投资者主要是证券投资基金和证券公司，由于基金具有规模大、资金充足和人员专业化的优势，使得它天然地具有操纵市场的冲动，在暴利的驱使下，其行为也就必然短期化。证券公司由于缺乏自有资金，不论其采用合法手段（例如股票质押贷款）或非法手段（如变相拆借资金或吸收存款）作为其炒作股票以获取暴利的资金来源，而这些资金的短期性和高成本也必然导致交易行为的短期化。广大的中小投资者由于了解信息的渠道少而且信息的真实性难以得到保障，无法做出理性的判断，难以做出长期投资的决策。私募基金是指通过非公开方式，面向特定的少数投资者募集资金

---

① 在证监会《关于加强社会公众股股东权益保护的若干规定》之后，公司不分红的状况得到一定的改善。

而设立的基金。由于缺少相应的法律依据，我国目前没有公开合法的私募基金，而只能以代客理财公司或契约式私募基金等各种变通形式存在。由于资金来源的短期性，在还本付息压力下，就会促使资金经理人的投资行为短期化。

具体而言，一方面，个人投资者短期投资特征明显。个人投资者尤其是中小个人投资者更偏向于持有和交易小盘股、低价股、绩差股和高市盈率股，持股时间较短、交易较为频繁。研究表明，当股票价格或者成交量出现大幅波动时，个人投资者比机构投资者更为敏感。另一方面，机构投资者整体规模偏小，短期投资特征明显。近几年机构投资者获得了很大发展，初步形成了以证券投资基金为主体的机构投资者队伍，其在市场上的作用不断增强。但是，保险资金、养老金在股票市场的投资规模仍然较小，市场影响较小。这些机构投资者的发展不足和对资本市场的参与程度不足使得资本市场缺乏长期机构投资者。（如图 3 - 17 所示）。同时，与境外成熟市场同类型机构投资者相比较，目前中国股票市场上的各类机构投资者持股期限普遍较短，交易比较频繁，短期投资特征比较明显。

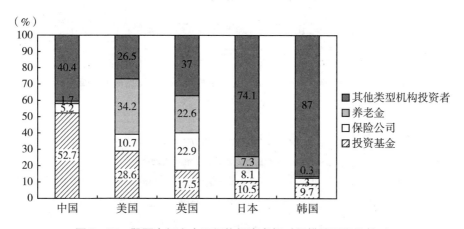

图 3 - 17　股票市场上主要机构投资者相对规模的国际比较

注：中国数据为各类机构投资者持股市值占全部机构投资者持股市值的比例，数据截至 2007 年年底；美国、韩国数据截至 2006 年年底，英国、日本数据截至 2005 年年底。

资料来源：中国证监会，世界银行。

根据上海证券交易所统计，2007 年前 3 个月各类投资者平均持股期限也都比较短，持股期限小于 3 个月的账户占总数的 85.6%（如图 3 - 18 所示）。根据深圳证券交易所统计，2006 年和 2007 年前 8 个月，各类投资者平均持股期限都比较短，主要集中在 3 个月内，2006 年，持股期限小于 3 个月的账户占总数的 68.7%，2007 年前 8 个月，持股期限小于 3 个月的账户占总数的 77%（如图 3 - 19 所示），与上海证券交易所市场情况类似。上述统计数据表明，中国股票市场投资者目前仍然主要以短线投资为主，缺乏真正的长期投资者。

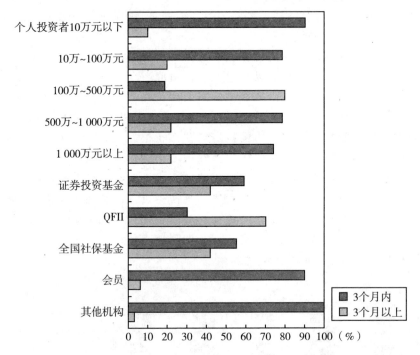

图 3－18　2007 年 1～3 月上海证券交易所市场投资者持股期限结构分布

资料来源：上海证券交易所。

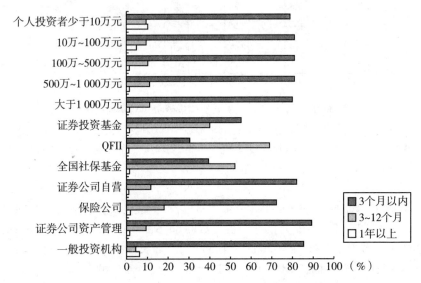

图 3－19　2007 年 1～8 月深圳证券交易所市场投资者持股期限结构分布

资料来源：《深圳证券交易所投资者结构和行为分析报告》（2007 年 10 月）。

第二，市场换手率高。由于投资者在以追求短期利差为目的时通常带有明显的"追涨杀跌"等投机特征，即不太关注企业业绩，而主要依据市场交易信息（技术分析）或其他信息来进行投资决策。这就使得中国股市出现市盈率高、绩优股不受市场青睐、换手率高、波动率过大等特征。我国沪市和深市的换手率远高于西方成熟的金融市场的水平。东京和伦敦市场的换手率小于50%，其他市场如纽约、中国香港、泰国、新加坡这几年的换手率也不到70%。而1992～2000年期间我国A股市场的年换手率平均在400%左右的水平，这说明我国二级市场的投资者平均持有一只股票的时间仅为3个月左右。而且每年都有少数个股的换手率达到1 000%甚至2 000%左右的水平。

与境外成熟市场相比，目前中国股票市场投资者平均换手率偏高（如图3－20所示），其中个人投资者的资金周转率是机构投资者的2倍以上，100万元以下的个人投资者资金周转率更高，且在2005年、2006年和2007年呈递增趋势。

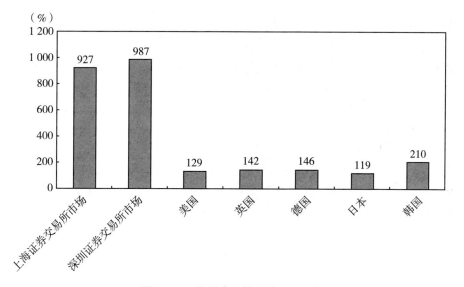

图 3－20　股票市场换手率国际比较

注：中国数据为2007年，其他国家数据为2005年。

资料来源：中国证监会，世界银行。

（3）地方政府的行为。我国金融市场的管制规则为地方政府间的税务竞争提供了土壤。地方政府发现金融市场成了一个新的融资窗口，可通过本地企业的上市、配股和增发在金融市场上为本地区筹集资金。这一方面可抑制本地区资金的外流，另一方面还可将其他地区的资金吸引到本地。为了帮助本地区企业赢得上市资格和配股权、增发权，地方政府通常会采取"包装"本地企业（如将一般企业归类为高科技企业，或设立在高科技园区、开发区等）的手段，使之符合享受税收优惠政策的条件，或直接采取财政补贴的手段，通过降低企业的实际税负来提高企业的净资产收益率使其达到政府监管部门规定的指标，实现争夺经济资源的目的。[①] 中国金融市场中的这种地区之间的恶性税收竞争扭曲了税收政策效应，加剧金融市场非公平的税收环境。

总之，中国证券市场主体的非理性与非规范性行为会从多方面，对税制优化产生负面影响。

（二）中国金融市场税制体系优化的内部约束

除了受非规范的金融市场环境影响之外，现行金融市场税制的缺陷也是实现中国金融市场税收优化目标的障碍。我国金融市场税制对于推进金融市场的发展起到了一定的积极作用。但是，金融市场税制也存在税制模式的非规范性、税收负担的非公平性、税制结构的非系统性、税收管理体制的非合理性等缺陷，这些缺陷制约了金融市场的发展。

三、中国金融市场税制优化的取向

（一）金融市场次优税收的标准

税收优化是税制从不良状态向优良状态不断逼进的动态过程。我们认为，金融市场次优税收是指符合税收公平原则与效率原则要求，具有税负适度、税制结构合理、税务管理高效特征的金融市场税收体系。具体的衡量标准是：

1. 立宪性

公共选择理论认为，宪法赋予了人民参政的权力，政府的课税应该反映人民的意愿。最优的税制无非就是那种至少在理论上能获得一致赞同的税制。因此，政府在制定与调整金融市场税收政策时，应该让金融市场行为主体能够真实地显示自己的偏好，充分听取与反映市场行为主体（投资者与融资者）的意愿，使税收决策机制能够产生"用手投票"而不是"用脚投票"的效应。

2. 公平性

优良的金融市场税收体系必须满足税收公平原则的要求。在此，税收公平具有两层含义：第一，绝对公平。在金融市场内，具有同等纳税能力的人应该承担相同的税负。第二，相对公平。在实体经济与虚拟经济之间，具有同等纳税能力的人应该承担风险系数不同的税收负担，即虚拟经济的高风险性决定了从事虚拟经济的纳税人所承担的税负应低于从事实体经济的纳税人。

3. 效率性

优良的金融市场税收体系必须满足税收效率原则的要求。在此，税收效率具有以下含义：第一，税负适度，不能课及税本。国家课税是将货币购买力从纳税人手中转移到政府手中的活动。如果这项资源转移的数量超过了一定限度，挤占了纳税人的投资额，课征到了税本，则税收超过了纳税人税收负担能力，就会进

[①] 陈晓、王琨：《关联交易、公司治理与国有股改革——来自我国资本市场的实证证据》，载于《经济研究》2005 年第 4 期。

入产生负效应的"拉弗禁区"。因此，金融市场的总体税负不能课及投资者的投资额。第二，能够发挥合理的资源配置效率。税收分配是资源配置在政府与纳税者之间的调整过程。如果将全社会视为是由实体经济市场与虚拟经济市场（金融市场）两大市场所构成，假定其他因素一定的条件下，金融市场的课税则会改变投资者的投资方向、投资规模、投资结构等经济行为决策，产生两大市场之间的资源配置作用。因此，优良的金融市场税收体系应该有利于引导虚拟经济与实体经济良性运行与协调发展，产生最大的超额得益与最小的超额负担，增进全社会的福利。第三，能够发挥高效的管理效率。金融市场税基要素的虚拟性、高流动性、易变性（衍生金融工具的变化与组合）对传统实体经济的税务管理制度提出了严峻的挑战，因此，优良的金融市场税收体系应该具有激励相容机制，能够鼓励正当的投资行为，惩罚逃避税行为。

4. 协调性

优良的金融市场税收体系必须满足税收协调性的要求。税收协调性包括政策目标（公平与效率）的协调性、税种配置（流转税与所得税）的协调性、税务管理（税务处理与会计处理）的协调性等。金融市场税收协调性的范围应该是：第一，金融市场税制模式的选择应该满足内部协调的目标。具体包括基础金融商品市场（如证券市场）税制结构的协调；衍生金融商品市场（如期权市场）税制结构的协调；基础金融商品市场税制结构与衍生金融商品市场税制结构之间的协调；第二，金融市场税制模式的选择应该满足外部协调的目标。即金融市场市场税制结构与实体经济市场税制结构之间的协调。

（二）中国金融市场税收优化的目标

1. 提高税制竞争力

税制竞争力是指税制在吸引经济资源和促进国内企业及产品参与国际竞争的能力。从国际税收竞争的角度考察，一国税制具有竞争力就意味着该国税制在吸引经济资源和促进国内企业及产品参与国际竞争方面有优势。由此可将金融市场税制竞争力定义为税制在吸引金融资源与参与国际竞争的能力。

伴随着全球经济一体化的发展，金融市场全球一体化的进程也不断加快。金融市场全球一体化意味着全世界的金融市场统一成为一个国际金融市场，任何国家的经济实体在寻求融资时不必受限于其国内金融市场，投资者也不受其国内市场上发行的金融资产的限制。因此，受预期汇率、利率、地区税后收益率差异等因素的影响，国际金融资本迅猛发展。在国际经济中，由于金融资本具有极强的流动性以及对税收的敏感性，因此各国的金融市场税制竞争是国际税收竞争的前沿阵地。

我们认为，一国金融市场税制竞争力的高低取决于税负的适度水平、税制结构的合理程度、税务管理水平以及参与国际税收协调的程度。因此，只有在各税制因素均逼近次优税制的状态下，才能实现提高金融市场税制竞争力的目标。随着中国金融市场逐步开放，融入国际金融市场的竞争之中，由此，提高税制竞争力也必然是中国优化金融市场税制的基本目标。

2. 促进经济稳定发展

金融市场与要素市场、商品市场、劳动力市场一样，也存在市场失灵问题。尤其是在市场发育初期，市场的自发调整不仅可能损害帕累托效率，而且可能伤及经济增长，甚至有可能导致社会混乱。因此，政府要纠正市场失灵，就有必要应用税收政策工具，并配合其他经济政策工具，对金融市场加以调控。调节经济运行、保持经济稳定是税收的基本职能。调节实体经济与虚拟经济之间的资源配置。保持实体经济与虚拟经济协调发展是金融市场税收的基本职能。优良的金融市场税制应具有恰当的激励机制和制约机制，能够矫正市场的扭曲，优化资源配置。并且，金融市场税制应具有自动熨平经济波动的功能，能够抑制金融市场泡沫，化解金融风险，促进经济的稳定增长与经济的协调发展。

经过十多年的发展，中国的金融市场正在逐步建立与完善，但仍然是一个不成熟的非理性新兴市场，极大的潜在金融风险，因此，促进经济稳定与协调发展是中国金融市场税制优化的重要目标。

3. 促进社会协调发展

税收是政府调节社会财富分配的重要工具。调节劳动所得与非劳动所得（如投资收益等）之间的再分配，保持实体经济劳动者与虚拟经济投资者的和谐共存是金融市场税收的基本职能。

金融市场税制设计应将一切经济行为均纳入课征范围，体现纵向公平和横向公平的原则，使各市场经济主体能够在公平的金融市场环境中竞争；同时避免社会成员收入差距过分悬殊，调节社会财富在实体经济与虚拟经济之间的公平分配，促进社会和谐与稳定发展。

社会收入分配结构的两极分化是中国构建和谐社会面临的突出矛盾，因此，调节社会财富分配，促进社会协调发展也是中国金融市场税制优化的重要目标。

（三）中国金融市场税收优化路径

针对约束税收优化与发展的外部瓶颈与内部缺陷，中国金融市场税收发展的路径应该是双管齐下：优化金融市场，营造良好的市场环境；优化税收体系，构造公平而高效的税收环境。即依据立宪性、公平性、效率性、协调性的次优税制标准，以提高税制竞争力为目标，构建具有税负适度、税制结构合理、税务管理高效特征的金融市场税收体系。

（1）优化税收负担。实施适度税负政策，推动金融市场的可持续发展。

（2）优化税收结构。构建多层次的金融市场税收体系，促进金融市场的平衡发展。

（3）激励与约束征税主体的行为。构建具有激励效应的分税制，保证地方发展的正规财源；健全金融市场机制，制约地方政府的非规范行为，促进金融市场的有序发展。

（4）强化税务管理。构建严密高效的金融市场税收管理制度，创新管理方法与管理技术，保护国家税收权益。

中篇

中国金融市场税收政策效应实证研究

第四章 金融市场税收政策微观经济效应
——基于中国股票市场经验数据的实证分析 ✖

金融市场税收理论研究的结论显示，金融经济的虚拟性、波动性、不确定性决定了金融市场税收政策作用的强烈性、税基的虚拟性、税负的难测性、超额负担的多重性等性质特征。本篇（第四至第十一章）将对中国金融市场税收政策效应进行实证检验，由金融市场税收的微观经济效应实证分析（第四至第五章）与宏观经济效应实证分析（第六至第十章）两部分构成，以提供税收政策优化的客观依据。本章将基于中国股票市场的经验数据，分别从股市税收负担与股市税收政策的市场影响两方面对中国股市税收政策的微观经济效应进行实证评估。

第一节 文献综述：金融市场税收的微观经济效应

本节将对金融市场税收微观效应实证研究的文献进行评述，为进一步分析金融市场税收对金融市场的影响提供依据。

🌿 一、金融市场税收微观经济效应文献回顾

（一）证券交易税的微观效应

对于证券交易税的微观效应，现有的文献集中体现为：证券交易税对证券价格波动性、证券市场流动性与有效性以及证券收益率方面的实证研究。

国外学界对证券交易税的微观效应并未达成共识。有些学者认为，证券市场中噪声交易者的投机行为导致证券价格过度地波动，提高证券交易税会导致交易成本增加，从而能够降低证券价格以及收益率的波动性。而有些学者则认为，证券交易税并不一定能降低证券价格和收益率的波动性。因为，证券交易税对投机者和理性投资者的影响相同，只有当证券交易税对投机者的作用大于对理性投资者的作用时，才能降低市场波动性。具体研究是：（1）证券交易税对证券价格和证券收益率的影响。阿姆洛夫①（1993）采用事件研究法，研究了瑞典的股票交易税对股价和股票交易量的影响，结果表明，股票交易税并没有降低股价和股票交易量的波动性。胡兴阳（S-

---

① Steven R. Umlauf（1993）. Transaction taxes and the behavior of the Swedish stock market. Journal of Financial Economics，Volume 33，Issue 2，April 1993.

hing-yang Hu，1998)① 利用 1975 ~ 1994 年的数据，实证考察了中国香港、日本、韩国以及中国台湾的股票交易税税率调整效应。实证结果表明，提高股票交易税税率导致股票价格下跌，但税率的提高对股票市场的波动性以及股票交易量的影响不显著；从个股来看，相对于大公司的股票，小公司的股票在高税率时期其波动性较小。卡尔·哈勃米尔和安德烈·基里连科（Karl Habermeier and Andrei A. Kirilenko，2003)② 认为，证券交易税对证券市场价格波动以及市场流动性产生了负面效应，进而导致市场有效性降低，以及资产价格波动性增强。（2）证券交易税对证券市场波动性和有效性以及流动性的影响。劳伦斯·萨默斯和维多利亚·萨默斯（Lawrence H. Summers and Victoria P. Summers）（1989)③ 认为证券交易税既能抑制投资者的投机行为，减少市场波动性，又能提高财政收入；证券交易税有效地削弱市场波动性和增加财政收入所带来的好处远远大于其给交易者造成的成本损失。罗伯特·波林、迪恩·贝克和马克·莎贝尔格（Robert Pollin，Dean Baker and Marc Schaberg，2001)④ 实证考察了证券交易税对美国金融市场的影响。他们认为，证券交易税对金融市场具有显著的积极作用，并未对金融市场产生扭曲效应，而是提高金融市场的稳定性。皮特·斯旺、韦斯特霍尔姆和乔金（Peter L. Swan，Westerholm and Joakim，2001)⑤ 实证研究了瑞典、芬兰证券交易税对证券市场的影响。其结果表明，证券交易税对证券交易量有显著性的影响，降低证券交易税税率使得交易成本减少，从而使得交易量显著地增加；在瑞典，交易成本与资产价格弹性为 - 0.2，在芬兰为 - 0.21；当交易成本降低时，证券价格的波动性也显著地降低。弗兰克·宋和张俊熙（Frank M. Song and Junxi Zhang，2005)⑥ 认为，在许多国家若证券市场存在比较少的投机交易者，提高证券交易税税率将使得市场波动性降低；若存在大量的投机交易者，证券印花税不但不降低证券市场的波动性，反而会加剧市场的波动性。萨胡（Dhananjay Sahu，2008)⑦ 利用印度股票市场的数据，实证分析了证券交易税对股票市场波动性和流动性的影响，结果表明，证券交易税对印度股票市场波动性和流动性都没有

---

① Shing-yang Hu（1998）. The effects of the stock transaction tax on the stock market-Experiences from Asian markets. Pacific-Basin Finance Journal. Volume 6，Issues 3 - 4.

② Karl Habermeier and Andrei A. Kirilenko（2003）. Securities Transaction Taxes and Financial Markets. IMF Staff Papers，Vol. 50，IMF Third Annual Research Conference.

③·Lawrence H. Summers and Victoria P. Summers（1989）. When financial markets work too well：A cautious case for a securities transactions tax. Journal of Financial Services Research，Volume 3，Numbers 2 - 3.

④ Robert Pollin，Dean Baker and Marc Schaberg（2001）. Securities Transaction Taxes for U. S. Financial Markets（2001）. PERI Working Paper No. 20. Available at SSRN：http：//ssrn. com/abstract = 333742 or doi：10. 2139/ssrn. 333742.

⑤ Peter L. Swan，Westerholm and Joakim（2001）. The Impact of transaction costs on turnover and asset prices：the cases of Sweden's and Finland's security transaction tax reductions. CEIS，vol. 144.

⑥ Frank M. Song and Junxi Zhang（2005）. Securities Transaction Tax and Market Volatility. The Economic Journal，Volume 115，Issue 506.

⑦ Dhananjay Sahu（2008）. Does Securities Transaction Tax Distort Market Microstructure? Evidence from Indian Stock Market. Available at SSRN：http：//ssrn. com/abstract = 1088348.

影响。

国内学界主要从实证层面，考察了我国证券印花税[①]对股票价格、股票收益率以及市场波动性的影响。具体而言：（1）证券印花税对股票价格的影响。王新颖[②]（2004）利用股票大盘指数，实证分析了证券印花税税率调整对股价的影响。其结果表明，降低证券印花税税率对股价波动产生显著性的影响，但随着时间的推移，其影响力逐渐减弱。单飞[③]（2007）认为，我国证券印花税税率与股价指数呈负相关关系，即提高（降低）证券印花税税率导致股价指数降低（提高）；股价指数对证券印花税税率调整反应的时间一般在 30 天左右，10 天之内最为明显，20 天之后开始逐渐减弱，证券印花税税率每变动 1%，股价指数大约会变动 1% 至 3%。张淼、邹晋[④]（2008）利用股票大盘指数数据，从实证层面考察了证券印花税税率调整对股价变动率的影响。研究结果表明，我国证券印花税税率与股价变动率呈反向变化关系，即提高证券印花税税率导致股价下跌，反之，降低税率使得股票价格上涨。邹杰、许存格、王磊[⑤]（2009）利用事件研究法，考察了证券印花税对股票价格的影响。其结果表明，提高证券印花税税率导致股票价格下跌，反之，降低税率使得股价上涨；提高证券印花税税率导致股票价格下降的幅度小于降低税率使得股价上涨的幅度；从实效性来看，提高证券印花税税率对股价影响的时间较短。肖延庆、龙学锋、李文磊[⑥]（2009）利用 2007~2008 年我国三次证券印花税税率调整前后股价指数数据，实证考察了证券印花税税率变化对股价的影响。实证结果表明，上调证券印花税税率加剧了股价的波动性，而降低税率对股价的影响不明显。（2）证券印花税对股票收益率的影响。罗磊[⑦]（2008）利用 1991~2008 年证券印花税调整前后的上证综合指数和深圳综合指数数据，实证考察了证券印花税税率调整对股市收益率波动性的影响。实证结果表明，上调证券印花税税率在短期内对股市收益率波动性产生显著的影响，上调税率加剧了股市波动性；然而，下调证券印花税税率对股市收益率波动性的影响程度和方向不明显。李捷瑜、朱惊萍[⑧]（2008）认为，我国证券印花税税率调整效应具有不确定性，提高税率使得股票收益率波动率中期增加，而长期减少；降低税率可能引起波动率增加，也可能引起波动率减少。张凤娜[⑨]（2008）认为，证券印花税税率调整

---

① 我国的证券交易印花税（简称证券印花税）实质上是证券交易税。

② 王新颖：《印花税调整对股票价格影响的实证研究》，载于《税务与经济》2004 年第 5 期。

③ 单飞：《证券交易印花税调整对上证综合指数的影响》，载于《大连海事大学学报》（社会科学版）2007 年第 12 期。

④ 张淼、邹晋：《印花税调整对股票市场影响的实证分析》，载于《地方财政研究》2008 年第 4 期。

⑤ 邹杰、许存格、王磊：《印花税调整对我国股市的影响——基于两次印花税税率调整的事件研究》，载于《财会通讯》2009 年第 8 期。

⑥ 肖延庆、龙学锋、李文磊：《证券交易印花税对股市波动性影响的实证研究》，载于《中国传媒大学学报自然科学版》2009 年第 9 期。

⑦ 罗磊：《调整证券交易印花税对中国股市波动的非对称影响的实证研究》，载于《世界经济情况》2008 年第 8 期。

⑧ 李捷瑜、朱惊萍：《印花税变动对股票波动率和换手率的影响——基于投机市场的分析》，载于《国际经贸探索》2008 年第 2 期。

⑨ 张凤娜：《股票交易印花税税率调整对我国股市影响的实证分析》，载于《税务研究》2009 年第 7 期。

对股票收益率产生了一定的影响，股票市场对上调证券印花税税率即利空消息的反应远远超过对降低税率的利好消息的反应。（3）证券印花税对股票市场波动性的影响。史永东、蒋贤锋①（2003）通过实证研究，认为，提高（降低）证券印花税税率会加剧（削弱）市场波动性，但投资者的预期使税率调整对市场波动性的影响变小。刘红忠、郁阳秋②（2007）认为，我国证券印花税对证券市场波动性的影响存在非对称性。印花税税率与波动性并非存在线性的关系，印花税税率位于中间水平时（3‰），股票价格的波动性是最大的。印花税调整短期内可以引起波动性的增加，上调印花税税率比下调引起的波动性更为显著。姚涛、杨欣彦③（2008）运用回归分析和GARCH 模型，实证分析了证券印花税税率调整对股价波动性的影响。结果表明，证券印花税对股价波动性在短期内有较强影响，而在长期的影响不显著。刘放④（2008）利用 GARCH 模型，实证考察了证券印花税税率对股票市场波动性的影响。其结果表明，无论是降低还是提高证券印花税税率，从短期来看都会增加股票市场收益的波动性。潘昕昕、杨如彦⑤（2009）从证券市场资源配置的角度，研究了证券印花税对证券市场流动性、波动性和有效性的影响。研究结果表明，降低证券印花税税率以及由双边征收改为单边征收，降低了市场交易成本，改善了证券市场资源配置，即证券市场流动性和有效性增强。邵锡栋、黄性芳、殷炼乾⑥（2009）认为，提高证券印花税税率使得股票市场流动性水平显著性地降低，加剧股票市场波动；反之，降低证券印花税税率导致股票市场流动性水平显著地提高，但对股票市场波动性的影响不显著。

（二）股息所得税的微观效应

国外学界大多是从微观层面研究股利所得税的效应。默顿·米勒和迈伦·斯科尔斯（Merton H. Miller and Myron S. Scholes，1978）⑦ 分析了股利所得税对公司成本以及融资决策的影响，由于每个股东收入不同，对应的个人所得税税率存在差异，只有边际投资者适用的税率才会影响资本成本，最终影响公司融资决策。拉斯佛·阿姆齐亚纳（Lasfer M. Ameziane，1996）⑧ 利用英国的经验数据，实证分析了公司税和个人所得税对股利支付调整以及股息除息日股票价格的影响。实证结果表明，公司通过

---

① 史永东、蒋贤锋：《中国证券市场印花税调整的效应分析》，载于《世界经济》2003 年第 12 期。

② 刘红忠、郁阳秋：《印花税对证券市场波动性影响的不对称性研究》，载于《税务研究》2007 年第 11 期。

③ 姚涛、杨欣彦：《证券交易印花税调整对股价波动性的效应评估》，载于《财经科学》2008 年第 11 期。

④ 刘放：《印花税税率调整对证券市场噪声交易收益波动性影响的实证分析》，载于《现代经济信息》2008 年第 6 期。

⑤ 潘昕昕、杨如彦：《证券交易印花税调整对证券市场资源配置的影响》，载于《经济与管理研究》2009 年第 6 期。

⑥ 邵锡栋、黄性芳、殷炼乾：《印花税调整对中国股市流动性和波动性的影响》，载于《统计与决策》2009 年第 5 期。

⑦ Merton H. Miller and Myron S (1978). Scholes. Dividends and taxes. Journal of Financial Economics, Elsevier, Volume 6, Issue 4.

⑧ Lasfer M. Ameziane (1996). Taxes and dividends：The UK evidence. Journal of Banking & Finance, Volume 20, Issue 3.

实施股利政策使得其承担的税收最小，同时使得股东税后收益最大；股利所得税与资本利得税的差异导致除息日股票价格显著下降。阿夫纳·凯莱和罗尼·米凯利（Avner Kalay and Roni Michaely，2000）① 实证考察了股利所得税和资本利得税对资产价格的影响。

　　国内学界大多是从经济性重复课税的角度研究股利所得税。钱晟、卢凌波②（2003）认为，企业所得税制与个人所得税制之间存在经济性重复课税，造成民间投资者投资行为扭曲，阻碍了我国资本的形成和投资的增长。刘丽坚、江一钦③（2004）认为，股息的经济性重复课税严重阻碍了私人投资增长，应实行所得税一体化。刘湘玫④（2007）认为不同的股利税制度对公司治理有重要影响，因而建议我国应对个人的股利实行较低税率，以减少公司派发股利的税收成本。马国强、李维萍⑤（2008）考察了 OECD 成员国处理股息红利双重征税的税收处理办法，提出我国应当继续采用部分计征方式征收股利所得税。雷根强、沈峰⑥（2008）认为，为消除经济性重复课税，我国股息所得税制应按"效率为主、公平为辅"的原则进行改革。

（三）利息税的微观效应

　　国外学界采用实证研究的方法，考察了债券利息税对债券价格、债券收益率的影响。艾伦·奥尔巴赫和默文·金（Alan J. Auerbach and Mervyn A. King，1983）⑦ 认为，税收会改变投资者投资的证券组合，征收债券利息税，会改变投资者拥有的应税债券与免税债券比例。菲利普·迪布维格斯蒂文·罗斯（Philip H. Dybvig 和 Stephen A. Ross⑧，1986）认为，对资产收益征税可能会产生税收顾客⑨效应。如果每个投资者在所有的资产上都是边际投资者，则对资产收益征税不会产生税收顾客效应；若有些投资者是非边际投资者时，则征税会对资产价格产生税收顾客效应；若所有的投资者都是非边际投资者，则征税会对证券交易量和资产价格同时产生税收顾客效应。罗伯特·戴蒙德和理查德·格林（Robert

---

　　① Avner Kalay and Roni Michaely. Dividends and Taxes：A Re-Examination. Financial Management，Volume 29，Issue. 2.

　　② 钱晟、卢凌波：《缓解经济性重复课税与所得税制度创新》，载于《税务研究》2003 年第 2 期。

　　③ 刘丽坚、江一钦：《消除股息经济性双重课税的现实制度设计》，载于《税务研究》2004 年第 11 期。

　　④ 刘湘玫：《从公司治理角度分析"股利税"的改革方向》，载于《税务与经济》2007 年第 4 期。

　　⑤ 马国强、李维萍：《股息红利双重征税的税收处理问题》，载于《财经问题研究》2008 年第 12 期。

　　⑥ 雷根强、沈峰：《股息所得税的改革思路、发展动态及政策启示》，载于《税务研究》2008 年第 12 期。

　　⑦ Alan J. Auerbach and Mervyn A. King（1983）. Taxation, Portfolio Choice, and Debt-Equity Ratios：A General Equilibrium Model. The Quarterly Journal of Economics，Volume 98，Issue 4.

　　⑧ Philip H. Dybvig and Stephen A. Ross（1986）. Tax Clienteless and Asset Pricing. The Journal of Finance，Volume 41，Issue 3.

　　⑨ 所谓的税收顾客，是指一些投资者在选择投资时会关心资产的不同税收待遇，相对其他投资者而言，他们更倾向于选择某一项投资。

M. Dammon and Richard C. Green，1987）① 认为，对不同债券征收不同的税会影响债券的相对价格，如对市政债券不征利息税，而对折价债券征收利息税，这样会改变二者的相对价格。理查德·格林（1993）实证分析了债券利息征税对其收益率的影响。实证结果表明，对市政债券不征收利息税，而对其他债券征收利息税，会使得市政债券的收益率小于其他债券税前收益率。皮特·福琼（Peter Fortune，1996）② 认为，若对所有的债券都不征利息税，则会对一些金融工具产生重要的价格效应，其中对市政债券市场影响最大，导致市政债券以前享受免税所带来的好处消失。理查德·格林和伯恩特·奥迪加德（Richard C. Green and Bernt A. Ødegaard，1997）③ （1997）利用 1986 年税制改革前后债券市场数据，实证分析了利息收入税率变化对债券市场的影响。其计量回归结果表明，1986 年税制改革之前，债券市场存在正的而又具有显著性的隐性税率，但税制改革之后隐性税率为 0，税率的调整消除了期限结构中的税收效应。

国内学界大多采用规范分析的方法探讨存款利息税对债券市场和股票市场的影响。从债券市场来考察，林朝晖（2007）④ 认为，利息税税率调整对债券市场有一定的影响，取消利息税或者降低利息税税率，可以减小央行提升名义利率的幅度，从而降低对资本市场产生的负面影响。申银万国研究报告认为"取消利息税不会导致债券收益率上升，因为机构投资者所参考的存款利率是不考虑利息税的；对于股票资产，取消利息税不会影响企业财务成本"。⑤ 何欣⑥ （2007）认为，调整利息税政策不会对债券利率产生影响，也不会影响债券市场的收益。刘晓曙、郑振龙⑦ （2008）考察了银行间债券市场收益率曲线的税收效应，通过对比无税收影响和自由税率情形下的银行间债券市场价格，揭示了我国债券市场存在显著的税收效应，与税收相关的因素可能导致了债券实际价格与理论价格之间存在偏差。

再从股票市场来考察，刘恒⑧ （2007）认为，降低利息税税率相当于变相加息，对股市是利空，但对银行是利好，由于银行股占 1/3 的权重，降低利息税收税率必然会带动大盘价格指数整体上涨。朱宝琛、庄少文（2007）认为，调整利息税税率对调整利息率起到一定的替代作用，使得股市政策面更加平稳，因而对股市的影响不大。

① Robert M. Dammon and Richard C. Green（1987）. Tax Arbitrage and the Existence of Equilibrium Prices for Financial Assets . The Journal of Finance，Volume 42，Issue 5.

② Peter Fortune（1996）. Do Municipal Bond Yields Forecast Tax Policy? New England Economic Review.

③ Richard C. Green and Bernt A. Ødegaard（1997）. Are There Tax Effects in the Relative Pricing of U. S. Government Bonds? The Journal of Finance，Volume 52，Issue 2.

④ 黄杨：《利息税政策调整不会动摇股市资金基础》，载于《中国经济时报》2007 年 6 月 28 日。

⑤ 申银万国研究报告：《若取消利息税对股票上升趋势影响有限》，载于《上海证券报》2007 年 6 月 24 日。

⑥ 张勇：《减免利息税终获授权 A 股影响有限?》，载于《21 世纪经济报道》2007 年 7 月 2 日。

⑦ 刘晓曙、郑振龙：《银行间债券收益率曲线税收效应实证研究》，载于《商业经济与管理》2008 年第 9 期。

⑧ 张达：《专家：利息税调整对股市影响有限》，载于《证券时报》2007 年 6 月 28 日。

王栋琳[1]（2007）认为，取消利息税不会动摇牛市的资金基础。郭田勇[2]（2007）认为，尽管减免利息税是利空政策，但不会改变股市资金格局。其原因在于：我国股票市场是以散户为主体，且多为中高收入者，他们教育水平较高，投资意识强，降低整利息税税率造成的机会成本小幅提高，也难以对其投资选择造成影响。周旭[3]（2007）认为，我国股市存在资产价格结构性泡沫，减免利息税政策只会使风险厌恶投资者离开股票市场，但不会对大部分投资者产生影响。

二、简短评价

纵观国外的研究文献，金融市场税收的微观效应得到很多学者的关注。国外学界实证考察了证券交易税、股息所得税、利息税以及资本利得税对证券市场的影响，并形成了一定的研究成果。与国外研究现状相比，国内学界对金融市场税收的微观效应研究具有以下几方面特点：

（1）股市税收微观效应研究的局部性。目前国内已形成较多的证券印花税的股市效应实证研究成果，主要集中探讨我国证券印花税对价格水平、股票收益率、股市波动性的影响，得到一些启迪性的结论。然而学术界对证券印花税的市场规模效应、市场结构效应、市场泡沫抑止效应的实证研究成果较少，因此股市税收微观效应的整体系统研究还有待推进。另一方面，学界对中国股市税收负担的实证研究极为薄弱，这方面的研究更有待开拓。

（2）债市税收微观效应研究的薄弱性。目前国内学界缺乏对利息税和证券印花税债券市场效应的深入研究与实证检验，有关利息税债券市场效应的文献多见于时评性的报纸，主观因素较强，缺乏严谨性。因此债市税收微观效应几乎还是深度研究的盲区。

本章与下章将采用理论与实证研究相结合的方法，突破我国金融市场税收微观经济效应实证研究的盲区，在构建数理模型的基础上，对中国金融市场税收政策的微观效应进行深入系统的实证分析。

第二节 中国股票市场：税收负担的实证分析

在股市的运行过程中，政府的课税必然形成投资者的负担。如果税负过重，将产生超额税收损失；如果税负适度，将有利于股票市场的发展。我们将从税收负担状况与超额税收漏损效应两方面对中国股市的税收负担是否适度做出评估。

一、中国股票市场税收负担评估

我们将应用第二章第一节所提出的金融市场税负相关计量指标对中国股票市

---

① 王栋琳：《取消利息税并非射向股市之"箭"》，载于《中国证券报》2007 年 6 月 18 日。
② 郭田勇：《减免利息税不改股市资金格局》，载于《证券时报》2007 年 6 月 29 日。
③ 杜琴庆：《股市"跌跌不休"并非利息税惹祸》，载于《江苏经济报》2007 年 6 月 30 日。

场税收负担总量作出评估。

（一）中国股票市场税收负担状况

1. 中国股票市场净资产负担率状况

股票市场净资产负担率是指一定时期内（通常为一年，下同）国家税收收入总额占同期市场净资产的比率，其公式为：

$$\text{股票市场净资产负担率} = \frac{\sum_{i=1}^{n} T_i}{\sum_{j=1}^{m} X_j^* P_j} \qquad (4-1)$$

我国在股票市场上的税收主要是证券交易印花税和对股息红利征收的个人所得税（如表4-1所示）。

表4-1		股票市场分红及税收负担				单位：亿元
年份	分　红	流通股分红	流通股个人投资者分红	股利个人所得税	证券印花税	税收合计
1993	43.41	17.364	13.891	2.77824	22.00	24.78
1994	99.46	39.784	31.827	6.36544	48.77	55.14
1995	79.38	31.752	25.402	5.08032	24.22	29.30
1996	73.85	29.540	23.632	4.7264	127.99	132.72
1997	110.6	44.240	35.392	7.0784	250.76	257.84
1998	142.82	57.128	45.702	9.14048	225.75	234.89
1999	195.46	78.184	62.547	12.50944	248.07	260.58
2000	328.73	131.492	105.194	21.03872	485.89	506.93
2001	437.57	175.028	140.022	28.00448	291.44	319.44
2002	474.72	189.888	151.910	30.38208	111.95	142.33
2003	567.44	226.976	181.581	36.31616	128.35	164.67
2004	763.64	305.456	244.365	48.87296	169.08	217.95
2005	801.2	320.480	256.384	38.4576	66.35	104.81
2006	1 334	533.600	426.880	42.688	180.94	223.63
2007	2 846.5	1 138.604	910.883	91.08832	2 005.00	2 096.09
合　计	8 298.78	3 319.516	2 655.612	384.52704	4 386.56	4 771.1

注释：1. 根据 CSMAR 数据库，2003～2007 年，流通股本占总股本的40%。因此流通股分红 = 分红×40%。由于只有现金红利才是投资者的实质收益，本表中的分红只包括现金红利。

2. 根据深圳证券交易所综合研究所研究员何基报、王霞的研究报告《机构投资者一定能稳定股市吗?》(深圳证券交易所网站)个人投资者持有流通股的比例在80%以上。因此流通股个人投资者分红 = 流通股分红 × 80%。

3. 股息红利个人所得税 2005 年前按 20% 征收,2005 年 6 月 13 日财政部、国家税务总局规定对个人投资者从上市公司取得的股息红利所得,暂减按 50% 计入个人应纳税所得额,因此本表按 15% 计算,以后年份按 10% 计算。

资料来源:CSMAR 中国上市公司红利分配研究数据库、中国上市公司股东研究数据库、中国证券监督管理委员会网站。

我们采用证券印花税和对股息红利征收的个人所得税作为分子计算股票市场净资产负担率(如表 4 - 2 所示)。

表 4 - 2　　　　　　　　　　股票市场净资产负担率　　　　　　　单位:亿元

年　份	税收负担	净资产	净资产负担率
1993	24.78	933.00	0.027
1994	55.14	1 628.00	0.034
1995	29.30	1 958.00	0.015
1996	132.72	2 940.00	0.045
1997	257.84	4 824.77	0.053
1998	234.89	6 266.76	0.037
1999	260.58	7 639.35	0.034
2000	506.93	10 079.77	0.050
2001	319.44	12 975.66	0.025
2002	142.33	14 636.98	0.010
2003	164.67	17 044.80	0.010
2004	217.95	19 261.59	0.011
2005	104.81	20 461.59	0.005
2006	223.63	33 418.35	0.007
合　计	2 675.00	154 068.62	0.017

资料来源:根据《2007 年中国证券期货统计年鉴》的数据计算。

股票市场净资产负担率是能较好地反映股票市场实际税负的一个指标。由表 4 - 2 可见,1993 ~ 2006 年我国股票市场净资产负担率在 0.005 ~ 0.053 之间,总体上呈下降趋势。形成这种趋势的原因是企业净资产的增长速度较快。

2. 股票市场收入负担率

它是指一定时期内国家税收收入总额占同期股票市场收入的比率，其公式为：

$$股票市场收入负担率 = \frac{\sum_{i=1}^{n} T_i}{M_s} \qquad (4-2)$$

我们采用历年股票市场税收负担总额作为分子、上市公司流通股分红总额作为分母计算股票市场收入负担率（如表4-3所示）。

表4-3　　　　　　　　　　　股票市场收入负担率　　　　　　　　　单位：亿元

年　份	流通股分红	税收合计	收入负担率（%）
1993	17.364	24.78	1.427
1994	39.784	55.14	1.386
1995	31.752	29.30	0.923
1996	29.540	132.72	4.493
1997	44.240	257.84	5.828
1998	57.128	234.89	4.112
1999	78.184	260.58	3.333
2000	131.492	506.93	3.855
2001	175.028	319.44	1.825
2002	189.888	142.33	0.749
2003	226.976	164.67	0.725
2004	305.456	217.95	0.714
2005	320.480	104.81	0.327
2006	533.600	223.63	0.419
2007	1 138.604	2 096.09	1.840
合　计	3 319.516	4 771.09	1.437

资料来源：WIND资讯、《2007年中国证券期货统计年鉴》、中国证券监督管理委员会网站。

由表4-3可以看出,我国股票市场收入负担率最低年度为0.32,而最高年度达5.83,相差较大。由于股息分红数额与税收收入额的变动,股市收入负担率呈阶段性不均衡状态。1993~1995年,为1%左右;1996~2000年,为3%~5%左右,达到高峰期;2002~2006年,为0.4%~0.7%左右,达到低峰期;2007年又有所回升。

3. 证券交易税负担

$$证券交易税名义负担率 = \frac{证券交易税实际征收额}{证券市场成交金额} \qquad (4-3)$$

证券交易税实际负担率的计算公式:

(1)当换手率≤100%时,证券交易税实际负担率=名义税率

(2)当换手率>100%时,$证券交易税实际负担率 = \dfrac{证券交易税实际征收额}{(全年成交金额 \div 换手率)}$

$$(4-4)$$

表4-4 　　　　　　　　　证券交易税名义负担率 　　　　　　单位:亿元

年　份	证券印花税	成交金额	名义负担率(%)
1993	22.000	3 627.200	0.607
1994	48.770	8 127.620	0.600
1995	24.220	4 036.450	0.600
1996	127.990	21 332.170	0.600
1997	250.760	30 721.830	0.816
1998	225.750	23 544.250	0.959
1999	248.070	31 319.600	0.792
2000	485.890	60 826.650	0.799
2001	291.440	38 305.180	0.761
2002	111.950	27 990.450	0.400
2003	128.350	32 115.270	0.400
2004	169.080	42 333.950	0.399
2005	66.350	31 664.780	0.210
2006	180.940	90 468.890	0.200

资料来源:根据《2007年中国证券期货统计年鉴》(第14页、38页)的数据计算。

表 4 - 5　　　　　　　　　　证券交易税实际负担率　　　　　　　　单位：亿元

年　　份	证券印花税	全年成交金额	换手率（%）	实际负担率（%）
1994	48.770	8 127.620	859.24	5.16
1995	24.220	4 036.450	391.62	2.35
1996	127.990	21 332.170	1 131.89	6.79
1997	250.760	30 721.830	759.62	6.20
1998	225.750	23 544.250	430.095	4.12
1999	248.070	31 319.600	447.99	3.55
2000	485.890	60 826.650	500.985	4.00
2001	291.440	38 305.180	248.61	1.89
2002	111.950	27 990.450	206.395	0.83
2003	128.350	32 115.270	232.465	0.93
2004	169.080	42 333.950	288.5	1.15
2005	66.350	31 664.780	295.4	0.62
2006	180.940	90 468.890	575.25	1.15

资料来源：根据《2007 年中国证券期货统计年鉴》（第 4～5 页、14 页、38 页）的数据计算。换手率采用沪深两市的平均值。

由表 4 - 4 与表 4 - 5 可见，证券交易税的实际负担率远高于证券交易税的名义负担率。

（二）中国股票市场税收负担的比较

1. 证券印花税税负的比较

（1）证券印花税税负的国内比较。从静态来考察，在流转交易环节，消费型增值税不存在重复征税的问题。而以流转全额为征税对象计征的税种，如证券印花税、对小规模纳税人课征的增值税、营业税以及消费税，都存在重复征税的问题。但是，在一定时期内（如一年），由于上述各税的同一征税对象的周转率不同，因此实际税负完全不同。基本假定见表 4 - 6。

表 4 - 6　　　　　　　　实体经济与虚拟经济流转税负变量

税　　种	税基 Y_i	名义税率 t_i	年周转率 V_i	年实际税负 T_i^*
营业税（服务业）	Y_1（服务产品）	t_1（3%、5%）	V_1	T_1^*
证券印花税	Y_2（金融产品）	t_2（6‰） （交易一次）	V_2	T_2^*
增值税	Y_3（消费品）	t_3（3%） （小规模纳税人税率）	V_3	T_3^*

同一征税对象的年实际税负为：

$$T_i^* = Y_i \times t_i \times V_i + M_i \times Y_i(1 + t_i \times V_i) \times t_{i+1} \times V_{i+1}(i = 1,2,\cdots n) \qquad (4-5)$$

其中，$M_i = \begin{cases} 1, & i = 3 \\ 0, & \text{其他} \end{cases}$

上述各类不同产品的性质所决定的不同年周转率将影响各自的实际税负。

第一，服务产品的年周转率最低。在一年中，同一服务产品的重复征税次数为一次，因为对每一次劳务（如建筑设计劳务）只征一次营业税，即 $T_1^* = Y_1 \times t_1 \times V_1$。

第二，金融产品的年周转率最高。在一年中，同一金融产品的重复征税次数为 n 次，因为对同一金融产品的每一次交易都要征一次证券印花税，而金融产品（如股票）是高周转率的产品，即 $T_2^* = Y_2 \times t_2 \times V_2$，（$0 < V_2 = n < \infty$），因此，金融产品的年周转率最高。

第三，消费品的年周转率较低。在一年中，同一消费品的重复征税次数为三次：生产环节、批发环节、零售环节，即 $T_3^* = Y_3 \times t_3 \times V_3$。

综合来考察，一般情况下，由于 $V_1 = 1$，$V_3 = 3$，而 $0 < V_2 < \infty$，即 $V_2 > V_3 > V_1$，所以，中国证券市场的高周转率（换手率）决定了证券印花税的实际税负远远高于其名义税率。

从动态来考察，证券印花税的增长速度快于实体经济流转税的增长速度。我们用工商税收与证券印花税各自占财政收入比重两个指标的数据制作了税收比重标准化趋势图。

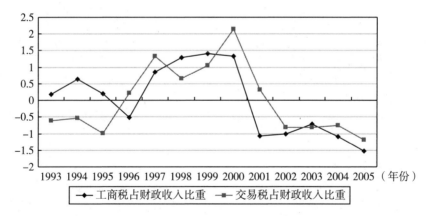

图 4-1　工商税收与证券印花税占财政收入比重变化趋势

资料来源：根据财政部编：《中国财政年鉴》（1994~2006 年度，中国财政杂志社出版）的数据计算。

税收比重标准化趋势图显示：1993~1995 年，两个指标的变化趋势大体趋于一致；1996~1997 年，证券印花税占财政收入比重的增长速度超过工商税收占财政收入比重的增长速度；1998~1999 年，两个指标的变化趋势出现背离；

2000 年，证券印花税占财政收入比重的增长速度大幅度超过工商税收占财政收入比重的增长速度；2001～2002 年，证券印花税占财政收入比重的增长速度超过工商税收占财政收入比重的增长速度；2004～2005 年证券印花税占财政收入比重的增长速度超过工商税收占财政收入比重的增长速度。综合来考察，证券印花税的增长速度快于实体经济流转税的增长速度。

（2）证券交易税税负的国际比较。由于各国证券市场的换手率不同，因而不能将不同国家之间的证券交易税名义税率直接进行国际比较，而必须考虑换手率的因素。为此，我们提出了证券交易税实际负担率的计算公式，并应用这一指标对有关国家的证券交易印花税实际税负进行比较分析。

表 4 - 7 证券交易税税负的国际比较 单位:%

中国证券印花税负				其他国家或地区的证券交易税负				
年度	名义税率	换手率	估算的实际税率	国家（地区）	名义税率	年度	换手率	估算的实际税率
1	2	3	4	5	6	7	8	9
1994		859.24	5.16	英国	0.5（买方）	1995	77.70	0.25（交易一次）
1995	0.3	391.62	2.35			1997	44.40	
1996		1131.89	6.79			1999	56.70	
1997	0.5	759.62	6.20	新加坡	0.1	1995	17.80	0.1
1998		430.09	4.12			1997	56.30	
1999	0.4	447.99	3.55			1999	75.13	
2000		500.99	4.00	韩国	0.5（卖方）	1996	90.73	0.25（交易一次）
2001	0.2	248.61	1.89			1998	206.98	5.1
2002		206.39	0.83	中国香港	0.15	1995	37.08	0.15
2005	0.1	232.47	0.93			1997	90.90	
2007	0.3	1 559.52	5.30		0.125	1999	50.59	0.125
					0.1	2005	22.80	0.1

注：（1）第 3、8 栏：中国换手率% = 全年成交金额÷[（本年未流通市值 + 上年未流通市值）÷2]×100%。

资料来源：中国证监会编《中国证券期货统计年鉴》（1997～2004 年），百家出版社；中国金融年鉴编辑部编《中国金融年鉴》（1995～2006 年），中国金融年鉴编辑部出版。其中，中国股市 2007 年换手率为估算数，不是精确数。估算依据："证监会发布的统计数据显示，2007 年 4 月份上证 A 股单月换手率创造自 1999 年 6 月以来 94 个月的新高，为 119.74%，深

证 A 股换手率则继续突破前期高点，达到 140. 17%。"① 据此估算出 2007 年 4 月份两市单月平均换手率为 129. 96，2007 年全年两市平均换手率为 1 559. 52（129. 96 × 12）。

（2）第 4、9 栏估算的实际税率的计算方法：

第 9 栏：当换手率 ≤ 100% 时，估算的实际税率 = 名义税率；

第 4 栏：当换手率 > 100% 时，估算的实际税率 = 年度实征证券印花税额 ÷（全年证券市场成交金额 ÷ 换手率）；

资料来源：中国证监会编《中国证券期货统计年鉴》，百家出版社。

（3）第 6 栏：中国金融税制改革研究小组编《中国金融税制改革研究》中国税务出版社 2004 年，第 461 页；

第一财经日报整理：《香港证券交易印花税税率调整》，http：//www. sina. com. cn 2007 年 5 月 31 日；龚辉文：国外如何征股票交易印花税，载于《中国财经报》2008 年 3 月 4 日

由表 4 - 7 可知，如果仅从名义税率来看，我国现行的证券印花税（即国外的证券交易税）税负也不算太高，但是如果折算因换手率过高而导致的重复计税的因素，就会得到我国证券印花税的实际税负高于其他国家（地区）的结论。例如，在 1997 年，我国实际税负为 6. 20%，是新加坡的 62 倍，是中国香港的 41 倍；即使在 2005 年（实际税负较低的年份），我国实际税负为 0. 63%，也是中国香港的 6 倍。因此，我国证券市场具有较高换手率的特性决定了我国证券交易税实际税负大多远高于其名义税率，也远高于成熟的证券市场国家的实际税负。

2. 证券市场整体税负的比较

从我国证券市场的整体税负来考察，税负总量远远超过上市公司的分红总量。据中国证监会主席尚福林所列举的一组数字：到 2003 年年底，证券市场上缴印花税 1 965 亿元，但上市公司分给流通股股东的股利仅有 600 多亿元，还要缴纳分红所得税，实际只有 500 多亿元，流通股股东没有得到合理的回报。② 中央财经大学证券期货研究所所长贺强指出，2007 年，证券市场上缴印花税 2 005 亿元，但上市公司分红仅为 1 800 亿元。③ 在 2007 年 5 月 30 日调高证券交易印花税税率之后，据证券专业人士测算：从市场个体来考察，假定个人投资者以 10 万元资金进入证券市场，若不考虑收益的话，证券印花税加上交易佣金的交易费用（0. 3% + 0. 2%），投资者在买卖了 458 次后，手中的 10 万元就变成了 1 000 元。再从市场整体来考察，保守地按照证券市场每天 3 000 亿元的成交量计算，每天证券印花税流出的资金将达 18 亿元，全年达到 4 500 亿元之多。已超

---

① 《股票换手率创新高 股民每天缴印花税达 5 亿多元》，中国证券网，2007 年 5 月 30 日。

② 《强制分红给市场"分"点信心》，载于《经济日报》2004 年 9 月 22 日

③ 何鹏：《分红 1 800 亿，印花税 2 000 亿 大牛市仍是零和交易》，载于《上海证券报》2008 年 2 月 25 日。

过 2006 年全部 A 股上市公司 3 892.49 亿元的利润总和。[①] 这些数据，既反映了上市公司分红机制的软约束造成了回报证券市场的股利总量过低的缺陷；也暴露了我国证券市场整体税负太重的问题。

❧ 二、中国股市超额税收漏损效应评估

我们将应用所提出超额税收漏损效应理论对中国股市的税收漏损效应做出评估。

（一）中国股市超额税收漏损效应的计量

表 4 – 8　　　　　　　　中国股市超额税收漏损效应　　　　　单位：亿元

年　份	流通股分红	税收负担	漏损量
1993	17.36	24.78	– 7.41
1994	39.78	55.14	– 15.35
1995	31.75	29.30	2.45
1996	29.54	132.72	– 103.18
1997	44.24	257.84	– 213.60
1998	57.13	234.89	– 177.76
1999	78.18	260.58	– 182.40
2000	131.49	506.93	– 375.44
2001	175.03	319.44	– 144.42
2002	189.89	142.33	47.56
2003	226.98	164.67	62.31
2004	305.46	217.95	87.50
2005	320.48	104.81	215.67
2006	533.60	223.63	309.97
2007	1 138.60	2 096.09	– 957.48
合　计	3 319.52	4 771.09	– 1 451.57

注：漏损量为负值表示存在漏损效应。

资料来源：WIND 资讯、《2007 年中国证券期货统计年鉴》（第 38 页）、中国证券监督管理委员会网站。

---

① 张达：《印花税上调后一个月增收 216 亿，为一季度 2.65 倍》，载于《证券时报》2007 年 7 月 3 日。

由表 4 - 8 可知，在 1993～2001 年期间，除 1995 年外，我国股市存在超额税收漏损效应，其中 2000 年漏损效应最大，漏损量为 375.44 亿元；1993 年漏损效应最小，漏损量为 7.41 亿元。2007 年我国股市也产生了超额税收漏损效应，漏损量为 957.48 亿元。

（二）中国股市超额税收漏损效应对市场发展的影响

本文将采用流通总市值与国内生产总值之比来衡量股市规模（见表 4 - 9）。在此基础上，测量中国股市超额税收漏损效应对市场发展的影响。

表 4 - 9　　　　　　　　　　1993～2007 年中国股票市场规模　　　　　　单位：亿元

年　份	流通总市值	GDP	股市规模（流通总市值/GDP）
1993	861.6	35 333.9	0.024
1994	964.82	48 197.9	0.020
1995	937.94	60 793.7	0.015
1996	2 867.03	71 176.6	0.040
1997	5 204.43	78 973	0.066
1998	5 745.59	84 402.3	0.068
1999	8 213.97	89 677.1	0.092
2000	16 087.52	99 214.6	0.162
2001	14 463.16	109 655.2	0.132
2002	12 484.55	120 332.7	0.104
2003	13 178.52	135 822.8	0.097
2004	11 688.64	159 878.3	0.073
2005	10 630.51	183 217.5	0.058
2006	25 003.64	211 923.5	0.118
2007	93 064.40	257 306	0.362

资料来源：csmar 数据库，国家统计局网站。

为了衡量漏损效应对股市规模的影响，我们对二者作相关分析，相关系数为

0.77，将漏损量滞后 1 期与股市规模作相关分析，相关系数为 −0.35。同期的漏损量与股市规模呈比较显著的正相关关系，而滞后 1 期的漏损量与股市规模呈微弱的负相关关系，似乎不太合理。然而考虑到漏损效应对股市规模的影响具有一定程度的滞后性，这种状况就可以得到合理的解释。当股市规模比较大时，漏损量也比较大，漏损量对股市规模的负面影响要经过一段时间才能表现出来，因此出现上述结果。

由于股市规模受到其自身和漏损效应过去值的影响，我们建立自回归分布滞后（ADL）模型分析漏损量与股市规模的关系。先利用普通最小二乘法建立漏损量滞后 1 期和股市规模滞后 3 期的 ADL 模型，如式（4 − 6）：

$$GUIMO_t = 0.0322 + 0.00013LSL_t − 0.00026LSL_{t-1} + 1.3832GUIMO_{t-1}$$
$$t = (1.48) \qquad (2.85) \qquad (−3.56) \qquad (2.87)$$
$$−0.1702\ GUIMO_{t-2} − 0.3811\ GUIMO_{t-2}$$
$$(−0.35) \qquad\qquad (−0.84) \qquad\qquad\qquad (4−6)$$

$$R^2 = 0.94 \quad \bar{R}^2 = 0.89 \quad D−W = 1.83$$

由式（4 − 6）可知，模型整体拟合效果较好。调整的 R^2 达 0.89，F 检验通过。采用 LM 检验残差序列是否存在自相关，得到 χ^2 检验的相伴概率为 0.61，不能拒绝残差序列不存在自相关的零假设。因此，该模型可作为"一般模型"。

我们再对序列 guimo 进行 ADF 检验。经过试验，当滞后期 =5 时，检验方程的 AIC 和 SC 值最小，检验结果见表 4 − 10。

表 4 − 10　　　　　　　　序列规模的 ADF 检验结果

ADF Test Statistic	− 28.83150	1%　Critical Value ＊	− 5.4776
		5%　Critical Value	− 4.0815
		10%　Critical Value	− 3.4901

由表 4 − 10 可知，ADF 检验的 t 统计量值是 − 28.83150，比显著性水平为 1% 的临界值小，所以在 99% 的置信水平下，可以拒绝原假设，序列不存在单位根，是平稳序列。

下面进行 Granger 因果关系检验。由于 Granger 因果关系检验对于滞后期长度的选择有时很敏感，不同的滞后期可能会得到完全不同的检验结果。因此，我们进行不同滞后期长度的检验，以检验模型中随机干扰项不存在序列相关的滞后期长度来选取滞后期。表 4 − 11 给出了取 1 − 4 阶滞后的检验结果。

表 4 – 11　　　　　中国股市漏损量与股市规模的 Granger 因果关系检验

滞后长度	Granger 因果性	F 值	F 的 p 值	LM(1) 的 p 值	AIC 值	结论
1	GUIMO does not Granger Cause LSL	0.74795	0.40559	0.001125	14.56150	不拒绝
	LSL does not Granger Cause GUIMO	6.10699	0.03105	0.000730	– 2.564175	拒绝
2	GUIMO does not Granger Cause LSL	16.6228	0.00142	0.025527	13.32910	拒绝
	LSL does not Granger Cause GUIMO	42.4788	5.5E – 05	0.831123	– 4.434154	拒绝
3	GUIMO does not Granger Cause LSL	16.0424	0.00535	0.552337	13.06175	拒绝
	LSL does not Granger Cause GUIMO	20.5483	0.00306	0.117539	– 4.236114	拒绝
4	GUIMO does not Granger Cause LSL	7.88384	0.11572	0.804416	12.91554	不拒绝
	LSL does not Granger Cause GUIMO	23.8056	0.04072	0.592277	– 4.974970	拒绝

由表 4 – 11 可见，滞后 3 阶和 4 阶的检验模型不具有 1 阶自相关性，而滞后 4 阶的 AIC 值最小，因此选取滞后 4 阶的模型更为合适。此时，对于股市规模不是漏损量的 Granger 成因的原假设，拒绝它犯第一类错误的概率是 0.12，表明股市规模不是漏损量的 Granger 成因的概率较大，不能拒绝原假设。第二个检验的相伴概率只有 0.04，表明至少在 95% 的置信水平下，可以认为漏损量是股市规模的 Granger 成因。

🌱 三、本节基本结论

本节通过应用计量指标对中国股市税收负担的实证度量，可以得到以下评估结论。

（一）股票市场税收负担评估

1. 股票市场总体税负的变动趋势

从股票市场总体税收负担考察，我国股票市场税收负担呈阶段性不均衡状态。在 1996 ～ 2000 年，我国股票市场税收负担最重；而在 2002 ～ 2006 年，我国股票市场税收负担逐步减轻。具体而言：

（1）股票市场净资产负担率总体上呈下降趋势。1993～2006年我国股票市场净资产负担率在0.005～0.053之间，总体上呈下降趋势，形成这种趋势的原因是企业净资产的增长速度较快。

（2）股市收入负担率呈阶段性不均衡状态。由于回报证券市场的股利总量过低而税负增长较快，因而导致税负总量远远超过上市公司的分红总量，税负总量大约为上市公司分红总量的3～4倍。同时，由于股息分红数额与税收收入额的变动，股市收入负担率呈阶段性不均衡状态。1993～1995年，为1%左右；1996～2000年，为3%～5%左右，达到高峰期；2002～2006年，为0.4%～0.7%左右，达到低峰期；2007年又有所回升。

2. 证券印花税税负的评估

从证券印花税的税负考察，我国证券印花税实际税负较高。具体而言：

（1）我国证券印花税实际税负远高于其名义税负。中国证券市场的高换手率决定了证券印花税的实际税负远远高于其名义税率。例如，2006年证券印花税实际税负为1.15%，是其名义税负（0.1%）的11.5倍。

（2）我国证券印花税税负增长快于实体经济流转税税负增长。从静态来考察，在流转交易环节，增值税不存在重复征税的问题。而以流转全额计征的证券印花税存在N次的重复征税。从动态来考察，1993～1995年，证券印花税占财政收入比重与工商税收占财政收入比重的变化趋势大体趋于一致；但自1996年以后，证券印花税占财政收入比重的增长速度超过工商税收占财政收入比重的增长速度，尤其在2000年左右，前者的增长速度大幅度超过后者的增长速度。综合来考察，证券印花税的增长速度快于实体经济流转税的增长速度。

（3）我国证券印花税实际税负远高于成熟的证券市场国家的实际税负。例如，1999年，我国证券印花税实际税负（3.55%）是新加坡证券交易税实际税负（0.1%）的35.5倍。即使在实际税负（0.63%）较低的年度（2005年），也是中国香港的6倍。因此，我国证券市场高换手率的特性决定了证券交易税的实际税负远高于成熟证券市场国家的实际税负。

（二）中国股市超额税收漏损效应评估

从股市超额税收漏损效应量来考察，我国股市存在超额税收漏损效应，且呈阶段性非均衡状态。2007年股市超额税收漏损效应最大，而1993年股市超额税收漏损效应较小。

再从股市超额税收漏损效应对股市规模影响来考察，我国股市超额税收漏损效应对股市规模影响显著。具体而言：（1）我国股市超额税收漏损效应与股市规模呈滞后负相关关系。股市超额税收漏损效应越大（小），股市规模就越小（大）。（2）我国股市超额税收漏损效应对股市规模影响存在滞后性。

第三节　中国股票市场：税收微观经济效应的实证分析

关于金融市场税收对股票市场的影响，国内外已经有一些研究成果。然而全面系统的实证研究尚不多见，并且不同国家的情况不同，因此本节将利用中国的经验数据分析税收对股票市场运行的影响。

一、数理模型：税收与股票定价机制

在股票定价分析中，主要通过股利折现模型与资本资产定价模型来反映收益与价格的关系。我们将代入税收因素，扩展原模型，以揭示税收效应的机理。

（一）课税条件下的股利折现模型

股利折现模型是基于收入资本化的普通股定价模型，它揭示了股息收益、报酬率与股票内在价值之间的关系：

$$V = \sum_{t=1}^{\infty} \frac{D_t}{(1 + k)^t} \tag{4-7}$$

在式（4-7）中，V 代表普通股价值，D_t 是第 t 期期末的现金股利（即预期现金流），k 是投资者对权益资本要求的报酬率或资本化率，它反映了股票未来现金流的时间价值与风险价值。

由式（4-7），可以得到股票价格模型，它揭示了股息收益、报酬率与股票价格之间的关系：

$$P = \sum_{t=1}^{\infty} \frac{D_t}{(1 + k_t)^t} \tag{4-8}$$

在式（4-8）中，P 代表普通股价值，D_t 是第 t 期期末的现金股利（即预期现金流），k_t 是使得预期股利现值等于股票当前市价的证券"隐含收益率"，通常将其作为预期收益率。

假设：政府对股票课征税率为 τ_{11} 的证券交易税，税率为 τ_{12} 的股息税。则在课税的条件下，可将式（4-8）扩展为式（4-9）：

$$P(1 + \tau_{11}) = \sum_{t=1}^{\infty} \frac{D_t(1 - \tau_{12})}{(1 + k_t)^t} \tag{4-9}$$

由式（4-9），我们可以得到以下结论：

（1）交易税的影响。当 τ_{11} 提高（降低）时，$P(1 + \tau_{11})$（股票含税价格）也将提高（降低），因此，交易税与股票含税价格呈同方向变化。

（2）股息税的影响。当 τ_{12} 提高（降低）时：$D_t(1 - \tau_{12})$（税后股息）将降低（提高）；K_t（预期收益率）将提高（降低）；而 $P_0^*(1 + \tau_1)$（股票含税价格）也将降低（提高）；因此，股息税与股票含税价格呈反方向变化。

（3）交易税与股息税的综合影响。由于交易税具有提高价格（股票含税价格）的作用，而股息税具有降低股票价格的作用，因此，交易税与股息税的综合效应是不确定，取决于两种税正负作用相抵后的净效应。

（二）课税条件下的资本资产定价模型

夏普（1964）、林特纳（1965）所提出的资产定价模型（CAPM）揭示了在假定无税收的条件，风险资产预期收益与无风险资产的预期收益之间的关系。

假定：R_M 为风险资产的预期报酬，R_F 为安全资产的预期报酬，R_i 为风险资产 i 的预期报酬，β_i 为风险资产 i 的风险值。则资本资产定价模型为：

$$E(R_i) = R_F + \beta_i[E(R_M) - R_F] \qquad (4-10)①$$

式（4-10）显示的是任何风险资产的预期报酬一定等于无风险报酬加上风险调整，即 $\beta_i[E(R_M) - R_F]$。风险调整项反映的是为了承担资产包含的风险，人们要求得到额外报酬。资产定价模型揭示了风险与预期收益率之间的关系。风险升水的大小取决于某项金融风险的大小。

然而，CAPM 只是一个二部门的均衡模型，它的一个关键假设是没有政府部门及税收。但在现实中，投资者的投资收益一般都要缴纳个人所得税。投资者在进行投资决策时并不直接关注税前收益，而是关注税后收益，因为这才是投资的真正收益。由于政府的介入，公司支付给资本所有者的成本不再等于资本所有者得到的资本收益，它们之间被插进一个"税收楔子"。如果政府的税收是中性的，那么原有的均衡格局并不会改变，因此，标准的 CAPM 从本质要求对投资者的不同投资收益（利息、股利以及资本利得）征收相同的个人所得税。② 但是这个条件在现实中一般无法满足，因为许多国家都对股票投资的两类收益——股利与资本利得实行不同的税收待遇，资本利得的税负通常要轻于股息所得。

为此，布伦南（Brennan，1970）从资本市场均衡的角度，将夏普的二部门均衡模型扩展到三部门均衡模型，提出了税后资本资产定价模型 CAPM 模型，见式（4-11）。

$$\tilde{R}j - r = \beta_j[\tilde{R}m - r - T(\delta_m - r)] + T(\delta_j - r) \qquad (4-11)$$

在布伦南模型中，$\tilde{R}j$ 表示有风险证券 j 的税前收益率，r 表示无风险证券的税前收益率，因此，$(\tilde{R}j - r)$ 为风险证券 j 的风险溢价；β_j 为风险资产 j 的风险值；$\tilde{R}m$ 表示风险证券组合的收益率；$T = \dfrac{T_D - T_G}{1 - T_G}$，它表示市场均衡时的税率差异，其中，$T_D$ 与 T_G 分别是投资者的股利所得与资本利得的边际税率的加权边际税率，权重等于投资者的期望收益与方差的边际替代率；δ_j 表示证券 j 的期望股利收益率，δ_m 表示风险证券组合的期望股利收益率。

布伦南模型开拓性地分析了在征收不同股利税和资本利得税的情况下，税收差异对权益资本市场中收益与风险之间均衡态势的影响。注意到模型中的 T 表示市场均衡时综合的税率差异，这证明了是税收差异而不是税收本身对资本市场均衡格局产生本质的影响。模型的结论表明，在不确定条件下，当市场达到均衡时，证券的预期风

① 弗兰克·J·法傅齐等著：《资本市场：机构与工具》，经济科学出版社 1998 年版，第 185 页。
② 我们把夏普 1964 年的模型称为标准的 CAPM。实际上，该模型并没有将权益资本的收益区分为股利和资本利得两种形式。

险溢价不仅是该证券的风险特征 β_j 的函数，也是它的预期股利的函数，这个表达式的直觉解释是，如果股利的税率高于资本利得的税率，那么给定风险水平，对预期股利收益率高的证券，投资者要求较高的税前收益率，Brennan 模型为研究股利与资本利得税收差异对风险投资预期收益的影响提供了理论基础。[①]

二、中国股市税收的市场价格效应

目前中国股市的主要税收是证券交易税（证券印花税）。证券交易税是交易成本的一部分。当交易成本增加时，投资者会期望获得较高的税前收益率，所以提高证券交易税率会降低股票价格，反之亦然。我们将验证上述理论假设是否成立，并具体分析这种影响的大小。

（一）实证研究设计

我们将采用事件分析方法检验我国证券印花税的价格水平效应。

1. 事件选取

由于我国上海与深圳证券市场存在齐涨齐跌现象，为简单起见，本文只选取上证综合指数进行分析。同时在证券印花税的多次调整中，选取 2007 年 5 月 30 日证券印花税税率从 0.1% 调整为 0.3% 和 2008 年 4 月 24 日从 0.3% 调整为 0.1% 这两次事件的数据进行分析。之所以这样选取，是由于这两次调整可以分别作为上调和下调的代表性事件，而且两次调整相隔时间较短，其他因素变化不大，有利于排除其他因素的干扰，更好地分析证券印花税调整对股市的影响。

2. 事件窗口

影响股价指数的变量不仅仅是税收，选择适当的事件窗口得出的结果才有说服力。为了尽可能排除其他因素对研究结论的干扰，我们选择事件窗口为证券印花税调整的前后 30 个交易日和 60 个交易日。

3. 数据来源

本节数据均来自 CSMAR 中国证券市场交易数据库。

4. 分析思路

通过对这两次证券印花税变动的前后的上证综合指数进行回归分析，借助 SPSS15.0 软件，拟合得出近似的函数公式。由于不能确定究竟该选择何种函数模型更接近样本数据，需要采用曲线估计的方法，选择具有 R^2 统计量值最大的模型作为此问题的回归模型。如果上证综合指数与交易日相关（R 值等检验通过），通过拟合近似的函数公式得出证券印花税变化对股市大盘股指影响的数学关系，通过图表可以看出证券印花税变化对股市大盘股指的趋势影响。

（二）实证分析

1. 2007 年 5 月 30 日证券印花税上调前后 30 个交易日的变化状态

作股票价格指数与证券印花税税率调整前后 30 个交易日的散点图，如

---

① 王志强：《公司财务政策的税收效应》，厦门大学 2002 年博士论文，第 31～38 页。

图 4 - 2 所示：

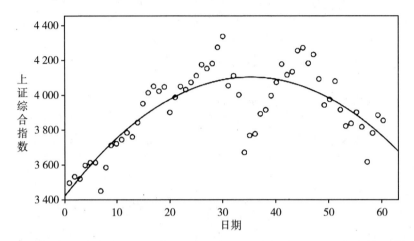

图 4 - 2 股票价格指数与证券印花税税率下调前后 30 个交易日的散点图

从散点图可以看出，股票价格指数与证券印花税税率调整前后交易日大体呈现为非线性关系，对数据用 11 种常见曲线模型进行曲线估计，估计结果如表 4 - 12 所示：

表 4 - 12   模型基本情况与参数估计结果

Equation	Model Summary					Parameter Estimates			
	R Square	F	df1	df2	Sig.	Constant	b1	b2	b3
Linear	0. 170	11. 906	1	58	0. 001	3 764. 816	5. 203		
Logarithmic	0. 375	34. 816	1	58	0. 000	3 452. 862	149. 707		
Inverse	0. 285	23. 127	1	58	0. 000	3 986. 172	- 803. 386		
Quadratic	0. 636	49. 744	2	57	0. 000	3 414. 644	39. 091	- 0. 556	
Cubic	0. 637	32. 764	3	56	0. 000	3 391. 631	43. 439	- 0. 732	0. 002
Compound	0. 178	12. 552	1	58	0. 001	3 756. 987	1. 001		
Power	0. 390	37. 147	1	58	0. 000	3 461. 420	0. 039		
S	0. 299	24. 794	1	58	0. 000	8. 290	- 0. 212		
Growth	0. 178	12. 552	1	58	0. 001	8. 231	0. 001		
Exponential	0. 178	12. 552	1	58	0. 001	3 756. 987	0. 001		
Logistic	0. 178	12. 552	1	58	0. 001	0. 000	0. 999		

被解释变量：y，解释变量：x。

由表 4 - 12 可知，拟合成二次函数时的显著性最好。通过回归分析，我们认为拟合成二次函数较为合理。因而可得如下回归方程：

$$y = 3\,414.645 + 39.09069x - 0.555535x^2 \qquad (4-12)$$

$$t = (63.05) \qquad (9.54) \qquad (-8.53)$$

$$R^2 = 0.6358 \quad \overline{R}^2 = 0.6230 \quad D - W = 0.572$$

经自相关检验，该模型存在 1 阶自相性。采用科克伦—奥克特迭代法消除自相关性后，可得到如下回归方程：

$$y = 3\,404.800 + 38.87457x - 0.542332x^2 + [AR(1) = 0.715619] \qquad (4-13)$$

$$t = (19.64) \qquad (3.32) \qquad (-3.18) \qquad (7.54)$$

$$R^2 = 0.8087 \quad \overline{R}^2 = 0.7983 \quad D - W = 1.838$$

其中，y 代表上海综合指数，x 代表交易日。

2. 2007 年 5 月 30 日证券印花税税上调前后 60 个交易日的变化状态

作股票价格指数与证券印花税税率调整前后 60 个交易日的散点图，如图 4 - 3 所示：

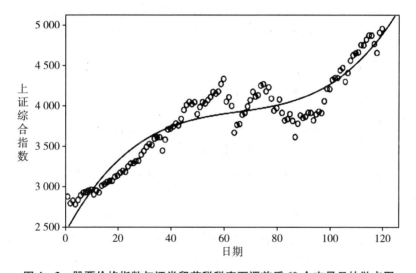

图 4 - 3 股票价格指数与证券印花税税率下调前后 60 个交易日的散点图

从散点图可以看出，股票价格指数与证券印花税税率调整前后交易日大体呈现为非线性关系，对数据用 11 种常见曲线模型进行曲线估计，估计结果如表 4 - 13 所示：

表 4 – 13　　　　　　　　　　　模型基本情况与参数估计结果

Equation	Model Summary					Parameter Estimates			
	R Square	F	df1	df2	Sig.	Constant	b1	b2	b3
Linear	0.972	4 116.195	1	118	0.000	2 773.280	20.699		
Logarithmic	0.795	457.133	1	118	0.000	1 372.068	695.529		
Inverse	0.210	31.305	1	118	0.000	4 163.691	-3 086.855		
Quadratic	0.973	2 093.336	2	117	0.000	2 729.730	22.841	-0.018	
Cubic	0.975	1 482.833	3	116	0.000	2 644.570	31.115	-0.188	0.001
Compound	0.960	2 826.287	1	118	0.000	2 876.236	1.005		
Power	0.842	627.733	1	118	0.000	1 964.529	0.184		
S	0.242	37.722	1	118	0.000	8.321	-0.851		
Growth	0.960	2 826.287	1	118	0.000	7.964	0.005		
Exponential	0.960	2 826.287	1	118	0.000	2 876.236	0.005		
Logistic	0.960	2 826.287	1	118	0.000	0.000	0.995		

被解释变量：y，解释变量：x。

由表 4 – 13 可知，拟合成三次函数时的显著性最好。通过回归分析，我们认为拟合成三次函数较为合理。因而可得如下回归方程：

$$y = 2\ 429.999 + 59.6123x - 0.84286x^2 + 0.00430x^3 \qquad (4-14)$$
$$t = (35.04) \quad (12.06) \quad (-8.90) \quad (8.36)$$
$$R^2 = 0.8901 \quad \bar{R}^2 = 0.8873 \quad D-W = 0.2267$$

经自相关检验，该模型存在 1 阶自相性。采用科克伦—奥克特迭代法消除自相关性后，可得到如下回归方程：

$$y = 1\ 707.238 + 96.9575x - 1.4022x^2 + 0.0068x^3 + [AR(1) = 0.868] \qquad (4-15)$$
$$t = (3.26) \quad (3.56) \quad (-3.31) \quad (3.41) \quad (20.56)$$
$$R^2 = 0.977 \quad \bar{R}^2 = 0.976 \quad D-W = 1.975$$

其中，y 代表上海综合指数，x 代表交易日。

3. 2008 年 4 月 24 日证券印花税下调前后 30 个交易日的变化状态

作股票价格指数与证券印花税税率调整前后 30 个交易日的散点图，如图 4 – 4所示。

从散点图可以看出，股票价格指数与证券印花税税率调整前后交易日大体呈

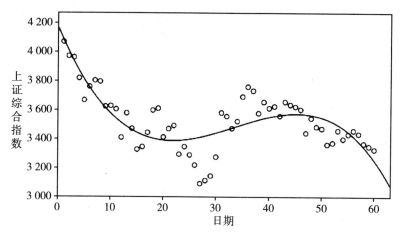

图 4 - 4　股票价格指数与证券印花税税率下调前后 30 个交易日的散点图

现为非线性关系，对数据用 11 种常见曲线模型进行曲线估计，估计结果如表4 -
14 所示。

表 4 - 14　　　　　　　　　　模型基本情况与参数估计结果

Equation	Model Summary					Parameter Estimates			
	R Square	F	df1	df2	Sig.	Constant	b1	b2	b3
Linear	0.156	10.692	1	58	0.002	3.663E3	-4.510		
Logarithmic	0.341	29.988	1	58	0.000	3.932E3	-129.385		
Inverse	0.366	33.432	1	58	0.000	3.461E3	824.980		
Quadratic	0.277	10.920	2	57	0.000	3.825E3	-20.200	0.257	
Cubic	0.631	31.982	3	56	0.000	4.169E3	-85.323	2.904	-0.029
Compound	0.144	9.766	1	58	0.003	3.654E3	0.999		
Power	0.317	26.914	1	58	0.000	3.932E3	-0.035		
S	0.335	29.241	1	58	0.000	8.149	0.223		
Growth	0.144	9.766	1	58	0.003	8.203	-0.001		
Exponential	0.144	9.766	1	58	0.003	3.654E3	-0.001		
Logistic	0.144	9.766	1	58	0.003	0.000	1.001		

被解释变量：y，解释变量：x。

由表 4 – 14 可知，拟合成三次函数时的显著性最好。通过回归分析，我们认为拟合成三次函数较为合理。因而可得如下回归方程：

$$y = 4\,169.441 - 85.3225x + 2.90425x^2 - 0.02892x^3 \qquad (4-16)$$
$$t = (60.89) \quad (-8.85) \quad (7.94) \quad (-7.34)$$
$$R^2 = 0.6314 \quad \bar{R}^2 = 0.6117 \quad D-W = 0.658$$

经自相关检验，该模型存在 1 阶自相性。采用科克伦—奥克特迭代法消除自相关性后，可得到如下回归方程：

$$y = 4\,167.551 - 83.690x + 2.8098x^2 - 0.0277x^3 + [AR(1) = 0.673] \qquad (4-17)$$
$$t = (17.61) \quad (-2.93) \quad (2.89) \quad (-2.86) \qquad (6.64)$$
$$R^2 = 0.7673 \quad \bar{R}^2 = 0.7501 \quad D-W = 1.850$$

其中，y 代表上海综合指数，x 代表交易日。

4. 2008 年 4 月 24 日证券印花税下调前后 60 个交易日的变化状态

作股票价格指数与证券印花税税率调整前后 60 个交易日的散点图，如图 4 – 5 所示：

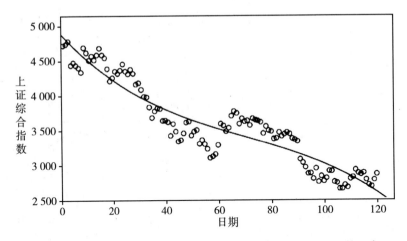

图 4 – 5　股票价格指数与证券印花税税率下调前后 60 个交易日的散点图

从散点图可以看出，股票价格指数与证券印花税税率调整前后交易日大体呈现为非线性关系，对数据用 11 种常见曲线模型进行曲线估计，估计结果如表 4 – 15 所示：

表 4 – 15   **模型基本情况与参数统计结果**

Equation	Model Summary					Parameter Estimates			
	R Square	F	df1	df2	Sig.	Constant	b1	b2	b3
Linear	0.859	716.863	1	118	0.000	4.547E3	−16.034		
Logarithmic	0.765	385.100	1	118	0.000	5.723E3	−562.567		
Inverse	0.229	34.964	1	118	0.000	3.458E3	2.656E3		
Quadratic	0.871	393.499	2	117	0.000	4.697E3	−23.411	0.061	
Cubic	0.882	289.116	3	116	0.000	4.876E3	−40.752	0.418	−0.002
Compound	0.862	738.405	1	118	0.000	4.626E3	0.996		
Power	0.724	309.484	1	118	0.000	6.315E3	−0.153		
S	0.201	29.687	1	118	0.000	8.137	0.695		
Growth	0.862	738.405	1	118	0.000	8.440	−0.004		
Exponential	0.862	738.405	1	118	0.000	4.626E3	−0.004		
Logistic	0.862	738.405	1	118	0.000	0.000	1.004		

被解释变量：y，解释变量：x。

由表 4 – 15 可知，拟合成三次函数时的显著性最好。通过回归分析，我们认为拟合成三次函数较为合理。因而可得如下回归方程：

$$y = 4\,376.357 - 0.33899x^2 + 0.00193x^3 \tag{4 – 18}$$
$$t = (94.79) \quad (-10.63) \quad (6.95)$$
$$R^2 = 0.8286 \quad \bar{R}^2 = 0.8257 \quad D - W = 0.173$$

经自相关检验，该模型存在 1 阶自相性。采用科克伦—奥克特迭代法消除自相关性后，可得到如下回归方程：

$$y = 4\,237.591 - 0.2846x^2 + 0.001557x^3 + [AR(1) = 0.906636] \tag{4 – 19}$$
$$t = (17.79) \quad (-2.25) \quad (1.55) \quad\quad (23.82)$$
$$R^2 = 0.971 \quad \bar{R}^2 = 0.970 \quad D - W = 2.079$$

其中，y 代表上海综合指数，x 代表交易日。

（三）实证结果分析

实证结果表明，无论是提高或降低证券印花税税率，税率变动前后 30 日和 60 日股价指数的拟合曲线都以三次函数曲线拟合效果最好。

1. 短期影响显著

证券印花税税率变动前后 30 日股价指数表现出相反的趋势。在 2007 年 5 月

30 日税率提高前 30 日，股价指数呈上升趋势；在税率提高后，股价指数呈下降趋势。2008 年 4 月 24 日证券印花税税率下调前 30 日，股价指数呈下降趋势；在税率降低后，股价指数呈上升趋势。证券印花税税率调整能对股价指数产生明显影响。

2. 中期影响减弱

虽然证券印花税税率变动前后 60 日股价指数却从总体上表现出相同的趋势，但影响力度随时间延长而衰减。2007 年 5 月 30 日证券印花税税率提高后，股价指数在下跌一段时间后又恢复了以前上涨的趋势。2008 年 4 月 24 日证券印花税税率下调后，股价指数在上涨一段时间后又恢复了以前下跌的趋势。尽管证券印花税税率调整能对股价指数产生明显影响，但由于股价指数不仅仅受到交易成本的影响，其他因素也决定着股价指数的变化趋势。在较长时期内，证券印花税税率调整的作用可能被其他因素所抵消，导致税率调整后股价指数总体趋势没有变化。这表明证券印花税对股价指数影响力度减弱。

上述结果对证券印花税政策有一定启示作用。当股市泡沫过大时，提高证券印花税税率对泡沫有一定抑制作用。当股价指数过低时，降低证券印花税税率可以起到繁荣股市的作用。同时，政府在调控股市时应该全面考察影响股市的各种因素，注意各种政策手段的配合使用，否则难以达到预期的效果。

三、中国股市税收的市场规模效应

我们将分别采用回归分析、方差分析以及弹性计量方法，研究证券印花税的市场规模效应。

（一） 市场规模效应的回归分析

1. 实证研究设计

我们将采用事件分析方法检验我国证券印花税市场规模效应。

（1）事件选取。本文只选取上证 A 股市场进行分析。同时在证券印花税的多次调整中，选取 2007 年 5 月 30 日证券印花税税率从 0.1% 调整为 0.3% 和 2008 年 4 月 24 日从 0.3% 调整为 0.1% 这两次事件的数据进行分析。

（2）事件窗口。证券印花税调整的前后 15、30 个交易日

（3）数据来源。本节数据均来自 CSMAR 中国证券市场交易数据库

（4）分析思路。通过对这两次证券印花税变动前后上证 A 股的交易量进行回归分析，借助 SPSS15.0 软件，拟合得出近似的函数公式。由于不能确定究竟该选择何种函数模型更接近样本数据，需要采用曲线估计的方法，选择具有 R^2 统计量值最大的模型作为此问题的回归模型。如果上证 A 股的开户人数和交易量与交易日相关（R 值等检验通过），通过拟合近似的函数公式得出证券印花税变化对股市交易量影响的数学关系，通过图表可以看出证券印花税变化对股市市场规模的趋势影响。

2. 实证分析结果

为了分析证券印花税调整在不同时间长度对交易量的影响，我们分别对两次证券印花税调整前后 15、30 个交易日数据进行了曲线估计。运用各种常见曲线模型对 2007 年 5 月 30 日证券印花税上调前后 15 个交易日和 2008 年 4 月 24 日证券印花税下调前后 30 个交易日的数据进行估计，拟合优度都很低，因此我们选择 2007 年 5 月 30 日证券印花税上调前后 30 个交易日和 2008 年 4 月 24 日证券印花税下调前后 15 个交易日的数据进行分析。

（1）2007 年 5 月 30 日证券印花税上调的前后 30 个交易日。作股票交易量与证券印花税税率调整前后 30 个交易日的散点图，如图 4 - 6 所示：

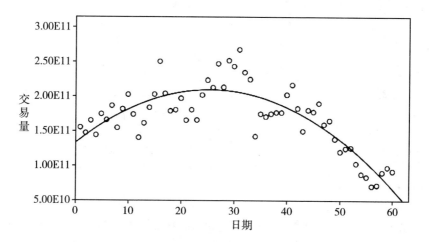

图 4 - 6　股票交易量与证券印花税税率下调前后 30 个交易日的散点图

从散点图可以看出，股票交易量与证券印花税税率调整前后交易日大体呈现为非线性关系，对数据用 11 种常见曲线模型进行曲线估计，估计结果如表 4 - 16 所示：

表 4 - 16　　　　　　　　　　**模型基本情况与参数估计结果**

Equation	Model Summary					Parameter Estimates			
	R Square	F	df1	df2	Sig.	Constant	b1	b2	b3
Linear	0.213	15.710	1	58	0.000	2.079E11	-1.212E9		
Logarithmic	0.036	2.192	1	58	0.144	2.015E11	-9.714E9		
Inverse	0.001	0.061	1	58	0.805	1.717E11	-1.018E10		

Equation	Model Summary					Parameter Estimates			
	R Square	F	df1	df2	Sig.	Constant	b1	b2	b3
Quadratic	0.706	68.383	2	57	0.000	1.329E11	6.048E9	−1.190E8	
Cubic	0.710	45.726	3	56	0.000	1.416E11	4.405E9	−5.221E7	−7.301E5
Compound	0.277	22.260	1	58	0.000	2.173E11	0.991		
Power	0.067	4.139	1	58	0.046	2.160E11	−0.088		
S	0.000	0.016	1	58	0.901	25.820	0.034		
Growth	0.277	22.260	1	58	0.000	26.105	−0.009		
Exponential	0.277	22.260	1	58	0.000	2.173E11	−0.009		
Logistic	0.277	22.260	1	58	0.000	4.602E−12	1.009		

被解释变量：y，解释变量：x。

由表 4-16 可知，拟合成三次函数时的显著性最好。通过回归分析，我们认为拟合成三次函数较为合理。因而可得如下回归方程：

$$y = 1.33 \times 10^{11} + 6.05 \times 10^{9} x - 1.19 \times 10^{8} x^2 \qquad (4-20)$$
$$t = (13.11) \qquad (7.89) \qquad (-9.77)$$
$$R^2 = 0.7058 \quad \overline{R}^2 = 0.6955 \quad D-W = 1.003$$

经自相关检验，该模型存在 1 阶自相性。采用科克伦——奥克特迭代法消除自相关性后，可得到如下回归方程：

$$y = 1.30 \times 10^{11} + 6.24 \times 10^{9} x - 1.22 \times 10^{8} x^2 + [AR(1) = 0.493756] \qquad (4-21)$$
$$t = (6.39) \qquad (4.29) \qquad (-5.49) \qquad (4.18)$$
$$R^2 = 0.7785 \quad \overline{R}^2 = 0.7664 \quad D-W = 1.9917$$

其中，y 代表交易金额，x 代表交易日期。

（2）2008 年 4 月 24 日证券印花税下调的前后 15 个交易日。作股票交易量与证券印花税税率调整前后 30 个交易日的散点图，如图 4-7 所示。

从散点图可以看出，股票交易量与证券印花税税率调整前后交易日大体呈现为非线性关系，对数据用 11 种常见曲线模型进行曲线估计，估计结果如表 4-17 所示。

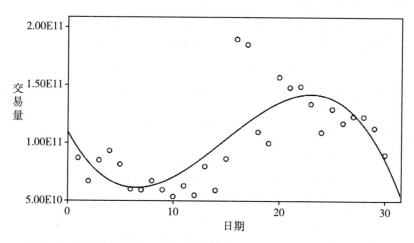

图4－7　股票交易量与证券印花税税率下调前后15个交易日的散点图

表4－17　　　　　　　　　　模型基本情况与参数估计结果

Equation	Model Summary					Parameter Estimates			
	R Square	F	df1	df2	Sig.	Constant	b1	b2	b3
Linear	0.309	12.511	1	28	0.001	6.296E10	2.411E9		
Logarithmic	0.237	8.693	1	28	0.006	4.593E10	2.186E10		
Inverse	0.075	2.268	1	28	0.143	1.075E11	－5.417E10		
Quadratic	0.329	6.605	2	27	0.005	4.993E10	4.854E9	－7.880E7	
Cubic	0.565	11.273	3	26	0.000	1.090E11	－1.630E10	1.600E9	－3.610E7
Compound	0.365	16.082	1	28	0.000	6.292E10	1.026		
Power	0.247	9.167	1	28	0.005	5.437E10	0.219		
S	0.063	1.890	1	28	0.180	25.329	－0.488		
Growth	0.365	16.082	1	28	0.000	24.865	0.026		
Exponential	0.365	16.082	1	28	0.000	6.292E10	0.026		
Logistic	0.365	16.082	1	28	0.000	1.589E－11	0.975		

被解释变量：y，解释变量：x。

由表4－17可知，拟合成三次函数时的显著性最好。通过回归分析，我们认为拟合成三次函数较为合理。因而可得如下回归方程：

$$y = 1.09 \times 10^{11} - 1.63 \times 10^{10}x + 1.60 \times 10^9 x^2 - 3.61 \times 10^7 x^3 \qquad (4-22)$$

$$t = (4.93) \qquad (-2.68) \qquad (3.54) \qquad (-3.76)$$

$$R^2 = 0.565 \quad \bar{R}^2 = 0.515 \quad D - W = 1.313$$

经自相关检验，该模型存在 1 阶自相性。采用科克伦—奥克特迭代法消除自相关性后，可得到如下回归方程：

$$y = 1.16 \times 10^{11} - 1.8 \times 10^{10}x + 1.71 \times 10^9 x^2 - 3.81 \times 10^7 x^3 + [AR(1) = 0.34]$$

$$t = (2.39) \qquad (-1.53) \qquad (2.13) \qquad (-2.38) \qquad (1.78) \qquad (4-23)$$

$$R^2 = 0.6165 \quad \bar{R}^2 = 0.5526 \quad D - W = 1.6589$$

其中，y 代表交易金额，x 代表交易日期。

3. 结论

2007 年 5 月 30 日证券印花税上调后 30 个交易日交易量急剧下跌，说明该项政策产生了很大影响，造成股市大幅震荡。2008 年 4 月 24 日证券印花税下调后 15 个交易日交易量先是大幅度上升，接着又大幅度下降，说明此政策有一定效果，但由于其他因素的影响，并没有改变股市交易量下降的趋势。

（二）市场规模效应的方差分析

1. 实证研究设计

我们将采用事件分析方法检验我国证券印花税市场规模效应。

（1）事件选取。本文只选取上证 A 股市场进行分析。同时在证券印花税的多次调整中，选取 2007 年 5 月 30 日证券印花税税率从 0.1% 调整为 0.3% 和 2008 年 4 月 24 日从 0.3% 调整为 0.1% 这两次事件的数据进行分析。

（2）事件窗口。证券印花税调整的前后 15 个交易日和 30 个交易日

（3）分析思路。通过对证券印花税调整前后交易量的方差分析，得出证券印花税调整对市场规模的影响。方差分析的基本思想是：通过分析研究中不同变量的变异对总变异的贡献大小，确定控制变量对研究结果影响力的大小。由于方差分析的前提是各个水平下的总体服从方差相等的正态分布，因此首先要检验方差是否相等，检验方法这里是变量同方差检验（Homogeneity of variance test）。然后进行正态分布检验，这里运用单样本 $K-S$ 检验。最后进行单因素方差分析（One-way ANOVA）。

2. 实证分析结果

（1）2007 年 5 月 30 日证券印花税上调前后 15 个交易日的变化状态。利用 2007 年 5 月 30 日证券印花税上调的前后 15 个交易日的股票交易量数据，作描述统计以及方差齐次性检验，其结果如表 4-18 和表 4-19 所示：

表 4 - 18　　　　　　　　　　　　　交易量描述统计表

	N	Mean	Std. Deviation	Std. Error
1.00	15	208027400000.0000	30241140376.26794	7808228869.84043
2.00	15	190558933333.3334	33008683527.36177	8522805438.78021
Total	30	199293166666.6667	32348320635.49485	5905968303.15679

表 4 - 19　　　　　　　　　　　　　方差齐次性检验

Levene Statistic	df1	df2	Sig.
0.020	1	28	0.890

相伴概率为 0.890，大于显著性水平 0.05（95% 置信区间），因此接受零假设，认为交易量在事件前后 15 日方差相等。

单因素方差分析。上面的前提检验结果说明可以进行方差检验，输出的结果如表 4 - 20 所示：

表 4 - 20　　　　　　　　　　　　　单因素方差分析

	Sum of Squares	Mean Square	F	Sig.
Between Groups (Combined)	2288604957633330000000.000	2288604957633330000000	2.284	0.142
Linear Term Contrast	2288604957633330000000.000	2288604957633330000000	2.284	0.142
Within Groups	28057396632533330000000.000	1002049879733333000000		
Total	30346001590166660000000.000			

从方差分析（ANOVA）结果表中可以看出方差检验的 F 值为 2.284，相伴概率为 0.142，大于显著性水平 0.05，表示接受零假设，也就是说事件前后的交易量没有显著性差异。因此就此次调整前后 15 个交易日来看，证券印花税税率提高对交易量没有显著影响。这个结论似乎和前面得出的结论矛盾，其实并不矛盾。在调整前交易量呈上升趋势，调整后交易量呈下降趋势，从短期看调整前后交易量的均值会相差不大，而随着时间延长，交易量继续下降，调整前后平均交易量的不同才会显现出来。

（2）2008 年 4 月 24 日证券印花税下调前后 15 个交易日的变化状态。利用 2008 年 4 月 24 日证券印花税上调的前后 15 个交易日的股票交易量数据，作描述统计以及方差齐次性检验，其结果如表 4 - 21 和表 4 - 22 所示：

表 4 – 21 交易量描述统计表

	N	Mean	Std. Deviation	Std. Error
1.00	15	69771176406.0667	13451860633.40854	3473255480.57963
2.00	15	130894453394.2000	28981096571.49281	7482886958.41470
Total	30	100332814900.1333	38197492066.56170	6973876014.99349

表 4 – 22 方差齐次性检验

Levene Statistic	df1	df2	Sig.
5.641	1	28	0.025

相伴概率为 0.025，大于显著性水平 0.01（99% 置信区间），因此接受零假设，认为交易量在事件前后 15 日方差相等。

单因素方差分析。上面的前提检验结果说明可以进行方差检验，输出的结果如表 4 – 23 所示：

表 4 – 23 单因素方差分析

	Sum of Squares	df	Mean Square	F	Sig.
Between Groups	28020412423260520000000.000	1	28020412423260520000000.000	54.896	0.000
Within Groups	14291991181815740000000.000	28	510428256493419000000.000		
Total	42312403605076260000000.000	29			

从 ANOVA 结果表中可以看出方差检验的 F 值为 54.896，相伴概率为 0，小于显著性水平 0.01，表示拒绝零假设，也就是说事件前后的交易量有显著性差异。其实仔细观察前面的图形可以看出，短期内调整后的交易量比调整前有大幅度上升。

（三）市场规模效应的弹性分析

我们将利用证券印花税与交易量之间的弹性变化检验我国证券印花税市场规模效应。证券印花税税率调整前后交易量变动情况如表 4 – 24 所示。

表 4 - 24　　　　　　　　证券印花税税率调整前后交易量变化

调整日期	调整前税率	调整后税率	证券印花税变动比例	调整前30日平均交易量	调整后30日平均交易量	平均交易量变动比例
1997年5月10日	买卖双方各3‰	买卖双方各5‰	0.5000	11549152486	7634180696	-0.4082
1998年6月12日	买卖双方各5‰	买卖双方各4‰	-0.2222	7464527966	4647020558	-0.4653
2001年11月16日	买卖双方各4‰	买卖双方各2‰	-0.6667	5615647433	6251848490	0.1072
2005年1月24日	买卖双方各2‰	买卖双方各1‰	-0.6667	4985589876	8669674142	0.5396
2007年5月30日	买卖双方各1‰	买卖双方各3‰	1.0000	188888858712	152961010555	-0.2102
2008年4月24日	买卖双方各3‰	买卖双方各1‰	-1.0000	75981130644	99749665509	0.2705
2008年9月19日	买卖双方各1‰	卖方1‰	-0.6667	32973583182	42364606764	0.2493

注：变动比例按照中点法计算。

资料来源：CSMAR 中国证券市场交易数据库。

以 rj 表示平均交易量变动比例，rs 表示证券印花税变动比例，建立回归方程。

$$rj = \alpha\, rs \qquad\qquad (4-24)$$

回归结果为：

$$rj = -0.324495rs \qquad\qquad (4-25)$$
$$t = (-2.18)$$
$$R^2 = 0.441 \qquad \bar{R}^2 = 0.441 \qquad D - W = 1.1079$$

t 值的相伴概率为 0.07，因此可以认为在 90% 的置信度下是显著的。由此可知，交易量对证券印花税的弹性约为 -0.32。证券印花税税率每变动 1%，股票交易量减少 0.32%。

四、中国股市税收的市场结构效应

1999 年 6 月 1 日起对 B 种股票股权转让书据，由立据双方当事人分别按

0.3% 的税率缴纳证券印花税，而 A 股依然按照 0.4% 的税率缴纳，因而两个市场的税收负担在一定时期内有所差异。

　　我们将采用独立样本检验法分析股市税收对 A 股与 B 股市场结构的影响。（1）数据宽度。证券印花税调整的前后 60 个交易日。（2）分析思路。运用两独立样本 T 检验方法检验证券印花税调整前后上海证券交易所 B 股流通股市值占总流通市值的比重是否有显著变化。

表 4 - 25　　证券印花税税率调整 B 股流通股市值占总流通市值的比重变化的显著性

	zhubie	N	Mean	Std. Deviation	Std. Error Mean
bizhong	1.00	60	0.0312940983	0.00362752166	0.00046831103
	zhubie	N	Mean	Std. Deviation	Std. Error Mean
bizhong	1.00	60	0.0312940983	0.00362752166	0.00046831103
	2.00	60	0.0391730844	0.00337861342	0.00043617712

表 4 - 26　　　　　　　　　独立样本检验结果

	Levene's Test for Equality of Variances		t - test for Equality of Means		
	F	Sig.	t	df	Sig. (2 - tailed)
Equal variances assumed	0.118	0.731	- 12.311	118	0.000
Equal variances not assumed			- 12.311	117.409	0.000

　　由输出结果可以看出，调整前后 B 股流通股市值占总流通市值比重的均值分别为 0.031 和 0.039。F 的相伴概率为 0.118，大于显著性水平 0.05，不能拒绝方差相等的假设，t 统计量的相伴概率为 0，可以拒绝调整前后均值相等的假设，也就是说，调整前后 B 股流通股市值占总流通市值比重有显著差异。此次调低证券印花税税率对 B 股市场的发展起到了积极作用。

🌿 五、中国股市税收的市场稳定效应

　　股市税收政策能够通过左右股市价格与股市规模，直接对"股市风险——股市泡沫"产生一定的影响，从而对宏观经济稳定产生间接影响。我们将在扩展理性泡沫模型的基础上，从股市波动性效应与股市泡沫效应两方面对中国的股市税收政策的市场稳定效应作出评估。

（一）数理模型

股市泡沫问题是金融研究中的重要问题。股市泡沫是指流通市场上股票总市值偏离其内在价值的部分。测度股市泡沫并采取措施化解过多的泡沫，具有重要的理论和现实价值。

大量经济学家对股市泡沫问题进行了分析，目前主要存在两类研究方向：一类是理性泡沫理论。布兰查德（Blanchard，1979）通过建立理性预期泡沫的模型来解释观察到的价格在较长时期内偏离实际价值的可能性。梯若尔（Tirole，1982）建立了一个具有无限期、有限交易者的模型。在该模型中，任何投资者都能以高于基本价值的价格卖出资产而将损失留给别人。只要投资者有无限生命，就不会存在泡沫。第二类是非理性泡沫理论。行为金融学理论认为投资者是有限理性的。泡沫即是投资者反应过度或反应不足的结果。德隆（DeLong，1990）等提出了噪声交易理论的基本框架，他们用数学模型揭示了由于噪声交易泡沫存在的机理。

理性泡沫理论以市场有效性及经济主体行为理性为基本前提。大量的实证研究表明，尽管存在一些异常现象，有效市场假说仍然能基本成立，中国证券市场也基本能达到弱式有效，因此我们将在传统的理性泡沫模型中引入税收变量，构建扩展的理性泡沫模型，分析股市税收对股市泡沫的影响。

假设：（1）投资者是不在乎风险的中性投资者；（2）投资者预期在股票投资中的收益等于其使用资金的机会成本，即整个经济体系的平均资产报酬率，为了简便起见，我们假定它为一个常数；（3）不存在税收。那么，在有效市场条件下，股票的预期收益率等于投资者要求的收益率，资产收益率模型为：

$$E_t[R_{t+1}] = r \qquad (4-26)$$

式（4-26）中，E_t 表示 t 期给定信息集下的数学期望，R_{t+1} 是股票在 $t+1$ 期的收益率，r 是平均资产报酬。R_{t+1} 可以表示为：

$$R_{t+1} = (p_{t+1} - p_t + d_{t+1})/p_t \qquad (4-27)$$

式（4-27）中，p_{t+1} 与 p_t 分别表示 $t+1$ 期和 t 期的股票价格，d_{t+1} 表示 $t+1$ 期的股利。

将式（4-27）代入式（4-26）可得：

$$p_t = E_t[p_{t+1} + d_{t+1}]/(1 + r) \qquad (4-28)$$

对式（4-28）迭代 n 次，得到：

$$p_t = \sum_{i=1}^{n} \left[\frac{1}{1+r}\right]^i E_t(d_{t+i}) + \left[\frac{1}{1+r}\right]^n E_t(p_{t+n}) \qquad (4-29)$$

式（4-29）的一般解是：

$$p_t = \sum_{i=1}^{\infty} \left[\frac{1}{1+r}\right]^i E_t(d_{t+i}) + b_t \qquad (4-30)$$

式（4-30）中，

$$b_t = E_t[b_{t+1}]/(1 + r) \tag{4 - 31}$$

式（4 - 29）右边第一项为股票的基础价值，第二项就是理性价格泡沫。

现在假设各期均以 x 的税率征收从价税，$0 < x < 1$，R_{t+1} 可以表示为：

$$R_{t+1} = [p_{t+1}(1 - x) - p_t(1 - x) + d_{t+1}]/p_t(1 - x) \tag{4 - 32}$$

式（4 - 32）中，p_{t+1} 与 p_t 分别表示 $t + 1$ 期和 t 期的股票价格，d_{t+1} 表示 $t + 1$ 期的股利。

将式（4 - 32）代入式（4 - 26）可得：

$$p_t = E_t[p_{t+1}(1 - x) + d_{t+1}]/(1 + r)(1 - x) \tag{4 - 33}$$

对式（4 - 33）迭代 n 次，得到：

$$p_t = \sum_{i=1}^{n} \left[\frac{1}{1 + r}\right]^i E_t(d_{t+i})/(1 - x) + \left[\frac{1}{1 + r}\right]^n E_t(p_{t+n}) \tag{4 - 34}$$

式（4 - 34）的一般解是：

$$p_t = \sum_{i=1}^{\infty} \left[\frac{1}{1 + r}\right]^i E_t(d_{t+i})/(1 - x) + b_t \tag{4 - 35}$$

式（4 - 35）中，

$$b_t = E_t[b_{t+1}]/(1 + r) \tag{4 - 36}$$

式（4 - 45）右边第一项为股票的基础价值，第二项就是理性价格泡沫。

比较式（4 - 29）与式（4 - 33），因 $0 < x < 1$，可知如果各期税率不变，征税后股票的基础价值提高，而泡沫程度与不征税没有差异。

现在我们考察各期税负不同的情况。假设 t 期不征税，即税率为 0，$t + 1$ 期税率为 x。则有：

$$p_t = E_t[p_{t+1}(1 - x) + d_{t+1}]/(1 + r) \tag{4 - 37}$$

对式（4 - 37）迭代 n 次，得到：

$$p_t = \sum_{i=1}^{n} \left[\frac{1}{1 + r}\right]^i E_t(d_{t+i}) + \left[\frac{1}{1 + r}\right]^n (1 - x) E_t(p_{t+n}) \tag{4 - 38}$$

式（4 - 38）的一般解是：

$$p_t = \sum_{i=1}^{\infty} \left[\frac{1}{1 + r}\right]^i E_t(d_{t+i}) + b_t \tag{4 - 39}$$

式（4 - 39）中，

$$b_t = E_t[b_{t+1}]/(1 + r) \tag{4 - 40}$$

式（4 - 39）右边第一项为股票的基础价值，第二项就是理性价格泡沫。

比较式（4 - 39）与式（4 - 38），因 $0 < x < 1$，可知如果税率提高，征税后股票的基础价值不变，而股票泡沫程度将降低。

（二）中国股市税收的市场波动性效应

股价波动性表示股票价格变化在某一时期的变异程度。股价波动是股市的常态，也是股市生命力存在的源泉之一，然而股价剧烈的波动则隐藏着金融市场的风险。证券交易税作为政府调控股市的重要政策工具，它对股价波动性的影响是国内外学者所关注的重要问题。如文献所述，学者们对证券交易税市场波动性效应的分歧较大。国外的大多数实证研究支持证券交易税不会减少波动性的假设。那么中国股票市场的经验数据和哪种观点相符合呢？

中国股市从 2006 年年初至今经历了大涨大跌的过程。其间证券印花税是人们关注的一个焦点问题。为了调控股票市场，财政部对证券印花税税率进行了三次调整，一次是 2007 年 5 月 30 日将税率从 1‰ 调整为 3‰，然后是 2008 年 4 月 24 日将税率从 3‰ 调整为 1‰，最近的一次是从 2008 年 9 月 19 日起，调整证券印花税征收方式，对出让方按 1‰ 的税率单边征收证券印花税，对受让方不再征税。然而，现有的文献中缺乏对这些调整的综合性实证分析。由于最近一次调整至今时间太短数据不足，因此本部分将主要对前两次证券印花税调整的股市波动性效应进行评估。

1. 实证研究设计

我们将采用事件分析方法检验我国证券印花税的股市波动性效应。

（1）事件选取。本文选取上证综合指数进行分析。同时在证券印花税的多次调整中，选取 2007 年 5 月 30 日证券印花税税率从 0.1% 下调到 0.3% 和 2008 年 4 月 24 日从 0.3% 调整为 0.1% 这两次事件的数据进行分析。

（2）事件窗口。证券印花税调整前后 60 个、120 个交易日。

（3）数据来源。本节数据均来自 CSMAR 中国证券市场交易数据库。

（4）分析思路。在一般回归分析和时间序列分析中，要求随机扰动项是同方差，但金融时间序列随机扰动项的无条件方差是常量，条件方差是变化的量。在这种情况下，需要使用条件异方差模型。本文采用广义自回归条件异方差模型即 GARCH 模型。为消除由于证券市场扩融而导致的波动影响，波动数据用大盘指数变化率表示，即 $y_t = p_t / p_{t-1}$，其中 p_t 为第 t 日的股价指数。

均值方程为：

$$y_t = y_{t-1} + \varepsilon_t \tag{4-41}$$

方差方程为：

$$h_t = \alpha_0 + \alpha_1 \varepsilon_{t-1}^2 + \theta h_{t-1} + \beta dv + \gamma stt \tag{4-42}$$

其中 stt 是一个虚拟变量，在 2007 年 5 月 30 日以后（包括 5 月 30 日）取 1，反之取 0。如果 stt 系数的估计值显著为正，则表明税率提高后，市场波动性增加；反之亦然。股票市场上的信息很多，因而需要在方差方程中加入一个市场上已发生信息的代理变量，以控制其他事件或消息对波动性的影响。我们把样本期间交易量的变化率 dv 作为市场上已发生信息的代理变量。

$$dv = \text{vol}_t / \text{vol}_{t-1} \tag{4-43}$$

vol_t 为第 t 日市场的交易量。

2. 实证检验结果

（1）证券印花税上调前后 60 个交易日的检验结果分析。采用广义自回归条件异方差模型即 GARCH（1，1）模型。根据式（4-21）和式（4-22），利用 2007 年 5 月 30 日证券印花税税率下调前后 60 个交易日的数据，借助 Eviews 5.0 软件，可得到回归结果如下：

均值方程：

$$y_t = 1.006115 y_{t-1} \tag{4-44}$$
$$z = (919.19)$$

方差方程：

$$h_t^2 = 8\,731.45 + 0.303\,\varepsilon_{t-1}^2 - 0.270\,h_{t-1}^2 + 8\,529.58 stt - 6\,368.70 dv$$
$$z = (7.18) \quad (3.53) \quad (-6.49) \quad (5.24) \quad (-6.84) \tag{4-45}$$
$$R^2 = 0.974 \quad \overline{R}^2 = 0.973 \quad D-W = 2.021 \quad AIC = 11.478 \quad SC = 11.618$$

由回归结果可知，模型拟合优度较高，AIC 和 SC 值相对较小，回归系数均通过显著性检验，可以认为该模型较好地拟合了数据。因此，证券印花税税率上调后，沪市价格指数的波动性显著提高。

（2）证券印花税上调前后 120 个交易日的检验结果分析。采用广义自回归条件异方差模型即 GARCH（1，1）模型。根据式（4-41）和式（4-42），利用 2007 年 5 月 30 日证券印花税税率下调前后 120 个交易日的数据，借助 Eviews 5.0 软件，可得到回归结果如下：

均值方程：

$$y_t = 1.004049 y_{t-1} \tag{4-46}$$
$$z = (623.52)$$

方差方程：

$$h_t^2 = -581.05 + 0.04\,\varepsilon_{t-1}^2 - 0.50\,h_{t-1}^2 + 13\,238.23 stt + 6\,296.51 dv$$
$$z = (-0.19)\ (1.31) \quad (-1.68) \quad (3.65) \quad (3.13) \tag{4-47}$$
$$R^2 = 0.994 \quad \overline{R}^2 = 0.994 \quad D-W = 1.994 \quad AIC = 11.7597 \quad SC = 11.8470$$

由回归结果可知，模型拟合优度较高，AIC 和 SC 值相对较小，回归系数均通过显著性检验，可以认为该模型较好地拟合了数据。因此，证券印花税税率上调后，沪市价格指数的波动性显著提高。

（3）证券印花税下调前后 60 个交易日的检验结果分析。采用广义自回归条件异方差模型即 GARCH（0，1）模型。根据式（4-41）和式（4-42），利用 2008 年 4 月 24 日证券印花税税率下调前后 60 个交易日的数据，借助 Eviews 5.0 软件，可得到回归结果如下：

均值方程：

$$y_t = 0.994327 y_{t-1} \tag{4-48}$$

$$z = (439.27)$$

方差方程：

$$h_t^2 = 8130.04 - 0.075\,\varepsilon_{t-1}^2 - 4532.01stt + 4345.02dv \qquad (4-49)$$

$$z = (2.58)\quad(-4.16)\quad(-2.22)\quad(1.78)$$

$$R^2 = 0.970 \quad \bar{R}^2 = 0.969 \quad D-W = 2.16 \quad AIC = 12.049 \quad SC = 12.166$$

由回归结果可知，模型拟合优度较高，AIC 和 SC 值相对较小，回归系数均通过显著性检验，可以认为该模型较好地拟合了数据。因此，证券印花税税率下调后，沪市价格指数的波动性显著降低。

3. 实证结论

实证结果显示：在较长时期内，证券印花税上调对股市波动性有明显影响。从回归分析的结果来看，证券印花税上调后，沪市大盘指数短期内大幅度下跌，而在长期大盘指数恢复上升的趋势。印花税下调后，沪市大盘指数短期内大幅度上涨，而在长期大盘指数恢复下降的趋势。运用 GARCH 模型的实证检验表明，沪市的波动性在印花税上调后短期内有显著增加，长期有所减弱，而在印花税下调前后沪市的波动性不太显著。

2007 年与 2008 年证券印花税的两次调整都产生了一定的正面效应。当 2007 年股市出现"非理性繁荣"时，提高税率有利于挤压泡沫，降低风险。而在 2008 年股市大盘指数持续下跌时，降低税率有利于股市的平稳发展，为企业创造良好的融资环境。

但值得注意的是，两次调整也有一些负面效应。2007 年证券印花税调整之前，政府官员承诺不会调高证券印花税税率，然而于 5 月 30 日晚间公布的税率调整信息在许多投资者意料之外，这次政策变动的信息冲击效应造成股市大幅度深跌，加剧了股价的波动性。2008 年证券印花税调整之前便有许多市场传闻会调低印花税税率，而调整政策迟迟没有出台，调整时点的滞后造成政策效应的力度减弱，以致这次政策变动对刺激股市上升的作用不太理想。

结合其他研究成果，我们可以认为，在中国股票市场上，证券印花税对股价波动性在短期内有较强影响，而在长期影响有限。

（三）中国股市税收的泡沫抑止效应

适度的泡沫有利于股市的发展，而过大的泡沫则会导致股市崩溃，甚至引发金融危机。如何防止泡沫过大就成为人们关注的重要问题。有鉴于此，下面将实证分析中国证券交易税对抑制股市泡沫所起的作用。

1. 实证研究设计

学术界对如何度量股市泡沫问题提出了各种度量模型和检验方法，但没有形成一致的看法，这主要是由于对如何度量股票的内在价值及其影响因素看法不一。一个常用的数量指标是股票价格和每股收益的比率，即市盈率。

常用的计算股票市场总体市盈率方法是用样本股票总股本作为加权平均数。

由于中国股票市场存在大量的非流通股，而股票的市场价格仅由流通股形成，常用的方法不能体现股市的真实情况。因此，本文以流通股本作为加权平均数计算市盈率。计算公式如下：

$$\frac{P}{E} = \frac{流通总市值}{流通总市值} = \frac{\sum_i P_i X_i}{\sum_i E_i X_i} \qquad (4-50)$$

其中，P_i 表示样本股票价格，E_i 表示样本股票的每股收益，$\frac{P}{E}$ 表示股市总体市盈率，X_i 表示样本股票的流通股数。

通过比较证券印花税调整前后市盈率，我们可以判断证券印花税对股市泡沫是否有影响，能否起到控制股市泡沫的作用。

由于我国上海与深圳证券市场存在齐涨齐跌现象，B股在我国证券市场所占份额很小，因此我们将采用上海证券市场A股的数据进行分析。

为了分析证券印花税对泡沫是否有抑制作用，我们将证券印花税调整前后30日的数据分阶段采用独立样本 T 检验或单因素方差分析法进行分析。

2. 实证结果分析

（1）描述性统计。我国从1990年开征证券印花税以来，经历了多次调整，其中出于抑制股市泡沫目的而上调税率有两次：第一次是1997年5月10日将税率从3‰调高到5‰，第二次是2007年5月30日将税率从1‰调高到3‰。我们首先计算出这两次调整前后30日每天的总体市盈率，结果参见图4-8。

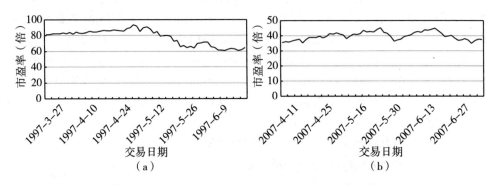

图4-8 1997年5月10日证券印花税调整对市盈率的影响

资料来源：CSMAR中国证券市场交易数据库。

由图4-8中可以看出，两次证券印花税调整都引起市盈率明显下跌。1997年的调整造成市盈率大幅度下降，呈不断递减的趋势。2007年的调整造成市盈率大幅度下降，然后又有所上升，但之前一直向上的趋势得到了遏制。

为了更好地分析证券印花税的影响，我们将两次调整前后30日分别分为四个阶段，每个阶段时间长度为15日，然后考察各阶段市盈率的变化。

表 4 – 27　　　　　　　　　　　　证券印花税调整前后市盈率

1997 年 5 月 10 日前后 30 日		2007 年 5 月 30 日前后 30 日	
3 月 27 日 ~ 4 月 16 日	83	4 月 11 日 ~ 5 月 8 日	38
4 月 17 日 ~ 5 月 9 日	87	5 月 9 日 ~ 5 月 29 日	42
5 月 10 日 ~ 5 月 30 日	76	5 月 30 日 ~ 6 月 19 日	41
5 月 31 日 ~ 6 月 20 日	65	6 月 20 日 ~ 7 月 10 日	39

资料来源：CSMAR 中国证券市场交易数据库

由表 4 – 27 可以看出，1997 年的第二阶段比第一阶段上升了 5%，调高印花税率以后，第三阶段的市盈率比第二阶段下降了 13%。第四阶段比第三阶段又下降了 14%。印花税调整取得了很好的挤压泡沫的作用。

2007 年的第二阶段比第一阶段上升了 11%，调高印花税率以后，第三阶段的市盈率比第二阶段下降了 2%。第四阶段比第三阶段又下降了 5%。尽管这次调整对市盈率的影响不如 1997 年那么大，但还是防止了泡沫的进一步扩大，并使得泡沫程度有所降低。

（2）推断性统计分析。我们运用独立样本 T 检验方法分析 1997 年证券印花税调整对市盈率的影响。首先将调整前后 30 日的市盈率数据分为两个部分，然后计算方差是否相等，最后进行 T 检验，结果见表 4 – 28：

表 4 – 28　　　　　　　　　　　　样本独立性检验

		Levene's Test for Equality of Variances		t-test for Equality of Means			
		F	Sig.	t	df	Sig. (2 – tailed)	Mean Difference
市盈率	Equal variances assumed	27. 732	000	8. 656	58	000	14. 633
	Equal variances not assumed			8. 656	36. 211	0. 000	14. 633

表 4 – 28 中 F 的相伴概率为 0，小于显著性水平 0.05，因此拒绝方差相等的

假设。然后看方差不相等时的 T 检验结果。T 统计量的相伴概率为 0，小于显著性水平 0.05，可以拒绝 T 检验的零假设，也就是说，证券印花税调整前后市盈率存在显著差异。结合前面的分析，可知市盈率显著降低，因此证券印花税对降低泡沫有明显影响。

运用方差分析方法，2007 年证券印花税调整对市盈率的影响见表 4 - 29：

表 4 - 29　　　　　　　　　　　变量的一致性检验

市盈率			
Levene Statistic	df1	df2	Sig.
1.449	3	56	.238

表 4 - 29 中的相伴概率为 0.238，大于显著性水平 0.05，因此可以认为各组总体方差是相等的，满足方差检验的前提条件。

表 4 - 30　　　　　　　　　　　多重结果比较

		市盈率　LSD				
(I) 组别	(J) 组别	Mean Difference (I-J)	Std. Error	Sig.	95% Confidence Interval	
					Lower Bound	Upper Bound
1	2	-3.867*	0.805	0.000	-5.48	-2.25
	3	-3.133*	0.805	0.000	-4.75	-1.52
	4	-1.000	0.805	0.220	-2.61	0.61
2	1	3.867*	0.805	0.000	2.25	5.48
	3	0.733	0.805	0.366	-0.88	2.35
	4	2.867*	0.805	0.001	1.25	4.48
3	1	3.133*	0.805	0.000	1.52	4.75
	2	-0.733	0.805	0.366	-2.35	0.88
	4	2.133*	0.805	0.010	0.52	3.75
4	1	1.000	0.805	0.220	-0.61	2.61
	2	-2.867*	0.805	0.001	-4.48	-1.25
	3	-2.133*	0.805	0.010	-3.75	-0.52
*. 均数差在 0.05 的水平上显著。						

表 4 - 30 是 LSD 法多重比较的结果，第一阶段和第二阶段有显著差别，说明第二阶段股市泡沫比第一阶段泡沫明显扩大。第二阶段和第三阶段没有显著差别，说明由于提高证券印花税率，股市泡沫没有进一步扩大。第三阶段和第四阶段有显著差别，说明股市泡沫程度有明显下降。因此，此次调整起到了防止股市泡沫扩大的作用。

六、本节基本结论

（一）中国股市税收政策微观经济效应实证结论

本节通过数理模型的构造与对中国股市税收政策微观经济效应的检验，可以得到以下实证结论。

1. 股市税收的价格效应

证券印花税的调整对股票价格水平的升降具有显著性的影响。具体而言：（1）证券印花税与股票价格呈反向变化关系。提高证券印花税税率导致股票价格下降，而降低证券印花税税率导致股票价格上升。（2）证券印花税对股票价格影响具有时期性。证券印花税政策调整的短期影响显著，但随着时间推移，证券印花税对股票价格的影响逐渐减弱。

2. 股市税收的市场规模效应

证券印花税对股票交易量影响显著。具体而言：（1）股票交易量与证券印花税呈反向变化关系。提高证券印花税税率导致股票交易量下降；而降低证券印花税税率使得股票交易量增加。这两个变量的弹性关系为：交易量对证券印花税的弹性约为 - 0. 32，即证券印花税税率每变动 1%，股票交易量减少 0. 32%。（2）证券印花税对股票交易量影响具有时期性。印花税调整短期内对股票市场规模会产生影响，但长期很难改变股票交易量原来的变化趋势。（3）证券印花税对股票交易量影响具有滞后性。受趋势因素的影响，证券印花税税率调整后，股票交易量并没立即改变其上升或下降趋势，而是几个交易后，股票交易量才呈现与证券印花税税率反向变化关系。

3. 股市税收的市场结构效应

通过对股市税收的市场结构效应进行实证检验可知，证券印花税产生显著的市场结构效应。当证券印花税税率调整时，B 股流通市值占总流通市值的比重发生显著性变化。提高证券印花税税率不利于 B 股市场发展，但降低证券印花税税率对 B 股市场的发展起到了积极作用。

4. 股市税收的市场稳定效应

我们认为，可以从股市波动性与股市泡沫性两个角度对股市税收的市场稳定效应进行检验评估。

从股市价格波动性方面来考察，证券印花税对股票价格波动性影响显著。具体而言：（1）股票价格波动性与证券印花税税率呈正向变化关系。提高证券印花税税率加剧了股票价格波动性；反之，降低证券印花税税率使得股票价格波动性减弱。（2）证券印花税对股票价格波动性影响具有时期性。证券印花税在其税率调整后的 60 个交易日内对股票价格影响显著，随着时间推移，其影响逐渐变弱。（3）证券印花税对股票价格波动性影响具有非对称性。提高证券印花税价格股票价格波动性较为明显，而降低证券印花税税率对股票价格波动性的影响相对较弱。

再从股市泡沫性方面来考察，证券印花税具有显著的市场稳定效应。提高证券印花税税率导致股市泡沫程度明显降低，因而证券印花税较好地起到了挤压股市泡沫作用，降低股票市场风险的作用。

（二）中国股市税收政策微观经济效应的成因分析

证券印花税调整之所以会形成上述效应结果，我们认为主要受到以下因素的影响所致。

1. 中国股市整体状态对证券印花税调整效应的影响

作为新兴的股票市场，中国股市与成熟的股票市场存在许多差异。这些特征使得中国股市体现出高换手率、强波动性、低效率的特征。

（1）中国股市的非理性行为与投机行为加剧了股市波动。第一，投资者的非理性行为特征明显。由于中国股市许多投资者缺乏必要的市场知识，当调整证券印花税时，投资者形成的信念与理性信念偏差较大，而且信念的动态变化幅度较大，导致市场较大的波动性。同时，由于大多数个体投资者分析能力较低，受共同信息的影响较大，投资信念之间表现为较强的相关性，羊群行为效应十分突出，使得市场产生严重的波动。

第二，中国股市的投机行为加剧了股市波动。一个成熟的股票市场是适度投机的市场。判断一个股票市场是否过度投机，主要看投资者主体看重上市公司的短期价格还是长远价值，以及市场是否背离了"风险—回报"对称的规律。中国股市中某些股票价格严重背离其理性价格，表现在股利对股票价格的解释作用较小。因此，我国股市的投机程度要比美国股市高得多。当调整证券印花税时，过度投机行为就成为中国股市异常波动一个重要成因。

（2）政府的不适当干预加剧了股市的波动性。在中国股市的发展过程中，缺少系统的法规来规范市场操作，主要依靠政府政策调整来管理股票市场。然而，与健全的法规相比，政府政策干预股市的不确定性较强，使许多投资者产生过分依赖政策信息的倾向。因而证券印花税的调整在短期内会加剧股市的波动。

2. 政府政策制定方式对证券印花税调整效应的影响

（1）证券印花税调整出台方式对股价波动幅度的影响。印花税调整出台方式的不确定性会加剧股价短期波动的幅度。2007 年 5 月 29 日上证综合指数为 4 334.92 点。大多数投资者没有预料到政府会通过调整证券印花税税率来调控股市。当财政部宣布从 5 月 30 日起将印花税税率由 1‰上调至 3‰后，5 月 30 日沪深股市大盘大幅低开，全天震荡下行。上证综指收于 4 053.09 点，跌幅为 6.5%。深证成指下跌 829.4 点，跌幅为 6.16%。

（2）证券印花税调整出台时间对股价波动幅度的影响。在 2007 年 1 ~ 5 月股价持续上涨的情况下，股票市场实际上已经存在着越来越严重的泡沫。此时提高证券印花税税率加大了投资者的交易成本，噪声交易者大量抛售股票，引起短期内波动性显著增加。反之，2008 年 1 ~ 4 月股价持续下跌，由于证券印花税调整出台时点的滞后，因而它所引起股价反弹的时间很短。

（3）证券印花税调整幅度对股价波动幅度的影响。这两次调整对证券印花税的税率调整幅度宽达 2‰。我国是少数对证券印花税实行双边征收的国家，因而在一次交易中股票买卖双边所需承担的交易成本将增减 4‰。这种过宽的税率调整幅度（尤其是增税），将导致股价在短期产生剧烈变化。

（4）证券印花税调整与其他政策配套出台对股价波动幅度的影响。2008 年 9 月 18 日晚间，管理层推出了"单边征收印花税、汇金公司购入三大银行股票、国资委表态支持央企增持或回购行为"三大利好的"政策组合拳"，其中，汇金公司直接在二级市场出手的救市力度在中国证券市场上是绝无仅有的。2008 年 9 月 19 日，大盘在多重利好的刺激下大幅跳空高开，两市交易的股票、基金、权证和 FTF 等 1 570 只证券全部涨停，这是自 2001 年 10 月 23 日以来，A 股再现了"大盘涨停"的盛况。最终，上证综指收于 2 075.09 点，上涨 179.25 点，涨幅 9.45%，是实施涨跌停板制度以来的第二大单日涨幅。深证成指收于 7 154 点，上涨 590.93 点，涨幅 9%。因此，在极度弱市的背景下，仅仅调整证券印花税的刺激作用是非常有限的，而若推出多重的"政策组合拳"，则能够释放出能量极大的复合政策效应。

第五章 金融市场税收政策微观经济效应
——基于中国债券市场经验数据的实证分析 ✖

债券市场是基础金融工具市场的重要组成部分。本章将基于中国债券市场的经验数据，对中国债券市场税收政策的微观经济效应进行实证评估。

第一节 文献综述：债市与股市的联动性

上章我们已对金融市场税收微观经济效应的实证研究进行了评析。本章将进一步对股市与债市的联动性的文献进行回顾，为进一步分析金融市场税收对债券市场的影响提供依据。

国外学界大多从实证的角度探讨股票市场与债券市场的相关性，以及股票价格波动对债券市场的影响。皮特·博萨特斯（Peter Bossaerts, 1988）[①] 实证考察了股票价格与债券价格的关联度，其结论为：股票价格与债券价格之间存在协整关系，即股票价格变动会引起债券价格变动。卡姆·陈、斯蒂芬·罗宾等（Kam C. Chan, Stefan C. Norrbin and Pikki Lai, 1997）[②] 研究了股票价格与债券价格之间是否存在共线性。研究结果表明，股票价格与债券价格之间存在 1 阶协整关系，存在非静态因素促使股票价格和债券价格变动，但这种非静态因素并未导致股票价格和债券价格同时变动，因而二者并非共线性关系。塔伦·查蒂亚、安·萨卡尔和苏布拉马尼亚姆（Tarun Chordia, Asani Sarkar, Avanidhar Subrahmanyam, 2001）[③] 利用美国 1991 年 6 月至 1998 年 12 月股票市场和债券市场的数据，实证考察了股票市场与债券市场之间的关系，发现股票市场与债券市场的成交量、价格存在显著相关性，尤其在金融危机时期，两市场之间的价格、成交量的相关性更显著。谢尔盖·马斯洛夫和伯特兰·勒纳（Sergei Maslov and Bertrand

---

① Peter Bossaerts（1988），Common nonstationary components of asset prices. Journal of Economic Dynamics and Control，Volume 12，Issues 2 – 3.

② Kam C. Chan，Stefan C. Norrbin and Pikki Lai（1997）. Are stock and bond prices collinear in the long run? International Review of Economics & Finance，Volume 6，Issue 2.

③ Chordia Tarun，Asani Sarkar，and Avanidhar Subrahmanyam（2001）. Common determinants of bond and stock market liquidity：The impact of financial crises，monetary policy，and mutual fund flows. Working paper，Emory University，the Federal Reserve Bank of New York.

M. Roehner，2004）① 认为股票与债券价格没有显著的相关性，但若股市崩盘之后反弹时，股票价格与债券价格有很强的相关性。而阿兰·德雷尔和皮埃尔·吉奥（Alain Durre and Pierre Giot，2005）② 则认为短期内股票价格对国债价格有显著影响效应，但长期内影响效应较弱。塔伦·查蒂亚、安·萨卡尔和苏布拉马尼亚姆（Tarun Chordia，Asani Sarkar，Avanidhar Subrahmanyam，2005）③ 实证研究了股票市场与债券市场之间的流动性和波动性，结果表明，股票市场与债券市场之间的波动性和流动性显著相关，市场的波动性是预测流动性变化的信息。基姆和弗朗西斯·茵（Sangbae Kim and Francis In，2007）④ 研究了七个国家（加拿大、法国、意大利、德国、日本、英国和美国）的股票价格与债券收益率之间的关系，通过研究发现股票的价格与债券价格的变动关系因国家而异，除日本之外，另外六个国家的股票价格与债券价格变动并不是同步的。

　　国内学界也对股票市场与债券市场之间的联动性进行了实证分析。张雪莹⑤（2005）从通货膨胀率、经济周期和货币政策层面，分析了我国股市与债市之间的变化关系，其结果表明，通货膨胀率越高，股市与债市之间的相关性越低。陈锐刚、杨如彦⑥（2005）利用向量自回归模型，实证考察了股市与银行间债市之间的联动性。其结果表明，债券市场价格变动并不直接影响股票市场价格波动；在 2002 年 10 月 24日之前，股市与银行间债市之间存在长期稳定的趋势关系，但银行间债市开放后，二者之间的互相影响关系消失。曾志坚、江洲⑦（2007）认为我国股票市场与债券市场收益率之间存在长期的相互影响，它们之间存在领先—滞后关系。吴谦⑧（2007）利用误差修正模型实证考察了可转换债券⑨价格与股票价格之间的关系，其结果表明，部分可转换债权价格与基础股票价格之间存在长期均衡关系，股票价格领先于可转换债券价格，而有些可转换债券价格与股票价格之间的协整关系不显著。袁超、张兵、汪慧建⑩（2008）对债券市场与股票市场之间的动态相关性进行了实证研究，其结果

　　① Sergei Maslov and Bertrand M. Roehner（2004）. The conundrum of stock versus bond prices. Physica A：Statistical Mechanics and its Applications，Volume 335，Issues 1 – 2.

　　② Alain Durre and Pierre Giot（2005）. An International Analysis of Earnings，Stock Prices and Bond Yields. ECB Working Paper No. 515. Available at SSRN：http：//ssrn. com/abstract = 775426.

　　③ Tarun Chordia，Asani Sarkar，Avanidhar Subrahmanyam（2005）. An Empirical Analysis of Stock and Bond Market Liquidity. The Review of Financial Studies Volume 18，Issue 1.

　　④ Sangbae Kim and Francis In（2007）. On the relationship between changes in stock prices and bond yields in the G7 countries：Wavelet analysis. Journal of International Financial Markets，Institutions and Money，Volume 17，Issue 2.

　　⑤ 张雪莹：《股市与债市的相关性分析》，载于《山东工商学院学报》2005 年第 5 期。

　　⑥ 陈锐刚、杨如彦：《股市和银行间债市风险联动分析》，载于《制度经济学研究》2005 年第 2 期。

　　⑦ 曾志坚、江洲：《关于我国股票市场与债券市场收益率联动性的实证研究》，载于《当代财经》2007 年第 7 期。

　　⑧ 吴谦：《可转债价格与股票价格动态传导关系实证研究——基于多变量协整方法和非对称误差修正模型的检验分析》，载于《财经研究》2007 年第 5 期。

　　⑨ 可转换债券是可转换公司债券的简称。它是一种可以在特定时间、按特定条件转换为普通股票的特殊企业债券。可转换债券兼具债券和股票的特征。

　　⑩ 袁超、张兵、汪慧建：《债券市场与股票市场的动态相关性研究》，载于《金融研究》2008 年第 1 期。

表明，两市场的相关性受经济运行情况和宏观政策等外部不确定性因素影响发生结构性变化，从股市和债市联动性考察，联合负冲击的影响要大于联合正冲击的影响。张秀艳、张敏[1]（2009）利用 GARCH 模型实证研究了可转换债券市场与股票市场波动关系，可转换债券市场收益率波动与股票市场收益率波动之间存在显著的正相关性，两市场对共同信息的反应速度和收益率变化程度时相近的。陆贤伟、董大勇、纪春霞[2]（2009）利用 VECH 模型，实证考察了债券市场和股票市场波动非对称性，其结果表明：债券市场和股票市场之间对同一信息呈显著的反向变动关系。王璐、庞皓[3]（2009）实证分析了股票市场与债券市场波动溢出效应，其结果表明：我国股票市场与债券市场波动溢出效应因时期不同而不同，波动效应具有不对称性，即股票市场对债券市场影响大于债券市场对股票市场的影响。

第二节　数理模型：债券市场税收的经济效应

本节将在已有研究成果的基础上，从理论层面考察金融市场税收的债券市场效应，即证券交易税与利息税的债券价格效应和债券规模效应。

🌿 一、债券市场：金融市场税收的价格效应

（一）利息税的债券价格效应

本节分析的基础是利息税的利率效应理论以及利率期限结构理论。早期利率决定理论并没有考虑利息税的效应，比如费雪方程。很多学者认为这一理论忽视了利息税效应是不合理的。随后西方学者开始研究利息税效应下的利率决定理论。自从米歇尔·达比（Michael R. Darby，1975），马丁·费尔德斯坦（Martin Feldstein，1976）和维托·坦兹（Vito Tanzi，1976）研究之后，经济学家修正了标准的费雪方程，把利息税引入方程中。[4] 他们认为费雪方程假定了给定 r，预期通货膨胀的增加导致名义利率同等量的增加。然而，由于对利息收入要征税，为了保证税后实际利率不变，则可得：

$$i = r + \frac{\pi}{(1 - T)} \tag{5-1}$$

其中，i 为名义利率，r 为实际利率，π 为预期通货膨胀率，T 为利息税率。根据利率期限结构理论，从收益率的构成要素上看，债券到期收益率通常由债券价格、息

---

① 张秀艳、张敏：《可转换债券市场与股票市场的波动的关系——基于二元 GARCH 模型的实证研究》，载于《吉林大学社会科学学报》2009 年第 7 期。

② 陆贤伟、董大勇、纪春霞：《债市和股市波动非对称性》，载于《系统工程》2009 年第 9 期。

③ 王璐、庞皓：《中国股市和债市波动溢出效应的 MV－GARCH 分析》，载于《数理统计与管理》2009 年第 1 期。

④ Yash Mehra（1984）. The tax effect，and the recent behaviour of the after－tax real rate：is it too high?. Economic Review，1984，Volume 70，Issue 4.

票支付、债券期限和预期收益率（市场利率或者说到期收益率）等组成。它们之间数量关系为：①

$$P = \sum_{n=1}^{N} \frac{C(1 - Tb)}{(1 + y)^{n-1+w}} + \frac{V}{(1 + y)^{n-1+w}} - \frac{A \times C}{365} \qquad (5-2)$$

其中，$w = \dfrac{365/m - A}{365/m}$，$A$ 表示上一次债券利息支付期到债券抛售期的实际天数，V 为债券票面值，C 为债券利息，Tb 为债券利息所得税税率，m 为一年支付债券利息的次数，y 为债券税后预期收益率，N 为债券到期期限。

假定投资者有两种投资选择，一是将资金存入银行获得存款利息收益；二是将资金投入债券市场，从而可获得债券利息收益和债券价差收益。当存款利息税后真实预期收益率与债券市场的投资预期收益率相等时，市场达到均衡。若二者不相等，财富最大化的投资者将在投资选择中重新分配资金，直到二者相等。② 依据这一观点，设债券税前预期利率为 ib，从而可得：

$$i - \frac{1}{1 - T} \pi = ib - \frac{1}{1 - Tb} \pi = y \qquad (5-3)$$

由于我国国债利息所得不征税，所以 $Tb = 0$。一般来说，债券利息支付半年一次或者一年一次，这里假设债券利息一年支付一次，即 $m = 1$，这个假定不会影响理论分析结果。由式（5-2）和式（5-3）可得：

$$P = \sum_{n=1}^{N} \frac{C}{\left(1 + i - \dfrac{1}{1 - T} \pi\right)^{n-1+w}} + \frac{V}{\left(1 + i - \dfrac{1}{1 - T} \pi\right)^{n-1+w}} - \frac{A \times C}{365} \qquad (5-4)$$

从式（5-4）可知，居民储蓄存款利率增加（减少），债券价格就会降低（提高）。利息税与债券价格呈正向关系，提高（降低）利息税率使得债券价格提高（降低）。式（5-4）反映的是利息税、利率对债券价格的直接影响；另一方面，利息税率的调整可能还会通过股票市场间接影响债券价格。

（二）证券交易税的债券价格效应

证券交易税对国债价格影响的数理模型是建立在 Fed 模型的基础上。Fed 模型是 20 世纪 90 年代被提出的，主要用来考察股票价格指数收益率与长期政府债券收益率的关系。在理论上，证券交易税通过影响股票价格对债券市场产生影响，证券交易税率提高（降低）会增加（减少）投资者的投资成本，从而股价会降低（提高）。就股票价格与债券收益率的关系而言，西方学界认为具有不确定性，二者可能存在正相关也可能存在负相关。Fed 模型得出了股票价格与债券收益率呈反方向变化关系的结论。但这一结论被后来的学者质疑，他们认为在

---

① Andrew Ang, Vineer Bhansali, Yuhang Xing (2008). Taxes on tax-exempt bonds. NBER working paper.

② Mankiw N. Gregory, James M. Poterba (1996), Stock market yield and the pricing of municipal bonds, NBER working paper.

fed 模型中没有考虑不确定性因素，比如通货膨胀、风险溢价以及投资者的风险偏好等，若考虑这些因素，股票价格与债券收益率之间具有不确定的关系。这一结论后被艾当拿和金德（Addona and Kind，2006）所证实，他们利用资产定价模型实证分析了 7 个国家的股票价格与债券收益率的关系，发现有些国家（美国、英国）的股票价格与债券收益率呈正相关关系，而日本却与之相反。因此，基于上述分析，本文把通货膨胀、风险溢价、股息收益率等因素引进 Fed 模型。

$$HPR_t = \frac{P_{t+1}^e(1 - \pi) - P_t + C_{t+1}(1 - \pi)}{P_t} \qquad (5-5)$$

其中，HPR_t 为债券实际预期收益率，用 r 表示；P_{t+1}^e 为债券预期价格，P_t 为当期债券价格，π 为通货膨胀率，C_{t+1} 为未来债券利息收入。将时间推后 N 期，由式（5-5）可得债券价格的通式：

$$P_t = (1 - \pi)\left[\sum_{i=1}^{N} \frac{C_{t+i}}{(1 + h)^i} + \frac{P_{t+N}^e}{(1 + h)^N}\right] \qquad (5-6)$$

依据格林（Green，1993）、曼昆和波特伯（Mankiw and Poterba，1996）提出的理论，对于投资者来说，股票市场与债券市场达到均衡时，两个市场的税后收益率相等，即

$$h + \theta = d(1 - \tau_1) + g(1 - \tau_2) \qquad (5-7)$$

其中 θ 为风险溢价，d 为股息（红利）收益率，g 为股票的资本利得收益。τ_1 为股息（红利）所得税税率；τ_2 为证券印花税税率，表示证券印花税是双边征收。把式（5-7）代入式（5-6）可得：

$$P_t = (1 - \pi)\left[\sum_{i=1}^{N} \frac{C_{t+i}}{(1 + d(1 - \tau_1) + g(1 - \tau_2) - \theta)^i}\right.$$
$$\left. + \frac{P_{t+N}^e}{(1 + d(1 - \tau_1) + g(1 - \tau_2) - \theta)^N}\right] \qquad (5-8)$$

由式（5-8）可知，影响债券价格因素有预期价格、债券利息收入、通货膨胀率、股息红利所得、资本利得、风险溢价、证券交易税以及股利所得税。证券交易税率提高（降低），导致债券价格提高（减少）。

🌿 二、债券市场：金融市场税收的规模效应

金融市场税收的规模效应，体现为金融税收变化对债券市场交易量的影响。① 金融市场税收通过影响金融商品的供给和需求，进而影响市场交易量的大小。本节数理模型是建立在修正后混合分布模型的基础上。克拉克（Clark，1973）就资产价格和交易量提出了混合分布假说：信息流决定了资产价格和交易量的大小，政策信息的变化会引起市场交易量和价格变动。该假说得到学界的

———————————

① 这里的债券市场交易量指的是二级债券市场交易量。

认同，玛丽莲和罗伯特（Marilyn and Robert，1999）在这一假说的基础上，提出了相应的数理模型。他们认为，金融市场交易量的变动主要是由于新的市场信息不断地到达市场造成的，即信息是决定交易量和价格变动的重要因素，并提出了信息数理模型。信息数理模型包括混合分布假说模型，该模型对于实证金融研究起到了重要的作用。混合分布理论认为，市场交易量由流动性需求交易量和信息驱动性交易量构成。根据混合分布理论，在利息税或证券交易税政策信息传递到市场之后，将改变市场价格和交易量。我们依据混合分布模型，构建金融市场税收影响债券交易量的模型：

$$V_t = LTV_t(tax, f_1) + ITV(tax, f_2) \qquad (5-9)$$

其中，V 表示债券交易量，LTV 表示流动性需求交易量，ITV 为信息驱动性交易量，tax 为金融市场税收，f_1 为除金融市场税收外影响流动性需求交易量的因素，f_2 为除金融市场税收外影响信息驱动性交易量的因素。假设政府对金融市场税收进行调整，由 tax 调整为 tax^*，债券交易量改变量为：

$$\Delta V_t = \left[LTV_t(tax^*, f_1) - LTV_t(tax, f_1) \right] + \left[ITV(tax^*, f_2) - ITV(tax, f_2) \right]$$
$$(5-10)$$

式（5-10）反映了利息税政策与证券交易税政策的调整会导致债券交易量的变动。当然，利息税、证券交易税到底对债券交易量有何影响，还需进行实证检验。

🌿 三、债券市场：金融市场税收的风险效应

在揭示了债券定价中税收效应的基础上，将加入风险溢价因素（即假设 y_{sd} 不为零），进一步考察风险债券定价中税收效应（y_{sh}）与风险效应（y_{sd}）的关系。

假设：P_0 表示 n 年到期的无风险债券（如国库券）的当前市场价格，该债券每年承诺给投资者的现金流量是：第一年为 C_1，第二年为 C_2，等等，F 为期末偿还价格。无风险债券价格为：

$$P_0 = \sum_{t=1}^{n} \frac{C}{(1+y_t)^t} + \frac{F}{(1+y_n)^n} \qquad (5-11)$$

一般而言，投资者投资于风险债券的收益应该高于无风险债券，它是由基准利率与利差共同构成。基准利率是投资者投资于风险资产（非国库券）应该要求的最低收益率，而利差则是由该种资产的风险性（系统性风险与非系统性风险）、税务性（金融工具所得的税收待遇）、时间性（金融工具的期限）以及流动性等因素所决定。即：风险债券的预期收益率 = 基准利率 + 利差。

假设：P_0^* 表示 n 年到期的风险债券的当前市场价格，y_{ss} 表示利差，则由式（5-11）可得有风险债券价格为：

$$P_0^* = \sum_{t=1}^{n} \frac{C}{(1+y_t+y_{ss})^t} + \frac{F}{(1+y_n+y_{ss})^n} \qquad (5-12)$$

现假设：有两种债券——无风险的 H_1（国债）与有风险的 H_2（企业债券）；政府对两种债券均要课征税率为 τ_{21} 的证券交易税税率，以及税率 τ_{23} 为资本利得税，但实行不同的利息税政策，对 H_1 免税，对 H_2 课征税率为 τ_{22} 的利息税。风险债券 H_2 的利差是由风险溢价（y_{sd}）与税收溢价（y_{sh}）共同构成，即 $y_{ss} = y_{sd} + y_{sh}$。

为了便于分析，我们引入以下的符号和定义，构造一个模拟实例，揭示金融市场市场税收的债券风险效应。

设有三种税收待遇不同的金融资产：b 资产为完全应税债券；a 资产为不完全应税债券；m 资产为免税的债券；

T：投资者承担的总税收；

t：投资者承担的总税率；

te：显性税率 $=(R_i^o - r^*)$；

ti：隐性税率 $=(R_b^o - R_i^o)$；

g：拟进行投资的资产税收待遇。对一种完全应税债券，$g = l$（所有收入都以普通税率征税）；对于免税的债券（国债），$g = 0$（对该债券的任何收益都不征税）；而对于不完全应税资产，$0 < g < 1$；

R：必要的税前收益率。三种税收待遇不同的金融资产的税前收益率分别为 R_b、R_a、R_m；

R^o：必要（或被观察到的）税前总收益率（包括风险差异和税收差异）；

R^{rp}：风险资产的必要税前风险收益率；

R^{rh}：风险资产已调整的税前收益率 $= R^o - R^{rp}$；

r：税后收益率；

r^*：在市场均衡竞争状态下，所有资产已调整风险的共同税后收益率；

r^{rp}：风险资产的必要税后风险收益率。因为 $r^{rp} = R^{rp}(1 - gt)$，这里 g 表示列入完全应税收入中的那部分税前收益占资产总税前收益的百分比；

r^{rh}：风险资产已调整风险的税后收益率 = 均衡状态下的 r^*，这进一步意味着因为 $r^{rh} = R^{rh}(1 - gt)$，则 $R^{rh} = r^* / (1 - gt)$。

在完全竞争的市场中，任何投资者支付的税收总额都是隐性税收和显性税收的总和。显性税收是指投资者依据税法规定直接支付给税收当局的税收，换言之，它是资产税前收益率与税后收益率之间的差额，即 $R_a - r^*$。而隐性税收则是指是因投资者选择了享有税收优惠待遇的资产后，所造成的税前收益率下降而减少的收益。换言之，它是基准资产（一种完全应税的风险资产，如应税企业债券）与享受税收优惠待遇资产的税前收益率之间的差额，即 $R_b - R_a$。为此，存在以下等量关系：

$$总税收 = 隐性税收 + 显性税收$$
$$T = (R_b - R_a) + (R_a - r^*) = R_b - r^* \qquad (5-13)$$
$$总税率 = 隐性税率 + 显性税率$$

$$t = (R_b - R_a)/R_b + (R_a - r^*)/R_b = (R_b - r^*)/R_b \qquad (5-14)$$

我们将依据表 5 - 1 给出的数据，分析税收与风险对债券预期收益率的影响。

表 5 - 1 　　　　　　　　　　不同税收待遇和风险水平下的债券预期收益率　　　　　单位:%

	完全应税债券（b）	不完全应税债券（a）	免税债券（m）
R^o（必要的税前收益率）	20	12	12
忽略风险差异 $R_m = r^* = 12$ 意味着:			
te（显性税率）	40	0	0
ti（隐性税率）	0	40	40
t（总税率）	40	40	40
调整风险差异			
R^{rp}（必要税前风险收益率）	5	2	3
R^{rh}（已调整的税前收益率）	15	10	$9 = r^*$
te（显性税率）	40	6.7	0
ti（隐性税率）	0	33.3	40
t（总税率）	40	40	40
其他计算			
g^*（收益中应税收入的百分比）	100	25	0
r^{rh}（已调整风险的税后收益率）	9	9	9
r^{rp}（必要税后风险收益率）	3	1.8	3

注: g^* 是资产收入中按法定税率（本例是 40%）纳税的部分占资产收入的百分率。我们通过 $R^{rh}(1 - g. \times 0.40) = r^*$ 估计 g。因此，对于不完全应税资产，将 $R^{rh} = 10\%$，$r^* = 9\%$ 代入可解出 $g = 25\%$。

在表 5 - 1 中，每种资产的必要税前总收益率（R^o）分别为 20%、14% 和 12%。如果我们忽略风险差异，则免税资产 12% 的收益率表示均衡条件下所有资产的税后必要收益率 r^*，并且能够计算出每种资产的显性税率与隐性税率。由此可见，即使在一项资产是部分应税（a），而另一项资产是完全免税（m）的条件下，不完全应税资产也与免税资产的隐性税率相同（均为40%）。为什么会出现这样的结果？我们必须扩展到包含风险因素的收益率分析。在考虑风险差异调整的基础上，每种资产的（给定）必要税前风险收益率（R^p）分别为5%、2%和3%。依据相关等量关系，我们可以计算出三种资产（b、a、m）的税前收益率、税后收益率以及税后风险收益率。由于税前风险收益不仅包括风险差异，而且还包括税收差异。因此，只有比较税后风险收益，才能真实的评价各种资产风险的大小。[1]

模拟实例分析使我们可以得到以下结论：（1）债券资产的风险效应。风险程度不同的金融资产要求获得不同的风险溢价，即三种资产的必要税后风险收益率（r^p）不同。税后风险收益为1.8%的不完全应税资产是三种资产中风险最小的；另外两种资产都具有相同的税后风险收益（3%），表明它们风险相等。（2）债券资产的税收效应。不同的税收待遇将导致相应债券资产的必要税前风险收益率（R^p）不同。但是，在没有税收约束和市场摩擦的完全竞争均衡状态下，所有债券资产的已调整风险的税后收益率（r^h）都是一样的，否则就存在套利机会。（3）债券资产的风险与税收综合效应。债券资产的风险效应与税收效应是相互影响的。一方面，风险效应会抵消资产税收待遇的差异，这就是导致不完全应税资产（a）与免税资产（m）的税前收益率（R^p）都相同（12%）的根本原因。另一方面，税收效应也会造成风险程度相同资产的税前风险收益率（R^p）不同，完全应税资产（a）为5%，而免税资产（m）仅为3%。这实际上是对完全应税资产的风险溢价也征了40%的显性税收，即 $5\% \times 40\% = 2\%$。

因此，税务性（金融资产的税收待遇）可以通过影响无风险债券的基准利率、风险债券的利差以及债券资产之间的相对收益率，进而决定某种风险债券的预期收益率。

第三节　中国债券市场：税收微观经济效应的实证分析

从理论层面来看，金融市场税收政策变化会导致债券的价格和规模变动。对于新兴的中国债券市场，金融市场税收能否产生效应，还需进行实证检验。由于在中国债券市场上国债比重较大，因而本章选择国债作为实证考察对象，进而考察金融市场税收的债券价格效应和债券规模效应。

---

[1]　本模拟实例根据迈伦斯科尔斯等：《税收与企业战略》，中国财政经济出版社2004年版，第84～87页的内容改编。

一、实证研究设计

（一）样本选择与数据来源

样本数据为日度数据。样本期为 2005 年 1 月 24 日证券印花税①税率调整前后 60 个交易日；2007 年 5 月 30 日证券印花税税率上调前后 60 个交易日；以及 2007 年 8 月 15 日利息税税率调整前后 60 个交易日。由于我国上海与深圳证券市场存在齐涨齐跌现象，为简单起见，本章选取上证数据进行分析。国债价格指数和国债交易量数据均来源于《中国证券市场 CSMAR 系列研究数据库》。

（二）变量的选择

本章的实证主要是分析金融市场税收的国债价格效应和规模效应。所涉及的变量有国债价格、国债规模以及交易日。使用国债价格指数作为国债价格的衡量指标，用 BP 表示；使用国债交易量作为国债规模的衡量指标，用 Volume 表示；交易日用 day 表示。

（三）方法的选择

本章采用计量的方法，考察金融市场税收的价格效应和规模效应。具体而言：（1）通过利息税、证券印花税调整前后国债价格指数的散点图，分析其税率变动对国债价格水平的影响。（2）通过散点图分析国债交易量与交易日之间的趋势关系，利用计量软件，回归分析利息税、证券印花税税率调整对国债交易量的影响，从而反映利息税、证券印花税的国债规模效应。（3）通过构建广义自回归条件方差模型 GARCH（1，1），揭示金融市场税收变动对国债价格波动性的影响。由于金融时间序列（如股票价格、债券价格等）具有尖峰后尾的特征，微弱但持久记忆，波动群集等非古典现象，方差会随时间变化而变化，通过广义自回归条件方差模型，可以有效地揭示金融市场税收变动对国债价格波动性的影响。

二、中国债券市场税收的市场价格效应

我们利用金融市场税收调整前后国债价格指数数据，实证考察金融市场税收调整对国债价格水平以及价格波动的影响。

（一）利息税对国债价格水平的影响

我们利用利息税税率调整前后的国债价格指数的散点图，考察利息税税率调整对国债价格水平的影响。由于无法获取 1999 年国债价格数据，因而我们仅考察 2007 年和 2008 年两次下调利息税税率对国债价格的影响。

---

① 我国证券印花税实质是证券交易税。

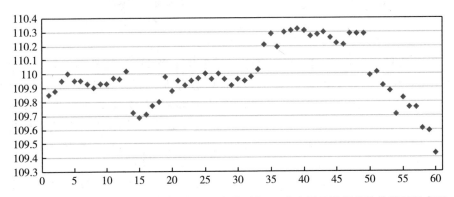

图 5 – 1 2007 年 8 月 15 日下调利息税税率前后各 30 个交易日的国债价格指数散点图

由图 5 – 1 可知，2007 年 8 月 15 日利息税税率下调对国债价格产生了影响。利息税税率调整当日，国债价格指数由 109.96 下降为 109.95。在利息税率下调前，由于国债价格具有不断上升趋势，受趋势因素的影响，利息税税率下调后，国债价格并未保持持续下降趋势，而是在 5 个交易日后国债价格才开始持续下降，这表明了利息税下调对国债价格影响具有一定的滞后性。

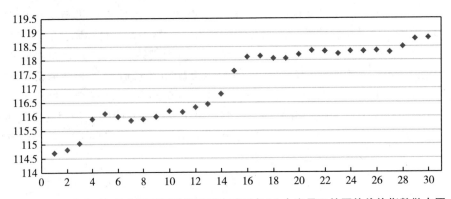

图 5 – 2 2008 年 10 月 9 日下调利息税税率前后各 15 个交易日的国债价格指数散点图

由图 5 – 2 可知，2008 年 10 月 9 日利息税税率调整后第 2 个交易日，国债价格开始下降。第 2 个交易日国债价格从 118.16 下降至 118.07，第 3 个交易日国债价格下降至 118.06。国债价格下降两个交易日后开始上升。主要原因可能有两方面：（1）利率下调。2008 年 10 月 9 日政府在实施下调利息税税率政策时，也实施了降低利率的政策，利率下调导致国债价格上升。这一结论可以从前人的研究成果中得到印证。例如孙克任、王雪清（2007）对国债到期收益率与银行存款利率变动趋势的比较分析中，发现国债到期收益率与银行存款利率调整呈同方向变动，即银行利率下调会导致国债价格下降。① （2） 受趋势因素的影响。由于在调整利息税税率之前，国债价格处于上升的趋势，虽然在利息税税率调整之后，国债价格上升的趋势并未改变，但是从国债价格增长的速度来看，相对于税率调整前，税率下调后的国债价格增长速度降低 （如图5－3所示）。这表明利息税对国债价格水平具有负效应。

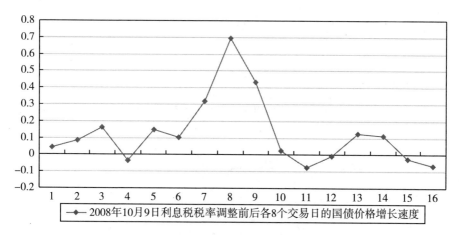

图5－3　国债价格增长速度

（二） 证券印花税对国债价格水平的影响

我们选择两次证券印花税税率调整前后国债价格的数据，考察证券印花税对国债价格的影响。

2005 年 1 月 24 日证券印花税是税率下调后，在前 3 个交易日国债价格没有明显下降，第 4 个交易日国债价格开始下降，即国债价格由 97.29 下降至 97.17。尽管国债价格在税率调整后第 1 个交易日没有明显下降，但与税率调整前国债价格增长速度相比，税率调整后的国债价格增长速度有所减缓，即国债价格增长速度由 0.11385% 下降至 0.09304%。此次证券印花税税率下调后，国债价格并未立即下降，其原因在于受税率调整前国债价格增长趋势的影响。

2007 年 5 月 30 日证券印花税是税率上调后，国债价格有明显的变化。税率调整后的第 1 个交易日国债价格由 110.71 上升到 110.73，随后受国债价格下降趋势因素的影响，国债价格又呈下降趋势，但是下降的速度有所减缓，如税率调整后的第 2 个交易日国债价格下降的速度为 0.07225%，而第 3 个交易日国债价格下降速度为 0.02711%。

---

① 孙克任、王雪清：《国债到期收益率与银行利率变动趋势的比较分析》，载于《中国管理科学》2007 年第 10 期。

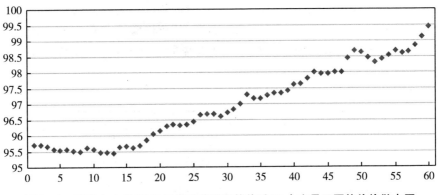

图 5 - 4　2005 年 1 月 24 日证券印花税调整前后 30 个交易日国债价格散点图

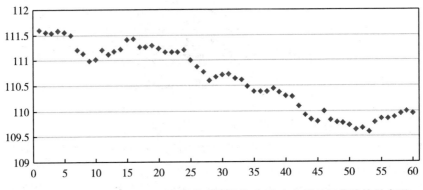

图 5 - 5　2007 年 5 月 30 日证券印花税调整前后 30 个交易日国债价格散点图

三、中国债券市场税收的市场规模效应

（一）利息税的市场规模效应

我们选择 2007 年 8 月 15 日利息税税率下调作为考察事件，通过对利息税税率调整前后 30 个交易日的国债交易量进行分析，探究利息税的国债规模效应。作国债交易量与利息税税率调整前后 30 个交易日的散点图，如图 5 - 6 所示。

从散点图可以看出，国债交易量与利息税税率调整前后交易日大体呈现为非线性关系，对数据用 11 种常见曲线模型进行曲线估计，估计结果如表 5 - 2 所示。

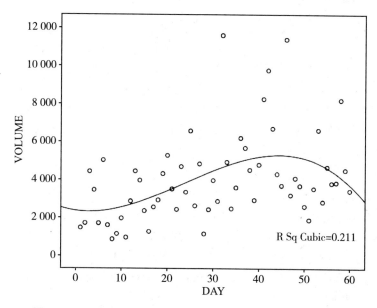

图 5-6　国债交易量与利息税下调前后 30 个交易日的散点图

表 5-2　　　　　　　　　　模型基本情况与参数估计结果

Equation	Model Summary					Parameter Estimates			
	R Square	F	df1	df2	Sig.	Constant	b1	b2	b3
Linear	0.149	10.176	1	58	0.002	2 462.923	51.047		
Logarithmic	0.154	10.598	1	58	0.002	854.496	1 006.854		
Inverse	0.072	4.483	1	58	0.039	4 349.274	-4 223.556		
Quadratic	0.189	6.657	2	57	0.003	1 386.099	155.255	-1.708	
Cubic	0.211	5.001	3	56	0.004	2 377.451	-32.067	5.906	-0.083
Compound	0.217	16.072	1	58	0.000	2 164.707	1.015		
Power	0.225	16.868	1	58	0.000	1 336.140	0.302		
S	0.110	7.164	1	58	0.010	8.247	-1.297		
Growth	0.217	16.072	1	58	0.000	7.680	0.015		
Exponential	0.217	16.072	1	58	0.000	2 164.707	0.015		
Logistic	0.217	16.072	1	58	0.000	0.000	0.985		

被解释变量：VOLUME，解释变量：DAY。

由表 5-2 可知，拟合成二次函数时的显著性最好。通过回归分析，我们认为拟合成二次函数较为合理。因而可得如下回归方程：

$$\text{Volume} = 13\,860.\,10 + 155.\,26\text{day} - 1.\,71\text{day}^2 \qquad (5-15)$$

$$t = (1.\,63) \qquad (2.\,42) \qquad (-1.\,68)$$

$$R^2 = 0.\,189 \qquad \overline{R}^2 = 0.\,161 \qquad D-W = 1.\,865$$

由式（5 – 15）可知，模型中回归系数在 10% 的水平下均通过显著性检验。经自相关检验，该模型不存在自相性。因而，该回归方程能够较好地反映利息税调整前后国债交易量的变化趋势。总体来说，利息税税率下调导致国债交易量先呈上升趋势，一定时期后具有下降趋势。

（二）证券印花税的市场规模效应

我们选择 2005 年 1 月 24 日证券印花税税率下调和 2007 年 5 月 30 日证券印花税税率上调作为作考察事件，通过对证券税税率调整前后 30 个交易日的国债交易量进行分析，探究证券印花税税率调整对国债交易量的影响。

1. 2005 年 1 月 24 日降低证券印花税税率对国债交易量的影响

作国债交易量与 2005 年 1 月 24 日证券税税率下调前后 30 个交易日的散点图，如图 5 – 7 所示。

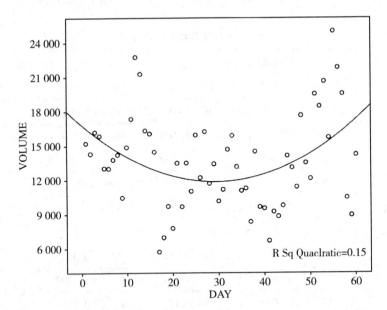

图 5 – 7　国债交易量与证券印花税下调前后 30 个交易日的散点图

从散点图可以看出，国债交易量与证券印花税税率下调前后交易日之间大体呈非线性关系，且二者具有开口向上的二次抛物线的趋势关系。对数据用 11 种常见曲线模型进行曲线估计，估计结果如表 5 – 3 所示：

表 5 – 3　　　　　　　　　　模型基本情况和参数估计结果

Equation	Model Summary					Parameter Estimates			
	R Square	F	df1	df2	Sig.	Constant	b1	b2	b3
Linear	0.003	0.200	1	58	0.656	13 198.314	13.772		
Logarithmic	0.003	0.183	1	58	0.670	14 421.111	– 255.345		
Inverse	0.008	0.494	1	58	0.485	13 417.488	2 575.315		
Quadratic	0.150	5.020	2	57	0.010	16 854.684	– 340.070	5.801	
Cubic	0.154	3.386	3	56	0.024	16 124.852	– 202.164	0.195	0.061
Compound	0.001	0.041	1	58	0.840	12 826.962	1.000		
Power	0.008	0.490	1	58	0.487	14 362.043	– 0.031		
S	0.015	0.902	1	58	0.346	9.453	0.261		
Growth	0.001	0.041	1	58	0.840	9.459	0.000		
Exponential	0.001	0.041	1	58	0.840	12 826.962	0.000		
Logistic	0.001	0.041	1	58	0.840	7.80E – 005	1.000		

被解释变量：VOLUME，解释变量：DAY。

由表 5 – 3 可知，拟合成二次函数时的显著性最好。通过回归分析，我们认为拟合成二次函数较为合理。从而可得如下回归方程：

$$Volume = 16\ 854.68 - 340.07 day + 5.80 day^2 \qquad (5-16)$$
$$t = (10.94) \quad (-2.92) \quad (3.13)$$
$$R^2 = 0.150 \quad \bar{R}^2 = 0.120 \quad D-W = 1.003$$

由（5 – 16）式可知，模型中回归系数在 5% 的水平下均通过显著性检验。经自相关检验，该模型存在 1 阶自相性。采用科克伦—奥克特迭代法消除自相关性后，可得到如下回归方程：

$$Volume = 17\ 105.78 - 344.98 day + 5.72 day^2 + [AR(1) = 0.498]$$
$$t = (5.47) \quad (-1.54) \quad (1.68) \quad (4.23) \qquad (5-17)$$
$$R^2 = 0.358 \quad \bar{R}^2 = 0.323 \quad D-W = 2.08$$

消除自相关后，拟合优度提高，该回归方程能够较好地反映证券印花税下调前后国债交易量的变化趋势。由（5 – 17）式可知，降低证券印花税税率使得国债交易量呈上升趋势。

2. 2007 年 5 月 30 日提高证券印花税税率对国债交易量的影响

作国债交易量与 2007 年 5 月 30 日证券税税率上调前后 30 个交易日的散点图，如图 5 – 8 所示。

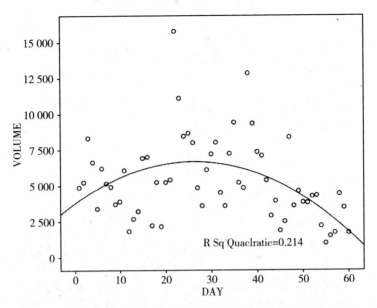

图5-8 国债交易量与证券印花税上升前后30个交易日的散点图

从散点图可以看出，国债交易量与证券印花税税率上调前后30个交易日之间呈明显的非线性关系，且二者具有开口向下的二次抛物线的趋势关系。对数据用11种常见曲线模型进行曲线估计，估计结果如表5-4所示：

表5-4 　　　　　　　　　　　　**模型基本情况与参数估计结果**

Equation	Model Summary					Parameter Estimates			
	R Square	F	df1	df2	Sig.	Constant	b1	b2	b3
Linear	0.051	3.132	1	58	0.082	6 444.343	-36.997		
Logarithmic	0.011	0.649	1	58	0.424	6 364.036	-333.388		
Inverse	0.000	0.024	1	58	0.877	5 284.931	397.425		
Quadratic	0.214	7.766	2	57	0.001	3 758.397	222.933	-4.261	
Cubic	0.228	5.528	3	56	0.002	4 749.624	35.634	3.352	-0.083
Compound	0.095	6.111	1	58	0.016	6 232.238	0.990		
Power	0.035	2.131	1	58	0.150	6 658.739	-0.117		
S	0.007	0.414	1	58	0.522	8.409	0.323		
Growth	0.095	6.111	1	58	0.016	8.737	-0.010		
Exponential	0.095	6.111	1	58	0.016	6 232.238	-0.010		
Logistic	0.095	6.111	1	58	0.016	0.000	1.010		

被解释变量：VOLUME，解释变量：DAY。

由表 5-3 可知，拟合成二次函数时的显著性最好。通过回归分析，我们认为拟合成二次函数较为合理。从而可得如下回归方程：

$$Volume = 3\ 758.40 + 222.93\,day - 4.26\,day^2 \tag{5-18}$$
$$t = (3.64) \qquad (2.86) \qquad (-3.44)$$
$$R^2 = 0.214 \qquad \bar{R}^2 = 0.187 \qquad D-W = 1.323$$

由式（5-18）可知，模型中回归系数在 5% 的水平下均通过显著性检验。经自相关检验，该模型存在 1 阶自相性。采用科克伦—奥克特迭代法消除自相关性后，可得到如下回归方程：

$$Volume = 3\ 509.94 + 238.83\,day - 4.48\,day^2 + [AR(1) = 0.338]$$
$$t = (2.11) \qquad (1.97) \qquad (-2.40) \qquad (2.66) \tag{5-19}$$
$$R^2 = 0.305 \qquad \bar{R}^2 = 0.268 \qquad D-W = 1.95$$

由式（5-19）可知，消除自相关后，拟合优度得到提高，在 5% 的水平下方程回归系数均通过显著性检验，该回归方程能够很好地反映证券印花税上调前后国债交易量的变化趋势。它显示了提高证券印花税税率导致国债交易量呈下降趋势。

四、中国债券市场税收的市场波动效应

债券价格的波动性反映了债券市场的流动性与稳定性。

（一）利息税对国债价格波动性的影响

我们选择 2007 年 8 月 15 日利息税税率下调前后的数据，考察利息税的变化对国债价格波动的影响。本文采用广义自回归条件异方差模型即 GARCH（1，1）模型：

均值方程：$BP_t = BP_{t-1} + u_t$ $\qquad\qquad\qquad\qquad$ (5-20)

方差方程为：$\sigma_t^2 = \alpha_0 + \alpha_1 u_{t-1}^2 + \alpha_2 \sigma_{t-1}^2 + \alpha_3 ict$ $\qquad$ (5-21)

根据式（5-20）和式（5-21），利用 2007 年 8 月 15 日利息税税率下调前后的数据，借助 Eviews 5.0 软件，可得到回归结果如下：

均值方程：$\qquad\qquad BP_t = 0.99994 BP_{t-1}$ $\qquad\qquad$ (5-22)
$$z = (12884.0)$$

方差方程：$\sigma_t^2 = 0.00037 - 0.09096\,u_{t-1}^2 + 1.03732\,\sigma_{t-1}^2 + 0.00026\,ict$
$$z = (1.4) \qquad (-4.0) \qquad\quad (34.9) \qquad\quad (2.3) \tag{5-23}$$
$$R^2 = 0.882 \qquad \bar{R}^2 = 0.878 \qquad D-W = 1.98 \qquad AIC = -1.97 \qquad SC = -1.85$$

由回归结果可知，模型拟合优度较高，AIC 和 SC 值都比较小，回归系数均通过显著性检验，可以认为该模型较好地拟合了数据。因此国债价格的波动性在利息税税率下调后显著地增加。

（二） 证券印花税对国债价格波动性的影响

在考察证券印花税对国债价格波动性的影响时，我们选择 2005 年 1 月 24 日证券印花税税率下调以及 2007 年 5 月 30 日证券印花税税率上调作为研究对象，通过税率上调和下调前后的国债价格指数数据，反映证券印花税变动对国债价格波动性的影响。本文采用广义自回归条件异方差模型即 GARCH（1，1）模型：

均值方程：$BP_t = BP_{t-1} + u_t$ （5-24）

方差方程为：$\sigma_t^2 = \alpha_0 + \alpha_1 u_{t-1}^2 + \alpha_2 \sigma_{t-1}^2 + \alpha_3 SST$ （5-25）

1. 2005 年 1 月 24 日证券印花税税率下调对国债价格波动性的影响

根据式（5-24）和式（5-25），使用 Eviews 5.0 软件，对 2005 年 1 月 24 日证券印花税调整前后国债价格数据进行回归分析，可得到回归结果如下：

均值方程：$\qquad BP_t = 1.000514 \, BP_{t-1}$ （5-26）

$$z = (6299.3)$$

方差方程：$\sigma_t^2 = 0.00099 - 0.21745 u_{t-1}^2 + 1.09177 \sigma_{t-1}^2 + 0.00191 SST$

$\qquad z = (3.0) \qquad (-3.0) \qquad (31.8) \qquad (4.0)$ （5-27）

$R^2 = 0.990 \quad \bar{R}^2 = 0.989 \quad D-W = 1.28 \quad AIC = -1.45 \quad SC = -1.27$

由回归结果可知，模型拟合优度较高，AIC 和 SC 值都比较小，回归系数均通过显著性检验，可以认为该模型较好地拟合了数据。因此证券印花税下调使得国债价格的波动性显著地增强。

2. 2007 年 5 月 30 日证券印花税税率上调对国债价格波动性的影响

对 2007 年 5 月 30 日证券印花税调整前后国债价格数据进行回归分析，可得到回归结果如下：

均值方程：$\qquad BP_t = 0.9998 \, BP_{t-1}$ （5-28）

$$z = (8187.7)$$

方差方程：$\sigma_t^2 = 0.00142 - 0.15537 u_{t-1}^2 + 1.05227 \sigma_{t-1}^2 - 0.00077 SST$

$\qquad z = (15.4) \qquad (-35.1) \qquad (70.1) \qquad (-2.6)$

（5-29）

$R^2 = 0.975 \quad \bar{R}^2 = 0.974 \quad D-W = 1.73 \quad AIC = -1.74 \quad SC = -1.57$

由回归结果可知，模型拟合优度较高，AIC 和 SC 值都比较小，回归系数均通过显著性检验，可以认为该模型较好地拟合了数据。因此证券印花税税率上调使得国债价格的波动性显著地减弱。

第四节　本章基本结论

本章通过数理模型的构造与中国债券市场税收政策微观效应的检验，可以得到以下实证结论。

一、中国债券市场税收的市场价格效应

（一）利息税的国债价格效应

从国债价格水平来考察，降低利息税税率对国债价格水平具有一定的影响，具体体现在两方面：（1）利息税税率与国债价格呈正向关系，即降低利息税税率导致了国债价格降低。（2）利息税对国债价格的影响具有时滞性。比如2007年利息税税率调整后5个交易日，国债价格才开始下降。我们认为造成利息税对国债价格的影响具有时滞性主要原因在于：国债价格上升（下降）惯性造成的，也就是说上一期的国债价格对其下一期有重要影响，这一点可以通过向量自回归中的脉冲响应函数证实。

（二）证券印花税的国债价格效应

从国债价格水平来考察，调整证券印花税税率导致了国债价格水平变化。具体而言：（1）证券印花税税率与国债价格水平呈正向关系。提高证券印花税税率使得国债价格水平提高；反之，降低证券印花税税率导致国债价格水平降低。（2）受趋势因素的影响，证券印花税对国债价格的影响具有滞后性。

二、中国债券市场税收的市场规模效应

（一）利息税的国债规模效应

利息税具有较为显著的国债规模效应，降低利息税税率导致国债交易量下降。2007年8月15日利息税税率由20%调整为5%后，国债交易量先是上升，接着开始下降，说明此政策具有一定的滞后性。国债交易量受趋势因素的影响，利息税税率调整后并未减少交易量，而是一段时期后才开始下降，这与利息税对国债价格的影响是一致。也正是由于利息税对国债价格影响具有一定的滞后性，导致利息税的国债规模效应也具有一定的滞后性。

（二）证券印花税的国债规模效应

从理论层面看，在股票市场和债券市场上，成交量和价格变化绝对值之间存在正相关关系，[①] 即无论价格上升还是下降都有可能导致交易量增加或者减少。因而，提高（降低）证券印花税税率导致国债价格上升（下降），进而可能导致国债交易量增加或者减少。本章实证研究表明，证券印花税具有明显的债券规模效应，提高证券印花税税率导致国债交易量减少，反之，降低证券印花税税率使得国债交易量增加。这可能与我国债券市场还不成熟、债券市场多是机构投资者以及债券市场与股票市场联动性等因素有关。

---

① 陈雨露、汪昌云：《金融学文献通论》，中国人民大学出版社2006年版，第354页。

🌿 三、中国债券市场税收的市场波动性效应

（一）利息税的债券市场波动性效应

从国债价格波动性来考察，利息税对国债价格波动性的影响显著，降低利息税税率加剧了国债价格的波动性。主要原因是：当利息税税率降低时，存款利息收益增加，相对而言，债券市场收益降低，二级债券市场交易市场预期收益风险提高，从而会加剧国债价格的波动性。

（二）证券印花税的债券市场波动性效应

从国债价格波动性来考察，证券印花税对国债价格波动性的影响显著。国债价格的波动性与证券印花税税率呈正向关系，即提高证券印花税税率使得国债价格的波动性减弱，反之，降低证券印花税税率加剧了国债价格的波动。其主要原因在于：提高（降低）证券印花税税率，会导致股票价格下降（上升），从而股票市场收益降低（提高），相对而言，二级债券交易市场的收益风险就会降低（提高）。因此，提高（降低）证券印花税税率削弱了（加剧）国债价格的波动。

第六章　金融市场税收政策宏观经济效应
——基于中国宏观经济变量的实证分析 ✖

金融市场税收通过影响金融资产价格，导致居民可支配收入、收入预期等发生变化，进而导致居民消费与储蓄增加或减少；而消费需求与储蓄需求的变化会对投资需求产生冲击。从供求关系看，消费需求的增加（减少），势必导致投资需求增加（减少）；而储蓄需求的增加（减少），会导致企业融资难度减小（加大），同时企业融资成本减少（提高），从而会导致投资增加（减少），进而导致经济增长、经济周期波动发生变化。金融市场税收变化引起经济变化同时也导致了收入分配发生变化。在金融市场税收经济效应的微观分析基础上，从第六至第十章将对中国金融市场税收宏观经济效应进行实证检验。

微观经济效应实证结论显示，金融市场税收政策调整会引起市场上金融资产价格变化，那么它能否通过传导机制产生收入效应、替代效应等对消费与储蓄产生影响，进而影响投资呢？本章将通过构建数理模型，实证分析金融市场税收对消费、储蓄和投资的影响。

第一节　金融市场税收的消费效应

本节将在金融市场税收消费效应文献回顾的基础上，通过构建跨期消费选择模型，分析金融市场税收对消费的影响。

🌿 一、文献综述：金融市场税收对消费的影响

目前，有关金融市场税收消费效应的研究主要集中于利息税的消费效应，而对证券印花税对消费影响的研究几乎没有。因此，本节将重点回顾利息税的消费效应。

（一）文献回顾

学术界大多是通过研究税后实际利率对储蓄、消费的影响来分析利息税的消费效应。国外研究利息税对消费影响的争议很大。卡尔（Carl，1983）[1]、萨

---

① Carl E. Walsh (1983). Taxation of Interest Income, Deregulation and the Banking Industry. The Journal of Finance, Volume 38, Issue 5.

默斯（Summers，1984）[1] 从税后实际利率和替代效应考虑，认为利息税率提高，使得税后实际利率降低，从而会使人们减少储蓄，增加消费。但罗森（Rosen，1995）[2] 否认他们的观点，他从个人行为和企业行为联动的角度认为，当利息税率提高时，居民的消费将减少。还有一些学者认为利息税对消费没有影响，比如卡拉斯和埃文斯（Karras and Evans，1996）[3]、马克斯韦尔（Maxwell，1995）[4]、罗杰（Roger，2004）[5] 分别利用美国和拉丁美洲等国家的数据进行实证检验，得出结论是利息税影响人们消费行为有限。

国内学界大多是从规范的角度分析利息税对消费的影响。王长江[6]（1999）认为，利息税对刺激居民消费具有重要的意义，但要使得利息税真正发挥引导居民消费的作用，必须采取配套措施，提高居民的收入预期信心。王福重[7]（1999）认为，利息税能否起到刺激居民消费的作用，取决于利息税的总效应，我国利息税的收入效应的主导地位的可能性比较大，因而利息税不但不会刺激居民消费，反而使得居民消费减少。孙立[8]（1999）认为，开征利息税将刺激高收入者的储蓄向消费转化，并能够促使消费升级，从而带动相关产品和产业的更新换代，为新的消费领域创造生机。李志明、余佳[9]（2000）认为利息税降低了利率从而影响着消费者的抉择，不同消费偏好的消费者，影响效应不同。夏德仁、张少春、张奇[10]（2001）从居民收入预期和银行风险预期的角度认为，我国征收利息税未能有效地启动消费需求的原因在于我国处于经济体制转轨时期，居民收入预期不稳定。李永友[11]（2006）通过分时段分析所得的结论是，开征利息税短期内达到了刺激国内需求目标，但长期内利息税的消费效应不显著。熊冬洋[12]（2007）认为，我国开征利息税并未达到刺激居民消费的效果，主要受国民传统储蓄观念，以及国内金融市场不健全，投资工具非常有

[1]　Lawrence H. Summers（1984）. The After-Tax Rate of Return Affects Private Savings. The American Economic Review，Volume 74，Issue 2.

[2]　Harvey S. Rosen（1995）. Recent Developments in the Marriage Tax. National Tax Journal，Volume 18，Issue 1.

[3]　Evans. Paul and Karras（1996）. Georgios. Private and government consumption with liquidity constraints. Journal of International Money and Finance，Volume 15，Issue 2.

[4]　Maxwell Maclean（1995）. Interest income taxation and household saving behavior in less developed economies：an empirical investigation. University of illionis at urbana-champaign.

[5]　Roger H. Gordon（2004）. Taxation of Interest Income. International Tax and Public Finance，Volume 11，Issue 1.

[6]　王长江：《刍议利息税》，载于《消费经济》1999 年第 6 期。

[7]　王福重：《存款利息课税不能启动居民消费》，载于《消费经济》1999 年第 5 期。

[8]　孙立：《利息税的增收效应及完善措施》，载于《理论界》1999 年第 6 期。

[9]　李明志，余佳：《利息税对消费刺激作用的经济学分析》，载于《数量经济技术经济研究》2000 年第 7 期。

[10]　夏德仁、张少春、张奇：《谨慎预期下扩张性财政与货币政策的配合——利息税与存款准备金政策有效性分析》，载于《中国社会科学》2001 年第 5 期。

[11]　李永友：《基于政策目标的存款利息所得税的有效性分析》，载于《税务与经济》2006 年第 5 期。

[12]　熊冬洋：《降低储蓄利息所得税税率的积极效应》，载于《中外企业家》2007 年第 11 期。

限，市场信息不充分等多种因素的影响。

（二）简短评价

纵观国内外的研究文献，利息税的消费效应研究较多，但是有关证券印花税的消费效应研究匮乏。国外采用理论分析与实证分析相结合的方法，研究了利息税的消费效应，其结果表明，利息税的消费效应因国别而存在差异。从现有的国内文献可知，利息税的消费效应存在很大争议。利息税的消费效应存在三种观点：

（1）我国开征利息税能够起到刺激消费的作用，即利息税的收入效应大于替代效应。支持此种观点的学者大多采用规范分析，缺乏实证检验。

（2）我国开征利息税对消费影响不显著。支持此观点的学者是从我国储蓄不断攀升角度进行判断，他们认为利息税不但没有起到刺激消费的作用，反而抑制了消费，即利息税的收入效应大于替代效应。尽管此观点比较贴近现实，但缺乏考证，使得结论说服力不强。

（3）利息税的消费效应取决于收入效应和替代效应。替代效应能否大于收入效应，受居民的偏好、储蓄观念、子女教育、养老等因素的影响。因而，利息税的消费效应具有不确定性。

可见，目前国内对利息税消费效应的研究主要集中在规范分析方面，而有关利息税对人均消费影响的实证研究还很少。支持第一种观点和第三种观点的学者基本上是规范分析，缺乏实证检验；而支持第二种观点的学者仅从储蓄额不断上升的角度分析，缺乏进一步的实证考量。因为储蓄额上升，有可能是因为经济发展水平提高，引致居民收入提高。总之，国内学界对利息税消费效应的研究结论，但还存在很大的争议，还需进一步实证检验。另外，证券印花税的消费效应研究几乎还是盲区，本节将突破这一盲区，实证检验金融市场税收的消费效应。

二、数理模型：金融市场税收的消费效应

本章在跨期消费决策两期模型的基础上，将储蓄引进居民消费效用函数，构造居民消费—储蓄效用函数模型，进而分析利息税、证券印花税对居民消费和储蓄影响的路径。

假设：居民的可支配收入 m 用于两方面：一是用于消费，二是用于储蓄。家庭中的居民是理性的，在既定的收入 m 的条件下，通过追求家庭效用最大化来合理地安排消费和储蓄。满足家庭效用函数为 CES 形式，即 $U(C_1, C_2) = (C_1^\rho + \beta C_2^\rho)^{\frac{1}{\rho}}$，其中 C_1 为家庭人均实际消费需求，C_2 为家庭人均实际储蓄需求。之所以采用这一效用函数，是因为它具有一般性：当 ρ 趋向于 0 时，它代表的是柯布 - 道格拉斯（Cobb - douglas）效用函数；当 ρ 趋向于 1 时，它代表的是完全替代效用函数；当 ρ 趋向于 $-\infty$ 时，它就代表完全互补效用函数。

居民在既定的收入 m 下，合理地安排消费和储蓄满足效用最大化，可建立

模型为：

$$\begin{cases} \text{Max} U = (C_1^\rho + \beta C_2^\rho)^{\frac{1}{\rho}} & (6-1) \\ s.t \qquad P_1 C_1 + P_2 C_2 \leqslant m & (6-2) \end{cases}$$

其中：ρ 为消费时间偏好，[1] β 为储蓄效用因子。[2] P_1 为消费物价指数，表示人均消费的价格，C_1 为家庭人均实际消费需求，$P_1 C_1$ 为家庭人均消费 C。P_2 为人均储蓄的价格，C_2 为家庭人均实际储蓄需求，$P_2 C_2$ 为家庭人均储蓄 S。

由式（6-1）、式（6-2）可得满足效用最大化的一阶必要条件：

$$\frac{C_1^{\rho-1}}{\beta C_2^{\rho-1}} = \frac{P_1}{P_2} \qquad (6-3)$$

令 $y = \ln(\frac{C}{S})$，$x = \ln\frac{P_1}{P_2}$，由式（6-3）可得：

$$y = \frac{1}{\rho-1}\ln\beta + \frac{\rho}{\rho-1}x \qquad (6-4)$$

（一）利息税对消费的影响

当居民将收入以存款的方式获得银行利息收入时，式（6-2）中的 $P_2 = \frac{1}{1 + r(1-\tau)}$，$r$ 为利率，τ 为利息税率。由于利息税率调整会改变储蓄的价格，即会改变第二期消费的贴现值，居民将会做出消费抉择，从而改变消费量。设当利息税率由 τ_0 调整为 τ_1 时，人均消费的变化量为 ΔC_1，由式（6-2）和式（6-3）可得：

$$\Delta C_1 = \frac{m}{P_1 + (P_1\beta)^{\frac{-1}{\rho-1}}\left[1 + r(1-\tau_1)\right]^{\frac{-\rho}{\rho-1}}} - \frac{m}{P_1 + (P_1\beta)^{\frac{-1}{\rho-1}}\left[1 + r(1-\tau_0)\right]^{\frac{\rho}{\rho-1}}}$$

$$(6-5)$$

在式（6-5）中 ΔC_1 表示调整利息税率对人均消费影响的总效应。当提高利息税率时，产生的交叉替代效应使得人均消费增加，产生的交叉收入效应使得人均消费减少。[3] 此时，若 $\Delta C_1 > 0$（$\Delta C_1 < 0$）表示提高利息税率使得人均消费增加（减少），利息税率提高对人均消费产生的交叉替代效应大于（小于）交叉收入效应，总交叉效应为正（负）。[4] 当降低利息税率时，产生的交

---

① 消费时间偏好反映的是对未来消费效用贴现，若消费时间偏好越大，说明未来消费效用贴现就越小，消费者就越愿意当前消费。在本书中消费时间偏好越大，表示居民更愿意当前消费而不愿过多的储蓄。

② 储蓄效用因子是指居民在既定的消费时间偏好下，增加储蓄使得储蓄的边际效用增加了多少。储蓄效用因子越大，说明储蓄带来的效用就越大，也反映了储蓄给居民带来效用的权重。

③ 这里交叉替代效应是指当利息税率提高（降低）时，引起储蓄需求价格的提高（降低），从而导致居民在保持原有的消费—储蓄效用不变的条件下居民人均消费增加（减少）；交叉收入效应是指当利息税率提高（降低）时，引起居民的实际收入减少（增加），从而导致居民人均消费减少（增加）。

④ 这里总交叉效应是利息税率的变化对居民人均消费的交叉替代效应和交叉收入效应综合作用结果，即利息税率的变化最终导致居民人均消费变化了多少。

叉替代效应使得人均消费减少，产生的交叉收入效应使得人均消费增加。若 $\Delta C_1 > 0 (\Delta C_1 < 0)$ 表示降低利息税率使得人均消费增加（减少），利息税率的降低对人均消费产生的交叉替代效应小于（大于）交叉收入效应，使得总交叉效应为正（负）。

（二）证券印花税对消费的影响

当居民将收入以购买股票的方式获得投资收益时，可以视同居民将这部分收入以储蓄的方式投资到股票市场，考虑到 2008 年 9 月以前我国证券印花税实行双边征收，因而式（6-2）中的 $P_2 = \dfrac{p_{gt-1}}{p_{gt}(1-\tau_{gt}) - p_{gt-1}\tau_{gt-1}}$，$p_{gt-1}$ 为第 $t-1$ 期股票价格，p_{gt} 为第 t 期股票价格，τ_{gt-1} 为第 $t-1$ 期证券印花税税率，τ_{gt} 为第 t 期证券印花税税率。当第 t 期证券印花税税率调整时，会改变第二期消费的贴现值，从而居民在第 t 期重新进行消费抉择，进而会改变当期消费量。设当第 t 期证券印花税税率由 τ_{gt} 调整为 τ_{gt}^* 时，人均消费量的变化量为 ΔC_1^*，由式（6-2）和式（6-3）可得：

$$\Delta C_1^* = \frac{m}{P_1 + (P_1\beta)^{\frac{-1}{\rho-1}}\left[1 + \dfrac{p_{gt}(1-\tau_{gt}^*) - p_{gt-1}(1+\tau_{gt-1})}{p_{gt-1}}\right]^{\frac{-\rho}{\rho-1}}}$$
$$- \frac{m}{P_1 + (P_1\beta)^{\frac{-1}{\rho-1}}\left[1 + \dfrac{p_{gt}(1-\tau_{gt}) - p_{gt-1}(1+\tau_{gt-1})}{p_{gt-1}}\right]^{\frac{-\rho}{\rho-1}}} \quad (6-6)$$

在式（6-6）中 ΔC_1^* 表示调整证券印花税税率对人均消费影响的总效应。当提高证券印花税税率时，产生的交叉替代效应使得人均消费增加，产生的交叉收入效应使得人均消费减少。[1] 此时，若 $\Delta C_1^* > 0 (\Delta C_1^* < 0)$ 表示提高证券印花税税率使得人均消费增加（减少），证券印花税税率提高对人均消费产生的交叉替代效应大于（小于）交叉收入效应，总交叉效应为正（负）。[2] 当降低证券印花税税率时，产生的交叉替代效应使得人均消费减少，产生的交叉收入效应使得人均消费增加。若 $\Delta C_1^* > 0 (\Delta C_1^* < 0)$ 表示降低证券印花税税率使得人均消费增加（减少），证券印花税税率的降低对人均消费产生的交叉替代效应小于（大于）交叉收入效应，使得总交叉效应为正（负）。

---

① 这里交叉替代效应是指当证券印花税税率提高（降低）时，引起储蓄需求价格的提高（降低），从而导致居民在保持原有的消费—储蓄效用不变的条件下居民人均消费增加（减少）；交叉收入效应是指当证券印花税税率提高（降低）时，引起居民的实际收入减少（增加），从而导致居民人均消费减少（增加）。

② 这里总交叉效应是证券印花税税率的变化对居民人居消费的交叉替代效应和交叉收入效应综合作用结果，即证券印花税税率的变化最终导致居民人均消费变化了多少。

🌿 三、实证分析：中国金融市场税收的消费效应

通过理论分析可知，金融市场税收对居民消费影响的大小，取决于收入效应和替代效应。下面将利用中国的经验数据和通过该数据估计出的居民消费时间偏好率与储蓄效用因子，实证分析金融市场税收的消费效应。

（一）实证研究设计

1. 样本选择与数据来源

样本数据为 1985 ~ 2008 年的年度数据。人均可支配收入、人均消费、物价指数数据来源于《中经网统计数据库》。在前面假设的条件下人均储蓄数据由人均可支配收入减去人均消费性支出而得。利率的选择为一年期存款利率，由于在有些年度内，我国存款利率可能经历了几次调整，比如 2007 年，我国储蓄存款利率进行了 6 次调整，为了能够反映出我国实际利率水平，本文中的利率选取的是一个年度内加权平均利率。①

2. 变量的选择

本章参数估计所涉及的变量指标有：人均可支配收入、人均消费、人均储蓄、利率、物价指数，利息税税率、证券印花税税率。由式（6-4）可知，y（人均消费—储蓄比率的自然对数）作为被解释变量；x（人均消费与储蓄的价格比率的自然对数）作为解释变量。实证结果分析中所涉及的变量指标有：人均消费变化量、人均消费需求变动率②以及人均消费率变化量。③

3. 方法的选择

本章依据跨期消费选择模型，实证估计模型中的参数，估计出模型参数后，测算利息税税率、证券印花税税率引起消费的变化量。

（二）参数估计的实证分析

根据式（6-4），估计跨期消费选择模型中的参数，即消费时间偏好 ρ，储蓄效用因子 β。考虑到农村与城镇居民消费偏好可能存在差异，本文分别利用农村、城镇以及全国的数据进行参数估计。

1. 城镇居民跨期消费选择模型中的参数估计

（1）检验变量的平稳性。由于 x、y 为时间序列数据，因此在考察变量间长期趋势关系时必须对数据进行平稳性检验。

---

① 利率的计算按加权平均求得的，把一年作为 360 天来算，根据银行一个年度内利率调整发生的天数进行加权平均。

② 本书中的人均消费变动率是指征税引起人均消费变化量与税前人均消费的比值。

③ 本书人均消费率变化量是指税后人均消费率（人均消费/GDP）与税前人均消费率的差额。

表 6-1　　　　　　城镇居民人均消费、人均储蓄及其他经济变量汇总表

年份	C	S	r	τ	P_1	y	x
1985	673.2	65.9	0.067	0	1.119	2.324	0.177
1986	799	101.9	0.072	0	1.07	2.059	0.137
1987	884.4	117.7	0.072	0	1.088	2.017	0.154
1988	1 104	76.2	0.077	0	1.207	2.673	0.262
1989	1 211	162.9	0.111	0	1.163	2.006	0.256
1990	1 278.89	231.27	0.099	0	1.013	1.71	0.107
1991	1 453.8	246.8	0.079	0	1.051	1.773	0.126
1992	1 671.7	354.9	0.076	0	1.086	1.55	0.156
1993	2 110.8	466.6	0.094	0	1.161	1.509	0.239
1994	2 851.3	644.9	0.11	0	1.25	1.486	0.328
1995	3 537.57	745.38	0.11	0	1.168	1.557	0.259
1996	3 919.5	919.4	0.092	0	1.088	1.45	0.172
1997	4 185.6	974.7	0.071	0	1.031	1.457	0.099
1998	4 331.6	1093.5	0.05	0	0.994	1.376	0.043
1999	4 615.9	1238.1	0.029	0.2	0.987	1.316	0.01
2000	4 998	1 281.98	0.023	0.2	1.008	1.361	0.026
2001	5 309.01	1 550.59	0.023	0.2	1.007	1.231	0.025
2002	6 029.92	1 672.88	0.02	0.2	0.99	1.282	0.006
2003	6 510.94	1 961.26	0.02	0.2	1.009	1.2	0.025
2004	7 182.1	2 239.5	0.02	0.2	1.033	1.165	0.049
2005	7 942.88	2 550.12	0.023	0.2	1.016	1.136	0.033
2006	8 696.55	3 062.9	0.024	0.2	1.015	1.043	0.033
2007	9 997.47	3 788.34	0.032	0.05	1.045	0.97	0.073
2008	11 242.9	4 538.1	0.039	0	1.056	0.907	0.073

注：数据由《中国统计年鉴 2008》整理而得。

采用 ADF 单位根检验方法对表 6-1 中的变量 x、y 数据以及 x、y 的一阶差分变量进行平稳性检验，具体结果见表 6-2。从表 6-2 中可以看出 x、y 均为 1 阶单整时间序列。

表6-2 检验变量平稳性结果

变量	检验类型 (c, t, p)	临界值		ADF 值	平稳性（5%）
		5%	10%		
x	$(c, 0, 1)$	-3.012	-2.646	-1.994	非平稳
y	$(c, 0, 2)$	-3.021	-2.650	-0.793	非平稳
Δx	$(c, 0, 0)$	-3.012	-2.646	-3.294	平稳
Δy	$(c, 0, 0)$	-3.012	-2.646	-6.299	平稳

注：检验类型 (c, t, p) 中，c 表示常数项，t 表示趋势项（t 为0表示没有趋势项），p 为滞后阶数（下同）。

（2）协整性检验。根据恩格尔和格兰杰（Engle and Granger，1987）提出的协整理论及其方法，通过协整检验判断式（6-4）在城镇居民消费效用函数中设定的模型是否合理，以避免伪回归，从而正确估计出我国城镇居民消费的时间偏好和储蓄效用因子，进而真实地反映出我国利息税率调整对城镇居民人均消费的影响。利用 E-G 两步法对变量间进行协整性检验。

第一步，借助 Eviews 5.1 软件，利用最小二乘法（OLS），根据式（6-4）对被解释变量 y 与解释变量 x 进行线性回归，得到回归方程如下：

$$y_t = 1.221 + 2.704x_t \tag{6-7}$$
$$t = (10.474)(3.570)$$
$$R^2 = 0.378 \quad \bar{R}^2 = 0.348 \quad D.W = 0.427$$

从式（6-7）可看出，回归系数均通过显著性检验，说明了利息税率调整引起城镇居民消费与储蓄价格比率的变动对消费—储蓄率影响显著，即利息税率变化会显著地影响城镇居民的消费和储蓄水平。

第二步，对式（6-7）回归方程的残差序列进行单位根检验。运用 ADF 单位根检验法，其检验结果见表6-3。由于 ADF 值小于5%显著性水平的临界值，说明了 x、y 之间存在协整关系，式（6-4）在城镇居民效用最大化一阶必要条件推导中设定模型合理。x、y 之间存在长期线性稳定的均衡关系，从而可正确地估计出城镇居民效用函数中的参数。

表6-3 （6-7）式回归方程的残差平稳性结果

变量	检验类型 (c, t, p)	临界值		ADF 值	平稳性（5%）
		5%	10%		
e_t	$(0, 0, 0)$	-1.957	-1.608	-2.007	平稳

（3）误差修正模型。从协整性检验中可看出，x、y 之间存在长期均衡关系，接下来通过误差修正模型来了解 x、y 之间的短期变化关系。

$$\Delta y_t = 1.805 \Delta x_t - 0.249 ecm_{t-1} \qquad (6-8)$$
$$t = (2.442) \qquad (-1.829)$$
$$R^2 = 0.235 \quad \overline{R}^2 = 0.197 \quad D.W = 2.262$$

其中，Δy_t 为 y_t 的一阶差分，Δx_t 为 x_t 的一阶差分，ecm_{t-1} 为式（6-7）中的残差 e_{t-1}。式（6-8）中的差分项反映了短期波动的影响，说明了利息税率的调整引起城镇人均消费价格与储蓄的价格比率的变动对消费—储蓄率的影响。误差修正项 ecm_{t-1} 反映了偏离长期均衡的调整力度，当短期波动偏离长期均衡时，将以 -0.249 的调整力度将非均衡状态拉回到均衡状态。

（4）城镇居民消费—储蓄效用函数参数估计值。通过式（6-4）、式（6-7）可得城镇居民消费时间偏好和储蓄的储蓄效用因子如下：

$$\frac{\rho}{\rho-1} = 2.704 \Rightarrow \rho = 1.587, \quad \frac{1}{\rho-1}\ln\beta = 1.221 \Rightarrow \beta = 2.047 \qquad (6-9)$$

2. 农村居民跨期消费选择模型中的参数估计

（1）检验变量的平稳性。对于农村居民消费的实证分析，首先也要对变量 x、y 为平稳性检验，以便考察变量间长期趋势关系。

表6-4　　　　农村居民人均消费、人均储蓄及其他经济变量汇总表

年份	C	S	r	τ	P_1	y	x
1985	317.42	80.18	0.067	0	1.119	1.376	0.138
1986	356.95	66.85	0.072	0	1.07	1.675	0.128
1987	398.29	64.31	0.072	0	1.088	1.823	0.129
1988	476.66	68.24	0.077	0	1.207	1.944	0.235
1989	535.37	66.13	0.111	0	1.163	2.091	0.281
1990	584.63	101.68	0.099	0	1.013	1.749	0.138
1991	619.79	88.81	0.079	0	1.051	1.943	0.099
1992	659.21	124.79	0.076	0	1.086	1.664	0.12
1993	769.65	151.95	0.094	0	1.161	1.622	0.218
1994	1 016.81	204.19	0.11	0	1.25	1.605	0.315
1995	1 310.36	267.38	0.11	0	1.168	1.589	0.265
1996	1 572.08	354.02	0.092	0	1.088	1.491	0.164
1997	1 617.15	472.95	0.071	0	1.031	1.229	0.093

续表

年份	C	S	r	τ	P_1	y	x
1998	1 590.3	571.7	0.05	0	0.994	1.023	0.039
1999	1 577.4	632.9	0.029	0.2	0.987	0.913	0.008
2000	1 670.13	583.29	0.023	0.2	1.008	1.052	0.017
2001	1 741.1	625.3	0.023	0.2	1.007	1.024	0.026
2002	1 834.3	641.3	0.02	0.2	0.99	1.051	0.012
2003	1 943.3	678.9	0.02	0.2	1.009	1.052	0.031
2004	2 184.7	751.7	0.02	0.2	1.033	1.067	0.063
2005	2 555.4	699.53	0.023	0.2	1.016	1.296	0.039
2006	2 829.02	758.02	0.024	0.2	1.015	1.317	0.033
2007	3 223.85	916.51	0.032	0.05	1.045	1.258	0.083
2008	3 730	1 031	0.039	0	1.065	1.286	0.102

注：数据由《中经网统计数据库》整理而得。

采用 ADF 检验方法对表 6 - 4 中的变量 x、y 数据以及 x、y 的一阶差分变量进行平稳性检验，具体结果见表 6 - 5。从表 6 - 5 中可以看出 x、y 均为 1 阶单整时间序列。

表 6 - 5 检验变量平稳性结果

变量	检验类型 (c, t, p)	临界值		ADF 值	平稳性（5%）
		5%	10%		
x	$(c, 0, 1)$	−3.012	−2.646	−2.465	非平稳
y	$(c, 0, 0)$	−3.005	−2.642	−1.031	非平稳
Δx	$(c, 0, 1)$	−3.021	−2.650	−4.305	平稳
Δy	$(c, 0, 0)$	−3.788	−2.646	−4.660	平稳

（2）协整性检验。通过协整检验判断式（6 - 4）在农村居民消费效用函数参数估计设定的模型的合理性，从而正确估计出我国农村居民的时间偏好和储蓄效用因子，进而真实反映出我国利息税率调整对农村居民人均消费的影响。利用 E - G 两步法对变量间进行协整性检验。

第一步，借助 Eviews 5.1 软件，利用最小二乘法（OLS），根据式（6 - 4）对被解释变量 y 与解释变量 x 进行线性回归，得到回归方程如下：

$$y_t = 1.095 + 2.868x_t \qquad (6-10)$$
$$t = (13.765) \quad (5.316)$$
$$R^2 = 0.574 \quad \overline{R}^2 = 0.553 \quad D.W = 0.681$$

从式（6-10）可看出，回归系数均通过显著性检验，说明了利息税率调整引起农村居民消费与储蓄价格比率的变动对消费—储蓄率影响显著，即说明了利息税率变化会显著地影响农村居民的消费和储蓄水平。

第二步，对式（6-10）回归方程的残差序列进行单位根检验（ADF），其检验结果见表6-6。表6-6说明了 x、y 之间存在协整关系，式（6-4）在农村居民效用最大化一阶必要条件推导中设定模型合理，从而可正确地估计出农村居民效用函数中的参数。

表6-6　　　　　　　　式（6-10）回归方程的残差平稳性结果

变量	检验类型 (c, t, p)	临界值		ADF 值	平稳性（5%）
		5%	10%		
e_t	$(0, 0, 0)$	-1.957	-1.608	-2.107	平稳

（3）误差修正模型。从协整性检验中可看出，x、y 之间存在长期均衡关系，通过误差修正模型来考察农村居民消费—储蓄价格比率的变动对居民消费—储蓄率的影响，进而反映出储蓄价格中利息税率变化对农村居民人均消费的影响。

$$\Delta y_t = 1.282\Delta x_t - 0.203ecm_{t-1} \qquad (6-11)$$
$$t = (2.256) \quad (-1.337)$$
$$R^2 = 0.214 \quad \overline{R}^2 = 0.174 \quad D.W = 1.596$$

其中，Δy_t 为 y_t 的一阶差分，Δx_t 为 x_t 的一阶差分，ecm_{t-1} 为式（6-11）中的残差 e_{t-1}。式（6-11）中的差分项反映了短期波动的影响，说明了利息税率调整引起农村人均消费价格与储蓄的价格比率的变动对人均消费—储蓄率的影响。误差修正项 ecm_{t-1} 反映了偏离长期均衡的调整力度，当短期波动偏离长期均衡时，将以 -0.203 的调整力度将非均衡状态拉回到均衡状态。

（4）农村居民消费—储蓄效用函数参数估计值。通过式（6-4）、式（6-10）可得城镇居民消费时间偏好和储蓄的储蓄效用因子如下：

$$\frac{\rho}{\rho-1} = 2.868 \Rightarrow \rho = 1.535, \frac{1}{\rho-1}\ln\beta = 1.095 \Rightarrow \beta = 1.797 \qquad (6-12)$$

3. 全国居民跨期消费选择模型中的参数估计

（1）变量的平稳性检验。由于 x、y 为时间序列数据，因此在考察变量间长期趋势关系时必须对数据进行平稳性检验。

表 6 – 7　　　　　　　全国人均消费、人均储蓄及其他经济变量汇总表

年份	C	S	r	τ	P_1	y	x
1985	401. 78	76. 79	0. 067	0	1. 093	1. 655	0. 154
1986	465. 34	75. 44	0. 072	0	1. 065	1. 819	0. 133
1987	521. 37	77. 83	0. 072	0	1. 073	1. 902	0. 14
1988	644. 85	70. 37	0. 077	0	1. 188	2. 215	0. 246
1989	712. 45	91. 5	0. 111	0	1. 18	2. 052	0. 271
1990	767. 98	135. 91	0. 099	0	1. 031	1. 732	0. 125
1991	844. 47	131. 37	0. 079	0	1. 034	1. 861	0. 11
1992	937. 24	187. 98	0. 076	0	1. 064	1. 607	0. 135
1993	1 145. 04	240. 02	0. 094	0	1. 147	1. 562	0. 227
1994	1 539. 82	329. 84	0. 11	0	1. 241	1. 541	0. 321
1995	1 957. 14	406. 19	0. 11	0	1. 171	1. 572	0. 262
1996	2 287. 57	526. 35	0. 092	0	1. 083	1. 469	0. 168
1997	2 436. 74	633. 06	0. 071	0	1. 028	1. 348	0. 096
1998	2 504. 52	745. 72	0. 05	0	0. 992	1. 212	0. 041
1999	2 634. 19	843. 39	0. 029	0. 2	0. 986	1. 139	0. 009
2000	2 875. 48	836. 36	0. 023	0. 2	1. 004	1. 235	0. 022
2001	3 084. 77	973. 77	0. 023	0. 2	1. 007	1. 153	0. 025
2002	3 474. 37	1 044. 54	0. 02	0. 2	0. 992	1. 202	0. 008
2003	3 794. 56	1 198. 65	0. 02	0. 2	1. 012	1. 152	0. 028
2004	4 271. 61	1 373. 01	0. 02	0. 2	1. 039	1. 135	0. 054
2005	4 871. 48	1 495. 1	0. 023	0. 2	1. 018	1. 181	0. 035
2006	5 404. 87	1 769. 86	0. 024	0. 2	1. 015	1. 116	0. 033
2007	6 267. 91	2 207. 12	0. 032	0. 05	1. 048	1. 044	0. 076
2008	7 124. 25	2 670. 38	0. 039	0	1. 059	0. 981	0. 096

　　采用 ADF 单位根检验方法对表 6 – 7 中的变量 x、y 数据以及 x、y 的一阶差分变量进行平稳性检验，具体结果见表 6 – 8。从表 6 – 8 中可以看出 x、y 均为 1

阶单整时间序列。

表 6 - 8　　　　　　　　　　检验变量平稳性结果

变量	检验类型 (c, t, p)	临界值		ADF 值	平稳性（5%）
		5%	10%		
x	$(c, 0, 1)$	- 3. 00	- 2. 64	- 2. 29	非平稳
y	$(c, 0, 1)$	- 3. 00	- 2. 64	- 0. 62	非平稳
Δx	$(0, 0, 1)$	- 1. 96	- 1. 61	- 4. 33	平稳
Δy	$(0, 0, 1)$	- 1. 96	- 1. 61	- 3. 10	平稳

（2）协整性检验。根据恩格尔和格兰杰（Engle and Granger，1987）提出的协整理论及其方法，通过协整检验判断式（6 - 4）在居民消费效用函数中设定的模型是否合理，以避免伪回归，从而正确估计出我国居民消费的时间偏好和储蓄效用因子，进而真实地反映出我国利息税率调整对居民人均储蓄的影响。利用E - G 两步法对变量间进行协整性检验。

第一步，借助 Eviews 5.1 软件，利用最小二乘法（OLS），根据式（6 - 4）对被解释变量 y 与解释变量 x 进行线性回归，得到回归方程如下：

$$y_t = 1. 142 + 2. 655x_t \tag{6 - 13}$$
$$t = (13. 63) \quad (4. 69)$$
$$R^2 = 0. 50 \quad \bar{R}^2 = 0. 48 \quad D. W = 0. 41$$

从式（6 - 13）可看出，回归系数均通过显著性检验，说明了利息税率调整引起居民消费与储蓄价格比率的变动对消费——储蓄率影响显著，即利息税率的变化会显著地影响居民的消费和储蓄水平。

第二步，对式（6 - 13）回归方程的残差序列进行单位根检验。运用 ADF 单位根检验法，其检验结果见表 6 - 9。由于 ADF 值小于 5% 显著性水平的临界值，说明了 x、y 之间存在协整关系，式（6 - 4）在我国居民效用最大化一阶必要条件推导中设定模型合理，x、y 之间存在长期线性稳定的均衡关系，从而可正确地估计出居民效用函数中的参数。

表 6 - 9　　　　　　（6 - 13）式回归方程的残差平稳性结果

变量	检验类型 (c, t, p)	临界值		ADF 值	平稳性（5%）
		5%	10%		
e_t	$(0, 0, 1)$	- 1. 96	- 1. 61	- 2. 00	平稳

（3）误差修正模型。从协整性检验中可看出，x、y 之间存在长期均衡关系，接下来通过误差修正模型来了解 x、y 之间的短期变化关系。

$$\Delta y_t = 1.076\Delta x_t - 0.061ecm_{t-1} \qquad (6-14)$$

$$t = (2.25) \qquad (-0.503)$$

$$R^2 = 0.16 \qquad \bar{R}^2 = 0.12 \qquad D.W = 1.79$$

其中，Δy_t 为 y_t 的一阶差分，Δx_t 为 x_t 的一阶差分，ecm_{t-1} 为式（6-13）中的残差 e_{t-1}。式（6-14）中的差分项反映了短期波动的影响，说明了利息税率的调整引起居民人均消费价格与储蓄的价格比率的变动对消费—储蓄率的影响。误差修正项 ecm_{t-1} 反映了偏离长期均衡的调整力度，当短期波动偏离长期均衡时，将以 -0.061 的调整力度将非均衡状态拉回到均衡状态。

（4）居民消费—储蓄效用函数参数估计值。通过式（6-4）、式（6-13）可得出我国居民消费时间偏好和储蓄的储蓄效用因子如下：

$$\frac{\rho}{\rho-1} = 2.655 \Rightarrow \rho = 1.604, \frac{1}{\rho-1}\ln\beta = 1.142 \Rightarrow \beta = 1.994 \qquad (6-15)$$

（三）中国利息税对居民消费的影响

1997 年亚洲金融危机爆发后，为拉动内需，刺激消费，我国于 1999 年开征利息税，税率为 20%。随后利息税率经历了两次调整。2007 年上半年，为缓解经济过热，通过抑制消费来缓解物价上涨，将利息税率由 20% 调整为 5%。2008 年 10 月，在全球性金融危机爆发之后，为刺激消费，抑制经济低迷态势，我国出台了暂免利息税的政策。可见，利息税是我国调节居民消费的重要政策工具，但每次调整利息税是否有效呢？

1. 利息税对城镇居民消费的影响

把利息税率调整前后的城镇居民数据（见表 6-1）以及估计出的参数值（见式（6-9））代入式（6-5），得到每次利息税率的调整导致城镇居民人均消费的变化，如表 6-10 所示：

表 6-10　　　　　　调整利息税率引起城镇居民人均消费变化情况

调整税率引起消费变化	1999 年 11 月 1 日	2007 年 8 月 15 日	2008 年 10 月 9 日
	由 0 调整为 20%	由 20% 调整为 5%	由 5% 调整为 0
人均消费变化量（元）	-15.58	23.84	11.79
人均消费变动率（%）	-0.337	0.2249	0.09709
人均消费率变化量（%）	-0.2662	0.1729	0.07469

由表 6-10 可知，（1）城镇人均消费变化量与利息税率呈反向变化。当提高利息税税率使得城镇居民收入减少时，居民将会减少消费；当降低利息税税率

时使得城镇居民的储蓄收入增加时，居民将会增加消费。可见，利息税对城镇居民消费影响中，其产生的收入效应大于替代效应，从而导致城镇居民人均消费与利息税率呈反向变化关系。（2）1999年和2007年利息税率调整对城镇居民消费的影响未达到预期效果。1999年开征利息税不但没有很好地起到刺激城镇居民消费的作用，反而使得城镇居民人均消费减少15.58元，人均消费变动率为−0.337%，人均消费率变化量为−0.2662%。同样，2007年降低利息税率也未达到抑制居民消费的目的，反而使得城镇居民人均消费增加了23.84元，人均消费变动率为0.2249%。

2. 利息税对农村居民消费的影响

把利息税率调整前后的数据（见表6−4）以及估计出的参数值（见式（6−12））代入式（6−5），得到每次利息税率的调整导致农村居民人均消费的变化，如表6−11所示：

表6−11　　　　　　　调整利息税率引起农村人均消费变化情况

调整税率引起消费变化	1999年11月1日	2007年8月15日	2008年10月9日
	由0调整为20%	由20%调整为5%	由5%调整为0
人均消费变化量（元）	−6.73	8.97	5.12
人均消费变动率（%）	−0.3963	0.2894	0.1434
人均消费率变化量（%）	−0.3044	0.2166	0.1076

由表6−11可知，（1）农村人均消费变化量与利息税率呈反向变化。当提高利息税率使得农村居民收入减少时，居民将会减少消费；当降低利息税率时使得农村居民的储蓄收入增加时，居民将会增加消费。可见，利息税对农村居民消费影响中，其产生的收入效应大于替代效应，从而导致农村居民人均消费与利息税率呈反向变化关系。（2）1999年和2007年利息税率调整对农村居民消费的影响未达到预期效果。1999年开征利息税不但没有很好地起到刺激农村居民消费的作用，反而使得农村居民人均消费减少6.73元，人均消费变动率为−0.3963%，人均消费率变化量为−0.3044%。同样，2007年降低利息税率也未达到抑制农村居民消费的目的，反而使得农村居民人均消费增加了8.97元，人均消费变动率为0.2894%，人均消费率变化量为0.2166%。（3）从绝对量方面看，利息税率调整对城镇居民消费影响较大；从相对量方面看，利息税率调整对农村居民消费影响较大。

3. 利息税对全国居民消费的影响

把利息税率调整前后的数据（见表6−7）以及估计出的参数值（见式（6−15））代入式（6−5），得到每次利息税率的调整导致我国居民人均消费的变化，如表 6-12 所示。

表 6-12   调整利息税率引起全国人均消费变化情况

调整税率引起消费变化	1999 年 11 月 1 日	2007 年 8 月 15 日	2008 年 10 月 9 日
	由 0 调整为 20%	由 20% 调整为 5%	由 5% 调整为 0
人均消费变化量（元）	-10.16	13.65	9.71
人均消费变动率（%）	-0.3765	0.2132	0.1311
人均消费率变化量（%）	-0.2922	0.161	0.09914

由表 6-12 可知，（1）我国人均消费变化量与利息税率的调整呈反向变化。当提高利息税率使得居民收入减少时，从而会减少消费；当降低利息税率时使得居民的储蓄收入增加时，从而将会增加消费。可见，利息税对我国居民消费影响中，其产生的收入效应大于替代效应，从而导致我国居民人均消费与利息税率呈反向变化关系。（2）1999 年和 2007 年利息税率调整并未达到我国政府出台利息税政策的预期效果。1999 年开征利息税不但没有很好地起到刺激消费的作用，反而使得人均消费减少 10.16 元，人均消费变动率为 -0.3765%，人均消费率变化量为 -0.2922%。同样，2007 年降低利息税率也未达到抑制居民消费的目的，反而使得居民人均消费增加了 13.65 元，人均消费变动率为 0.2132%，人均消费率变化量为 0.161%。

（四）中国证券印花税对消费的影响

我国证券印花税作为稳定股市的政策工具，从开征至今经历了 8 次调整。1997 年亚洲金融危机爆发后，为扭转股市低迷态势，我国连续三年下调了证券印花税税率。2007 年 5 月为扭转股市过热，进一步促进证券市场的健康发展，我国证券印花税税率由 1‰调整为 3‰。2008 年上半年由于股市处于低迷态势，我国将证券印花税税率下调为 1‰；2008 年下半年金融危机爆发后，我国迅速出台了证券印花税单征收的政策。调整证券印花税对居民消费有何影响呢？

考虑到我国农村居民购买股票较少，城镇居民成为证券印花税的主要纳税人，因而本章未计算证券印花税对农村居民消费的影响。

1. 证券印花税对城镇居民消费的影响

把证券印花税率调整前后的城镇居民数据（见表 6-1）以及估计出的参数值（见式（6-9））代入式（6-6），得到每次证券印花税税率调整导致城镇居民人均消费的变化，如表 6-13 所示：

表 6 - 13　　　　　　调整证券印花税税率引起城镇居民人均消费变化情况

税率调整	人均消费变化量（元）	人均消费需求变动率（%）	人均消费率的变化量（%）
1998 年由 5‰调为 4‰	2.864	0.07051	0.05279
1999 年由 4‰调为 3‰	2.235	0.045	0.03818
2001 年由 3‰调为 2‰	4.152	0.09451	0.06053
2005 年由 2‰调为 1‰	5.46	0.07198	0.05203
2007 年由 1‰调为 3‰	-2.766	-0.02185	-0.02006
2008 年由 3‰调为 1‰	11.937	0.4499	0.07564

由表 6 - 13 可知，（1）城镇居民人均消费与证券印花税税率呈反向变化关系。提高证券印花税税率使得城镇居民人均消费下降。例如，2007 年证券印花税税率由 1‰调为 3‰，导致城镇人均消费减少 2.766 元。降低证券印花税税率，使得人均消费增加。例如 2005 年，证券印花税税率由 2‰调为 1‰，使得城镇人均消费增加 5.46 元。（2）证券印花税对城镇居民消费的影响存在时期性。证券印花税对城镇居民消费影响的程度因时期不同而存在差异。1998 年至 2005 年，证券印花税经历了 4 次下调，每次税率都下调了 1‰，但所产生的消费效应不同，2005 年证券印花税率下调对城镇人均消费影响最大，使得人均消费增加了 5.46 元；1999 年下调证券印花税率使得城镇人均消费变化最小，即城镇人均消费增加了 2.235 元。

2. 证券印花税对全国居民消费的影响

把证券印花税率调整前后的全国居民数据（见表 6 - 7）以及估计出的参数值（见式（6 - 15））代入式（6 - 6），得到每次证券印花税税率调整导致全国居民人均消费的变化，如表 6 - 14 所示：

表 6 - 14　　　　　　调整证券印花税税率引起全国居民人均消费变化情况

税率调整	人均消费变化量（元）	人均消费需求变动率（%）	人均消费率的变化量（%）
1998 年由 5‰调为 4‰	1.752	0.07334	0.0539
1999 年由 4‰调为 3‰	1.383	0.04751	0.03977
2001 年由 3‰调为 2‰	2.456	0.09681	0.06051
2005 年由 2‰调为 1‰	3.356	0.07453	0.05271
2007 年由 1‰调为 3‰	-1.842	-0.02385	-0.02173

由表 6 - 14 可知，调整证券印花税税率影响了全国居民人均消费水平。具体

而言：（1）人均消费与证券印花税税率呈反向变化关系。提高证券印花税税率使得居民人均消费下降。例如，2007年证券印花税税率由1‰调为3‰，导致人均消费减少1.842元。降低证券印花税税率，使得人均消费增加。例如2001年，证券印花税税率由3‰调为2‰，使得人均消费增加2.456元。（2）证券印花税对我国居民消费的影响存在时期性。证券印花税对居民消费的影响大小因时期不同而存在差异。1998年至2005年，在证券印花税4次下调中，2005年证券印花税率下调对人均消费影响最大，使得人均消费增加了3.356元；1999年下调证券印花税率使得人均消费变化最小，即人均消费增加了1.383元。

🌿 四、本节基本结论

通过以上实证分析，我们发现我国城镇居民与农村居民消费的时间偏好不同。消费时间偏好反映的是对未来消费效用的贴现，消费时间偏好越大，表示居民更愿意当前消费而不愿过多的储蓄；储蓄效用因子反映的是在既定的消费时间偏好下，增加储蓄使得储蓄边际效用增加了多少，储蓄效用因子越大，表示居民储蓄带来的效用就越大。从式（6-9）和式（6-12）可知，城镇居民的消费时间偏好（1.587）大于农村居民的消费时间偏好（1.535），这表明城镇居民更偏好将收入用于当前消费，而农村居民更偏好将收入用于储蓄；城镇居民储蓄效用因子（2.047）大于农村居民储蓄效用因子（1.797），这表明在既定的消费时间偏好的条件下，同样的储蓄，城镇居民从中获得的福利要大于农村居民从中获得的福利。我们认为主要原因可能在于城镇居民具有稳定的收入来源，城镇居民的社会保障制度相对较为完善，因此，城镇居民持有的可支配收入更倾向于当前消费。

本节通过数理模型的构造与中国金融市场税收政策消费效应的实证检验，可以得到以下结论。

（一）利息税对居民消费的影响

本节利用数理模型和经验数据估计的参数，得到了利息税率调整引起我国人均消费的变化量，由此可以得到以下结论：

1. 调整利息税率对我国人均消费产生的收入效应大于替代效应

利息税率的调整对我国人均消费的影响效应显著，并且对人均消费产生的收入效应大于替代效应：提高利息税率，人均消费减少；降低利息税率，人均消费水平提高。我国1999年和2007年两次利息税率调整都未达到调节居民消费的政策目的。1999年为了刺激消费与拉动内需我国出台开征利息税政策，实证结果表明，开征利息税不但没有增加居民消费，反而使得居民消费减少。2007年，由于我国股市较热，物价不断上涨，为抑制消费过热，降低了利息税税率，此次降低利息税税率反而使得居民消费增加。仅有2008年利息税率调整达到了调节居民消费的目的。具体而言，我国三次调整利息税税率的消费效应是不同的：1999年开征利息税导致人均消费减少10.16元；2007年降低利息税税率导致人均消费增加13.65元；而2008年降低利息税税率导致人均消费增加9.71元。

2. 利息税率调整对城镇居民和农村居民人均消费的影响不同

就城镇和农村分别来考察，利息税率调整对人均消费产生的总效应不同。从绝对量方面看，利息税率调整对城镇居民消费影响较大；从相对量方面看，利息税率调整对农村居民消费影响较大。

我们认为主要原因是：第一，城镇居民和农村居民投资方式存在差异性。当提高（降低）利息税率时，利息税的收入效应使得城镇和农村居民收入减少（增加）。由于我国农村居民收入水平较低，投资具有单一性，而城镇居民投资具有多元性，利息税率提高可能导致城镇居民将存款转向投资于股票、债券市场，同时由于城镇居民消费基数较大，从而提高（降低）利息税率引起城镇居民人均消费变动率和消费率的变化小于农村居民人均消费变动率以及人均消费率的变化。由于城镇居民收入水平高，储蓄相对农村较多，提高（降低）利息税率使得城镇居民储蓄利息收入增加（减少）的更多（少），因而城镇居民人均消费变量较大。第二，农村社会保障体系不健全。当降低利息税率时，即使农村居民收入增加，并不能像城镇居民那样进行过多的消费，而是为以后养老继续保留储蓄，因而利息税使得农村居民人均消费改变量较小。

（二）证券印花税对居民消费的影响

本节利用数理模型和经验数据估计的参数，得到了证券印花税税率调整引起我国人均消费的变化量，由此，可以得到以下结论：

1. 城镇居民人均消费与证券印花税税率呈反向变化关系

实证结果表明，我国城镇居民人均消费与证券印花税呈反向变化关系，例如，2007 年证券印花税税率由 1‰上调为 3‰，导致城镇人均消费减少 2.766 元；2005 年证券印花税税率由 2‰下调为 1‰，使得城镇人均消费增加 5.46 元。

2. 调整证券印花税税率对我国人均消费产生的收入效应大于替代效应

证券印花税税率的调整对我国城镇人均消费的影响效应显著，并且对人均消费产生的收入效应大于替代效应：提高证券印花税税率，人均消费减少；降低证券印花税税率，人均消费水平提高。

3. 证券印花税对城镇居民消费的影响存在时期性

证券印花税对城镇居民消费的影响大小因时期不同而存在差异。从实证结果中可看出，1998 年至 2005 年，尽管证券印花税经历了 4 次下调，且每次税率都下调了 1‰，但其对人均消费的影响不同。主要原因在于：证券印花税税率调整对人均消费的影响大小，可能受外部因素影响，比如股市运行状况、收入状况等因素的影响。

第二节　金融市场税收的储蓄效应

本节将继续利用跨期消费选择模型（如6－1式和6－2式），进一步分析金融市场税收的储蓄效应，并在本章第一节参数估计的基础上，对金融市场税收调整所引起的居民储蓄变化进行实证研究。

一、文献综述：金融市场税收对储蓄的影响

目前，金融市场税收对储蓄影响的研究，主要集中于研究利息税对储蓄的影响。因此，本节将重点回顾利息税的储蓄效应。

（一）文献回顾

国外学界主要在理论分析的基础上，实证研究了税收对居民储蓄的影响，但实证结果存在很大差异。保罗·戴维和约翰·斯卡丁（Paul A. David and John L. Scadding，1974）[1]证实了丹尼森法则（Denison's Law），即私人总储蓄率是常数，并不受税收制度以及税收实际利息率变化的影响。这一结论得到了米歇尔·博斯金（Michael J. Boskin，1978）[2] 的进一步证实，他利用美国经验数据，证实了税收虽然使得居民的收入减少以及税后实际利率降低，但并不影响居民的储蓄行为。埃尔基·科斯凯拉和马蒂·韦恩（Erkki Koskela and Matti Virén，1994）[3]实证考察了北欧国家所得税对居民储蓄率的影响，结果表明，所得税对居民储蓄率具有负向冲击作用，较高的所得税税率导致了居民储蓄率较低。维多·坦兹和豪厄尔（Vito Tanzi and Howell H. Zee，1998）[4] 利用 OECD 国家的数据，实证分析了税收政策对居民储蓄率的影响。结果表明，税收政策对居民储蓄影响比较显著，尤其所得税与居民储蓄率具有显著的负相关关系，即提高所得税税率会导致居民储蓄率下降，降低所得税税率会导致居民储蓄率增加。

国内学界大多采用规范分析方法研究我国利息税对居民储蓄的影响。王晔、姜永英[5]（2000）认为，我国利息税开征并未影响居民储蓄增长率，原因在于我国居民储蓄动机是为子女教育、住房和医疗养老。尹德先[6]（2002）认为，从理论上讲，利息税对居民储蓄行为是不确定的，但在我国现实经济运行中，利息税的储蓄效应是确定的，即利息税对储蓄的收入效应大于替代效应。张兰（2003）认为，我国开征利息税后居民储蓄倾向不断上升，居民储蓄总额不断攀高，因而利息税的收入效应大于替代效应。章辉[7]（2006）认为，利息税短期具有分流储

---

① Paul A. David and John L. Scadding（1974）. Private Savings：Ultrarationality，Aggregation，and 'Denison's Law'. The Journal of Political Economy，Volume 82，Issue 2.

② Michael J. Boskin（1978）. Taxation，Saving，and the Rate of Interest，The Journal of Political Economy，Volume 86，Issue 2.

③ Erkki Koskela and Matti Virén（1994）. Taxation and Household Saving in Open Economies：Evidence from the Nordic Countries. The Scandinavian Journal of Economics，Volume 96，Issue 3.

④ Vito Tanzi and Howell H（1998）. Zee. Taxation and the Household Saving Rate：Evidence from OECD Countries. IMF Working Paper，Available at SSRN：http：//ssrn. com/abstract = 882279.

⑤ 王晔，姜永英：《利息税实施效果分析》，载于《金融与经济》2000 年第 1 期。

⑥ 尹德先：《开征利息税的效应分析》，载于《安徽税务》2002 年第 4 期。

⑦ 章辉：《利息税对我国居民储蓄行为的影响分析》，载于《统计与决策》2006 年第 2 期。

蓄、调整消费的作用，长期对居民储蓄行为是无效的。邹婷婷、王翠平[1]（2007）认为，我国利息税的收入效应大于替代效应，使得利息税对储蓄的影响不显著。由于居民对未来预期的不确定性，使得开征利息税后，居民消费水平并没有提高，个人储蓄总额却还保持一定的速度增长。徐思聪[2]（2007）通过线性回归，考察了利息税对江苏省居民人均储蓄的影响，结果发现利息税对人均储蓄水平影响不显著，利息税对江苏省居民的存款储蓄并不能达到预期调控目的，而居民存款储蓄额的大小取决于地区生产总值和银行储蓄存款利率。夏宗和[3]（2009）认为，我国开征利息税不但没有使得居民储蓄减少，反而使得居民储蓄额增加。

（二）简短评价

纵观国内外的研究文献，就金融市场税收储蓄效应而言，学界主要研究了利息税的储蓄效应，但是有关证券印花税对居民储蓄影响的研究较少。国外采用理论分析与实证分析相结合的方法，研究了利息税对居民储蓄的影响。从现有的国内文献可以得到以下结论：

（1）采用规范分析方法。国内学界主要利用跨期消费选择模型，仅从规范分析的角度，探讨利息税对居民储蓄的影响。

（2）利息税对居民储蓄产生的收入效应大于替代效应。即我国居民储蓄并未因利息税的开征而降低。一些学者利用我国城乡居民储蓄总额不断攀升的状况，判断出我国利息税与居民储蓄存在正向影响关系，即提高利息税率使得居民储蓄的增加，从而得出利息税的收入效应大于替代效应的结论。

可见，目前国内利息税储蓄效应的研究主要集中在规范分析方面，而有关利息税对居民储蓄影响的实证研究还很少。有些学者认为我国利息税对居民储蓄所产生收入效应大于替代效应。这一结论缺乏实证检验，使得结论难以令人信服。利息税对储蓄的收入效应是否大于替代效应，还需进一步实证检验。另外，证券印花税的储蓄效应研究几乎还是盲区，本节将突破这一盲区，实证检验利息税和证券印花税的储蓄效应。

🌿 二、数理模型：金融市场税收的储蓄效应

在本章第一节分析金融市场税收对消费的影响中，本节在跨期消费决策两期模型的基础上，将储蓄引进居民消费效用函数，构造居民消费——储蓄效用函数模型。因此，本节的数理模型为本章第二节中的数理模型。

---

① 邹婷婷，王翠平：《利息税实施效果评价及改革思路》，载于《中南财经政法大学研究生学报》2007 年第 4 期。

② 徐思聪：《利息所得征税对江苏省居民储蓄行为影响的实证分析》，载于《商业文化》（学术版）2007 年第 12 期。

③ 夏宗和：《征收利息税对储蓄的影响探析——基于通货膨胀因素维度》，载于《技术与市场》2009 年第 6 期。

（一）利息税对储蓄的影响

由式（6-1）和式（6-2）可知，利息税税率调整将会影响居储蓄量，设当利息税率由 τ_0 调整为 τ_1 时，人均消费的变化量为 ΔC_2，由式（6-2）和式（6-3）可得：

$$\Delta C_2 = \frac{m[1 + r(1-\tau_1)]}{1 + (P_1)^{\frac{\rho}{\rho-1}}\beta^{\frac{1}{\rho-1}}[1 + r(1-\tau_1)]^{\frac{\rho}{\rho-1}}} - \frac{m[1 + r(1-\tau_0)]}{1_1 + (P_1)^{\frac{\rho}{\rho-1}}\beta^{\frac{1}{\rho-1}}[1 + r(1-\tau_0)]^{\frac{\rho}{\rho-1}}}$$

(6-16)

在式（6-16）中，ΔC_2 表示调整利息税率对人均储蓄影响的总效应。当提高利息税率时，产生的替代效应使得人均储蓄减少，产生的收入效应使得人均储蓄增加。[①] 此时，若 $\Delta C_2 < 0$（$\Delta C_2 > 0$）表示提高利息税率使得人均储蓄减少（增加），利息税率提高对人均储蓄产生的替代效应大于（小于）收入效应，总效应为负（正）。[②] 当降低利息税率时，产生的替代效应使得人均储蓄增加，产生的收入效应使得人均储蓄减少。若 $\Delta C_2 < 0$（$\Delta C_2 > 0$）表示降低利息税率使得人均储蓄减少（增加），利息税率的降低对人均储蓄产生的替代效应大于（小于）收入效应，使得总效应为负（正）。

（二）证券印花税对储蓄的影响

当居民将收入以购买股票的方式获得投资收益时，由式（6-1）和式（6-2）可知，证券印花税税率调整将会影响居民储蓄量，设当第 t 期证券印花税税率 τ_{gt} 调整为 τ_{gt}^* 时，人均储蓄量的变化量为 ΔC_2^*，由式（6-2）和式（6-3）可得：

$$\Delta C_2^* = \frac{m\left[1 + \frac{p_{gt}(1-\tau_{gt}^*) - p_{gt-1}(1+\tau_{gt-1})}{p_{gt-1}}\right]}{1 + (P_1)^{\frac{\rho}{\rho-1}}\beta^{\frac{1}{\rho-1}}\left[1 + \frac{p_{gt}(1-\tau_{gt}^*) - p_{gt-1}(1+\tau_{gt-1})}{p_{gt-1}}\right]^{\frac{\rho}{\rho-1}}}$$

$$- \frac{m\left[1 + \frac{p_{gt}(1-\tau_{gt}) - p_{gt-1}(1+\tau_{gt-1})}{p_{gt-1}}\right]}{1 + (P_1)^{\frac{\rho}{\rho-1}}\beta^{\frac{1}{\rho-1}}\left[1 + \frac{p_{gt}(1-\tau_{gt}) - p_{gt-1}(1+\tau_{gt-1})}{p_{gt-1}}\right]^{\frac{\rho}{\rho-1}}}$$

(6-17)

在式（6-17）中，ΔC_2^* 表示调整证券印花税税率对人均储蓄影响的总效应。当提高证券印花税税率时，产生的替代效应使得人均储蓄减少，产生的收入效应

[①] 这里替代效应是指当利息税率提高（降低）时，引起储蓄需求价格的提高（降低），从而导致居民在保持原有的消费—储蓄效用不变的条件下居民人均储蓄减少（增加）；收入效应是指当利息税率提高（降低）时，引起居民的实际收入减少（增加），从而导致居民人均储蓄增加（减少）。

[②] 这里总效应是利息税率的变化对居民人均储蓄的替代效应和收入效应综合作用结果，即利息税率的变化最终导致居民人均储蓄变化了多少。

使得人均储蓄增加。[①] 此时，若 $\Delta C_2^* < 0 (\Delta C_2^* > 0)$ 表示提高证券印花税税率使得人均储蓄减少（增加），证券印花税税率提高对人均储蓄产生的替代效应大于（小于）收入效应，总效应为负（正）。[②] 当降低证券印花税税率时，产生的替代效应使得人均储蓄增加，产生的收入效应使得人均储蓄减少。若 $\Delta C_2^* < 0 (\Delta C_2^* > 0)$ 表示降低证券印花税税率使得人均储蓄减少（增加），证券印花税税率的降低对人均储蓄产生的替代效应大于（小于）收入效应，使得总效应为负（正）。

三、实证分析：中国金融市场税收的储蓄效应

（一）中国利息税对储蓄的影响

根据利息税率三次调整，将分别计算出每次利息税率调整引起的人均储蓄的变化、人均储蓄变动率以及人均储蓄率的变化。

1. 利息税对城镇居民储蓄的影响

把利息税率调整前后的城镇居民数据（见表 6 - 1）以及估计出的参数值（见式（6 - 9））代入式（6 - 16），得到每次利息税率的调整导致城镇居民人均储蓄的变化，如表 6 - 15 所示：

表 6 - 15　　　　调整利息税税率引起城镇居民人均消费变化情况

调整税率引起储蓄变化	1999 年 11 月 1 日 由 0 调整为 20%	2007 年 8 月 15 日 由 20% 调整为 5%	2008 年 10 月 9 日 由 5% 调整为 0
人均储蓄变化量（元）	8.95	- 11.37	- 6.56
人均储蓄变动率（%）	0.6738	- 0.4091	- 0.2137
人均储蓄率变化量（%）	0.1530	- 0.0825	- 0.0416

表 6 - 15 反映了我国调整利息税税率对城镇人均储蓄的影响。具体而言：（1）城镇人均储蓄变化量与利息税率呈正向变化关系。提高利息税率使得城镇人均储蓄增加；降低利息税率使得城镇人均储蓄减少。1999 年开征利息税使得城镇人均储蓄增加 8.95 元；2007 年利息税税率由 20% 下调为 5%，导致城镇人均储蓄减少 11.37 元；2008 年暂免利息税，导致城镇人均储蓄减少了 6.56 元。可见，在利息税对城镇居民储蓄影响中，收入效应大于替代效应，从而导致城镇居民人均消费与利息税率呈反向变化关系。（2）1999 年和 2007 年的利息税率调整未达到预期效果。1999 年开征利息税

---

① 这里替代效应是指当证券印花税税率提高（降低）时，引起储蓄需求价格的提高（降低），从而导致居民在保持原有的消费—储蓄效用不变的条件下居民人均储蓄减少（增加）；收入效应是指当证券印花税税率提高（降低）时，引起居民的实际收入减少（增加），从而导致居民人均储蓄增加（减少）。

② 这里总效应是证券印花税税率的变化对均民人均储蓄的替代效应和收入效应综合作用结果，即证券印花税税率的变化最终导致居民人均储蓄变化了多少。

不但没有很好地起到抑制城镇居民储蓄的作用，反而使得城镇居民人均储蓄增加了 8.95 元，人均储蓄变动率为 0.6738%，人均储蓄率变化量为 0.1530%。同样，2007 年降低利息税率也未达到刺激居民储蓄的目的，反而使得城镇居民人均储蓄减少了 11.37 元，人均储蓄变动率为 −0.4091%，人均储蓄率变化量为 −0.0825%。

2. 利息税对农村居民储蓄的影响

把利息税率调整前后的数据（见表 6 − 4）以及估计出的参数值（见式（6 − 12））代入式（6 − 16），得到每次利息税率的调整导致农村居民人均储蓄的变化，如表 6 − 16 所示：

表 6 − 16 　　　　　　　　调整利息税税率引起农村居民人均储蓄变化情况

调整税率引起储蓄变化	1999 年 11 月 1 日	2007 年 8 月 15 日	2008 年 10 月 9 日
	由 0 调整为 20%	由 20% 调整为 5%	由 5% 调整为 0
人均储蓄变化量（元）	3.95	− 5.12	− 3.61
人均储蓄变动率（%）	0.714	− 0.5715	− 0.3629
人均储蓄率变化量（%）	0.1788	− 0.1237	− 0.07572

表 6 − 16 反映了我国调整利息税税率对农村人均储蓄的影响。具体而言：（1）农村人均储蓄变化量与利息税率呈正向变化关系。提高利息税率使得农村人均储蓄增加；降低利息税率使得农村人均储蓄减少。1999 年开征利息税使得农村人均储蓄增加 3.95 元；2007 年利息税税率由 20% 下调为 5%，导致农村人均储蓄减少 5.12 元；2008 年暂免利息税，导致农村人均储蓄减少了 3.61 元。可见，在利息税对农村居民储蓄影响中，收入效应大于替代效应，从而导致农村居民人均消费与利息税率呈反向变化关系。（2）1999 年和 2007 年利息税率调整未达到预期效果。1999 年开征利息税不但没有很好地起到抑制储蓄的作用，反而使得农村居民人均储蓄增加了 3.95 元，人均储蓄变动率为 0.714%，人均储蓄率变化量为 0.1788%。同样，2007 年降低利息税率也未达到刺激储蓄的目的，反而使得农村居民人均储蓄减少了 5.12 元，人均储蓄变动率为 −0.5715%，人均储蓄率变化量为 −0.1237%。

3. 利息税对全国居民储蓄的影响

把利息税率调整前后的数据（见表 6 − 7）以及估计出的参数值（见式（6 − 15））代入式（6 − 16），得到每次利息税率的调整导致我国居民人均储蓄的变化，如表 6 − 17 所示。

表6-17　　　　　　　　调整利息税税率引起全国人均储蓄变化情况

调整税率引起储蓄 变化	1999年11月1日 由0调整为20%	2007年8月15日 由20%调整为5%	2008年10月9日 由5%调整为0
人均储蓄变化量（元）	5.09	-7.27	-6.48
人均储蓄变动率（%）	0.6058	-0.4009	-0.32
人均储蓄率变化量（%）	0.1464	-0.0857	-0.0662

表6-17反映了我国调整利息税税率对人均储蓄的影响。具体而言：（1）人均储蓄变化量与利息税率呈正向变化关系。提高利息税率使得人均储蓄增加；降低利息税率使得人均储蓄减少。1999年开征利息税使得人均储蓄增加5.09元；2007年利息税税率由20%下调为5%，导致人均储蓄减少7.27元；2008年暂免利息税，导致人均储蓄减少了6.48元。（2）1999年和2007年利息税率调整未达到预期效果。1999年开征利息税不但没有很好地起到抑制储蓄的作用，反而使得人均储蓄增加了5.09元，人均储蓄变动率为0.6058%，人均储蓄率变化量为0.1464%。同样，2007年降低利息税率也未达到刺激居民储蓄的目的，反而使得人均储蓄减少了7.27元，人均储蓄变动率为-0.4009%，人均储蓄率变化量为-0.0857%。

（二）中国证券印花税对储蓄的影响

根据证券印花税的调整，将分别测算出每次证券印花税调整引起的人均储蓄的变化、人均储蓄变动率以及人均储蓄率的变化。

1. 证券印花税对城镇居民储蓄的影响

把证券印花税调整前后的城镇居民数据（见表6-1）以及估计出的参数值（见式（6-9））代入式（6-17），得到每次证券印花税税率调整导致城镇居民人均储蓄的变化，如表6-18所示：

表6-18　　　　　调整证券印花税税率引起城镇居民人均储蓄变化情况

税率调整	人均储蓄变化量 （元）	人均储蓄需求变动率 （%）	人均储蓄率的变化量 （%）
1998年由5‰调为4‰	-1.649	-0.125	-0.0304
1999年由4‰调为3‰	-1.413	-0.1256	-0.02414
2001年由3‰调为2‰	-1.481	-0.07714	-0.02159
2005年由2‰调为1‰	-2.512	-0.09874	-0.02394
2007年由1‰调为3‰	3.514	0.3203	0.02549
2008年由3‰调为1‰	-2.724	-0.06137	-0.01726

表6-18反映了证券印花税的调整引起城镇居民人均储蓄变化。具体而言：

（1）城镇居民人均储蓄与证券印花税税率呈正向变化关系。提高证券印花税税率使得城镇居民人均储蓄增加；反之，降低证券印花税税率使得城镇居民人均储蓄减少。例如，2007 年证券印花税税率由 1‰上调为 3‰，导致城镇居民人均储蓄增加 3.514 元；2008 年证券印花税税率由 3‰下调为 1‰，导致城镇居民人均储蓄减少 2.724 元。（2）证券印花税对城镇居民储蓄的影响存在时期性，即券交易印花税对城镇居民储蓄的影响大小因时期不同而存在差异。1998 年至 2005 年，证券印花税经历了 4 次下调，每次税率都下调了 1‰，但所产生的储蓄效应不同，2005 年证券印花税率下调对城镇人均储蓄影响最大，使得人均储蓄减少了 2.512 元；1999 年下调证券印花税率使得城镇人均储蓄变化最小，即城镇人均储蓄减少了 1.413 元。

2. 证券印花税对全国居民储蓄的影响

把证券印花税调整前后的全国居民数据（见表 6－7）以及估计出的参数值（见式（6－15））代入式（6－17），得到每次证券印花税税率调整导致全国居民人均储蓄的变化，如表 6－19 所示：

表 6－19　　　　　调整证券印花税税率引起全国人均储蓄变化情况

税率调整	人均储蓄变化量（元）	人均储蓄需求变动率（%）	人均储蓄率的变化量（%）
1998 年由 5‰调为 4‰	－0.778	－0.09295	－0.02394
1999 年由 4‰调为 3‰	－0.849	－0.1181	－0.02441
2001 年由 3‰调为 2‰	－0.829	－0.0699	－0.02043
2005 年由 2‰调为 1‰	－1.486	－0.09133	－0.02334
2007 年由 1‰调为 3‰	2.313	0.3084	0.02729

表 6－19 反映了证券印花税对全国人均储蓄的影响。具体而言：（1）人均储蓄与证券印花税税率呈正向变化关系。提高证券印花税税率使得人均储蓄增加。例如，2007 年证券印花税税率由 1‰上调为 3‰，导致人均储蓄增加 2.313 元。反之，降低证券印花税税率，使得人均储蓄减少。例如，2001 年证券印花税税率由 3‰下调为 2‰，使得人均储蓄减少 0.829 元。（2）证券印花税对我国居民储蓄的影响存在时期性，即证券印花税对居民储蓄的影响大小因时期不同而存在差异。1998 年至 2005 年，在证券印花税 4 次下调中，1998 年下调证券印花税率使得人均储蓄变化最小，即人均储蓄减少了 0.778 元；2005 年证券印花税率下调对人均储蓄影响最大，使得人均储蓄减少了 1.486 元。

❀ 四、本节基本结论

本节通过数理模型的构造与中国金融市场税收政策储蓄效应的实证检验，可以得到以下结论。

（一）利息税对储蓄的影响

本节利用数理模型和经验数据估计的参数，得到了利息税率调整引起我国人均储蓄的变化量。通过上述分析可得到以下基本结论：

1. 调整利息税率对我国人均储蓄产生的收入效应大于替代效应

利息税率的调整对我国人均储蓄的影响显著，并且对人均储蓄产生的收入效应大于替代效应：提高利息税率，人均储蓄增加；降低利息税率，人均储蓄减少。

2. 利息税率调整对城镇和农村居民人均储蓄影响不同

就城镇和农村分别来考察，利息税率调整对人均储蓄产生的总效应不同。从绝对量上来看，利息税率调整对城镇居民储蓄影响较大；从相对量上来看，利息税率调整对农村居民储蓄影响较大。

3. 1999 年和 2007 年利息税政策未起到调节居民储蓄预期效果

我国 1999 年和 2007 年两次利息税率调整都未达到调节居民储蓄的政策目的。1999 年为刺激消费，抑制居民储蓄，我国出台开征利息税政策，实证结果表明，开征利息税不但不会减少居民储蓄，反而使得居民储蓄增加。2007 年，我国降低了利息税税率，此次降低利息税税率反而使得居民储蓄减少。仅有 2008 年利息税率调整达到了调节居民储蓄的目的。具体而言，我国三次调整利息税税率的储蓄效应是不同的：1999 年开征利息税导致人均储蓄增加 5.09 元；2007 年降低利息税税率导致人均储蓄减少 7.27 元；而 2008 年降低利息税税率导致人均储蓄减少 6.48 元。

我们认为，造成这一结果主要原因在于以下几方面：（1）居民预期收入不稳定。由于居民收入具有不稳定性，使得居民对储蓄的时间偏好率较大，从而利息税率的调整对我国人均储蓄产生的收入效应大于替代效应。我国处于经济转轨时期，居民的收入预期具有不稳定性，即便有钱宁愿存在银行也不敢过多的消费，因此利息税对储蓄的收入效应占优。即当提高利息税率时，未来利息收入减少，人们不敢过多消费，从而会增加储蓄；反之，当降低利息税率时，未来利息收入增加，人们乐于增加消费，减少储蓄。（2）我国社会保障制度不健全。我国社会保障制度不健全，尤其农村社会保障制度的不健全，使得居民对未来养老担忧，居民收入中很大一部分留存以后养老，降低利息税率使得居民存款利息所得增加，进而居民会增加储蓄，减少消费。

（二）证券印花税对储蓄的影响

本文在数理模型和经验数据参数估计的基础上，实证分析了证券印花税对居民储蓄的影响，通过上述分析可得到以下基本结论。

1. 城镇居民人均储蓄与证券印花税税率呈反向变化关系

实证结果表明，我国城镇居民人均储蓄与证券印花税呈反向变化关系，即提高证券印花税税率导致城镇居民人均储蓄增加；降低证券印花税税率导致人均储蓄减少。

2. 调整证券印花税税率对我国人均储蓄产生的收入效应大于替代效应

证券印花税税率的调整对我国城镇人均储蓄的影响效应显著，并且对人均储蓄产生的收入效应大于替代效应：提高证券印花税税率，人均储蓄增加；降低证券印花税税率，人均储蓄减少。我们认为，造成这一结果原因在于：一是居民预期收入不稳定；二是我国社会保障制度不健全；三是我国股市还不成熟，具有很高的风险性。

3. 证券印花税对城镇居民储蓄的影响存在时期性

证券印花税对城镇居民储蓄的影响大小因时期不同而存在差异。从实证结果中可看出，1998 年至 2005 年，尽管证券印花税经历了 4 次下调，且每次税率都下调了 1‰，但每次下调证券印花税率对人均储蓄的影响不同。主要原因在于，证券印花税税率调整对人均储蓄的影响大小，可能受外部因素影响，比如股市运行状况、收入状况等因素的影响。

第三节　金融市场税收的投资效应

本节将进一步从理论和实证的角度分析金融市场税收对投资①的影响。由前两节可知，金融市场税收能够对消费和储蓄产生一定的影响，金融市场税收能否通过影响消费和储蓄进而影响投资呢？本节将在文献回顾的基础上，构造投资与消费、储蓄的数理模型，结合本章第一节和第二节中的数理模型，推导出金融市场税收影响投资的理论模型。

一、文献综述：金融市场税收对投资的影响

（一）我国金融市场税收对投资的影响

目前，学界的相关研究主要集中于研究资本利得税、利息税对投资的影响。McClure J. Harold Jr. ②（1992）研究了资本利得税对投资的影响。他认为，资本利得税对投资的影响是不确定的。降低资本利得税税率是促进投资还是减少投资取决于两种效应大小，一是降低资本利得税税率导致预期收益率上升，二是降低资本利得税税率导致风险承担额增加。黄琼③（2000）认为，在消费方面，利息税的出台，为低收入者的最低生活保障筹集了资金，在一定程度上打消了他们生活保障的顾虑，促进了消费；在促进投资方面，由于利息税征税范围不包括国债、股票投资收益，这将在一定程度上分流一部分储蓄存款，刺

---

①　这里的投资指的实体经济中的投资，而非证券市场中的投资。

②　McClure J. Harold Jr.（1992）. Does reducing the capital gains tax rate raise or lower investment? Economics Letters, Volume 40, Issue 2.

③　黄琼：《利息税政策效应浅析》，载于《税务与经济》2000 年第 2 期。

激居民的投资。阎坤、于树一①（2005）认为，开征利息税的替代效应会减少储蓄，进而促进当前消费或者对其他金融工具的投资；但收入效应对储蓄的影响是不确定的。在我国，由于居民的防灾防病、养老、子女教育等未来消费具有刚性，使得个人对储蓄的偏好较高，储蓄对税收的弹性较小，收入效应使消费增加，进而促进投资。

（二）储蓄转化投资

储蓄转化投资是经济学的核心内容之一，在封闭经济条件下，投资增长量来源于国内储蓄增长。凯恩斯经济增长理论、新古典经济增长理论研究经济稳定增长时都假设了储蓄完全转化为投资。学界对储蓄与投资的关系实证研究较多。马丁·费尔德斯坦和查尔斯·豪瑞奥卡（Martin Feldstein and Charles Horioka，1980）② 在分析居民储蓄与资本流动性关系时，运用 16 个 OECD 国家的 1960 ~ 1974 年平均储蓄和平均投资数据，实证考察了储蓄与投资的关系，实证结果表明，储蓄与投资之间存在高度正相关关系。随后马丁·费尔德斯坦③（1982）把样本从 16 个国家扩大到 17 个国家，选用 1974 ~ 1979 年的数据，采用面板数据进一步证实了储蓄与投资之间存在高度相关性，储蓄率提高会使得投资率提高，每增加 1 美元的储蓄，投资将增加 0.85 美元。荒木经惟（Nobuyoshi Yamori，1995）④ 运用日本的数据，实证检验了储蓄和投资之间的关系，结果表明投资与储蓄之间存在显著的相关性。卢比奥·巴霍（Rubio O. Bajo，1998）⑤ 运用西班牙 1964 ~ 1994 年的数据，借助于误差修正模型，实证分析了储蓄与投资之间的关系，结果表明，储蓄与投资之间存在正相关关系。格劳科·德·维他和安德鲁·艾伯特（Glauco De Vita and Andrew Abbott，2002）⑥ 实证考察了美国储蓄与投资之间的关系，结果表明，储蓄与投资之间存在显著的正相关性，但是 1971 年之后，二者之间的显著性关系减弱了。西奥多·帕拉吉蒂斯和塔萨斯·马斯托伊亚斯（Theodore Pelagidis and Tasos Mastroyiannis，2003）⑦ 运用希腊 1960 ~ 1997 年储蓄与投资的数据，通过协整合误差修整模型，实证考察了储蓄与投资的关系。结果表明，储蓄与投资之间存在很强的协整关系，即二者之间存在显著的长期趋势关

---

① 阎坤、于树一：《利息税税率调整更有效》，载于《银行家》2005 年第 3 期。

② Martin Feldstein and Charles Horioka（1980）. Domestic Saving and International Capital Flows. The Economic Journal，Vol. 90，No. 358.

③ Martin S. Feldstein. Domestic Saving and International Capital Movements in the Long Run and the Short Run（July 1982）. NBER Working Paper No. W0947. Available at SSRN：http：//ssrn. com/abstract = 271178.

④ Nobuyoshi Yamori（1995）. The relationship between domestic savings and investment：The Feldstein-Horioka test using Japanese regional data. Economics Letters. Volume 48，Issues 3 − 4.

⑤ Rubio O. Bajo（1998）. The saving-investment correlation revisited：The case of Spain 1964 ~ 1994，Applied Economics Letters，Volume 5，Issue 12.

⑥ Glauco De Vita and Andrew Abbott（2002）. Are saving and investment cointegrated? An ARDL bounds testing approach. Economics Letters，Volume 77，Issue 2.

⑦ Theodore Pelagidis and Tasos Mastroyiannis（2003）. The saving-investment correlation in Greece，1960 ~ 1997：implications for capital mobility. Journal of Policy Modeling，Volume 25，Issues 6 − 7.

系。春日（Hidefumi Kasuga，2004）① 考察了发展中国家的储蓄与投资的关系，证实了储蓄与投资之间存在正相关关系。克里斯蒂亚诺·科雷亚斯、尼克罗斯·麦隆尼迪斯和苏赞娜·玛利亚（Christos Kollias，Nikolaos Mylonidis and Suzanna-Maria Paleologou，2008）② 考察了欧盟 15 个成员国的储蓄与投资的相关性，运用面板数据，得出储蓄与投资之间的相关系数为 0148 ~0. 157 之间的结论。

国内学界对储蓄与投资之间的关系也进行了实证研究。肖红叶、周国富③（2000）认为，储蓄顺利转化为投资是经济发展的必然要求，我国 2000 年之前储蓄转化为投资有效性较弱，使得储蓄资源未能得到较好的配置和使用。刘华、程海峰、肖艳汾、李丽④（2002）从税收和企业投资需求的角度，分析了制约储蓄—投资转化不高的影响因素。企业税收负担过重，投资吸纳能力降低；居民预期消费心理降低，制约企业投资需求；投资渠道不畅，抑制企业投资需求。包群、阳小晓、赖明勇⑤（2004）认为，我国居民储蓄和政府储蓄与投资之间存在正向的协整关系，即储蓄的增加会促使投资的增加。但我国储蓄—投资转化率偏低，制约了我国经济的有效投资。卢亚娟、蔡则祥⑥（2004）认为，银行投资、证券投资、保险投资和民间投资存在很多障碍，导致我国居民储蓄难以高效地转化为投资。张晓栋⑦（2004）认为，我国的产权制度、金融制度、社会保障制度等导致国民储蓄难以顺利转化为投资。齐福全、李琼⑧（2006）利用北京 1978 ~2003 年的数据，实证考察了北京农村居民储蓄与投资之间的关系，结果表明，储蓄与投资之间存在显著的长期正相关关系。黄永兴、王光辉、黄健林⑨（2006）利用 1979 ~2004 年的数据，实证分析了储蓄与投资之间存在因果关系。杨勇华⑩（2006）认为，我国居民储蓄转化为投资的资本形成效率有所改善，但还处于较低水平，资本配置使用效率起点不高。何帆、唐岳华⑪（2007）采用向

① Hidefumi Kasuga（2004）. Saving-investment correlations in developing countries. Economics Letters，Volume 83，Issue 3.

② Christos Kollias，Nikolaos Mylonidis and Suzanna-Maria Paleologou. The Feldstein-Horioka puzzle across EU members：Evidence from the ARDL bounds approach and panel data. International Review of Economics & Finance，Volume 17，Issue 3，2008.

③ 肖红叶、周国富：《我国储蓄—投资转化有效性研究》，载于《统计研究》2000 年第 3 期。

④ 刘华、程海峰等：《影响储蓄向投资转化的因素及财税对策分析》，载于《税务研究》2002 年第 4 期。

⑤ 包群、阳小晓、赖明勇：《我国储蓄—投资转化率的经验性研究：1978 ~2002》，载于《统计研究》2004 年第 9 期。

⑥ 卢亚娟、蔡则祥：《我国居民储蓄—投资转化问题分析》，载于《商业研究》2004 年第 11 期。

⑦ 张晓栋：《我国储蓄—投资转化中的制度性障碍浅析》，载于《河南教育学院学报》（哲学社会科学版）2004 年第 6 期。

⑧ 齐福全、李琼：《北京市农村居民储蓄与投资相关关系的实证分析：1978 ~2003 年》，载于《中国农村经济》2006 年第 8 期。

⑨ 黄永兴、王光辉、黄健林：《我国储蓄与投资的计量经济研究》，载于《安徽工业大学学报》2006 年第 4 期。

⑩ 杨勇华：《我国居民储蓄—投资转化效率的实证分析》，载于《财经理论与实践》2006 年第 3 期。

⑪ 何帆、唐岳华：《中国三部门储蓄与投资相关性的经验分析》，载于《财经问题研究》2007 年第 11 期。

量误差修正模型，实证分析了居民储蓄与投资之间存在长期均衡关系，中国投资与居民储蓄、政府储蓄以及企业储蓄之间存在短期动态调整机制，居民储蓄转化投资存在滞后性，政府储蓄和企业储蓄短期内拉动投资不显著。魏玉平[①]（2007）认为，我国储蓄—投资转化效率偏低，因为我国储蓄—投资转化渠道不畅通，转化机制失衡，转化制度供给不足。

（三）消费与投资关系

凯恩斯从需求角度研究了消费与投资的关系，把消费需求和投资需求并列，把增加投资作为扩张社会有效需求的手段。在封闭经济条件下，投资等于收入减去消费后的余额。从总产出均衡决定的角度出发，可以推论出，合理的投资水平应是以一定的总产出均衡水平为标准，投资水平与消费水平是互补的。在这一标准制约下，如果消费多了，投资就应当少一点；如果消费少了，投资就应当多一点，从而保证储蓄与投资的平衡。[②] 孙永波[③]（2001）认为，西方宏观经济总需求存在很大缺陷，混淆了社会总需求中的最终消费需求和投资需求的本质区别，投资需求和消费需求两者之间的关系应该是一种市场供给和市场需求的关系。袁乐平[④]（2001）认为，消费对投资既有抑制效应，又有拉动效应。消费调节着投资供给和投资需求，从而调节着社会总投资规模的大小；从长期来看，消费是拉动投资的必要条件。钟成[⑤]（2003）从马克思扩大再生产理论的角度，分析了投资需求与消费需求在一定程度上相互影响、相互作用。投资需求的扩大，引起生产扩大，进而可能导致商品供大于求、商品价格下降，从而会引起消费需求增加；消费需求的扩大，会引起商品求大于供、价格上升，进而引起刺激生产扩大，从而导致投资需求增加。程阳春[⑥]（2004）认为，市场经济条件下投资与消费之间是相互影响的，以消费引导投资为前提。罗云毅[⑦]（2004）从投资需求向消费需求转化的角度，实证分析了投资需求与消费需求之间的关系，结果表明，增加 100 亿元固定资产投资将引起消费需求增加约 58 亿元。罗云毅[⑧]（2004）认为，在本质上消费率决定了投资率。苏小宁[⑨]（2005）认为，我国若长期维持高投资率和低消费率状况，将会导致消费制约投资。欧阳昌朋[⑩]（2005）认为，转轨时期新制度缺陷造成的居民消费倾向下降趋势，旧体制黏性形成的政府投资行为在经济发展中的主

① 魏玉平：《我国储蓄—投资转化效率低下的原因分析》，载于《江汉大学学报》（社会科学版）2007 年第 3 期。
② 罗云毅：《投资与消费比例关系理论回顾》，载于《宏观经济研究》1999 年第 12 期。
③ 孙永波：《投资需求和消费需求关系的研究》，载于《黑龙江科技学院学报》2001 年第 3 期。
④ 袁乐平：《论消费的投资效应》，载于《消费经济》2001 年第 6 期。
⑤ 钟成：《投资需求和消费需求的关系》，载于《重庆社会科学》2003 年第 6 期。
⑥ 程阳春：《论当前我国投资与消费的关系》，载于《统计与决策》2004 年第 7 期。
⑦ 罗云毅：《投资需求向消费需求转化的数量关系分析》，载于《宏观经济研究》2004 年第 1 期。
⑧ 罗云毅：《投资率本质上是由消费率决定的》，载于《中国投资》2004 年第 6 期。
⑨ 苏小宁：《逐步调整投资与消费的关系》，载于《宏观经济管理》2005 年第 11 期。
⑩ 欧阳昌朋：《我国转轨时期投资率与消费率分析》，载于《经济与管理研究》2005 年第 6 期。

导性，导致我国转轨时期的高投资率、低消费率趋势长期化。郭镇芳[①] (2007) 认为，从连续不断的再生产角度来看，投资总量与消费总量并非是"此消彼长"的关系，而是相互促进的。一个高的投资额之所以不会削减消费量，是因为由高投资额与高消费额可以组成一个更大的 GDP 总量。把较高的投资额看成是对消费额的挤占，从而形成投资与消费之间的所谓"此消彼长"关系，是短期静态观察所得到的结论，从长期动态角度来观察，投资与消费并非"此消彼长"，而是相互促进的。梁东黎[②] (2008) 认为，投资和消费是相互影响的：消费需求通过影响消费预期、预期利润率，进而影响投资需求；投资失败导致政府补贴增加、税收增加，从而使消费减少。

（四）简短评价

从金融税收对投资的影响来看，直接研究利息税、证券印花税对投资影响较少，尤其从实证角度研究其投资效应的更是甚少。从有限的文献中可知，利息税对投资的影响具有不确定性，主要取决于利息税对消费、储蓄的收入效应与替代效应孰大孰小。当利息税的替代效应大于收入效应时，利息税有利于促进投资，反之，则会抑制投资。

国内外学界采用计量的方法对储蓄转化投资进行了实证研究，形成统一定论：储蓄与投资呈正相关关系。而对于消费与投资关系的研究，大多采用规范分析的方法，缺乏实证检验。

本节将在实证研究消费、储蓄与投资关系的基础上，对利息税、证券印花税对投资影响进行实证检验。

🌿 二、数理模型：金融市场税收的投资效应

大量的文献反映出了消费和储蓄对投资的影响。因此，在构建金融市场税收影响投资的数理模型时，基于两方面考虑：一是金融市场税收通过影响消费进而影响投资；二是金融市场税收通过影响储蓄进而影响投资。根据文献本文构建投资与消费和储蓄的关系式如下：

$$\mathrm{Ln}(ir) = \alpha_0 + \alpha_1 \mathrm{Ln}(sr) + \alpha_2 \mathrm{Ln}(cr) \tag{6-18}$$

其中，ir 表示投资率，sr 表示储蓄率，cr 表示消费率。对式 (6-18) 两边同时微分，可得：

$$\frac{\Delta ir}{ir} = \alpha_1 \times \frac{\Delta sr}{sr} + \alpha_2 \times \frac{\Delta cr}{cr} \tag{6-19}$$

其中，Δir 表示投资率的改变量、Δsr 表示储蓄率的改变量、Δcr 分别表示消费率的改变量。考察在一定经济水平下，金融市场税收调整前后投资需求额的变

---

① 郭镇芳：《消费总量下降是投资总量增长的结果吗》，载于《经济学家》2007 年第 3 期。
② 梁东黎：《投资独立于消费增长现象的理论解释——投资、消费相互影响的分析框架》，载于《当代财经》2008 年第 9 期。

化，可将式（6-19）转化为：

$$\frac{\Delta I}{I} = \alpha_1 \times \frac{\Delta S}{S} + \alpha_2 \times \frac{\Delta C}{C} \qquad (6-20)$$

其中，$\frac{\Delta I}{I}$ 为调整利息税率后投资需求额的变动率，$\frac{\Delta S}{S}$ 为调整利息税率后储蓄需求额的变动率，$\frac{\Delta C}{C}$ 为调整利息税率后消费需求额的变动率。

设金融市场税收调整引起投资的变动率为 IG，金融市场税收调整后的投资额为 I'，金融市场税收调整前的投资额为 I，金融市场税收调整引起投资变化量为 ΔI，则：

$$IG = \frac{\Delta I}{I} = \frac{I' - I}{I} \qquad (6-21)$$

$$\Delta I = \frac{IG}{1 + IG} \times I \qquad (6-22)$$

由利息税影响消费、储蓄理论分析中的式（6-5）、式（6-16）以及式（6-20），可得利息税调整引起投资变化量，如式（6-23）：

$$\frac{\Delta I}{I} = \alpha_1 \times \left\{ \frac{[1 + r(1 - \tau_1)] \times \{1_1 + (P_1)^{\frac{\rho}{\rho-1}}\beta^{\frac{1}{\rho-1}}[1 + r(1 - \tau_0)]^{\frac{\rho}{\rho-1}}\}}{[1 + r(1 - \tau_0)] \times \{1 + (P_1)^{\frac{\rho}{\rho-1}}\beta^{\frac{1}{\rho-1}}[1 + r(1 - \tau_1)]^{\frac{\rho}{\rho-1}}\}} - 1 \right\}$$

$$+ \alpha_2 \times \left\{ \frac{P_1 + (P_1\beta)^{\frac{-1}{\rho-1}}[1 + r(1 - \tau_1)]^{\frac{-\rho}{\rho-1}}}{P_1 + (P_1\beta)^{\frac{-1}{\rho-1}}[1 + r(1 - \tau_0)]} - 1 \right\} \qquad (6-23)$$

式（6-21）反映了利息税率调整导致投资需求的变化，即投资随着利息税率的变化而变化。

由证券印花税影响消费、储蓄理论分析中的式（6-6）、式（6-17）以及式（6-20），可得证券印花税调整引起投资变化量，如式（6-24）：

$$\frac{\Delta I}{I} = \alpha_1 \times \left\{ \frac{\left[1 + \frac{p_{gt}(1 - \tau_{gt}^*) - p_{gt-1}(1 + \tau_{gt-1})}{p_{gt-1}}\right] \times \left\{1 + (P_1)^{\frac{\rho}{\rho-1}}\beta^{\frac{1}{\rho-1}}\left[1 + \frac{p_{gt}(1 - \tau_{gt}) - p_{gt-1}(1 + \tau_{gt-1})}{p_{gt-1}}\right]^{\frac{\rho}{\rho-1}}\right\}}{\left[1 + \frac{p_{gt}(1 - \tau_{gt}) - p_{gt-1}(1 + \tau_{gt-1})}{p_{gt-1}}\right] \times \left\{1 + (P_1)^{\frac{\rho}{\rho-1}}\beta^{\frac{1}{\rho-1}}\left[1 + \frac{p_{gt}(1 - \tau_{gt}^*) - p_{gt-1}(1 + \tau_{gt-1})}{p_{gt-1}}\right]^{\frac{\rho}{\rho-1}}\right\}} - 1 \right\}$$

$$+ \alpha_2 \times \left\{ \frac{P_1 + (P_1\beta)^{\frac{-1}{\rho-1}}\left[1 + \frac{p_{gt}(1 - \tau_{gt}) - p_{gt-1}(1 + \tau_{gt-1})}{p_{gt-1}}\right]^{\frac{-\rho}{\rho-1}}}{P_1 + (P_1\beta)^{\frac{-1}{\rho-1}}\left[1 + \frac{p_{gt}(1 - \tau_{gt}^*) - p_{gt-1}(1 + \tau_{gt-1})}{p_{gt-1}}\right]^{\frac{-\rho}{\rho-1}}} - 1 \right\}$$

$$(6-24)$$

式（6－24）反映了证券印花税税率调整导致投资需求的变化，即投资随着证券印花税税率的变化而变化。

🌿 三、实证分析：中国金融市场税收的投资效应

由式（6－23）和式（6－24）可知，利息税和证券印花税的调整，将会引起投资的变动，我国利息税率经历三次调整，证券印花税经历了 8 次调整，实际引起投资变化了多少呢？需要进一步实证检验。本节的实证分析包括两部分：一方面，对式（6－19）中参数 α_1、α_2 进行实证估计；另一方面，通过估计出的参数，利用式（6－23）和式（6－24），分别测算出利息税、证券印花税税率调整引起投资的变化量。

（一）实证研究设计

1. 样本选择与数据来源

参数估计的样本数据为 1990～2008 年的年度数据。投资率是根据固定资产投资额与 GDP 比值计算而得；消费率是由消费总额与 GDP 比值计算而得；储蓄率是根据储蓄额与 GDP 比值计算而得。消费额、投资额储蓄额以及 GDP 数据均来源于《中经网统计数据库》。

2. 变量的选择

本节参数估计所涉及的变量指标有投资率、消费率以及储蓄率，测算投资变化量所涉及的指标除了投资率、消费率和储蓄率外，还有利息税税率、证券印花税税率。式（6－19）中的投资率 ir 作为被解释变量；消费率 cr 作为解释变量；储蓄率 sr 也作为解释变量。实证结果分析中所涉及的变量指标有：投资变化量、投资需求变动率。

3. 方法的选择

本节依据式（6－19）实证估计参数 α_1、α_2，估计出模型参数后，测算出调整利息税税率、证券印花税税率引起投资的变化量。

（二）参数估计的实证分析

由式（6－19），利用经验数据，实证估计出参数 α_1、α_2 的值。估计参数时，本文对数据进行了平稳性检验和协整性检验。

1. 检验变量的平稳性

由于投资率 ir_t、储蓄率 sr_t、消费率 cr_t 为时间序列数据（见表 6－20），因此在考察变量间长期趋势关系时必须对数据进行平稳性检验。

表 6 − 20   我国投资率、消费率以及储蓄率

年份	投资额 （亿元）	储蓄额 （亿元）	消费额 （亿元）	GDP （亿元）	投资率 （%）	储蓄率 （%）	消费率 （%）
1990	4 517	7 119.8	12 090.5	18 667.8	0.242	0.381	0.349
1991	5 594.5	9 241.6	14 091.9	21 781.5	0.257	0.424	0.348
1992	8 080.1	11 758	17 203.3	26 923.5	0.3	0.437	0.366
1993	13 072.3	15 203.5	21 899.9	35 333.9	0.37	0.43	0.426
1994	17 042.1	21 518.8	29 242.2	48 197.9	0.354	0.446	0.405
1995	20 019.3	29 662.3	36 748.2	60 793.7	0.329	0.488	0.403
1996	22 913.5	38 520.8	43 919.5	71 176.6	0.322	0.541	0.388
1997	24 941.1	46 279.8	48 140.6	78 973	0.316	0.586	0.367
1998	28 406.2	53 407.5	51 588.2	84 402.3	0.337	0.633	0.362
1999	29 854.7	59 621.8	55 636.9	89 677.1	0.333	0.665	0.362
2000	32 917.7	64 332.4	61 516	99 214.6	0.332	0.648	0.353
2001	37 213.5	73 762	66 878.3	109 655.2	0.339	0.673	0.365
2002	43 499.9	86 911	71 691.2	120 332.7	0.361	0.722	0.379
2003	55 566.6	103 617	77 449.5	135 822.8	0.409	0.763	0.41
2004	70 477.4	119 555	87 032.9	159 878.3	0.441	0.748	0.432
2005	88 773.6	141 051	97 822.7	183 217.5	0.485	0.77	0.427
2006	109 998.2	161 587.3	110 595.3	211 923.5	0.519	0.762	0.426
2007	137 323.9	172 534.2	128 444.6	257 306	0.534	0.671	0.423
2008	172 291.1	217 885	149 112.6	300 670	0.573	0.725	0.435

采用 ADF 单位根检验方法对变量 $\mathrm{Ln}(ir_t)$、$\mathrm{Ln}(sr_t)$、$\mathrm{Ln}(cr_t)$ 的数据以及它们的一阶差分变量进行平稳性检验，具体结果见表 6 − 21。

表 6 – 21 检验变量平稳性结果

变量	检验类型 (c, t, p)	临界值		ADF 值	平稳性（5%）
		5%	10%		
$\text{Ln}(ir_t)$	$(c, 0, 0)$	– 3.04	– 2.66	– 0.44	非平稳
$\text{Ln}(sr_t)$	$(c, 0, 0)$	– 3.04	– 2.66	– 2.05	非平稳
$\text{Ln}(cr_t)$	$(c, 0, 0)$	– 3.04	– 2.65	– 1.36	非平稳
$\Delta\text{Ln}(ir_t)$	$(0, 0, 0)$	– 1.96	– 1.61	– 2.05	平稳
$\Delta\text{Ln}(sr_t)$	$(0, 0, 0)$	– 1.96	– 1.61	– 2.88	平稳
$\Delta\text{Ln}(cr_t)$	$(0, 0, 0)$	– 1.96	– 1.61	– 3.17	平稳

从表 6 – 21 可知，变量 $\text{Ln}(ir_t)$、$\text{Ln}(sr_t)$、$\text{Ln}(cr_t)$ 都是 1 阶单整序列，因而它们之间可能存在 1 阶协整关系。

2. 协整性检验

根据恩格尔和格兰杰（Engle and Granger，1987）提出的协整理论及其方法，通过协整检验判断式（6 – 19）在考察投资率与储蓄率和消费率关系中设定的模型是否合理，以避免伪回归，从而正确估计出它们之间的关系式中的参数，进而真实地反映出储蓄率、消费率的变动对投资率的影响。利用 E – G 两步法对变量间进行协整性检验。

第一步，借助 Eviews 5.1 软件，利用最小二乘法（OLS），根据式（6 – 19）对被解释变量 $\text{Ln}(ir_t)$ 与解释变量 $\text{Ln}(sr_t)$、$\text{Ln}(cr_t)$ 进行线性回归，得到回归方程如下：

$$\text{Ln}(ir_t) = 1.088 + 0.451\text{Ln}(sr_t) + 1.967\text{Ln}(cr_t) \qquad (6 – 25)$$
$$t = (4.84) \quad (5.25) \qquad (7.77)$$
$$R^2 = 0.90 \quad \bar{R}^2 = 0.89 \quad D.W = 0.68$$

从式（6 – 25）可以看出，模型估计结果较好，系数均通过显著性检验，模型的拟合优度较好，经自相关性检验可知，模型中不存在自相关性。说明储蓄率、消费率的变动显著性地影响投资率变动。

第二步，对式（6 – 25）回归方程的残差序列进行单位根检验。运用 ADF 单位根检验法，其检验结果见表 6 – 22。

表 6 – 22 式（6 – 25）回归方程的残差平稳性结果

变量	检验类型	临界值		ADF 值	平稳性（5%）
	(c, t, p)	5%	10%		
e_t	$(0, 0, 2)$	–1.96	–1.61	–3.88	平稳

由于 ADF 值小于 5% 显著性水平的临界值，说明了 $\text{Ln}(ir_t)$、$\text{Ln}(sr_t)$、$\text{Ln}(cr_t)$ 之间存在协整关系，式（6 – 18）、式（6 – 19）在考察投资率与储蓄率、消费率变动关系上设定模型合理。$\text{Ln}(ir_t)$、$\text{Ln}(sr_t)$、$\text{Ln}(cr_t)$ 之间存在长期线性稳定的均衡关系，从而可正确的估计出模型中的参数。

3. 误差修正模型

从协整性检验中可看出，$\text{Ln}(ir_t)$、$\text{Ln}(sr_t)$、$\text{Ln}(cr_t)$ 之间存在长期均衡关系，接下来通过误差修正模型来了解 $\text{Ln}(ir_t)$、$\text{Ln}(sr_t)$、$\text{Ln}(cr_t)$ 之间的短期变化关系。

$$\Delta\text{Ln}(ir_t) = 0.183\Delta\text{Ln}(sr_t) + 1.409\Delta\text{Ln}(cr_t) - 0.232ecm_{t-1} \quad (6 - 26)$$
$$t = (0.98) \qquad (5.51) \qquad (-1.19)$$
$$R^2 = 0.52 \quad \bar{R}^2 = 0.46 \quad D.W = 1.07$$

其中，$\Delta\text{Ln}(ir_t)$、$\Delta\text{Ln}(sr_t)$、$\Delta\text{Ln}(cr_t)$ 分别为 $\text{Ln}(ir_t)$、$\text{Ln}(sr_t)$、$\text{Ln}(cr_t)$ 的 1 阶差分，ecm_{t-1} 为式（6 – 25）中的残差滞后 1 期。式（6 – 26）中的差分项反映了短期波动的影响，说明了储蓄率、消费率对投资率的短期影响。误差修正项 ecm_{t-1} 反映了偏离长期均衡的调整力度，当短期波动偏离长期均衡时，将以 –0.232 的调整力度将非均衡状态拉回到均衡状态。

4. 参数估计值

通过式（6 – 18）、式（6 – 19）可得模型中的参数值如下：

$$\alpha_1 = 0.451, \alpha_2 = 1.967 \qquad (6 - 27)$$

（三）中国利息税对投资的影响

根据参数估计的结果，可以测算出调整利息税税率对我国投资的影响。由式（6 – 22）、式（6 – 23）和式（6 – 27），以及表 6 – 12 和表 6 – 17 里利息税引起消费变动率、储蓄变动率数据，分别测算出了每次利息税调整引起的我国投资变化量以及投资需求变动率，如表 6 – 23 所示。

表 6 – 23 调整利息税税率引起我国投资的变化

税率调整引起投资的变化	1999 年 11 月 1 日	2007 年 8 月 15 日	2008 年 10 月 9 日
	由 0 调整为 20%	由 20% 调整为 5%	由 5% 调整为 0
投资额变化量	–140.20 亿元	326.88 亿元	195.50 亿元
投资变动率	–0.4674%	0.2386%	0.1136%

表6-23反映了我国利息税税率调整对投资的影响。我国投资与利息税税率反向变化关系，即提高利息税税率会导致投资减少，降低利息税税率会使得投资增加。1999年我国为拉动内需开征了利息税，此次利息税的开征导致投资减少了140.20亿元，投资变动率为0.4674%；2007年由于经济出现过热态势，利息税税率由20%降低为5%，此次利息税税率的降低，使得投资增加了326.88亿元，投资变动率为0.2386%；2008年我国实行了暂免利息税政策，此次利息税的暂免，使得我国投资增加了195.50亿元，投资变动率为0.1136%。

（四）中国证券印花税对投资的影响

根据参数估计的结果，可以测算出调整证券印花税税率对我国投资的影响。由式（6-22）、式（6-24）和式（6-27），以及表6-14和表6-19里证券印花税税率调整引起消费变动率、储蓄变动率数据，分别测算出了每次证券印花税税率调整引起的我国投资变化量以及投资需求变动率，如表6-24所示。

表6-24　　　　　　　　调整证券印花税税率引起我国投资的变化

税率调整	投资变化量（亿元）	投资需求变动率（%）
1998年由5‰调为4‰	29.03	0.1023
1999年由4‰调为3‰	11.99	0.04019
2001年由3‰调为2‰	59.04	0.1589
2005年由2‰调为1‰	93.47	0.1054
2007年由1‰调为3‰	126.47	0.09218

表6-24反映了我国证券印花税税率调整对投资的影响。（1）降低证券印花税税率使得投资增加。1998年证券印花税税率由5‰调为4‰，导致我国投资增加29.03亿元，投资变动率为0.1023%；1999年证券印花税税率由4‰调为3‰，导致我国投资增加了11.99亿元，投资变动率为0.04019%；2001年证券印花税税率由3‰调为2‰，导致我国投资增加了59.04亿元，投资变动率为0.1589%；2005年证券印花税税率由2‰调为1‰，导致我国投资增加了93.47亿元，投资变动率为0.1054%。（2）证券印花税对投资的影响具有时期性。1998年至2005年，证券印花税4次调整中，尽管每次都下调了1‰，但导致投资变化量不同。1999年利息税税率下调对投资的影响最小，而2005年证券印花税税率下调对投资的影响最大。（3）证券印花税对投资的影响大小，取决于证券印花税引起消费需求变动率和储蓄需求变动率的大小以及参数 α_1、α_2 的值。因而，2007年证券印花税税率由1‰调为3‰，导致我国投资增加了126.47亿元，投资变动率为0.09218%。

四、本节基本结论

本节在理论分析基础上，通过参数估计，测算出了金融市场税收调整对我国投资的影响。

（一）利息税对投资的影响

在数理模型和经验数据参数估计的基础上，本文实证分析了利息税对投资的影响，通过上述分析可得到以下基本结论。

1. 我国投资与利息税税率呈反向变化关系

从实证结果可以看出，我国投资与利息税税率呈反向变化关系，即提高利息税税率会导致投资减少，降低利息税税率会使得投资增加。

2. 1999 年和 2007 年利息税政策未能达到预期目的

1999 年我国为拉动内需开征了利息税，然而，利息税的开征不但没有起到拉动内需的作用，反而导致投资减少了 140.20 亿元；2007 年由于经济出现过热态势，利息税税率由 20% 降低为 5%，此次利息税税率的降低，不但没有起到抑制需求过热，反而使得投资增加了 326.88 亿元。

我们认为造成这一结果的主要原因在于以下几方面：第一，消费对投资的影响大于储蓄对投资的影响。从参数估计的实证分析中可知，我国消费对投资的影响大于储蓄对投资的影响。消费每变动 1% 会导致投资同向变动 1.967%；而储蓄每变动 1% 会导致投资变动 0.451%。第二，利息税的收入效应大于替代效应。由本章第一节和第二节的实证分析可知，我国利息税的收入效应大于替代效应，即提高利息税税率使得消费增加，储蓄减少；降低利息税税率使得消费减少，储蓄增加。1999 年开征利息税使得消费变动率为 −0.3765%，储蓄变动率为 0.6058%；2007 年降低利息税税率，导致消费变动率为 0.2132%，储蓄变动率为 −0.08572%。由式（6−19）可知，正是由于利息税的收入效应大于替代效应，以及消费对投资影响大于储蓄对投资的影响，最终导致我国投资与利息税税率呈反向变化，从而利息税政策未能实现拉动内需的预期目的。

（二）证券印花税对投资的影响

在数理模型和经验数据参数估计的基础上，本文实证分析了证券印花税对投资的影响，通过上述分析可得到以下基本结论。

1. 降低证券印花税税率使得投资增加

由实证结果可知，我国降低证券印花税会引起投资增加。如 1999 年证券印花税税率由 4‰调为 3‰，导致我国投资增加了 11.99 亿元。

2. 证券印花税对投资的影响具有时期性

1998 年至 2005 年，在 4 次下调证券印花税税率中，1999 年证券印花税税率下调对投资影响最小，即投资增加了 11.99 亿元；而 2005 年证券印花税税率下调对投资影响最大，即投资增加了 93.47 亿元。

3. 2007 年提高证券印花税率导致了投资增加

2007 年我国证券交易税税率由 1‰提高至 3‰，导致我国投资增加了 126.47 亿元。按照 2007 年之前的 4 次下调证券印花税税率导致投资增加，那么 2007 年证券印花税税率上调应该导致投资减少，但实证结果却与之相反。我们认为，由于 2007 年股市不稳定（2007 年上半年股市较热，而 2007 年下半年股价持续下跌），结果引起居民消费倾向提高，从而使得证券印花税引起消费下降的变动率（ - 0.02385% ）相对较小，而储蓄变动率（0.3084% ）较大，进而导致投资增加。正如阎坤、于树一（2005）研究利息税对投资影响时所分析的那样，证券印花税对投资的影响取决于其收入效应与替代效应的大小。

我们认为造成上述结果主要原因在于：第一，证券印花税对消费影响的收入效应大于替代效应。第二，证券印花税对投资的影响大小，取决于证券印花税引起消费需求变动率和储蓄需求变动率的大小以及参数 α_1、α_2 的值。第三，证券印花税对消费、储蓄影响受到外部环境的影响。比如股市运行状况，居民收入状况等。受这些因素的影响，证券印花税率的调整引起消费变动率和储蓄变动率不同，进而导致了证券印花税率调整引起投资变化量不同。

第七章　金融市场税收政策宏观经济效应
——基于中国经济增长的实证分析 ❋

消费、储蓄、投资是宏观经济中的核心要素，是推动经济增长的重要变量。金融市场税收通过对宏观经济变量（消费、储蓄、投资）的影响，进而对经济增长产生的效应是多大呢？本章在第六章实证分析的基础上，将进一步实证考察金融市场税收对经济增长的影响，通过所构建的数理模型与计量模型，检验我国金融市场税收调整引起经济增长的变化。

第一节　文献综述：税收政策对经济增长的影响

由于直接研究金融市场税收影响经济增长的较少，本文将通过对税收政策影响经济增长的文献回顾，为理论分析和实证检验提供支持。

🌿 一、国外文献回顾

国外学界从理论层面和实证层面研究了税收政策对经济增长的影响。拉弗曲线很好地反映了税收与经济增长的关系，当税负小于最优税负时，经济增长率随着税负的提高而提高；当实际税负大于最优税负时，提高税负会阻碍经济的增长。杰拉德·戈博和简·伯恩斯（Jerald R. Gober and Jane O. Burns, 1997）[1] 利用18个工业国的数据，实证分析了税收结构与经济增长的关系。结果表明，税收收入与国民收入、储蓄以及投资之间存在显著的相关性。乔纳森·斯金纳（Jonathan S. Skinner, 1987）[2] 利用非洲31个国家的1965～1982年数据，实证考察了税收与经济增长的关系。结果表明，1965～1973年政府通过税收筹集的收入用于公共投资，对经济增长所产生的正效应大于因征税对经济增长所产生的负效应，从而税收对经济增长产生的总效应为正，即税收促进了经济增长；1974～1982年，税收阻碍了经济增长。莱茵哈德·斯克斯特和罗杰·考曼迪（Reinhard

---

① Jerald R. Gober and Jane O. Burns (1997). The relationship between tax structures and economic indicators. Journal of International Accounting, Auditing and Taxation Volume 6, Issue 1.

② Jonathan S. Skinner (1987). Taxation and Output Growth: Evidence from African Countries. NBER Working Paper Series, Vol. w2335.

B. Koester and Roger C. Kormendi，1989）① 利用 63 个国家的数据，实证分析了平均税率和边际税率对经济增长的影响。结果表明，当控制住平均税率对人均资本的内生性以及人均资本与经济增长的关系，平均税率对经济增长的负效应将消失；然而，如果控制住平均税率，边际税率的增加又会对经济增长会产生负效应，税率累进性降低会导致经济平行向上增长。阿莱丁·莫菲迪和乔·斯通（Alaeddin Mofidi and Joe A. Stone，1990）② 从政府支配税收收入的角度，实证考察了地方税对经济增长的影响。他们认为，当政府将税收收入用于转移支付时，地方税会阻碍经济增长；当税收收入用于教育、卫生、公共基础设施建设时，地方税会促进经济增长。罗斯·莱文（Ross Levine，1991）③（1991）在考察金融市场对经济增长的作用时指出，股票市场促进了经济增长，通过实施投资激励措施，税收政策会直接影响经济增长。南希·斯托奇和塞尔吉奥·雷贝洛（Nancy L. Stokey and Sergio Rebelo，1995）④ 通过实证检验，证实了卢卡斯的观点：美国的税制改革对经济增长影响很小，甚至对经济增长没有影响。杰拉德·斯库里（Gerald W. Scully，1991）⑤ 利用 103 个国家的数据，实证分析了税率与税收收入以及经济增长之间的关系，其结果表明，当宏观税负为 19.3%，经济增长达到最大化；当宏观税负达到 45% 时，经济增长率降低到 0；当宏观税负超过 45%，经济开始负增长。恩里克·门德萨、吉安·马丽娜·米尔里斯·费雷蒂和帕特里克（Enrique G. Mendoza，Gian Maria Milesi-Ferretti and Patrick Asea，1997）⑥ 利用内生经济增长模型，模拟分析了美国税率变化与经济增长的关系。结果表明，税率变动 10%，将导致经济增长率变化 0.2%。

❦ 二、国内文献回顾

国内学界大多是从宏观税负的角度实证分析税收政策与经济增长的关系。马栓友⑦（2001）从宏观税负的角度，考察了税收政策对经济增长的影响。他认为，宏观税负与经济增长并非单调负相关，二者之间是凹函数关系，存在促进经济增长的最优税率，并提出我国宏观税负为 20% 是最合理的，能够很好地促进

　① Reinhard B. Koester and Roger C. Kormendi (1989). Taxation aggregate activity and economic growth: cross-country evidence on some supply-side hypotheses. Economic Inquiry，Volume 27，Issue 3.

　② Alaeddin Mofidi and Joe A. Stone (1990). Do State and Local Taxes Affect Economic Growth? The Review of Economics and Statistics，Volume 72，Issue 4.

　③ Ross Levine (1991). Stock Markets，Growth，and Tax Policy，The Journal of Finance，Volume 46，Issue 4 (Sep. 1991).

　④ Nancy L. Stokey and Sergio Rebelo (1995). Growth Effects of Flat-Rate Taxes，The Journal of Political Economy，Volume 103，Issue 3.

　⑤ Gerald W. Scully (1991). Tax Rate，Tax Revenues and Economic Growth. Policy Report No. 98，National Center for Policy Analysis，Dallas.

　⑥ Enrique G. Mendoza，Gian Maria Milesi-Ferretti and Patrick Asea (1997). On the ineffectiveness of tax policy in altering long-run growth: Harberger's superneutrality conjecture. Journal of Public Economics，Volume 66，Issue 1.

　⑦ 马栓友：《宏观税负、投资与经济增长》，载于《世界经济》2001 年第 9 期。

经济增长。张旭强①（2001）认为，我国宏观税负与经济增长存在互为影响关系，经济增长使得宏观税负下降具有合理性，提高宏观税负可能会导致经济增长减速。蒙荫莉②（2001）认为，我国经济增长与宏观税负呈负相关关系，过重的税负制约了经济发展。刘建民③（2002）在税种结构与经济增长关系的基础上，阐释了税收能够促进经济结构调整，从而促进规模经济发展。夏杰长、王新丽④（2003）认为，我国宏观税负水平和税制结构对经济增长产生了消极的影响，税制结构没有发挥自动稳定器的功能，具有抑制投资的紧缩效应。马栓友、于红霞⑤（2003）实证考察了我国地方税对经济增长的影响，结果表明，地方税的边际税率与经济增长呈显著的负相关关系，边际税率每提高1%，导致人均经济增长下降0.23%。张伦俊、王梅英⑥（2005）认为，我国宏观税负对 GDP 增长率具有负面影响，宏观税负在一定程度上阻碍了经济发展。宋效忠、赵利民⑦（2005）认为，税收通过影响投资、技术进步等因素进而影响经济增长，从理论上讲存在一个最优税率，如果实际税负超过最优税率就会对经济增长产生抑制作用，我国宏观税负已进入课税"禁区"，即提高税负会抑制经济增长。王军平⑧（2005）认为，我国宏观税负对经济增长起着阻碍作用，宏观税负每提高1%，经济增长率就会下降0.02%，税负重不利于企业进行研究开发和风险资本的投资，从而不利于经济增长。王琦⑨（2006）研究了增值税和营业税对经济增长的影响，结果表明，增值税和营业税与经济增长之间存在长期稳定的正向关系。郑振儒⑩（2006）认为，我国1994年税制改革以前，宏观税负小于最优税负，促进了经济高速增长；但1994年税制改革以后，我国宏观税负大于最优税负，导致了经济增长下滑。李俊霖⑪（2007）认为，宏观税负对经济增长的影响应从两方面来看：第一，提高宏观税负会减少个人的可支配收入和企业利润，抑制消费需求和投资需求，从而阻碍经济增长；第二，提高宏观税负能够增加经济建设费支出，刺激投资需求，可以提高财政支出水平，增加公共产品的供给，公共产品的完善可以间接刺激消费需求和投资需求，从而促进经济增长。沈伟⑫（2008）

① 张旭强：《宏观税负下降与经济增长关系的理论解释与实证分析》，载于《税务与经济》2001 年第 1 期。
② 蒙荫莉：《宏观税负与经济增长的实证研究》，载于《数量经济技术经济研究》2001 年第 2 期。
③ 刘建民：《优化税种结构域促进经济增长》，载于《税务研究》2002 年第 6 期。
④ 夏杰长、王新丽：《目前宏观税负与税制结构对经济增长的消极影响》，载于《税务研究》2003 年第 4 期。
⑤ 马栓友、于红霞：《地方税与区域经济增长的实证分析》，载于《管理世界》2003 年第 5 期。
⑥ 张伦俊、王梅英：《宏观税负与经济增长关系的影响分析》，载于《数理统计与管理》2005 年第 11 期。
⑦ 宋效忠、赵利民：《宏观税负与中国经济增长》，载于《探索》2005 年第 3 期。
⑧ 王军平：《关于宏观税负与经济增长关系的探究》，载于《山西财经大学学报》2005 年第 8 期。
⑨ 王琦：《流转税与经济增长长期关系的协整检验》，载于《税务研究》2006 年第 8 期。
⑩ 郑振儒：《宏观税负与经济增长》，载于《财经问题研究》2006 年第 6 期。
⑪ 李俊霖：《宏观税负、财政支出与经济增长》，载于《经济科学》2007 年第 4 期。
⑫ 沈伟：《试析中国税权划分对经济增长的影响》，载于《税务研究》2008 年第 10 期。

实证分析了我国税权划分对经济增长的影响。结果表明：我国税收无论是集权还是分权都阻碍了经济增长，加剧了区域经济发展不平衡。石子印[1]（2008）认为，不同税种对经济增长的效应存在差异，考察税收对经济增长的影响，应该依据税制结构分析不同税种对经济增长的影响度。张荻、侯明、秦卫波[2]（2008）利用我国2000~2006年的宏观税负和经济增长的数据，实证分析了宏观税负与经济增长之间存在负相关关系，宏观税负每增加1%，经济增长率降低0.0824%。

🌾 三、简短评价

纵观国内与国外的研究文献，税收政策对经济增长的影响得到很多学者的关注，但直接研究金融市场税收影响经济增长的较少。目前学界主要从宏观税负层面实证分析了税收政策对经济增长的影响，但就具体税种而言，其影响经济增长的实证研究较少。从现有的文献，可以得到以下启示：

（一）存在促进经济增长的最优税率

拉弗曲线表明了经济增长与税负之间的关系，当实际税负大于最优税率时，其会阻碍经济增长；当实际税负小于最优税率时，提高税负不但不会阻碍经济增长，反而会推动经济增长。马栓友（2001）从宏观税负的角度，考察了税收政策对经济增长的影响。他认为，宏观税负与经济增长并非单调负相关，二者之间是凹函数关系，存在促进经济增长的最优税率，并提出我国宏观税负为20%是最合理的，能够很好地促进经济增长。

（二）我国宏观税负阻碍了经济增长

国内学界实证研究了我国宏观税负与经济增长之间的关系，结果表明，我国经济增长与税负呈负相关关系。

不难看出，税收政策对经济增长影响的研究取得了一些成果，但大部分是研究宏观税负对经济增长的影响。就具体税种对经济增长影响的研究较少，尤其金融市场税收（证券印花税、利息税）对经济增长影响的实证研究更少。本章将实证考察金融市场税收对经济增长的影响。

第二节　数理模型：金融市场税收的经济增长效应

本章将依据内生增长数理模型研究金融市场税收对经济增长的影响。帕加诺（Pagano，1993）和莫瑞安德（Murinde，1996）利用内生增长数理模型，研究金融市场对经济增长的作用机制。他们利用了内生经济增长模型说明金融体系对经

---

[1]　石子印：《宏观税负与经济增长关系的理论框架分析》，载于《湖北经济学院学报》2008年第11期。

[2]　张荻、侯明、秦卫波：《关于我国宏观税负与经济增长相关性的研究——以2000~2006年的数据为基准》，载于《东北师大学报》（哲学社会科学版）2008年第6期。

济作用的机制：第一，通过金融发展和储蓄转向投资比率的提高，能减少利差、佣金等金融资源的漏出，增加储蓄转向投资的比例，有助于经济增长；第二，随着金融的发展，储蓄规模发生变动，进而通过影响储蓄率对经济增长产生作用。[①] 本章将遵循这一研究思路，探讨金融市场税收影响经济增长的机理。

内生经济增长模型中最为典型的是 AK 模型（如下式（7-1）），即产出是资本的函数，这里资本是指广义资本，包括物质资本和人力资本。

$$Y_t = AK_t \qquad (7-1)$$

其中，Y_t 为国民经济产出，K 表示资本，包括物质资本和人力资本，A 为反映技术水平的正常数。

假设 1：在每一时期 t，市场出清，第 $t+1$ 期的资本量等于第 t 期的投资与第 t 期的资本量扣除折旧部分之和，资本折旧率为 σ，从而可得如下式（7-2）：

$$K_{t+1} = I_t + (1 - \sigma)K_t \qquad (7-2)$$

第 t 期的产出用于消费和储蓄，储蓄率为 s_t，储蓄转化为投资的比率为 ϕ，从而由式（7-2）可得：

$$K_{t+1} = s_t \phi Y_t + (1 - \sigma)K_t \qquad (7-3)$$

由式（7-1）和式（7-3）可推导出含储蓄率的经济增长函数，即：

$$g_{t+1} = \frac{Y_{t+1} - Y_t}{Y_t} = A\phi s_t - \sigma \qquad (7-4)$$

由 7-4 式可见，金融市场税收对经济增长的作用机制通过两条路径实现：第一，金融市场税收的调整使得居民储蓄变化，根据内生增长理论，储蓄率是经济增长的因素，因而金融市场税收的调整引起储蓄率变化，进而会对经济增长产生影响；第二，金融市场税收调整使得居民的消费行为产生变化，增加或减少消费需求，消费需求的变化影响到企业投资需求，从而影响经济增长。

假设 2：金融市场税收调整前的经济增长率为 g_{t+1}，储蓄转化为投资率为 ϕ，储蓄率为 s，折旧为 σ。金融市场税收调整后的经济增长率为 g'_{t+1}，储蓄转化为投资率为 ϕ'，储蓄率为 s'，折旧为 σ。从而可得金融市场税收调整引起经济增长率的变化量：

$$\Delta g_{t+1} = A\phi's' - A\phi s \qquad (7-5)$$

假设 3：金融市场税收调整前储蓄为 S，调整后储蓄为 S'；金融市场税收调整引起储蓄变动率为 SG。从而可得：

$$S' = (1 + SG) \times S \qquad (7-6)$$

① 应展宇：《储蓄—投资转化中的资本市场——功能视角的经济分析》，中国人民大学出版社 2004 年版，第 44~45 页。

由第 6 章中的式（6 – 21）和本章的式（7 – 6）可得：

$$\phi = \frac{I}{S} = \frac{\dfrac{I'}{1 + IG}}{\dfrac{S'}{1 + SG}} = \frac{1 + SG}{1 + IG} \times \frac{I'}{S'} = \frac{1 + SG}{1 + IG}\phi' \qquad (7 – 7)$$

假设 4： 金融市场税收调整引起储蓄率的变动率为 sg，金融市场税收调整后的储蓄率为 s'，调整前储蓄率为 s。从而可得：

$$sg = \frac{\Delta s}{s} = \frac{s' - s}{s} \Rightarrow s = \frac{1}{1 + sg} \times s' \qquad (7 – 8)$$

由式（7 – 5）、式（7 – 7）和式（7 – 8）可进一步得到金融市场税收调整引起经济增长率的变化量：

$$\Delta g_{t+1} = A\left[1 - \frac{1 + SG}{(1 + IG)(1 + sg)}\right]\phi's' \qquad (7 – 9)$$

式（7 – 9）反映了金融市场税收调整引起投资变动以及储蓄变动，进而影响经济增长。

第三节　实证分析：中国金融市场税收的经济增长效应

在理论分析的基础上，本节将依据第六章实证分析的结果，实证检验金融市场税收对经济增长的影响。在实证分析金融市场税收影响经济增长时，本文对内生增长模型中的参数进行了估计。

❧ 一、实证研究设计

（一）样本选择与数据来源

样本数据为 1990 ~ 2008 年的年度数据。产出 Y（GDP）的数据来源于《中经网统计数据库》。资本包括物质资本和人力资本。物质资本采用固定资产投资额，数据来源于《中经网统计数据库》；人力资本数据，选用职工工资总额作为人力资本投入额，数据来源于《中经网统计数据库》。2000 ~ 2004 年利息税年收入数据来源于阎坤、于树一的《对利息征税的改革方向及政策建议》一文，[①] 2005 ~ 2007 年利息税年收入数据数据来源于《中国税务年鉴 2008》。证券印花税 1997 ~ 2001 年的年度数据来源于《中国证券期货统计年鉴 2008》，2002 ~ 2007 年的年度数据来源于《中经网统计数据库》。

（二）变量的选择

本章参数估计所涉及的变量指标有：产出（简单起见，用 Y 表示）作为被解释变量，资本（用 K 表示）作为解释变量。实证结果分析中所涉及的变量指

[①]　阎坤、于树一：《对利息征税的改革方向及政策建议》，载于《税务研究》2005 年第 7 期。

标有：利息税收入、证券印花税收入；利息税率调整引起的储蓄变动率、投资变动率；证券印花税税率调整引起的储蓄变动率、投资变动率。

（三）方法的选择

本节依据内生增长模型，实证估计模型中的参数，估计出模型参数后，测算利息税税率、证券印花税税率引起经济增长率的变化量。

二、参数估计的实证分析

由式（7-9）可知，测算金融市场税收调整引起经济增长率的变化量，必须先测算出参数 A 的值。根据内生增长模型估计出参数 A 的值，对式（7-1）两边同时取对数可得：

$$\mathrm{Ln}(Y_t) = \mathrm{Ln}(A) + \mathrm{Ln}(K_t) \qquad (7-10)$$

本章将以式（7-10）作为计量模型，利用中国 1990~2008 年的经验数据，估计出参数 A 的值。

（一）平稳性检验

由于产出 Y、资本 K 均为时间序列数据，因此在考察变量间长期趋势关系时必须对数据进行平稳性检验。

表7-1　　　　　　　　　　产出和资本数据表

年份	GDP（现价）	资本（K）	Ln(GDP)	Ln(K)
1990	18 667.8	36 001.68	9.835	10.491
1991	21 781.5	39 097.14	9.989	10.574
1992	26 923.5	42 770.21	10.201	10.664
1993	35 333.9	46 534.99	10.473	10.748
1994	48 197.9	52 714.73	10.783	10.873
1995	60 793.7	65 548.11	11.015	11.091
1996	71 176.6	80 423.52	11.173	11.295
1997	78 973	92 019.2	11.277	11.43
1998	84 402.3	108 745.92	11.343	11.597
1999	89 677.1	122 268.32	11.404	11.714
2000	99 214.6	134 466.32	11.505	11.809
2001	109 655.2	152 967.52	11.605	11.938
2002	120 332.7	176 132.2	11.698	12.079
2003	135 822.8	195 756.73	11.819	12.185

续表

年份	GDP（现价）	资本（K）	Ln（GDP）	Ln（K）
2004	159 878.3	217 714	11.982	12.291
2005	183 217.5	254 694.44	12.118	12.448
2006	211 923.5	292 608.47	12.264	12.587
2007	257 306	331 087.48	12.458	12.71
2008	300 670	378 241.63	12.614	12.843

采用 ADF 单位根检验方法对表 7 - 1 中代表变量 Ln（GDP_t）、Ln（K_t）数据以及它们的一阶差分变量进行平稳性检验，具体结果见表 7 - 2。由表 7 - 2 中可知，Ln（GDP_t）、Ln（K_t）为 1 阶单整时间序列。

表 7 - 2 　　　　　　　　检验变量平稳性结果

变量	检验类型 （c, t, p）	临界值		ADF 值	平稳性（5%）
		5%	10%		
Ln（K_t）	（c, 0, 0）	-3.04	-2.66	0.25	非平稳
Ln（GDP_t）	（c, 0, 2）	-3.07	-2.67	-1.19	非平稳
ΔLn（K_t）	（c, 0, 3）	-3.10	-2.69	-3.48	平稳
ΔLn（GDP_t）	（0, 0, 3）	-3.10	-2.69	-5.54	平稳

（二）协整性检验

根据恩格尔和格兰杰（Engle and Granger，1987）提出的协整理论及其方法，通过协整检验判断式（7 - 11）在产出函数中设定的模型是否合理，以避免伪回归，从而正确估计出 AK 模型中的参数 A 值，进而真实地反映出我国利息税税率、证券印花税税率调整对经济增长的影响。利用 E - G 两步法对变量间进行协整性检验。

第一步，借助 Eviews 5.1 软件，利用最小二乘法（OLS），根据式（7 - 10）对被解释变量 Ln（GDP_t）与解释变量 Ln（K_t）进行线性回归，得到回归方程如下：

$$Ln（GDP_t） = - 0.836 + 1.046 \, Ln（K_t） \qquad (7 - 11)$$
$$t = （- 1.54） \qquad （22.46）$$
$$R^2 = 0.967 \quad \bar{R}^2 = 0.965 \quad D.W = 0.305$$

第二步，对式（7 - 11）回归方程的残差序列进行单位根检验。运用 ADF 单位根检验法，其检验结果见表 7 - 3。由于 ADF 值小于 5% 显著性水平的临界值，说明了 $Ln(GDP_t)$、$Ln(K_t)$ 之间存在协整关系，即二者之间存在长期线性稳定的均衡关系。

表 7 - 3   **(7 - 11) 式残差平稳性检验结果**

变量	检验类型 (c, t, p)	临界值		ADF 值	平稳性（5%）
		5%	10%		
e_t	(0, 0, 3)	-1.97	-1.61	-3.95	平稳

（三）受约束回归方程的 Wald 检验

在数理模型中推导出 $Ln(K_t)$ 回归系数为 1，在实际中是否为 1 呢？还需要作进一步的检验，利用 WOLS 估计以及 Wald 方法检验 $Ln(K_t)$ 回归系数为 1 的假设。检验结果如下表 7 - 4：

表 7 - 4   **受约束回归方程（7 - 10）式的 Wald 检验结果**

原假设	F 统计量		Chi-square	
	F 统计量值	概率（P）	Chi-square 值	概率（P）
$Ln(K_t)$ 回归系数等于 1	0.96	0.34	0.96	0.32

由表 7 - 4 可知，计量模型式（7 - 10）设置合理，可以利用此数理模型作为回归方程，借助经验数据，估计出参数 A 的值。

（四）受约束的回归方程

借助 Eviews 5.1 软件，利用最小二乘法（OLS），根据式（7 - 10）对被解释变量 $Ln(GDP_t)$ 与解释变量 $Ln(K_t)$ 进行线性回归，得到受约束回归方程如下：

$$Ln(GDP_t) = -0.306 + Ln(K_t) \qquad (7 - 12)$$
$$t = (-8.87)$$
$$R^2 = 0.966 \quad \bar{R}^2 = 0.966 \quad D.W = 0.293$$

（五）受约束回归方程的协整性检验

对式（7 - 12）回归方程的残差序列进行单位根检验。运用 ADF 单位根检验法，其检验结果见表 7 - 5。由于 ADF 值小于 5% 显著性水平的临界值，说明了在约束条件下，$Ln(GDP_t)$、$Ln(K_t)$ 之间存在协整关系，即二者之间存在长期线性稳定的均衡关系。

表 7 - 5　　　　　　　式（7 - 12）残差平稳性检验结果

变量	检验类型	临界值		ADF 值	平稳性（5%）
	(c, t, p)	5%	10%		
e_t	$(0, 0, 3)$	-1.97	-1.61	-4.55	平稳

（六）受约束回归方程的误差修正模型

从受约束回归方程中的变量间协整性检验可看出，在约束条件下 $\mathrm{Ln}(GDP_t)$、$\mathrm{Ln}(K_t)$ 之间存在长期均衡关系，接下来通过误差修正模型考察在约束条件下 $\mathrm{Ln}(GDP_t)$、$\mathrm{Ln}(K_t)$ 之间的短期变化关系。

$$\Delta \mathrm{Ln}(GDP_t) = 1.156\Delta \mathrm{Ln}(K_t) - 0.323 ecm_{t-1} \qquad (7 - 13)$$
$$t = (9.45) \qquad (-2.90)$$
$$R^2 = 0.038 \quad D.W = 0.86$$

其中，$\Delta(GDP_t)$ 为 (GDP_t) 的一阶差分，$\Delta \mathrm{Ln}(K_t)$ 为 $\mathrm{Ln}(K_t)$ 的一阶差分，ecm_{t-1} 为式（7 - 12）中的残差 e_{t-1}。式（7 - 13）中的差分项反映了短期波动的影响，说明了资本变动对产出的影响。误差修正项 ecm_{t-1} 反映了偏离长期均衡的调整力度，当短期波动偏离长期均衡时，将以 -0.323 的调整力度将非均衡状态拉回到均衡状态。

（七）参数估计值

由式（7 - 10）和式（7 - 12）可推导出内生增长模型中的 A 值，其值如下：

$$\mathrm{Ln}(A) = -0.306 \Rightarrow A = 0.736 \qquad (7 - 14)$$

三、利息税对经济增长的影响

本节将根据三次利息税税率的调整，测算出每次调整利息税税率对经济增长的影响。

第六章实证分析了调整利息税率导致投资变动、储蓄的变动，而由式（7 - 9）可知，调整利息税率引起投资变动和储蓄变动会进一步影响经济增长。因此，把三次利息税税率调整引起投资变动和储蓄变动数据（见表 6 - 17 和表 6 - 23）以及参数 A 的值（见式（7 - 14）代入式（7 - 9）），可得调整利息税税率引起经济增长率的变化量，其结果如表 7 - 6。

表 7 - 6　　　　　　　调整利息税税率引起经济增长率的变化量

调整利息税税率引起经济增长率的变化量	1999 年 11 月 1 日	2007 年 8 月 15 日	2008 年 10 月 9 日
	由 0 调整为 20%	由 20% 调整为 5%	由 5% 调整为 0
经济增长率变化量	-0.1151%	0.09357%	0.04789%

由表 7-6 可知，调整利息税税率导致经济增长率变化。具体而言：（1）提高利息税税率抑制了经济增长。1999 年我国为拉动内需，刺激经济增长，开征了利息税。此次开征利息税导致了经济增长率降低了 0.1151%，即开征利息税抑制了经济增长。（2）降低利息税税率促进了经济增长。2007 年和 2008 年我国两次降低利息税税率，税率的降低使得经济增长速度加快。2007 年利息税税率由 20% 降低为 5%，使得经济增长率提高了 0.09357%。2008 年利息税税率由 5% 下调为 0，使得经济增长率提高了 0.04789%。

四、证券印花税对经济增长的影响

本节将根据证券印花税税率的调整，测算出每次调整证券印花税对经济增长的影响。

本书在第六章实证分析了证券印花税的调整导致投资变动和储蓄变动，而由式（7-9）可知，调整证券印花税引起的投资变动和储蓄变动会进一步影响经济增长。因此，把调整证券印花税引起的投资变动和储蓄变动数据（见表 6-19 和表 6-24）以及参数 A 值（见式（7-14）代入式（7-9）），可得调整证券印花税引起经济增长率的变化量，其结果如表 7-7。

表 7-7　　　　　　　证券印花税调整引起经济增长率变化量

证券印花税税率调整	经济增长率变化量（%）
1998 年由 5‰调为 4‰	0.02533
1999 年由 4‰调为 3‰	0.00985
2001 年由 3‰调为 2‰	0.03968
2005 年由 2‰调为 1‰	0.03753
2007 年由 1‰调为 3‰	0.03620

表 7-7 反映了调整证券印花税税率对经济增长的影响。具体而言：（1）降低证券印花税税率促进了经济增长。1998 年证券印花税税率由 5‰调整为 4‰，使得经济增长率增加了 0.02533%。1999 年证券印花税税率由 4‰调为 3‰，使得经济增长率增加了 0.00985%。2001 年证券印花税税率由 3‰调整为 2‰，使得经济增长率增加了 0.03968%。2005 年证券印花税税率由 2‰调为 1‰，使得经济增长率增加了 0.03753%。（2）证券印花税对经济增长的影响具有时期性。1998~2005 年我国证券印花税税率经历四次下调，每次税率都下降了 1‰，但对经济增长的影响大小不同。2001 年证券印花税税率下调导致经济增长率变化最大，而 1999 年证券印花税税率下调导致经济增长率的变化最小。

第四节　本章基本结论

本章通过数理模型的构造与中国金融市场税收政策经济增长效应的实证检验，可以得到以下结论。

一、利息税对经济增长的影响

（一）提高利息税税率抑制了经济增长

实证结果表明，我国提高利息税税率导致经济增长率降低，即提高利息税税率对经济增长具有抑制作用。1999年开征利息税，导致经济增长率降低了0.1151%。可见，我国1999年开征利息税并未实现刺激经济增长目标。

提高利息税税率抑制经济增长的主要原因在于：我国利息税的收入效应大于替代效应，未能起到刺激消费、拉动内需的作用，导致开征利息税抑制了经济增长。

（二）降低利息税税率促进了经济增长

2007年和2008年我国两次降低利息税税率，每次利息税税率降低都提高了我国经济增长速度，即利息税对经济增长具有正效应。例如，2008年利息税税率由5%下调为0，使得经济增长率提高了0.04789%。2008年金融危机爆发后，我国及时出台了暂免利息税政策，暂免利息税使得经济增长率提高。可见，2008年我国利息税政策实现了促进经济增长的目标。降低利息税税率能够促进经济增长，主要原因在于：我国利息税收入效应大于替代效应，降低利息税税率起到了拉动内需的作用。

二、证券印花税对经济增长的影响

（一）降低证券印花税税率促进了经济增长

在1998~2005年期间，我国实施4次降低证券印花税税率的政策。实证结果表明，我国降低证券印花税税率使得经济增长率提高，即降低证券印花税税率促进了我国经济增长。例如，2005年证券印花税税率由2‰调为1‰，使得经济增长率增加了0.03753%。降低证券印花税税率促进了经济增长，其主要原因在于：我国证券印花税的收入效应大于替代效应，导致降低证券印花税税率具有刺激消费、拉动内需的作用。

（二）2007年提高证券印花税税率使得经济增长率提高

2007年上半年，由于我国股市较热，我国采取了调高证券印花税税率政策，但此次证券印花税税率的提高反而导致了经济增长率提高。2007年证券印花税税率由1‰调为3‰，使得经济增长率提高了0.03620%。

我们认为造成这一结果主要原因在于，提高证券印花税税率导致消费的变动率小于储蓄变动率，进而导致经济增长率提高。尽管提高证券印花税税率体现出了收入效应大于替代效应（参见表 6 - 14 和表 6 - 19），但提高证券印花税税率导致储蓄变动率大于消费变动率，从而导致经济增长率提高。这也反映了我国证券印花税对经济增长的影响，可能受外部因素的影响，比如股市运行状况，居民收入的预期等。

（三）证券印花税的经济增长效应具有时期性

在不同的时期，调整证券印花税率导致经济增长率的变化量不同。在 1998 ~ 2005 年期间，在 4 次证券印花税税率下调中，2001 年证券印花税率下调对经济增长影响最大，此次下调证券印花税税率使得经济增长率提高了 0.03968%；而 1999 年证券印花税率下调对经济增长的影响最小，此次下调证券印花税税率使得经济增长率提高了 0.00985%。

第八章 金融市场税收政策宏观经济效应
——基于中国经济周期波动的实证分析 ※

经济发展历史表明，经济增长方式从来不是直线型，而是经常呈螺旋式上升特征，从而产生经济周期波动。金融市场税收对经济增长产生显著影响，它对经济周期波动有何影响呢？本章将在第 7 章的基础上，实证考察金融市场税收的经济周期波动效应。通过构建固定参数下的 VAR 模型、脉冲响应函数以及分布滞后模型，分析金融市场税收政策对经济周期波动影响的总体趋势；构建变动参数下的状态空间模型，考察金融市场税收政策在不同时点上的经济周期波动效应。

第一节 文献综述：经济周期波动与财政政策的稳定效应

由于有关金融市场税收政策对经济周期波动影响的文献较少，本章将从经济周期理论、财政政策对经济周期波动稳定效应的理论、实证研究结果等方面进行文献回顾分析。

🌿 一、经济周期波动理论的文献回顾

经过两个多世纪对经济周期理论的研究，已形成不同学派的经济周期理论。比如早期西方学者提出了纯货币理论、投资过度理论、创新理论、消费不足理论、心理周期理论、太阳黑子理论等经济周期理论；随后西方学者在前人研究的基础上提出了货币经济周期理论、凯恩斯经济周期理论、政治周期理论、新古典经济周期理论、实际经济周期理论等。[①] 形成不同的经济周期理论的原因在于经济周期波动的影响因素，学者们从不同的角度分析了经济周期波动的原因，从而形成不同的经济周期理论。下面就一些重要的经济周期理论作一简要回顾。

（一）凯恩斯经济周期理论

凯恩斯（Keynes）于 1936 年创立了经济周期理论，随后得到了萨缪尔森（Sanuelson）等人对该理论进一步的发展和完善，形成了凯恩斯经济周期理论。凯恩斯经济周期理论强调了财政政策对稳定经济作用。凯恩斯经济周期理论认为经济周期波动的主要原因在于资本边际生产率的冲击。萨缪尔森运用乘数—加速模型对该理论进行了论证，该模型强调投资变动对经济波动的影响。

---

① 高鸿业：《西方经济学》（宏观部分），中国人民大学出版社 2007 年版，第 711~714 页。

$$\begin{cases} Y_t = C_t + I_t + G_t + X_t & (8-1) \\ C_t = C_0 + \beta(Y_t - T_t) & (8-2) \\ I_t = \upsilon(Y_{t-1} - Y_{t-2}) & (8-3) \end{cases}$$

其中，Y 为产出，C 为消费，I 为投资，G 为政府购买，X 净出口，β 为边际消费倾向，υ 为加速数。由上面方程组可求得经济稳定下的均衡解为：

$$Y_t^* = \frac{C_0 + G_t + X_t - \beta T_t}{1 - \beta} \qquad (8-4)$$

设 Y_TCC 为实际产出偏离均衡解的波动项，由方程组和均衡解可求得：

$$Y\_TCC_t = \frac{\upsilon Y\_TCC_{t-1}}{1 - \beta} + \frac{\upsilon Y\_TCC_{t-2}}{1 - \beta} \qquad (8-5)$$

通过上式可看出，产出的波动受到乘数和加速数相互作用而形成。由于投资、收入和消费相互影响，它们之间相互调节，通过加速数，上升的收入和消费引致新的投资，通过乘数，投资又使收入和消费进一步增长，乘数和加速数相互影响，形成累积性的经济周期波动。[①]

（二）货币主义经济周期理论

以弗里德曼为代表创立的经济周期理论认为，货币是影响总产出的决定性因素，货币和信贷收支的扩张和收缩导致了经济周期波动；货币供给对收入变动起到了决定性作用，根据货币数量论方程，由于货币流通速度在短期内不可能大幅度的变动，而在长期内体现出是一个不变常数，从而货币供给量决定了收入量。货币主义经济周期理论认为财政政策对经济周期的影响是无效的，不应采用财政政策稳定经济，而应采用单一的货币政策解决经济周期波动问题。弗里德曼在前人研究的基础上提出了新的货币数量论方程试图来论证货币供给对产出的影响。

$$Y = V(r_b, r_e, r_p, w, y, u) \times M \qquad (8-6)$$

其中，r_b，r_e，r_p，w，y，u 分别为市场债券利率，预期股票收益率，物质资产预期报酬率，非人力财富与人力财富之间的比例，实际收入，以及其他影响因素。V 为货币流通速度，受到以上因素影响。

（三）新古典经济周期理论

以卢卡斯（Lucas）为代表的新古典经济周期理论创立于 20 世纪 80 年代。该理论认为非理性预期是导致经济波动的主要根源，未预期到的货币供给的变动导致了产出波动。由于未预期到的货币供给的变动使得短期内人们难以判断是相对价格的变化还是一般价格的变化，从而导致产出和就业的波动。新古典经济周期理论与货币主义经济周期理论一样，同样反对政府采用财政政策稳定经济，他

---

① 高鸿业：《西方经济学》（宏观部分），中国人民大学出版社 2007 年版，第 717～718 页。

们认为宏观经济政策对经济波动的影响是无效的。

（四） 实际经济周期理论

1982 年芬·基德兰（Finn Kydland） 和爱德华·普雷斯科特（Edward Prescott） 首次创立了实际经济周期理论。该理论强调总供给受到冲击导致了经济周期，认为经济受到一些实际因素的冲击而波动，生产率冲击或者说随机性技术冲击对经济波动的影响最大，技术冲击是经济波动的根源。实际周期理论否定了凯恩斯经济周期理论中提出的财政政策的有效性，他们认为市场是有效的，政府不应进行干预。

🌿 二、中国经济周期波动问题的研究回顾

我国经济周期波动的研究多建立在西方经济周期理论的基础上，国外对经济周期波动的实证研究比较多，这里简单介绍两篇比较重要的文献。巴罗（Barro，1995）[①] 使用 1960 ~ 1990 年 100 个国家数据，研究了通货膨胀率对经济增长率的影响，他认为物价水平的波动影响实际产出的波动，通货膨胀率每年增加 10%，则实际人均 GDP 增长率将下降 0.2 ~ 0.3 个百分点，投资—产出的比率将下降 0.4 ~ 0.6 个百分点，从而认为通货膨胀率波动是导致经济增长波动的主要因素。奥利佛·布兰查德和约翰·西蒙（Olivier Blanchard and John Simon，2001）[②] 分析美国产出波动下降主要有两个原因：一是政府支出波动的下降，以及消费和投资波动性下降；二是产出波动与通货膨胀的波动有很强的相关性，20 世纪 80 年代，美国的通货膨胀向上波动导致产出向下波动，通货膨胀波动呈下降趋势使得产出波动呈上升趋势。

我国经济周期波动的实证研究也较多，大多通过 VAR 模型和脉冲响应函数进行分析。刘金全[③]（2002）认为无论是投资的波动还是价格的波动，都对经济增长的绝对水平具有正向冲击影响，也就是说投资或者价格向上（向下）波动将会导致经济增长向上（向下）波动。刘金全、张海燕[④]（2003）利用 1993 ~ 2003 年的数据分析我国经济周期波动的态势，认为我国 GDP 增长率与消费增长率、投资增长率、货币供给增长率之间存在显著的正向波动性溢出效应，并指出总消费波动性和投资的波动性是我国经济周期波动的主要推动力。刘金全、刘志刚[⑤]（2005）分析了我国经济周期波动的模式及成因，认为通货膨胀、投资、消费、净出口以及政府支出导致了实际产出的波动。1996 ~ 2000 年通货膨胀率与

① Robert J. Barro（1995）. Inflation and Economic Growth. NBER working paper No. w5326.

② Olivier Blanchard and John Simon. The Long and Large Decline in U. S. Output Volatility, Brookings Papers on Economic Activity, Volume 2001, Issue 1.

③ 刘金全：《我国经济增长的阶段性、波动性和在险增长水平度量》，载于《数量经济技术经济研究》2002 年第 8 期。

④ 刘金全、张海燕：《经济周期态势与条件波动性的非对称性关联分析》，载于《管理世界》2003 年第 9 期。

⑤ 刘金全、刘志刚：《我国经济周期波动中实际产出波动性的动态模式与成因分析》，载于《经济研究》2005 年第 3 期。

经济波动呈正相关，即通货膨胀率对经济增长速度和经济周期波动具有正向影响；但 2001～2004 年，通货膨胀率与经济波动呈负相关，通货膨胀率水平提高有助于降低产出波动的程度；1990～1995 年货币供给的波动拉动了产出的波动，但 1995～2000 年，这种拉动作用逐渐减弱；投资波动性是实际产出波动的主要因素，消费需求的波动性短期内对产出波动影响不显著，但消费的波动影响产出波动的趋势水平，政府支出的波动和净出口波动也是实际产出波动的原因。张屹山、刘金全[①]（2005）分析了我国 2005 年经济波动的态势及原因，他认为，消费需求和投资需求对产出增长率产生了正的单边作用，而货币供给和贸易总额的波动性对产出增长率产生了负的单边作用。李建伟[②]（2003）认为存货投资、固定资产投资和产业结构升级的周期性波动推动了经济增长的波动。崔友平[③]（2007）对我国经济周期波动的原因进行了分析，认为投资波动、消费波动是我国经济周期波动的重要原因，当消费波动变动 1 个百分点会引起总产出同向波动 0.36 个百分点；政府的购买和投资需求波动以及出口波动对经济周期波动都有重要的影响。赵留彦[④]（2008）从供给和需求的角度分析了我国经济波动，使用 1990～2006 年季度数据，以实际 GDP、国外产出（用美国实际 GDP 代替）、国内吸收（用实际 GDP 减去实际净出口）以及国际收支（用净出口）等指标建立 VAR 模型，认为国内需求冲击短期对产出增长率有正向影响，产出的波动主要取决于供给的波动，经济制度的变革、技术水平以及要素市场的变动对我国经济波动的影响具有重要的作用。殷剑峰[⑤]（2006）认为中国经济周期波动是由投资和劳动力转移共同推动的。庞东、杨灿[⑥]（2006）认为经济制度的变动与经济周期波动存在明显的相关关系，经济制度的变动冲击对我国经济周期波动的方向以及波动的程度有明显的推动作用。郭庆旺、贾俊雪[⑦]（2004）分析了我国投资和全要素生产率对经济周期波动的冲击，结论是投资波动对经济波动的冲击效应为正弦式，即先是正向冲击随后是负向冲击；全要素生产率的波动对经济波动的冲击效应是不规则的余弦式，即先是负向冲击随后是正向冲击。沈坤荣、孙文杰[⑧]（2004）从金融发展视角分析了资本形成水平、投资效率、储蓄转化投资效率以及由此产生的经济波动，投资效率和全要素生产率低下，是我国经济波动的重要原因，投资效率低下导致投资波动，在投资乘数的作用下引起宏观经济剧烈波

① 张屹山，刘金全：《2005 年中国宏观经济波动态势与成因的动态分析》，载于《数量经济技术经济研究》2005 年第 7 期。

② 李建伟：《当前我国经济运行的周期波动特征》，载于《经济研究》2003 年第 7 期。

③ 崔友平：《我国经济周期波动原因分析》，载于《当代经济研究》2007 年第 7 期。

④ 赵留彦：《供给、需求与中国宏观经济波动》，载于《财贸经济》2008 年第 3 期。

⑤ 殷剑峰：《中国经济周期研究：1954～2004》，载于《管理世界》2006 年第 3 期。

⑥ 庞东、杨灿：《中国经济周期波动的制度冲击》，载于《财经问题研究》2006 年第 3 期。

⑦ 郭庆旺、贾俊雪：《中国经济波动的解释：投资冲击与全要素生产率冲击》，载于《管理世界》2004 年第 7 期。

⑧ 沈坤荣、孙文杰：《投资效率、资本形成与宏观经济波动——基于金融发展视角的实证研究》，载于《中国社会科学》2004 年第 6 期。

动，固定资产投资每变动 1%，GDP 增长率的波动在 0.074% ~ 0.164% 之间，投资波动对经济波动具有显著性效应。

徐冰、倪乐央[①]（2006）利用 1995 年 1 月至 2005 年 2 月的月度数据，分析了我国股票收益率与通货膨胀率的波动关系，认为短期内股票收益率与通货膨胀率之间先呈正向随后呈负向的变动关系，通货膨胀的波动与股票收益波动之间存在负相关关系，但长期二者关系均不显著。陈朝旭、刘金全[②]（2006）认为我国股市收益率与经济周期波动之间存在相互影响关系，但二者关系具有非对称性、依赖经济周期波动的阶段。2003 年之前，股市收益率与经济波动之间存在正向关系，但 2003 年后股市收益率与经济之间关系出现严重背离。丁志国、苏治、杜晓宇[③]（2007）认为我国同期经济扩张或衰退与沪市收益率波动存在显著负相关关系，与深市收益率波动相关性不显著；我国经济周期与证券市场波动存在联动效应，经济扩张（衰退）引起股市高（低）波动。

🌿 三、财政政策对经济周期波动影响的文献回顾

尽管有些经济周期理论学派否定了财政政策对经济周期波动的影响效应，但凯恩斯的财政政策宏观效应理论一直受到广泛的关注。国内外很多学者就财政政策对经济周期波动影响进行了实证研究。

凯恩斯主义主张政府干预经济以达到经济稳定，认为自由放任的市场不能完全实现充分就业，进而会导致有效需求不足。凯恩斯主义提倡，在经济萧条时期政府应通过增加公共支出、减税以及利率等政策手段刺激消费拉动需求；在经济扩张时期，政府可以采用减少政府支出、增税等方式干预经济过热。凯恩斯的财政政策稳定经济理论，得到很多学者支持。汉森（Hansen）于 1941 年提出了"补偿性财政政策"，肯定了凯恩斯的主张。汉森认为政府实行补偿性财政政策能够调节经济不稳定的状态，在经济萧条时期，政府通过增加支出和减少收入，补足居民需求短缺，以刺激居民消费，拉动经济增长；在经济繁荣时期，政府需减少财政支出，增加收入（税收），以抑制总需求，通过收支的调整达到经济繁荣与萧条时期的相互补偿，进而对经济起到稳定的作用。随后勒纳（Lerner）于 1943 年提出了"功能财政准则"，主张实施功能财政准则，肯定财政收支变动对国民收入总水平的影响。以琼·罗宾逊（Joan. Robinson）为代表的后凯恩斯学派认为，政府支出是影响经济活动之一，增加政府支出能够刺激总需求，促进经济增长；而减少政府支出能够抑制总需求，导致经济衰退。同时，税收是政府影

① 许冰、倪乐央：《中国股票收益与通货膨胀率、通货膨胀率的波动关系研究》，载于《工业技术经济》2006 年第 5 期。
② 陈朝旭、刘金全：《我国股市收益率与宏观经济非对称的关联分析》，载于《工业技术经济》2006 年第 11 期。
③ 丁志国、苏治、杜晓宇：《经济周期与证券市场波动关联性——基于向量 SWARCH 模型的新证据》，载于《数量经济技术经济研究》2007 年第 3 期。

响经济活动的另一政策工具，减税使得居民可支配收入增加，增加消费，有利于鼓励投资，因而总需求增加，刺激经济增长；反之，增税会抑制经济增长。[1] 希克斯则利用三个方程式和 IS – LM 模型说明了凯恩斯的财政政策理论，反映了财政政策与货币政策的结合如何影响总需求与总供给的变动，从而导致经济产出的变化。补偿性财政政策和功能财政准则都很好反映了凯恩斯主义财政政策稳定经济有效性的主张，要求政府要充分利用财政支出和税收等手段调节经济平稳运行的政策工具。后凯恩斯主义主张的财政政策具有调节经济周期波动问题。因此，三种学派均认为，财政政策具有调节经济周期波动效应。

保罗·范登诺德（Paul Van den Noord，2000）[2] 分析 OECD 国家的财政政策对经济周期波动的自动稳定性，20 世纪 90 年代，OECD 国家所实施的自动稳定性财政政策对经济周期波动起到了稳定作用，但由于有些国家为改善财政体制，对财政政策进行调整，使得财政政策对经济周期波动的自动稳定作用减小，甚至消失。坎迪尔（Kandil M.）[3]（2001）运用美国的季度数据研究了财政支出对产出的影响，财政支出的增加使得经济增长和价格波动下降。原因在于受财政支出增加的影响，利率将上升（但财政支出下降，利率下降不显著），财政支出对私人投资产生挤出效应，居民预期未来税收增加（财政支出增加导致的），从而减少消费，进而对经济增长产生了抑制作用。阿兰·奥尔巴赫（Alan J. Auerbach，2000）[4] 研究美国所实施相机抉择性财政政策对经济波动的影响，结果表明相机抉择性财政政策对产出波动的影响大小具有不确定性。20 世纪 60 年代，财政政策体现出了明显的自动稳定效果，对经济波动起到了很好的缓冲作用；但是，税收制度有许多属性，削弱其自动稳定器的潜在作用，特别是在投资方面。近年来财政政策体现出了周期性波动，但它对经济波动的稳定效果并不明显。安东尼奥·法塔斯和伊利安·米霍夫（Antonio Fatas and Ilian Mihov，2003）[5] 利用 91 个国家的数据，研究相机抉择性财政政策对经济波动和经济增长的效应，结果表明，政府的财政政策导致了经济更加不稳定，相机抉择性财政政策引致了经济波动，使得经济增长下降 0.8 个百分点。埃内斯托·塔尔维和卡洛斯（Ernesto Talvi and Carlos A. Végh，2005）[6] 基于 56 个国家的样本，发现 G7（7 大工业国）

---

① 张馨、杨志勇、郝联峰、袁东：《当代财政与财政学主流》，东北财经大学出版社 2000 年版，第 192 页。

② Paul Van den Noord（2000）. The Size and Role of Automatic Fiscal Stabilizers in the 1990s and Beyond. OECD Economics Department Working Papers，No. 230

③ Kandil M（2001）. Asymmetry in the effects of us government spending shocks: evidence and implications. The Quarterly Review of Economics and Finance，Volume 41，Issue 2.

④ Alan J. Auerbach（2002）. Is there a role for discretionary fiscal policy? Working Paper 9306，http://papers. ssrn. com/sol3/papers. cfm? abstract_id = 347078.

⑤ Antonio Fatas & Ilian（2003）Mihov. The Case for Restricting Fiscal Policy Discretion. Quarterly Journal of Economics，Vol. 118，No. 4

⑥ Ernesto Talvi and Carlos A（2005）. Végh. Tax base variability and procyclical fiscal policy in developing countries. Journal of Development Economics，Volume 78，Issue 4.

国家的财政政策具有非周期性，然而发展中国家的财政政策具有顺周期性，即在经济扩张时期财政政策显示出扩张性，在经济紧缩期财政政策显示出紧缩性。他们通过所构建的最优财政政策模型来解释这一现象。由于发展中国家税基波动性大以及政府运行预算盈余成本较高，导致政府认为遵循顺周期性财政政策才是最佳的方案。约翰·拜利·琼斯（John Bailey Jones, 2001）① 分析了美国战后的财政政策是否有助于稳定经济的作用，他发现财政政策对经济波动的稳定作用有限。菲利普·莱斯蒂斯和约翰·麦康比（Philip Arestis and John McCombie, 2009）② 在财政政策作为宏观经济政策工具的有效性一文中指出，财政政策是有效和重要的稳定宏观经济的政策工具。

王军辉、丁伟③（2004）使用 HP 滤波的办法，使用 1985～2002 年的数据研究中国财政收入政策对宏观经济波动自发调节的效果，发现自发调节效应具有明显的时期性，1990～1993 年以及 2000～2002 年财政收入政策起到了逆向调节作用；1994～1998 年，财政收入政策却是正向调节作用，也就是财政收入对宏观经济波动不但没有抑制作用，反而加剧了宏观经济的波动。李晓芳、高铁梅、梁云芳④（2005）运用 SVAR 模型研究了我国税收和政府支出政策对产出动态冲击效应，分析结果表明：我国税收对经济产出具有负向短期冲击效应，而政府支出对产出具有中长期的正向冲击效应。付一平、刘金全、梁冰⑤（2005）对我国财政政策作用机制与经济周期波动进行了研究，其结论是：财政支出和财政收入都具有降低经济波动的效应。积极财政政策具有显著的稳定效果；在经济收缩期间，财政政策的反周期的性质较为明显，而在经济扩张期间，财政政策顺周期的性质较为明显。李永友、丛树海⑥（2005）通过对我国财政政策运行轨迹的考察认为财政收支存在明显的周期波动，但波动的幅度不大。相对于收入政策而言，财政支出政策对经济波动的稳定效果较好。在个别时期，财政政策不仅没有起到经济稳定的作用，而且还加剧了经济波动，主要原因是政府没有及时调整财政政策。因而财政政策的刚性继续发挥作用。李永友⑦（2006）利用脉冲响应函数和线性回归的方法对我国经济波动于财政政策波动关联性进行研究，分析结果表明，我国经济波动与财政政策波动具有很大的相似性与相互影响的关系；经济波

① John Bailey Jones (2001). Has Fiscal Policy Helped Stabilize the Postwar U. S. Economy? Working paper, http: //scholar. google. cn/scholar? q = related; 9nTb－aYjWaYJ; scholar. google. com/&hl = zh－CN.

② Philip Arestis and John McCombie (2009). On the Effectiveness of Fiscal Policy as an Instrument of Macroeconomic Policy. Economic Affairs, Volume 29, Issue 1.

③ 王军辉、丁伟：《我国财政收入政策对宏观经济波动自发调节效果的滤波与实证分析》，载于《财政研究》2004 年第 12 期。

④ 李晓芳、高铁梅、梁云芳：《税收和政府支出政策对产出动态冲击效应的计量分析》，载于《财贸经济》2005 年第 2 期。

⑤ 付一平、刘金全、梁冰：《我国财政政策作用机制与经济周期波动的相关性研究》，载于《当代经济科学》2005 年第 7 期。

⑥ 李永友、丛树海：《我国相机财政政策的波动性研究》，载于《财经科学》2005 年第 8 期。

⑦ 李永友：《我国经济波动于财政政策波动的关联性分析——兼论我国财政政策的相机抉择与自动稳定机制》，载于《财贸经济》2006 年第 4 期。

动引致的财政收支变化对经济波动的反向调节力度较小，并具有时滞性，财政政策变化引致的财政收支变化对经济的反向调节时滞较短。财政政策波动对经济波动的影响具有明显的不对称性，扩张性政策比紧缩性政策对经济波动的影响效果更大，财政政策对经济波动的调控效果在不同的经济状态下存在显著不同。石柱鲜、王立勇[1]（2006）对周期性预算余额和结构性预算余额分析发现，我国的财政自动稳定的作用较小，财政收入和支出的周期性波动也相对较小。刘金全、梁冰[2]（2005）利用 HP 滤波和脉冲响应函数，分析了我国财政收入和支出规模在短期内与经济波动之间存在显著正相关，也就是说财政收支是顺经济周期波动的；我国财政政策运行跟随经济周期性波动而转变，在经济收缩期，财政政策具有显著的反周期性，在经济扩张期，财政政策具有显著的顺周期；我国财政政策规模与经济周期波动之间存在显著负相关，财政政策具有降低经济周期波动的作用。郭庆旺、贾俊雪、刘晓璐[3]（2007）利用马尔科夫情势转变向量自回归模型，分析了我国财政支出政策与税收政策的相机抉择变化对经济周期波动的影响，财政支出政策的相机抉择具有反周期性，对实体经济波动具有稳定作用，但加剧了通货膨胀的波动；税收政策的相机抉择加剧了实体经济的波动，但对价格的波动起到了稳定的作用。贾俊雪、郭庆旺[4]（2008）把赤字作为财政政策的指标，考察了财政政策对经济的稳定效应：改革开放以来，财政政策对宏观经济的稳定的作用有限，在一定程度上财政政策不但没有起到稳定效果，反而加剧了宏观经济波动；相机抉择财政政策总体上促进宏观经济稳定方面发挥的作用较显著。王立勇、李富强[5]（2009）利用 VAR 模型和脉冲响应函数分析我国相机财政政策效应，认为我国财政政策在 1996～2004 年期间具有凯恩斯效应，即在经济衰退时期对经济增长具有显著的拉动作用，但同时也推动了价格上涨；而财政政策抑制经济过度增长的效应较弱。

四、简要评价

纵观国内与国外的研究文献，经济周期波动问题是学界探讨的重要问题。尤其财政政策的经济周期波动效应更是得到了很多学者的关注。他们分别从不同的角度，使用计量方法研究了财政政策对经济波动的影响。从现有研究成果中得到以下几方面：

① 石柱鲜、王立勇：《对我国潜在产出、结构预算与财政态势的关联性研究》，载于《数量经济技术经济研究》2006 年第 9 期。
② 刘金全、梁冰：《我国财政政策作用机制与经济周期波动的相依性检验》，载于《财贸经济》2005 年第 10 期。
③ 郭庆旺、贾俊雪、刘晓璐：《财政政策与宏观经济稳定：情势转变视角》，载于《管理世界》2007 年第 5 期。
④ 贾俊雪、郭庆旺：《中国经济周期波动的特征变化与宏观经济稳定政策》，载于《经济理论与经济管理》2008 年第 7 期。
⑤ 王立勇、李富强：《我国相机抉择财政政策效应非对称性的实证研究》，载于《数量经济技术经济研究》2009 年第 1 期。

（一） 多种因素导致我国经济周期波动

就我国经济周期波动的实证研究结果来看，我国经济周期波动主要受投资、消费、净出口、全要素生产率、通货膨胀等因素波动的影响，经济制度的冲击和供给的冲击也是我国经济周期波动的重要因素。

（二） 实证研究方法不同

在实证研究方法上，多采用 HP 滤波、向量自回归模型（VAR）和脉冲响应函数，也有学者采用了马尔科夫状态空间模型进行研究。

（三） 财政政策的稳定效应存在很大争论

在理论方面，各种经济周期理论对财政政策稳定经济的有效性的看法相异。凯恩斯主义肯定了财政政策稳定经济的有效性，但货币主义经济周期理论、新古典经济周期理论以及实际经济周期理论否定财政政策稳定经济周期波动的有效性。

（四） 实践中财政政策的经济周期波动效应

从财政政策稳定经济的实证结果来看，很多学者使用了不同的财政政策衡量指标，得出财政政策的经济周期波动效应。（1）财政赤字和预算盈余的经济周期波动效应。把财政赤字和预算盈余作为扩张性财政政策和紧缩性财政政策指标，研究财政政策对经济周期波动问题。研究结果表明：财政政策的经济稳定效应较弱，在一定程度上不但对经济周期波动没有起到稳定作用，反而加剧了经济周期波动。（2）财政支出的经济周期波动效应。在多数时期，财政支出的经济周期波动效应较为明显，尤其在经济收缩期，财政支出具有稳定经济效应；在个别时期财政支出具有顺周期波动性，加剧了经济波动。（3）财政收入的经济周期波动效应。财政收入的经济周期波动效应具有明显的时期性，在某时期，财政收入具有调节经济周期波动作用，但在有些时期，财政收入不但没有起到调节经济周期波动作用，反而加剧了经济周期波动。（4）税收收入的经济周期波动效应。用税收收入作为税收政策的衡量指标，研究经济周期波动效应较少。现有的文献表明：我国税收对经济产出具有短期负向冲击效应（李晓芳、高铁梅、梁云芳，2005）；税收政策的相机抉择加剧了实体经济的波动，但对价格的波动起到了稳定的作用（郭庆旺、贾俊雪、刘晓璐，2007）。总的来看，财政政策对经济周期波动影响的研究结果表明，我国的财政政策具有顺周期性，在某些年度内财政政策在一定程度上起到了稳定作用，但在某些时期财政政策不但没有起到稳定作用，反而加剧了经济周期波动。

不难看出，财政政策的经济周期波动效应研究取得了一些成果，但大部分学者是从财政赤字、预算盈余或者财政收入、财政支出规模的角度分析财政政策对经济波动的稳定效应。就税收政策来看，尤其是金融市场税收政策对经济周期波动影响研究比较少，比如证券印花税、利息税对经济周期波动影响的分析更是研究盲区。随着虚拟经济的发展，金融市场对经济的作用越来越受到关注，尤其是在当今金融危机爆发影响到全球经济发展的背景下，研究金融市场税收政策对我国经济周期波动的影响更具有重要学术价值与现实意义。我国的金融市场税收政策对经济波动有何影响呢？这正是本章所要探讨的主题。

第二节　数理模型：金融市场税收的经济周期波动效应

凯恩斯经济周期理论强调了政府宏观经济政策稳定经济周期波动的有效性，它为研究金融市场税收政策对经济的稳定效应提供了理论支持。凯恩斯的经济周期理论强调政府通过收入和支出稳定经济，金融市场课税能否对经济周期波动产生影响呢？本文认为，证券印花税和利息税对经济周期波动的影响表现为两个层面：一是从征税本身对经济影响，二是从税收收入转化为政府支出之后对经济产生影响。本章将应用扩展的 IS – LM 模型来分析金融市场税收的经济周期波动效应。一方面考察金融市场税收通过左右居民可支配收入，所产生的对居民的消费水平影响；另一方面考察通过税收转化为政府支出左右政府购买支出水平。可构建如下 IS – LM 模型。[①]

IS 曲线反映的是产品市场，在产品市场上总供给与总需求平衡，可得到收入和利率的关系：

$$\begin{cases} Y = C + I + G & (8-7) \\ C = C_0 + c(Y - T + TR) & (8-8) \\ I = I_0 + \alpha_1 Y - \alpha_2 r & (8-9) \\ G = G_0 + \gamma_1 Y + \gamma_2 T & (8-10) \\ TR = TR_0 + \omega T & (8-11) \end{cases}$$

其中，Y 为总收入；C 为消费支出；I 为投资支出，投资支出由收入和利率决定，r 为利率，G 为政府支出，政府支出的多少依据经济中收入的多少以及税收收入的多少，这里可以反映出金融市场上的税收收入的多少可能会影响的政府支出的大小；T 为税收收入；TR 为政府的转移支付；c 为边际消费倾向；α_1、α_2、β_1、β_2、ω 为参数。

LM 表示是货币市场达到均衡时利率和收入的关系，在货币市场上利率是由货币需求和供给决定的：

$$\frac{M}{P} = L_0 + \beta_1 Y - \beta_2 r \qquad (8-12)$$

其中，M 表示货币供给量，P 表示物价水平；式（8 – 12）右边表示货币需求函数，取决于收入和利率水平。

由式（8 – 7）至式（8 – 12）可得：

---

① 封闭经济条件下的 IS – LM 模型。

$$Y = \frac{\beta_2(C_0 + I_0 + cTR_0 + G_0) - \alpha_2 L_0}{\beta_2(1 - c - \alpha_1 - \gamma_1) + \alpha_2\beta_1} + \frac{\beta_2(c\omega - \gamma_2 - c)}{\beta_2(1 - c - \alpha_1 - \gamma_1) + \alpha_2\beta_1}T$$

$$(8-13)$$

为反映产出与税收之间的变动关系，对式（8-13）求关于税收收入变量 T 的导数得：

$$\frac{\partial Y}{\partial T} = \frac{\beta_2(c\omega + \gamma_2 - c)}{\beta_2(1 - c - \alpha_1 - \gamma_1) + \alpha_2\beta_1}$$

$$(8-14)$$

从式（8-14）可知，税收变化所导致的产出变动方向取决于式中右边参数的大小。由于这里的税收是广义上的税收，包括金融市场课税，从而可体现出金融市场课税对产出影响的变动关系。式（8-14）反映了税收总量与产出之间的关系。由于政府会依据经济运行的状况来调整税收收入水平，以达到调节经济目的。为此，进一步把税收变量转化为式（8-15）：

$$T = T_0 + \tau Y$$

$$(8-15)$$

其中，τ 为宏观税负。把式（8-15）代入式（8-13）可得：

$$Y = \frac{\beta_2[(C_0 + I_0 + cTR_0 + G_0) + T_0(c\omega - \gamma_2 - c)] - \alpha_2 L_0}{\beta_2[(1 - c - \alpha_1 - \gamma_1) - \tau(c\omega - \gamma_2 - c)] + \alpha_2\beta_1}$$

$$(8-16)$$

对式（8-9）两边同时求关于 τ 的导数，可得：

$$\frac{\partial Y}{\partial \tau} = \frac{(c\omega - \gamma_2 - c)\{\beta_2[(C_0 + I_0 + cTR_0 + G_0) + T_0(c\omega - \gamma_2 - c)] - \alpha_2 L_0\}}{\{\beta_2[(1 - c - \alpha_1 - \gamma_1) - \tau(c\omega - \gamma_2 - c)] + \alpha_2\beta_1\}^2}$$

$$(8-17)$$

式（8-17）反映了产出与宏观税负之间的变动关系，二者之间的变动关系取决于该等式右边的符号，从而可以说明金融市场税收的税负大小对经济产出影响。

凯恩斯的财政政策经济稳定效应理论为金融市场税收政策效应提供了理论依据，本章通过对 IS-LM 模型的推导公式，揭示了金融市场税收变动能够对经济产出波动产生影响。

第三节　计量模型：金融市场税收的经济周期波动效应

扩展的 IS-LM 模型理论上揭示了金融市场税收对经济周期波动影响，为计量检验奠定了良好的基础。现有文献揭示了财政政策对经济周期波动的影响效应，而金融税收作为政府宏观经济调控的手段之一，能否发挥其作用，需进一步证实。因而，本章建立在前面理论分析和实证检验的结果的基础上，使用两种计量方法研究金融市场税收对经济周期波动的影响。一是在固定参数下，通过建立 VAR 模型、脉冲响应函数、方差分解函数以及分布滞后模型来检验金融市场税收对经济周期波动的影响。二是利用状态空间模型，研究变动参数下金融市场税收对经济周期波动的影响。使用这两种方法能够全方位地反映金融市场税收的经济周期波动效应。

一、经济周期波动的估算

经济周期波动的估算方法很多，比如 HP 滤波、BP 滤波、变量状态空间分解等，本章采用 HP 滤波法估算经济周期波动。HP 滤波是由霍德里克和普雷斯科特（Hodrick and Prescott，1980）首次使用，当时是用来分析美国经济周期波动的方法，后来被广泛采用。HP 滤波是把经济变量时间序列 Y_t 中的趋势成分和波动成分分离，用 Y_t^T 表示经济变量变化的趋势成分，Y_t^c 表示经济变量变化的波动成分，那么：

$$Y_t = Y_t^T + Y_t^c, t = 1,2,\cdots,T \tag{8-18}$$

HP 就是从经济变量的时间序列 Y_t 中分离出经济变量的趋势成分，该方法是通过最小化式（8-7）将经济变量分解为趋势成分和波动成分。

$$\text{Min}\left\{ \sum_{t=1}^{T} (Y_t - Y_t^T)^2 + \lambda \sum_{t=1}^{T} [(Y_{t+1}^T - Y_t^T) - (Y_t^T - Y_{t-1}^T)]^2 \right\} \tag{8-19}$$

就周期波动本身而言，本章选择经济总量（国内生产总值总量）和经济增长（国内生产总值同比增长率）两个变量波动作为经济周期波动的衡量指标。因而，从经济周期波动衡量指标选择的角度，本章将从两个方面研究金融市场税收政策对经济周期波动的效应：（1）考察金融市场税收政策对经济产出总量周期波动的影响；（2）考察金融市场税收政策对经济增长周期波动的影响。

考察金融市场税收政策对经济产出总量周期波动的影响。对产出变量取对数后再进行 HP 滤波，取对数后再进行分解，这样能很好反映金融市场税收政策的波动与经济变量波动之间的总量上的弹性关系。经济变量取对数后分解波动成分时应满足：

$$\text{Min}\left\{ \sum_{t=1}^{T} (\text{Ln}Y_t - \text{Ln}Y_t^T)^2 + \lambda \sum_{t=1}^{T} [(\text{Ln}Y_{t+1}^T - \text{Ln}Y_t^T) - (\text{Ln}Y_t^T - \text{Ln}Y_{t-1}^T)]^2 \right\}$$
$$\tag{8-20}$$

考察金融市场税收政策对经济增长周期波动的影响。设 YG 表示同比经济增长率，则对经济增长率进行 HP 滤波，应满足：

$$\text{Min}\left\{ \sum_{t=1}^{T} (YG_t - YG_t^T)^2 + \lambda \sum_{t=1}^{T} [(YG_{t+1}^T - YG_t^T) - (YG_t^T - YG_{t-1}^T)]^2 \right\} \tag{8-21}$$

二、固定参数：金融市场税收的经济周期波动效应

根据金融市场税收对经济周期波动的作用机理，本节借助于三个模型实证考察金融市场税收的经济周期波动效应。

（一）脉冲响应函数

脉冲响应函数反映的是 VAR 模型中的一个内生变量受到冲击给系统中的其他内生变量所带来的影响。[①] 采用脉冲响应函数来反映利息税和证券印花税受到外部冲击时所产生的波动对经济周期波动的影响。本文的脉冲响应函数是建立在 VAR 模型的基础上，分析利息税和证券印花税受到某种冲击时对系统的动态影响。由于选择的样本期是 2000 年至 2007 年季度数据，样本容量有限，根据特征根检验，选取 VAR 模型滞后期为 2。建立含有产出（y）、消费（xf）、储蓄（cx）、利息税（x）以及证券印花税（z）五个变量的 VAR 模型，来分析利息税波动和证券印花税波动对经济周期波动的冲击。建立 VAR（2）模型如下：

$$V_t = \phi_0 + \phi_1 V_{t-1} + \phi_2 V_{t-2} + \varepsilon_t \tag{8-22}$$

其中，变量 $V_t = \begin{bmatrix} y \\ x \\ z \\ xf \\ cx \end{bmatrix}_t$，常数项矩阵 $\phi_0 = \begin{bmatrix} c_{10} \\ c_{20} \\ c_{30} \\ c_{40} \\ c_{50} \end{bmatrix}$，误差矩阵 $\varepsilon_t = \begin{bmatrix} \varepsilon_1 \\ \varepsilon_2 \\ \varepsilon_3 \\ \varepsilon_4 \\ \varepsilon_5 \end{bmatrix}_t$，系

数矩阵 $\phi_1 = \begin{bmatrix} c_{11} & c_{12} & c_{13} & c_{14} & c_{15} \\ c_{21} & c_{22} & c_{23} & c_{24} & c_{25} \\ c_{31} & c_{32} & c_{33} & c_{34} & c_{35} \\ c_{41} & c_{42} & c_{43} & c_{44} & c_{45} \\ c_{51} & c_{52} & c_{53} & c_{54} & c_{55} \end{bmatrix}$，$\phi_2 = \begin{bmatrix} b_{11} & b_{12} & b_{13} & b_{14} & b_{15} \\ b_{21} & b_{21} & b_{22} & b_{24} & b_{25} \\ b_{31} & b_{32} & b_{33} & b_{34} & b_{35} \\ b_{41} & b_{42} & b_{43} & b_{44} & b_{45} \\ b_{51} & b_{52} & b_{53} & b_{54} & b_{55} \end{bmatrix}$。使用滞后

算子 L 可将式（8-22）转化为：

$$(I_5 - \phi_1 L - \phi_2 L^2) V_t = \phi_0 + \varepsilon_t \tag{8-23}$$

其中，I_5 是 5×5 单位矩阵，滞后算子 L 是 5×5 的参数矩阵。若式（8-23）满足可逆条件，则可以表示为 $VMA(\infty)$ 形式：

$$V_t = \phi_0 + (I_5 + \xi_1 L + \xi_2 L^2 + \xi_3 L^3 + \cdots) \varepsilon_t \tag{8-24}$$

ξ 为 VMR 系数矩阵，对式（8-24）写出展开式，可得：

$$V_t = \phi_0 + \varepsilon_t + \xi_1 \varepsilon_{t-1} + \xi_2 \varepsilon_{t-2} + \xi_3 \varepsilon_{t-3} + \cdots \tag{8-25}$$

其中，$\xi_q = (\xi_{ij}^{(q)})_{5 \times 5}$，$q = 1, 2, 3, \cdots$，即它的第 i 行第 j 列元素表示在时期 t 第 j 个变量的新息 ε_{jt} 变动，而其他时期新息不变时，对时期 $t+q$ 的第 i 个变量 V_{it+q} 的影响。由式（8-22）和式（8-25）可得到经济产出 y 的函数为：

$$y_t = c_{10} + \sum_{j=1}^{5} (\xi_{1j}^{(0)} \varepsilon_{jt} + \xi_{1j}^{(1)} \varepsilon_{jt-1} + \xi_{1j}^{(2)} \varepsilon_{jt-2} + \xi_{1j}^{(3)} \varepsilon_{jt-3} + \cdots) \tag{8-26}$$

[①]　高铁梅：《计量经济分析方法与建模——Eviews 应用及实例》，清华大学出版社 2006 年版。

在构建 VAR 模型时，利息税是用 x 表示，这里不妨设利息税对经济产出的脉冲响应函数为 $\xi_{(x)q}$。对式（8-26）两边分别求关于 ε_{2t} 一阶导数，可得到利息税对经济产出的脉冲响应函数为：

$$\xi_{(x)q} = \frac{\partial y_{t+q}}{\partial \varepsilon_{2t}} \qquad (8-27)$$

$\xi_{(x)q}$ 反映当利息税受到外部冲击使得 t 时期的新息 ε_{2t} 发生变化，进而对 $t+q$ 时期产出的影响。利息税 t 时期受到外部冲击后，进而对产出 t 时期及以后不同时期的影响值分别为 $\xi_{12}^{(0)}$，$\xi_{12}^{(1)}$，$\xi_{12}^{(2)}$，$\xi_{12}^{(3)}$，$\xi_{12}^{(4)}$，…。

同样，用 $\xi_{(z)q}$ 表示证券印花税对经济产出的脉冲响应函数。对式（8-26）两边分别求关于 ε_{3t} 一阶导数，可得到证券印花税对经济产出的脉冲响应函数为：

$$\xi_{(z)q} = \frac{\partial y_{t+q}}{\partial \varepsilon_{3t}} \qquad (8-28)$$

$\xi_{(z)q}$ 反映当证券印花税受到外部冲击使得 t 时期的新息 ε_{3t} 发生变化，进而对 $t+q$ 时期产出的影响。证券印花税 t 时期受到外部冲击后，进而对产出 t 时期及以后不同时期的影响值分别为 $\xi_{13}^{(0)}$，$\xi_{13}^{(1)}$，$\xi_{13}^{(2)}$，$\xi_{13}^{(3)}$，$\xi_{13}^{(4)}$，…。

（二）方差分解

通过方差分解来分析利息税和证券印花税受到外部冲击对产出变化的贡献度。方差分解反映 VAR 模型中每一个新息变化对内生变量变化的贡献度，可以用来评价不同新息冲击的重要性。本章依据 Sims 在 1980 年提出的方差分解方法，对产出进行方差分解，进而反映利息税和证券印花税的冲击引起产出变动的贡献度。假设 ε_t 不具有序列相关性和协方差矩阵是对角阵，由式（8-26）可得产出 y_t 的方差为：

$$\mathrm{var}(y_t) = \sum_{j=1}^{5} E\left[\left(\xi_{1j}^{(0)} \varepsilon_{jt} + \xi_{1j}^{(1)} \varepsilon_{jt-1} + \xi_{1j}^{(2)} \varepsilon_{jt-2} + \xi_{1j}^{(3)} \varepsilon_{jt-3} + \cdots \right)^2 \right] \qquad (8-29)$$

式（8-29）表示 VAR 模型中的各结构方程中扰动项对产出的影响总和。由式（8-29）可求出利息税和证券印花税对产出的影响，其影响的贡献度分别为 $RVC_{x \to y}$ 和 $RVC_{z \to y}$：

$$RVC_{x \to y} = \frac{E\left[\left(\xi_{12}^{(0)} \varepsilon_{2t} + \xi_{12}^{(1)} \varepsilon_{2t-1} + \xi_{12}^{(2)} \varepsilon_{2t-2} + \xi_{12}^{(3)} \varepsilon_{2t-3} + \cdots \right)^2 \right]}{\sum\limits_{j=1}^{5} E\left[\left(\xi_{1j}^{(0)} \varepsilon_{jt} + \xi_{1j}^{(1)} \varepsilon_{jt-1} + \xi_{1j}^{(2)} \varepsilon_{jt-2} + \xi_{1j}^{(3)} \varepsilon_{jt-3} + \cdots \right)^2 \right]} \qquad (8-30)$$

$$RVC_{z \to y} = \frac{E\left[\left(\xi_{13}^{(0)} \varepsilon_{3t} + \xi_{13}^{(1)} \varepsilon_{3t-1} + \xi_{13}^{(2)} \varepsilon_{3t-2} + \xi_{13}^{(3)} \varepsilon_{3t-3} + \cdots \right)^2 \right]}{\sum\limits_{j=1}^{5} E\left[\left(\xi_{1j}^{(0)} \varepsilon_{jt} + \xi_{1j}^{(1)} \varepsilon_{jt-1} + \xi_{1j}^{(2)} \varepsilon_{jt-2} + \xi_{1j}^{(3)} \varepsilon_{jt-3} + \cdots \right)^2 \right]} \qquad (8-31)$$

（三）分布滞后模型

脉冲响应函数和方差分解说明了金融市场税收对经济波动可能存在影响，但体现不出金融市场税收与经济波动之间具体的关系，比如二者关系的大小以及变动的方向关系。在现实经济中，税收政策在传导过程中具有时滞性，进而对经济产生的影响也可能带来时滞性。因而本章将建立分布滞后模型来研究金融市场税收政策对经济周期波动影响的滞后性。

$$y_t = \alpha_0 + \sum_{i=0}^{s} (\alpha_{i+1} x_{t-i} + \beta_{i+1} z_{t-i} + \gamma_{i+1} x f_{t-i} + \eta_{i+1} c x_{t-i}) \quad (8-32)$$

其中，s 为分布滞后模型的阶数，α_{i+1}、β_{i+1}、γ_{i+1}、η_{i+1} 分别表示产出关于利息税、证券印花税、消费、储蓄滞后 i 期的相关系数，反映了不同时期的利息税、证券印花税、消费和储蓄波动对经济产出波动的影响的大小。式（8-32）中的 α_{i+1} 也表示本期利息税的变化对第 $i+1$ 期的产出的影响大小，β_{i+1} 也表示本期证券印花税的变化对第 $i+1$ 期的产出的影响大小。

❧ 三、变动参数：金融税收的经济周期波动效应

固定参数下的 VAR 模型以及分布滞后模型仅仅反映了金融市场税收与经济周期波动影响的长期趋势关系。在现实经济中，由于经济系统中的变量受内部与外部的冲击、经济结构的变化、政策的变化以及人们心理预期的变化等因素影响，使得税收政策对经济变量影响的大小因时期不同而不同。而在固定参数下的 VAR 模型以及分布滞后模型难以体现这种差异性。本章将构建可变参数的状态空间模型，来揭示金融市场税收对经济周期波动的时期效应。仍然用 y、x、z 分别表示经济产出、利息税以及证券印花税。为简单起见，在构建可变参数的状态空间模型时，分别构建产出波动与利息税和证券印花税的状态空间模型，在每一个状态空间模型里，仅仅考虑把被检验变量代入模型，而把其他变量以及产出波动未能被检验变量解释的部分归入到扰动项，这样可建立含有 ARMA（p，q）变参状态空间模型。状态空间模型包括两部分，一部分是量测方程，另一部分是状态方程。

（一）利息税对经济周期波动影响的状态空间模型

量测方程：$y_t = c(11) + SV11_t x_t + SV12_t + c(12) SV13_t$ （8-33）

状态方程：$SV11_t = c(13) + c(14) SV11_{t-1}$ （8-34）

             $SV12_t = c(15) SV12_{t-1} + c(16) SV13_{t-1} + \varepsilon_{12t}$ 8-35

             $SV13_t = SV12_{t-1}$ （8-36）

（二）证券印花税对经济周期波动影响的状态空间模型

量测方程：$y_t = c(21) + SV21_t z_t + SV22_t + c(22) SV23_t$ （8-37）

状态方程：$SV21_t = c(23) + c(24) SV21_{t-1}$ （8-38）

             $SV22_t = c(25) SV22_{t-1} + c(26) SV23_{t-1} + \varepsilon_{22t}$ （8-39）

             $SV23_t = SV22_{t-1}$ （8-40）

$SV11_t$、$SV21_{t-1}$ 分别表示在 t 时期产出波动关于利息税、证券印花税波动的回

归系数。在 t 时期，当利息税周期性波动 1 单位，经济将周期性波动大小为 $SV11$；当证券印花税周期性波动 1 单位，经济周期性波动大小为 $SV21$。$SV13_t$ 表示除利息税之外的其他影响经济波动的因素，以及不能被利息税解释的经济周期波动项，将其设置为服从自回归移动平均模型。$SV23_t$ 表示除证券印花税之外的其他影响经济波动的因素，以及不能被证券印花税解释经济周期波动项，将其设置为服从自回归移动平均模型。

第四节 实证分析：中国金融市场税收的经济周期波动效应

上述内容已从理论层面揭示了金融市场税收对经济周期波动的影响。然而，在现实经济运行中，金融市场税收对经济周期波动到底有何效应，有待检验。为此，下面将利用中国的数据，借助于计量软件，实证检验金融市场税收的经济周期波动效应。

一、实证研究设计

（一）样本的选择与数据来源

我国于 1999 年 11 月 1 日开始对储蓄存款利息所得征收个人所得税（简称利息税），2008 年 10 月 9 日暂免利息税，选取开征完整年的利息税收入数据作为利息税的样本期。尽管证券印花税开征的较早，但为了计量上的统一，证券印花税样本期的选择和利息税一样。本章样本期选择是 2000 年至 2007 年。

样本数据为 2000 年至 2007 年季度数据。2000 ~ 2004 年利息税年收入数据来源于阎坤、于树一的《对利息征税的改革方向及政策建议》一文，[①] 2005 ~ 2007 年利息税年收入数据来源于《中国税务年鉴 2008》；利息税收入季度数据是根据年度数据进行加工而成。由于利息税是对储蓄存款利息所得征收的，因而在计算利息税收入的季度数据时，首先计算每年储蓄存款各季度的数据占当年度储蓄总额比重，然后乘以当年度利息税收入，得到利息税收入的季度数据。证券印花税 2000 ~ 2001 年的年度数据来源于《中国证券期货统计年鉴 2008》，2002 ~ 2007 年的年度数据以及 2000 ~ 2007 年的月度数据来源于《中经网统计数据库》，证券印花税的季度数据是根据其年度数据和月度数据整理而得。衡量经济周期波动的指标数据是 GDP，GDP 的季度数据来源于《中国统计年鉴 2008》。消费和储蓄的季度数据是根据《中经网统计数据库》上的月度数据整理而得。

（二）变量的选择

本章从经济产出（GDP）和经济增长的波动两个方面来研究经济周期波动

---

① 阎坤、于树一：《对利息征税的改革方向及政策建议》，载于《税务研究》2005 年第 7 期。

问题。涉及变量指标有：经济产出（GDP）、利息税、证券印花税、消费、储蓄总量波动的变量指标，以及经济产出（GDP）、利息税、证券印花税、消费、储蓄同比增长率波动的变量指标。使用 GDP 的同比增长率的循环项作为衡量经济增长波动的变量指标，用 YG_TCC 表示。对经济产出（GDP）取对数后，计算出它的循环项作为总产出波动的变量指标，用 Y_TCC 表示。对利息税收入取对数，计算其循环项 X_TCC，X_TCC 表示利息税总收入波动的变量指标；计算利息税收入的同比增长率的循环项 XG_TCC，作为利息税增长率波动的变量指标。对证券印花税收入取对数，计算其循环项 Z_TCC，Z_TCC 表示证券印花税收入波动的变量指标；计算证券印花税收入的同比增长率的循环项 ZG_TCC，作为利息税增长率波动的变量指标。使用社会消费品零售总额作为消费指标，对其取对数后的进行 HP 滤波得到循环项 XF_TCC，用 XF_TCC 表示消费总量的波动指标。消费同比增长率波动，使用社会消费品零售总额同比增长率代替，计算其循环项，用 XFG_TCC 表示。把储蓄总额取对数后的循环项作为衡量储蓄波动的变量指标，用 CX_TCC；用储蓄同比增长率的循环项作为储蓄增长波动的变量指标。

（三）方法的选择

本章使用的方法，具体而言，包括以下几方面：利用多变量自回归模型（VAR），进行了脉冲响应函数分析、方差分解。主要分析利息税、证券印花税受到新息（扰动项）的冲击给经济波动带来的影响，以及所影响的贡献度。采用分布滞后模型，检验经济波动与利息税、证券印花税波动之间领先—滞后的变动关系。利用状态空间模型，实证研究不同时期利息税、证券印花税对经济波动影响。

二、中国金融市场税收与经济周期波动现状

为全面反映经济周期波动的特征以及金融市场税收与经济周期波动的趋势，本章从两个层面进行描述，一是从经济总量（GDP）角度考量经济周期波动状况；二是从经济增长率的角度进行考量经济波动状况。

（一）金融市场税收与经济总量的波动

使用了 HP 滤波，对取了对数后的证券印花税、利息税和 GDP 进行了趋势分解，求出波动项，Y_TCC 表示 Ln（GDP）的周期波动项，X_TCC 表示利息税收入取对数后的波动项，Z_TCC 表示对证券印花税取对数后的波动项。

从经济总量上来看，2000~2007 年的 8 年里，我国经济经历了一轮中周期波动。从波峰与波谷考察，在这 8 年中，我国经济经历了 2 轮短周期波动：第一轮短周期波动是从 2000 年第三季度开始，2004 年第三季度结束，此次经济周期波动经历了 4 年，从经济周期波动的时间来看，属于短周期波动；第二轮经济周期波动是从 2004 年第四季度至 2007 年第四季度，经历时间为 4 年。我国经济周

期波动显示出了一个中期周期波动里含有两个短期性周期波动，经济下滑的年限较长，而上升的年限较短。第一轮的短周期波动经历了 2 年的下滑期，于 2003年下半年达到波谷，而上升的态势经历了仅仅一年达到了波峰，从而显示了我国经济周期波动不对称的局面。同样，第二轮的短周期波动，波长约为 4 年，但出现稳降陡升的非对称性的周期波动现象。刘树成（2000）认为，造成我国经济周期波动不对称的局面，即"启动容易刹车难"现象，原因在于：除了受到国际金融动荡和世界范围内经济结构调整等国际因素影响外，还由于我国经济运行正处于经济转轨时期，经济体制的转换、增长态势转换和市场环境转换这三大转换交叠重合导致的。①

在 2000~2007 年，利息税收入的波动经历了将近两个周期。第一轮周期波动的波长为 5 年，第二轮周期性波动的波长为 2.5 年。利息税收入也经历了非对称性经济周期波动。2000 年第三季度至 2001 年第三季度，利息税收入急剧上升，随后经历了较长的时期的下滑态势，基本上到 2005 年第三季度下滑到波谷状态，波谷状态经历了将近 2 年，这主要由于我国利息税在这期间没有调整，同时储蓄增长的缓慢，导致了利息税收入在这段时间经历了较长时期的波谷状态。利息税收入的第二轮周期性波动波长较短，且波动的幅度相对较小，这与我国从2005 年开始实行稳健性财政政策有关。

如图 8-1 对利息税收入与 GDP 总量的周期波动之间的关系进行了描述。在 2000 年至 2001 年第二季度，这段时期，利息税收入与经济波动呈现反向关系，显现出利息税对经济周期波动期到了一定的稳定作用。但随后利息税收入

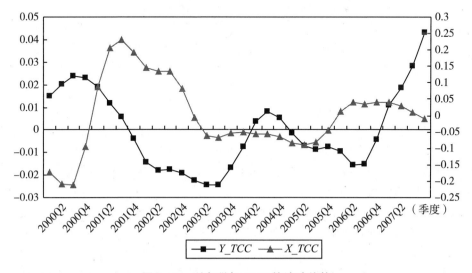

图 8-1　利息税与 GDP 的波动趋势

---

① 刘树成：《论中国经济增长与波动的新态势》，载于《中国社会科学》2000 年第 1 期。

的波动明显出现顺周期波动现象，而这一顺周期的现象在 2006 年至 2007 年间消失。

从图 8 - 2 可知，我国证券印花税收入波动幅度较小。在 2000 ~ 2007 年里，证券印花税收入波动经历 2 轮短周期波动。第一轮短周期波动时从 2000年到 2004 年第一季度，波长为 4. 25 年，本轮波动的幅度较小，波动期间，出现小幅度震荡。第二轮短周期波动时从 2004 年第二季度开始，波长为 3. 75年。第二轮的波动显示了非对称性，下滑时间较短，上升时间较短，而且2007 年出现急剧上升的态势。证券印花税收入和 GDP 的波动呈现正向关系，说明我国证券印花税具有顺周期性，并且证券印花税对经济周期波动的影响显现出滞后的现象。

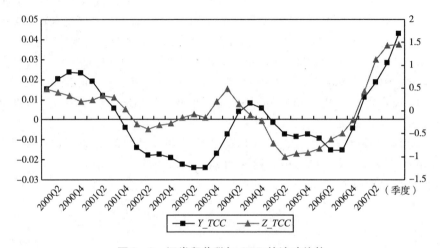

图 8 - 2　证券印花税与 GDP 的波动趋势

（二）金融市场税收增长率与经济增长率的波动

在考察了金融市场税收与经济总量波动的趋势之后，将进一步分析金融市场税收与经济增长之间的波动关系。总量波动只是反映了本年度变化状况，不能反映年度间经济变化走势。因而继续选用季度数据，使用同比增长率作为考察指标，分析金融市场税收与经济周期波动的现状，以及二者变化的关系。采用同比增长率指标的原因是：由于存在季度因素，如果直接采用本季度与上一季度之比作为增长率指标，不具有可比性。使用 HP 滤波，得到经济同比增长率、利息税同比增长率以及证券印花税同比增长率的波动项，分别用 YG_TCC、XG_TCC、ZG_TCC 表示。

从图 8 - 3 可知，在 2001 ~ 2007 年期间，我国经济增长经历了 2 轮周期性波动，且波长均为 3. 5 年。两轮周期波动具有相似性，都体现出波动的非对称性，都经历了上升缓慢，上升年限较长，而下降较快，第一轮和第二轮周期波动仅用了5个季度就到达了波底。

利息税的增长的波动经历了1轮多中周期波动。从2001年第三季度开始至2006年第二季度，利息税增长经历中周期波动，波长为6年，波动具有非对称性。2001~2002年呈现下滑态势，2001年急剧下滑，而2002年下滑非常缓慢。2003年开始呈现上升态势，但上升经历1次小幅度的震荡，上升期较长。利息税增长率经历2轮短周期波动，波动具有对称性。2001~2004年为第1轮短周期波动期，利息税增长在波底经历将近1年。第2轮短周期波动是从2005年开始，波长为3年。

总体上看，除2006年下半年和2007年外，利息税增长率与经济增长率波动之间存在正向关系，利息税增长率具有顺周期性。

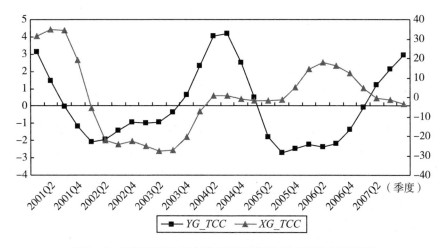

图8-3 利息税同比增长率与GDP同比增长率的波动趋势

由图8-4可知，证券印花税在2001年至2007年间仅仅经历了1轮明显的周期性波动。2001年至2003年，证券印花税增长率比较平稳，几乎没有出现大幅度的波动现象。但是2004年至2007年，我国证券印花税增长率经历了1轮周期性波动，波长为4年。证券印花税增长波动呈现非对称性，下滑态势持续了2.5年，而上升期为1.5年，这次下滑缓慢（稳步的下滑），上升急剧，尤其2007年上升速度较快。这主要由于2007年股市较热，股票市场交易量过大导致的。

总体上来看，证券印花税增长与GDP增长的波动呈正向关系，即证券印花税增长具有顺周期性，但在2001~2003期间，证券印花税增长的顺周期性不明显。

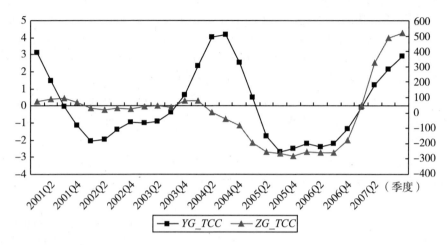

图 8-4　证券印花税的同比增长率与 GDP 同比增长率的波动趋势

三、固定参数：中国金融市场税收的经济周期波动效应

本节将采用 VAR 模型、脉冲响应函数以及分布滞后模型，实证检验金融市场税收与经济周期波动之间的趋势关系。在第四、第五章里，分析金融市场税收对消费、储蓄和投资的影响以及对经济增长的效应；利用了 IS—LM 模型分析了金融市场税收对经济周期波动影响的理论依据，在模型中，产出的决定取决于消费、投资、政府支出，若在开放经济条件下，出口对收入产生影响，因而在实证分析中将加入这些变量。由于投资的季度数据缺失，因而在实证分析时未把投资加入到模型中。

（一）金融市场税收对经济总量的周期波动效应

对于金融市场税收影响经济总量周期波动的考察，将应用分布滞后模型。把消费、储蓄、出口等变量引进所构建的分布滞后模型中，XF_TCC 表示消费的周期波动项，CX_TCC 表示储蓄的周期波动项，CK_TCC 表示出口的周期波动项。根据式（8-32），利用 2000～2007 年的季度数据，借助 Eviews 5.1 软件，可建立分布滞后模型，估计结果如下：

$$Y\_TCC_t = -0.0228X\_TCC_t + 0.0442X\_TCC_{t-1} + 0.0067Z\_TCC_t + 0.0055Z\_TCC_{t-1}$$
$$(-1.61) \qquad (2.37) \qquad (2.86) \qquad (1.72)$$
$$+ 0.3890XF\_TCC_t - 0.2424XF\_TCC_{t-1} - 0.3775CX\_TCC_t$$
$$(5.60) \qquad (-3.40) \qquad (-6.74)$$
$$+ 0.2585CK\_TCC_{t-1} \qquad\qquad\qquad (8-41)$$
$$(8.91)$$

$$R^2 = 0.974 \quad \bar{R}^2 = 0.966 \quad DW = 1.656$$

其中，括号中的数字为 t 值。经检验式（8 - 41）存在自相关性，消除自相关性，可得：

$$Y\_TCC_t = -0.04X\_TCC_t + 0.0708X\_TCC_{t-1} + 0.0065Z\_TCC_t + 0.0068Z\_TCC_{t-1}$$
$$(-4.96) \qquad (6.07) \qquad\qquad (5.388) \qquad\qquad (10.46)$$
$$+ 0.4071XF\_TCC_t - 0.2531XF\_TCC_{t-1} - 0.3520CX\_TCC_t$$
$$(3.9527) \qquad\qquad (-6.46) \qquad\qquad (-11.51)$$
$$+ 0.28110CK\_TCC_{t-1} - 0.827AR(2) \qquad\qquad\qquad (8 - 42)$$
$$(17.23) \qquad\qquad (-5.43)$$
$$R^2 = 0.988 \quad \overline{R}^2 = 0.983 \quad DW = 1.855$$

式（8 - 42）反映了经济产出波动与利息税、证券印花税、消费、储蓄以及出口之间的波动关系。

1. 利息税的经济总量周期波动效应

由式（8 - 42）可得利息税对经济总量所产生的周期波动效应。（1）利息税对同期产出周期波动具有稳定效应。本期利息税波动与产出波动之间呈反方向变化趋势关系，即本期利息税对经济具有反经济周期波动性，对本期经济周期波动具有一定的稳定作用。本期利息税每向上（向下）波动 1 单位，本期产出将向下（向上）波动 0.04 单位。（2）利息税的产出周期波动效应具有滞后性。本期利息税的波动对下一期的产出波动具有正效应，即本期利息税的波动会加剧下一期的经济波动。本期利息税每波动 1 单位，将会导致下一期的产出向下（向上）波动 0.0708 个单位。（3）利息税对产出周期波动所产生的同期效应小于滞后效应。本期利息税波动对产出波动产生的边际效应为 0.04，利息税波动对下一期产出波动产生的边际效应为 0.0708。

2. 证券印花税的经济总量周期波动效应

证券印花税对经济总量的周期波动不具有稳定效应。本期证券印花税波动对产出波动产生的边际效应为 0.0065，证券印花税波动对下一期产出波动产生的边际效应为 0.0068。证券印花税不仅仅对本期的产出波动具有正效应，而且对下一期产出的波动也具有正效应，这说明证券印花税是顺经济周期波动，在稳定经济总量波动方面，证券印花税起到了副作用。

3. 消费、储蓄、出口的经济总量周期波动效应

消费与产出之间呈现正向变动关系，消费的波动会导致产出的波动，并且变动方向相同，即消费是顺周期的，说明在经济衰退时期，通过刺激消费，能够起到稳定经济作用，在经济扩张期，抑制消费能起到稳定经济作用，否则会加速经济的波动。储蓄与产出之间的波动呈负向关系，相对产出波动来说，储蓄是反经济周期波动性。出口与产出之间是正向波动关系，出口的波动会加剧经济周期波动。

（二）金融市场税收对经济增长的周期波动效应

对于金融市场税收对经济增长的波动效应的考察，将应用在 VAR 模型基础

上脉冲响应函数和方差分解，以及分布滞后模型。除了考察利息税、证券印花税对经济增长波动的影响，在模型中加入了变量消费增长率波动项、储蓄增长率波动项等变量。

1. 脉冲响应函数

脉冲响应函数能够反映金融市场税收受到外部冲击时对系统内的经济增长波动的动态影响。由式（8－28），利用 2001～2007 年的季度数据，借助 Eviews 5.1 软件，可得到如下脉冲响应：

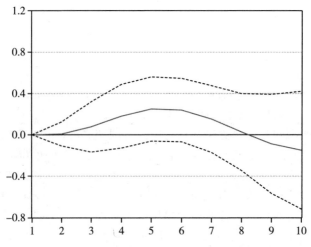

图 8－5　经济增长波动对利息税增长波动响应

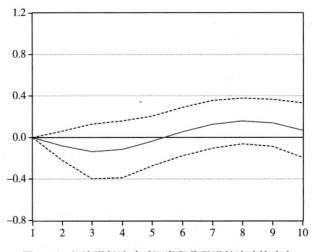

图 8－6　经济增长波动对证券印花税增长波动的响应

（1）利息税对经济增长周期波动产生的短期效应。从图8-5可知，经济增长波动对来自利息税增长的波动的一个标准新息在前2期几乎没有反应，从第3期开始反应越来越大，第5期的反应最大，随后反应逐渐减弱。当在本期给利息税增长一个正向冲击，经济增长会呈现正弦式波动。在前8期，利息税增长的某一冲击也会给经济增长带来同向冲击；而在第9和第10期，利息税增长的某一冲击会给经济增长带来反向冲击。总体上来看，利息税增长率的提高（降低）会对经济增长产生波动作用。

（2）证券印花税对经济增长周期波动产生的短期效应。从图8-6中可知，经济增长波动对来自证券印花税增长波动的一个标准新息在第1期反应较弱，随后其反应呈现出余弦式。前5期，经济增长对证券印花税增长一个标准新息冲击是反方向反应，从第6期开始，证券印花税增长的某一冲击会给经济增长带来同向冲击。

2. 方差分解

方差分解反映VAR模型中每一个新息变化对内生变量变化的贡献度，可以用来评价利息税和证券印花税受到外部冲击对产出变化的贡献度。运用Eviews 5.1软件，对经济增长波动项进行方差分解，所涉及的变量有利息税增长波动项、证券印花税增长波动项、消费增长率波动项以及储蓄增长率波动项。

表8-1 经济增长波动项的方差分解

时期	S. E.	YG_TCC	XG_TCC	ZG_TCC	XFG_TCC	CXG_TCC
1	0.442502	100.0000	0.000000	0.000000	0.000000	0.000000
2	0.804635	98.56095	0.008527	1.014385	0.212096	0.204048
3	1.003216	95.80707	0.588122	2.496403	0.308823	0.799582
4	1.070134	91.26839	3.334557	3.340225	0.315430	1.741396
5	1.110950	84.69825	8.108646	3.203227	1.396934	2.592941
6	1.171734	79.42873	11.43752	3.102991	3.063919	2.966847
7	1.231198	77.96827	11.88020	3.858682	3.259050	3.033795
8	1.285106	77.61831	10.94561	5.046891	3.421514	2.967673
9	1.356272	74.33005	10.25779	5.575203	7.064794	2.772165
10	1.442077	68.90500	10.15567	5.158557	13.24341	2.537359

从经济增长波动项的方差分解的结果来考察（如表8-1），（1）利息税对经济增长周期波动产生了一定的效应。利息税增长波动对经济增长周期波动有影响，在前3期，利息税增长波动受到外部冲击后对经济增长波动作用不大，随后影响作用逐渐增大，第7期的影响作用最大，利息税增长的波动对经济增长波动

的贡献率达到了 11.88%。（2）证券印花税对经济增长周期波动产生了一定的效应。证券印花税增长的波动对经济增长波动的贡献率比利息税增长波动对其的贡献率小，在第 9 期达到最大贡献率约为 5.58%。总体来看，证券印花税增长受到外部冲击后，引起经济增长波动越来越明显。

3. 分布滞后模型

根据式（8－32），利用 2001～2007 年的季度数据，借助 Eviews 5.1 软件，可建立分布滞后模型，估计结果如下：

$$YG\_TCC_t = 0.0197XG\_TCC_t + 0.1120XG\_TCC_{t-1} + 0.0039ZG\_TCC_t$$
$$(1.13) \qquad\qquad (5.33) \qquad\qquad (2.69)$$
$$+ 0.0014ZG\_TCC_{t-1} + 0.6336XFG\_TCC_t - 0.5490XFG\_TCC_{t-1}$$
$$(1.13) \qquad\qquad (9.93) \qquad\qquad (-7.14)$$
$$- 0.1698CXG\_TCC_t + 0.4026CKG\_TCC_t + 0.0895CKG\_TCC_{t-1}$$
$$(-2.28) \qquad\qquad (7.52) \qquad\qquad (1.79) \qquad\qquad (8-43)$$
$$R^2 = 0.976 \quad \bar{R}^2 = 0.965 \quad DW = 2.111$$

其中，括号中的数字为 t 值。经检验式（8－43）存在自相关性，消除自相关性，可得：

$$YG\_TCC_t = 0.0239XG\_TCC_t + 0.1103XG\_TCC_{t-1} + 0.0042ZG\_TCC_t$$
$$(1.98) \qquad\qquad (7.52) \qquad\qquad (4.09)$$
$$+ 0.0014ZG\_TCC_{t-1} + 0.6465XFG\_TCC_t - 0.5548XFG\_TCC_{t-1}$$
$$(1.8) \qquad\qquad (14.96) \qquad\qquad (-9.14)$$
$$- 0.1620CXG\_TCC_t + 0.4234CKG\_TCC_t + 0.0750CKG\_TCC_{t-1}$$
$$(-3.14) \qquad\qquad (10.19) \qquad\qquad (1.86)$$
$$- 0.6830AR(2) \qquad\qquad\qquad\qquad\qquad (8-44)$$
$$(-3.63)$$
$$R^2 = 0.988 \quad \bar{R}^2 = 0.980 \quad DW = 2.4$$

式（8－44）反映了经济增长与利息税增长、证券印花税增长、消费增长、储蓄增长以及出口增长之间的波动关系。

（1）利息税的经济增长周期波动效应。利息税对经济增长周期波动具有正效应，利息税对经济增长的波动具有顺经济周期波动性。无论是本期还是上一期利息税增长波动与经济增长波动之间呈正向关系。利息税增长的下滑将会导致经济增长的下滑，从增长的角度来看，利息税不具有稳定经济的作用。本期利息税增长每向上（向下）波动 1 单位，经济增长将波动 0.0239 单位，上一期利息税增长每向上（向下）波动 1 单位，经济增长将波动 0.1103 单位。

（2）证券印花税的经济增长周期波动效应。证券印花税和利息税一样，与经济增长之间呈正向变动关系，证券印花税对经济增长的波动具有顺经济周期波动性。本期证券印花税增长每向上（向下）波动 1 单位，经济增长将波动

0.0042 单位，上一期证券印花税增长每向上（向下）波动 1 单位，经济增长将波动 0.0014 单位。

（3）消费、储蓄、出口的经济增长周期波动效应。消费和经济增长之间呈正向波动关系，消费增长具有顺经济增长周期波动性；而储蓄增长与经济增长之间呈反方向波动关系，储蓄具有反周期性；出口增长与经济增长之间呈正向波动关系，出口增长具有顺经济周期波动性。

🌿 四、变动参数：中国金融市场税收的经济周期波动效应

在本章第三节第三部分考察了在固定参数下金融税收对经济周期波动影响的趋势关系，但不能反映出金融税收对经济周期波动的时期效应。为此，将进一步采用状态空间模型，考察不同时点上的金融市场税收的经济周期波动效应。

（一）金融市场税收对经济总量的周期波动效应

利用金融市场税收总量和经济总量，通过变参模型，考察金融市场税收对经济规模的稳定效应。

1. 利息税对经济总量的周期波动效应

对式（8-34）稍做修正，结合式（8-33）、式（8-35）以及式（8-36），利用 Eviews 5.1 软件，可得到利息税波动（X_TCC）对 GDP 波动（Y_TCC）影响的变动参数模型，状态空间形式为：

$$量测方程：Y\_TCC = 0.0025 + SV11_t \times X\_TCC + SV12_t + 0.522SV13_t$$
$$\qquad\qquad\quad (0.24) \qquad\qquad\qquad\qquad\qquad (3.83) \qquad (8-45)$$

$$状态方程：SV11_t = SV11_{t-1} \qquad\qquad\qquad\qquad\qquad\qquad (8-46)$$

$$\qquad\qquad SV12_t = 1.689SV12_{t-1} - 0.804\ SV12_{t-2} \qquad\qquad\qquad (8-47)$$
$$\qquad\qquad\quad (16.25) \qquad (-6.37)$$

$$\qquad\qquad SV13_t = SV13_{t-1} \qquad\qquad\qquad\qquad\qquad\qquad (8-48)$$
$$\qquad\qquad AIC = -5.92 \qquad SC = -5.69$$

其中，括号中的值为 z 值，用来检验显著性。

根据模型可得变动参数下，利息税波动项与经济总量波动项之间系数关系，即 $SV11$ 随时间变化的轨迹（如图 8-7）。在 2002 年第一季度之前，利息税的波动项与经济总量波动项之间的系数为负值。这说明在 2002 年第一季度前，利息税与经济总量之间是反向波动关系，那时我国经济呈下滑态势，从而在那段时期内，我国利息税具有稳定经济效应。2002 年第一季度之后，我国利息税的波动与经济总量波动项之间系数为正，且系数维持在 0.01 至 0.02 的水平上。这说明了我国利息税波动与经济总量同向波动，利息税不但没有起到稳定经济作用，反而加剧了经济波动。

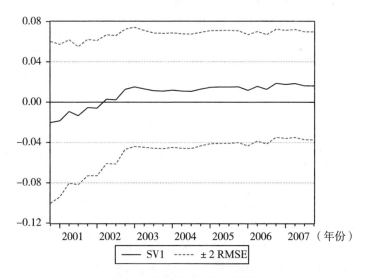

图 8 - 7　利息税与经济总量之间波动关系时间轨迹

2. 证券印花税对经济总量的周期波动效应

对式（8 - 37）进行修正，结合式（8 - 38）、式（8 - 39），利用 Eviews 5. 1 软件，可得到证券印花税波动（Z_TCC）对 GDP 波动（Y_TCC）影响的变参数模型，状态空间形式为：

量测方程：$Y\_TCC = -0.0064 + SV21_t \times X\_TCC + SV22_t$　　　　（8 - 49）

　　　　　　　（-3. 32）

状态方程：　　　$SV21_t = 0.0091 + 0.7582 \, SV21_{t-1}$　　　　　（8 - 50）

　　　　　　　　　（1. 56）　　（4. 12）

　　　　　　　$SV22_t = 1.6008 \, SV22_{t-1} + SV22_{t-2}$　　　　　（8 - 51）

　　　　　　　　　（12. 48）

　　　　　　$AIC = -2.23$　　　$SC = -1.96$

其中，括号中的值为 z 值，用来检验显著性。

根据模型可得变动参数下，证券印花税波动项与经济总量波动项之间系数关系，即 $SV21$ 随时间变化的轨迹（如图 8 - 8）。2001～2007 年证券印花税波动与经济总量波动之间系数为正，这说明证券印花税与经济总量是同方向波动。从总量上来看，证券印花税是顺周期经济波动的，它对经济不但没有起到稳定作用，反而加剧了经济的波动。

（二）金融市场税收对经济增长的周期波动效应

利用证券印花税、利息税以及 GDP 各变量的同比增长率数据，通过变参模型，考察金融市场税收对经济增长的稳定效应。

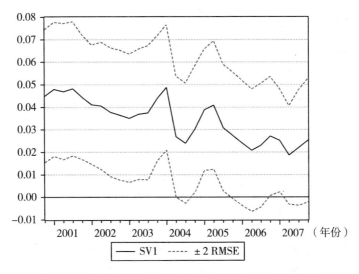

图 8 - 8 证券印花税与经济总量之间波动关系时间轨迹

1. 利息税对经济增长的周期波动效应

对式（8 - 34）稍做修正，结合式（8 - 33）、式（8 - 35）以及式（8 - 36），利用 Eviews 5. 1 软件，可得到利息税增长率波动（XG_TCC）对 GDP 增长率波动（YG_TCC）影响的变动参数模型，状态空间形式为：

量测方程：$YG\_TCC = 0.2606 + SV11_t \times XG\_TCC + SV12_t + 0.4287SV13$

$$（0.46）\qquad\qquad\qquad\qquad（1.96）（8 - 52）$$

状态方程：$SV11_t = SV11_{t-1}$ $\qquad\qquad\qquad\qquad\qquad（8 - 53）$

$$SV12_t = 1.5958SV12_{t-1} - 0.8171\ SV12_{t-2}\qquad\qquad（8 - 54）$$

$$（13.90）\qquad\quad（-6.47）$$

$$SV13_t = SV13_{t-1}\qquad\qquad\qquad\qquad\qquad\qquad（8 - 55）$$

$$AIC = 3.27\qquad SC = 3.51$$

其中，括号中的值为 z 值，用来检验显著性。

根据模型可得变动参数下，利息税增长率波动项与经济增长率波动项之间系数关系，即 $SV11$ 随时间变化的轨迹（如图 8 - 9）。2002 ~ 2007 年，利息税增长率波动项与经济增长率波动项之间的系数为正值。且系数相对稳定，维持在 0.01 至 0.04 的水平上。这说明了我国利息税增长波动与经济增长波动是同向的，利息税是顺经济增长周期波动。因而，利息税对经济增长不具有稳定效应。

2. 证券印花税对经济增长的周期波动效应

对式（8 - 37）进行修正，结合式（8 - 38）、式（8 - 39）以及式（8 - 40），利用 Eviews 5. 1 软件，可得到证券印花税增长率波动（ZG_TCC）对 GDP 增长率波

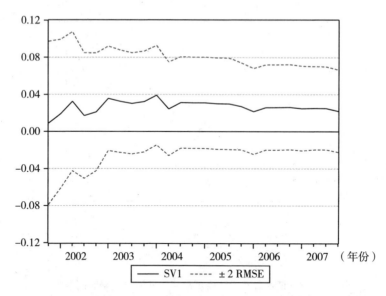

图 8 - 9　利息税增长率波动与经济增长率波动之间关系的时间轨迹

动（YG_TCC）影响的变参数模型，状态空间形式为：

量测方程：$YG\_TCC = 0.2606 + SV21_t \times ZG\_TCC + SV22_t + 0.4286SV23$

$$(0.47) \qquad\qquad\qquad\qquad\qquad (2.50)\ (8-56)$$

状态方程：$SV11_t = SV11_{t-1}$ $\qquad\qquad\qquad\qquad\qquad (8-57)$

$$SV12_t = 1.5960SV12_{t-1} - 0.8174\ SV12_{t-2} \qquad\qquad (8-58)$$

$$(14.76) \qquad\qquad (-7.54)$$

$$SV13_t = SV13_{t-1} \qquad\qquad\qquad\qquad\qquad\qquad (8-59)$$

$$AIC = 3.48 \qquad SC = 3.72$$

其中，括号中的值为 z 值，用来检验显著性。

根据模型可得变动参数下，证券印花税增长波动与经济增长波动之间系数关系，即 $SV21$ 随时间变化的轨迹（如图 8 - 10）。2001 年第四季度至 2002 年第四季度以及 2003 年后两季度，证券印花税增长与经济增长波动之间的系数为正，其值在 0 ~ 0.02 之间，说明这一时期，证券印花税增长是顺经济增长波动，对经济没有稳定效应，反而具有加剧经济增长波动的作用。2003 年前两季度以及 2004 ~ 2007 年，证券印花税增长与经济增长波动之间的系数为负，其值介于 −0.005 和 0 之间，这说明这段时期内，证券印花税的增长波动与经济增长波动是反向的，证券印花税增长对经济增长起到了稳定作用，但其稳定效应削弱，尤其 2003 年前两季度以及 2006 年和 2007 年，证券印花税的稳定经济增长的功能更弱。

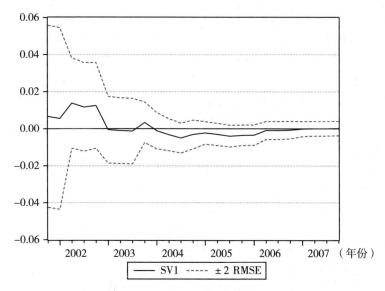

图 8 - 10　证券印花税增长率波动与经济增长率波动之间关系的时间轨迹

第五节　本章基本结论

本章利用数理模型和经验数据，借助计量软件，通过对中国金融市场税收政策经济周期波动效应的实证检验，可以得到以下结论。

一、利息税的经济周期波动效应

利息税对经济周期波动的影响体现在经济总量波动与经济增长波动两个层面。

（一）利息税对经济总量的周期波动效应

从经济总量周期波动来看，不同时期的利息税波动与经济周期波动之间存在不同的长期趋势关系。（1）利息税对同期经济周期波动具有稳定效应。但是本期利息税的波动与本期经济周期波动之间存在负向关系，说明本期利息税对本期经济周期波动具有稳定作用，即在经济衰退时期，利息税具有抑制经济下滑态势，在经济扩张时期，利息税具有抑制经济过热的作用。（2）利息税的经济周期波动效应具有滞后性。上一期的利息税的波动对本期经济总量波动之间存在正向关系，也就是说，上一期利息税的波动具有顺周期性，对经济周期波动不具有稳定作用，利息税的波动会加剧经济周期性波动，即在经济衰退时期，上一期利息税波动使得本期的经济总量进一步呈下滑态势，在经济扩张时期，上一期利息税的波动将加剧本期经济扩张。（3）利息税对经济周期波动效应具有时期性。

正是由于上一期的利息税的波动和本期利息税的波动对经济周期波动综合作用，使得利息税对经济周期波动在不同时点上体现出不同的作用结果。这一点在变参数下计量结果中体现出来，从 2000 年第 4 季度到 2002 年第 1 季度，利息税对经济周期波动具有稳定作用，这说明本期利息税的波动对经济总量波动的影响大于上一期利息税的波动对经济总量波动的效应。在这一时期，我国经济总量呈下滑波动趋势，利息税具有抑制经济总量的下滑作用。2002 年第 2 季度至 2007 年，利息税的波动对经济周期波动不具有稳定作用。

（二）利息税对经济增长的周期波动效应

从经济增长波动来看。无论是长期还是短期，利息税的增长对经济增长周期波动不具有稳定效应。利息税增长波动与经济增长波动之间是正向关系，利息税增长的波动会加剧经济增长的波动。从长期趋势关系来看，无论是上一期的利息税增长波动还是本期利息税增长波动都与经济增长波动是正向关系，因而利息税增长与经济增长具有同向波动的长期趋势关系。脉冲响应函数显示，利息税增长短期内对经济增长具有正向冲击效应，即无论在经济衰退还是扩张时期，短期内利息税增长波动会加剧经济增长的波动。从变动参数模型的实证结果来看，证实了利息税增长对经济增长波动不但不具有稳定作用，反而加剧了经济增长波动。

总之，利息税对经济波动的稳定效应不明显，利息税具有顺周期波动性，不但没有起到稳定经济作用，反而加剧了经济波动。结合第 4 章利息税对经济变量影响的研究结果，我们认为造成这一结果的主要原因在于利息税的波动导致了消费需求、投资需求以及储蓄的变动，从文献中可知，这些变量的波动引起 GDP 波动。利用 VAR（5）模型的脉冲响应函数以及分布滞后模型分析，短期内利息税对经济起到了一定的稳定作用，可能是由于短期利息税引起储蓄波动的效应大于对消费波动的效应造成的；从长期来看利息税不具有稳定效应，主要由于我国利息税在 2000 年至 2007 年基本保持不变的税率，消费、储蓄的波动引致利息税的波动，进而对经济波动产生了正向作用。

🌿 二、证券印花税的经济周期波动效应

证券印花税对经济周期波动的影响体现在经济总量波动与经济增长波动两个层面。

（一）证券印花税对经济总量的周期波动效应

从经济总量波动来看，证券印花税的经济周期波动效应体现在两方面：（1）证券印花税与经济总量周期波动具有正向的长期趋势关系。上一期的证券印花税和本期的证券印花税的波动都具有顺经济周期波动的趋势，证券印花税具有加剧经济总量波动的长期趋势。即在经济衰退时期，证券印花税加剧经济总量的下滑态势，在经济扩张时期，证券印花税波动将导致经济总量进一步扩张。（2）证券印花税的经济周期波动效应具有时期性。变动参数模型的计量结果表

明了证券印花税对经济总量的周期波动效应具有时期性，不同时期，证券印花税对经济总量的波动效应的大小不同。2001～2007 年间，证券印花税的波动项与经济总量波动项之间的系数为 0.02 至 0.05 之间。

（二）证券印花税对经济增长的周期波动效应

从经济增长波动来看，证券印花税增长与经济增长波动存在正向的长期趋势关系，但短期内，不同时期的证券印花税增长对经济增长波动的效应不同。(1) 证券印花税增长对经济增长周期波动具有短期的稳定效应。从短期来看，在某些时期，证券印花税增长对经济增长波动具有稳定效应，而在某些时期，证券印花税增长不具有稳定经济增长的作用，反而会加剧经济增长波动。脉冲响应函数的结果表明：短期内，证券印花税增长受到外部冲击时，会对系统内的经济增长首先产生一个负向冲击，随后产生正向冲击，也就是说，当证券印花税增长受到外部冲击产生波动时，会进而对经济增长波动先产生稳定作用，随后会加剧经济增长的波动。从而可知，证券印花税增长对经济增长周期波动具有短期的稳定效应。在变动参数模型的计量结果中也体现出这一结论，比如，2002 年证券印花税增长波动加剧了经济增长波动，但 2004 年和 2005 年，证券印花税增长对经济增长具有稳定效应，2007 年体现出对经济增长具有弱稳定效应。(2) 证券印花税与经济增长的周期波动具有长期的顺周期性。从长期的趋势关系来看，证券印花税增长是顺经济增长周期波动的，证券印花税增长对经济增长周期波动长期内不具有稳定效应。

第九章 金融市场税收政策宏观经济效应
——基于中国稳态经济和黄金律水平的实证分析 ✠

第六至第八章从一般均衡视角实证考察了金融市场税收的宏观经济效应，那么从动态均衡角度来看，金融市场税收对经济发展会产生怎样的影响呢？本章将从经济最优状态角度，考察金融市场税收对稳态经济的影响。首先，将把利息税、证券印花税引进拉姆齐（Ramsey）模型，从理论层面分析金融市场税收对稳态经济的影响，通过动态模拟分析对其进行实证检验；然后，把利息税、证券印花税引进索洛（Solow）模型，从理论层面分析金融市场税收对经济黄金律水平的影响，进而应用前章的实证结果，检验利息税、证券印花税率调整引起资本和消费的黄金律水平变化量。

第一节 金融市场税收对稳态经济的影响

🌿 一、文献综述：稳态经济的研究回顾

（一）国外对稳态经济的研究

新古典经济增长理论认为，从长期来看，如果人均实际产出与人均资本量和人均消费都以不变的比率增长或均为零增长时，经济就处于稳定状态（简称为稳态经济）。西方学界利用索洛模型和拉姆齐模型，从理论层面分析了经济达到稳定状态的动态过程。索洛从生产部门的角度，分析了储蓄率变化对经济稳态水平的影响，即将储蓄内生化，考察了储蓄率变化会引起稳态资本和稳态产出水平变化。随后，拉姆齐学派在索洛模型的基础上，从家庭部门和生产部门的角度，构建了拉姆齐模型，分析经济达到稳态的路径。罗伯特·索洛（Robert M. Solow，1956）[1] 考察了每个国家稳态人均产出的不同的原因。他认为每个国家的技术水平不同导致了稳态人均产出存在差异。西蒙·博尔盖西（Simone Borghesi，2000）[2] 使用拉姆齐模型，考察了制度对经济稳态的影响。他认为，经济存在三种情况：第一种是经济没有稳定状态，第二种经济有唯一的稳态值，

---

① Robert M. Solow（1956）. A Contribution to the Theory of Economic Growth, The Quarterly Journal of Economics, Volume 70, Issue 1.

② Simone Borghesi（2000）. Inequality, Growth and the Environment: A Steady-State Analysis of the Kuznets Curve and the Environmental Kuznets Curve. U of Siena Dept. of Economics Working Paper No. 290, Available at SSRN: http://ssrn.com/abstract=238780.

但经济还没有达到该值，第三种是经济有多个稳态值；只有消费达到比较高的稳态值时，经济才处于稳定状态，但若经济存在稳定状态，国家之间的差距就会扩大。周远康（Yuan K. Chou，2003）[1] 考察了澳大利亚经济是否沿着稳态路径增长。结果表明，该国的经济并未在稳态路径上，经济的持续增长和稳定的资本产出比率证实了长期经济增长并非仅由人口增长率决定的。朱利斯（A. J. Julius，[2] 2005）利用劳动积累约束模型，考察了技术进步对稳态经济下收入分配的影响。他认为，以技术进步为导向的经济达到稳态后，收入分布是不变的，但储蓄的大小与工人期望的工资、税收以及转移支付政策有关。亨德里克·海肯斯和安德烈亚斯·伊维恩（Hendrik Hakenes and Andreas Irmen，2006）[3] 指出，经济稳态并不存在，即产出并不能达到稳定状态。新古典经济增长理论认为，资本量的不足会抑制经济增长，但亨德里克·海肯斯和反驳新古典经济增长理论这种观点。他们认为，即使起初的资本存量为0，经济可能也会增长，因为边际资本产出是无限大的，从而导致稳态产出并不稳定。艾瑞克·冈拉克（Erich Gundlach，2007）[4] 指出，有些学者应用索洛模型，把稳态产出在国家之间存在差异归于资本产出比率不变是不正确的，而索洛解释稳态产出存在差异是因为技术的差异导致的。因而，有些学者在研究稳态产出时扭曲了索洛模型。菲利普·劳恩（Philip A. Lawn，2008）[5] 认为，经济增长是人类福利源泉，稳态经济是经济长期增长的必然要求，稳态经济也是资本主义制度所要求的，因而稳态经济是每个政府实施宏观政策的目标。乔治斯·卡拉斯（Georgios Karras，2009）[6] 实证分析了亚洲经济增长和经济收敛状况。实证结果表明，人均产出与储蓄率呈正相关关系，与人口增长率呈负相关关系，经济并未达到稳态水平，20 世纪 80 年代，经济逐步向稳态水平靠近，但随后经济远离了稳态水平。

（二）国内对税收政策影响稳态经济的研究

费剑平、孙春霞[7]（2002）从理论层面分析了利息税对稳态消费和稳态产出的影响，短期内利息税对稳态消费具有瞬时的正效应；而长期来看利息税导致稳态消费和稳态产出水平下降。因而，稳态消费和稳态产出随利息税税率的提高而

① Yuan K. Chou（2003）. The Australian Growth Experience, 1960 – 2000: Human Capital, R&D or Steady-State Growth? . Australian Economic Review, Vol. 36.

② A. J. Julius（2005）. Steady-State Growth and Distribution with an Endogenous Direction of Technical Change. Metroeconomica, Volume 56, Issue 1.

③ Hendrik Hakenes, Andreas Irmen（2006）. Something Out of Nothing? Neoclassical Growth and the 'Trivial' Steady State. CESifo Working Paper Series No. 1671. Available at SSRN: http: //ssrn. com/abstract = 892732.

④ Erich Gundlach（2007）. The Solow Model in the Empirics of Growth and Trade（Spring 2007）. Oxford Review of Economic Policy, Volume 23, Issue 1.

⑤ Philip A. Lawn（2008）. Macroeconomic Policy, Growth, and Biodiversity Conservation. Conservation Biology, Volume 22, Issue 6.

⑥ Georgios Karras（2009）. Economic Growth Convergence in Asia, 1970 – 2003: Empirical Evidence from the Solow Model. The IUP Journal of Monetary Economics, Volume 7, Issue 3.

⑦ 费剑平、孙春霞：《利息税冲击对稳态消费的一般均衡影响》，载于《财经研究》2002 年第 7 期。

先增加后减少，即利息税与稳态消费和稳态产出呈倒 U 形关系。吴付科、胡适耕、雷东霞①（2003）理论分析了税收对稳态经济的作用，当经济不在鞍点路径或者偏离鞍点路径时，政府应调整税收政策，使经济回到鞍点路径上，以保证经济趋向稳定值。肖红叶、顾六宝②（2005）利用拉姆齐模型，实证分析了若干重要参数（例如，消费跨期替代弹性、资本份额、技术进步率、折旧率、人口增长率等）对中国稳态经济的影响，并模拟分析了政策对稳态经济的影响。他们认为，中国经济增长中存在稳定状态且随其参数的变化而变化，可以通过优化政策改变参数，使稳态经济水平向后推移。祝树金、赖明勇、张新③（2005）把税收政策引入内生经济增长模型，分析了初始人力资本的差异导致经济增长存在多重稳态，其中对应高经济增长率的稳态是局部稳定的；提高对最终产品部门劳动力工资征收的税率，可以减少最终产品部门的劳动力供给，增加受教育时间，从而提高人力资本水平，进而会提高经济的稳态增长率，但如果经济有较高的教育时间分配，提高对最终产品部门劳动力工资征收的税率会降低稳态增长率；在经济处在低增长率时期，提高人力资本报酬的税率会降低经济的稳态增长率，反之，在经济处在高增长率时期，提高人力资本报酬的税率会提高经济的稳态增长率。

（三）简短评价

纵观国内外的研究文献，稳态经济为学界所关注，但是有关金融市场税收对稳态经济影响的研究较少。国外学者着重研究了经济是否达到稳定状态。国内学者大多利用国外稳态经济理论，把政策引进数理模型中，从理论层面分析政策的变化对稳态经济影响。从现有的国内文献可得到以下结论：（1）金融市场税收对稳态经济影响的研究较少。（2）缺乏实证检验。国内学界研究税收政策对稳态经济的影响，大多是理论分析，缺少对其进行量化分析。可见，我国金融市场税收对稳态经济有何影响，还需进一步研究，本章力图解决这一问题。

二、数理模型：金融市场税收的稳态经济效应

（一）利息税对稳态经济水平的影响

把利息税引入到拉姆齐模型，利用消费者效用最大化和厂商利润最大化的一般均衡来分析利息税税率调整对稳态经济影响。

---

① 吴付科、胡适耕、雷东霞：《政府开支与最优消费的选择》，载于《华中科技大学学报》（自然科学版）2003 年第 8 期。

② 肖红叶、顾六宝：《中国经济增长路径中稳定状态推移的政策模拟——基于拉姆齐模型的实证研究》，载于《统计研究》2007 年第 4 期。

③ 祝树金、赖明勇、张新：《开放经济中财政政策和内生增长的不确定性：多重稳态和多重均衡》，载于《世界经济》2008 年第 3 期。

1. 家庭部门

家庭部门在消费约束条件下追求无限时间内的消费效用最大化。假设家庭效用函数为常相对风险规避效用函数（CRRA），为简单起见，这里仅考察利息税对稳态经济的影响，其他税收不列入模型中，从而可建立家庭目标函数为：

$$\begin{cases} \text{Max} \displaystyle\int_0^\infty \frac{c^{1-\theta}-1}{1-\theta} e^{(n-\rho)t} dt & (9-1) \\ s'(t) = (1-\tau_{lx}) r s(t) + w - c(t) - ns(t) & (9-2) \end{cases}$$

其中，θ 为边际效用弹性，ρ 为时间偏好率，n 为人口增长率，c 为人均消费，τ_{lx} 为利息税率，w 为工资率，$s(t)$ 为 t 时期的储蓄，$\hat{c}$ 有效人均消费，$\dot{\hat{c}}$ 表示有效人均消费改变量。根据最优控制理论，由家庭效用最优化的一阶条件可得：

$$\frac{\dot{c}}{c} = \frac{1}{\theta} [(1-\tau_{lx}) r - \rho] \qquad (9-3)$$

由 $\hat{c} = \dfrac{c}{T}$，T 表示技术，g 表示技术进步率，从而可得：

$$\frac{\dot{\hat{c}}}{\hat{c}} = \frac{1}{\theta} [(1-\tau_{lx}) r - \rho - \theta g] \qquad (9-4)$$

2. 企业部门

企业利用所拥有的规模，充分利用资本、技术条件下的劳动力，使其利润达到最大化。假设企业是含有效劳动和资本的柯布—道格拉斯生产函数，且规模收益不变，即：

$$Y = AK^\alpha (TL)^\beta，且 \alpha + \beta = 1 \qquad (9-5)$$

企业追求利润最大化，从而构建企业的目标函数为：

$$\text{Max} [AK^\alpha (TL)^{1-\alpha} - wL - rK - \sigma K] \qquad (9-6)$$

其中，A 为技术综合系数，TL 表示有效劳动即技术条件下的劳动，K 为资本量，α 为资本产出份额，σ 为资本折旧率。由企业利润最大化一阶条件可得：

$$r = A\alpha (\hat{k})^{\alpha-1} - \sigma \qquad (9-7)$$

假设在每一时期 t，市场出清，当期的产出用来消费和为下一期消费而进行资本积累，以及用来因折旧而进行抵补投资，从而可得：

$$\dot{\hat{k}} = A\hat{k}^\alpha - \hat{c} - (n + \sigma + g)\hat{k} \qquad (9-8)$$

其中，g 为技术进步率，$\hat{k}$ 表示有效资本量，$\dot{\hat{k}}$ 表示有效资本改变量。

3. 一般均衡解

根据新古典增长模型的理论，从长期来看，如果人均实际产出与人均资本量的增长率是按一定的比率增长，且两者的速度大致相同时，则称该经济处于稳定状态，即如果两者都以不变的比率增长或均为 0 增长时，经济就处于稳定状态。

本章中的稳态人均消费假定经济运行变量增长为 0 时的人均消费，这不影响本章研究的结果。由式（9-4）、式（9-7）、式（9-8）联合可得稳态下的有效资本量、人均消费以及产出，即式（9-9）、式（9-10）以及式（9-11）：

$$\hat{c}^* = \left(\frac{\rho + \theta g}{\alpha(1 - \tau_{lx})} + \frac{\sigma}{\alpha} - n - \sigma - g \right) \times \left[\frac{1}{A\alpha} \times \left(\frac{\rho + \theta g}{(1 - \tau_{lx})} + \sigma \right) \right]^{\frac{1}{\alpha-1}} \quad (9-9)$$

$$\hat{k}^* = \left[\frac{1}{A\alpha} \times \left(\frac{\rho + \theta g}{(1 - \tau_{lx})} + \sigma \right) \right]^{\frac{1}{\alpha-1}} \quad\quad (9-10)$$

$$\hat{y}^* = A \left[\frac{1}{A\alpha} \times \left(\frac{\rho + \theta g}{(1 - \tau_{lx})} + \sigma \right) \right]^{\frac{\alpha}{\alpha-1}} \quad\quad (9-11)$$

4. 利息税对稳态经济水平的影响

（1）利息税对稳态消费的影响。从长期来看，调整利息税率使得人均消费从原稳态水平到达新的稳态水平，并重新处于均衡状态。由式（9-9）可知：第一，当 $\rho > (1 - \tau_{lx})(n + g) - \theta g$ 时，$\frac{\partial c^*}{\partial \tau_{lx}} < 0$，稳态人均消费与利息税成反向变动，提高（降低）利息税率，稳态人均消费水平下降（上升）；第二，当 $\rho = (1 - \tau_{lx})(n + g) - \theta g$ 时，$\frac{\partial c^*}{\partial \tau_{lx}} = 0$，此时利息税对稳态人均消费没有任何影响；第三，当 $\rho < (1 - \tau_{lx})(n + g) - \theta g$ 时，$\frac{\partial c^*}{\partial \tau_{lx}} > 0$，稳态人均消费与利息税率同方向变动，提高（降低）利息税率，稳态人均消费水平提高（下降）。

利息税影响稳态人均消费的长期效应的结果是利息税率的变化使得稳态人均消费水平变化，若利息税税率由 τ_{lx} 调整到 τ'_{lx}，由式（9-9）可得利息税税率调整引起稳态消费的变化量为：

$$\Delta \hat{c}^* = \left(\frac{\rho + \theta g}{\alpha(1 - \tau'_{lx})} + \frac{\sigma}{\alpha} - n - \sigma - g \right) \times \left[\frac{1}{A\alpha} \times \left(\frac{\rho + \theta g}{(1 - \tau'_{lx})} + \sigma \right) \right]^{\frac{1}{\alpha-1}}$$

$$- \left(\frac{\rho + \theta g}{\alpha(1 - \tau_{lx})} + \frac{\sigma}{\alpha} - n - \sigma - g \right) \times \left[\frac{1}{A\alpha} \times \left(\frac{\rho + \theta g}{(1 - \tau_{lx})} + \sigma \right) \right]^{\frac{1}{\alpha-1}}$$

$$(9-12)$$

（2）利息税对稳态资本的影响。从长期来看，调整利息税率使得资本从原稳态水平到达新的稳态水平，并重新处于均衡状态。对式（9-10）两边同时关于 τ_{lx} 求导，可得：

$$\frac{\partial \hat{k}^*}{\partial \tau_{lx}} = - \frac{\rho + \theta g}{A\alpha(1 - \alpha)(1 - \tau_{lx})^2} \times \left[\frac{1}{A\alpha} \times \left(\frac{\rho + \theta g}{(1 - \tau_{lx})} + \sigma \right) \right]^{\frac{2-\alpha}{\alpha-1}} < 0$$

$$(9-13)$$

由式（9-13）可知，稳态资本随利息税税率变化而变化，而且二者呈反方向变化。当提高利息税税率时，稳态资本水平会降低；反之，当降低利息税税率时，稳态资本水平会提高。若利息税税率由 τ_{lx} 调整到 τ'_{lx}，由式（9－10）可得利息税税率调整引起稳态资本的变化量为：

$$\Delta \hat{k}^* = \left[\frac{1}{A\alpha} \times \left(\frac{\rho + \theta g}{(1 - \tau'_{lx})} + \sigma \right) \right]^{\frac{1}{\alpha - 1}} - \left[\frac{1}{A\alpha} \times \left(\frac{\rho + \theta g}{(1 - \tau_{lx})} + \sigma \right) \right]^{\frac{1}{\alpha - 1}} \qquad (9-14)$$

（3）利息税对稳态产出的影响。从长期来看，调整利息税率使得产出从原稳态水平到达新的稳态水平，并重新处于均衡状态。若利息税税率由 τ_{lx} 调整到 τ'_{lx}，由式（9－11）可得利息税税率调整引起稳态产出的变化量为：

$$\Delta \hat{y}^* = \hat{y}^* = A \left[\frac{1}{A\alpha} \times \left(\frac{\rho + \theta g}{(1 - \tau'_{lx})} + \sigma \right) \right]^{\frac{\alpha}{\alpha - 1}} - A \left[\frac{1}{A\alpha} \times \left(\frac{\rho + \theta g}{(1 - \tau_{lx})} + \sigma \right) \right]^{\frac{\alpha}{\alpha - 1}}$$

$$(9-15)$$

（二）证券印花税对稳态经济水平的影响

把证券印花税引入到拉姆齐模型，利用消费者效用最大化和厂商利润最大化的一般均衡来分析证券印花税税率调整对稳态经济影响。

1. 模型构建与一般均衡解

本节构建的模型时建立在本章第一节模型的基础上，与此不同数理模型所不同的是家庭部门的约束条件，因证券印花税而有所差异，而企业部门的模型相同。家庭部门在消费约束条件下追求无限时间内的消费效用最大化。假设家庭效用函数为常相对风险规避效用函数（CRRA），为简单起见，这里仅考察证券印花税对稳态经济的影响，其他税收不列入模型中，从而可建立家庭目标函数为：

$$\begin{cases} \text{Max} \int_0^\infty \frac{c^{1-\theta} - 1}{1 - \theta} e^{(n-\rho)t} dt & (9-16) \\ a' = (1 - \tau_{yh}) ra + w - c(t) - (n + 2\tau_{yh}) a & (9-17) \end{cases}$$

其中，τ_{yh} 为证券印花税率，a 为证券资产。根据最优控制理论，由家庭效用最优化的一阶条件可得：

$$\frac{\dot{c}}{c} = \frac{1}{\theta} \left[(1 - \tau_{yh}) r - \rho - 2\tau_{yh} \right] \qquad (9-18)$$

由 $\hat{c} = \frac{c}{T}$，T 表示技术，g 表示技术进步率，从而可得：

$$\frac{\dot{\hat{c}}}{\hat{c}} = \frac{1}{\theta} \left[(1 - \tau_{yh}) r - \rho - 2\tau_{yh} - \theta g \right] \qquad (9-19)$$

企业部门追求利润最大化，其生产函数为规模收益不变的柯布—道格拉斯生产函数。由式（9－19）、式（9－7）和式（9－8）联合可得稳态下的有效资本量、人均消费以及产出，即式（9－20）、式（9－21）以及式（9－22）：

$$\hat{c}^* = \left(\frac{\rho + 2\tau_{yh} + \theta g}{\alpha(1 - \tau_{yh})} + \frac{\sigma}{\alpha} - n - \sigma - g \right) \times \left[\frac{1}{A\alpha} \times \left(\frac{\rho + 2\tau_{yh} + \theta g}{(1 - \tau_{yh})} + \sigma \right) \right]^{\frac{1}{\alpha - 1}}$$

$$(9-20)$$

$$\hat{k}^* = \left[\frac{1}{A\alpha} \times \left(\frac{\rho + 2\tau_{yh} + \theta g}{(1 - \tau_{yh})} + \sigma \right) \right]^{\frac{1}{\alpha - 1}} \qquad (9-21)$$

$$\hat{y}^* = A \left[\frac{1}{A\alpha} \times \left(\frac{\rho + 2\tau_{yh} + \theta g}{(1 - \tau_{yh})} + \sigma \right) \right]^{\frac{\alpha}{\alpha - 1}} \qquad (9-22)$$

2. 证券印花税对稳态经济水平的影响

（1）调整证券印花税税率引起稳态消费的变化量。从长期来看，调整证券印花税税率使得人均消费从原稳态水平到达新的稳态水平，并重新处于均衡状态。若证券税税率由 τ_{yh} 调整到 τ'_{yh}，由式（9－20）可得调整证券印花税税率引起稳态消费的变化量为：

$$\Delta\hat{c}^* = \left(\frac{\rho + 2\tau'_{yh} + \theta g}{\alpha(1 - \tau'_{yh})} + \frac{\sigma}{\alpha} - n - \sigma - g \right) \times \left[\frac{1}{A\alpha} \times \left(\frac{\rho + 2\tau'_{yh} + \theta g}{(1 - \tau'_{yh})} + \sigma \right) \right]^{\frac{1}{\alpha - 1}}$$
$$- \left(\frac{\rho + 2\tau_{yh} + \theta g}{\alpha(1 - \tau_{yh})} + \frac{\sigma}{\alpha} - n - \sigma - g \right) \times \left[\frac{1}{A\alpha} \times \left(\frac{\rho + 2\tau_{yh} + \theta g}{(1 - \tau_{yh})} + \sigma \right) \right]^{\frac{1}{\alpha - 1}}$$
$$(9-23)$$

（2）调整证券印花税税率引起稳态资本的变化量。从长期来看，调整证券印花税税率使得资本从原稳态水平到达新的稳态水平，并重新处于均衡状态。若证券税税率由 τ_{yh} 调整到 τ'_{yh}，式（9－21）可得调整证券印花税税率引起稳态资本的变化量为：

$$\Delta\hat{k}^* = \left[\frac{1}{A\alpha} \times \left(\frac{\rho + 2\tau'_{yh} + \theta g}{(1 - \tau'_{yh})} + \sigma \right) \right]^{\frac{1}{\alpha - 1}} - \left[\frac{1}{A\alpha} \times \left(\frac{\rho + 2\tau_{yh} + \theta g}{(1 - \tau_{yh})} + \sigma \right) \right]^{\frac{1}{\alpha - 1}}$$
$$(9-24)$$

（3）调整证券印花税税率引起稳态产出的变化量。从长期来看，调整证券印花税税率使得产出从原稳态水平到达新的稳态水平，并重新处于均衡状态。若证券税税率由 τ_{yh} 调整到 τ'_{yh}，由式（9－22）可得调整证券印花税税率引起稳态产出的变化量为：

$$\Delta\hat{y}^* = A \left[\frac{1}{A\alpha} \times \left(\frac{\rho + 2\tau'_{yh} + \theta g}{(1 - \tau'_{yh})} + \sigma \right) \right]^{\frac{\alpha}{\alpha - 1}} - A \left[\frac{1}{A\alpha} \times \left(\frac{\rho + 2\tau_{yh} + \theta g}{(1 - \tau_{yh})} + \sigma \right) \right]^{\frac{\alpha}{\alpha - 1}}$$
$$(9-25)$$

从以上分析可知，利息税、证券印花税的调整将会引起稳态经济水平的变化。下面将利用经验数据，模拟分析我国利息税、证券印花税调整对稳态经济水平的影响。

🌿 三、实证分析：中国金融市场税收对稳态经济的影响

（一）实证研究设计

1. 样本选择与数据来源

由理论分析可知，影响稳态人均消费水平的参数主要有：消费的边际效用弹

性 θ、资本产出份额 α、时间偏好率 ρ、技术进步率 g、人口增长率 n、资本折旧率 σ、综合技术水平 A。

首先，对估计参数所使用的数据进行说明。估计消费边际弹性所涉及的变量有人均消费增长率、利息税率以及利率，数据来源于《中经网统计数据库》。利率取的是一个年度内加权平均利率。估计资本产出份额 α 以及综合技术水平 A 所涉及变量有产出 Y、资本 K、技术条件下的劳动力。为了消除价格因素的影响，本文采用实际 GDP 作为产出 Y，名义 GDP 和物价指数的数据来源于《中经网统计数据库》。资本 K 数据，采用张军①②（2003、2004）的测算方法进行测算，测算资本时使用了固定资产投资额，其数据来源于《中经网统计数据库》。在测算资本以及模拟分析时需要确定折旧率，采用王小鲁和樊纲以及郭庆旺和贾俊雪③（2005）的做法，选择折旧率为 5%。选择就业人数作为劳动力的变量。技术变量的测算关键是要确定技术进步率，根据颜鹏飞、王兵④（2004）在技术效率、技术进步与经济增长的实证分析中计算出 1978～2001 年我国技术效率平均指数 1.012，以及考虑近几年我国技术快速发展，为更有效的估计我国近两年利息税率调整对稳态消费的影响，确定技术进步率 g 为 0.02。把 1977 年作为技术进步的基期标准化为 1，利用 $T = T(0)e^{gt}$，测算出技术变量 T。

其次，测算利息税、证券印花税对稳态经济影响时使用的数据说明。消费的边际效用弹性 θ、资本产出份额 α 以及综合技术水平 A 采用实证估计出的数值。根据我国 1999～2007 年的人口增长率介于 0.0052～0.0069 之间，⑤ 人口增长率取值为 0.006。时间偏好率 ρ。Barro 在其著作《经济增长》的"消费者最优的增长模型"一章中认为 ρ 有一个基准值 0.02。贺菊煌⑥（2004）在"寿命不确定下的消费决策"的研究中使用 ρ 为 0.015。王东海和袁芳英⑦（2008）、顾六宝和肖红叶⑧（2007）研究最优消费增长率时，认为 ρ 应取值为 0.02。利用上述经验数据本章 ρ 取值为 0.02。

在选择统计数据样本时，考虑到估计出的参数在本文所研究对象的研究期内更具有合理性和可靠性。本章采用 1990～2008 年作为样本期。

2. 变量的选择

估计消费边际弹性所涉及的变量：人均消费增长率（用 y 表示）、税后收益

---

①　张军、章元：《对中国资本存量 K 的再估计》，载于《经济研究》2003 年第 7 期。

②　张军、吴桂英、张吉鹏：《中国省际物质资本存量估算：1952～2000》，载于《经济研究》2004 年第 7 期。

③　郭庆旺、贾俊雪：《中国全要素生产率的估算：1979～2004》，载于《经济研究》2005 年第 6 期。

④　颜鹏飞、王兵：《技术效率、技术进步与生产率增长：基于 DEA 的实证分析》，载于《经济研究》2004 年第 12 期。

⑤　根据《2007 年中国统计年鉴》计算而得。

⑥　贺菊煌：《寿命不确定下的消费决策》，载于《数量经济技术经济研究》2004 年第 12 期。

⑦　王东海、袁芳英：《最优人均消费增长率研究——兼论人口老龄化对最优人均消费增长率的影响》，载于《消费经济》2008 年第 5 期。

⑧　顾六宝、肖红叶：《中国经济增长路径中的稳定状态推移的政策模拟——基于拉姆齐模型的实证研究》，载于《统计研究》2007 年第 4 期。

率（用 x 表示）。估计资本产出份额 α 以及综合技术水平 A 所涉及变量：产出（用 Y 表示）、资本（用 K 表示）、技术条件下的劳动力（用 TL 表示）。考察利息税、证券印花税的调整引起稳态经济变化，涉及的变量有：稳态消费、稳态产出。

3. 方法的选择

在数理模型的基础上，构建了参数回归的计量模型，估计出参数值。利用经验数据，模拟分析利息税、证券印花税对稳态经济的影响。

（二）参数估计的实证分析

利用中国的经验数据，估计出家庭效用函数以及生产函数中的参数值，以便进一步实证分析利息税、证券印花税对稳态经济的影响。

1. 边际效用弹性 θ 的估计

令 $y = \dfrac{\dot{c}}{c}$、$x = (1-\tau)r$，y 表示消费增长率，x 表示税后收益率。由式（9-3）式可得：

$$y = \beta_0 + \frac{1}{\theta}x \qquad (9-26)$$

利用经验数据，由式（9-26）可估计出 θ 值。由于 y、x 是时间序列数据（见表9-1），因而在考察变量间长期趋势关系时必须对数据进行平稳性检验和协整检验。

表9-1　　　　　　　　　消费增长率与税后收益率

年　份	消费增长率 y（%）	税后收益率 x（%）
1990	5.71	9.92
1991	11.88	7.89
1992	19.74	7.56
1993	24.82	9.43
1994	31.59	10.98
1995	28.48	10.98
1996	18.43	9.17
1997	7.64	7.13
1998	5.23	5.03
1999	5.92	2.344
2000	8.55	1.8
2001	6.53	1.8

续表

年　份	消费增长率 y（%）	税后收益率 x（%）
2002	6.13	1.616
2003	7.43	1.616
2004	11.65	1.624
2005	10.92	1.8
2006	12.36	1.88
2007	15.36	3.04
2008	15.53	3.93

（1）平稳性检验。采用 ADF 单位根检验方法对表 9 - 1 中代表变量 x、y 数据以及 x、y 的一阶差分变量进行平稳性检验，具体结果见表 9 - 2。从表 9 - 2 中可知 x、y 为 1 阶单整时间序列。

表 9 - 2　　　　　　　人均消费增长率、税后利率平稳性检验结果

变量	检验类型 (c, t, p)	临界值		ADF 值	平稳性（5%）
		5%	10%		
x	$(c, 0, 1)$	-3.05	-2.67	-1.44	非平稳
y	$(0, 0, 1)$	-1.96	-1.61	-1.45	非平稳
Δy	$(0, 0, 1)$	-1.96	-1.61	-3.03	平稳
Δx	$(0, 0, 1)$	-1.96	-1.61	-2.67	平稳

（2）协整性检验。x 为 1 阶单整时间序列，y 为 1 阶单整序列，二者之间可能存在 1 阶协整关系。利用 E - G 两步法对二者进行协整性检验。第一步，借助 Eviews 5.1 软件，利用最小二乘法（OLS），根据式（9 - 26）对被解释变量 y 与解释变量 x 进行线性回归，得到回归方程如下：

$$y_t = 5.76 + 1.45 x_t \tag{9 - 27}$$

$$t = (2.28)\ (3.63)$$

$$R^2 = 0.44 \quad \bar{R}^2 = 0.40 \quad D.W = 0.57$$

第二步，对式（9-27）回归方程的残差序列进行平稳性检验。运用 ADF 单位根检验法，其检验结果见表9-3。

表9-3 （9-27）式回归方程残差平稳性检验结果

变量	检验类型 (c, t, p)	临界值		ADF 值	平稳性（5%）
		5%	10%		
e_t	$(0, 0, 1)$	-1.96	-1.61	-3.72	平稳

（3）参数估计的回归方程。从协整性检验中可看出，x、y 之间存在长期均衡关系。对式（9-27）进行自相关性检验，发现式（9-27）存在自相关性，利用科克兰—奥克特法消除自相关后得到回归方程如下：

$$y_t = 6.40 + 1.37x_t \qquad (9-28)$$
$$t = (2.47)\ (3.06)$$
$$R^2 = 0.91 \quad \bar{R}^2 = 0.89 \quad D.W = 2.14$$

（4）消费的边际效用弹性 θ 的估计值。由式（9-26）、式（9-28）可得消费的边际效用弹性 θ 的估计值如下：

$$\frac{1}{\theta} = 1.37 \Rightarrow \theta = 0.73 \qquad (9-29)$$

顾六宝、肖红叶[①]（2004）利用两种统计估算方法，估计出 1996~2002 年的 θ 值为 0~3.039 之间，本章所估计的 θ 值在这一范围之内。

2. 资本产出份额 α 和综合技术水平 A 的估计

（1）规模收益不变的检验。在式（9-5）中使用了含有效劳动、资本的柯布—道格拉斯生产函数，并假设规模收益不变，即 $Y = AK^\alpha (TL)^{1-\alpha}$。因而，在估计参数 α 和 A 之前，先检验规模收益不变的假设，即检验生产函数 $Y = AK^\alpha (TL)^\beta$ 中 $\alpha + \beta = 1$ 的假设，对该生产函数两边取对数可得：

$$\mathrm{Ln}(Y) = \mathrm{Ln}(A) + \alpha\mathrm{Ln}(K) + \beta\mathrm{Ln}(TL) + e \qquad (9-30)$$

其中，e 为残差。对时间序列 $\mathrm{Ln}(Y)$、$\mathrm{Ln}(K)$、$\mathrm{Ln}(TL)$ 数据（见表9-4）进行平稳性检验、协整性检验，检验结果如下表9-5。

① 顾六宝、肖红叶：《中国消费跨期替代弹性的两种统计估算》，载于《统计研究》2004 年第 9 期。

表 9 - 4　　　　　　　　　　　　　　参数估计数据表

年份	实际 GDP（亿元）	资本 K（亿元）	就业人数 L（亿人）	技术 T
1990	9 016.608	23 261.23	6.475	1.297
1991	9 844.236	25 101.78	6.549	1.323
1992	11 246.125	27 574.23	6.615	1.35
1993	12 816.57	30 853.98	6.681	1.377
1994	14 493.064	34 805.63	6.746	1.405
1995	16 076.429	39 318.34	6.807	1.433
1996	17 685.442	44 280.72	6.895	1.462
1997	19 329.663	49 422.2	6.982	1.492
1998	20 843.823	55 044.29	7.064	1.522
1999	22 432.088	60 974.47	7.139	1.553
2000	24 323.4	67 448.65	7.209	1.584
2001	26 342.319	74 654.68	7.303	1.616
2002	28 734.747	83 123.31	7.374	1.649
2003	31 615.514	93 606.09	7.443	1.682
2004	34 803.951	105 704.37	7.52	1.716
2005	38 423.562	120 024.73	7.583	1.751
2006	42 534.883	136 549.96	7.64	1.786
2007	48 064.418	155 028.21	7.699	1.822
2008	52 390.216	174 091.6	7.748	1.859

表 9 - 5　　　　　式（9 - 30）中变量的平稳性以及协整性检验结果

变量	检验类型（c, t, p）	临界值 5%	临界值 10%	ADF 值	平稳性（10%）
$\ln(Y)$	(c, t, 2)	−3.73	−3.31	−3.57	平稳
$\ln(K)$	(c, t, 1)	−3.71	−3.30	−2.51	非平稳
$\ln(TL)$	(c, 0, 0)	−3.04	−2.60	−2.64	平稳
$\Delta\ln(K)$	(c, 0, 1)	−3.07	−2.67	−3.34	平稳
e	(0, 0, 2)	−1.96	−1.61	−3.11	平稳

从表 9-5 中可知，$\text{Ln}(Y)$、$\text{Ln}(K)$、$\text{Ln}(TL)$ 之间存在长期趋势关系。利用 OLS 估计以及 Wald 方法检验规模收益不变的假设。检验结果如下表 9-6：

表 9-6 规模收益不变假设的检验结果

原假设	F 统计量		Chi-square	
	F 统计量值	概率（P）	Chi-square 值	概率（P）
$\alpha + \beta = 1$	0.81	0.38	0.81	0.37

由表 9-6 可知，在 5% 显著性水平下接受规模收益不变的假设。从而 $Y = AK^{\alpha}(TL)^{1-\alpha}$ 成立，令 $Z = \dfrac{Y}{TL}$，$W = \dfrac{K}{TL}$，对其进行变换并取对数可得：

$$\text{Ln}(Z) = \text{Ln}(A) + \alpha\text{Ln}(W) \qquad (9-31)$$

利用式（9-31），进行参数估计，由于 Z 和 W 均为时间序列数据，因此进行平稳性和协整性检验。

（2）变量 $\text{Ln}(W)$、$\text{Ln}(Z)$ 的平稳性检验。采用 ADF 单位根检验方法对的变量 $\text{Ln}(Z)$、$\text{Ln}(W)$ 数据以及一阶差分变量进行平稳性检验，具体结果见表 9-7。从表 9-7 中可知 $\text{Ln}(W)$ 为 1 阶单整时间序列。

表 9-7 变量 W、Z 的平稳性检验结果

变量	检验类型 (c, t, p)	临界值		ADF 值	平稳性（10%）
		5%	10%		
$\text{Ln}(Z)$	$(c, 0, 3)$	-3.08	-2.68	1.43	非平稳
$\text{Ln}(W)$	$(c, 0, 2)$	-3.07	-2.67	1.44	非平稳
$\Delta\text{Ln}(Z)$	$(c, 0, 0)$	-3.05	-2.67	-2.95	平稳
$\Delta\text{Ln}(W)$	$(c, 0, 1)$	-3.07	-2.67	-2.93	平稳

（3）变量 $\text{Ln}(W)$、$\text{Ln}(Z)$ 的协整检验。利用 E-G 两步法对变量间进行协整性检验。第一步，借助 Eviews 5.1 软件，利用最小二乘法（OLS），根据式（9-31）对被解释变量 $\text{Ln}(Z_t)$ 与解释变量 $\text{Ln}(W_t)$ 进行线性回归，回归方程如下：

$$\text{Ln}(Z_t) = 0.89 + 0.78\text{Ln}(W_t) \qquad (9-32)$$
$$t = (5.47) \quad (41.59)$$
$$R^2 = 0.99 \quad \bar{R}^2 = 0.99 \quad D.W = 0.27$$

第二步，对式（9-32）回归方程的残差序列进行平稳性检验。运用 ADF 单位根检验法，其检验结果见表 9-8。

表9-8   式（9-32）回归方程残差的平稳性检验结果

变量	检验类型 (c, t, p)	临界值		ADF 值	平稳性（5%）
		5%	10%		
e_t	$(0, 0, 2)$	-1.96	-1.61	-2.59	平稳

（4）参数估计的回归方程。从协整性检验中可看出，$\mathrm{Ln}(Z_t)$、$\mathrm{Ln}(W_t)$ 之间存在长期均衡关系。对式（9-32）进行自相关性检验，发现式（9-32）存在自相关性，利用科克兰—奥克特法消除自相关后得到回归方程如下：

$$\mathrm{Ln}(Z_t) = 1.5 + 0.7\mathrm{Ln}(W_t) \tag{9-33}$$

$$t = (5.59) \quad (23.64)$$

$$R^2 = 0.99 \quad \bar{R}^2 = 0.99 \quad D.W = 1.29$$

（5）资本产出份额 α 以及综合技术水平 A 的估计值。由式（9-31）和式（9-33）可得资本产出份额 α 以及综合技术水平 A 的估计值如下：

$$\alpha = 0.7, \mathrm{Ln}(A) = 1.5 \Rightarrow A = 4 \tag{9-34}$$

这与郭庆旺、贾俊雪（2005）利用我国 1979~2004 年的数据测算 α 值为 0.692 基本一致。

（三）实证分析：利息税对稳态经济水平的影响

在理论分析的基础上，利用有关经验数据，模拟出调整利息税引起稳态经济的变化量，从而考察利息税对稳态经济的影响。为简单起见，本文选择稳态消费和稳态产出作为考察对象，即模拟分析调整利息税税率对稳态消费和稳态产出的影响。

1. 利息税对稳态消费的影响

把估计出的参数值、利息税税率以及其他参数的经验数据代入式（9-13），可得调整利息税税率引起稳态消费的变化量，如表9-9所示。

表9-9   调整利息税税率引起稳态消费的变化量

年份	不同税率下的稳态人均消费路径值（元）			调整利息税税率引起稳态人均消费变化量（元）		
	20%	5%	0	由0调为20%	由20%调为5%	由5%调为0
1999	7 476.3	7 988.7	8 106.7	-630.4	512.4	118
2000	7 627.3	8 150.1	8 270.5	-643.2	522.8	120.4
2001	7 781.4	8 314.7	8 437.5	-656.1	533.3	122.8
2002	7 938.6	8 482.7	8 608	-669.4	544.1	125.3

续表

年份	不同税率下的稳态人均消费路径值（元）			调整利息税税率引起稳态人均消费变化量（元）		
	20%	5%	0	由 0 调为 20%	由 20% 调为 5%	由 5% 调为 0
2003	8 099	8 654	8 781.9	−682.9	555	127.9
2004	8 262.6	8 828.9	8 959.3	−696.7	566.3	130.4
2005	8 429.5	9 007.2	9 140.3	−710.8	577.7	133.1
2006	8 599.8	9 189.2	9 324.9	−725.1	589.4	135.7
2007	8 773.5	9 374.8	9 513.3	−739.8	601.3	138.5
2008	8 950.7	9 564.2	9 705.5	−754.8	613.5	141.3
2009	9 131.6	9 757.4	9 901.5	−769.9	625.8	144.1
2010	9 316	9 954.5	10 101.6	−785.6	638.5	147.1
2011	9 504.2	10 155.6	10 305.6	−801.4	651.4	150
2012	9 696.2	10 360.8	10 513.8	−817.6	664.6	153

由表 9 – 9 可知，利息税对稳态消费具有显著性的影响。具体而言：（1）提高利息税税率导致稳态消费水平下降。1999 年我国恢复开征利息税，税率为 20%。1999 年利息税税率为 0 时的稳态消费为 8 106.7 元，而开征利息税后稳态消费为 7 476.3 元。1999 年开征利息税导致稳态消费减少了 630.4 元。（2）降低利息税税率使得稳态消费增加。2007 年利息税税率由 20% 调整为 5%，在 5% 利息税税率下稳态消费为 9 374.8 元，而在 20% 利息税税率下稳态消费为 8 773.5 元，利息税税率由 20% 调整为 5% 导致稳态消费增加了 601.3 元。2008 年实施暂免利息税政策，在 5% 利息税税率下稳态消费为 9 564.2 元，而利息税税率为 0 时的稳态消费为 9 705.5 元，利息税税率由 5% 调为 0 使得稳态消费增加了 141.3 元。

2. 利息税对稳态产出的影响

把估计出的参数值、利息税税率以及其他参数的经验数据代入式（9 – 15），可得调整利息税税率引起稳态产出的变化量，如表 9 – 10 所示。

表 9 - 10　　　　　　　　　　调整利息税税率引起稳态产出的变化量

年份	不同税率下的稳态人均产出路径值			调整利息税税率引起稳态人均产出变化量		
	20%	5%	0	由 0 调为 20%	由 20% 调为 5%	由 5% 调为 0
1999	17 405.8	20 775.2	21 846.6	-4 440.8	3 369.4	1 071.4
2000	17 757.5	21 194.9	22 287.9	-4 530.4	3 437.4	1 093
2001	18 116.2	21 623.1	22 738.2	-4 622	3 506.9	1 115.1
2002	18 482.2	22 059.9	23 197.5	-4 715.3	3 577.7	1 137.6
2003	18 855.5	22 505.5	23 666.1	-4 810.6	3 650	1 160.6
2004	19 236.4	22 960.2	24 144.2	-4 907.8	3 723.8	1 184
2005	19 625	23 424	24 632	-5 007	3 799	1 208
2006	20 021.5	23 897.2	25 129.6	-5 108.1	3 875.7	1 232.4
2007	20 426	24 379.9	25 637.2	-5 211.2	3 953.9	1 257.3
2008	20 838.6	24 872.5	26 155.1	-5 316.5	4 033.9	1 282.6
2009	21 259.6	25 374.9	26 683.6	-5 423.9	4 115.3	1 308.6
2010	21 689	25 887.5	27 222.5	-5 533.5	4 198.5	1 335
2011	22 127.2	26 410.5	27 772.5	-5 645.3	4 283.3	1 362
2012	22 574.2	26 944	28 333.5	-5 759.3	4 369.8	1 389.5

由表 9 - 10 可知，利息税对稳态产出影响显著。具体而言：（1）提高利息税税率导致稳态产出水平下降。1999 年利息税税率为 0 时的稳态产出为 21 846.6 元，而开征利息税后稳态产出为 17 405.8 元。开征利息税导致稳态产出减少了 4 440.8 元。（2）降低利息税税率使得稳态产出增加。2007 年利息税税率由 20% 调整为 5%，在 5% 利息税税率下稳态产出为 24 739.9 元，而在 20% 利息税税率下稳态产出为 20 426 元，利息税税率由 20% 调整为 5% 导致稳态产出增加了 3 953.9 元。2008 年实施暂免利息税政策，在 5% 利息税税率下稳态产出为 24 872.5 元，而利息税税率为 0 时的稳态产出为 26 155.1 元，利息税税率由 5% 调为 0 使得稳态产出增加了 1 282.6 元。

（四）实证分析：证券印花税对稳态经济水平的影响

本节利用有关经验数据，模拟出调整证券印花税引起稳态经济的变化量，从而考察证券印花税对稳态经济的影响。选择稳态消费和稳态产出作为考察对象，模拟分析调整证券印花税税率对稳态消费和稳态产出的影响。

1. 证券印花税对稳态消费的影响

把估计出的参数值、证券印花税税率以及其他参数的经验数据代入式（9-23），可得调整证券印花税税率引起稳态消费的变化量，如表9-11所示。

表9-11　　　　　　　调整证券印花税税率引起稳态消费变化量

年份	调整证券印花税税率引起稳态人均消费变化量						
	由3‰调为5‰	由5‰调为4‰	由4‰调为3‰	由3‰调为2‰	由2‰调为1‰	由1‰调为3‰	由3‰调为1‰
1997	−314.8	159.6	155.2	149.2	137.3	−286.4	286.4
1998	−321.1	162.9	158.3	152.2	140	−292.2	292.2
1999	−327.6	166.1	161.5	155.3	142.8	−298.1	298.1
2000	−334.2	169.5	164.8	158.4	145.7	−304.1	304.1
2001	−341	172.9	168.1	161.6	148.7	−310.3	310.3
2002	−347.9	176.4	171.5	164.9	151.7	−316.6	316.6
2003	−354.9	180	174.9	168.2	154.7	−322.9	322.9
2004	−362.1	183.6	178.5	171.6	157.9	−329.5	329.5
2005	−369.4	187.3	182.1	175.1	161.1	−336.1	336.1
2006	−376.9	191.1	185.8	178.6	164.3	−342.9	342.9
2007	−384.5	195	189.5	182.2	167.6	−349.9	349.9
2008	−392.2	198.9	193.3	185.9	171	−356.9	356.9
2009	−400.2	202.9	197.2	189.7	174.5	−364.1	364.1
2010	−408.2	207	201.2	193.5	178	−371.5	371.5
2011	−416.5	211.2	205.3	197.4	181.6	−379	379
2012	−424.9	215.5	209.4	201.4	185.3	−386.6	386.6

由表9-11可知，调整证券印花税引起稳态消费显著性地变化。具体而言：（1）稳态消费与证券印花税税率呈反向变化关系。例如，2001年证券印花税税率由3‰调为2‰，导致稳态消费增加了161.6元；2007年证券印花税税率由1‰调为3‰，导致稳态消费减少了349.9元。（2）证券印花税对稳态消费的影响具有时期性。1998年至2005年，证券印花税经历四次调整，每次税率都下调了1‰，但导致稳态消费变化量不同。

2. 证券印花税对稳态产出的影响

把估计出的参数值、证券印花税税率以及其他参数的经验数据代入式（9-25），可得调整证券印花税税率引起稳态产出的变化量，如表9-12所示。

表 9 – 12　　　　　　　　　　调整证券印花税税率引起稳态产出的变化量

年份	调整证券印花税税率引起稳态人均产出变化量						
	由 3‰调为 5‰	由 5‰调为 4‰	由 4‰调为 3‰	由 3‰调为 2‰	由 2‰调为 1‰	由 1‰调为 3‰	由 3‰调为 1‰
1997	− 1 745.4	835.4	910	969.7	1 059.2	− 2 028.9	2 028.9
1998	− 1 780.7	852.3	928.4	989.3	1 080.6	− 2 069.9	2 069.9
1999	− 1 816.7	869.5	947.1	1 009.3	1 102.4	− 2 111.7	2 111.7
2000	− 1 853.4	887.1	966.3	1 029.7	1 124.7	− 2 154.3	2 154.3
2001	− 1 890.8	905	985.8	1 050.5	1 147.4	− 2 197.9	2 197.9
2002	− 1 929	923.3	1 005.7	1 071.7	1 170.6	− 2 242.3	2 242.3
2003	− 1 968	941.9	1 026	1 093.3	1 194.2	− 2 287.6	2 287.6
2004	− 2 007.7	961	1 046.8	1 115.4	1 218.4	− 2 333.8	2 333.8
2005	− 2 048.3	980.4	1 067.9	1 137.9	1 243	− 2 380.9	2 380.9
2006	− 2 089.7	1 000.2	1 089.5	1 160.9	1 268.1	− 2 429	2 429
2007	− 2 131.9	1 020.4	1 111.5	1 184.4	1 293.7	− 2 478.1	2 478.1
2008	− 2 175	1 041	1 134	1 208.3	1 319.8	− 2 528.1	2 528.1
2009	− 2 218.9	1 062	1 156.9	1 232.7	1 346.5	− 2 579.2	2 579.2
2010	− 2 263.7	1 083.5	1 180.2	1 257.6	1 373.7	− 2 631.3	2 631.3
2011	− 2 309.4	1 105.4	1 204.1	1 283	1 401.5	− 2 684.5	2 684.5
2012	− 2 356.1	1 127.7	1 228.4	1 308.9	1 429.8	− 2 738.7	2 738.7

　　由表 9 – 12 可知，调整证券印花税引起稳态产出显著性地变化。具体而言：（1）稳态产出与证券印花税税率呈反向变化关系。例如，2007 年证券印花税税率由 1‰调为 3‰，导致稳态产出减少了 2 478.1 元；2008 年证券印花税税率由 3‰调为 1‰，导致稳态产出增加了 2 528.1 元。（2）证券印花税对稳态产出的影响具有时期性。1998 年至 2005 年，证券印花税经历四次下调，每次税率都下调了 1‰，但导致稳态产出变化量不同。

四、本节基本结论

　　本节构建了金融市场税收影响稳态经济的数理模型，利用经验数据实证估计出有关参数值，模拟分析了调整金融市场税收引起稳态经济的变化。通过理论分析和模拟分析，可得到以下基本结论：

（一）利息税对稳态经济的影响

1. 稳态消费与利息税税率呈反向变化关系

调整利息税税率对稳态消费具有显著性地影响，提高利息税税率导致稳态消费水平下降，降低利息税税率使得稳态消费水平提高。

2. 稳态产出与利息税税率呈反方向变化关系

由模拟分析的结果可知，提高利息税税率导致稳态产出减少，降低利息税税率使得稳态产出增加，即稳态产出与利息税税率呈反向变动关系。

（二）证券印花税对稳态经济的影响

1. 稳态消费与证券印花税税率呈反向变化关系

提高证券印花税税率导致稳态消费水平下降，降低证券印花税税率使得稳态消费水平提高。

2. 稳态产出与证券印花税税率呈反方向变化关系

提高证券印花税税率导致稳态产出水平下降，降低证券印花税税率使得稳态产出水平提高。

3. 证券印花税对稳态经济的影响具有时期性

在不同时期，证券印花税率的调整引起稳态消费、稳态产出的变化量不同。

第二节　金融市场税收对经济黄金律水平的影响

一、文献综述：经济黄金律水平的研究回顾

由于国内就经济黄金律水平研究的文献较少，本节将重点回顾国外有关经济黄金律水平的研究。

经济黄金律是由菲尔普斯于 1961 年提出，他找出了满足稳态人均消费最大化时资本，该资本被称为资本的黄金律。新古典经济学采用索洛模型，对资本黄金律进行了理论分析，他们认为，储蓄率的变化将会改变资本的黄金律值，同时消费的黄金律值也随之改变。曼昆（Mankiw N. Gregory）选用简单的柯布—道格拉斯函数，运用资本的边际产量等于折旧率，模拟出黄金律稳定状态下的人均资本和人均消费。模拟结果表明，较高的储蓄产生了较高的资本存量，较高的资本存量导致较高的产出和较高的折旧；稳定状态的消费，先随储蓄率的提高而上升，然后又下降，当储蓄率是 0.5 时，消费最高，即 0.5 的储蓄率产生了黄金律稳定状态。[①] 在曼昆对黄金律模拟分析中，只是说明如何寻找经济系统中的黄金律值，没有考虑人口增长的因素，因而模拟出的黄金律值存在一定的缺陷。克劳

---

① Mankiw N. Gregory：《宏观经济学》，中国人民大学出版社 2009 年版，第 188～192 页。

斯·莱纳·申科霍普（Klaus Reiner Schenk-Hoppé，2001）[1] 利用柯布—道格拉斯生产函数以及 CES 生产函数，考察了索洛模型中的是否存在黄金律法则，即是否存在资本和消费的黄金律值。结果表明，在长期经济增长中，资本积累和平均消费取决于储蓄率大小，即储蓄率存在黄金律值，它能够使人均消费达到最大化，并且黄金律路径是动态有效的。巴罗和萨拉伊马丁（Robert J. Barrow，Javier X. Sala-i-Martin）通过比较实际储蓄率与黄金律下储蓄率的大小，说明经济是否动态有效率。如果储蓄率在黄金律之上，则降低储蓄率会增加稳态人均消费，一个高于黄金律的储蓄率是动态无效率的；反之，储蓄率低于黄金律，提高储蓄率会使得稳态人均消费增加，最终经济是否动态有效率，取决于家庭在当前消费与未来消费路径之间如何权衡。[2] 巴罗（Robert J. Barrow）分析了所得税税率对投资的影响，所得税税率持久性提高导致投资减少，资本存量可能在长期内下降；根据资本积累和经济增长的动态分析，所得税税率永久性的提高会导致储蓄率下降，进而导致经济稳态下的资本黄金律值发生变化。[3] 安科·霍弗勒（Anke Hoeffler，2002）[4] 使用索洛模型，通过面板数据实证分析非洲经济增长低的原因。结果表明，若使用 OLS 估计的方法，索洛模型并不能完全解释非洲的经济低增长的原因，可能是因为 OLS 估计存在内生性和非一致性问题；若使用 GMM 估计方法，修正后的索洛模型能够解释非洲经济低增长的原因，低投资率和高人口增长率导致了经济增长较慢。米尔顿·巴洛西·菲欧、里卡多·贡萨尔维斯·席尔瓦和埃利泽·马丁斯·迪尼斯（Milton Barossi-Filho，Ricardo Gonçalves Silva and Eliezer Martins Diniz，2005）[5] 利用索洛模型，实证检验了资本对产出的贡献额，结果表明，资本—产出份额为 33.3%。

　　西方学者从理论层面分析了资本的黄金律存在性，储蓄率的变化会导致经济黄金律水平变化，并利用相关数据模拟出了资本的黄金律值。但是，他们研究经济的黄金律值时，都假设储蓄完全转化投资，而在现实中，这一假设并不成立。因而，本章将消除这一假设，将储蓄转化投资的比率引进索洛模型，剖析金融市场税收对资本与消费黄金律的影响机理。

🌾 二、数理模型：金融市场税收对经济黄金律水平的影响

　　本节所构造的数理模型基于索洛模型。在索洛模型中假设了储蓄全部转化为

　　① Klaus Reiner Schenk-Hoppé（2001）. Is There a Golden Rule for the Stochastic Solow Growth Model? Zurich IEER Working Paper No. 33. Available at SSRN：http：//ssrn. com/abstract＝230018.

　　② 罗伯特 J. 巴罗、哈维尔·萨拉伊马丁，何晖、刘明兴译：《经济增长》，中国社会科学出版社 2000 年版，第 6～8 页。

　　③ Robert J. Barrow，原毅军、任曙明等译：《宏观经济学》（第五版），机械工业出版社 2007 年版，第 117 页。

　　④ Anke Hoeffler（2002）. The Augmented Solow Model and the African Growth Debate. Oxford Bulletin of Economics and Statistics，Volume 64，Issue 2.

　　⑤ Milton Barossi-Filho，Ricardo Gonçalves Silva and Eliezer Martins Diniz（2005）. The Empirics of the Solow Growth Model：Long-Term Evidence. Journal of Applied Economics，Volume 8，Issue 1.

投资，在现实经济中由于制度上和政策调整（比如利息税率调整、证券印花税税率调整）等因素，使得储蓄转化为投资的比率变化，因而本文将消除索洛模型中的储蓄全部转化为投资这一假设。用 ϕ 表示储蓄转化为投资的比率。由索洛模型可得资本增加量：

$$\dot{K} = \phi sY - \sigma K \qquad (9-35)$$

其中，s 为储蓄率，Y 为产出，sY 表示储蓄额，σ 为折旧率，$\dot{K}$ 为资本增加量，K 表示资本。可将式（9-35）可转化为技术条件下的资本，即有效资本量的改变量为：

$$\dot{\hat{k}} = \phi s\hat{y} - (n + \sigma + g)\hat{k} \qquad (9-36)$$

其中，g 为技术进步率，n 为人口增长率，$\hat{k}$ 为有效人均资本，$\hat{y}$ 为有效人均产出。

与本章第一节一样，本节假设产出函数是科布—道格拉斯生产函数，即：

$$Y = AK^\alpha (TL)^\beta \qquad (9-37)$$

在本章第一节中已经利用经验数据实证检验了 $\alpha + \beta = 1$，因而式（9-38）可转化为：

$$\hat{y} = A\hat{k}^\alpha \qquad (9-38)$$

把式（9-39）代入式（9-37）可得：

$$\dot{\hat{k}} = \phi sA\hat{k}^\alpha - (n + \sigma + g)\hat{k} \qquad (9-39)$$

当经济达到均衡状态时，必满足：$\dot{\hat{k}} = 0$，由式（9-39）可得稳态资本 $\hat{k}^*$。此时，有效人均产出为 $\hat{y}^*$，有效人均消费水平为：

$$\hat{c}^* = (1-s)\hat{y}^* \qquad (9-40)$$

索洛模型中的另一个假设是：储蓄率是外生的。如果去除这一假设，则当稳态有效人均消费在储蓄率内生的条件下达到最大化，即可得到有效人均消费和有效人均资本 K 的黄金律水平。因而，对稳态有效人均消费关于储蓄率 s 求导，由式（9-39）和式（9-40）可得：

$$\frac{\partial \hat{c}^*}{\partial s} = \left(A\alpha\hat{k}^{\alpha-1} - \frac{n + \sigma + g}{\phi}\right)\frac{\partial \hat{k}^*}{\partial s} \qquad (9-41)$$

当稳态有效人均消费关于储蓄率的一阶导数为 0 时，即可得到经济系统中的经济变量的黄金律水平，由式（9-41）可得有效人均资本的黄金律水平：

$$\hat{k}^*_{gold} = \left(\frac{\phi A\alpha}{n + \sigma + g}\right)^{\frac{1}{1-\alpha}} \qquad (9-42)$$

由式（9-38）、式（9-40）以及式（9-42）可得有效人均消费的黄金律水平：

$$\hat{c}^{*}_{gold} = A(1 - \alpha)\left(\frac{\phi A\alpha}{n + \sigma + g}\right)^{\frac{\alpha}{1-\alpha}} \qquad (9-43)$$

在第 4 章金融市场税收对宏观经济变量影响的分析中，分析了利息税、证券印花税对储蓄转化为投资比率的影响，因而由式（9－42）、式（9－43）可知，利息税率的调整以及证券印花税税率的调整会引起消费和资本的黄金律水平的变化。

假设金融市场税收调整前的储蓄转化投资的比率为 ϕ，金融市场税收调整后的储蓄转化投资的比率为 ϕ'。在第四章中，我们已经推导出如下关系式：

$$\phi = \frac{1 + SG}{1 + IG}\phi' \qquad (9-44)$$

由式（9－42）、式（9－43）和式（9－44）可得金融市场税收调整引起资本和消费的黄金律水平改变量，如式（9－45）和式（9－46）：

$$\Delta\hat{k}^{*}_{gold} = \left[1 - \left(\frac{1 + SG}{1 + IG}\right)^{\frac{1}{1-\alpha}}\right]\left(\frac{\phi' A\alpha}{n + \sigma + g}\right)^{\frac{1}{1-\alpha}} \qquad (9-45)$$

$$\Delta\hat{c}^{*}_{gold} = A(1 - \alpha)\left[1 - \left(\frac{1 + SG}{1 + IG}\right)^{\frac{\alpha}{1-\alpha}}\right]\left(\frac{\phi' A\alpha}{n + \sigma + g}\right)^{\frac{\alpha}{1-\alpha}} \qquad (9-46)$$

🌿 三、实证分析：中国金融市场税收对经济黄金律水平的影响

本节使用第六章测算出的数据（利息税、证券印花税的调整引起投资变动率以及储蓄变动率）以及本章第一节中的经验数据，根据式（9－46）和式（9－47），测算调整利息税、证券印花税税率引起消费和资本的黄金律水平的变化量。

（一）利息税对经济黄金律水平的影响

把利息税税率引起的储蓄变动率和投资变动率数据（如表 6－7 和表 6－23 所示）以及其他经验数据（见本章第一节第二部分里数据来源及说明）代入式（9－45）和式（9－46），可得调整利息税税率引起消费、资本的黄金律水平的变化量，如表 9－13 所示。

表 9－13　　　调整利息税税率引起消费、资本的黄金律水平的变化量

调整利息税税率对经济黄金律水平的影响	1999 年 11 月 1 日	2007 年 8 月 15 日	2008 年 10 月 9 日
	由 0 调整为 20%	由 20% 调整为 5%	由 5% 调整为 0
资本的黄金律水平变化量	－604.86 元	1 642 元	1 094 元
消费的黄金律水平变化量	－27.38 元	47.18 元	31.60 元

由表 9－13 可知，利息税税率调整引起了经济黄金律水平显著性地变化。具

体而言：（1）消费的黄金律水平与利息税税率呈反方向变化关系，即提高利息税税率导致消费的黄金律水平下降，降低利息税税率使得消费的黄金律水平提高。例如，1999 年开征利息税导致消费的黄金律水平下降了 27.38 元；2008 年利息税税率由 5% 下调为 0，使得消费的黄金律水平提高了 31.60 元。（2）资本的黄金律水平与利息税税率呈反方向变化关系，即提高利息税税率导致资本的黄金律水平下降，降低利息税税率使得资本的黄金律水平提高。例如，1999 年开征利息税导致资本的黄金律水平下降了 604.86 元；2007 年利息税税率由 20% 下调为 5%，使得资本的黄金律水平提高了 1 642 元。

（二）证券印花税对经济黄金律水平的影响

把证券印花税税率引起的储蓄变动率和投资变动率数据（如表 6 – 19 和表 6 – 24 所示）以及其他经验数据（见本章第一节第二部分里数据来源及说明）代入式（9 – 45）和式（9 – 46），可得调整证券印花税税率引起消费、资本的黄金律水平的变化量，如表 9 – 14 所示。

表 9 – 14   调整证券印花税税率引起消费、资本的黄金律水平变化量

证券印花税税率调整	资本的黄金律水平变化量（元）	消费的黄金律水平变化量（元）
1998 年由 5‰调为 4‰	131.69	5.65
1999 年由 4‰调为 3‰	87.49	3.99
2001 年由 3‰调为 2‰	129.60	5.86
2005 年由 2‰调为 1‰	231.89	8.41
2007 年由 1‰调为 3‰	− 561.47	− 16.07

由表 9 – 14 可知，调整证券印花税税率导致了经济黄金律水平变化。具体而言：（1）提高证券印花税税率使得消费的黄金律水平降低；反之，降低证券印花税税率导致消费的黄金律水平提高。例如，2005 年证券印花税税率由 2‰调为 1‰，使得消费的黄金律水平提高了 8.41 元；2007 年证券印花税税率由 1‰调为 3‰，导致消费的黄金律水平下降了 16.07 元。（2）提高证券印花税税率使得资本的黄金律水平降低；反之，降低证券印花税税率导致资本的黄金律水平提高。例如，2005 年证券印花税税率由 2‰调为 1‰，使得资本的黄金律水平提高了 231.89 元；2007 年证券印花税税率由 1‰调为 3‰，导致资本的黄金律水平下降了 561.47 元。（3）证券印花税对经济黄金律水平影响具有时期性，即证券印花税对经济黄金律水平影响大小因时期不同而存在差异。1998 年至 2005 年，4 次下调证券印花税税率引起经济黄金律水平的改变量不同：1999 年资本与消费的黄金律水平改变量最小，分别增加了 87.49 元、3.99 元；而 2005 年资本与消费的黄金律水平改变量最大，分别增加了 231.89 元、8.41 元。

❦ 四、本节基本结论

本节借助索洛模型，并放宽了索洛模型的两个假设条件，构建了金融市场税收影响经济黄金律水平的数理模型；利用经验数据，实证分析了金融市场税收对经济黄金律水平的影响。通过理论和实证分析，可得到以下基本结论：

（一）利息税对经济黄金律水平的影响

1. 消费的黄金律水平与利息税税率呈反方向变化关系

提高利息税税率导致了消费的黄金律水平降低，降低利息税税率使得消费的黄金律水平提高。

2. 资本的黄金律水平与利息税税率呈反方向变化关系

提高证券印花税税率导致了消费的黄金律水平降低，降低证券印花税税率使得消费的黄金律水平提高。

（二）证券印花税对经济黄金律水平的影响

1. 消费的黄金律水平与证券印花税税率呈反方向变化关系

提高证券印花税税率使得消费的黄金律水平降低；反之，降低证券印花税税率导致消费的黄金律水平提高。

2. 资本的黄金律水平与证券印花税税率呈反方向变化关系

提高证券印花税税率使得资本的黄金律水平降低；反之，降低证券印花税税率导致资本的黄金律水平提高。

3. 证券印花税对经济黄金律水平影响具有时期性

证券印花税对经济黄金律水平影响大小因时期不同而存在差异。1998 年至 2005 年，4 次下调证券印花税税率引起经济黄金律水平的改变量不同。

第十章 金融市场税收政策宏观经济效应
——基于中国收入再分配效应的实证分析 ※

在金融市场税收经济效应的宏观分析中，前几章主要从经济效率的角度分析了金融市场税收对经济变量、经济增长、经济周期波动以及稳态经济的影响，本章将从社会公平的角度，分析金融市场税收对收入再分配的影响。我们将在税收政策收入再分配效应研究的基础上，选取税负累进度和基尼系数作为衡量收入差距的指标，通过构建反映金融市场税收的收入再分配效应数理模型，实证检验中国金融市场税收政策的收入再分配效应。

第一节 文献综述：税收政策的收入再分配效应

目前金融市场税收的收入再分配效应研究较少，主要集中在利息税的税负公平研究，而且大多是采用定性分析。对证券印花税和股利所得税所产生的收入再分配效应研究几乎没有。研究个人所得税的收入再分配效应较多，近年来对流转税的收入再分配效应研究有所显现。

一、国外税收政策收入再分配效应的研究现状

国外学界从税收制度，税收结构以及各税种的角度，对税收的收入再分配效应进行研究，并形成了一定研究成果。爱德华多·恩格尔、亚历山大·加来托维奇和克劳迪奥·拉达茨（Eduardo M. R. A. Engel，Alexander Galetovic and Claudio E. Raddatz，1999）[1] 考察了智利税收政策对居民收入再分配影响以及税收结构变化所产生的收入再分配效应。研究结果表明，税收对居民收入再分配影响是存在的，但影响较小，税前基尼系数为0.448，税后的基尼系数为0.496；将个人所得税税率由18%提高到25%或者提高到20%后，会产生微小的收入再分配效应；政府依据转移支付需要来确定平均税率的大小对居民收入再分配具有重要意义。柯恩·卡米纳达和基斯·古兹瓦德（Koen Caminada and Kees Goudswaard，2001）[2] 通过模拟的方法，研究了荷兰个人所得税实行比例税率会引起税负累进度如何变化。研

① Eduardo M. R. A. Engel (1999), Alexander Galetovic and Claudio E. Raddatz. Taxes and income distribution in Chile: Some unpleasant redistributive arithmetic, Journal of Development Economics, Volume 50, Issue 3.

② Koen Caminada and Kees Goudswaard (2001). Does a Flat Rate Individual Income Tax Reduce Tax Progressivity? A Simulation for the Netherlands, Public Finance & Management, Volume 1, Issue 4.

究结果表明，个人所得税税负累进度取决于费用扣除标准的大小，在比例税率下收入弹性将降低 6%，基尼系数显示税负累进度降低了 4%。乔纳森·凯撒尔曼和罗恩祥（Jonathan R. Kesselman and Ron Cheung，2004）① 实证分析了加拿大税收制度对收入分配的影响。研究结果表明，个人所得税具有调节社会收入差距的作用。理查德·博德和埃里克·佐尔特（Richard M. Bird and Eric M. Zolt，2005）② 考察了发展中国家个人所得税的收入再分配作用。他们认为，发达国家个人所得税很好地起到了收入再分配的作用，但发展中国家个人所得税的收入再分配效应不显著。主要原因在于：发展中国家的个人所得税征税范围窄以及税率累进度不强，仅仅对工资薪金收入实行累进税率。詹姆斯·埃姆、菲茨罗伊茨和萨利·华莱士（James Aim，Fitzroy Lee and Sally Wallace，2005）③ 分析了 1978 ～ 1998 年联邦所得税的变化对收入再分配影响，联邦所得税的调整具有收入再分配效应，但个人所得税的结构对收入再分配影响有限。诺尔曼·基梅尔和奥利佛·莫里西（Norman Gemmell and Oliver Morrissey，2005）④ 考察了过去 20 年发展中国家税收结构改革对收入再分配的影响，结果发现，商品税税负具有累退性（比如韩国，穷人消费商品的税负更具累退性），对奢侈品（如小汽车、高档饮品以及酒）所征的商品税具有累进性，销售税税负比起进口税更具有累进性。卡拉奇·伯吉迪克和伯吉迪克和法里德·哈桑（Zeljko Bogetic and Fareed M. A. Hassan，2005）⑤ 利用保加利亚城镇和农村居民收入以及支出调查数据，实证分析了保加利亚所得税负担对收入再分配影响。结果表明，该所得税税负具有累进性，穷人的所得税平均税率为 1.4%，而富人所得税平均税率为 6%，城镇居民的个人所得税平均税率为 5.3%，农村居民的个人所得税平均税率为 2.4%，所得税对缩小居民收入差距起到了重要的作用。贾科莫·克罗尼莫、斯蒂芬·巴赫和维克多·斯泰纳（Giacomo Corneo，Stefan Bach and Viktor Steiner，2006）⑥ 利用德国 20 世纪 90 年代的个人税收收入数据，实证分析了德国所得税对收入再分配的影响。结果表明，尽管德国所得税实际税率明显低于法定税率，但所得税税负具有显著累进性；所得税对缩小居民收入差距起到了实质性的作

---

①　Jonathan R. Kesselman and Ron Cheung（2004）. Tax Incidence, Progressivity, and Inequality in Canada, Canadian Tax Journal, Volume 52, Issue 3.

②　Richard M. Bird and Eric M（2005）. Zolt. The limited role of the personal income tax in developing countries, Journal of Asian Economics, Volume 16, Issue 6.

③　James Aim, Fitzroy Lee and Sally Wallace（2005）. How Fair? Changes in Federal Income Taxation and the Distribution of Income, 1978 to 1998. Journal of Policy Analysis and Management, Volume 24, Issue 1.

④　Norman Gemmell and Oliver Morrissey（2005）. Distribution and Poverty Impacts of Tax Structure Reform in Developing Countries: How Little we Know, Development Policy Review, Volume 23, Issue 2.

⑤　Zeljko Bogetic and Fareed M. A. Hassan（2005）. Distribution of Income and the Income Tax Burden in Bulgaria, World Bank Policy Research Working Paper No. 1421.

⑥　Giacomo Corneo, Stefan Bach and Viktor Steiner（2006）. Top Incomes and Top Taxes in Germany, CESifo Working Paper No. 1641.

用。奥德·施耐德（Ondrej Schneider，2006）[①] 依据社会福利函数测算捷克共和国十个收入组的总税收负担。结果表明，穷人的总税负最轻，征税使得穷人收入减少10%，而最富的五个收入组居民收入减少达到了30%～40%；所得税具有累进性，消费税和增值税具有很高的累退性。赫维希·伊默沃尔、奥拉西奥·利维、乔斯·里卡多·诺盖拉、卡泰尔·多诺霍和罗赞尼·贝泽拉·德·西凯拉（Herwig Immervoll，Horacio Levy，José Ricardo Nogueira，Cathal O'Donoghue and Rozane Bezerra de Siqueira，2006）[②] 研究了巴西税收制度的收入再分配效应。研究结果表明，发达国家的税收制度具有很显著的收入再分配效应；巴西税收制度的收入再分配效应较弱，因为巴西大约85%的福利支出用在少数群体，使得调节整个国家的收入差距不显著。阿拉里·保罗斯和安德烈亚斯·佩茨尔（Alari Paulus and Andreas Peichl，2008）[③] 依据东欧国家越来越倾向于实施比例税率，模拟分析了比例税率对西欧国家收入不平等的影响。模拟结果表明，比例税率会加剧收入不平等，导致两极分化，但地中海国家实行比例税率将受益更多。

二、中国税收政策收入再分配效应的研究现状

（一）利息税的收入再分配效应

利息税税负的公平性和收入再分配效应一直是学界争论的焦点，形成两种对立学术观点：一种观点认为利息税具有调节收入差距作用；另一种观点认为利息税不但没有起到调节收入差距的作用，反而加剧了收入再分配不公平。

1. 利息税未起到调节居民收入差距的作用

阎坤、于树一[④]（2005）认为利息税税负体现出纵向不公平，未能起到调节收入差距作用。原因在于：利息税按利息所得实行比例税率课征，没有按照纳税量能负担原则征收，具有累退性，导致中低收入者的税负比高收入者的税负重，体现出了分配不公平；高收入者消费、投资能力高，易投资于比银行回报率高的行业，而中低收入者无法承受较高的风险，只能靠银行存款生息，从而导致利息税对收入差距具有反向调节作用。吴敬琏[⑤]（2006）认为，利息税加重了中低收入者的负担，不应开征利息税，应征收资本利得税。张永璟[⑥]（2007）从吉芬商品效应的角度，认为利息税具有严重损害穷人利益的吉芬效应，利息税主要来源

① Ondrej Schneider. Who Pays Taxes and Who Gets Benefits in the Czech Republic，Prague Economic Papers No. 2005/3，Last Revised（2006）.

② Herwig Immervoll，Horacio Levy，José Ricardo Nogueira，Cathal O'Donoghue and Rozane Bezerra de Siqueira（2006）. The Impact of Brazil's Tax-Benefit System on Inequality and Poverty，IZA Discussion Paper No. 2114.

③ Alari Paulus and Andreas Peichl（2008）. Effects of Flat Tax Reforms in Western Europe on Income Distribution and Work Incentives，IZA Discussion Paper No. 3721.

④ 阎坤、于树一：《利息税税率调整更有效》，载于《银行家》2005年第3期。

⑤ 吴敬琏：《不应征收利息税　应征收资本利得税》，载于《民营经济报》2006年4月22日。

⑥ 张永璟：《征收利息税严重损害穷人利益》，载于《北方经济时报》2007年4月18日。

于定期存款的利息收入，中低收入者是定期存款的基本群体，因而利息税的主要承担者是广大中低收入者，未能起到调节收入差距作用。邹婷婷、王翠平[①]（2007）认为，我国征收利息税对社会公平的调节作用不明显，利息税对中低收入者产生较大影响。易宪容[②]（2007）认为我国利息税失去了社会财富再分配功能，因为利息税的主要征收对象是中低收入者。焦建国[③]（2007）认为，普通工薪阶层的工资薪金被征收个人所得税后，消费结余部分存入银行再缴纳利息税，存在重复征税，加重了中低收入者的负担，利息税违背了公平性。雷和平[④]（2008）认为，由于中低收入者主要投资渠道是银行存款，而高收入者投资渠道多样化以及财产性收入多元化，征收利息税导致中低收入者的税负高于高收入者。

2. 利息税具有调节居民收入差距的作用

静思[⑤]（1999）认为利息税具有再分配功能，国家将利息税收入发放给贫困地区及居民，可以缩小居民收入差距，使之具有再分配的功能。高培勇[⑥]（2007）从不同收入阶层存款额的角度分析了利息税对收入再分配影响。他认为，占总人口 20% 的高收入者持有 80% 的银行存款，而 80% 的中低收入者只持有 20% 的银行存款，利息税收入主要来源于高收入者，因而利息税具有调节收入差距的作用。高培勇[⑦]（2007）从利息税支出的角度进一步分析了利息税具有调节收入差距作用，1999 年利息税开征之时，就将利息税收入定向用于对中低收入者生活补贴和中西部地区转移支付；从 2002 年开始，我国利息税实行了新的收入安排，利息税收入基本上是通过转移支付的方式支援不发达地区，缩小地区间收入差距。因而，从利息税收入用途的角度来看，利息税起到了缩小地区间收入差距的作用，即利息税具有收入再分配效应。贾学颖[⑧]（2008）从利息税支出的角度认为，利息税具有"抽肥补瘦"的作用，较好地起到了调节收入差距的作用，因为 1999 年利息税开征以来就将利息税收入集中用于增加下岗职工生活补贴、提高城镇居民最低生活保障水平及增加农村扶贫资金等，2002 年实行所得税分享改革后，将利息税收入全部用于对中西部地区进行转移支付，缩小地区间差距。冯源、罗胜[⑨]（2008）使用北京城市居民生活状况的统计数据，测定

① 邹婷婷，王翠平：《利息税实施效果评价与改革思路》，载于《中南财经大学研究生学报》2007年第 4 期。

② 易宪容：《利息税调整有益于利益关系和谐》，载于《北京日报》2007 年 7 月 23 日。

③ 焦建国：《利息税存废：何去何从?》，载于《中国经济时报》2007 年 7 月 24 日。

④ 雷和平：《建议取消或暂停征收利息税》，载于《金融时报》2008 年 3 月 12 日。

⑤ 静思：《开征利息税是一种再分配》，载于《企业改革与管理》1999 年第 10 期。

⑥ 高培勇：《拨开利息税存废纷争的重重烟云——告诉你一个真实的利息税》，载于《中国财经报》2007 年 7 月 26 日。

⑦ 高培勇：《全面、正确地认识利息税》，载于《中国社会科学院报》2007 年 8 月 2 日。

⑧ 贾学颖：《利息税暂免符合国家调控需要》，载于《中国财经报》2008 年 10 月 11 日。

⑨ 冯源、罗胜：《我国利息税税负累进程度分析——以北京地区为例》，载于《税务与经济》2008年第 2 期。

了我国利息税税负的累进性，他们认为利息税率为 20% 比 5% 更具有累进性，20% 的利息税税率具有一定累进性，在调节公平方面起到了一定的作用，但实行 5% 的利息税税率削弱了利息税税负累进性，并提出提高利息税税率具有强化利息税的收入再分配功能。钟伟①（2006）认为储蓄作为金融产品不断增值，其资本收益就应该被征税，他反对"取消利息税，利息税应实行累进税率，对富人多征收，对穷人少征收"的观点，因为富人的银行储蓄账户余额比较高，他们所缴纳的利息税本身就比普通百姓要多，从这一点来看，征收利息税具有调节收入差距功能。

（二）个人所得税的收入再分配效应

国内对个人所得税的收入再分配效应研究颇多，大多通过定性或者计算基尼系数的方法进行研究。目前学术界对个人所得税的收入再分配效应存在两种相反的观点：

1. 个人所得税未起到调节居民收入差距的作用

胡鞍钢②（2002）认为，由于存在大量的隐形收入无法计算，使得个人所得税收入流失严重，导致实际税率较低，进而个人所得税没有起到对高收入者依法征税、调节贫富收入差距的作用。黄祖辉、王敏、万光华③（2003）从区域角度出发，考察了转移性收入对我国居民收入差距的影响，研究结果表明，我国现阶段的转移性收入不但没有起到调节居民收入差距作用，反而加剧了居民收入差距。原因在于：区域经济发展水平的差异，导致地方财政收入差距较大，发达地区地方财政收入充裕，因而对居民转移性支出比较高，使得地区间居民收入差距扩大。张文春④（2005）认为发展中国家的个人所得税对居民收入差距调节几乎不起作用，我国个人所得税调节居民收入差距效果不显著，并建议对低收入者采取财政支出计划和其他措施。张斌⑤（2006）依据现行的税制结构，分析了税收制度对收入再分配的影响。他认为，增值税具有累退性，不利于调节居民收入差距；选择性课征的消费税具有显著的收入再分配效应；个人所得税不但没有起到调节收入差距作用，反而加重了低收入者的税负；由于没有开征遗产税与赠与税，使得财产税调节居民收入差距不显著，税收征管水平不高导致税收收入再分配效应较弱。蒋晓蕙、刘广洋⑥（2007）认为我国现行个人所得税制要素的不足制约了其收入再分配作用，分类制所得税制模式、税率结构不合理、费用扣除标准不合理以及公司所得税与股息所得的个人所得税

① 钟伟：《不可能取消利息税》，载于《证券时报》2006 年 6 月 4 日。
② 胡鞍钢：《加强对高收入者个人所得税征收调节居民贫富收入差距》，载于《财政研究》2002 年第 10 期。
③ 黄祖辉、王敏、万光华：《我国居民收入不平等问题：基于转移性收入角度的分析》，载于《管理世界》2003 年第 3 期。
④ 张文春：《个人所得税与收入分配》，载于《税务研究》2005 年第 11 期。
⑤ 张斌：《税收制度与收入分配》，载于《税务研究》2006 年第 8 期。
⑥ 蒋晓蕙、刘广洋：《强化个人所得税调节收入分配功能》，载于《税务研究》2007 年第 6 期。

重复征税等因素，导致个人所得税税负不公平。徐进①（2008）认为调高费用扣除标准能否对居民收入差距起到调节作用，取决于其他相关条件，比如税率的级距和税率的高低。

2. 个人所得税具有调节收入差距的作用

王亚芬、肖晓飞、高铁梅②（2007）采用人均全年收入作为个人所得税税前收入，人均可支配收入作为个人所得税调节后收入，近似计算个人所得税税前和税后的基尼系数，考察个人所得税对我国居民收入差距的调节作用。研究结果表明：2002年以前个人所得税平均税率与收入之间呈反向变化关系，即个人所得税没有起到调节居民收入差距的效果；但2002年后，个人所得税调节收入差距的效果较为明显；提高个人所得税的费用扣除标准，将会提高中低收入者的可支配收入，个人所得税在总量持续增长的情况下调节居民收入差距作用越来越明显。张世伟、万相昱③（2008）通过构建个人所得税制的微观模拟模型，应用吉林省统计局调查的城镇居民收入数据，模拟计算出的基尼系数表明：2006~2008年个人所得税调节居民收入差距作用显著，个人所得税制度起到了调节城镇居民收入差距作用，随着居民收入持续增长和收入差距持续扩大，个人所得税制度调节居民收入差距的功能不断增强，但个人所得税制度对高收入群体税后收入抑制力和对低收入群体税后收入扶持力具有下降趋势。付广军④（2009）分析了个人所得税的工资薪金所得费用扣除标准提高、减少税率级次和降低边际税率对居民收入再分配影响，通过设置9级收入计算不同费用扣除标准、边际税率以及税率级次下的平均税负水平。计算结果表明，费用扣除标准提高，平均税负下降，低收入阶层居民的平均税负下降更明显，提高费用扣除标准有利于调节居民收入差距；若不提高费用扣除标准，仅仅减少税率级次和降低边际税率，则高收入阶层居民平均税负下降更明显，不利于调节居民收入差距；若提高费用扣除标准同时降低边际税率和减少税率级次，则会使得高收入和低收入阶层居民的平均税负都降低。潘雷驰⑤（2009）运用个人所得税税负率作为税收征收力度指标，实证考察了税收征收力度对收入再分配的影响。研究结果表明，个人所得税征收强度增大，居民收入差距就会减小，但2002年以后，个人所得税未能实现调节居民收入差距的功能。李延辉、王碧珍⑥（2009）运用基尼系数反映居民收入差距，考察个人所得税调节城镇居民收入再分配效应，采用人均全年收入作为个人所得税

① 徐进：《论个人所得税的费用扣除标准变化的调节作用》，载于《当代经济研究》2008年第5期。

② 王亚芬、肖晓飞、高铁梅：《我国收入分配差距及个人所得税调节作用的实证分析》，载于《财贸经济》2007年第4期。

③ 张世伟、万相昱：《个人所得税制度的收入分配效应——基于微观模拟的研究途径》，载于《财经科学》2008年第2期。

④ 付广军：《中国个人所得税收入分配的效应分析》，载于《扬州大学税务学院学报》2009年第6期。

⑤ 潘雷驰：《我国个人所得税调节收入差距效用的实证分析》，载于《税务研究》2009年第3期。

⑥ 李延辉、王碧珍：《个人所得税调节城镇居民收入分配的实证研究》，载于《涉外税务》2009年第1期。

税前收入，人均可支配收入作为个人所得税调节后收入，计算出个人所得税税前和税后的基尼系数。研究结果表明：1994～2001 年我国个人所得税对城镇居民收入差距起到了逆向调节作用，个人所得税扩大了城镇居民收入差距，尤其1994～1996 年个人所得税对城镇居民收入差距逆向调节作用比较明显；2002～2007 年个人所得税对城镇居民收入差距起到了正向调节作用，个人所得税缩小了城镇居民收入差距。

（三）流转税的收入再分配效应

通常来说，流转税具有累退性，但有些学者通过数据计算，得出结论并非完全如此。刘怡、聂海峰[1]（2004）利用广东省城镇住户调查数据，分析了增值税、消费税和营业税对居民收入再分配的影响，发现增值税和消费税具有累退性，而营业税具有弱累进性。但由于计算消费税对收入再分配影响时，没有考虑汽车和汽油的消费税，因而计算出消费税具有累退性值得进一步考量。王剑峰[2]（2004）通过计算流转税在城镇居民收入组之间的税负，研究流转税调节居民收入差距的作用。研究结果表明，我国城镇居民低收入阶层流转税负高于高收入阶层流转税税负，流转税扩大了居民收入差距。聂海峰、刘怡[3]（2009）利用统计数据计算增值税转型前后不同居民收入之间税收负担以及基尼系数，分析了增值税转型对居民收入再分配的影响。结果表明，无论是生产型增值税还是消费型增值税，都具有累退性，增值税转型后所有居民税收负担降低了，但对居民收入分配不平等的影响不显著。刘怡、聂海峰[4]（2009）利用 1995～2006 年的数据，考察了城镇居民不同收入组人均负担的增值税、营业税占收入比例，以及对收入再分配的影响。研究结果表明，增值税具有累退性，营业税具有累进性；增值税恶化了收入再分配，扩大了收入不平等，营业税在一定程度上缩小了收入差距；随着居民收入增加和收入不平等的程度提高，以及流转税占总收入比例下降，使得流转税对居民收入不平等的影响程度降低。平新乔、梁爽、郝朝艳、张海洋、毛亮[5]（2009）利用城镇居民不同收入组的数据，通过消费支出数据计算增值税和营业税对居民的福利损失。其结果表明，增值税和营业税都具有公平性质，税收对富人福利影响相对较大；从每个收入阶层来看，目前对商品或服务征收营业税所产生福利效应要大于只对商品或服务征收增值税所产生的福利效应。

李绍荣、耿莹[6]（2005）利用柯布—道格拉斯生产函数作为数理模型，从税

① 刘怡、聂海峰：《间接税负担对收入分配的影响分析》，载于《经济研究》2004 年第 5 期。

② 王剑峰：《流转税影响个人收入分配调节的分析研究——以我国城镇居民支出结构为考察基础》，载于《财经研究》2004 年第 7 期。

③ 聂海峰、刘怡：《增值税转型对收入分配的影响》，载于《税务研究》2009 年第 8 期。

④ 刘怡、聂海峰：《增值税和营业税对收入分配的不同影响研究》，载于《财贸经济》2009 年第 6 期。

⑤ 平新乔、梁爽、郝朝艳、张海洋、毛亮：《增值税与营业税的福利效应研究》，载于《经济研究》2009 年第 9 期。

⑥ 李绍荣、耿莹：《中国的税收结构、经济增长与收入分配》，载于《经济研究》2005 年第 5 期。

收结构的角度，把流转税、所得税、资源税、财产税、特定目的税以及行为税税收收入与总税收收入的比重作为变量，应用计量方法，考察了税收结构的收入再分配效应。研究结果表明，尽管实证结果不能判别流转税是否具有累退性以及流转税会加大收入分配的不公平，但可以断定资源税对收入再分配效应大于流转税的收入再分配效应；财产税和所得税不但没有起到调节社会公平作用，反而加剧了社会不公平；而特定目的税和行为税起到了调节社会公平的作用。赵震宇、白重恩①（2007）采用数据模拟的方法，分析了农业税对居民收入差距的影响。研究结果表明农业税不利于调节城乡居民收入差距，对农产品实行税收补贴政策有利于调节居民收入差距，减缓城乡居民收入差距。

🌾 三、简短评价

纵观国内外的研究文献，税收政策能否起到调节收入差距作用为学界所关注，但是有关金融市场税收政策的收入再分配效应研究较少。国外基本上采用实证研究的方法，分析了税收制度、税收结构、比例税率、累进税率、消费税以及所得税的收入再分配效应，形成了一定的研究成果。从现有的国内文献，可以得到以下结论：

（一）利息税的收入再分配效应存在很大争论

目前利息税的收入再分配效应存在两种观点：一种观点认为利息税不具有调节收入差距的作用（比如阎坤，于树一）。支持此种观点的学者大多采用定性的分析，他们认为，利息税实行比例税率，具有累退性，中低收入者主要以银行存款为投资方式，而高收入者投资渠道多样化，存在隐性收入未被征税，甚至存在偷漏税的现象，导致了中低收入者的税负相对较重。另一种观点却认为利息税具有调节收入差距的作用。支持此种观点的学者大多从利息税收入和支出的角度进行分析，他们认为，占总人口20%的高收入者持有80%的银行存款，而占总人口80%的中低收入者仅持有20%的银行存款，利息税收入主要来源于高收入者，从而可起到调节收入差距的作用；另外我国利息税收入主要通过转移支付的方式支援贫困人员以及中西部不发达地区，从而可调节地区间居民收入差距。

（二）个人所得税的收入再分配效应存在很大争论

个人所得税能否调节收入差距存在很大的分歧。一种观点认为个人所得税不具有调节收入差距的效应。他们采用定性分析的方法，认为我国个人所得税的税制模式和税收征管水平低导致了个人所得税起不到调节收入差距的作用。另一种观点却认为个人所得税具有调节收入差距的作用。他们采用实证分析的方法，通过计算每个收入组的平均税率以及基尼系数，结果表明我国个人所得税从2002年以后起到了调节收入差距的作用。

---

① 赵震宇、白重恩：《政府税收对中国城乡居民人均收入差距的影响》，载于《中国软科学》2007年第11期。

（三）流转税的收入再分配效应

近来，流转税对收入再分配的影响受到学界的关注，他们通过计算流转税征收前后的基尼系数，得出结论：增值税和消费税税负具有累退性，扩大了居民收入的差距，营业税起到了调节收入差距的作用。

不难看出，税收政策的收入再分配效应研究取得了一些成果，但利息税和个人所得税的收入再分配效应存在很大争论。尤其利息税的收入再分配效应存在很大分歧。我们认为主要原因在于，现行的研究大多局限于定性分析，得出的结论很难令人折服，利息税是否具有收入再分配效应，还需要进一步实证检验。另一方面，证券印花税和股利所得税的收入再分配效应研究还相当匮乏，本章力图推进这一领域的实证研究。

第二节　数理模型：金融市场税收的收入再分配效应

本章把税负累进度和税前税后基尼系数作为衡量收入分配变化指标，从而构建反映金融市场税收收入再分配效应的数理模型。税负累进度能够从结构方面反映金融市场税收对收入再分配的影响，它体现了税率随着收入增加而变化，可以衡量征税对每个收入组之间收入差距变化；而基尼系数能够从整体方面反映课税对收入再分配的影响。因此，采用这两个指标能够全面地反映金融市场税收的收入再分配效应。

🌿 一、结构视角：金融市场税收的税负累进性

税收累进性是指纳税人实际承担税收负担随收入数额增加而提高的程度。衡量税收累进度的指标有应纳税额、平均税率和边际税率。通常以平均税率来界定税收累进性。如果一种税的平均税率随着收入增加而上升，则该税具有累进性；反之，若平均税率随着收入的增加而下降，则该税具有累退性。有些学者以边际税率来界定税收的累进性，边际税率是收入变化时应纳税额的变化，若一种税的边际税率随着收入提高而提高，则该税就具有累进性，反之则具有累退性。本章的税负累进性是以平均税率作为界定指标，即一种税的平均税率随着收入增加而上升，则认为该税具有累进性。

假设 1：低收入组 i 缴纳金融市场税收分别为：利息税为 T_{lxi}，证券印花税 T_{yhi}，股利所得税 T_{ghi}；高收入组 j 缴纳金融市场税收分别为：利息税为 T_{lxj}，证券印花税 T_{yhj}，股利所得税 T_{ghj}。

假设 2：高收入组 j 的可支配收入为 Y_j，缴纳金融市场税收数额为 T_j，则高收入组金融市场税收的平均税率为 T_j/Y_j；低收入组 i 的可支配收入为 Y_i，缴纳金融市场税收数额为 T_i，则低收入组金融市场税收的平均税率为 T_i/Y_i。

由平均税率可得到金融市场税收的税负累进性。税收累进度是衡量一种税累进性的强弱，若随着收入增加，平均税率上升的越多，则该税的累进性就越强。

用 v 表示税收累进度，则

$$v = \frac{\dfrac{T_{lxj} + T_{yhj} + T_{ghj}}{Y_j} - \dfrac{T_{lxi} + T_{yhi} + T_{ghi}}{Y_i}}{Y_j - Y_i} \qquad (10-1)$$

式（10-1）反映了金融市场税收的累进度，若 $\dfrac{T_{lxj} + T_{yhj} + T_{ghj}}{Y_j} > \dfrac{T_{lxi} + T_{yhi} + T_{ghi}}{Y_i}$，

说明金融市场税收具有累进性，即收入越高平均税率越高，因而金融市场税收具有收入再分配效应；若 $\dfrac{T_{lxj} + T_{yhj} + T_{ghj}}{Y_j} < \dfrac{T_{lxi} + T_{yhi} + T_{ghi}}{Y_i}$，说明金融市场税收具有累退性，即收入越高平均税率越低，因而金融市场税收具有调节收入差距负效应。就具体的税种来看，若 $\dfrac{T_{lxj}}{Y_j} > \dfrac{T_{lxi}}{Y_i}$，则利息税具有累进性，利息税平均税率随着收入提高而上升，因而利息税具有收入再分配的正效应；反之，若 $\dfrac{T_{lxj}}{Y_j} < \dfrac{T_{lxi}}{Y_i}$，则利息税具有累退性，利息税平均税率随着收入提高而下降，因而利息税具有收入再分配的负效应。若 $\dfrac{T_{yhj}}{Y_j} > \dfrac{T_{yhi}}{Y_i}$，则证券印花税具有累进性，证券印花税平均税率随着收入调高而上升，因而证券印花税具有收入再分配的正效应；反之，若 $\dfrac{T_{yhj}}{Y_j} < \dfrac{T_{yhi}}{Y_i}$，则证券印花税具有累退性，证券印花税平均税率随着收入调高而下降，因而证券印花税具有收入再分配的负效应。若 $\dfrac{T_{ghj}}{Y_j} > \dfrac{T_{ghi}}{Y_i}$，则股利所得税具有累进性，股利所得税的平均税率随着收入提高而上升，因而股利所得税具有收入再分配的正效应；反之，若 $\dfrac{T_{ghj}}{Y_j} < \dfrac{T_{ghi}}{Y_i}$，则股利所得税具有累退性，股利所得税的平均税率随着收入提高而下降，因而股利所得税具有收入再分配的负效应。

二、整体视角：金融市场税收的收入再分配效应

衡量税收政策收入再分配效应的方法很多，本章将采用基尼系数作为衡量指标。由于计算基尼系数必然在洛伦兹曲线的基础上，因而，我们将从洛伦兹曲线着手，通过基尼系数来反映金融市场税收收入再分配效应。洛伦兹曲线刻画的是人口累计比率与收入累计比率之间关系，它反映收入不平等的程度。

假设3：个人收入为 Y，整个社会平均收入为 $\bar{Y}$；收入累计比率关于人口累计比率的密度函数为 $f(Y)$；人口累计比率为 $P(0 < P < 1)$，每个 P 都有唯一的收入 Y 与之对应，即

$$P = F(Y) \qquad (10-2)$$

用 $L(P)$ 表示洛伦兹曲线（$L(0) = 0, L(1) = 1$）从而可得洛伦兹曲线为：

$$L(P) \ = \ \int_0^{F^{-1}(P)} \frac{Yf(P)}{\overline{Y}} \, dP \qquad\qquad (10-3)$$

假设 4：金融市场税收征收前的洛伦兹曲线用 $L(P)$ 表示，$P = F(P)$，则式（10-3）表示金融市场税收征收前的洛伦兹曲线表达式；金融市场税收征收后的洛伦兹曲线为 $L_T(P)$，$P = F_T(P)$，收入累计比率关于人口累计比率的密度函数为 $f_T(Y)$。从而可得金融市场税收征收后的洛伦兹曲线为：

$$L_T(P) \ = \ \int_0^{F_T^{-1}(P)} \frac{Yf_T(P)}{\overline{Y}} \, dP \qquad\qquad (10-4)$$

式（10-3）和式（10-4）可以有效地比较金融市场税收征收前后的收入分配状况，若 $L(P) < L_T(P)$，则金融市场税收起到了调节收入差距的作用；反之，若 $L(P) > L_T(P)$，则金融市场税收不但没有起到缩小收入差距的作用，反而扩大了居民收入差距。

假设 5：金融市场税收征收前基尼系数用 G 表示，金融市场税收征收后基尼系数用 G_T 表示。

基尼系数是衡量收入分配的标准指标，它是由洛伦兹曲线推理而得，由式（10-3）和式（10-4）可得金融市场税收征收前后的基尼系数，分别为：

$$G \ = \ 1 \ - \ 2 \int_0^1 \int_0^{F^{-1}(P)} \frac{Yf(P)}{\overline{Y}} \, dP dP \qquad\qquad (10-5)$$

$$G_T \ = \ 1 \ - \ 2 \int_0^1 \int_0^{F_T^{-1}(P)} \frac{Yf_T(P)}{\overline{Y}} \, dP dP \qquad\qquad (10-6)$$

由式（10-5）和式（10-6）可知，若 $G_T < G$，则金融市场税收具有收入再分配的正效应，即金融市场税收起到了缩小居民收入差距的作用；反之，若 $G_T > G$，则金融市场税收具有收入再分配的负效应，即金融市场税收不但没有起到缩小居民收入差距作用，反而扩大了收入差距。

第三节　实证分析：中国金融市场税收的收入再分配效应

一、实证研究设计

（一）样本的选择与数据来源

与第七章一样，选取开征完整年度的利息税收入数据作为利息税样本期。为便于比较，证券印花税以及股利所得税样本期的选择和利息税一样。本章样本期选择是 2000～2007 年。

样本数据为 2000～2007 年的年度数据。2000～2004 年城镇可支配收入数据来源于《中国价格及城镇居民收支调查》，2005～2007 年城镇可支配收入、总收入数据来源于《中国城市（镇）生活与价格年鉴》。城镇居民分组的利息税数据是根据《中国价格及城镇居民收支调查》和《中国城市（镇）生活与价格年鉴》中利息所得计算而得，股利所得税分组数据是根据《中国价格及城镇居民收支调查》和《中国城市（镇）生活与价格年鉴》中股息、红利所得计算而得，① 股利所得税年度数据来源于《中国税务年鉴》；证券印花税分组数据是根据股利所得税分组数据计算而得，证券印花税年度数据来源于《中国证券期货统计年鉴》。由于农村居民涉及的证券印花税和股利所得税较少，因而本章仅仅考察证券印花税、股利所得税对城镇居民收入再分配的影响。农村分组利息税数据是根据可支配收入减去消费支出后的余额作为储蓄，根据一年期平均利率计算出利息所得，再乘以利息税税率，从而得到农村居民分组的利息税数据。2002 ~ 2007 年农村居民可支配收入和消费支出数据来源于《中国统计年鉴》。

（二）变量的选择

本章选取平均税率累进度以及税前、税后基尼系数作为衡量收入分配变化的指标，所涉及变量指标为：利息税平均税率，证券印花税平均税率，股利所得税平均税率；利息税税前基尼系数，利息税税后基尼系数；证券印花税税前基尼系数，证券印花税税后基尼系数；股利所得税税前基尼系数，股利所得税税后基尼系数。

（三）方法的选择

本章利用相关数据，通过数学计算的方法，分别计算出各税种在不同收入组的平均税率以及各税种税前、税后的基尼系数，通过比较分析，实证考察金融市场税收的收入再分配效应。

🌾 二、结构视角：中国金融市场税收的税负累进性

通过计算各收入阶层的平均税率，考察不同收入组之间的税负累进度，税负累进度体现了计税收入的再分配力度。因而接下来将通过计算不同收入组之间的平均税率，比较税负累进度，反映出金融市场税收的收入再分配效应。

（一）结构视角：中国利息税的税负累进性

1. 利息税在城镇居民收入组之间的税负累进性

利用《中国价格及城镇居民收支调查》和《中国城市（镇）生活与价格年鉴》中的利息所得数据，经过数据处理可得到城镇居民利息税的平均税率② （如表 10 - 1）。

---

① 2005 年 6 月财政部下发《财政部、国家税务总局关于股息红利个人所得税有关政策的通知》，对证券投资基金从上市公司分配取得的股息红利所得由原来 20% 所得税率，减按 50% 征收。因而 2005 年的股息红利所得税计算采用加权平均税率为 15%，2005 年以前的股息红利所得税按 20% 的税率计算，而 2006 年、2007 年的股息红利所得税按股息、红利所得征收 10% 的个人所得税计算而得。

② 2007 年 8 月利息税的税率由 20% 调整为 5%，在计算 2007 年利息税的平均税率时，我们采用加权平均的方法先计算 2007 年的总的利息税税率水平，按照银行计算利息一年为 360 天的标准，通过计算得出 2007 年利息税的加权平均税率为 14%，本章测算 2007 年的利息税在不同收入组之间的累进性以及税后基尼系数时均采用加权平均税率为 14% 进行测算的。

表 10 – 1　　　　　　　　　城镇居民利息税的平均税率（%）

年份	最低收入户	低收入户	中等偏下收入户	中等收入户	中等偏上收入户	高收入户	最高收入户
2000	0.0253	0.0363	0.0474	0.0529	0.0633	0.0789	0.1433
2001	0.0268	0.0221	0.0337	0.0418	0.0493	0.0674	0.0947
2002	0.0203	0.0198	0.0281	0.0338	0.0356	0.0535	0.0686
2003	0.0138	0.0155	0.0209	0.0318	0.0409	0.0461	0.0788
2004	0.0167	0.0126	0.0231	0.0304	0.0366	0.0473	0.0487
2005	0.0157	0.0141	0.0188	0.0312	0.0391	0.0438	0.0507
2006	0.014	0.0178	0.0233	0.0271	0.0428	0.0443	0.0676
2007	0.0142	0.0139	0.0196	0.0237	0.0249	0.0374	0.048

　　由表 10 – 1 可知，利息税的平均税率在城镇居民不同收入组之间具有累进性，这说明了利息税对城镇居民具有收入再分配效应。利息税对城镇居民的收入再分配效应体现在以下几方面：（1）利息税的平均税率在城镇居民不同收入组间具有累进性。1999 年 11 月开征利息税以来，我国城镇最高收入组和中等收入组利息税平均税率都高于低收入组利息税平均税率。例如，2000 年最高收入组与最低收入组利息税平均税率之差为 0.118%，中等收入组与低收入组利息税平均税率之差为 0.0166%。可见，利息税的平均税负在我国城镇居民不同收入组之间累进程度比较高。（2）利息税对城镇居民的收入再分配效应具有时期性。由表 10 – 1 可知，2000 ~2007 年间利息税在城镇不同收入组之间的平均税率不同，平均税率的累进度也不同。2000 年利息税对城镇居民的税负累进度最高，2004 年利息税平均税率的累进度相对最低，最高收入组与最低收入组利息税平均税率之差为 0.032%，中等收入组与低收入组利息税平均税率之差为 0.0178%。造成利息税的收入再分配效应具有时期性，主要原因在于利率的调整，居民收入变化，以及消费倾向随着时间变化，因而造成利息税的收入再分配效应在不同年份其大小不同。（3）降低利息税率削弱了利息税对城镇居民的收入再分配效应。2007 年我国利息税率由 20% 调整为 5%，按照 20% 的利息税率本章测算 2007 年城镇居民利息税的平均税率（如表 10 – 2）。由表 10 – 2 和表 10 – 1 可知，2007 年利息税率调整为 5%，使得最低收入组至最高收入组的利息税平均税率分别降低了 0.0081%、0.0051%、0.0121%、0.0165%、0.0208%、0.0125%、0.0388%，利息税率降低使得最高收入组平均税率降低的最多，这说明利息税率降低受益最大的是最高收入组居民。若 2007 年利

息税率为 20％的情况下，最高收入组与最低收入组的利息税平均税率之差为 0.0645％，中等收入组与低收入组的利息税平均税率之差为 0.0212％；然而利息税率由 20％调整为 5％后，最高收入组与最低收入组的利息税平均税率之差为 0.0338％，中等收入组与低收入组的利息税平均税率之差为 0.0098％。可见，利息税率降低后，平均税率累进度也降低了。因而，降低利息税率削弱了利息税对城镇居民的收入再分配效应。

表 10-2　　　　　　　**利息税率为 20％时城镇居民的平均税率**　　　　单位：%

年份	最低收入户	低收入户	中等偏下收入户	中等收入户	中等偏上收入户	高收入户	最高收入户
2007	0.0223	0.019	0.0317	0.0402	0.0457	0.0499	0.0868

2. 利息税在农村居民收入组之间的税负累进性

根据《中国统计年鉴》本文测算出了农村不同收入组利息税平均税率，[①] 从而考察利息税在农村不同收入组之间的平均税率累进度。由于无法获得 2002 年以前农村居民五等分组的数据，因而只测算了 2002 年至 2007 年利息税平均税率，测算结果如表 10-3 所示。

表 10-3　　　　　　　　**农村居民利息税的平均税率**　　　　单位：%

年份	低收入户	中低收入户	中等收入户	中高收入户	高收入户
2002	0	0.0619	0.0969	0.1258	0.1642
2003	0	0.0576	0.096	0.1282	0.1649
2004	0	0.0575	0.0987	0.1292	0.1641
2005	0	0.0235	0.0826	0.1264	0.1832
2006	0	0.0387	0.0867	0.1286	0.1774
2007	0	0.0388	0.0882	0.1264	0.1737

---

①　学界研究利息税的公平性时，普遍认为农村居民投资比较单一，主要通过储蓄存款来获得利息所得。根据我们调查显示，农村居民投资股票市场很少，因而我们在测算农村不同收入组利息税的平均税率时，按银行一年期利息进行测算不同收入组的利息税额，从而测算出不同收入组利息税的平均税率。利用居民可支配收入减去消费支出，得出居民储蓄额，利用一年期利率测算居民利息收入，再乘以对应的利息税率，利息税计算使用银行计算利息的算法进行测算，一年使用 360 天，每个月照 30 天计算，一年内若有利息税率调整，利息税计算按照利息税率调整前后加权平均税率计算。

由表 10-3 可知，利息税平均税率在农村不同收入组之间具有明显累进性，这说明了利息税对农村居民具有显著的收入再分配效应。利息税对农村居民的收入再分配效应体现在以下几方面：（1）利息税平均税率在农村不同收入组间具有很强的累进性。我国农村高收入组、中高收入的利息税平均税率均高于低收入组、中低收入组的利息税平均税率。例如，2002 年高收入组与低收入组利息税平均税率之差为 0.1642%，中高收入组与中低收入组利息税平均税率之差为 0.0639%。可见，利息税的平均税率在我国农村不同收入组之间累进程度比较高。（2）利息税对农村居民的收入再分配效应具有时期性。由表 10-3 可知，2002～2007 年间利息税在农村不同收入组之间的平均税率不同，平均税率累进度也不同。2005 年利息税对农村居民的税负累进度最高，2004 年利息税平均税率累进度相对最低，2004 年高收入组与低收入组利息税平均税率之差为 0.1641%，中高收入组与中低收入组利息税平均税率之差为 0.0717%。（3）降低利息税率削弱了利息税对农村居民的收入再分配效应。2007 年我国利息税率由 20% 调整为 5%，按照 20% 的利息税率本文测算 2007 年农村居民利息税的平均税率（如表 10-4）。由表 10-3 和表 10-4 可知，2007 年利息税率调整为 5%，使得低收入组至高收入组的利息税平均税率分别降低了 0、0.0167%、0.0378%、0.0541%、0.0745%，利息税率降低使得高收入组的平均税率降低的最多，这说明利息税率降低受益最大的是高收入组居民。2007 年利息税率为 20% 的情况下，高收入组与低收入组的利息税平均税率之差为 0.2482%，中高收入组与中低收入组的利息税平均税率之差为 0.125%；然而利息税率由 20% 调整为 5% 后，高收入组与低收入组的利息税平均税率之差为 0.1737%，中高收入组与中低收入组的利息税平均税率之差为 0.0876%。可见，利息税率降低后，平均税率累进度也降低了。因而，降低息税率削弱了利息税对农村居民的收入再分配效应。

表 10-4　　　　　　利息税率为 20% 时农村居民的平均税率　　　　　单位:%

年份	低收入户	中低收入户	中等收入户	中高收入户	高收入户
2007	0	0.0555	0.126	0.1805	0.2482

（二）结构视角：中国证券印花税的税负累进性

由于农村居民投资股票市场较少，因而本节未考虑证券印花税在农村不同收入组的平均税率累进度，本节测算了证券印花税在城镇不同收入组的平均税率，反映了证券印花税的平均税率累进性，测算结果如表 10-5 所示。

表 10 - 5　　　　　　　　　　城镇居民证券印花税的平均税率　　　　　　　　单位:%

年份	最低收入户	低收入户	中等偏下收入户	中等收入户	中等偏上收入户	高收入户	最高收入户
2000	0.192	0.1755	0.2008	0.3003	0.3335	0.5511	1.0707
2001	0.0517	0.0474	0.0886	0.0865	0.1156	0.1898	0.3721
2002	0.0258	0.0276	0.042	0.0461	0.0585	0.078	0.1392
2003	0.0157	0.0208	0.0284	0.0451	0.065	0.1046	0.1698
2004	0.022	0.0291	0.0407	0.0563	0.0635	0.1219	0.1768
2005	0.0063	0.0045	0.0114	0.0103	0.0162	0.0242	0.0403
2006	0.0043	0.0179	0.0124	0.0209	0.0296	0.0385	0.0841
2007	0.0684	0.1224	0.1329	0.2295	0.3193	0.4433	1.1304

　　由表 10 - 5 可知，证券印花税平均税率在城镇不同收入组之间具有累进性，说明证券印花税具有收入再分配的正效应。具体而言：（1）证券印花税的平均税率在城镇不同收入组之间具有显著累进性。2007 年证券印花税的平均税率累进度最显著，最高收入组与最低收入组的证券印花税平均税率之差为 1.062%，高收入组与低收入组的证券印花税平均税率之差为 0.3209%。2000 年证券印花税也具有较强的累进性，最高收入组与最低收入组的证券印花税平均税率之差为 0.8787%，高收入组与低收入组证券印花税平均税率之差 0.3756%。（2）证券印花税对城镇居民的收入再分配效应具有时期性。由表 10 - 5 可知，证券印花税平均税率的累进度因不同时期而存在差异。这说明证券印花税对城镇居民收入再分配效应受外部环境的影响，比如股票市场运行状况、居民收入状况以及消费倾向等因素的影响。

　　（三）结构视角：中国股利所得税的税负累进性

　　考虑到农村居民投资股票市场较少，本节仅仅测算了城镇居民的股利所得税平均税率。根据《中国价格及城镇居民收支调查》和《中国城市（镇）生活与价格年鉴》的股息、红利所得，测算出了股利所得税的平均税率，其结果如表 10 - 6 所示。

表 10-6　　　　　　　　　城镇居民股利所得税的平均税率　　　　　　　单位:%

年份	最低 收入户	低 收入户	中等偏下 收入户	中等 收入户	中等偏上 收入户	高 收入户	最高 收入户
2000	0.0156	0.0143	0.0163	0.0244	0.0271	0.0449	0.0871
2001	0.0122	0.0112	0.021	0.0205	0.0274	0.0449	0.0881
2002	0.0192	0.0206	0.0313	0.0344	0.0436	0.0582	0.1038
2003	0.0125	0.0165	0.0226	0.0359	0.0517	0.0832	0.1351
2004	0.0162	0.0215	0.03	0.0414	0.0468	0.0897	0.1301
2005	0.0148	0.0106	0.0267	0.024	0.0378	0.0566	0.0941
2006	0.005	0.0205	0.0142	0.0239	0.0339	0.0441	0.0964
2007	0.0094	0.0168	0.0182	0.0315	0.0438	0.0608	0.1551

　　由表 10-6 可知，股利所得税平均税率在城镇不同收入组之间具有显著的累进性，说明股利所得税对城镇居民具有收入再分配效应。具体而言：（1）股利所得税平均税率在城镇不同收入组之间具有较强的累进性。例如，2007 年最高收入组与最低收入组的股利所得税平均税率之差为 0.1457%，高收入组与低收入组的股利所得税平均税率之差为 0.044%。（2）股利所得税对城镇居民的收入再分配效应具有时期性。由表 10-6 可知，股利所得税平均税率在城镇不同收入组之间的累进度因时期不同而存在差异。2007 年股利所得税平均税率的累进性最显著，说明了 2007 年的股利所得税调节城镇居民收入再分配效应较强。2005年股利所得税平均税率累进度较弱些，最高收入组与最低收入组的股利所得税平均税率之差为 0.0793%，高收入组与低收入组的股利所得税平均税率之差为0.046%。（3）降低股利所得税率削弱了股利所得税调节城镇居民收入差距的功能。从 2005 年开始我国股利所得税由 20% 减半征收，即实际按税率为 10% 征收股利所得税。本文测算了 2005～2007 年按 20% 税率征收股利所得税的平均税率，测算结果如表 10-7 所示。由表 10-7 可知，2005 年最高收入组与最低收入组的股利所得税平均税率之差为 0.1058%，高收入组与低收入组的股利所得税平均税率之差为 0.0613%；而在 10% 税率下，最高收入组与最低收入组的股利所得税平均税率之差为 0.0793%。若税率为 20% 的情况下，2007 年最高收入组与最低收入组的股利所得税平均税率之差为 0.2913%，高收入组与低收入组的股利所得税平均税率之差为 0.088%；而在 10% 的税率下，最高收入组与最低收入组的股利所得税平均税率之差为 0.1457%。这说明降低股利所得税率也降低了平均税率的累进性。从不同收入组的平均税率的变化来看，股利所得税税率由 20% 调整为 10%，使得 2005 年最低收入组至最高收入组的股利所得税平均税率分别降低了 0.0049%、0.0035%、0.0089%、0.008%、0.0125%、0.0188%、

0.0314%；2006 年最低收入组至最高收入组的股利所得税平均税率分别降低了 0.0049%、0.0205%、0.0142%、0.0239%、0.034%、0.0441%、0.0963%；2007 年最低收入组至最高收入组的股利所得税平均税率分别降低了 0.0094%、0.0168%、0.0183%、0.0315%、0.0438%、0.0608%、0.155%。可见，当降低股利所得税税率时，最高收入组、高收入组的平均税率降低的最多。因而，降低股利所得税税率削弱了其调节收入差距的功能。

表 10-7　　　　　股利所得税税率为 20%时城镇居民的平均税率　　　　单位:%

年份	最低收入户	低收入户	中等偏下收入户	中等收入户	中等偏上收入户	高收入户	最高收入户
2005	0.0197	0.0141	0.0356	0.032	0.0503	0.0754	0.1255
2006	0.0099	0.041	0.0284	0.0478	0.0679	0.0882	0.1927
2007	0.0188	0.0336	0.0365	0.063	0.0876	0.1216	0.3101

三、整体视角：中国金融市场税收收入再分配的实际效应

在上一节第三部分我们测算了金融市场税收在不同收入组之间的平均税率累进性，反映了金融市场税收对不同组居民收入的影响。本节将采用测算基尼系数的方法，① 从总体上进一步证明金融市场税收具有收入再分配的正效应。

（一）整体视角：中国利息税收入再分配的实际效应

与本章第二节第三部分一样，测算基尼系数考察利息税的收入再分配效应时，由于农村和城镇调查数据是分离的，缺乏全国的分组数据，因而本节分别测算了农村和城镇居民的利息税前、税后的基尼系数，从而反映利息税对农村居民和城镇居民的收入再分配效应。

1. 利息税对城镇居民收入再分配的影响

本章计算基尼系数采用回归—积分两步法，在计算城镇利息税税前和税后基尼系数之前，先确定洛伦兹曲线函数，依据散点图可知利息税前和税后洛伦兹曲线均是二次函数形式，即：

$$y = ax^2 + bx, 0 \leqslant x \leqslant 1, a > 0 \text{ 且 } b \geqslant 0 \tag{10-7}$$

其中，y 为居民收入累计比重，x 为人口累计比重。根据式（10-7），本文测算出城镇利息税前和税后二次函数系数值如表 10-8：

---

① 有关基尼系数的测算方法很多，比如有直接计算法、三角形面积法、回归—积分两步法、收入分组法等，本章测算基尼系数采取回归—积分两步法。

表 10 – 8　　城镇利息税、证券印花税以及股利所得税税前洛伦兹曲线系数值

年份	a 值	b 值	R^2	$\bar{R}^2$	D – W
2000	0.609217 (16.75)	0.338955 (13.86)	0.982	0.979	1.099
2001	0.628712 (15.83)	0.314606 (11.78)	0.980	0.977	1.104
2002	0.705255 (15.14)	0.227732 (7.29)	0.979	0.974	1.178
2003	0.706385 (13.84)	0.219953 (6.41)	0.975	0.969	1.171
2004	0.712408 (12.96)	0.208381 (5.65)	0.971	0.965	1.163
2005	0.723777 (12.82)	0.195304 (5.16)	0.970	0.965	1.127
2006	0.716284 (12.82)	0.203751 (5.44)	0.970	0.965	1.141
2007	0.712081 (13.09)	0.210119 (5.75)	0.972	0.966	1.137

注：表中括号中的值为 t 值，用来衡量系数值的显著性（下同）。

表 10 – 9　　　　　　　利息税后洛伦兹曲线系数值及显著性检验

年份	a 值	b 值	R^2	$\bar{R}^2$	D – W
2000	0.609069 (16.77)	0.339200 (13.89)	0.983	0.979	1.099
2001	0.628618 (15.84)	0.314767 (11.80)	0.980	0.977	1.104
2002	0.705201 (15.15)	0.227835 (7.30)	0.979	0.9744	1.178
2003	0.706315 (13.85)	0.220087 (6.42)	0.975	0.970	1.171

年份	a 值	b 值	R^2	$\overline{R}^2$	D－W
2004	0.712343 (12.97)	0.208476 (5.66)	0.971	0.965	1.164
2005	0.723713 (12.83)	0.195437 (5.16)	0.971	0.965	1.128
2006	0.716220 (12.83)	0.203867 (5.44)	0.971	0.965	1.141
2007	0.712035 (13.09)	0.210210 (5.75)	0.972	0.966	1.137
2007 20%税率下	0.712015 (13.09)	0.210249 (5.76)	0.972	0.966	1.137

由表 10-8 和表 10-9 可知，系数值均通过显著性检验，经检验不存在自相关和异方差，拟合优度较好。

根据《中国价格及城镇居民收支调查》和《中国城市（镇）生活与价格年鉴》中的利息所得数据，本节测算出了利息税征收前后的基尼系数以及改变量，结果如表 10-10 所示。

表 10-10　　　　城镇居民利息税税前和税后的基尼系数及改变量

年份	利息税前基尼系数	利息税后基尼系数	基尼系数改变量
2000	0.2549	0.254753	－0.000147
2001	0.266252	0.266154	－0.000099
2002	0.302098	0.30203	－0.000067
2003	0.309124	0.309036	－0.000088
2004	0.31668	0.316629	－0.000051
2005	0.322142	0.322088	－0.000054
2006	0.318727	0.318654	－0.000073
2007	0.315161	0.315101	－0.00006

由表 10-10 可知，利息税具有调节城镇居民收入差距正效应。具体而言：（1）利息税缩小了城镇居民收入差距。2000～2007 年利息税前的城镇基尼系数均大于税后基尼系数，征收利息税使得城镇基尼系数分别减少了 0.000147、0.000099、0.000067、0.000088、0.000051、0.000054、0.000073、0.00006，说

明征收利息税具有调节城镇居民收入差距的作用。（2）利息税缩小居民收入差距作用具有时期性。2000～2007年利息税后基尼系数改变量因时期不同而具有差异。开征利息税初期，利息税的调节居民收入差距作用最大，比如2000年，利息税后基尼系数比税前基尼系数小0.000147。（3）降低利息税率导致利息税缩小城镇居民收入差距的作用力下降。2007年利息税率由20%下调为5%，本节按照20%的利息税率，测算出了城镇利息税前和税后基尼系数（如表10-11）。在利息税率为20%情况下，征收利息税使得基尼系数减少了0.000086，税后基尼系数小于利息税率为5%的税后基尼系数。因而，降低利息税率削弱了利息税调节城镇居民收入差距的作用力。

表10-11　　城镇居民利息税率为20%时的税前和税后的基尼系数及改变量

年份	利息税前基尼系数	利息税后基尼系数	基尼系数改变量
2007	0.315161	0.315075	-0.000086

2. 利息税对农村居民收入再分配的影响

在计算农村利息税税前和税后基尼系数之前，先确定洛伦兹曲线函数。依据散点图可知农村利息税税前和税后洛伦兹曲线均是二次函数形式（如10-7式所示）。测算出农村利息税税前和税后洛伦兹曲线的二次函数系数值如表10-12与表10-13所示：

表10-12　　　　　　　　农村利息税前洛伦兹曲线系数值

年份	a 值	b 值	R^2	$\bar{R}^2$	D-W
2002	0.813187 (7.68)	0.113650 (1.57)	0.952	0.936	1.729
2003	0.830154 (7.56)	0.093864 (1.25)	0.950	0.933	1.730
2004	0.816313 (7.94)	0.112517 (1.60)	0.955	0.939	1.728
2005	0.832253 (7.99)	0.095479 (1.34)	0.955	0.940	1.733
2006	0.832487 (8.11)	0.096485 (1.37)	0.956	0.942	1.714
2007	0.838448 (8.30)	0.091476 (1.32)	0.958	0.944	1.731

表 10 – 13　　　　　　　　　　　农村利息税后洛伦兹曲线系数值

年份	a 值	b 值	R^2	$\bar{R}^2$	D – W
2002	0.812711 (7.69)	0.114206 (1.58)	0.952	0.936	1.729
2003	0.830615 (7.55)	0.093318 (1.24)	0.950	0.933	1.729
2004	0.815830 (7.94)	0.113080 (1.61)	0.955	0.940	1.729
2005	0.831794 (8.01)	0.096082 (1.35)	0.955	0.940	1.734
2006	0.832024 (8.12)	0.097069 (1.38)	0.956	0.942	1.715
2007	0.837997 (8.31)	0.092043 (1.33)	0.958	0.945	1.732
2007 (20% 税率下)	0.837804 (8.32)	0.092286 (1.34)	0.958	0.945	1.732

　　根据《中国统计年鉴》本节测算出了农村不同收入组利息税,[①] 进一步计算出农村不同收入组的利息税后收入,进而测算出农村利息税后基尼系数,由于无法获得 2002 年以前农村居民五等分组的数据,因而只测算了 2002 年至 2007 年农村利息税前和税后基尼系数,测算结果如表 10 – 14 所示。

表 10 – 14　　　　　　农村居民利息税税前和税后的基尼系数及改变量

年份	利息税前基尼系数	利息税后基尼系数	基尼系数改变量
2002	0.344225	0.343986	− 0.000238
2003	0.352939	0.3527	− 0.000239
2004	0.343274	0.343033	− 0.000241
2005	0.349686	0.349389	− 0.000297
2006	0.348524	0.348248	− 0.000276
2007	0.349559	0.349293	− 0.000266

---

　　① 在测算农村利息税后基尼系数时,按银行一年期利息进行测算农村不同收入组的利息税额,利用居民可支配收入减去消费支出,得出居民储蓄额,利用一年期利率测算居民利息收入,再乘以对应的利息税率,利息税计算使用银行计算利息的算法进行测算,一年使用 360 天,每个月照 30 天计算,一年内若有利息税率调整,利息税计算按照利息税率调整前后加权平均税率计算。测算出利息税数额后,计算出农村不同收入组利息税后收入,进而测算出农村利息税后的基尼系数。

由表 10 - 14 可知，利息税对农村居民具有收入再分配正效应。具体而言：（1）利息税缩小了农村居民收入差距。2002 ~ 2007 年利息税前农村基尼系数均大于税后基尼系数，征收利息税使得农村基尼系数分别减少了 0. 000238、0. 000239、0. 000241、0. 000297、0. 000276、0. 000266，说明征收利息税具有调节农村居民收入差距的作用。（2）利息税缩小居民收入差距作用具有微弱的时期性。2002 ~ 2007 年利息税后基尼系数改变量因时期不同而具有差异，但差异不大，2002 ~ 2007 年利息税使得基尼系数改变量维持在 0. 00023 至 0. 0003 之间。（3）降低利息税率导致利息税缩小农村居民收入差距的作用力下降。2007 年利息税率由 20% 下调为 5%，本文按照 20% 的利息税率，测算出了农村利息税前和税后的基尼系数。在利息税率为 20% 情况下，征收利息税使得基尼系数减少了 0. 000381，税后基尼系数 0. 349178 小于利息税率为 5% 的税后基尼系数 0. 349293。因而，降低利息税率削弱了利息税调节农村居民收入差距的作用力。（4）利息税对农村居民收入再分配效应大于对城镇居民收入再分配效应。从表 10 - 10 与表 10 - 14 的绝对值来看，利息税使得农村基尼系数改变量大于城镇基尼系数改变量，这说明利息税缩小农村居民收入差距作用大于缩小城镇居民收入差距作用。

表 10 - 15　农村居民利息税率为 20% 时的税前和税后的基尼系数及改变量

年份	利息税前基尼系数	利息税后基尼系数	基尼系数改变量
2007	0. 349559	0. 349178	- 0. 000381

（二）整体视角：中国证券印花税收入再分配的实际效应

由于农村居民投资股票市场较少，因而本节未考虑农村证券印花税后基尼系数。采用回归—积分两步法计算基尼系数，在计算证券印花税税前和税后基尼系数之前，先确定洛伦兹曲线函数。依据散点图可知证券印花税税前和税后洛伦兹曲线均是二次函数形式（如 10 - 7 式所示）。测算出证券印花税税前洛伦兹曲线的二次函数系数值如表 10 - 8 所示，税后洛伦兹曲线的二次函数系数值如表 10 - 16 所示。

表 10 - 16　　　　　　　　证券印花税后洛伦兹曲线系数值

年份	a 值	b 值	R^2	$\bar{R}^2$	D - W
2000	0. 608568 (17. 04)	0. 340563 (14. 18)	0. 983	0. 980	1. 100
2001	0. 628460 (15. 91)	0. 315193 (11. 87)	0. 981	0. 977	1. 104
2002	0. 705169 (15. 17)	0. 227937 (7. 31)	0. 979	0. 974	1. 178
2003	0. 706260 (13. 87)	0. 220250 (6. 44)	0. 975	0. 970	1. 171
2004	0. 712288 (12. 99)	0. 208676 (5. 67)	0. 971	0. 965	1. 164
2005	0. 723748 (12. 83)	0. 195422 (5. 16)	0. 971	0. 965	1. 127
2006	0. 716192 (12. 84)	0. 204013 (5. 46)	0. 971	0. 965	1. 141
2007	0. 711117 (13. 48)	0. 213543 (6. 03)	0. 973	0. 968	1. 135

由表 10 - 16 可知，系数值均通过显著性检验，经检验不存在自相关和异方差，拟合优度较好。

根据洛伦兹曲线的二次函数式，我们测算了城镇居民证券印花税税前和税后基尼系数，测算结果如表 10 - 17 所示。

表 10 - 17　　　　城镇居民证券印花税税前和税后的基尼系数及改变量

年份	证券印花税前基尼系数	证券印花税后基尼系数	基尼系数改变量
2000	0. 2549	0. 253725	- 0. 001175
2001	0. 266252	0. 265834	- 0. 000418
2002	0. 302098	0. 30195	- 0. 000148
2003	0. 309124	0. 308909	- 0. 000214
2004	0. 31668	0. 316465	- 0. 000215
2005	0. 322142	0. 322142	- 0. 000063
2006	0. 318727	0. 318727	- 0. 000201
2007	0. 315161	0. 315161	- 0. 002782

由表 10 - 17 可知，证券印花税具有收入再分配的正效应。具体而言：（1）证券印花税缩小了城镇居民收入差距。2000~2007 年证券印花税后基尼系数与税前基尼系数之差均为负值，即证券印花税使得城镇基尼系数变小，说明证券印花税具有缩小城镇居民收入差距作用。（2）证券印花税缩小城镇居民收入差距具有时期性。2000~2007 年，证券印花税后基尼系数改变量因时期不同而存在差异，2007 年证券印花税后基尼系数改变量最大，其绝对值为 0.002782，当年证券印花税收入额为 2 005.31 亿元，这一数额在 2000~2007 年期间也是最大的。2000 年证券印花税后基尼系数改变量也相对较大，其绝对值为 0.001175，而当年证券印花税收入额为 485.89 亿元。我们认为造成证券印花税的收入再分配效应具有时期性主要因素可能在于：证券印花税税率大小、证券印花税收入大小、居民收入、消费倾向以及股票市场运行的状况等。

（三）整体视角：中国股利所得税收入再分配的实际效应

考虑到农村居民投资股票市场较少，本节仅仅测算了城镇股利所得税税前和税后的基尼系数。采用回归—积分两步法计算基尼系数，在计算股利所得税税前和税后基尼系数之前，先确定洛伦兹曲线函数。依据散点图可知股利所得税税前和税后洛伦兹曲线均是二次函数形式（如 10 - 7 式所示）。测算出股利所得税税前洛伦兹曲线的二次函数系数值如表 10 - 8 所示，税后洛伦兹曲线的二次函数系数值如表 10 - 18 所示。

表 10 - 18 　　　　　　　　　股利所得税后的洛伦兹曲线系数值

年份	a 值	b 值	R^2	$\bar{R}^2$	D - W
2000	0.609164 (16.77)	0.339085 (13.88)	0.983	0.979	1.099
2001	0.628652 (15.85)	0.314745 (11.80)	0.980	0.977	1.104
2002	0.705191 (15.16)	0.227885 (7.30)	0.979	0.974	1.178
2003	0.706286 (13.86)	0.220190 (6.43)	0.975	0.970	1.171
2004	0.712320 (12.98)	0.208598 (5.67)	0.971	0.965	1.164
2005	0.723725 (12.83)	0.195484 (5.17)	0.971	0.965	1.127
2006	0.716231 (12.83)	0.203901 (5.45)	0.971	0.965	1.141

续表

年份	a 值	b 值	R^2	$\bar{R}^2$	D－W
2007	0.712015 （13.11）	0.210352 （5.77）	0.972	0.966	1.137
2005 （20%税率下）	0.723708 （12.84）	0.195532 （5.17）	0.971	0.965	1.127
2006 （20%税率下）	0.716179 （12.85）	0.204051 （5.46）	0.971	0.965	1.141
2007 （20%税率下）	0.711950 （13.14）	0.210585 （5.79）	0.972	0.966	1.137

由表 10－18 可知，系数值均通过显著性检验，经检验不存在自相关和异方差，拟合优度较好。

根据《中国价格及城镇居民收支调查》和《中国城市（镇）生活与价格年鉴》中的股息、红利所得，测算出了股利所得税税前和税后基尼系数，其结果如表 10－19 所示。

表 10－19　　　　　城镇居民股利所得税税前和税后的基尼系数及改变量

年份	股利所得税前 基尼系数	股利所得税后 基尼系数	基尼系数改变量
2000	0.2549	0.254805	－0.000095
2001	0.266252	0.266153	－0.000099
2002	0.302098	0.301988	－0.00011
2003	0.309124	0.308953	－0.000171
2004	0.31668	0.316522	－0.000158
2005	0.322142	0.322032	－0.00011
2006	0.318727	0.318612	－0.000115
2007	0.315161	0.314972	－0.000189

由表 10－19 可知，股利所得税具有收入再分配的正效应。具体而言：（1）股利所得税缩小了城镇居民收入差距。2000～2007 年股利所得税后基尼系数与税前基尼系数之差均为负值，即股利所得税使得城镇基尼系数变小，说明股利所得税具有缩小城镇居民收入差距作用。（2）股利所得税的收入效应具有时期性。在 2000～2007 年期间，股利所得税后基尼系数改变量因时期不同而存在差异，2007 年股利所得税后基尼系数改变量最大，其绝对值为 0.000189，即 2007 年股

利所得税缩小城镇居民收入差距的作用较大；2000 年股利所得税后基尼系数改变量最小，其绝对值为 0.000095，即 2000 年股利所得税缩小居民收入差距的作用相对较小。（3）降低股利所得税税率导致股利所得税缩小城镇居民收入差距作用力下降。从 2005 年开始我国股利所得税由 20% 减半征收，即实际按税率为 10% 征收股利所得税。本节测算了 2005～2007 年股利所得税税率为 20% 下的城镇基尼系数，如表 10－20 所示。在股利所得税税率为 20% 情况下，2005～2007 年股利所得税后基尼系数改变量绝对值分别为 0.000146、0.00023、0.000379，分别大于税率为 5% 下的税后基尼系数改变量，即降低利息税率削弱了股利所得税调节城镇居民收入差距的作用。

表 10－20　城镇居民股利所得税率为 20% 时税前和税后的基尼系数及改变量

年份	股利所得税前 基尼系数	股利所得税后 基尼系数	基尼系数改变量
2005	0.322142	0.321996	－ 0.000146
2006	0.318727	0.318496	－ 0.00023
2007	0.315161	0.314782	－ 0.000379

第四节　本章基本结论

本章从理论和实证的角度分析评估了中国金融市场税收的收入再分配效应，为制定调节居民收入差距的政策提供了客观依据。

❦ 一、利息税的收入再分配效应

利息税在不同收入组之间平均税率的累进性和利息税后基尼系数改变量，都说明了利息税具有收入再分配的正效应。具体而言：（1）利息税平均税率在城镇不同收入组之间都具有累进性。从城镇居民收入结构来考察，随着居民收入的提高，其对应的利息税平均税率升高，从而利息税具有收入再分配的正效应。（2）利息税的税后基尼系数小于税前基尼系数。从城镇居民收入整体来考察，利息税的税后基尼系数小于税前基尼系数，因而利息税具有缩小收入差距的作用。（3）利息税的收入再分配效应具有时期性。从时间角度来考察，在不同的时期，利息税平均税率在不同收入组的累进度不同，利息税的税后基尼系数改变量也不同。这说明了利息税的收入再分配效应大小除受利息税制本身影响外，还受到外部环境的影响。（4）降低利息税率导致其收入再分配效应减弱。从政策变动的角度来考察，相对于 10% 的利息税率而言，在 20% 的税率条件下，其税后基尼系数改变量以及平均税率累进度都较大。因而，降低利息税率导致其收入再分配效应减弱。（5）利息税对农村居民的收入再分配效应大于对城镇居民的收入再分配效应。从利息税后基尼系数改变量来看，农村利息税后基尼系数改变量均大于城镇利息税后基尼系数改变量。其原因是农村居民投资比较单一，抗投资风险能力弱，更愿意把钱存入银行获得利息收益。因而，利息税对农村居民收入再分配效应相对较大。值得一提的是，尽管利息税在农村的平均税率普遍高于城镇利息税平均税率，但不能就此否定利息税的收入再分配效应。因为城镇居民投资渠道多样化，储蓄可能是城镇居民投资的一种渠道，可能把一部分钱投资股票等，但由于征收证券印花税和股利所得税，从整个金融市场税收角度来看，城镇居民的税负高于农村居民的税负。

比例性税率的利息税之所以能够起到调节收入差距的作用，主要原因在于以下两方面：（1）居民边际消费倾向递减。随着收入的提高，居民消费支出的比例减少。相对于低收入者来说，高收入者会有更多比例的收入用于储蓄。（2）银行存款中高收入户存款数额较大。例如，2007年高收入户人均存款利息收入为173.75元，而低收入户人均存款利息收入为5.13元，高收入户人均利息收入是低收入户的33.8倍。[①]

二、证券印花税的收入再分配效应

证券交易税在不同收入组之间平均税率的累进性和证券印花税后基尼系数改变量，都说明了证券印花税具有收入再分配的正效应。具体而言：（1）证券交易税平均税率在城镇不同收入组之间具有累进性。从城镇居民收入结构来考察，随着居民收入的提高，其对应的证券印花税平均税率升高，从而证券印花税具有收入再分配正效应。（2）证券印花税的税后基尼系数小于税前基尼系数。从城镇居民收入整体来考察，证券印花税的税后基尼系数小于税前基尼系数，因而它具有缩小收入差距的作用。（3）证券印花税的收入再分配效应具有时期性。从时间角度来考察，在不同的时期，证券印花税平均税率在不同收入组的累进度不同，证券印花税的税后基尼系数改变量也不同。这说明了证券印花税的收入再分配效应大小除受证券印花税制本身的影响外，还受到外部环境的影响，比如股票市场运行状况等。

我们认为，我国证券印花税之所以能够起到调节收入差距的正向作用，其原因在于以下两方面：（1）高收入者是证券印花税的主要纳税人。由于证券市场具有高风险性，低收入者不愿将过多的钱投资在证券市场上，即使购买金融资产，其占收入比例也较小；相对低收入者来说，高收入者具有更强的抗风险能力，更愿意投资于金融资产，使得高收入者成为了证券印花税的主要纳税人。（2）居民边际消费倾向递减。随着收入的提高，居民消费支出的比例减少。相对于低收入者来说，高收入者将以更大比例的收入投资

---

① 数据来源于《中国城市（镇）生活与价格年鉴2008》。

于金融资产。

🌿 三、股利所得税的收入再分配效应

股利所得税在不同收入组之间平均税率的累进性和股利所得税后基尼系数改变量，都说明了股利所得税具有收入再分配的正效应。具体而言：（1）股利所得税平均税率在城镇不同收入组之间都具有累进性。从城镇居民收入结构来考察，随着城镇居民收入的提高，其对应的股利所得税平均税率升高，从而股利所得税具有调节城镇居民收入差距的作用。（2）城镇股利所得税的税后基尼系数小于税前基尼系数。从城镇居民收入整体来考察，股利所得税的税后基尼系数小于税前基尼系数，因而股利所得税具有缩小收入差距的作用。（3）股利所得税的收入再分配效应具有时期性。从时间角度来考察，在不同的时期，股利所得税平均税率在城镇不同收入组的累进度不同，城镇股利所得税的税后基尼系数改变量也不同。这说明了股利所得税的收入再分配效应大小，除受股利所得税制本身的影响外，还受到外部环境的影响。（4）降低股利所得税率导致其收入再分配效应减弱。从政策变动的角度来考察，相对于 10% 的股利所得税率而言，在 20% 的税率条件下，其税后基尼系数改变量以及平均税率累进度都较大。因而，降低股利所得税率导致其收入再分配效应减弱。

我国股利所得税之所以能够起到调节收入差距的正向作用，其原因是高收入者有较多的收入投资于股票以便获得股息所得，从而导致高收入者成为股利所得税的主要承担者。

第十一章　金融市场税收政策经济效应——实证结论与政策启示 ❈

通过对金融市场税收经济效应的理论分析和实证检验，我们可以获得具有重要意义的结论与政策启示。

第一节　实证结论

一、中国金融市场税收政策的微观经济效应

本书从微观层面实证考察了金融市场税收经济效应，结果表明金融市场税收具有明显的微观经济效应。主要研究结论如下：

（一）股市税收负担与经济效应

1. 股票市场税收负担评估

（1）股票市场总体税负的变动趋势。从股票市场来考察，总体税收负担较高且呈阶段性不均衡状态。具体而言：第一，股票市场净资产负担率总体上呈下降趋势。形成这种趋势的原因是企业净资产的增长速度较快。第二，股市收入负担率较低，且呈阶段性不均衡状态。由于回报证券市场的股利总量过低而税负增长较快，因而导致税负总量远远超过上市公司的分红总量，税负总量大约为上市公司分红总量的3~4倍，这表明股票市场税负已经进入"拉弗禁区"，课及税本。同时，由于股息分红数额与税收收入额的变动，股市收入负担率呈阶段性不均衡状态。

（2）证券印花税税负的变动趋势。我国证券印花税实际税负较高。具体而言：第一，我国证券印花税实际税负远高于其名义税负。中国证券市场的高换手率决定了证券印花税的实际税负远远高于其名义税率。第二，我国证券印花税税负增长快于实体经济流转税税负增长。第三，我国证券印花税实际税负远高于成熟的证券市场国家的实际税负。

（3）股市超额税收漏损效应变动趋势与影响。从股市超额税收漏损效应量来考察，我国股市存在超额税收漏损效应，且呈阶段性非均衡状态。再从股市超额税收漏损效应对股市规模影响来考察，我国股市超额税收漏损效应对股市规模影响显著。

2. 股票市场税收经济效应

股票市场税收经济效应具体表现为价格效应、市场规模效应、市场结构效应以及市场稳定效应。

（1）股市税收的价格效应。证券印花税的调整对股票价格水平的升降具有显著性的影响。具体而言：第一，证券印花税与股票价格呈反向变化关系。提高证券印花税税率导致股票价格下降，而降低证券印花税税率导致股票价格上升。第二，证券印花税对股票价格影响具有时期性。证券印花税政策调整的短期影响显著，但随着时间推移，其影响逐渐减弱。

（2）股市税收的市场规模效应。证券印花税对股票交易量影响显著。具体而言：第一，股票交易量与证券印花税呈反向变化关系。提高证券印花税税率导致股票交易量下降；而降低证券印花税税率使得股票交易量增加。这两个变量的弹性关系是：交易量对证券印花税的弹性约为 -0.32。第二，证券印花税对股票交易量影响具有时期性。印花税调整短期内对股票市场规模会产生影响，但长期很难改变股票交易量原来的变化趋势。第三，证券印花税对股票交易量影响具有滞后性。受趋势因素的影响，证券印花税税率调整后，并没立即改变股票交易量的升降趋势，而是几个交易日后，股票交易量才呈现与证券印花税税率反向变化的关系。

（3）股市税收的市场结构效应。证券印花税调整具有显著的市场结构效应。当证券印花税税率调整时，B股流通市值占总流通市值的比重发生显著性变化。提高证券印花税税率不利于B股市场发展，但降低证券印花税税率对B股市场的发展起到了积极作用。

（4）股市税收的市场稳定效应。从股市价格波动性方面来考察，证券印花税对股票价格波动性影响显著。具体而言：第一，股票价格波动性与证券印花税税率呈正向变化关系。提高证券印花税税率加剧了股票价格波动性；反之，降低证券印花税税率使得股票价格波动性减弱。第二，证券印花税对股票价格波动性影响具有时期性。证券印花税在其税率调整后的60个交易日内对股票价格影响显著，随着时间推移，其影响逐渐变弱。第三，证券印花税对股票价格波动性影响具有非对称性。提高证券印花税价格股票价格波动性较为明显，而降低证券印花税税率对股票价格波动性的影响相对较弱。再从股市泡沫性方面来考察，证券印花税具有显著的市场稳定效应。提高证券印花税税率导致股市泡沫程度明显降低，因而证券印花税较好地起到了挤压股市泡沫作用，降低股票市场风险的作用。

（二）债券市场税收经济效应

1. 债市税收的价格效应

实证结果表明：（1）利息税不仅对债券价格水平具有显著性的影响，而且对债券价格波动性也产生显著影响。在实证考察中，我们选择金融市场税收调整前后国债价格变化数据作为样本期，通过实证分析发现利息税对国债价格水平的影响具有两个特点：一是降低利息税税率导致了国债价格降低；二是利息税对国债价格的影响具有时滞性。（2）债券价格水平与证券印花税税率呈正向变化关系，而债券价格波动性与其呈反向变化关系。提高证券印花税税率使得国债价格水平提高；反之，降低证券印花税税率导致国债价格水平降低。证券印花税对国债价格的影响具有滞后性。

2. 债市税收的市场规模效应

金融市场税收具有显著的债券规模效应。实证结果表明：（1）降低利息税税率使得国债交易量减少，利息税对国债交易量的影响具有滞后性。（2）证券印花税与债券交易量呈反向变化关系。提高证券印花税税率导致国债交易量减少，反之，降低证券印花税税率使得国债交易量增加。

3. 债市税收的市场波动性效应

降低利息税税率影响国债价格水平的同时也加剧了国债价格的波动性。提高证券印花税税率使得国债价格的波动性减弱，反之，降低证券印花税税率加剧了国债价格的波动。

❧ 二、中国金融市场税收政策的宏观经济效应

在金融市场税收政策经济效应的宏观分析中，本书从经济效率与社会公平两个视角对其进行实证研究。

（一）经济效率视角下的实证结论

从经济效率视角，本书实证分析了中国金融市场税收对宏观经济变量、经济增长、经济周期波动以及稳态经济与黄金律水平的影响。主要研究结论如下：

1. 金融市场税收对宏观经济变量的影响

受居民收入预期以及经济环境的影响，我国金融市场税收对消费与储蓄的收入效应大于替代效应，导致金融市场税收具有抑制消费、鼓励储蓄的作用，进而导致投资减少或增加。提高金融市场税收的税率会导致消费减少，储蓄增加；反之，降低其税率会导致消费增加，储蓄减少。金融市场税收的消费效应、储蓄效应以及投资效应均具有时期性，在不同的经济发展阶段，金融市场税收引起消费、储蓄以及投资的变化量不同。

2. 金融市场税收对经济增长的影响

金融市场税收不仅具有显著的经济增长效应，而且其效应具有时期性。提高金融市场税收的税率阻碍了经济增长，而降低其税率有利于拉动经济增长。金融市场税收在不同的时期，其经济增长效应的程度不同。由于金融市场税收对经济变量影响具有时期性，导致其经济增长效应也具有时期性。

3. 金融市场税收对经济周期波动的影响

短期内金融市场税收对经济周期波动具有稳定效应，但长期内金融市场税收的经济周期波动的稳定效应不明显。由于税收政策效应具有时滞性，导致金融市场税收的经济周期波动稳定效应具有滞后性。

4. 金融市场税收对稳态经济与黄金律水平的影响

金融市场税收对稳态经济水平与经济黄金律水平具有反向调节作用。调整金

融市场税收政策使得稳态经济水平沿着鞍点路径到达新的稳态均衡点。提高（降低）金融市场税收的税率导致稳态经济水平和黄金律水平上升（下降）。

（二）社会公平视角下的实证结论

金融市场税收具有收入再分配正效应，而且其效应具有时期性。从收入结构考察，金融市场税收的平均税率在不同居民收入组之间具有累进性；从收入整体考察，金融税收使得基尼系数变小，即金融市场税收有助于调节居民收入差距。但随着时间的变化，受经济环境的影响，金融市场税收的平均税率累进度以及税前税后基尼系数改变量不同，即金融市场税收调节收入差距的程度因不同经济发展阶段而有差异。

第二节　政策启示

由实证研究结果可知，合理运用金融市场税收政策可以有效地调节金融市场运行，推动经济增长，促进社会公平；反之，将会导致税收政策失效，甚至起到反作用，从而达不到调整政策的预期效果。我们认为，政府应根据我国金融市场与经济发展不同阶段，选择不同的政策目标。从短期来看，以效率为主，适时调整金融市场税收政策，促进金融市场健康与平稳发展；而从长期来看，兼顾效率与公平，推进金融市场税制改革，实现其调节金融市场与社会收入再分配的双重功能。

❀ 一、微观视角：金融市场税收政策选择

本书实证结果表明，证券印花税具有调节股市、债市稳定运行的作用；同时，证券印花税也能对宏观经济发展与社会收入再分配产生一定影响，但其微观作用强于宏观作用，因此，证券印花税是政府调控证券市场发展的主要税收工具。在当今全球金融危机与金融市场低迷的状态下，应该以证券印花税政策为主，辅以证券所得税政策，配合其他政策措施的安排，促进我国金融市场的健康发展。

（一）金融市场税收负担的适度化

从理论上讲，证券市场整体税负合理波动的静态区间为：$0 < T < M_s$，动态区间为：$0 < \Delta T / T < \Delta M_s / M_s$。实证结果显示，我国证券市场实际税负偏高，金融市场超额税收具有的漏损效应，因此坚持适度税负原则应该是税收优化的基本理念。具体措施是：

第一，构建科学的金融市场税负测量指标体系。金融市场的虚拟经济属性决定了它既是以实体经济为基础的，又有可能背离（放大或缩小）实体经济，因此，对其税负的测量应该设计两类功能不同的指标体系。一类是以虚拟经济为基础确定金融市场名义税负计量指标，这些指标主要反映税收收入状况，是税收征

管操作的基础。另一类是以实体经济为基础，修正虚拟经济中的虚拟成分，确定金融市场实际税负的计量指标，这些指标应该是政府制定与优化金融市场税收政策与制度的基础。证券印花税实际税率指标对于优化我国证券印花税制具有重要的意义，除证券交易额、税率因素外，较高的换手率应该是政府制定证券印花税政策必须考虑的重要变量。

第二，调控金融市场税负规模。多管齐下，减轻证券市场超额税收所导致的漏损效应：一是大力推进"上市公司强制分红制度"。我国已出台了"上市公司强制分红制度"，① 今后还应进一步加大执行力度。通过扩增上市公司回报证券市场的股利收入总量，减轻投资者所承担的过重税负。二是实行减税政策。实施股利投资所得抵免制等减税政策，减少政府从证券市场抽走的税收总量。三是建立平准基金制度。平准基金是政府以法定的方式建立的基金，通过对证券市场的逆向操作，熨平非理性的剧烈波动，以达到稳定证券市场的目的。政府可以将证券印花税的 10% 作为平准基金的资金来源，在市场的特殊状态下，向市场注入资金，逐步向证券市场回流过去数年超额课征的税收。通过以上对策，逐步使我国证券市场整体税负回归到合理的区间，并配合实施其他经济政策，促进证券市场的健康发展。

（二）金融市场税收政策变动的透明化

市盈率是衡量股票投资价值的常用指标。如果一个股票市场平均市盈率太高，意味着存在股价泡沫，发生金融危机的可能性增大；如果市盈率太低，则意味着股票价值被低估，不利于企业融资。通过调整印花税税率，进而影响股票价格，可以起到改变市盈率的作用。为了减少证券印花税调整不确定性带来的负信息冲击效应，应该实行透明的政策变动方式，自动调整投资者的心理预期与投资行为。我们提议实行"交易税与市盈率相关联的浮动税率"方案。该方案的具体内容是：第一，确定合适的市盈率区间。海外成熟股票市场市盈率一般在 20% ~ 30% 之间。② 许多学者都认为，由于中国股票市场是新兴市场，经济增长率也很高，市盈率可以适当高些。第二，根据市盈率的波动自动调整税率。假设中国股市适当的市盈率区间是 $[a, b]$，$a < b$。则可以根据市盈率调整印花税率。当过去一个月市盈率每超过 $b \times 20\%$ 时，证券印花税率就上调 1‰；当连续一个月市盈率超过 $b \times 40\%$ 时，证券印花税率就上调 2‰。同理，当过去一个月市盈率每低于 $a \times 20\%$ 时，证券印花税率就下调 1‰。当然这里仅仅是提出一种方法，具体数值的确定需要政府部门进行测算后确定。这种征税机制可以提高税收政策变动的透明度与确定性，减少股票价格的过度波动，使证券印花税起到"自动稳定器"的作用。

---

① 证监会的《关于加强社会公众股股东权益保护的若干规定》（2004 年 12 月 7 日颁布），该文件规定将分红和再融资资格直接挂钩。

② 深圳证券交易所综合研究所市场研究小组：《股市市盈率中外比较研究》，2007 年 7 月 30 日，第 26 页，深证综字第 0155 号。

（三）金融市场税收政策的制度化

在 2008 年下半年的证券印花税政策调整中，实施单边征收方式。这种制度设计可以抑制卖方行为，而对买方行为给予支持。对长期投资者来说，实际上是一种"延期纳税"的优惠政策，有利于抑制过度投机行为，减少股票市场的波动性。因此，应该将单边征收方式作为一项基本制度固定下来，长期实行。

🌿 二、宏观视角：金融市场税收政策选择

利息税作为我国宏观调控手段而开征的，当初开征目的是刺激居民消费，拉动内需。本书的实证结果表明：利息税的微观效应较小，它对债券市场的影响具有间接性，影响时间较短。而利息税的宏观效应较强，能起到左右经济效率与社会公平的双重影响，提高（降低）利息税率导致居民消费减少（增加），抑制（拉动）经济增长，同时导致其收入再分配效应增强（减弱）。因此，利息税是我国政府调控宏观经济运行的重要政策工具。

由于我国利息税的收入效应大于替代效应，因此政府应根据经济发展的不同时期，权衡应用利息税的政策目标，当经济萧条时，应降低利息税税率，以扩大消费；当经济扩张时，应提高利息税税率，它能起到一石二鸟的作用：既能抑制居民消费，又能缩小居民收入差距。

就目前来看，我国应恢复开征利息税，其税率可参照 2008 年利息税暂停前的税率（5%）。2008 年暂定开征利息税，起到了刺激经济增长的作用，但随着我国经济的复苏，应该恢复开征利息税。第一，发挥利息税的宏观经济调节功能，抑制通货膨胀。2008 年金融危机爆发后，我国迅速出台减税政策。从实施效果来看，很好地起到了拉动内需的作用，经济增长已走出谷底，呈现不断上升趋势，[1] 但若经济增长过快，势必会带来通货膨胀。而此时恢复开征利息税有助于经济平稳运行，避免过早地进入新一轮的周期波动。第二，发挥利息税的调节收入差距功能。随着经济增长的恢复，政府应从解决经济危机转向解决社会收入差距问题。恢复开征利息税，有助于调节社会收入差距。第三，发挥较温和的税收政策作用。选择 5% 的税率既能发挥利息税调节收入差距作用，又不会在经济恢复期对经济增长造成过大的冲击。待经济处于高涨时，进一步提高利息税税率，使之发挥调节经济过热与社会收入差距的双重功能。

---

① 例如 2009 年 12 月社会消费品零售总额为 12 610 亿元，比 2008 年 12 月增长 17.5%，2009 年社会消费品零售总额比 2008 年增长 15.5%；2010 年 2 月工业增加比 2009 年同期增长 12.8%，累计增长 20.7%；2009 年 12 月全国消费物价指数为 101.9，2008 年同期为 99.3。数据资料来源于中国统计局网站：http：//www.stats.gov.cn/tjsj。

下篇

中国金融市场税收
制度安排

第十二章　金融市场税制体系安排
——证券市场税制优化 ✖

金融市场税收政策经济效应的实证结果显示：中国的金融市场税收政策既发挥了正效应，也有负效应。本篇（第十二至第十五章）将在理论分析与实证研究的基础上，进一步探讨中国金融市场税收制度体系的安排路径。本章将分析基础金融工具市场（证券市场）优化的问题。我们将在证券税制体系设计分析的基础上，对证券税制体系进行国际比较，进而探索中国证券市场税制体系优化的路径。

第一节　证券税制体系设计的理论分析

一、直接证券税制设计的探讨

证券交易税、证券利得税、证券所得税是直接证券税制中的核心税种，它们的优劣直接关系到证券税制的质量与功能作用，从而影响证券市场的运行。

（一）证券交易税设计的探讨

证券交易税一般是按单一的比例税率进行课征。然而，针对我国不成熟的证券市场，国内一些学者提出了改变证券交易税内核的设想。

1. 按交易额大小和持有期的长短来设计差别税率

赞成者认为，证券交易税是否应按交易额大小和持有期的长短来设计差别税率，以鼓励中小投资者，抑制机构大户的投机炒作行为；并能限制短期投机炒作，鼓励中长期投资。我们赞同按投资者证券持有期的长短来设计差别税率，这样征管更具可操作性。

然而，反对者却认为，证券交易税不应按交易额大小和持有期长短来设计差别税率。因为，首先，按交易额大小来设计差别税率，目的无非是鼓励中小投资者，抑制机构大户的投机炒作行为。但在一个理性、规范的证券市场中，各交易主体不管其规模大小，地位应该是平等的。在交易结果未知的情况下，从操作手段上就对大小资本进行歧视，必会伤及一部分大资本的完整性。因为虽说机构大户资金雄厚，但也不能保证百分之百赚钱。况且即使对大小资本实行差别税率，大资本很容易通过"化整为散"的办法使这一政策失效，因为我国目前还没有实行证券交易"实名制"。对中小投资者的鼓励和对机构大户过度投机炒作抑制的政策手段不应放在证券交易的过程中，而应放在交易的结果上，如可以针对中小投资者和机构大户设计不同税率的资本利得税，这样会更合理，效果也会更佳。其次，按证券持有期的长短来设计差别税率，以此来限制短期投机炒作、鼓励中长期投资只是一厢情愿而已。因为市场参与者在短期炒作或是长期持有证券的抉择上，最重要的甚至可以说是唯一的标准就是看能否赚钱。而在此问题上，1‰左右的税率差别的影响是极为微小的，不大可能改变市场参与者的决策行为。再次，证券交易税属于行为税类，对行为税类实行累进税率（证券交易税的差别税率即为按交易金额大小的累进税率）计征机制在理论上找不到依据，在实践中也没有先例。最后，我国税制改革的主基调是"简化税制、便于征管"，证券交易税按交易额大小和持有期长短来设计差别税率势必造成税收计征的复杂化，与税制改革的主基调不符。[①]

2. 实行与股指变动相关联的浮动税率

王建华（1997）认为，为了使证券交易印花税能够"自动"调节股市，应该实行与股指变动相关联的浮动税率。具体设想为：税率的浮动方向与股指的发展方向一致，但决定税率浮动与否的不是股指的绝对数值，而是股指在一定的时段内变动的相对比率。当股指在这一时段内上涨或下跌幅度超过预定的数值（如5%）时，税率便"自动"上浮或下调一档（如1‰）。总之，将证券交易印花税税率，由固定改为浮动，可以增加政策的透明度，减少甚至消除以往调整税率前夕股市因传闻和预期而出现的波动，从而充分发挥证券交易印花税"自动稳定器的"功能。[②]

3. 实行与股价变动和买卖方向相关联的税制

汪孝感等（1999）提出了证券交易印花税制度创新的设想。他们将证券交易印花税重新定义为以股市中股票价格的波动幅度为税源，并在不同的波动方向上对交易双方征收的一种税。他们认为，根据市场假设，股票价格能充分反映股票市场的信息流。由于信息流是随机的，因而股票价格也是随机波动的，但是股票价格的过度波动会导致市场秩序的混乱。在中国股市的实践中，通常的做法是运用停板制度来限制股价波动过猛，然而停板有时不能有效地抑制过度投机，反而会产生有助涨跌的副作用。因此，当股价波动超过一定幅度后，对股市价格的波动进行征税，就可以消除这种现象，达到稳定股市的目的。具体地讲，假设上一交易日的股票收盘价为 P_0，当日成交价格为 P，当 $P > P_0$（即股价上涨）时，且 $(P - P_0)/P_0 \geqslant X$（$X$ 为某一上涨幅度，它可以是 5%，也可以是 10% 等），若取 $X = 5\%$，$(P - P_0)/P_0 \geqslant 5\%$，则开始对交易的买方进行征税，而对卖方不征税；若 $0\% \leqslant (P - P_0)/P_0 \leqslant 5\%$，对交易双方都不征税。当 $P < P_0$（即股价下跌）时，若 $(P - P_0)/P_0 \geqslant 5\%$（即下跌幅度超过 5%）则开始对交易的卖方进行征税，而对买方不征税；若 $0\% \leqslant (P_0 - P)/P_0 \leqslant 5\%$，对交易双方均不征税。因此，纳税

① 常华兵：《关于构建我国证券税制体系的设想》，载于《河北经贸大学学报》2000 年第 3 期。
② 王建华：《证券交易印花税税率调整效应分析及改革设想》，载于《涉外税务》1997 年第 8 期。

人为股市波动交易的买卖双方。而且，为了使交易成本能连续变化，且当价格波动越大时其所承担的交易成本越高，应该实行超额累进税率。这种制度安排类似于西方国家证券市场的"资本利得税"，但与其又有较大的区别。"资本利得税"是以投资者购入股票时的价格作为其税收的扣减项目，扣减项目很难跟踪；而这种交易税是以上一交易日的收盘价作为参照系（容易获取的公开信息），对应纳税额进行扣减，因而较"资本利得税"处理上更为方便。实行这种交易税有利于通过规范投资者的交易行为，抑制股市的过度波动。①

上述不同观点极大地丰富了我国证券交易税的设计思路，尤其是后两种观点具有极其深刻的理论价值，对于决策者如何避免税收政策调整带来的市场波动，有效发挥证券交易税的调控作用具有启迪意义。

（二）资本利得税设计的探讨

1. 实行"税率乘数"的税制

常华兵（2000）提出了"税率乘数"型资本利得税的构想。他所设计的资本利得税的突出特点是：（1）实行超率累进税率。税率根据应税证券的资本利得率而超率累进（类似于土地增值税的税率）。（2）为了鼓励中长期投资，特设计一个"税率乘数"，它依应税证券的持有时期而定（见表 12－1）。（3）税额计算。应纳税额＝资本利得×应税税率×税率乘数。

表 12－1　　　　　　　　　　**税率乘数结构**

证券持有时间（t）	税率乘数
$0 < t < 1$ 年	1
1 年 $< t <$ 3 年	0.6
3 年 $\leq t$	0.3

该计征模式具有很多优点，可以解决困扰资本利得税计征的四大难题：一是消除了资本利得的起征点问题；二是解决了随证券持有时间长短需区别对待的问题；三是消除了指数化处理问题；四是不需要证券交易的"实名制"。②

2. 实行加成税率的税制

贺旭光、钱春海、欧阳令男③（2002）提出了"加成税率型"资本利得税的构想。其特点是根据股票卖出价相对于发行价的涨幅确定了资本利得税的加成税率，涨幅小于 50％ 的收益部分，按 20％ 的税率征收资本利得税；涨幅在 50％ ～

①　汪孝感等：《关于现行证券印花税的制度创新》，载于《税务研究》1999 年第 7 期。
②　常华兵：《关于构建我国证券税制体系的设想》，载于《河北经贸大学学报》2000 年第 3 期。
③　贺旭光、钱春海、欧阳令男：《我国开征资本利得税的一种可行方案》，载于《经济与管理研究》2002 年第 3 期。

100%的收益部分，按 30%的税率征收资本利得税；涨幅在 100%～150%的收益部分，按 40%的税率征收资本利得税；涨幅在 150%以上的收益部分按 45%的税率征收资本利得税，其实质是"超率累进制"。

这些设计思路为我国今后开征资本利得税提供了参考空间。

（三）投资所得税设计的探讨

1. 关于我国股息所得税设计的探讨

马国强、李维萍①（2008）考察了 OECD 成员国处理股息红利双重征税的税收处理办法，提出我国应当继续按部分计征方式课征股利所得税。

2. 关于我国对红股征税的探讨

在国务院 1994 年颁布的《个人所得税法实施条例》中，并没有明确指出红股是应税所得。而在其后的国家税务总局的一系列解释性文件中才将红股列为股息红利的一种，作为应税所得列入征税范围。针对国家税务总局对红股征税的做法，许多人提出了质疑，我们完全赞同他们的观点。②

（1）红股并未增加投资者的红利收益。红股并非完全意义上的个人投资所得。因为送股前后投资者权益未发生任何变化，投资者在公司的股权比重不发生变化。上市公司送红股只是股东权益内部项目之间的转化，在会计处理上，即将未分配利润或公积金转为股本。这样既不减少企业的资产，也不增加企业的负债，公司净资产不受任何影响。因此，红股并未增加股东的投资持有收益，不应视为红利收入计征个人所得税。

（2）红股可能会给投资者带来资本利得。西方学者对红股进行的实证研究表明：上市公司宣布送红股之后往往会导致股票市值的上涨，在我国证券市场上也出现了类似的情况。也许正是基于这一点，税务部门才将红股也看做是红利的一种。然而，股票市值的上涨并不是送红股行为本身增加了股东的财富，而是市场对这种行为的理解所导致的乐观预期增加了股东的财富，而股东对于该公司的剩余索取权和剩余控制权并没有发生变化。如果股价上涨时股东卖出了股票，转让了股权并实现了收入，税务机关就应该征税。但这时征收的应该是资本利得税，而不是红利所得税。

（3）红股税负的实际承担者是上市公司。虽然税法规定，获得红股的投资者为纳税人，上市公司为代扣代缴义务人。然而，由于没有现金支付行为，股份公司送股除权当天，流通股持有人不一定账上有钱，持有人随时可能转换，况且深、沪两市交易网上均不能进行送股代扣个人所得税的操作，因此，上市公司便成为无扣缴对象的代扣代缴义务人，进而必须由上市公司代付税款，而这种代付税款必将影响到上市公司当年损益，减少上市公司营运资金，给上市公司增加了

---

① 马国强、李维萍：《股息红利双重征税的税收处理问题》，载于《财经问题研究》2008 年第 12 期。

② 何涛等：《关于红股征收个人所得税的探析》，载于《税务研究》2002 年第 4 期。李刚为：《质疑送股征税》，载于《中国财经报》2001 年 7 月 4 日。

一笔额外负担，这有悖于经济效率原则。

（4）扭曲上市公司行为。由于对利润送红股征税（实际承担者是上市公司）而对公积金转增股本不征税，结果导致 1998 年许多上市公司的分配预案要么是不分配，要么就是大量的用公积金转增股本。根据统计资料来看，1998 年报披露中上市公司公积金转增股现象最为普遍，公积金转完以后再从利润中大量提取待下次又转增，这样扭曲了上市公司行为，人为地提供了避税渠道。

（5）国际主流做法的借鉴。根据会计准则：美国的上市公司对于红股的会计账务处理分为大红股（股票数增加≥25%）和小红股（股票数增加＜25%）两种方式。大红股的处理方法是：按账面值，从留存收益转入股本；小红股的处理方法是：按市场价值，从留存收益转入股本。对于红股是否应作为应税所得，美国最高法院在 1918 年的一个判例中就已经指出，红股实际上并没有从公司中拿走任何财产，没有增加股东的利益，不应被认为是收入，从而认定红股并非应税所得。在 1920 年的一个判例中，美国最高法院也指出，红股不构成总收入。1998 年版的美国联邦税制认为，红股并没有导致收入的实现。股东的权益并没有发生变化，这种行为只是将所有权分的更细些。然而，如果红股带有现金股利的选择权（即可以选择将这种股票兑换成现金），则应将红股视为等额的现金收入。由此可见，美国的个人所得税立法将股东是否实现了收入作为判断是否征税的标准。这种处理方式从理论层面与公司的经济实质层面都较合理，值得我们借鉴。

二、间接证券税制设计探讨

（一）证券投资基金的课税理论与税制设计

1. 证券投资基金体现的经济关系

投资基金通过发行基金券（包括基金股份和受益凭证），将众多投资者分散的资金集中起长，由专业的投资机构分散投资于股票、债券或其他金融资产，并将投资收益分配给基金持有者的投资制度。投资基金按组织形式可分为公司型基金和契约型基金。所谓公司型基金是依据公司法成立的、以盈利为目的的股份公司形式的基金，其特点是基金本身是股份制的投资公司，基金公司通过发行股份筹集资金，投资者通过购买基金公司股份而成为其股东，享有基金收益的索取权。而契约型基金则是依据一定的信托契约组织起来的基金，其中作为委托人的基金管理公司通过发行受益凭证筹集资金，并将其交由受托人（基金保管公司）保管，本身则负责基金的投资营运，而投资者则是受益人，凭基金受益凭证索取投资收益。

因而，契约型基金从本质上讲是一种信托关系。它的基本当事人有三方：一是委托方，即基金管理公司；二是受托方，即基金托管人（我国具体规定为大型国有商业银行）；三是受益人，即广大投资者。这三方当事人根据所订立的信托契约组成典型的信托关系。在信托关系中，三方当事人各司其职，缺一不可。

众所周知，对某项资产的所有权包括占有、经营、处置和受益等四方面的权利，通常情况下，拥有所有权就同时拥有这四方面的权利。但是，对于投资基金而言，委托人、受托人和受益人根据信托契约分享基金资产的所有权。

作为委托人的基金管理公司能对基金资产采取各种投资决策，拥有基金资产的处置权，并且根据其对基金资产的经营及投资业绩取得固定的基金管理费（一般规定为基金资产净值的一定比例）；

作为受托人的基金托管人虽然是基金的名义所有者，并且实际拥有和占用基金资产，但是托管人必须将基金资产与其自有资产严格分开，并且不具有基金资产的处置权和受益权，托管人可以按规定取得相应的托管费；

作为受益人的投资者不是基金的股东，不具有对基金管理公司的经营决策权，不能干预基金管理公司的投资决策，而是持有基金受益凭证并享有受益权的受益人。总而言之，基金资产的所有权是被分割并被不同方拥有的，各方拥有的仅仅是基金资产的部分所有权。各当事人及其相互间的关系可以用图 12－1 表示：

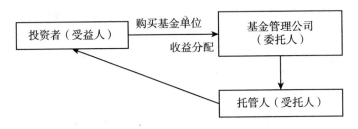

图 12－1　证券投资基金体现的信托关系

由图 12－1 可见，契约型基金并不是独立的法人，而仅仅体现为一笔由三方当事人拥有部分所有权的基金资产。基金管理人运用这笔资产进行投资而获得的收益就是基金收益。虽然三方当事人根据各自对基金资产的职能和作用而取得相应的收入：基金管理人因提供了对基金资产的专家理财服务而以管理费的形式分享基金收益；托管人因提供了托管服务而以托管费的形式分享基金收益；投资者因提供了基金资产而享有基金收益的最终受益权。但是，这些所得毫无疑问只能来源于基金资产的投资收益及其他资产运用所得，如基金投资所得红利、股息、债券利息、买卖证券利得、存款利息等。因此，管理费和托管费虽然都是以基金资产净值的某一比例提取的，但是这无疑是对基金收益的分配。①

2. 关于证券投资基金税制设计的探讨

从契约型基金的运作角度来讲，按征税对象划分，证券投资基金税制由以下部分组成：投资活动本身的课税；投资所得（包括投资所得与资本利得）的课税；其他方面的课税。学术界对于各部分应如何课税进行了探讨。

---

① 胡浩：《证券投资基金课税分析》，载于《税务与经济》2000 年第 2 期。

（1）证券投资基金投资活动的课税。

证券投资基金管理人的受托业务经营收入课税问题。关于证券投资基金的受托业务经营收入是否应课征流转税的问题，存在着不同的看法与做法：第一，征税论。我国《关于证券投资基金税收问题的通知》规定基金管理人运用基金买卖股票、债券的价差收入在 2003 年前暂免征营业税。换言之，基金管理人获取的经营收入应缴纳营业税，只是暂时免征。第二，免税论。我国学者万慧勇等认为，《关于证券投资基金税收问题的通知》文件所规定的基金管理人是纳税人，是与我国营业税暂行条例相违背的。因为《营业税暂行条例》规定的纳税人是："在中华人民共和国境内提供应税劳务、转让无形资产或者销售不动产的单位和个人"。同时国家税务总局关于印发《金融保险业营业税申报管理办法》（以下简称《申报管理办法》）的通知中规定："金融保险业的纳税人是……证券投资基金管理公司……证券投资基金。"根据《申报管理办法》规定，证券投资基金和基金管理公司同属于营业税纳税人的范围，即"单位"纳税人或"个人"纳税人。基金管理公司可以被认定为"单位"，而属于契约型的证券投资基金却没有任何理由被认定为是"单位"或"个人"。换言之，倘若基金可以被归入到"单位"而成为营业税的纳税人，则明显和《证券投资基金管理暂行办法》对基金性质的定义相矛盾，导致相关法规发生抵触。因此，《申报管理办法》关于基金缴纳营业税的规定和《营业税暂行条例》、《证券投资基金管理暂行办法》的规定相违背，应该予以废除，我国证券投资基金本身不应该缴纳营业税。[①] 我们赞同"免税论"，我国《营业税暂行条例》规定，对非金融机构和个人买卖外汇、期货或有价证券免征营业税，因此，如果对证券投资基金的此类代理业务征税将违背公平原则。

基金交易环节的课税问题。作为一种"间接投资"方式，基金投资存在以下两种交易行为：一是基金管理人运用基金资产买卖证券的行为，二是投资者买卖基金单位的行为。目前我国只对前者照常征收证券交易印花税，而对于后者则"暂免"缴纳印花税。运用基金资产进行股票和债券等有价证券交易时，对买卖双方适用证券交易印花税，这并不存在疑义。但对于买卖基金单位是否征收证券交易印花税却存在不同的看法，有人认为如果征收则会导致重复课税，有人则主张为了鼓励基金发展应给予免税优惠。蔡庆丰等却认为，尽管运用基金资产进行有价证券交易时已经缴纳了证券交易印花税，但基金买卖有价证券和投资者买卖基金单位这两种交易行为的纳税人不同，征税对象也不同，对买卖基金单位征收证券交易印花税并不存在简单的重复课税问题，反而体现了对股票投资者和基金投资者的公平税负以及税收的中性原则。因此，在将基金单位交易纳入印花税征收范围的基础上，可以通过差别税率来体现监管当局对基金业发展的鼓励。在税率设计上，可以规定基金单位的印花税率低于股票和债券的印花税率。当然，在

---

① 万慧勇等：《我国现行基金税收政策几大疑问探析》，载于《税务研究》2004 年第 7 期。

基金发展初期，还是有必要对基金交易实行更为优惠的证券交易印花税（甚至是零税率），以倡导机构投资和提高基金市场的流动性。① 针对以上不同观点，我们赞同"免税论"，因为对投资者买卖基金单位的行为实行免征交易税，以消除对这种"间接投资"方式的重复课税，有利于税制简化。

开放式基金赎回环节的课税问题。迪克森（Dickson，2000）研究发现，实行长短期资本利得差别税率对于开放式基金的赎回行为会产生明显的影响，能够促使基金投资者长期持有基金份额。美国的有关税法规定，持有基金单位一年以上所取得的资本利得为长期资本利得，而持有期限在一年以下的则为短期资本利得。美国通过对长期资本利得实行税收优惠来缓解投资者的赎回对开放式基金运行的冲击。

目前我国没有相应税种能够对开放式基金的赎回行为进行有效调节。相反，由于我国开放式基金对投资者特别是机构投资者的赎回行为没有合理有效约束，结果导致 2003 年上半年的"巨额赎回风暴"，严重影响了我国开放式基金业的健康发展。因此，从长远来看，要完善我国基金税制应借鉴美国经验，通过开征资本利得税并实行长短期资本利得差别税率实现对开放式基金赎回行为的税收调节。在资本利得税短期内无法开征的情况下，蔡庆丰等认为目前更可行的办法是可以通过对赎回行为征收印花税以缓解基金管理公司所面临的巨大赎回压力，可以规定印花税税基即基金赎回收入随着基金的持有期限递减。②

（2）证券投资基金投资所得的课税。

基金法律身份和税收义务密切相关，国际上存在三种主流的税务处理方式：第一，公司型基金具备法人身份，必须缴纳公司所得税。拥有公司型基金的国家多数采用这种税务处理方式。第二，契约型基金不具备法人身份，一般不用纳税。如日本、韩国、比利时等多数国家。第三，少数国家将契约型基金虚拟认定为公司，缴纳公司所得税，甚至在个别国家需要缴纳个人所得税。如澳大利亚规定投资信托基金没有分配对象时基金本身要缴纳个人所得税。各国的主要差异在于对契约型基金的税务处理不同，而其根源于不同的信托税制学说。

契约型基金公司并不是一般的法人公司，更严格讲只是一个委托代理机构，基金的资产由基金保管人名义持有，由基金投资者实际持有，基金管理人只是负责基金资金的日常运作，运用自己的投资专业知识为投资者获取了收益，提取一定的管理费、保管费等必要的费用之后，剩余利润按投资比例大部分都分配给基金持有人，事实上投资人才是收益的最终获得者。因而基金公司的利润不应该像一般工商企业扣除利润的所得税之后才进行分配。若分别对经理人和投资者征税，就会引起重复课税。所以大多数国家都豁免了基金公司的税收，而只对最终获取收益的投资人征税。在这种情形下，基金就像一根导管，将全部或大部分的投资收益传输给了投资者，故将这种基金税制设计理论称为"导管理论"。

---

①②　蔡庆丰等：《我国基金课税制的若干问题探讨》，载于《首都经济贸易大学学报》2003 年第 6 期。

（二）企业年金的课税理论与制度设计

1. 企业年金的税制模式

养老基金也是证券市场中的间接投资基金的重要组成部分。一般而言，养老基金是由国家基本养老金（社会保障基金）、企业年金以及个人养老费三部分组成。我们将重点考察企业年金的课税问题。

在欧美国家，企业年金一般称为补充养老保险计划。我国在1991年《国务院关于企业职工养老保险制度改革的决定》中，第一次提出"国家提倡、鼓励企业实行补充养老保险"，2000年《国务院关于印发完善城镇社会保障体系试点方案的通知》，将企业补充养老保险正式更名为"企业年金"。企业年金实质是一种补充养老保险。它是指政府基本养老保险制度之外，雇主为了进一步提高其雇员退休后的收入水平而建立的一种补充性养老保险制度。

为了激励企业与个人积极参与企业年金积累，充分发挥"第二支柱"的重要作用。西方国家大多实行具有优惠性质的企业年金税制，主要涉及三个环节：（1）企业或雇员缴纳养老保险费的税收待遇。具体包括：一是企业为雇员缴纳的养老保险费是否可在公司所得税前扣除？二是企业和雇员缴纳的养老保险费是否可在个人所得税前扣除？（2）养老基金投资收益的税收待遇。个人所获得的养老基金的投资收益是否缴纳个人所得税？（3）养老基金支付的税收待遇。个人所领取的养老金是否缴纳个人所得税？

假定我们用 E 代表免税，T 代表征税，根据上述三个可征税点的不同课税方式，则可组合成五种不同的企业年金税收模式（见表12－2），大体反映了三种可能的效果。[1]

表12－2　　　　　　　　　　企业年金的税制模式

	A（EET）	B（TEE）	C（TTE）	D（ETT）	E（EEE）
用于养老金积累的个人收入（1）	100	100	100	100	100
个人所得税（2）		25	25		
养老保险缴费（3）	100	75	75	100	100
五年基金净收入（4）	61.05	45.79	32.67	43.56	43.56
退休时基金收入（5）	161.05	120.79	107.67	143.56	143.56
对基金收入的征税（6）	40.26			35.89	
返回养老金总收入（7）	120.79	120.79	107.67	107.67	143.56

注：表中，"（3）"为纳税后的养老保险缴费；"（4）"为养老基金投资的税后收入；"（7）"为纳税后的返还养老金总收入；（1）－（2）＝（3）；（3）＋（4）＝（5）；（5）－（6）＝（7）。

---

[1] 彭雪梅：《企业年金税收政策的研究》，西南财经大学出版社2005年版，第71～73页。

（1）模式 A。该模式对养老保险费、养老金基金投资回报免税，对返还养老金总收入征税，简略表示为 EET。在缴纳个人所得税时，用于养老金积累的个人收入可享受免税待遇，养老金基金投资回报也免税，但是 5 年退休后所得的总收入将课征个人所得税。在这种模式下，储蓄后纳税导致的个人收益率同纳税后即时消费的个人收益率相等。即用于养老金积累的收入为 100 的个人，可以选择即时消费（消费值为：$100 - 25 = 75$），也可以选择养老储蓄，5 年后消费的价值为 120.79，恰好与 $75 \times (1 + 10\%) = 120.79$ 相等。这种税收模式事实上是一种对个人推迟支付收入，推迟征收个人所得税的形式，即将一部分收入及其收入应交纳的税负推迟到退休年龄支付和缴纳。对年金计划的建立有一定的促进作用。

（2）模式 B。该模式对养老保险缴费征税，而对养老基金投资回报和返还养老金总收入免征税赋，简略表示为 TEE。用于年金积累的个人收入须同其他收入一样缴纳个人所得税，因而税后只有 75 单位用于养老金积累。投资收入和养老金总收入免征税赋，计算结果如表 4-2 所示。同模式 A 一样，储蓄后纳税导致的个人收益率同纳税后即时消费的个人收益率相等。其中，对基金收入免税起了关键作用。这种税收模式对鼓励企业年金的建立有一定的作用。

（3）模式 C。该模式对养老保险缴费和养老金基金投资收入征税，对返还养老金总收入免税，简略表示为 TTE。这种模式在征收个人所得税时没有将养老保险缴费支出扣除，对投资收益全部征税，只对返还养老金总收入采取了免税措施。与模式 A 和 B 不同，这种税收模式使得储蓄后纳税导致的个人收益率低于纳税后即时消费的个人收益率。前者为 7.5%，即 $[107.67 = 75 \times (1.075)^5]$。无疑，该税收模式会挫伤养老储蓄的热情。

（4）模式 D。该模式对基金保险缴费免税，对养老金基金投资回报和返还养老金总收入征税，简略表示为 ETT。对养老金总收入的征税和对养老保险缴费的免税与对养老保险缴费的征税和对养老金总收入的免税相互替代，这种模式的最终结果与模式 C 相同，其储蓄后纳税导致的个人收益率低于纳税后即时消费的个人收益率，因而也会挫伤养老储蓄的热情。

（5）模式 E。该模式对养老保险缴费、养老基金投资回报和养老金总收入均予免税，简略表示为 EEE。这种模式的最终结果是储蓄导致个人收益率高于纳税后即时消费的个人收益率，前者为 13.8%，即 $[143.56 = 75 \times (1.138)^5]$。这种模式对养老储蓄具有积极的促进作用。

2. 标准税制模式的激励效应分析

在上述五种企业年金税制模式中，西方国家大多实行 EET 税制模式（详见本章第二节的国际比较分析）。为此，西方学者将其称为标准模式，并采用一个简单模型来阐述其激励效应。

假设：某人在某年间的养老金缴款为 C。同时，其边际税率是 t_1；投资人的缴款净成本为 $N = C(1 - t_1)$。在下一年中，基金收益率为 α，而且这种收入按 t_2

征税；基金余下的收入为 $C \times [1 + \alpha \times (1 - t_2)]$。该年年底，基金的全部收入余额均作为养老金分配给个人，而这种分配按税率 t_3 缴纳。因此，个人税后得到的养老金为 P，而 $P = C \times [1 + \alpha \times (1 - t_2)] \times (1 - t_3)$。个人原来向养老基金缴款的回报率为 $r = P/N - 1$。将上述方程进行代换，即可得：

$$r = [1 + \alpha \times (1 - t_2)] \times (1 - t_3) / (1 - t_1) - 1 \qquad (12-1)$$

从式（12-1）中可以得出三个结论：第一，如果个人对其养老金纳税税率等于其缴款抵扣税率（即 $t_1 = t_3$），则公式可简化为 $r = \alpha \times (1 - t_2)$。在此只需看基金所得税税率：如果征税税率是同样的，对缴款的税收减免是"针对"个人的投资，但对养老金征税则抵消了这种减免。第二，如果对基金的所得不征税（即 $t_2 = 0$），则个人的回报率（r）即为基金投资的税前回报率（α）。在这种情况下，税收制度的作用是，通过经批准的养老基金计划消除对个人储蓄回报的税负。第三，如果除允许对基金的缴款予以扣除外，基金的收入或向个人支付的养老金都不纳税（即 $t_2 = t_3 = 0$），则税后回报率 $[1 + \alpha/(1 - t_1) - 1]$ 将会大于税前回报率 α。

显然，经合组织国家对私人养老金计划的标准规定（EET 模式）比大多数国家所得税制度对个人直接购买证券形式的储蓄，或通过投资基金的储蓄要优惠得多。它无疑会鼓励个人通过经批准的养老基金进行储蓄，并会牺牲其他形式的储蓄。[1]

第二节　证券税制的国际比较与思考

一、直接证券税制的国际比较[2]

从世界各国来看，直接证券税制一般包括证券市场环节的课税，证券投资所得分配环节的课税，以及证券遗赠转移环节的课税三个层次的课税。

（一）证券市场交易环节课税的国际比较

证券市场的课税包括一级证券发行市场课税与二级证券市场课税，涉及对证券发行、证券交易、证券转让等环节的课税。

1. 证券发行环节的课税

一级市场的证券税收主要是对股票发行的课税。国际上一般是通过征收印花税、注册税或资本转让税来管理股票的发行。这些税的纳税人为发行股票的公司法人。从征税对象来看，有的对股票面额征税，有的对资本金征税，税率一般

① 中国金融税制改革研究小组编著：《中国金融税制改革研究》，中国税务出版社 2004 年版，第 435～436 页。

② 部分资料来源于：中国金融税制改革研究小组编著：《中国金融税制改革研究》，中国税务出版社 2004 年版，第 186～187 页。

较低。

在以股票面额作为征税对象的国家中，第一类为征收印花税，如瑞典为 1%，瑞士为 2%，日本实行定额累进税，按股票面额 500 万日元以下的，征收 100 日元；500 万日元至 1 000 万日元的，征收 500 日元，1 000 万日元至 5 000 万日元的，征收 1 000 日元；5 000 万日元以上的，征收 50 000 日元（税负由买方承担）。第二类为征收注册税，如意大利对企业股本课以 1% 的注册税。第三类为征收资本转让税，如澳大利亚对企业新发行股票或新增股权课征 2% 的资本转让税；俄罗斯征收有价证券发行税，计税依据为发行证券的票面金额，税率为 0.8%，由发行者缴纳。

在以资本金作为征税对象的国家中，一般是对实收资本课税，包括现金资本与实有资本。英国、比利时、爱尔兰、丹麦、奥地利等国按照比例税率向证券发行公司征收资本税，其中，英国、爱尔兰、比利时的税率为 1%，奥地利的税率为 2%，丹麦的税率为 1% ~ 4%；而法国规定，对公司的资本缴款，税率为 1%，对专利权出资定额征收 350 法郎。

这两类征税对象不同的股票发行税，关键在于是否对股份制企业所获得的股票溢价发行收入课税。若以资本金为征税对象，则溢价收入也纳入了征税对象；若以股票面额为征税对象，则溢价收入也就不征税。因此，这两类课税方式的作用是不同的。

对股票的增资发行，即将公积金通过股票方式转为资本金以及扩大经营的增加资本发行，其印花税一般与筹资发行一样征收。

2. 证券交易环节的课税

（1）证券交易行为的课税。证券交易税是伴随着证券市场的发展而产生的新税种，它自身经历了一个完善的过程。在开始阶段，股票和债券的交易被作为法定权益证书的转移，因而一些国家或地区对股票、债券的交易转让，同其他应税的文书凭证一样课征印花税。这种以印花税形式出现的证券交易税还没有从印花税中脱胎而出，它仍然是印花税的一个税目。但由于其税目轻，便于征管，征税成本低，因此至今被国际上一些国家或地区采用。

随着证券交易的不断发展，一些学者认为，证券就是一种商品，而且是变现能力较强的特殊商品。既然对一般商品的交易要课征销售税，那么，对证券交易也应征交易税，因而把证券交易的课税称之为证券交易税。同商品销售税一样，证券交易税的税基为股票、债券的成交价格，按成交量的一定比例征收。

根据美国伯斯·里伯兰德国际税收网提供的 95 个国家税收情况来看，对证券交易行为征税的国家和地区有 27 个。虽然，近年来，英国、美国等国认为证券交易税有损资本流动，因而取消了该税。然而，许多国家在证券市场发展初期，为了抑止过度投机，减少市场波动，一般都开征了证券交易税，主要采用交易税、或印花税或两税同征三种形式。

第一种形式，证券交易税。

目前世界上有许多国家采用这种课税方式。

法国对于在股票交易所或者柜台交易的证券，按照交易额对买卖双方征收证券交易税，其中，交易额在 100 万法郎以下的部分税率为 0.3%；超过 100 万法郎的部分税率为 0.15%，每笔交易可以减税 150 法郎，且每笔交易税额最多不超过 4 000 法郎；对在创业板上市的股票交易不征交易税；债券交易免税。

荷兰的股票交易税以购买或者销售应税股票的价值为计税依据，对交易双方从价定率征收，税率为 0.12%。

瑞典的证券交易税以股票、债券、认股权证等为征税对象，纳税人为股票经纪人和不经过经纪人直接从事交易并且在半年以内交易价值超过 50 万克朗起征点的交易双方，从价定率征收，税率为 0.5%。

丹麦对股票交易的卖方征收证券交易税，税率为交易价格的 0.5%。

韩国证券交易税的基本税率为 0.5%，在韩国证券交易所交易的股票的税率为 0.15%。我国台湾省对股票交易行为课征 3‰的交易税。

美国、英国、日本国都曾经课征证券交易税，但是为了鼓励资本流动，目前都已经停止征税。

第二种形式，证券交易印花税。

英国对股票买方征收印花税，税率为交易价格的 0.5%。

意大利对于在股票交易所外进行的证券交易，按照 0.009%（政府债券）~ 0.14%（股票）的税率征收印花税，税负由买卖双方各自承担一半；在交易所进行的证券交易免征印花税。

瑞士对证券买卖征收印花税，买卖国内证券的税率为 0.15%，买卖国外证券的税率为 0.3%，税负由买卖双方各自承担一半。

新加坡税法规定，证券交易者在买卖证券时须缴纳税率为 1‰的印花税，在股票交易注册登记时交付证券交易合同金额的 2‰的转让印花税。

马来西亚税法规定，每笔金额满 1 000 马来西亚元的证券交易在注册登记时缴纳 3 马元的印花税；在处理以土地为基础的公司股票时，若出售价值超过 100 万马元，缴纳 2%的股票转让税。

印度尼西亚对证券交易双方，交易额在 10 万 ~ 100 万卢比的，每笔征收 500 卢比的印花税；交易额在 10 万卢比以上的，每笔征收 1 000 卢比的印花税；交易额低于 10 万卢比的，免征印花税。

泰国税法规定，股权凭证、债务凭证和债券的转让者必须按实收股份的价格或转让凭证的价值缴纳印花税。实际征管时，以实收股份的价值或转让凭证的价值两者之中的较高者为计税依据，每 1 000 铢及其零数缴纳 1 铢印花税。

中国香港的印花税税率为 0.2%，税负由买卖双方各自承担一半。

第三种形式，同时征收证券交易税与印花税。

这类国家主要包括日本、菲律宾等亚洲国家与地区。

日本同时征收印花税与交易税。第一，印花税。日本对股票、债券、认购证券和投资公司的证券受益人证书征收印花税，按照票面金额实行分级计件定额征收，每件票面金额不超过 500 万日元的征收 200 日元，超过 500 万～1 000 万日元的征收 1 000 日元，超过 1 000 万～5 000 万日元的征收 2 000 日元，超过 5 000 万～1 亿日元的征收 1 万日元，超过 1 亿日元的征收 2 万日元，税负由买方承担。第二，证券交易税。日本以所转让有价证券的金额为计税依据征收交易税，税率根据证券的类别和转让人的不同而设定，具体见表 12－3。

表 12－3 日本证券交易税税率表 单位:%

转让类别 ＼ 证券类别	股票、出资证券、证券投资信托的受益证券等 (1)	可转换公司债、新股承购权公司债 (2)	除"(2)"之外的公司债、贷款信托的受益证券、公债和公司债券投资信托的受益证券等 (3)
证券公司为转让人	0.06%	0.03%	0.005%
投资者为转让人	0.1%	0.08%	0.015%

资料来源：财政部税收制度国际比较课题组编著：《日本税制》，中国财政经济出版社 2000 年版，第 184 页。

菲律宾对每 200 比索的证券交易额征收 50 分印花税税额，同时课征 0.25% 的交易税。

综上所述，从国外证券交易类税收（证券交易税、印花税）来考察，具有以下特征。第一，以单方征收为主。证券交易税的纳税人可以分为对买卖双方征税或仅对卖方征税，除澳大利亚、中国以及中国香港外，大部分国家或地区仅对卖方征收证券交易税。因为在证券交易过程中，交易成本是投资者考虑的重要因素之一。以卖方作为证券交易税的纳税人，一方面使得投资者在证券交易中，因为买入的证券成本较低而积极投入资金；另一方面由于卖出的成本较高，投资者会仔细权衡、慎重决策，从而延长证券的持有期。这有利于抑制证券市场频繁买卖的短期炒作行为，鼓励投资者进行中长期投资。第二，税负较轻。从国外情况来看，证券交易的总税负一般在 0.1%～0.3%。并且随着证券市场的不断发展成熟，证券流转税率成不断下降的趋势。第三，实行差别税率。部分国家对不同金融商品实行差别税率，通常股票税率最高，债券税率其次，基金税率最低甚至完全免税。而某些国家甚至根据证券持有长短期也实行区别税率，短期证券投机适用税率要高于长期证券投资适用的税率。第四，征收方式以源泉扣缴为主。各国的证券交易税的征收并不是由税务机关直接进行，而是由证券交易所或代理证券买卖的经营机构代扣代缴。这不仅有效防止偷税漏税现象的发生，保证国家的财政收入及时入库，而且能降低征收成本，提高证券交易税的征管效率。①

（2）证券利得的课税。

课征模式。

目前国际资本利得税的课征模式主要有混合课征与分离课征两种模式。

第一，混合课征模式。它是将资本利得纳入一般应税所得（如工资薪金所得、偶然所得、劳务报酬所得等非资本性所得），根据资本利得税纳税人是个人还是企业分别课征个人所得税和企业所得税。第二，分类课征模式。它是将资本利得税作为一个独立应税税目，即资本利得不纳入一般应税所得，而是将资本利得单独进行确认和计量，实行相应的征税政策。

大多数国家对企业从事证券交易而获得的资本利得实行混合课征，即把资本利得归并到企业应纳税所得额中，征收企业所得税。而对个人获得的资本利得，多采取分离课征，有少数国家依据持有证券期限的长短，采取混合课征与分离课征相结合，短期资本利得（一般指持有证券期限在 1 年以下）作为普通应税所得额征收个人所得税，而长期资本利得（一般指持有证券期限在 1 年以上）实行较为优惠的税率，单独课征。

证券利得征税的具体类型。

第一，对公司和个人股票交易都免于征税。这类国家或地区在理论上认定一般经营所得与资本利得有严格的区别，前者属于可以预期的、经常性的、循环性的所得，而后者属无法预期的、意外的、风险的增益。因此，在税收政策上体现为对前者实施征税，而对后者实行免税的优惠。中国香港、新加坡、中国台湾、新西兰、冰岛、希腊等国或地区是采用这类政策的代表性国家。

第二，对公司与个人的股票交易区别对待。凡属企业行为的，将交易所得并入利润内征收所得税；凡属个人行为带来的利得则提供免税待遇。如日本税法规定法人买卖股票取得的收益要缴纳法人税，但买卖的亏损，则可以从当年其他收益中予以抵扣；对个人的股票买卖收益原则上不征税，但年买卖股票次数在 50 次以上，数量达 20 万股以上者要征收所得税。瑞士、巴西、墨西哥等国规定对公司的股票交易所得按一般所得征收所得税，但对个人取得的交易所得不征税。

瑞典政府规定，如果把股票和其他证券当做存货，那么转让这些财产的收益应当归入营业利润，如银行、保险公司或者其他金融机构所持证券；如果股票和其他证券不当做存货，其转让所得应当按照特殊的资本利得征税，转让股票和其他证券的资本利得为销售价格与购买价格之差；如果纳税人按照不同价格买卖同一种股票，则按照平均购买价计算资本利得。在国内或在国外证券交易所上市的股票和其他证券，其购买价为转让价减去交易成本乘以 20%。在一定条件下，公司或者居民个人用股票交换收购公司的股票不需纳税，但是应当在股票出售或者终止时纳

---

① 张淼：《国外金融业税收政策与制度对我国金融税收改革的借鉴借鉴》，吉林财经大学，硕士论文，2010 年。

税。此外，可以得到不超过股票平价10%的现金补偿，而这种补偿应当立即纳税。公司取得资本利得按照28%的税率纳税，个人取得资本利得按照30%的税率纳税。

第三，对公司和个人的股票交易收益都征税，但对个人取得的收益征收较轻的税收。这类国家或地区在理论上认为如果对股票交易所得不征税，则会导致税源流失，助长投机活动，有违税负公平原则的要求。但如果征收较重的税，则不利于促进资本流动，刺激投资，因此，对资本利得采取低税政策。美国、法国、英国、意大利、菲律宾、印度等国是采用这类做法的国家。

法国税法规定，公司转让证券取得的资本利得，按照参与的类型，在一个纳税年度实现的转让总收入和被转让股票所属公司的不同类型等要素征税。从2000年1月1日起，在同一个纳税年度转让持有的国内或者国外公司的股票、债券和类似证券超过5万法郎，对其总收入按照16%的低税率征税。

英国税法规定，公司取得资本利得按照名义税率缴纳公司税。2001年财政年度公司税的税率为：一般税率30%，应纳税所得额不超过30万英镑的部分，税率为20%；应纳税所得额超过30万~150万英镑的部分，采用滑动税率，为32.5%。居民个人应将其来源于全世界的资本利得与其他所得合并计算缴纳个人所得税，现行个人所得税税率为三级超额累进税率，最低税率为10%，最高税率为40%。

第四，实行资本所得和普通所得区别对待的税务处理。例如，丹麦政府规定，资本所得和个人所得适用不同的税率。其中，普通所得不超过191 200克朗的，按5.5%的税率缴纳一般所得税（地方所得税税率为32.5%）；超过191 200克朗的，按照6%的税率纳税（地方所得税税率为32.5%）；超过285 200克朗的，税率为15%（地方所得税税率为32.5%）。国税和地方税合计最高边际税率不超过59%。股票所得不超过39 700克朗的，国税税率为28%（不征收地方税）；超过39 700克朗的，国税税率为43%（不征收地方税）。从2001年起，居民个人持有股票不超过3年的，资本利得应当按照"资本所得"纳税，亏损可以向后结转5年，并在同类所得中抵扣。但是个人持有上市股票超过3年的，且在3年以内所持全部上市股票的公平市价不超过121 400克朗的，所得无须纳税，亏损也不能弥补。如果持股人已婚，夫妇的股票收入应当合并纳税。从2001年3月1日起，已婚夫妇的起征点为242 800克朗。如果公平市价超过起征点，资本利得应当按照"股份所得"纳税，亏损可以向后结转5年，并可以从同类所得中弥补。个人持有非上市股票3年以上，资本利得应当纳税，亏损也可以弥补，二者都属于股份所得。对于股份所得，不超过38 500克朗的部分，应当缴纳的国民所得税税率为28%；超过38 500克朗的部分税率为43%。另外，转让股份应当缴纳28%的预提税，如果所得不超过38 500克朗，预提税则为最终所得税。债券所得无须纳税。

第五，实行按资本利得持有期长短区别对待的税务处理。有些国家对资本利得有特殊的减免规定，即根据持有证券时间的长短有所区别，对长期投资者予以优惠，对转手快的短期投资者征收较高的税，以实现对证券市场过分投机活动的抑制。如英国政府规定，从1999年4月6日起，资产处理取得的应纳税利得额，根据持有资产年限不同可以享有递减优惠。对于非经营性资产（含证券），持有时间超过 3 年的，只就 95% 的利得纳税；持有时间每增加 1 年，应税利得额减少 5%，直到持有时间在 10 年以上，只就 60% 的利得额缴纳公司税。

证券利得税的课征制度。

从开征了证券利得税的国家来看，各自的课征制度也不尽相同。

第一，课征方式。日本采用从源扣缴分离课税方式。即把证券交易所得与其他所得相分离，适用特别的单一税率，从源扣缴的征税方式。法国采用申报分离课税方式。美国与英国则采用综合计算累进课税方式。

第二，课税范围。日本的税法规定该税无起征点，征税范围为股票、出资额、新股认股权、附新股认购权、公司债券、可转换公司债券，其他公司债券及公债的交易所得免税。美国的该税也无起征点，征税范围为所有证券交易所得。英国税法规定该税的起征点为 5 000 英镑，除对行业公会、债券及特定公司债券免税外，其余所有证券所得均为征税对象。法国税法规定该税的起征点为 81 000 法郎，对非上市股票交易免税。

第三，税率。日本的申报分离课税税率为国税 20%，地方税 6%，合计 26%；法国为 16%；美国为 15%、28% 两级累进税率。

第四，损益抵减。日本的证券交易损失不得与其他所得合并计算，亦不得将损失递延至以后年度抵减。美国的证券交易损失则可在其他所得项下扣除，但以 3 000 美元为限，而且，还可将损失递延至以后年度抵减。英国与法国均仅准予将证券交易损失递延以后年度抵减。

第五，证券交易所得的计算。日本对于证券交易所得依照综合计算，累进课税的原则处理。美国采用个别法计算，但对证券交易价格无特殊规定。

综上所述，从国外证券交易利得税来考察，具有以下特征。第一，根据证券市场的成熟程度实行不同的税收政策。各国开征证券交易利得税的情况随各国证券市场的成熟程度不同而有很大差异。证券市场处于不成熟阶段的国家很多对证券交易利得免税，即使征收，实行的税率也是很低的。例如发展中国家巴西、墨西哥和印度尼西亚等；还有证券市场规模很小的国家如荷兰、比利时和新加坡等也对证券交易利得实行免税或轻税政策。而证券市场越发达，开征证券交易利得税就越普遍，相应的税率也就越高。例如美国、英国、法国和日本等国的证券交易利得税率就相对比较高。第二，税负较轻。各国普遍对证券交易利得实行轻税政策，各国平均的最高个人所得税率和公司所得税率分别在 42% 和 32%，而平均的最高个人资本利得税率和最高公司资本利得税率却控制在 20%，以鼓励资本市场的发展。第三，按持有期限，实行差别税率。考虑到证券投资的时间成本，各国一般根据投资者对某种证券持有的期限给予不同的税收待遇。短期利得税率普遍要高于长期利得税率。平均而言，个人短期利得税率要高于长期利得税率 3.5 个百分点，而公司短期利得税率也要高于长期利得税率 3.2 个百分点。第四，实行亏损结转。基于证券投资的高风险性，各国在征收资本利得税的同时，也允许资本损失在资本利得范围内冲抵和结转。在加拿大，资本净损失的50%可以从课税所得额中扣除，但以 2 000加元为限；不足抵扣者，可前转一年和无限期后转。①

（二）证券投资所得分配环节课税的国际比较

证券持有者在持有证券一定时间以后可以获得股息或者利息收入，这类证券所得属于投资所得范畴，大多数国家都把它列为征税对象，并根据所得的不同来源采取综合征收与分类征收的方法。

1. 股息红利所得的课税

（1）各国股利所得课税制度。对股利如何征税涉及公司是"实在法人"还是"虚拟法人"的问题，目前，国际上主要有两类处理办法。

第一类是古典制或称分别实体制。这种税制以法人实存论为理论基础，把公司看成是区别于股东而存在实体，因而对公司的所得与股东个人的所得各自课税。荷兰、澳大利亚、卢森堡、新西兰、西班牙等国就是采取这种制度。这种制度的问题在于对分配利润的重复征税，即对分配给股东的股利要课征公司所得税，又要负担个人所得税。为此，许多西方学者一再主张对这种传统制度进行改革，以消除或减轻经济性双重征税。

第二类是合并制（完全合并或部分合并制）。这类制度以公司是"虚拟法人"为出发点，认为公司不能完全独立于股东，公司所得税形式上是公司负担的，但真正负担者还是投资者，公司所得税和个人所得税的税源基础是同一的，因此，应该实行合并制。从解决这种经济性双重征税的环节来看，合并制又可分为从公司层消除双重征税与从股东层消除双重征税，具体包括以下课税制度：

股息支付扣除制。即公司将分配给股东的股息部分或全部从公司税前利润中予以扣除，实行免税，仅对股东取得的股息课税。芬兰、挪威、瑞典、葡萄牙、希腊、埃及、阿富汗等国家实行这种制度。芬兰在计算应税所得时，60% ~ 100%已分配股息的利润可从税前扣除；挪威可扣除55%，瑞典可扣除70%（但绝对额不得超过70万法郎）。

差别税率制。即对公司的分配利润（股息）实行较低的税率，而对保留利润实行较高的税率，以减轻对股息的双重征税。实行这种制度的有日本、德国、奥地利、葡萄牙等国。如德国对未分配利润按50%的较高税率征税，而对分配利润按35.6%的较低税率征税。

股息免税制。即允许股东纳税人将其股息收入全部或部分从其应税所得中扣除，对股东取得的股息收入实行免税。美国在1986年税制改革前，曾允许每人股息所得的第一个200美元可从应税所得中减除，夫妇联合申报允许免除400美元。这一办法既不能完全消除重叠征税问题，又在实行高税率多档累进税率的条件下会产生高额所得者实际减税金额较大的不公平问题。因此，美国在1986年

---

① 张淼：《国外金融业税收政策与制度对我国金融税收改革的借鉴》，吉林财经大学，硕士论文，2010年。

税制改革后不再采用这种制度。

归集抵免制。即在对股东取得的股息课征所得税时，允许将股份公司分配股息已承担的企业所得税，从股东的应纳所得税额中全部或部分抵免。英国、法国等多数西欧国家均采用这种制度。

英国从 1999 年 4 月 6 日起取消了归集抵免制。支付股息的公司不再缴纳预付公司税，所支付的股息也不缴纳预提税，但仍保留相应的税收抵免，抵免率降为 1/9。取得股息的公司应当按照公司税税率缴纳公司税。居民个人取得股息、利息等投资所得，在扣除费用以后，应当缴纳个人所得税。从 1999 年 4 月 6 日起，个人从居民公司取得股息可以享有的税收抵免率降为 1/9，应纳税所得额为股息加抵免额（抵免额为股息乘以抵免率），即应纳税所得额 = 股息 +（股息 × 抵免率），而该抵免额可以从个人税负中抵扣。应税股息不超过 28 400 英镑的，按照 10% 的普通税率纳税，超过部分按照 32.5% 的高税率纳税。

日本政府规定，个人取得公共债券、公司债券的利息所得，从合资经营信托、公共债券和公司债券投资信托取得的利润，不得扣除任何成本、费用，源泉扣缴 15% 的预提税。从证券投资信托分得的股息，应当按照 15% 的税率扣缴预提税；从日本公司取得的股息，可以选择按照 35% 的税率扣缴预提税。以上两种情况无须再作纳税申报，税款也不能从最终的税额中抵扣。其他股息所得按照 20% 的税率纳税。个人取得公司债券的原始发行折扣，应当按照 18% 的税率缴纳预提税。公司纳税人的利息所得按照 15% 的税率缴纳预提税；股息所得按照 20% 的税率缴纳预提税（从证券投资信托取得的利润按照 15% 的税率纳税）；取得公司债券的原始发行折扣按照 18%（某种情况下为 16%）的税率纳税。

（2）各国对股利征税相关问题的税务处理。

对派送红股的税务处理。股东不必缴纳股金而得到的股票称为红股。红股的产生主要有以下情况：一是以股票形式分配股利；二是将公积金转化为资本；三是固定资产增值额较大时产生送红股。国际间对派送红股有征税和不征税之分。征税的国家又有在公司层征收和在股东层征收之分。法国、巴基斯坦等是在公司层征税，税率大体与现金分红征收个人所得税的负担相等。韩国、菲律宾等国是在股东层征收，按"领取时的公平价"或"正常市价"将红股折算为所得，计征个人所得税，对分派给法人股东的红股，一般不予征税。

对法定提留公积金超过限额部分的税务处理。对法定提留公积金超过限额部分是否征收所得税，各国做法不同。许多国家一方面对法定提留的比率或额度进行限制，另一方面还要征税，以防止股东通过分配少、积累多的形式使股票大大增值而避税。法定提留比率或额度，瑞士为征税所得的 40%；日本为 35% 或 15 000 万日元。巴基斯坦为总所得的 10%；美国为 15 万美元。有的国家对法定提留给予特殊的扣除，在税率上，一般与股东层次征收所得税后的实际税负相近。为了鼓励投资，在税率设计上，有的国家也给予从低征收的照顾，如法国按 45% 的比例征收，澳大利亚为 50%。

总的来看，各国股利所得课税制度呈一体化趋势。证券投资所得税的设置最终影响到证券投资收益率，进而对证券投资行为产生根本性的影响，因而它的税制要素的确认和内部关系的协调就成为了完善证券税制的重要任务。世界上多数国家（达62.5%）已经采用所得税一体化制度，这就在很大程度降低了股利的实际所得税负，各国平均的联合的公司和个人所得税率是51.1%，这较20世纪90年代初期已经有很大程度的降低。而且各个人所得税率和公司所得税率变化继续呈现不断调低趋势，OECD国家在1980～2000年平均最高个人所得税率从67%下调到47%，平均公司所得税率在1996～2002年从37.6%下调到31.40%。[①]

2. 利息所得的课税

利息税是许多国家政府调节宏观经济的重要政策工具，但是各国利息所得课税制度存在差异。

表 12 - 4　　　　　　　　　　部分国家利息所得课税制度

国别	银行存款利息	债券利息	政府证券利息
英　国	PIT	PIT	PIT
德　国	PIT	PIT	PIT
英　国	PIT	PIT	PIT
荷　兰	PIT	PIT	PIT
丹　麦	PIT	PIT	PIT
爱尔兰	PIT	PIT	PIT
西班牙	PIT	PIT	PIT
卢森堡	PIT	PIT	PIT
美　国	PIT	PIT	PIT（市政证券免税）
法　国	PIT 或 35%	PIT 或 15%	PIT 或 15%
葡萄牙	PIT 或 25%	PIT 或 25%	PIT 或 25%
比利时	PIT 或 25%	PIT 或 25%	PIT 或 25%
希　腊	0	PIT + 3%	0
意大利	30%	12.5%（30%）	12.5%
日　本	20%	20%	20%
中　国	0	20%	0

注：PIT 表示实行综合所得税制，即将利息所得纳入综合所得实行累进税率，征收个人所得税。

资料来源：曹雪琴：《利息税制的国际比较——金融资产所得税制之一》，载于《税务》1997 年第 11 期。

[①] 雷根强、沈峰：《证券税制的比较及启示》，载于《扬州大学税务学院学报》2005 年第 4 期。

（1）利息所得课税模式。从利息所得课税模式来考察，国际上利息所得课税模式有三种：第一，综合所得税制。即将利息所得与工资等其他所得合并，按照超额累进税率计征个人所得税。此课税模式能够体现税负公平性，很好地起到了调节收入差距的作用，但征管较为复杂，税收征管成本相对较高。目前许多国家采用此方法课征利息税，例如美国、英国、德国、荷兰、西班牙等国家。第二，单项征收制。即对利息所得单独按照比例税率课税。此课税模式有利于政府根据经济发展需要适时调整利息税税率，从而对宏观经济运行起到调节作用，税收征管较为简便，征管成本相对较小，但不利于体现税负纵向公平。目前采用此方法课征利息税的国家有：意大利、日本、中国等。第三，混合征收制。即将综合征收与单项征收相结合的课税模式。例如，法国、葡萄牙、比利时等国家采取此模式对利息所得课税。

（2）利息所得的课税范围。从利息所得的课税范围来考察，由于各国国情和政策目标不同，对利息所得征税范围也不尽相同。第一，就利息所得来看，有些国家仅对债券利息所得课税，比如中国目前对存款利息所得暂时免于征税，仅对债券利息所得征税，同时政府债券利息所得免税。第二，就纳税人的国别来看，有些国家只对本国居民征收利息税，但有些国家不仅对本国居民征收利息税而且对外国居民在其本国的利息所得也要课税。比如瑞士利息税税率35%，该税率不仅适用于本国居民而且也适用于在瑞士居住的外国居民；菲律宾的利息税税率为20%，同样适用于其本国与外国居民。第三，就小额利息或低收入者利息所得来看，有些国家对某些小额存款利息所得和低收入者的存款利息所得实行免税政策。例如，德国利息税主要针对高收入者，若个人存款利息单身低于6 100马克、已婚者低于1.22万马克，就可以由银行代为申请免征利息税。美国税法规定，年利息所得不足400美元的免征利息税。

（3）利息税的税率。从利息税税率来考察，各国利息税税率存在差异。由于综合所得税制下的累进税率不易比较，这里仅对实行单项征收利息税国家进行比较。在实行单项征收利息税的国家中，欧洲国家利息税税率通常高于亚洲国家。[①] 例如，瑞士、法国银行存款利息税税率为35%，意大利、瑞典利息税税率为30%，日本、菲律宾利息税税率均为20%，韩国利息税税率为24.2%。相对于银行存款利息税税率，有些国家债券利息税税率较低。比如，意大利银行存款利息所得税税率为30%，而债券利息所得税税率为12.5%；法国银行存款利息所得税税率为35%，而债券利息税税率为15%。

总的来看，虽然多数国家都对利息收入课税，但为了防止抑制储蓄，避免引起经济扭曲，各国对利息所得也实行轻税政策，平均最高利息所得税率是32.4%，这已经低于普通所得税率。另外，各国还普遍对利息所得实行各种各样的优惠，所以利息所得的实际税率要远低于普通所得税率。

---

① 刘佐：《储蓄存款利息征税的国际比较》，载于《涉外税务》2000年第2期。

（三）证券遗赠转移环节课税的国际比较

持有股票表示拥有股权，持有债券表示拥有债权。股权和债权是财产的一种形态。在已开征遗产税、继承税及赠与税的国家里，如果持有人将证券作为遗产转让给继承人，或作为赠品馈赠给亲朋好友，则被遗赠的证券就会成为遗产税或赠与税的征税对象。

日本对证券的赠予征收继承税。它在对馈赠的证券征税时，一方面以证券的时价为计税依据，如股票以继承日的交易价为准；另一方面考虑到所继承的财产不能马上换成现金，允许用继承的财产代替现金缴纳继承税。菲律宾、马来西亚、新加坡也将有价证券的遗赠列入课税范围。菲律宾的遗产税税率为 3% 至60%，赠与税税率为 1.5% 至 40%。马来西亚和新加坡没有开征赠与税，其遗产税均按 5% 和 10% 两档超额累进税率课征。

🌿 二、间接证券税制的国际比较

我们将重点分析比较投资基金和私人养老基金的所得税制。

（一）投资基金的课税

1. 一般证券投资基金的税务处理

各国对一般投资基金投资所得的税务处理主要有以下几种类型：

（1）税收优惠型。政府为了鼓励集体投资机构而不是个人间接投资，从而提供某种税收优惠。

第一，基金免税型。在这种税制下，对基金实现的收益实行免税，只有在基金对收入进行了分配，或投资人对其在基金中的股份或投资单位进行处置时，投资人才需纳税。例如，在比利时、芬兰、巴西、韩国、印度等国家，投资基金不是纳税人，不需纳税。而在卢森堡，如果投资基金符合某些条件，或其投资者的收益为某种级别，则也可以免税。此外，还有的国家对基金得到的股息、利息或其他收入予以免税。在此类收入要缴纳预扣税的情况下，要做到这点，必须对基金所得的股息和其他收入免征预扣税，或是允许向基金返还预提的税额。

第二，基金低税型。在意大利、西班牙、荷兰等国，如投资基金能满足一定条件，则可适用低税率，甚至零税率。如在意大利，投资基金按资产值运用差别税率，以代替证券直接投资所要负担的较重的预提税和累进的所得税。

第三，投资人优惠型。投资人可将向投资基金所缴的款项从所得税中扣除（如通常情况下对私人养老基金的税收规定）。

（2）转付型。在各种类型中，这种类型对于直接投资和基金投资中性目标是最为接近的。

第一，基金免税与投资人纳税型。在这种税制下，投资基金被看成是透明的，而且所有的收入和亏损项目都直接分配给投资人。对于投资人，就视同其直接取得了这些收入（收益）而对其征税，不论这些收入和收益是否已实际分配给他们。澳大利亚的单位信托投资、德国的投资基金、日本的证券投资信托以及瑞典的共同基金基本上都属于这种类型。

第二，基金纳税与投资人抵免型。在这种税制下，投资基金正常纳税，但为了避免被双重征税，允许投资人据此对其自己应缴的所得和收益税额进行抵扣。如在以色列和爱尔兰，投资者分配到的红利完全免税，而在挪威、英国、新西兰和马来西亚等国。投资者可将红利中所含税收抵扣。

（3）替代型。在这种税制下，不考虑单个投资人的纳税情况，对公司支付的股息和利息征收预扣税，所征的税款最终不予返还。在资本利得免税的情况下，这种类型可以更为直接地实现直接投资和基金投资两者之间的中性。而在其他情况下，基金征税对某些投资人有利（如那些对直接投资所得需缴纳较高所得税的人），而对有些人则不利（如那些可能对直接投资不需纳税的享有优先权的投资人）。因而这种类型会扭曲投资人对投资的选择。

（4）分配扣除型。在这种税制下，通常是将投资基金作为一个应税企业，但允许它将分配给投资人的收入从应税收入中扣除，但分到投资者手中则要纳税。实行这种制度的国家往往要求基金每年将大部分收入分配给投资人（就像美国的共同基金），或是规定投资基金将某些收入视做已经分配，即使不作实际分配（如比利时一些投资基金和英国单位信托的做法），对于这些视同已经分配的收入，则可作为投资人追加投资来处理。例如，在美国、英国、加拿大、挪威、德国等国，投资基金需全额纳税，但对分配给投资者的收益部分，允许从税基中予以扣除。最终，投资基金虽负纳税义务，但缴税很少，甚至不需缴税。①

2. 特殊投资基金的税务处理

QFII 是指合格境外机构投资者制度。在税收来源地管辖权范围内，各国主要对 QFII 的股息红利所得、资本利得和利息收入征税，具体税率如表 12-5。

表 12-5　　　　　　　　各国（地区）税收政策一览　　　　　　单位:%

征税对象	中国香港	新加坡	印度	韩国	中国台湾	澳大利亚
股息红利	0	0	0	27.5	20	0
资本利得	0	0	0	27.5 或 0	0	0
利息收入	0	0	20.5	0	20	10

---

① 根据中国金融税制改革研究小组编著：《中国金融税制改革研究》，中国税务出版社 2004 年版，第 430~433 页；刘宁：《投资基金的课税研究》，载于《涉外税务》1998 年第 1 期的资料整理。

在中国台湾，QFII 制度推动了股市的健康发展和理性回归，其 QFII 税收政策也很有代表性。主要做法是：对利息和股利所得征收 20% 的预扣税，股利所得包括从留存收益中分配的现金股利和股票股利。

（1）关于投资于中国台湾股市方面的税收。税法规定，外国投资者投资于中国台湾股市有组合投资和股权投资两种渠道。只有满足中国台湾证券和期货委员会设定标准的 QFII 和 GFI（普通外国投资者）才能够进行组合投资，外国投资者在经过投资委员会同意后才能够进行股权投资。组合投资往往被视为以获得资本利得为目的的短期投资，股权投资则被视为以参与目标企业经营管理和分享目标企业资本成长为目的的长期投资。证券交易税目前是按照卖出股票的总收入的 0.3% 征收，由卖者实际承担，由证券经纪商在销售股份时代缴。根据目前的中国台湾法律，资本利得和在中国台湾交易的股票免征所得税。

（2）关于股利及分配方面的税收。对于通过 QFII、GFI、FIA 等投资渠道进行投资的投资者，被投资对象宣布发放的在留存收益之外且按照投资份额分配给投资者的股利（包括现金和股票形式）属于中国台湾预扣税的征税范围，目前税基为分配金额（指现金股利）或股票面值（指股票股利），税率是 20%。

此外，韩国对外国投资者将债券卖给国内投资者所获资本利得按 27.5% 征税，对外国投资者将债券卖给其他外国投资者所获资本利得不征税。美国对外国投资者从基金获得的股息，征收 30% 的所得税。[①]

（二）私人养老基金的课税

1. OECD 国家"经批准的养老基金标准税收制度"的考察

在大多数经合组织国家中，政府通过税收制度鼓励这种私人养老基金，积极支持其发展。这些优惠只限于那些受政府监管（经批准）的计划。这些国家所实行的税收制度大体上可概括为表 12 - 6。

表 12 - 6　　　　　部分经合组织国家个人养老基金的税收待遇

	对基金的缴款予以扣除	对基金收入征税	对基金资产征税	对领取的养老金征税
澳大利亚	Cp	F（10%）	—	Pi
奥地利	Cp	—	—	P
比利时	CI	—	A	P
加拿大	C	—	—	P
丹　麦	C	Fp	—	P
芬　兰	Cp	—	—	P
法　国	—	—	—	P

---

① 郭特华等：《QFII 税收前瞻》，载于《杭州金融研修学院学报》2004 年第 11 期。

续表

	对基金的缴款予以扣除	对基金收入征税	对基金资产征税	对领取的养老金征税
德 国	CI	—	—	P
希 腊				
冰 岛	—	—	—	P
爱尔兰	CI	—	—	P
意大利				
日 本	—	—	—	Pi
卢森堡	CI	—	—	P
荷 兰	CI	—	—	P
新西兰	—	F（33%）	—	—
挪 威	CI	—	—	P
葡萄牙	CI	—	—	P
西班牙	CI	—	—	P
瑞 典	CI	F（10%）	—	P
瑞 士	CI	—	—	P
土耳其				
英 国	CI	—	—	P
美 国	CI	—	—	P

表例：A 表示按年对基金资产征税。C 表示对基金的缴款实行所得税减免。CI 表示（在一定限额内）对缴款实行所得税减免。Cp 表示对缴款实行部分所得税减免。F 表示对基金的收入征税。Fp 表示对基金的某些收入征税。P 表示养老金如同所得一样须纳税。Pi 表示对养老金的"所得部分"征税。

注：希腊和土耳其对（不同于雇主提供的养老金）个人养老金未作规定。在意大利，个人养老金计划始于 1993 年。

资料来源：中国金融税制改革研究小组：《中国金融税制改革研究》，中国税务出版社 2004 年版第 434 页。

从经合组织国家所实行的"经批准的养老基金标准税收制度（EET）"来考察，主要涉及对雇员和雇主向经批准的基金缴款的税务待遇、对基金的税务处理以及对支付的养老金的税务处理三方面的内容。

（1）对雇员和雇主向经批准的基金缴款的税收待遇。个人向经批准的私人养老金计划的缴款可从雇员的应税收入中扣除。雇主支付的缴款可从其应纳税利润中扣除，而且不包括在雇主替其缴款的雇员的应税收入中。通常享受这种待遇的总的缴款（雇员和雇主缴款）只限于经批准的养老基金自投资中取得的收入。在公司支付的股息和利益须缴纳预扣税的情况下，养老基金对所缴纳的税往往可得到退税。

（2）对基金的税务处理。对基金的税务处理主要涉及对基金资产与基金收入的税务处理：①对基金资产的税务处理。除比利时以外，大多数经合组织国家对基金资产免税。②对基金收入的税务处理。除以澳大利亚、丹麦、新西兰、瑞典以外，其他的经合组织国家对基金获得的收入免税。因此，标准的税制是对基金资产与基金收入都实行免税。

（3）对支付的养老金的税务处理。个人所领取的养老金通常须像劳动收入一样缴税。然而，一些国家也对养老金收入（或是对养老基金向个人支付的一次性退休金）实行特殊减免。当然，也有一些国家的税务处理例外。例如，在澳大利亚，养老金缴款是不予抵扣的（但可作些折减），而且养老金收入必须纳税，只不过税率较低；在新西兰，缴款是不得抵扣的，而且养老金也不征税，但对养老基金的收入要征税；瑞典按较低的税率对养老金征税，但允许对缴款实行全额抵扣，并对养老金全额征税。①

2. 美国401（K）计划的考察②

美国现行的退休制度开始于1935年，由雇主、雇员、政府三者相互协调、共同支持，形成了雇员个人储蓄、雇主出资设立退休金计划以及联邦政府负责管理社会保障金，构建了一个雇员、雇主和政府三足鼎立、保障程度较高的退休收入来源体系。401K计划是按美国联邦《税收法》（Internal Revenue Code）中第401条第（k）项的规定建立起来的一种职业养老金计划。与一般养老金计划不同的是，法律规定该计划雇员的缴费及其收益都可以延迟纳税，而且该部分税前缴费除发生某些特殊情况外不得提前取款，否则将被要求补税和缴纳罚款。

总的来说，401K计划具有如下特点：（1）税收优惠性。在401K计划中，个人缴纳的款项是从应税毛收入中直接扣减，即在税前缴费，同时赚取的收益也可以延迟纳税，所以个人账户的余额会迅速增加。401K计划享受的税收优惠政策是税收延迟而不是免税。（2）匹配性。为鼓励雇员积极参与401K计划，企业雇主通常为雇员提供相当于雇员自身缴费一定比例的匹配缴费。（3）便携性。401K计划允许通过贷款与"困难提款"（Hardship withdrawal）两种方式从账户中提前取款。而且如果雇员离职或更换雇主，他有多种处理自己个人账户的方式，既可以将账户余额转入个人退休金账户（individual retirement account IRA），也可以转入新雇主提供的401K计划、403B计划或者政府部门的457B计划，还可以提走全部的账户余额。但需特别注意的是，如果在59.5岁以前从账户中提款，那么个人必须按10%的比例支付额外的税收罚款。（4）专业性。401K计划的退休资产由雇员自行决定投资方式，并由专业人员管理。401（K）计划的主要内容及评价见表12-7。

---

① 根据中国金融税制改革研究小组编著：《中国金融税制改革研究》，中国税务出版社2004年版，第434~435页的资料整理。

② 根据李琼、翟大伟：《美国401（K）计划及其对中国企业年金制度的启示》，载于《理论月刊》2006年第10期；刘子兰、吴新建：《美国401K计划的创新与发展》，载于《湖南师范大学学报》2007年第4期的内容整理。

表 12 - 7　　　　　　　　美国 401K 计划的主要内容及评价

	有关规定介绍	评　价
处于工作状态	（1）按照工资的百分比扣减，直到达到一个限额	可以避免对高收入者的优惠，贯彻无歧视原则
	（2）可以在各种投资方式之间进行选择，没 12 个月可以转户一次	有利于受托人之间的竞争，有助于提高金融市场的效率
雇员离职	（1）随着年数的增加相应加大权益比率，权益期限最长为 7 年，权益部分一次性支付	7 年或 5 年的规定可以满足员工正常流动的需要
	（2）如果终止计划，适用特殊权益法	确保计划者的利益
	（3）除非退休金是以终身方式付给的，或者退休时已经届满 55 岁，否则就要缴纳一次性税金和未到期罚金	防止提前取款确保退休金专款专用于退休
工作期间提款	（1）困难提款要纳税，如果尚未年满 59.5 岁有可能支付罚金	防止退休金过早提取
	（2）在任何年龄下都可以从该计划中贷款，必须在 5 年内分季度偿还款项（如果是购买住房则可以延长偿还期限）	兼顾正常的经济开支，同时确保退休金计划的足额积累
	（3）年满 59.5 岁后，可以领取养老金，如果不是一次性领取将按普通收入纳税	鼓励将退休金用于退休期间的消费，并防止税收流失
特殊情况	（1）残疾：全部领取，不缴纳未到期罚金；提取的款项必须纳税；转户到 IRA 中或在受托人之间转存；一次性给付可以适用一次性均衡法	保护伤残者利益
	（2）退休：全额领取；可以保留于雇主处，逐缴或者转户到 IRA 中，也可以随时在受托人之间转存；除一次性领取外，要按普通收入纳税	鼓励将退休金用于退休期间的消费
	（3）死亡：由受益人全额领取，适用特殊均衡法；退休金开始支付由 2 受益人开始领取；尚未开始领取，配偶可以在 5 年内将其转户到自己的 IRA 计划中；其他受益人必须在 5 年内全部领取完，或者以终身给付的方式领取；除非是一次性领取，否则要按照普通收入纳税，受益人最初领取到的 5 000 美元是免税的	保护受益人、配偶的正当利益"合格联合生存者年金（QJSA）"的规定保护了配偶的合法权益；为了严格管理美国还出台了《家庭成员资格确认法》（QDRO）

401K 计划自 1978 年在美国推出以来，经过近 30 年的发展，以其在税收、管理、投资运作等方面的一系列优势而得到迅速的发展，日益成为美国职业养老金计划中一个非常重要的组成部分。

🌿 三、证券税制国际比较的启示

（一）直接证券税制设计的启示

从直接证券税制的国际比较中，我们可以得到以下启示：

1. 税收负担：适度合理

从税负总量来看，由于证券投资是一种高风险的投资，其盈亏难以预测与把握。因此，许多国家（地区）都对证券交易与投资采取轻税政策。对证券交易行为所课征的证券交易税或印花税的名义税负一般在 1‰ ~ 3‰ 之间；对证券交易利得课税的税负大多在 20% 左右；对证券投资所得课税的税负一般在 20% 左右。而且，各国或地区对证券课税的税负水平呈递减趋势。如新加坡、中国台湾都在进一步降低证券交易印花税，以降低交易成本。

从税负结构来看，为了促进公债的发行与流通，许多国家对公债实行低税或免税，对股票交易与投资课以较重的税，而对证券遗赠课以重税。此外，许多国家都采取了各种税务措施来消除对股息、红利的经济性双重征税，以促进股份制经济的发展。

2. 税种设置：相机抉择

从税种的选择与配置来看，一般注重公平原则与合理调节原则，根据证券市场的不同发展阶段，相机抉择。从国际经验来看，在证券市场的发展初期，宜开征税源广泛、税负轻、征管简便的证券交易税，以及配置证券投资所得税与证券遗赠税，而不宜开征对证券市场波动有显著影响的证券利得税。在证券市场发展进入较成熟时期，就应开征证券利得税，这样才能实现全面、公平、合理的调节，引导证券市场健康的发展。

3. 税种设计：兼顾公平与效率

从证券交易税来看，各国的税率一般都较低，有的国家仅对卖出证券方征税，而对买入证券方免税，还有的国家按持股期长短实行多档比例税率，以鼓励长期投资。

再从证券利得税来看，由于其税基具有不可预期性，因而，许多国家对其课税都具有以下几个特点：第一，证券所得税的税负低于一般所得的税负；第二，对资本资产拥有期长的利得实行低税甚至免税，而对短期投资利得实行较高的税率；第三，允许按通货膨胀率调整应税所得；第四，资本损失可以在资本收益中冲抵。

（二）间接证券税制设计的启示

从间接证券税制的国际比较中，我们可以得到以下启示：

1. 证券投资基金课税：转付型模式

证券投资基金的本质是一种"信托"，如果按一般公司对待，就会形成多重课税，导致经济扭曲。为此，澳大利亚、德国、日本、瑞典等西方一些国家选择实施转付型税制模式。这对我国的基金税制优化具有借鉴意义。

2. 企业年金课税：EET 模式

EET 模式因其所具有的激励作用强，政府税收损失较小的优点，为大多数西方国家所采用，成为了一种标准制度。因此，EET 模式也应成为中国企业年金税制的发展方向。

第三节 中国证券市场税制结构分析

一、中国直接证券税制的现状剖析

（一）中国直接证券税制的法律规定

我国证券市场的发展对于推进市场经济的发展起到了积极的促进作用。同时，证券市场中出现的过度投机等不规范现象也给社会经济运行带来了不利影响。因此，迫切需要国家运用法律、经济手段规范与调控证券市场的发展，对股票交易的课税也应运而生。随着我国证券市场的进一步发展，我国政府对证券交易、证券所得先后作过一系列征税规定，以对不同经济利益主体证券投资进行调节，主要包括以下税收法规：

1. 证券交易环节的课税。

（1）证券发行环节的课税。《印花税暂行条例》规定，在一级市场对银行及非银行金融机构发行金融债券、对企业发行股票所取得的收入按"营业账簿"税课征 0.5‰的印花税。

（2）证券交易行为的课税。我国证券（股票）交易印花税开征于 1990 年。1990 年 11 月 20 日，深圳市人民政府规定，从 1990 年 11 月 23 日起，凡在深圳市内书立股权转让书据（包括上市股票和企业内部发行的股票在买卖、继承、赠与、分割等所立的书据）的单位和个人均按转让时证券市场价格计算的金额，由两方或两方以上的当事人分别依 6‰的税率缴纳印花税。1991 年 6 月 1 日，深圳市人民政府又将税率调整为 3‰。

1991 年 10 月 28 日起，上海市开始对股票转让书据征收印花税，包括上市股票和企业内部发行的股票，计税依据是按转让时证券市场价格计算的金额，由买卖双方按印花税税率的 3‰缴纳。另外，针对各省的柜台交易以及北京的 NET 和 STAQ 市场中的交易，交易双方按产权转移书据分别缴纳万分之五的印花税。

之后，政府根据股市的波动状况，进行了多次调整（见表 12-8 所示）。

表 12 - 8　　　　　　　　　　证券印花税税率调整一览表

证券印花税税率调整时间	税率（‰）
1991 年	3
1997 年 5 月 10 日	5
1998 年 6 月 12 日	4
1999 年 6 月 1 日（仅对 B 股市场）	3
2001 年 11 月 16 日	2
2005 年 1 月 24 日	1
2007 年 5 月 30 日	3
2008 年 4 月 24 日	1
2008 年 9 月 19 日	1（仅对卖方单边征收）

（3）证券转让所得的课税。第一，关于企业获得的证券转让所得的课税。企业所获得的财产转让所得均列入企业其他所得，按 25% 的税率计征企业所得税。

第二，关于对个人获得的证券转让所得的课税。《个人所得税法》规定，对个人转让有价证券所得，即扣除买入价以及买进过程中按规定缴纳的税费后的净所得，课征 20% 的个人所得税，但是暂不征收。

为进一步完善股权分置改革后的相关制度，发挥税收对高收入者的调节作用，促进资本市场长期稳定健康发展，经国务院批准，就个人转让上市公司限售流通股（以下简称限售股）取得的所得征收个人所得税。《财政部、国家税务总局、证监会关于个人转让上市公司限售股所得征收个人所得税有关问题的通知》：自 2010 年 1 月 1 日起，对个人转让限售股取得的所得，① 按照"财产转让所得"，适用 20% 的比例税率征收个人所得税。

2. 证券投资所得分配环节的课税

（1）利息所得的课税。

第一，储蓄存款利息所得税。新中国成立初期，1950 年 12 月我国在清理旧税制的基础上颁布了新中国的《利息所得税条例》。在生产资料的社会主义改造完成后，我国受苏联"非税论"的影响，理论界普遍认为国营企业的税收实质应该属于上缴利润的性质，没有征税的必要，于是 1959 年上半年开始在成都、

---

① 限售股转让收入，是指转让限售股股票实际取得的收入。限售股原值，是指限售股买入时的买入价及按照规定缴纳的有关费用。合理税费，是指转让限售股过程中发生的印花税、佣金、过户费等与交易相关的税费。

南京等七个城市搞"税利合一"的试点工作，实行以利代税，虽然结果以失败而告终，然而利息所得税却由于受到这种思潮的影响，在 1959 年的年初，也停征了利息所得税。

1980 年全国人大通过的个人所得税法和 1993 年全国人大常委会修订的个人所得税法，都把利息所得列为征税的项目。只是针对当时个人储蓄数额较小，市场物资供应紧张、物价指数持续上涨的情况，为鼓励居民增加储蓄，缓解市场供应压力，将储蓄存款利息所得列为免税项目。

1999 年 11 月 1 日，政府根据宏观经济发展状况恢复开征储蓄存款利息所得税，而后，又进行了减税与停征的调整（见表 12 - 9 所示）。

表 12 - 9 储蓄存款利息税税率调整一览表

利息税税率调整时间	利息税税率（%）
1999 年 11 月 1 日	20
2007 年 8 月 15 日	5
2008 年 10 月 9 日	0

第二，债券利息所得税。我国税法规定对国债利息所得免征利息税，对企业债券、金融债券利息所得征收利息税。

个人投资者获得的债券利息所得按 20% 的税率征税。从 1994 年开始，个人投资者投资企业债券、金融债券的利息所得应依法缴纳利息所得税。但从实际操作的情况来看，企业债券利息所得税的征收实施细则一直没有出台，加之这部分税收属于地方税，地方政府出于种种原因并未加以严格管理，因此以上规定一直未能得到严格执行。

企业（机构投资者）取得的企业债券与金融债券利息所得，按 25% 的税率征税。

（2）股利所得的课税。第一，关于个人投资者股利所得的课税。《个人所得税法》规定，对个人取得的股息、红利所得，不扣除任何费用，由股份公司代扣代缴 20% 的个人所得税。

《关于股息红利个人所得税有关政策的通知》规定，为促进资本市场发展，对个人投资者从上市公司取得的股息红利所得，暂减按 50% 计入个人应纳税所得额，股息、红利所得税。

《关于征收个人所得税若干问题的规定》中明确指出，股份制企业在分配股息、红利时，以股票形式向股东个人支付应得的股息、红利（即派发红股），应以派发红股的股票票面金额为收入额，按利息、股息、红利项目计征个人所得税。《关于股份制企业转增股本和派发红股征免个人所得税的通知》规定，股份制企业用资本公积金转增股本不属于股息、红利性质的分配，对个人取得的转增股本数额，不征收个人所得税；而用盈余公积派发红股则属于股息、红利性质的分配，对个人取得的红股数额，征收个人所得税。《关于盈余公积金转增注册资本征收个人所得税的问题》的通知认为盈余公积金转增注册资本"实际上是该公司将盈余公积金向股东分配了股息、红利，股东再以分得的股息、红利增加注册资本"，税款由股份有限公司在有关部门批准增资，公司股东会决议通过后代扣代缴。

第二，关于企业股利所得的课税。

《企业所得税法》规定：企业获得的股息、红利等权益性投资收益，应按25%的税率征税。但是，企业获得的符合条件的居民企业之间的股息、红利等权益性投资收益免税。① 在中国境内设立机构、场所的非居民企业从居民企业取得与该机构、场所有实际联系的股息、红利等权益性投资收益免税。

（二）中国直接证券税制运行中的偏差

我国现行的证券税制对于推进证券市场的发展起到了一定的积极作用。但是，我们必须看到，目前这种以印花税为主体的简单证券税制已与证券市场的发展不相适应，严重滞后，暴露出了不少的缺陷。

1. 税法的非规范性

从现行的证券税收法规来看，以凭证税代替流转税。我们知道，印花税是对经济活动和经济产权中因商事、产权所签立或使用的凭证征收的一种税。它的征税对象是各种合同或者具有合同性质的凭证、产权转移书据、营业账簿、许可证照等。而我国对证券交易这种买卖行为征收印花税，以凭证税代替流转税，缺乏严谨性，不利于证券税制的规范建设。

2. 税制的非系统性

目前，我国许多的证券课税领域都是空白，没有制定相应的税收法规，主要表现为：（1）对内部发行、增资发行股票等经济行为均没有明确的税收法规；（2）对证券的继承、赠与行为没有明确的税收规定。

3. 税负的非公平性

（1）证券交易所得课税中的非公平性。《个人所得税法》规定，对"财产转让所得"实行按次计征。② 证券投资者一般在一年中有数次买卖，而其中有亏也有盈，依照依次计征的办法，投资者盈了就缴税，亏了不能抵免，也许在一个纳税年度终结时，投资者盈亏相抵后虽是亏损，但仍缴纳了数笔证券利得税，因此采用按次计算证券利得的计征方法缺乏公平性。

（2）证券投资所得课税中的非公平性。按现行税法规定，存在对股利的经济性重复征税。目前，我国股份公司的利润（含股利）先缴纳企业所得税，然

---

① 符合条件的居民企业之间的股息、红利等权益性投资收益，是指居民企业直接投资于其他居民企业取得的投资收益。不包括连续持有居民企业公开发行并上市流通的股票不足 12 个月取得的投资收益。

② 目前依据财税法规，仅对个人转让限售股取得的所得，按照"财产转让所得"计税。而对其他证券转让所得暂免征税。

后将税后利润的一部分以股利形式分配给股东，个人股东取得的股利所得再次缴纳个人所得税。这种重复征税导致了税负不公平，影响了投资者的积极性，阻碍了股份制经济的发展。

4. 税收功能的弱效性

我国现行证券税收的调节力度较弱，就证券一级市场而言，税收调节力度弱。目前我国的证券发展有两条渠道：一是股份制上市公司在证券一级市场通过溢价发行筹资；二是非上市公司通过内部发行证券筹集资金。对这两类证券发行，征税法规均不健全。

再从二级市场来考察，税收调节力度也较弱。首先，证券交易印花税的税率设计单一。目前，证券交易印花税是证券市场的主体税种，承担着调控证券市场与聚集财政收入的重要作用。然而，证券交易印花税的税率设计单一，不论投资者持股时间的长短，均按同一税率征税。如此单一的税率难以对不同投资期限、不同投资风险进行有效的调节。其次，证券利得课税的规定欠合理。例如，不论证券市场投机收益与投资收益的区别，不论投资者持股时间短期的区别，一律按同一税率计征，难以起到引导长线投资，遏制投机的作用。

5. 税收管理体制的非合理性

依据现行分税制的原则，证券交易印花税属于中央与地方共享税，由中央与地方各收取97%与3%。由于我国目前仅设立了上海和深圳股票交易所，在异地委托代理买卖开展起来以后，随着异地股票交易额的逐渐增加，并实行二次交割制度，这就不可避免地引起各地利益上的纷争。但若各地开设众多的证券交易所则隐患很大，也不符合国际惯例。现行的证券交易税分享制度显然是不合理的，阻碍了分税制的推行。

二、中国间接证券税制的现状剖析

（一）证券经营机构课税的现状剖析

我国对证券经营机构的课税规定主要集中在，《关于资本市场有关营业税政策的通知》、《关于中国证券登记结算公司有关营业税政策的通知》，《财政部、国家税务总局关于证券公司证券结算风险基金所得税税前扣除问题的通知》等法规中，具体的课税法规见表 12 – 10 所示。

表 12 – 10　　　　我国现行有关证券投资经营机构的税收政策

税种	有关税收规定
印花税	（1）在一级市场对银行及非银行金融机构发行金融债券、对企业发行股票所取得的收入按"营业账簿"课征 0.5‰的印花税； （2）对证券经营机构买卖股票，按其交易额课征 1‰的印花税

续表

税种	有关税收规定
营业税	（1）对证券经营机构的营业收入课征 5% 的营业税；税基 = 卖出价 − 买入价 + 股票、债券红利收入 （2）准许中国证券登记结算公司按规定提取的证券结算风险基金等，从营业税计税依据中扣除；可将不同纳税期出现的正差和负差按同一会年度汇总的方式计缴营业税 （3）准许上海、深圳证券交易所代收的证券交易监管费从其营业税计税营业额中扣除 （4）准许证券公司代收的以下费用从其营业税计税营业额中扣除 a. 为证券交易所代收的证券交易监管费； b. 代理他人买卖证券代收的证券交易所经手费； c. 为中国证券登记结算公司代收的股东账户开户费（包括 A 股和 B 股）、特别转让股票开户费、过户费、B 股结算费、转托管费
企业所得税	对证券经营机构的经营所得课征 33% 的企业所得税；证券公司按规定缴纳的证券结算风险基金可以在所得税税前扣除；截至 2004 年，批准 45 家证券公司（超过证券公司的 1/3）分支机构自行缴税改为总部汇总纳税

从我国现行有关证券经营机构的税收法规来考察，税收政策较为合理，但还应进一步改革证券公司的纳税方式，使所有的证券公司都能够公平地享受到汇总缴纳企业所得税的待遇。

（二）证券投资基金证券课税的现状剖析

我国对证券投资基金的课税规定主要集中在，财政部、国家税务总局先后发出的《关于证券投资基金税收问题的通知》，《关于买卖证券投资基金单位印花税问题的复函》，《关于证券投资基金税收问题的通知》，《关于开放式证券投资基金有关税收问题的通知》，《关于买卖封闭式证券投资基金继续免征印花税的通知》，《关于股息红利个人所得税有关政策的补充通知》等法规中，构成了我国目前对证券投资基金征税的政策框架。

表 12 − 11　　　　我国现行有关证券投资基金的税收政策

纳税人	有关税收规定
基金组织	（1）募集的资金。以发行基金方式募集资金，不征收营业税 （2）基金的所得。基金从证券市场中取得的收入，包括买卖股票、债券的差价收入；股票的股利收入、债券的利息收入以及其他收入暂不征收企业所得税 （3）开放式基金代销机构从事基金管理活动取得的收入，征收营业税、企业所得税以及其他相关税收

续表

纳税人	有关税收规定
基金管理人	（1）证券交易行为。运用基金买卖股票，征收印花税 （2）证券交易收入。封闭式基金管理人在 2000 年年底前与开放式基金管理人在 2003 年年底前运用基金买卖股票、债券的差价收入，暂免征营业税 （3）管理活动收入。从事基金管理活动取得的收入（如基金管理费），征收营业税、企业所得税以及其他相关税收
基金托管人	管理活动收入。从事基金管理活动取得的收入（如基金托管费），征收营业税、企业所得税以及其他相关税收
个人基金投资者	（1）基金交易行为。买卖基金单位，不征收印花税 （2）基金交易收入。买卖基金价差收入，不征收营业税 （3）应税所得。从基金分配中获得的企业债券差价收入，储蓄存款利息收入、股息及红利收入（减按 50% 计算应纳税所得额）、企业债券的利息收入，征收 20% 的个人所得税 （4）免税所得。买卖封闭式基金的价差收入与申购和赎回开放式基金单位取得的差价收入、从基金分配中获得的国债利息收入以及买卖股票价差收入，从开放式基金分配中获得的收入暂不征收个人所得税
金融机构基金投资者	（1）基金交易行为。买卖基金单位，不征收印花税 （2）基金交易收入。买卖基金价差收入，征收营业税 （3）应税所得。买卖封闭式基金的价差收入与申购和赎回开放式基金单位取得的差价收入，征收企业所得税 （4）免税所得。从基金分配中获得的买卖股票价差收入、债券差价收入，国债利息收入，储蓄存款利息收入、股息及红利收入、企业债券的利息收入从开放式基金分配中获得的收入暂不征收企业所得税
非金融机构基金投资者	与金融机构基金投资者的区别仅在于买卖基金价差收入，不征收营业税，其他均相同

注：表中所述税收政策若无特别指明，则对封闭式基金与开放式基金均适用。

资料来源：中国金融税制改革研究小组编著：《中国金融税制改革研究》，中国税务出版社 2004 年版，第 349～350 页，本书作者作了一些补充与调整。

从我国现行的证券投资基金税收法规来考察，其显著特点是税收政策的优惠性较强，但也存在以下偏差：

1. 税制模式的非主流性

具有消除重复征税功能的"基金导管税制模式"是国际主流模式。然而，我国现行的基金税制类似于"基金实体税制模式"，存在对基金所得的重复征税。例如，基金组织须对基金所得承担企业所得税的纳税义务（只是现暂时免征）；投资者也须对基金所得承担所得税的纳税义务，形成双重征税。而且如果是"股息红利收入"，则存在多重征税：对上市公司利润征企业所得税；对基金公司的股利收入征企业所得税；对个人基金投资者的股利收入征个人所得税。这种重复征税的税制模式将抑制证券投资基金的发展。

2. 税收待遇的非公平性

在内部，基金税收待遇的非公平性表现在多方面：（1）营业税的不公平。营业税的不公平性表现为金融机构基金投资者与非金融机构基金投资者买卖基金价差收入的纳税义务差异。同是法人组织，前者须缴纳营业税，而后者则免缴营业税。（2）基金分配的持有收益的税收待遇不公平。这种不公平性表现为个人基金投资者与机构基金投资者获得基金分配的持有收益的纳税义务差异。同是基金投资者，前者须缴纳个人所得税，而后者则免缴公司所得税。（3）买卖基金价差收入的税收待遇不公平。这种不公平性表现为个人基金投资者与机构基金投资者获得基金价差收入的纳税义务差异。同是基金投资者，前者免缴个人所得税，而后者则须缴纳公司所得税。特别是对金融机构基金投资者而言，如果获得了这种收入，既要缴纳营业税，又要缴纳公司所得税，极为不公平。

在外部，税收待遇的非公平性集中表现在机构投资者采取直接证券投资方式与间接证券投资方式（通过基金投资）的税负差异较大，前者所获得资本利得全额缴纳25%的公司所得税；而后者所获得资本利得免税。

税收待遇的非公平性将扭曲投资者的行为决策，并造成税制的复杂性。

3. 税制范围的缺失性

现行基金税制范围的非系统性主要表现为：（1）对基金未分配所得的税收待遇规定的缺失性。现行基金税法对基金的分配所得的征免税待遇都有明确的规定，但对未分配所得的税收待遇却没有明确的规定。这种税法缺失性会造成基金已实现所得中用于分配部分和未分配部分之间税负的不一致，进而扭曲基金管理者在收益分配与否问题上的决策与行为。虽然《证券投资基金暂行办法》第三十八条对基金用于分配的净收益规定了最低比例90%，但从某种意义上说，这还是不能防止基金以保留利润的形式来规避个人所得税。因为：第一，90%毕竟不是100%，基金至少可以保留10%的净收益不用于分配；第二，基金可以通过财会处理，在满足90%这一比例要求的情况下保留多于10%的净收益。由于《暂行办法》仅规定了用于分配净收益的比例，但未对基金净收益的构成作出明确规定。因此，不同的会计处理方法必将产生不同的净收益计算结果。如金泰基金1998年净收益的计算就与其他基金不同，采用了会计上体现稳健原则的成本与市价孰低法来计量期末资产，也就是用已实现投资收益来弥补未实现持产损失，相比而言，计算而得的净收益自然就较低，用于分配的收益就下降，基金保留收益就较多，从而达到避税的目的。①

（2）对 QFII（合格境外机构境内证券投资）的税收待遇规定的缺失性。为了规范地推进证券市场的开放，证监会、人民银行、国家外汇管理局制定了《合格境外机构境内证券投资（QFII）管理暂行办法》、《合格境外机构境内证券投资外汇管理暂行办法》等系列法规。然而，针对 QFII 税收待遇的法律规定至今缺失，这将不利于在证券市场的开放中，实行涉外金融税收管理，维护国家税收权益。

（三）养老保障体系及税制的现状剖析

我国现行的养老保障制度是由社会基本养老保障、企业年金以及个人养老金三个层次组成，但是，对应的税制并不健全。

表 12-12　　　　　　　　　我国现行养老金税收政策体系

	社会养老金税制（EEE 模式）	企业年金税制（不健全）	个人养老金	
			个人储蓄养老金税制（无）	商业养老金税制（TT 模式）
养老金缴款	雇主缴纳工资额的 20%（依地区而定），可从应纳企业所得税的应税收入中扣除，而且不作为雇员的收入征税； 雇员缴纳工资额的 8%，可从应纳个人所得税的应税收入中扣除；	缴纳额在工资总额 5% 以内的部分，准予在企业所得税前全额扣除； 企业年金的个人缴费部分与企业年金的企业缴费计入个人账户的部分均须缴纳个人所得税		雇主或雇员的缴纳额不得从应税收入中扣除
养老金投资收益	免税	不明确		征税
养老金支付	免税	不明确		免税

1. 社会养老保障基金税制

我国社会养老保障制度实行的是社会统筹与个人账户相结合的模式。在税务处理方面，目前城镇居民社会养老保障基金为 EEE 扣缴模式，即对城镇居民社

---

① 胡浩：《证券投资基金课税分析》，载于《税务与经济》2000 年第 2 期。

会养老基金在缴费、投资收益、支付三个环节均给予免税优惠。具体而言，在养老金缴费环节，雇主缴纳工资额的 20%（依地区而定）可从应纳企业所得税的应税收入中扣除；雇员缴纳工资额的 8% 可从应纳个人所得税的应税收入中扣除。在养老金投资收益与支付环节均实行免税。

为了解决 8 亿农民"老有所养"的问题，实现社会保障均等化，政府于 2009 年 9 月所颁布的《国务院关于开展新型农村社会养老保险试点的指导意见》提出，将在广大农村建立"个人缴费、集体补助、政府补贴相结合"的新农保制度。该制度的要点是：（1）养老金待遇 = 基础养老金 + 个人账户养老金；（2）国家财政全额支付最低基础养老金；（3）实行个人缴费、集体补助政府补贴相结合的筹资办法。在税务处理方面，这一制度也应该是 EEE 扣缴模式。

因此，我国社会养老保障基金的 EEE 扣缴模式基本与国际主导税制模式一致。

2. 企业年金制度与税制

国务院在 1991 年发布的《关于企业职工养老保险体制改革的决定》中首次提出要建立企业补充养老保险（企业年金），随后，劳动部 1995 年所颁布的《关于印发〈关于建立企业补充养老保险制度的意见〉的通知》与劳动和社会保障部 2004 年颁布的《企业年金试行办法》对构建企业年金制度作了系统的法律规定。然而，我国目前企业年金税制的突出问题主要是：（1）征税模式尚未成型。第一，养老金缴费环节，只有部分扣除的规定。一方面，企业为职工支付的补充养老保险费，补充医疗保险费分别在不超过职工工资总额 5% 以内的部分，准予在企业所得税前全额扣除。另一方面，企业年金的个人缴费部分与企业年金的企业缴费计入个人账户的部分均须缴纳个人所得税。[①] 这将严重影响个人的积极性，难以实现企业年金税收政策的目标。第二，养老金投资收益环节的税务待遇不明确。第三，养老金给付环节的税务待遇不明确。实践中的操作更是五花八门，如有些地方将养老金等同于普通寿险保险的给付，不计征个人所得税；而对某些行业却出台了一些相关规定，要征收个人所得税。（2）缺乏税收管制。西方国家一般规定企业年金计划必须满足一定的条件才能享受税收优惠。例如，企业年金必须具有长期性，公司不能随意抽回资金，个人不能提前领取；企业年金不能区别对待，企业高层与企业职工享受相同的分摊比例，以保证职工的利益等。税收管制是企业年金健康发展的重要保障。然而，由于我国缺乏相应的税收管制法规，则在其运行中出现了许多投机行为，比如企业年金的短期化；变相的增发工资；对企业高层和职工区别对待等。这些不规范的行为抑制了我国企业年金制度的健康发展。

3. 个人养老金制度与税制

现行的个人养老金制度及税制主要存在两方面的问题：（1）个人储蓄养老金税制的缺位。西方国家大多推出了可以享受税收优惠的特殊储蓄账户，如

---

① 国家税务总局 2009 年 12 月 10 日颁发《关于企业年金个人所得税征收管理有关问题的通知》。

类似于加拿大的注册退休储蓄计划（RRSP）① 等，以推进养老金体系中第三层次的个人储蓄养老金的发展。然而，目前我国尚未建立个人储蓄养老金制度，个人储蓄养老金税制的缺位导致了这个层面养老基金积累的严重不足。（2）商业寿险保险税制模式导致较为严重的避税现象。目前我国对商业寿险保险实行 TTE 税制模式，即在养老金缴款与投资收益环节征税，而在养老金支付环节免税。在实务操作中，将消费者获得的保险金给付视为免税项目。这种 TTE 税制模式使一些保险公司开发了名为寿险实为投连险的产品，为投资者提供避税的渠道。

第四节 中国证券税制体系的优化

🌿 一、中国证券税制的总体设计构想

关于我国证券税制的改革模式，学术界主要有两类主张；一类主张实行证券交易税的单一税制；另一类主张实行"两税制"，或"三税制"，或"四税制"的复税制。由于证券市场在整个金融市场中处于十分特殊的地位，而且又有其特有的规律性，因此，我们认为，应从长远的角度出发，构建系统的证券税制体系。

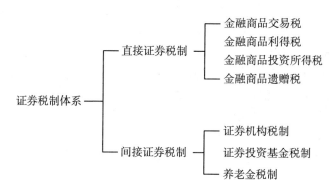

图 12-2 中国证券税制体系

我们认为，应根据证券市场的发展状况，以及各种条件的成熟状况，分阶段配置税种，完善税制。

（一）近期目标

在直接证券税制方面，构造以金融商品交易税为主体税种，辅之以金融商品印

---

① 加拿大的注册退休储蓄计划（RRSP）是一个自我养老金计划。纳税人可将其收入的一部分免税地缴纳给一个信托基金管理。

花税、金融商品投资所得税的证券税制。金融商品交易税主要发挥聚集财政收入、调节证券市场、促进建立市场新秩序的作用。证券投资所得税（包括利息税与股息税）可以配合金融商品交易税，发挥调节投资者收入，公平社会财富分配的辅助作用。在间接证券税制方面，第一，依据"信托中介论"，配合信托税制建设，构建"证券投资基金导管税制"。第二，配合社会保障体系建设的推进，完善企业年金税制。

（二）远期目标

在直接证券税制方面，构建以金融商品利得税为主体税种，辅之以金融商品印花税、金融商品投资所得税与金融商品遗赠税的证券税制。由于金融商品利得税具有弹性好、调节面广、调节力度大的特点，因而，它是调节证券市场供求关系与证券投资结构、公平收入分配的较佳政策工具。因此，在证券市场进入成熟期之后，应主要依靠金融商品利得税发挥调节证券市场的作用，再辅以其他税种，发挥调节收入，公平社会财富分配的作用。在间接证券税制方面，与多层次的社会保障体系相适应，构建系统规范的养老金税制体系。

二、中国直接证券税制的优化构造

中国直接证券税制的目标是建立一个对证券发行、证券交易、证券投资、证券遗赠进行全方位课税的、相对独立、完整的复合税制。它由以下税种构成：(1) 在证券发行环节，课征印花税；(2) 在证券交易环节，分阶段课征金融商品交易税或金融商品利得税；(3) 在证券分配环节，课征金融商品投资所得税；(4) 在证券遗赠环节课征金融商品遗赠税。依据证券税制的构成，各税种的设计如下：

（一）金融商品印花税

金融商品印花税是在证券发行环节，对书立、领受证券所有权书据的行为而征收的一种印花税。在证券发行环节课征印花税，既可恢复印花税的本来面目，又可避免重复征税。该税目的构成要素如表 12 – 13 所示。

表 12 –13　　　　　　　金融商品（证券）印花税构成

	国　债	债　券	股　票
纳税人	发行公司	发行公司	发行公司股东
应税凭证	债券发行 登记许可证	债券发行 登记许可证	股东购买 新股契约书
课税依据	发行总额	发行总额	股票发行价格
税　率	免　税	万分之五	万分之五
缴税方式	源泉扣缴	源泉扣缴	源泉扣缴

（二）金融商品交易税

借鉴国外的课税经验与结合我国税制的现实，我们认为，应将现有的证券印花税改造为规范的金融商品交易税。金融商品交易税是对所有从事金融商品交易的投资者，以其金融商品的交易额为征税对象，所课征的一种行为税。在金融商品交易税种下设立二级税目（如图 12-3 所示），分别课征税率不同的交易税。该税的构成要素如下：

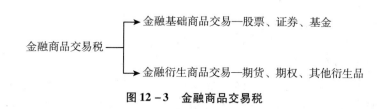

图 12-3 金融商品交易税

1. 纳税人

凡从事金融商品出售业务的单位和个人均为该税的纳税人，换言之，以金融商品交易的卖方为纳税人。这样做的目的在于鼓励投资，抑制投机。如果仅以卖主为纳税人则会对卖方行为给予限制，而对买方行为给予支持。对中长期投资者来说，这实质上是一种"延期纳税"的优惠。因而，这能抑制金融市场过度投机行为，为我国金融市场的稳定发展创造良好税制环境。

2. 征税范围与征税对象

金融商品交易税分为两级税目，证券交易税（目）的征税范围应包括上市交易的股票、债券、投资基金等一切证券。金融衍生品交易税（目）的征税范围应包括上市交易的期货、期权、其他衍生品等。该税的征税对象为出售者的金融商品交易额。

3. 税率设计

证券交易税（目）税率的制定应考虑以下因素：一是灵活配置原则。由于我国证券市场尚属发展初期，亟待支持，因而，税负总体应该从轻，税率可确定在 1‰～5‰的幅度内，根据不同时期的经济和证券市场发展状况、国家经济政策的需要进行上下浮动，以配合财政、金融等经济杠杆对证券市场的宏观调控；二是根据证券种类与证券持有期限实行差别比例税率，以激励长期投资。具体税率如表 12-14 所示。

表 12 –14 证券交易税（目）税率构成

种 类	持有期半年以下的税率（‰）	持有期一年以上的税率（‰）
国债	免税	免税
企业债券	1 ~ 5	0.5 ~ 2.5
股票	1 ~ 5	0.5 ~ 2.5

（三）金融商品利得税

金融商品利得税是对转让金融商品取得的资本利得课征的一种所得税目。它对于抑制过度投机行为，调节收入分配悬殊，稳定金融市场的健康发展有着重要的作用。但是，考虑到目前我国金融市场还处于发展初期，市场对税收的承受力还十分脆弱，税源并不普遍，金融商品交易的技术手段和交易资料汇总、征管手段等方面都很不完备，因而，目前还不具备课征的条件。但是，从长远来看，随着中国金融市场的发展，取消金融商品交易税，开征金融商品利得税是必然的趋势。该税的构成要素如下：

1. 课税模式的选择

我国金融商品利得税的课税模式应采取混合课征与分离课征相结合，对企业按混合模式课征，对个人按分离模式课征。之所以对企业实行按混合模式课征，是因为对企业按分离课征不利于股票市场与实体经济的协调发展。如果资本利得税税率高于企业所得税税率，企业不愿投资于证券市场，从而不利于证券市场的发展；如果若资本利得税税率低于企业所得税税率，将会导致企业更愿意将资本投资于证券市场，从而减少实体投资，不利于实体经济的发展。而对个人实行分离课征模式，则是基于能够较好发挥资本利得税双重调节功能的考虑。未来我国将实行综合个人所得税制，而在综合所得税制下，把资本利得作为个人所得税应税项目，不利于政府在特殊时期调节证券市场运行。比如，当金融危机爆发时，证券价格暴跌，仅靠内在稳定器的作用，难以扭转暴跌趋势，需要政府采取更有力的措施稳定证券市场。实行分离课征模式，将资本利得与一般所得课税相对独立，并实行累进税率，这将更有利于政府根据特殊情况进行税收政策调整。

2. 纳税人的确定

金融商品利得税的纳税人包括从事金融商品交易的企业和个人。按照现有的税法规定，个人纳税人包括居民纳税人和非居民纳税人，企业纳税人包括居民企业纳税人和非居民企业纳税人。因此，金融商品利得税的纳税人包括中国公民、中国居民企业以及在中国境内从事金融商品交易的外籍人员和企业。

3. 计税依据的确定

金融商品利得税以纳税人在一个纳税年度内从事金融商品交易中实现的资本

利得为计税依据。

第一，实行按年计征。该税以纳税人在一个纳税年度内从事金融商品交易中实现的资本利得为计税依据，允许纳税年度内的盈亏结转，其计算公式为：

$$纳税人应税所得额 = 金融商品出售转让收入总额$$
$$- 金融商品出售转让亏损额 - (取得金融商品的总支出 + 取得费用 + 金融商品交易税税额)$$

第二，实行收付实现制。根据资本利得的收付实现制，可得资本利得税的计税依据为：$(P_2 - P_1) \times Vol$，其中 P_2 为卖出证券时的价格，P_1 为买进证券时的价格，Vol 为卖出证券的数量。

例如，甲在 2009 年 3 月 8 日以 10 元的价格购买 500 股某公司的股票，2009 年 12 月 31 日该股票价格上涨至 12 元，甲在 2009 年纳税年度并未出售该只股票，然而 2010 年 4 月 8 日甲以 11.5 元的价格出售这 500 股股票。此时，甲缴纳资本利得税的计税依据是 750 元（500 × （11.5 - 10） = 750），而不是 1 000 元（500 × （12 - 10） = 1 000）。尽管在 2009 年纳税年度末，根据甲拥有的股票价格，可以实现 1 000 元的资本利得，但由于甲没有变卖该股票，事实上没有实现 1 000 元资本利得，所以这 1 000 元不做资本利得税的计税依据。

4. 税率的设计

为了更好地发挥金融商品利得税的调节金融市场运行与收入再分配功能，应该实行累进税率。如前所述，国内学者贺旭光、钱春海、欧阳令男设计的累进税率，注重资本利得税的社会公平作用，有利于资本利得税发挥调节社会收入差距的作用，但不能更有效地抑制短期投机投资行为；而常华兵设计的税率乘数型资本利得税，注重资本利得税调节金融市场功能，能够有效抑制短期投机投资行为，但由于税率乘数级次多，税率乘数在级次间的累退性较大，比如持有期在三年以上的税率乘数只有 0.3，不利于调节收入差距。

为此，我们认为，随着我国证券市场不断趋于成熟，金融商品利得税以应发挥其收入再分配效应为主，以发挥其调节金融市场运行为辅。因此，所设计的税率既能充分发挥该税调节收入差距作用，也要有利于抑制短期投机投资行为。据此，将该税的税率设计成"累进型"与"乘数型"相结合的税率结构。而且，在设计税率的累进级次以及税率大小时，基于以下考虑：第一，税率级次不宜过多。税率级次过多，不易于操作，征管成本大。第二，税率不宜过低。因为税率过低既不利于抑制短期投机行为，也不利于调节社会收入差距。第三，以资本利得率（即金融商品卖出价与买进价的涨幅）确定该税对应的各级次税率。因为存在单个投资者利用多个账户买卖证券，按买卖价的涨幅有利于防止利用多头账户偷逃税。比照现行《个人所得税法》中的个体工商户、个人独资企业和合伙企业所得税税率及级次，将金融商品利得税税率级次设计为 5 级，具体税率如表 12 - 15 所示。

表 12 - 15 金融商品利得税税率表

级数	资本利得率（r）	税率	证券持有期下税率乘数	
			1 年以内	1 年以上
1	$r < 50\%$	10%		
2	$50\% \leqslant r < 100\%$	15%		
3	$100\% \leqslant r < 150\%$	25%	1.5	1
4	$150\% \leqslant r < 200\%$	35%		
5	$r \geqslant 200\%$	40%		

注：资本利得率 = $(P_2/P_1) - 1$，其中 P_2 为卖出证券时的价格，P_1 为买进证券时的价格。

我们之所以把证券持有期限 1 年作为税率乘数的分界线，是基于国际上多数国家区分证券持有长短期界限为 1 年，对短于 1 年或长于 1 年实行不同的资本利得税税率，以便抑制证券短期投机行为，保持证券市场平稳运行。

5. 税收优惠政策

按照特殊性原则，实施相关的税收优惠。为鼓励国债市场发展，便于政府发行国债，筹集财政收入，我国对国债实行免税政策。因此，对由国债交易形成的资本利得也应免税。为鼓励长期投资，对投资者持有时间超过 1 年以上所获得的金融商品利得以相对低的税率征税，如表 12 - 1 中所示的，长期的税率乘数相对较低。

（四）金融商品投资所得税

金融商品投资所得税是对在我国境内从事金融商品投资的单位和个人所取得的投资所得课征的一种所得税目。该税的构成要素如下：

1. 纳税人的确定

纳税人包括中国公民、中国居民企业以及在中国境内获得了金融商品投资所得的非居民企业与外籍人员。

2. 计税依据的确定

该税以纳税人在一个纳税年度内从事金融商品投资过程中实现的投资所得（包括利息所得与股利所得）为计税依据。

3. 计征方法

在对股利所得的课税中，应在股东层面，全面采用税收抵免方法，消除经济性双重征税的副作用。

表 12 −16　　　　　　　　　　消除经济性双重征税的方法

纳税人	应税所得	适用税率与计征
股份公司	企业应税所得	法定税率
法人股东	股利所得	抵免法计征
个人股东	股利所得	抵免法计征

（五）金融商品遗赠税

我国开征遗产税和赠与税的时机日趋成熟。在今后所颁布的遗产税和赠与税的税法中，应将证券的遗赠纳入调节对象与征税范围。证券遗赠的计税依据为纳税人证券所有权转移时，按当日市场价格计算的价值。在扣除一定免征额的基础上，对超过免征额的部分，实行 10% ~50% 的超额累进税率。

（六）证券税收管理体制

配合分税制的完善进程，将金融商品交易税作为中央税，这既有利于公平地方税收负担，又有利于构建金融市场税式支出基金，支持证券市场的改革与发展。

三、中国间接证券税制的优化构造

（一）优化证券投资基金税制的构想

在《证券投资基金法》的基础上，通过优选税制模式，公平税负，健全税制的途径，消除现行税制的非规范性、非系统性以及非公平性的偏差，顺应基金税制的国际主流，扬弃现行的"基金实体税制模式"，构建"基金导管税制模式"。

表 12 −17　　　　　　　　　我国证券投资基金税收政策体系

纳税人	有关税收规定
基金组织	（1）募集的资金。以发行基金方式募集资金，不征收营业税 （2）基金的所得。基金组织对未分配的基金所得承担企业所得税的纳税义务 （3）开放式基金代销机构从事基金管理活动取得的收入，征收营业税、企业所得税以及其他相关税收
基金管理人	（1）证券交易行为。运用基金买卖股票，征收证券交易税（目） （2）受托证券交易收入。基金管理人对此类收入不承担营业税的纳税义务 （3）管理活动收入。从事基金管理活动取得的收入（如基金管理费），征收营业税、企业所得税以及其他相关税收

续表

纳税人	有关税收规定
基金托管人	管理活动收入。从事基金管理活动取得的收入（如基金托管费），征收营业税、企业所得税以及其他相关税收。
个人基金投资者	（1）基金交易行为。买卖封闭式基金单位，不征收证券交易税（目）；但赎回开放式基金单位须缴纳征收证券交易税（目） （2）基金交易收入。买卖基金单位价差收入，不征收营业税 （3）应税所得。从基金分配中获得的储蓄存款利息收入、企业债券的利息收入，征收20%的个人所得税；股息及红利收入征收10%的个人所得税 （4）免税所得。从基金分配中获得的国债利息收入免税；买卖基金单位的差价收入、从基金分配中获得的买卖股票价差收入与企业债券差价收入，暂免征个人所得税
机构基金投资者	（1）基金交易行为。买卖封闭式基金单位，不征收证券交易税（目）；但赎回开放式基金单位须缴纳征收证券交易税（目） （2）基金交易收入。买卖基金价差收入，免征营业税 （3）应税所得。从基金分配中获得的储蓄存款利息收入、企业债券的利息收入，买卖股票价差收入与企业债券差价收入征收企业所得税；股息及红利收入实行税收抵免制度 （4）免税所得。从基金分配中获得的国债利息收入免税；买卖基金单位的差价收入暂免征企业所得税
合格境外机构投资者	在来源地管辖权范围内，对境外机构投资者获得的股息红利所得、利息收入和资本利得征收预提税

新的基金导管税制模式由三个层次构成：

1. 证券交易行为的课税

只在证券投资基金层面（对基金管理人）征收证券交易税（目）；在投资层面免征证券交易税（目）。但是，为了调节投资者的赎回行为，实行对投资者赎回开放式基金单位征收证券交易税（目）的政策。

2. 证券交易收入的课税

本应在证券投资基金层面（对基金管理人）征收营业税，但考虑到应与非金融机构及个人证券投资收入的税收待遇相统一，因此免征营业税。

3. 基金所得的课税

（1）基金分配所得的课税。凡属基金已分配的受托收益，基金组织与基金管理人均不承担企业所得税的纳税义务，而应由国内外基金投资者承担相应的所得税纳税义务。就国内投资者而言。第一，对投资持有收益征税。除国债利收入免税外，个人与机构投资者获取的其他投资持有收益均应征税，但为了缓解经济性重复征税，对股利收入实行轻税政策。第二，对个人投资者资本利得免税。为了与证券直接投资方式的税收政策保持一致，对个人投资者资本利得暂时免税。但应配合证券税制的改革进程，适时课税。第三，买卖基金单位的差价收入免税。对个人与机构投资者获取的买卖基金单位的差价收入实行免税，以促进证券投资基金的发展。就外国投资者而言，在来源地管辖权范围内，对境外机构投资者获得的股息红利所得、利息收入和资本利得征收预提税。（2）基金未分配所得的课税。凡属基金未分配的所得，由基金组织承担企业所得税的纳税义务。

（二）中国多层次养老保障税制体系的重构

我们认为，依据公平与效率原则，应该实施税收激励与税收管制的双重政策，重构多层次养老保障税制体系，促进中国多层次养老保障制度的发展。

表 12 – 18　　　　　　　　　中国多层次养老金税制体系

	国家社会保障基金税制（EEE 模式）	企业年金税制（EET 模式）	个人养老金	
			个人储蓄养老金税制（EEE 模式）与（EET 模式）	商业养老金税制（TET 模式）
养老金缴款	雇主缴纳工资额的 20%（依地区而定），可从应纳企业所得税的应税收入中扣除，而且不作为雇员的收入征税；雇员缴纳工资额的 8%，可从应纳个人所得税的应税收入中扣除	雇主缴纳工资额的 10%，可从应纳企业所得税的应税收入中扣除，而且不作为雇员的收入征税；雇员缴纳工资额的 5%，可从应纳个人所得税的应税收入中扣除	（1）全面激励的 EEE 税制——适用社会保障水平较低的人群（2）部分激励的 EET 税制——适用社会保障水平较高的人群	雇主或雇员的缴纳额不得从应税收入中扣除
养老金投资收益	免税	免税		免税
养老金支付	免税	征税		征税

1. 主导型税制模式：税收激励的政策选择

西方国家的实践都证明，EET 补充养老金主导型税制模式是刺激养老保险需求的次优制度安排，也应该是我国未来的目标模式。

（1）社会养老保障费制的转变。我国社会养老保障基金的筹集方式应该实行费改税，开征社会保障税有利于社会基本养老保障制度的法制化和社会化。第一，社会保障税制度对基本养老保障基金实行收支两条线的预算管理，有助于健全管理监督机制。第二，社会保障税制度能够增强养老保障基金的强制性，降低征收成本，提高征收效率。总之，开征社会保障税能够使社会养老保障金"专款专用"，减轻政府的财政压力。

（2）企业年金税制的重构。第一，顺应企业年金税制的国际主流，构建"EET 模式"。激励企业与个人积极参与，不断扩大企业年金规模，充分发挥"第二支柱"的重要作用。

第二，提高雇主与雇员的缴款比例。发达国家一般规定 15% 左右的企业补充养老保险缴费享受税收优惠，例如德国为 10%，美国为 15%，加拿大为 18%，而我国仅为 4%。结合近几年企业职工平均工资增长加快的实际，我国有必要提高此优惠比例。据 2002 年博时基金课题组的研究，他们通过分析预测工资增长率、缴费比例、预期投资收益率及退休年龄对替代率的影响，所得到的结论是"企业年金可以享受税收优惠的比例应提高到 10% ~ 15%"。[1] 为此，可将企业缴款优惠比例由 4% 提高到 10%，个人缴款优惠比例为 5%。

（3）个人养老金税制的重构。第一，创立储蓄养老金税制。针对目前我国社会养老保障覆盖面窄与基金缺口巨大的问题，政府应该通过创立个人储蓄养老金制度，刺激"第三支柱"养老金积累的发展。我们的具体设想是实施"分类个人储蓄养老金制度"：第一类，全面激励的个人储蓄养老金制度。该制度专门适用于社会养老保障水平较低的人群，如农村居民以及城镇无就业单位的居民等，对这类个人养老金储蓄账户实行全面激励的 EEE 税制模式，以促进这部分社会成员的养老保障基金积累，缓解二元社会保障制度的矛盾；第二类，部分激励的个人储蓄养老金制度。该制度适用于社会养老保障水平较高的人群，对这类个人养老金储蓄账户实行部分激励的 EET 税制模式，以作为社会基本养老金的补充。

第二，商业养老金税制的完善。今后我国商业养老金税制应该实行 TET 模式。其优点在于：一是有利于公平。在投资收益与支付环节实行 ET（免税、征税），有利于两种补充养老保障金之间的税负公平，防止税收造成行为决策的扭曲。二是有利于反避税。在支付环节实行 T（征税），有利于抑制目前较严重的避税行为。

---

① 博时基金课题组：《中国企业年金制度与管理规范》，中国劳动社会出版社 2002 年版，第 62 ~ 68 页。

2. 主导型税制模式：税收管制的措施选择

税收优惠在发挥激励作用的同时，很可能被人们滥用，所以在给予养老保障税收优惠的同时，应加大监管力度，制定相应的税收管制措施，避免造成税收漏洞。

（1）对参与养老保障计划对象的资格做出限定。我国仅在 1995 年劳动部印发的文件《关于建立企业补充养老保障制度的意见中》，对企业建立补充养老保障应具备的条件有明确的规定：企业必须已经参加了当地的养老社会保险统筹；企业的生产经营状况比较稳定；企业具有较好的民主管理制度基础。对企业年金享受税收优惠政策的条件没有规定。由此可以认为，凡是符合以上条件建立的企业年金计划都可以享受税收优惠。同时，还应对个人参与养老储蓄保障计划制定资格标准，以保证养老金计划的顺利进行。

（2）对税收优惠比例做出限制。除了对可扣除的保费比例有限制外，还应该对保费额度上限进行限制。例如在美国，如果每年向个人账户的缴费额超过了 2 000 美元的上限，对超过部分将加收 6% 的罚款。

（3）建立违规惩罚制度。对养老保障投保资金的管理、投资和发放情况实施严格的登记审查制度，对先投后退等滥用税收优惠政策的投机行为，补征税款并征收罚款，以保证养老保障基金的安全运行。

第十三章　金融市场税制体系安排
——金融衍生工具市场税制创新 ✕

金融衍生工具是一柄"双刃剑"。它既具有推动经济发展的积极作用，也具有助长经济不稳定的负面作用。当今全球金融危机更警示了我们：我国应该在构建完备的监管制度（包括税制）的基础上，有序地发展金融衍生工具市场。本章将在金融衍生工具市场税制理论分析的基础上，对金融衍生工具市场税制进行国际比较，进而提出中国金融衍生工具市场税制的创新构想。

第一节　金融衍生工具市场税制的理论分析

✿ 一、文献综述[①]

对于金融衍生工具所带来的税收问题，国外较早的研究是关于新金融工具对传统税收制度的挑战，如爱德华·克莱因博德（Edwar. D. Kleinbard，1991）[②] 所提到的股权互换工具对传统金融工具的挑战。针对金融衍生工具的跨时套税问题，阿兰·奥尔巴赫（Alan J. Auerbach，1991）[③] 提出对资本利得征收回头税的思想。Jerf Strnad[④]（1994）介绍了如何使用分解法和整合法来对金融衍生工具征税，并且认为应该建立起普遍的、通用的税收制度，对于同一经济实质的交易实施相同的税收政策。大卫·布拉德福德（David F. Bradford，1995）也从财务会计的角度提出了对金融衍生工具征税的平衡性和一致性的建议。Alworth[⑤]（1998）提出对金融衍生工具可采用逐日盯市原则征税。

OECD 的学者，针对金融衍生工具所带来的日益全球化的税收问题也做了相关的研究，这些研究主要集中在两个领域：（1）金融衍生工具所得的确定问题。OECD 的税法学者们普遍认为，对于金融衍生工具的税收问题，不宜过多地导入

---

① 本部分内容源自：黎林：《金融衍生工具税收套利问题研究》，厦门大学，硕士论文，2007 年，第 2～4 页。

② Edwar. D. Kleinbard（1991）. Equity Derivative Products：Financial Innovation's Newest Challenge to the Taxation System. Tax Law Review，Volume 7，Issue 2.

③ Alan J. Auerbach（1991）. Retrospective Capital Gains Taxation，American Economic Review，Volume 81，Issue 1. 回头税指在实现时对一段时间里的应计收益进行征税，收益等于这些收益应征税额的现值。

④ Jerf. Strnad（1994）. Taxing New Financial Products：A Conceptual Framework. Stanford Law Review，Volume 12，Issue 8.

⑤ Alworth. J（1998）. Taxation and Integrated Financial Markets：The Challenges of Derivatives and Other Financial Innovations，International Tax and Public Finance，Volume 5，Issue 4.

新的税法概念和新的课征方法，而应该在现有的税法框架下重点研究收入和损失的性质问题以及收入时间和收入来源问题。奥尔沃斯（Alworth，1998）[1] 认为，为了不使金融衍生工具的税收管辖权落空，应分解金融衍生工具的交易，以确保各种类型的所得都能按相同的税率征税。OECD 各国主张导入"时价会计准则"[2] 来确定金融衍生工具所得的发生时间。（2）金融衍生工具所得课税的原则与方法问题。税法学者们分别从确定所得的性质、所得数量、所得的时间等方面探讨确定金融衍生工具所得税税基的原则与方法。大部分研究的目的在于消除税收对金融衍生工具交易的扭曲或金融衍生工具的税收套利行为（tax arbitrage），改革建议的重点是消除税收的不对称性和不一致性。大卫·西哲（David. Schizer，2004）[3] 认为金融衍生工具税收的不对称（asymmetry）和不一致（inconsistency）现象是不可能消除的。在封闭条件下，只要政府在金融衍生工具上的税收收入和税收损失达到"平衡（balance）"，并且有配套改革的话，金融衍生工具的税收问题就可以解决。

国内关于金融衍生工具税收问题的研究，主要集中在两方面：（1）金融衍生工具交易对传统税制的挑战。李林根等（2002）认为金融衍生工具除了会带来税源不确定的难题，同时还会导致难以监控的转让定价问题。刘广洋[4]（2003）认为金融衍生工具可将法律上的所有权人与经济上的报酬者相分离，从而出现一个资产有多个所有人的事实，在现有的国际税收体系下，可能形成国际间重复征税或重复享受税收优惠的现象。（2）金融衍生工具税制的构建。刘广洋（2003）提出我国可以借鉴的国际经验，包括财务会计和税务会计一致，拆分法和整合法。刘建红[5]（2004）则探讨了目前国际上流行的金融衍生工具课税原则所存在的问题和冲突，指出我国完善相关税收制度的必要性和重要性。尹音频[6]（2007）针对我国金融权证市场，提出了金融权证工具市场税制构想。

☘ 二、金融衍生工具创新的税收冲击

（一）金融衍生工具的特点

金融衍生工具是指由金融基础工具衍生出来的各种金融合约及其各种组合形

---

① Alworth. J（1985）. Taxation and Integrated Financial Markets: The Challenges of Derivatives and Other Financial Innovations, International Tax and Public Finance, Volume 5, Issue 5.

② 所谓"时价会计"（marking-to-market accounting），是指对某一金融商品无论其交易是否结束，在每一会计年度末对对象商品用市场价格计算其损益，然后计入当期损益。目前美国法律规定：从事金融衍生商品交易的职业经纪人在交易时，必须采用时价会计进行交易。

③ Schizer（2007）. Balance in the Taxation of Derivative Securities: an Agenda for Reform. http: //www. columbialawreview. org/pdf/Schizer－Web. pdf.

④ 刘广洋：《论金融衍生工具对税收的冲击》，载于《财经研究》2003 年第 3 期。

⑤ 刘建红：《对金融衍生工具的课税：原则、冲突与实践》，载于《涉外税务》2004 年第 6 期。

⑥ 尹音频：《我国金融权证工具市场税制构想》，载于《税务研究》2007 年第 4 期。

式的总称。金融衍生工具作为金融工具的创新的产物，具有不同于传统金融现货工具的特点。

1. 超强的虚拟性

金融衍生工具本身并没有确定的价值，而只是一种收入权力的代表。它的价格在很大程度上取决于交易双方根据自己掌握的信息对基础资产未来价格的预期。金融衍生工具一般独立于现实资本运动之外，却给持有者带来收益，它具有虚拟性，其后果是使得金融衍生工具市场规模大大超过原生资本市场的规模，甚至有可能脱离原生资本市场独立运作。

2. 杠杆性

金融衍生品是一种现金运作的替代物。反过来说，利用衍生品，只需提供一定的保证金或以信用为保证，就能达到原来需要用大量现金才能达到的目的。因而，在金融衍生工具的交易中，多数情况下参与者只需少量资金就可以控制大额资金的交易，这样一方面可以提高资金的利用率和经济效益，另一方面也可能给参与者带来更大的金融风险。

3. 账外性

金融衍生工具交易实质上是在现时对基础资产未来可能产生的结果进行交易。按照现有的财务规则，在交易结果发生之前，交易双方的资产负债表都不会记录交易的情况，而交易结果要在未来时刻才能确定盈亏，因此其潜在盈亏或风险无法在交易结果发生之前就准确地从财务报表中体现出来。

4. 易变性

金融衍生工具从本质上说是现金的替代物，对于同一种金融基本工具而言，都可以通过其衍生品的组合来达到同样的经济结果。因此，金融衍生工具可以灵活地适应不同金融市场参与者的需要，通过创新、重组提供更加细化的衍生工具产品。

（二）金融衍生工具创新的税收挑战

金融衍生工具的上述特性以及交易涉及的环节和程序的复杂性都对传统税收制度带来严峻的挑战，使金融衍生工具税制的构建面临重重困难。

1. 实施税收原则的困难

税收公平原则要求政府征税应实现横向公平和纵向公平，收入水平相同的人缴纳相等的税收，收入水平不同的人缴纳不同的税收。然而，金融衍生品参与者的多元化与金融工具的复杂性及易变性，使得难以用传统的认定方式确定所得的金额、所得的性质以及所得的归宿，也就难以实现公平课税原则的要求。

税收效率原则要求政府征税不应对社会经济发展起阻碍作用，而且要提高税收征管效率，减少征收成本和管理成本。金融工具的创新是为了避免金融风险而产生的，实质上是一种管理金融风险的工具。正是因为金融工具创新的主要动因是避免风险，从鼓励创新和税收中性原则来看，税收政策应鼓励进行金融创新；但同时金融工具创新的广泛性、交叉性、复合性等，又必然会带来税收套利行为和产生避税效应，因而使税制设计处于两难的境地。

税收确定原则要求税法具有相对的稳定性。针对金融衍生品的易变性，最好广泛地采用实质课税原则。但是广泛地采用实质课税，就有可能违反公平税负的原则，使纳税者某一年度纳税负担过重。与此相反，如果只对个别事项做出税法规定，则面对金融衍生品的不断创新，税务处理只能处于忙于应付各种问题的被动局面。

2. 整体税负水平难以设计

确定金融衍生工具的税负水平是制定金融衍生工具市场税制最大的难点所在。如果税率较高，则一定时期内会扩大财政收入，减弱市场的过度投机，但同时也会增加交易成本，降低市场流动性和运行效率，甚至可能促使金融交易向国外转移。如果税负水平过低，虽能提高市场的流动性，但会导致投机行为增加。所以金融衍生工具市场的税负设计是决策者面临的难题。

3. 税种结构体系难以确定

金融衍生工具的税制构造是一个全新的课题。在什么环节课征什么税，采用什么课征方式，采取怎样的税种结构体系，如何通过税种的选择和搭配，最大限度地获取金融创新带来的社会福利，减少金融创新带来的风险和负面影响，是世界各国面临的难题。

4. 传统所得税制难以适用

在传统的所得税制度下，可以依据以下标准对收入作不同的处理：（1）带来收入的工具（是债务还是股本）；（2）收入的分类（是普通收入还是资本收入）；（3）税收上对于收入列账的时间规定（是应计的还是实际发生的）；（4）来源地的认定（是国内所得还是国外所得）。税务部门必须准确地划分不同收入之间的界线，才能按照不同的税收法规做出不同的处理。然而，金融衍生工具参与者的多元性与不确定性，衍生工具组成的复杂多变性和运用的灵活性对征税因素的判定和把握造成了很大的障碍，如果税收制度中没有明确的规定，税务部门不能够明确划分其收入构成，纳税人就可能通过改变工具类型、调整收入性质、改变列账时间等手段进行套税，造成税收大量流失。

（1）纳税人确定的困难。所得税制的纳税人是所得的所有人，确定所有人身份是所得税征收的关键。在传统金融商品交易中，经济意义上的所有人包括有权处分金融资产并承担损益的人往往是与法律上的所有人是一致的；但在金融衍生工具交易中，可能将风险收益的获取与法律上的所有权人分离，进而难以确定所得税的纳税人。

（2）税基确定的困难。传统税制是按所得的类别区分所得的性质，分别实施不同的税率和不同的课征方式。例如，将应税所得区分为一般所得和资本利得，对后者往往实行轻税甚至免税；但是衍生金融品使所得税税基的确定十分困难：一是衍生金融品形式灵活多样，组成复杂多变，使所得类别难以确定，而且甚至还可由资产变为负债，使应税所得消失；二是远期合约和选择权因其收益具有非常的不确定性，若采用权责发生制可以较好地确定收益，但相关成本却难以确定。又如在混合交易中，如果纳税人借钱去购买资产，然后再订立远期合约出售该资产，就可以得到即刻扣除费用而延期确定所得的避税效果，因此，衍生金融品有可能成为纳税人进行避税的重要工具。

（3）对预提税制的冲击。大多数国家对金融衍生工具的支付不征收预提税，这就为某些投机纳税人利用衍生品交易逃避金融基础工具的预提税提供了漏洞，并为其掩盖应纳预提税的交易提供了空间，从而影响金融衍生工具市场的稳定性，导致国家财政收入的流失。

5. 国际税收协定难以实施

一般来说，国际税收协定中提出的税收优惠政策和优惠范围是按照不同的所得来源和所得的性质确定的，如股息所得、利息所得和其他所得等，协定中对各类所得都有明确定义，并给予不同的优惠政策。但是，衍生金融品的易变性使其形成的所得很难被区分出来源之处，因此极易成为纳税人用以进行国际避税的方式。再如在跨国交易中，相关国家的税款征收和税额抵扣等都必须依据纳税人的身份与居住地的认定，但衍生金融工具可将法律上的所有权人与经济上的报酬者相分离，从而出现同一资产有多个所有人的事实，在现有的国际税收协定体系下，可能形成国际间重复征税或重复享受税收优惠的现象。[①]

🌿 三、金融衍生工具市场税制构造的国际探讨[②]

面对金融衍生工具创新所带来的税收冲击，各国税法学者与 OECD 等国际组织纷纷寻求新的理论解释与制度规则。

（一）关于金融衍生工具所得确定的探讨

OECD 的税法学者们普遍认为，尽管在金融衍生品交易过程中，所得的发生时间、所得的归属期、所得的种类等都能很容易发生改变，使用传统的会计方法和税法概念来认识其所得存在着很大的问题。但是不应该过多地导入新的税法概念和新的课征方法，而应该在现有的税法框架下对所得的三要素：所得的发生地、所得的归属期、所得的发生时间进行重点研究。

1. 收入和损失（支出）的性质

如何确定金融衍生工具交易产生的收入或损失的性质是金融衍生工具所得税制的核心问题，因为，它关系到收入的征免和损失的扣除等诸多税务处理问题。

传统税法体系对两类金融工具（债务类与权益类）的税收处理不同：（1）

① 刘广洋：《论金融工具创新对税收的冲击》，载于《财经研究》2003 年第 3 期。（本书作者作了一定的文字修改）。

② 本部分内容根据以下文献进行提炼与归纳：
　中国金融税制改革研究小组编著：《中国金融税制改革研究》，中国税务出版社 2004 年版。
　刘建红：《对金融衍生工具的课税：原则、冲突与实践》，载于《涉外税务》2004 年第 6 期。
　封光强：《衍生证券与新的金融工具的税收问题》，载于《税收译丛》2000 年第 6 期。

利息支出可以在所得税前扣除，而股息分红不能扣除；（2）利息收入应按规定纳税，但股息分红由于已缴纳公司所得税，因而可以享受抵免制等税收优惠；（3）利息收入一般以权责发生制确认，而股息分红一般以实现基础确认；（4）利息预提税与分红预提税税率不同，利息通常享受更低税率或税收减免。

然而，金融衍生工具组成的复杂多变性和运用的灵活性对传统的收入和损失（支出）的定性与分类带来严峻的挑战。因此，对来源于金融衍生品交易的所得是属于利息所得还是其他所得是目前争论的中心。因为它关系到在分类税制下，该所得是否可以与利息进行损益通算；在综合税制下费用扣除的问题。例如：某一企业用支付活期利率的方式从银行贷款后，为了防止利率的大幅度变动再与另外一家银行签订"互换货币协议"（swap），此时该企业基于"互换货币协议"支付的费用是否是利息支出这一问题。

从表面来看，金融衍生品交易的所得似乎应该属于间接投资所得（股息、利息或特许权使用费）。然而，事实上金融衍生品交易的所得却很难适用这些所得分类标准。根据《联合国范本》和《OECD 范本》，股息是指股份有限公司、股份有限合伙公司、有限责任公司或其他股份有限公司在年终决算时，将剩余利润，按照一定的标准分配给股东报酬；利息则包括从各种债券取得的所得，而不论其有无抵押担保或是否有权分享债券人的利润；而特许权使用费一般是指提供各种特许权力归他人使用而收取的各种款项。从上述定义中，金融衍生品交易的所得难以归为股息或特许权使用费。那么，是否能将其视为利息呢？OECD 的相关文件认为根据"实质重于形式原则"和"权利滥用原则"，金融工具的收支由于缺乏基础债务而不应视为"利息"。因此，很难将金融衍生工具所得难以归属于投资所得，这实质上是排除了来源国对金融衍生工具所得作为投资所得征收预提税的权利。

在实践中，各国对金融衍生工具所得的性质规定主要分为三种情况：

（1）在现有税目中吸收金融衍生工具所得。这是各国立法机构的首选办法。例如，美国将货币合约的收益或损失被视为"普通所得或损失"（ordinary income/losses）；其他合约的收益或损失视为"资本利得或损失"；此外，套期保值工具所得或损失被视为"普通所得"。又如在加拿大，互换合约的中间支付不视为利息，除了可以进行纳税扣除的情况外，应列入资本账户。

（2）适用新的税目或特殊的所得类别。采取这种做法的国家有荷兰、英国等。荷兰将互换合约的交易者分为居民纳税人和非居民纳税人，居民纳税人一般要就其"交易利润"（trading profils）纳税，这种交易利润的概念不区分投资所得或资本利得。英国将金融衍生工具所得视为"收入项目（revenuce items）"；巴基斯坦则规定期货合约的买卖如果构成营业，将列入"投机营业"（speculative business）税目征税，它指的是任何商品（包括股票）被定期或最终处置时不是通过商品的实际交付或转移来实现的营业。

（3）没有特殊规定。如比利时、印度、瑞士等。这些国家大多适用一般的所得税规定，但费用扣除上有所差别。

综合各国立法来看，主要是将金融衍生工具所得归属于"资本利得"或"普通所得"；如果金融衍生交易构成营业的一般过程，则被视为"营业利润"或是作为"其他所得"。在来源国对金融衍生工具所得的征税方面，如果要对"营业利润"进行征税，需以在来源国设有常设机构为标准；如果要对"资本利得"或未加明确的"其他所得"征税，仅规定有征税权是不够的，还要做进一步规定；如果想以"投资所得"的名目征收预提税，则如前所述现有的"投资所得"概念显然难以涵盖这类所得，这使得纳税人出于避税目的，更倾向于选择金融衍生工具交易。因此，有学者提出，为了不使金融衍生工具所得的税收管辖权落空，应分解金融衍生工具的交易，以确保各种类型的所得都能按相同的税率课征。①

2. 收入时间的确认

在纳税义务时间方面，传统所得税制对收入和成本费用的确认方法可分为三种：收付实现基础（包括现金基础和实现基础）、应收应付基础和权责发生基础。然而，如果使用传统的会计方法来确定金融衍生工具所得的发生时间，则金融投资家就有可能利用期货等交易，人为地把所得的发生时间作出调整以达到避税的目的。

为此，美国及 OECD 各国主张导入"时价会计准则"来确定全融衍生品所得的发生时间。所谓"时价会计"是指对某一金融商品无论其交易是否结束，在每一会计年度未都对对象商品用市场价格计算其损益，然后计入当期损益。目前美国法律规定：从事金融衍生商品交易的职业经纪人在交易时，必须采用时价会计进行交易，然后再对所得（支出）按 60/40 规则进行划分：既该所得的 40% 为短期转让所得，60% 为长期转让所得。但目前对哪些金融衍生商品交易可以用"时价会计"来核算，各国学者们还没有完全达成共识。此外，也有一部分学者主张导入"对冲会计（hedge accounting）"来认识金融衍生商品交易的所得发生时间。但从执行的可能性来看，对冲对象和对冲手段的对应关系并不能很简单的判断出来，在使用上具有一定的风险，因此应该慎重。

在实践中，各国对金融衍生工具所得的收入时间的确认主要分为两种情况：

（1）权责发生制在金融工具征税过程中的运用。大多数 OECD 国家除了对股票转让所得按收付实现制计算所得外，对其他金融所得如债券、衍生金融工具等均按权责发生制计算所得。具体如下：

期货合同。期货合同的收益或损失，是在合同出售（抛售）或者到期时加以确认。

---

① Alworth. J（1985）. Taxation and Integrated Financial Markets: The Challenges Of Derivatives and Other Financial Innovations, International Tax and Public Finance, Volume 5, Issue 5.

远期合同。远期合同的收益或者实施，原则上是在合同抛售或者清算时确认。

远期汇率协议。远期汇率协议或者远期外汇协议的收益或者损失，原则上是在利率协议或汇率协议确定时确认。

利率互换合同。依据互换合同收支的经常性款项每日应税比例，确认为该笔款项所属的会计期间的收入或支出；收支的非经常性款项应根据合理方法分配到每个会计期间，比如利息法或者直线法。

期权合同。期权合同的收入或费用，在期权卖出、抛售或行使时确认；期权出售、抛售、行使或者期权过期时，期权费确认为收入或费用；如果资产是通过行使购买期权取得的，其支付的期权费计入资产的购置成本；如果资产是通过行使卖出期权取得的，其收到的期权费从购置该资产的成本中扣除。

担保衍生合同。担保衍生合同是指对担保人提供的担保合同，即当事人、担保人均无法履行合约时，由再保人履行担保合同。担保衍生合同收到或者支付的保险费确定为合同签订期间内的损失或收益；由于缔约事件发生时引起的支付，当支付的数额确定时将被确认为收入或费用。

按权责发生制原则进行税务处理的目的在于：一是对一切有关金融安排（包括各种金融工具安排①）的收益按照权责发生制在其安排的期间对其征税；二是通过将收入和费用在活动期间分配，避免其延迟征税；三是确定将预计收入与支出分配到某一收入年度的方法。

（2）收付实现制在金融工具征税过程中的运用。为了降低纳税成本，对符合条件的纳税人也可以采取收付实现制。比如，股票交易所得就是按收付实现制确认收入的，这是由于股票在没有真正实现交易时，无法计算真正所得。按收付实现制确认股票收益也存在一些问题，因为金融机构可以根据实际经营需要操纵自己的收入，控制纳税水平。如持有通用股票，预期这只股票未来要升值，两个纳税人可以签订两份合约：其一签订按低于市场价值卖掉的合约；其二再签订按当时出售时的市场价或略高于出售时的市场价买入的合约，这样在纳税人利益不受损害的前提下，造成当期虚假亏损，从而达到当期少纳税的目的。有些国家为了防止此类现象发生，规定30天内不得再购进同一股票，否则不允许其损失在税前扣除。但在实际操作中，由于银行有许多类似的规避措施，因而税务部门的控制效果并不好。

3. 收入来源

收入来源的税收规则主要涉及国际税收的两个问题：一是决定一个国家的税收管辖权是否可以对跨国交易征收预提税；二是一个国家如何提供避免双重征税的规则。总的来说，各国对权益工具和衍生金融工具的收入并未征收预提税，但

---

①　金融安排的概念非常宽泛，涵盖所有含"货币的时间价值"或者具有利息收入潜力的衍生和负债工具，也包括混合工具。将金融安排的概念界定得如此宽泛，主要是确保由于金融市场创新出现的金融工具能够依据权责发生制的原则被征税。

对债务工具取得的收入则要征收预提税。

（二）金融衍生工具所得课税的原则与方法探讨

税法学者们分别从确定所得的性质、所得数量、确定所得的时间等方面，探讨与实施确定金融衍生品所得税税基的原则与方法。

1. 所得性质的认定：区别课税法与不区别课税法

我们知道，期货交易者按交易动机可分为套期保值者和投机者两类，与之相应，期货交易分为套期保值交易和投机交易，亦称避险性交易和非避险性交易。对这两类交易所得，国际上存在区别课税和不区别课税两种做法。例如，英国和美国都是实行区别课税法的国家，而日本则是实行不区别课税的国家。这两种课税方法各有优劣，它们的差异主要表现在以下几方面：（1）从税收公平角度看，区别课税法按期货交易的不同性质给予不同的课税待遇，较不区别课税法更符合税收公平原则；（2）从经济效率角度看，区别课税法的课税方式与期货交易的性质相吻合，有利于保证期货市场功效的正常发挥，因而较不区别课税法更具效率；（3）从行政效率角度看，不区别课税法符合课税简便原则，可以免除纳税人按交易性质判断与申报，有利于减少税务争议的发生，也减轻了税务人员的工作量和税收成本。这与区别课税法形成鲜明对比。

2. 所得数量的认定：合并课税法与分离课税法

（1）合并课税原则与方法。在国际上，有不少国家遵循"不分解原则"（no decomposition principle）来确定金融衍生品所得税税基。法国在实践中贯彻这种原则，其税法将金融衍生工具区分为有组织的市场产品和场外产品，对场外金融衍生工具，规定只有在合约结束时，才对有关利润征税。美国对股票期权交易所得的确定也是采用这一原则。

这种征税方式是将两个或多个互相抵消的交易合并考虑，综合进行税务处理。合并征税法包括部分整合法与完全整合法。部分整合法是指税收制度只是将特定的交易进行合并征税。例如，套做（按同一履约价和到期日将对同一原始资产的多头看涨和多头看跌进行合并）就是一个典型的例子。尽管看涨和看跌的收益和亏损总是相抵的，但是，如果亏损可有选择地实现，就会对纳税人带来好处。在此情况下的合并规则只允许看涨和看跌头寸都结清时，才允许这种选择性的实现。此外，将对冲交易的收益和亏损递延至对冲工具结算时的规定，也只是局部性的规定，因为进一步的合并规定可将对冲工具所有的收益和亏损递延至原始被对冲资产结算之日。

合并征税法有利于促进采用创新金融工具进行有效避险，不会因税收原因而降低避险效应。但是这种按征税方法的问题是：第一，这样的纳税义务发生时间是否公平？既然金融衍生工具具有一种交易内含另一种交易的合成性质，那么对其课税也应采取有别于传统交易方式的征税模式。如果把一个金融衍生工具视为同一交易实体或单独交易，以其他形式在中间过程支付利润减少或替代最终履行时的支付额，将减少应纳税所得额，甚至使税收管辖权落空。普拉姆布克、罗森布罗姆、雷恩斯（Plambcck, Rosenblom and Rins, 1996）以贷款为例说明在预付互换中，单独交易就被公开支付场外交易佣金的方式所掩饰。第二，征管的困难。在征税实践中，首先，难以把握不同衍生品交易合并的程度。其次，难以在把握纳税人意图的基础上，区分相关交易，进而进行合并。例如，许多混合产品（如掉期）的相关交易几乎是不可能核实的，需要有完善金融法规相配套。

（2）分离课税原则与方法。由于金融衍生品的所得难以划分，因此，一些国家采用"分离交易原则"（separate transaction principle）进行课税。其典型代表是英国，英国将"分离原则"明确地被运用于利率合约、利率期权合约、货币合约、货币期权合约、债务合约以及债务期权合约；瑞士也对互换合约规定，中期的收入（支出）需要纳税（或可进行纳税扣除），合约有效期内的收入要在所属纳税年度征税。

采用分离方式对金融衍生品进行征税是基于这样的逻辑：因为衍生品是由不同的产品构成的，所以可对这些不同的构成产品分开征税。这种征税原则意味着每一个单独合约都要站在自身角度上，同基础交易分离开来看待。所以，金融衍生工具的应税所得额一般为一定会计期间内所有到期款项或应付款项的净值。

从理论上讲，分离征税方法符合公平原则，因为它体现了按经济实质征税，相同经济活动适用相同的税收待遇，而不是按金融商品的法律形式征税。其次，它可以在传统的所得税制度下保留对某些不同资产的税收待遇。再者，它能够消除投资者利用衍生品达到避税的目的。

然而，使用这一原则也会出现以下问题：第一，关联间接投资的不对称税收待遇。我们以套期保值为例予以说明。假如一个投资者使用远期合约，对外币债券进行套期保值（假设不考虑汇率变动，且适用税率为20%），设投资者持有债券获利25元，金融衍生工具损失15元，如果该损失不能从债券的收益中扣除，则税后所得将是25－5（应纳税额）－15＝5元；如果债券的损失可以从中扣除，则应纳税所得额为25－15＝10元，税后所得将为10－2（应纳税额）＝8元。由于套期保值含有不可扣损失不能被债券工具弥补的风险，在5元的所得少于预期时，投资者就会转向与其他金融衍生工具的组合。该例说明，如果不同组合分离后存在不对称的税收待遇，就不可避免地产生扭曲，或是对投资者有利，或是对政府有利，并可能因此改变投资者的选择。第二，难以某种特有方式对金融衍生品分离征税。由于衍生品是由多种不同的基础产品构成的，因此难以某种特有方式对衍生品分离征税。以或有债务为例，固定债务和多头远期合同产品本身又可分成不同的工具。同样，对固定和可变现金流动进行掉期也会产生不同的税收结果，具体要看这种掉期是否可分成固定和浮动债务，或是可分成一系列的远期合同。这些都会产生潜在不同的税收结果。而且，由于金融衍生工具是一种合成的衍生交易，如果按照分解原则，究竟要分解到什么程度才是真正意义上的"单独"？第三，不利于发挥避险功能。金融衍生品本身就是一种为达到风险分解所进行的创新工具，建立一种衍生品本身就创造了进一步的经济价值（来自于综合），要由一个相对的整体交易才能实现这一目的，而单独来看，每种构成产品则不具有这样的价值。因此如果实行分离征税，有可能扭曲运用金融工具创新进行避险的实际效应，违背税收中性的目标。

3. 所得时间的确认：收付实现课税法与市价课税法

（1）损益实现的课税原则与方法。为了消除税收对金融衍生工具投资行为的扭曲，有的国家采取以损益实现原则确定所得。这种标准又衍生出谨慎原则和真实原则等其他征税原则。荷兰就在实践中采取这种办法，其中谨慎原则要求充分估计各种风险和损失，但收益的确认则推迟到实现以后；真实原则要求真实反映实际发生的交易或事项，如套期保值交易中，不能只在一个分类账中记录损失，却没有弥补头寸的对冲记录。

这种方法虽然简便易行，但难以应对投资者利用金融衍生工具进行的套税活动。

（2）市价调整的课税原则与方法。在采取合并原则下，为了不使金融衍生工具中间利润的征税权落空，显然需要辅以其他征税方法。奥尔沃斯（Alworth，1998）提出，对金融衍生工具所得的课税必须以增值为基础，可采用按市价重估价值（也称逐日盯市，marking-to-market）原则进行征税。这意味着金融衍生工具的持有者应当按以下公式确定应纳税所得额：

$$应纳税所得额 = 纳税期内的价值变化 + 收到的任何现金或财产$$
$$- 支付的任何现金或财产 \qquad (13-1)$$

因此，市价调整法是指对所有交易在年终时以市价计算损益，在此基础上计税。美国和法国在实践中采用了这一原则。美国对非股票期权交易所得的确定就是采用这一原则。美国的税法规定在纳税年度末，未偿部分合约按该年度最后二天合约的公平市场价，计算未实现损益并征税（损益额参照以前年度合约所确认的损益额进行适当调整），出售或清仓合约的损益额就是支付量。法国的税法则规定有组织金融市场中的金融期货交易采取按市价重估法征税。此外，一些国家规定市价法仅适用一些设有配合账的交易者或金融中介机构等特定部门。

采用市价法计税的优点是不会产生归类所得额的时点问题。因为，在每个纳税期间结束时，一种工具按其市值与成本的差价计算的损益都将由持有人列账，当做已出售（或重新买进）处理。对于成本，将按支出（收到的）现金进行上（下）调整。如果对此加以综合实施，这种方法可以通过对按市场确定的损益适用同样的税率的方式解决即时不平衡问题，而且可以通过取消对收入列账时间上的考虑，解决跨时不平衡问题。有利于解决金融衍生品的所得类别问题，并可有效地减少税收规避与延迟纳税的现象。

但是该方法也存在以下的问题：第一，对未实现收益征税的问题。如果合约从订立到终止或失效的期间内的价值变化都要纳入征税的税基，则未实现的收益就可能使纳税人承受现金流动的负担，而且如果收益未最终实现，就会对纳税人构成真正的负担。例如，持有的某个工具不是为了投机目的，只是为了对原始资产进行对冲。那么，在对原始资产的头寸进行结算时就不会实现净收益。然而，如果对冲工具被调整至市值，就会产生纳税义务，但被对冲的资产则不会。由此又要求在税法中以特别条款规定把纳税义务推迟到合约出售或履行以后。第二，流动性较差的金融商品交易的估价困难。在资本市场上，许多衍生品并无交易，或是交易很少，因此无法确定可靠的市场价值。对于这些"无市"衍生品，按市值调整会产生严重的定价问题。如果其原始资产本身交易很活跃，问题则更大。如果按市值调整仅适用于某些工具，但由于定价问题不适用于其他工具，则纳税人就会对其资产组合重新调整，套税就依然存在。此外，衍生工具作为风险分解的工具，在技术特征上势必是资金时间价值的综合运用，那么应该如何进行"重估"？第三，征管成本高。按市值调整与传统所得税制的特点是不一致的，如对债务和债权以及普通收入与资本利得区别对待。如果由于其他一些税收政策方面的原因，这种特点仍然存在，那就必须制定特别的规定来解决不一致的问题。例如，美国将期货交易中产生的所有损益都视为资本利得对待。然而，对于非公司纳税人，则60%作为长期资本利得，40%作为短期资本利得，后者则像普通收入一样征税。对于对冲交易，收益和亏损只是在被对冲的资产相关的头寸被结算时，才予列账。而且，即使立法的技术难点能够解决，实施的征管成本仍是巨大的。

综合来考察，两种课税方法的优劣如下：第一，从税收公平角度看，损益实现原则违背了横向公平原则，因为资本收益的增加，如期货合约价格的上涨，代表着净资产的增加，同样也代表资产拥有者纳税能力的提高，按照负担能力原则，对其所得的课税也应相应增加。市价调整课税原则则克服了这一不足，对未实现损益亦予以确认的做法更加符合税收公平原则。第二，从经济效率角度看，两种做法都将导致效率的损失。市价调整课税原则对未实现损益课税，可能导致纳税人被迫在时机不成熟时将资产以不太有利的条件变现，或依靠债务支付税收，造成其资金调度困难以及利息负担加重，影响纳税人的经济活动。损益实现原则则可能刺激纳税人尽量推迟所得的实现时间，从而实现避税的目的，这将给金融衍生工具市场的正常运转带来效率损失，影响市场的健康发展。第三，从行政效率角度看，损益实现原则不需评估未实现损益的价值，因而较为简便；而市价调整课税原则须借助于逐日盯市制度，该制度的操作非常复杂与繁琐，税收成本高。

4. 所得时间的确认：追溯课税法、公式征税法、税务与财会处理合一法

为了弥补收付实现课税法与市价课税法的缺陷，税法学者们又提出了以下一些新方法。

（1）公式征税法。在收付实现课税法下，纳税人可以通过应用金融衍生工具推迟收益的实现，达到避税的目的。为了弥补这种缺陷，美国已经提出了公式征税法的提案。这些提案一般是固定收益工具到期收益公式法的扩展，具体包括两大类7种方法：第一类，投资专有收益率。包括预期价值征税法、利得的追溯性划分、持续的到期收益率等方法；第二类，一般适用收

益率。包括按照基数换算利息、按照无风险收益率征税、任意的利得确认日期、一般化的现金流量征税等方法。公式征税法的创新在于将预期价值征税法适用于或有债务。

（2）追溯征税法。市价课税法的一个替代做法是对收益和亏损征回头税，这种方法对于解决即时和跨时套税问题同样是有效的，此方法是由奥尔巴赫（Auerbach）① 首先提出来的，后来又由布拉德福德（Bradford）② 作了一般化发展。

这种方法的基本思想可用一个实例来说明。假定一个资产正好是两年前购买的，现在以 121 美元出售，而且在此期间无风险，年利率为 10%。按奥尔巴赫的建议，假设此资产的购买价格为 100 美元，两年的税额为应税税率（如 30%）乘以按无风险利率计算的收益，即第一年为 3 美元，第二年为 3.3 美元。然而，由于第一年的税款要延至第二年才缴纳，由此，纳税人对递延税额取得了 0.3 美元的利息，这样总的税额加利息即为 6.6 美元。如果利息可扣税，即可得到 0.09 美元的扣税。净税额和利息加起来则为 6.51 美元。③

实际上，奥尔巴赫建议只是对持有资产的回报按无风险利率征税。减去无风险利率后的边际收益或亏损（为风险成本）则未征税，这是不符合征税逻辑的。而对纳税人而言，也没有了进行即时和跨时套税的积极性。实施这种征税方法既不要求资产实际购买方面的信息，也不需（像按市值调整方法那样）对资产的成本基础进行调整。当然，按此方法，税额可能会提高，即使没有发生实际亏损。

这种征税建议的有效性是基于这样的理论考虑：由于所得税减少了税后收益和税后亏损（假定亏损是可作税前扣除的），风险成本减去扣除后的税额应是零。布拉德福德建议通过按人为税率对风险成本进行征税，进而对奥尔巴赫（Auerbach）提出的建议作了一般化的阐述，即在税收净额中体现了某种收入，而这点在奥巴尔赫的建议中则被忽略了，但像奥巴尔赫的建议一样，布拉德福德的建议也未对套税留下任何机会。奥巴尔赫和布拉德福德提出的征收回头税的方案虽然在理论上有道理，但从征管角度和政治上看，则未经过检验，意大利曾经试图采用这种方法，但后来又放弃了。

（3）税务处理与财务会计处理相一致的原则。在这种原则之下，衍生金融商品的税务处理包括所得额的认定和所得获得的时间确定等都采用财务会计的准则，不再单独制定计税依据。这种方法的优点是减少征纳双方的税收成本。在财

---

① AlanJ. Auerbach：《对资本收益征收回头税》，载于《美国经济评论》第 81 卷（1991 年），第 167～178 页。

② DavidF. Bradford：《解决实现会计问题：金融工具征税的平衡、一致和准确性》，载于《税法评论》第 50 卷（1995 年），第 731～785 页。

③ Vlckrey（1939 年）和 Meade（1978 年）早就提出了征收回头税的思想。他们的建议是在实现时对一段时间里的应计收益进行征税，收益等于对这些收益应征税额的现值（假定是按利率应计）。但是只要实际收益渠道不同于假定的渠道，此建议就不能完全消除套税行为。

务会计与税务会计一致的国家，如果会计准则能较好反映经济活动状况，那么也能够较好地反映衍生金融商品的经济实质。但其缺陷是容易造成纳税人规避税收，尤其是在财务会计与税务会计分离的国家，很多交易不列入财务报表，采用与财务会计一致的处理原则，就很有可能疏漏应税的所得额。

综上所述，在金融衍生工具的征税中，很难依靠单一的方式来解决金融衍生品的征税问题。每种方式都有其优点和局限性，这意味着最为有效的政策是针对不同的情况选择最佳的方式。按市价征税法可用于一些交易活跃的工具，以及那些会计制度已基于按市值调整原则的纳税人（如金融中介机构），而分离征税和合并征税可以并用，或是按工具和交易的性质有选择地适用。大多数经合组织国家都采用这种方式。

第二节　金融衍生工具市场税制的国际比较

金融衍生工具市场在国外的发展已逾百年，其本身以及其他配套制度（税收制度、会计制度）等都日臻完善。相比之下，我国金融衍生工具市场与其他配套制度在很多方面的理论和实践都刚刚起步，因而，我们力图借他山之玉，为构建我国金融衍生工具市场税制提供借鉴。

一、金融衍生工具的税制结构

从各国的实践来考察，金融衍生工具税制的具有以下基本特点：（1）一般实行在签发、交易、收益三个环节分别征税的复合税制；（2）不单设税种；（3）根据每种金融衍生工具的性质和特点确定适用的税种和具体规定；（4）根据各税种同类或者类似的税目确定适用税目和适用税率；（5）没有特殊规定就适用一般税收规定。金融衍生工具市场的复合税制体系如下：

（一）签发环节

签发金融衍生工具的行为大致有三类：第一类是中介交易所提供标准化的金融衍生工具合约的行为；第二类是金融机构、企业向场外交易提供的非标准化金融衍生工具合约的行为；第三类是一些企业为激励员工而向员工提供股票期权的行为。各国一般在金融衍生工具的签发环节征收印花税。

（二）交易环节

各国在金融衍生工具的交易环节课征交易税或增值税。

1. 交易税

目前，日本、中国香港地区等一些国家或地区对期货交易征收交易税。

从历史的角度考察，美国曾经在1990年计划开征交易税。当时有一种提议，对二级市场所有股权交易征税，税率为0.5%。根据美国二级市场股权交易1年的交易量22 000亿美元，估计交易税收入每年能达到110亿美元。然而，这一提议却遭到金融业界的竭力反对，他们认为，交易税将大幅度降低金融衍生工具的成本有效性。假设股票指数期货交易的成本为0.1%。现金市场的交易成本为1%，征收0.5%的交易税将使期货交易成本增加5倍。这会给美国的期权交易带来毁灭性打击。其结果将导致投资者轻易地转向不征收交易税的伦敦等其他交易场所。因此，开征交易税的提议在美国最终未获得通过。

瑞典从1984年开始征收股权交易税，一方面是为了增加税收收入；另一方面是为了惩罚被视为"非生产性和反社会"的金融服务部门。交易税收入占到往返交易本金的2%。结果造成股票等交易量在境内下滑，投资者将交易转向伦敦和纽约交易场所。1987年，瑞典对货币市场工具也开征了交易税，目的是减少"社会不良行为"。该税的征税对象为包括金融衍生工具在内的固定所得证券，最高税率为面值的0.15%。结果导致债券和票据的期货交易量下降了98%。在现金市场，交易也转向不征税的债务工具市场。由于交易税收收入令人失望，同时又增加了政府借款的成本，瑞典于1991年12月1日取消了对金融衍生工具交易课征的交易税。

2. 增值税

目前OECD中的大多数国家对金融企业从事货币买卖、银行账户操作、信用证及保证函、贷款业务、信用卡业务、财务担保、担保赔偿、金融票据及股票交易、股票借贷、股票本息、期货、期权、互换交易、包销金融票据、外汇交易、货款保收、人寿保险、非寿险性质的保险、对境外单位和个人提供的金融保险服务等项目，实行不可抵扣的免税政策，或不将其纳入增值税征收范围。不可抵扣的免税政策是指对该项目在免征增值税的同时，不能抵扣购进固定资产所含的全部进项增值税额。实行这种政策的主要理由是，金融企业提供的上述服务具有特殊性，难以确定其增值税的税基。

（三）收益环节

大多数国家对金融衍生工具的收益征收所得税（企业所得税与个人所得税）。如前所述，金融衍生工具组成的复杂多变性和运用的灵活性对传统的所得税制带来严峻的挑战。因此，各国都在寻求解决的路径。

🌿 二、金融衍生工具课税的分类比较

（一）期货市场课税体系的国际比较

一个完整的期货市场一般由四个部分组成，即期货交易者、期货经纪公司、期货交易所和期货清算所。因此，期货市场课税体系是对涉及期货市场各主体和期货交易各环节的有关税种设置、税制设计和税收政策选择等的总称。

1. 期货交易税的国际比较

虽然目前世界上许多国家和地区都设有期货交易所，但仅有法国、芬兰、日

本及中国香港等国家和地区开征了期货交易税。而且各自在课税方式方面也有所不同。

（1）期货交易税课税概况。

法国：法国采用从量定额计征方式。其税法规定每一次通过期货交易所的空头或多头交易均须支付 0.05 法郎给法国期货交易所的主管部门（简称 CMT）；若以买卖平仓一次为计税单位，则须支付 0.1 法郎的期货交易税。法国税法还规定，CMT 应在每一个交易年度制订抽取期货交易税的预算数额，一旦市场状况使得这一预算税收目标额实现，CMT 在该年度的剩余时间内不再征收期货交易税。

芬兰：芬兰采用固定税率从价计征方式，计税依据是每一次买卖合约交易价值的变动额。具体规定是，交易者每一次买卖期货合约，无论盈利或亏损，都应就其合约价值的变动额课以 0.5% 的期货交易税；对于期权合约的交易，就期权合约的权利金课征 0.5% 的交易税。

日本：日本税法规定，对期货合约交易，按多头、空头的平仓交易价值课征 0.002% 的期货交易税；对期权合约交易，则按多头空头的平仓交易的权利金价值课征 0.02% 的交易税。

中国香港：在中国香港期货交易所入市交易的期货合约，以多头、空头的平仓交易为每次课税的基准，期货交易者按此基准所完成的期货交易，每次课征 5元港币的定额期货交易税。①

（2）课税方式比较。从以上国家和地区课征期货交易税的情况来看，其课税方式主要存在两方面的差异：

计征方式：期货交易税的计征方式主要有从量计征和从价计征两种。法国和中国香港采用的是从量计征法，每买卖平仓交易一次，无论期货合约的价值量大小，都课以相同的税额；芬兰和日本采用的是从价计征法，其课征的期货交易税额随期货合约价值（变动额）大小而不同，与买卖平仓的交易次数无关。相比之下，两种方式中，从量计征方式侧重于鼓励投资，增加交易量，从价计征方式则更具公平性。

税基：实行从量计征方式的国家和地区都是以买卖平仓交易为一次计税单位，课征固定的税额，其特点是税负与期货交易者平仓交易的次数成正比，平仓交易的次数越多，则税负越高，反之，则越轻；实行从价计征方式的国家以交易价值为税基，不过还有所区别，日本以买和卖平仓交易价值的金额为税基课税，芬兰则是以合约交易价值的变动额（包括盈余额和亏损额）为税基课税。相比之下，日本的做法更能保证税收收入的稳定性，而芬兰针对盈利和亏损课税，与增值税有几分类似，可以避免对期货合约的重复课税，保持各环节税负基本一致，同时也有利于抑制期货市场的过度投机和暴涨暴跌，可以起到期货市场的

---

①　钱小安等：《金融期货期权大全》，金融出版社 1994 年版，第 1281 页。

"自动稳定器"作用。

2. 期货交易所得课税的国际比较

各国普遍对期货交易的所得进行课税，不同的是，有的国家将期货交易者在交易中所获得的收益视为一般所得，课征相应的所得税；有的国家则将它视为资本所得，课征资本利得税。下面主要从两个方面对美国、英国、日本等几个主要国家的期货交易所得课税作一比较。

（1）区别课税与不区别课税。我们知道，期货交易者按交易动机可分为套期保值者和投机者两类，由此期货交易分为套期保值交易和投机交易，亦称避险性交易和非避险性交易。对这两类交易所得，国际上存在区别课税和不区别课税两种做法。

区别课税法：英国和美国都是实行区别课税法的国家。

英国对非避险交易的所得课征资本利得税，对避险交易所得则课征所得税。

美国税法认为，由于避险交易以降低风险承担，避免价格波动为目的；而非避险交易旨在赚取差价利益，并以承担风险为目的。因而，前者产生的损益为一般损益，后者为资本损益，两者性质不同，适用不同的课税规则。

在理论上，根据交易者的主观动机将其分为套期保值者和投机者是合理的，然而在实践中，由于客观的与人为的因素，使得二者之间的界限并不那么明显。为了将二者进行区别，多数国家只是列举了一些需要考虑的因素。例如美国税法就列举了一系列排除性因素，即这些因素的存在倾向于表明税收意义上的套期保值不存在，如期货合约的相关商品不是用于纳税人的业务活动，期货市场的价格并不与套期保值商品的价格同向运动，套期保值的预期利润超过了潜在损失等。[1] 此外，在征税过程中，税务机关还要对套期保值进行查验，要求纳税人必须在其纳税报告中清晰证实该交易自入市之日起直至结算平仓之日前，一直未改变合约的性质。对已验明的套期保值交易，按照一般所得的课税待遇课征所得税，其交易损益须递延至与现货部位同时结算，列入相应的一般所得中计征。

对于非避险的投机交易所得，则按"推定所得"方式课税，即纳税人应就其未冲销的期货合约，按该课税年度最后一个交易日的市场结算价格，计算已发生但未实现的损益，推定为该年度的资本利得或损失，并按六四分成的比例将其分为长期资本损益和短期资本损益，进行相应的课税处理。在课税中，这些损益还要受到资本性损失抵减资本性损失递延、卖空、虚卖等资本性规定的制约。

不区别课税法：日本是实行不区别课税的国家。

日本税法规定，不论期货交易是否具有避险性，均至结清时认列交易损益，不对未实现的损益课税。自然人的期货交易所得适用个人所得税。日本个人所得税的课税方式，原则上是将一切所得合并后综合计征，但对有关土地、租赁权、

---

① 钱小安等：《金融期货期权大全》，金融出版社1994年版，第1269页。

房屋、股票等资本资产的转让所得，可依租税特别处置法进行分离课征。① 即自然人如以期货交易为主要业务，则将其归为营业所得综合课税；否则归为其他所得，分项课税，交易损失也只能在其他所得项下进行扣除。法人损益视为一般损益，损失可自一般所得项下抵减并适用一般税率，交易损失无法于当年抵减时，可后抵三年。

（2）税基确定原则与方法。税基的确定是期货交易所得课税的关键。对此，各国有不同的确定原则和方法。

递延结算原则（损益实现原则）：各国对避险期货交易大多采用这一原则，即将避险期货交易递延至现货交易结清时计算损益。具体的税务处理是：首先，递延合并计算损益。由于避险期货交易旨在降低纳税人现货交易的价格变动风险，故期货交易与现货交易密切相关，因而须将期货交易的损益递延至与现货部位结清时，结算损益，即以现货交易当日的平仓盈亏（结算价与合约开仓价之间的差价）为交易损益。其次，确定所得归属。由于现货交易与期货交易损益均属一般损益，本年度的损益相抵后有净利者，即为个人综合所得中的经营所得或企业的经营所得。最后，将纳税人的这类所得与其他各类所得合并计征。

英国和日本均遵循这一原则，即只有当资本收益通过市场交易实现时才归入应税所得，而潜在的即尚未实现的资本收益则被排除在税基之外。体现在期货课税上，即是至期货合约到期日或结清日时才认列损益，不对未实现损益课税。

按市价结算原则：对于非避险交易的课税，各国有的采用按市价结算原则，有的采用损益实现原则。美国实行的是按市价结算原则，与这一税收处理原则紧密相连的是会计上的逐日盯市制度。

逐日盯市制度。也称每日结算制度，指每天交易结束后，交易所在当日收盘价（结算价）基础上确定交易者未平仓期货部位的利得或损失（亦称未平仓浮动盈亏），并据以相应地调整交易者的保证金账户。当保证金账户金额低于维持保证金水平时，交易者须补交保证金至初始保证金水平；而当保证金超过原始保证金水平时，交易者可从其账户上取回超过部分。该制度有效地分散了期货市场运作中的风险，使保证金制度具体落实到位，从而保证了期货市场的顺利运行。同时，该制度也是期货交易所得课税得以进行的重要保证，作为一种会计方法，它明确地反映了交易者所持有的期货合约在交易所的运行状况，以及若干合约之间的联系性，为确定市场交易者的交易动机以及其年末盈亏状况提供了翔实可查的依据，是税务机关赖以课税的重要考证资料。

按市价结算原则。它是指将纳税人实际已经发生，但未实现的所得项目作为其应纳税所得额的一部分，一并计算应纳税额。具体到期货所得课税上，即要求纳税人就其未平仓的期货合约，按该课税年度最后交易日或合约终止日的结算价格，计算未实现损益，列入资本损益课税。其特点在于，将纳税人未实现的利得

---

① 马蔡琛、杨晨辉：《浅谈衍生金融工具的税收政策》，载于《四川会计》1997 年第 5 期。

视为已实现利得课税，在以后年度再根据实际实现的损益作调整。按市价结算原则已成为世界各国所公认的非避险期货合约的会计与税务处理原则。①

3. 经合组织国家对金融期货的征税概况

表 13 - 1　　　　　　　部分经合组织国家对金融期货的征税

	澳大利亚	加拿大	法国	德国	意大利	日本	新西兰	英国	美国
金融期货									
一般税收原则是否适用？	是	是	—	是	是	是	否	—	是（1）
收益/亏损是否征税？如何征？	是；资本和普通	是；资本（2）	是；普通	是；普通	是；普通	是；普通	是；普通	是；资本（6）	是；资本（7）
按市值调整是否适用？	否	是（7）	是	是	是	是	是（3）	是（4）	是
是否对非居民征收预扣税？	否	否	否	否	否	否	否	否	否
适用于税收待遇的支付分类	普通和其他	普通和资本	普通和其他	普通	普通	普通和其他	普通	普通、资本和其他	普通和资本

注：（1）表示在合格的货期交易所中进行的交易及一些其他类型的货期受制于专门税法。（2）表示如果交易商实现了则作为普通收入处理。（3）表示适用于交易商。（4）表示不参与期权交易。

资料来源：中国金融税制改革研究小组：《中国金融税制改革研究》，中国税务出版社2004年版，第445页。

（二）期权税制的国际比较

在 OECD 成员国中，对于期权的税法规定有三类国家：（1）没有制定专门征税规定的国家。主要有希腊、荷兰、新西兰和土耳其；（2）制定了专门征税规定的国家。主要有澳大利亚、加拿大、丹麦、法国、爱尔兰、挪威、瑞典、英国和美国；（3）根据会计原则处理的国家。如芬兰、瑞士等。

①　尹音频：《期货课税的国际比较与探索》，载于《税务研究》1995年第12期。

表 13-2　　　　　　　　　　　**部分经合组织国家对期权的征税**

	澳大利亚	加拿大	法国	德国	意大利	日本	新西兰	英国	美国
股票看涨期权									
一般税收原则是否适用？	是	是	是	是	—	是	否	是	是
持有人（1）									
期权成本是否可扣除？何时扣除？	是；到期日	是；到期日	是；到期日	是；到期日	—	是；到期日	是；到期日	是；到期日	是；到期日
期权成本是否作为股票购买成本？	是	是	否	是	—	是	否	否	是
处置时的收益/亏损是否征税？	否	否	是	否	—	—	否	否	否
按市值调整是否适用？	否	否	是	否	—	—	否	否	否
是否对非居民的期权成本征收预扣税？	否	否	否	否	—	—	否	否	否
适用于税收规定时的期权成本分类	—	普通和资本	普通和资本	普通	—	其他	普通	普通、资本和其他	普通和资本

续表

	澳大利亚	加拿大	法国	德国	意大利	日本	新西兰	英国	美国
合同方									
成本是否缴税？何时缴？	是；出具合同（2）	是；出具合同（2）	是；到期日	是；出具合同（2）	—	是；出具合同	是；出具合同（2）	是；出具合同（2）	是；到期日
成本是否作为股票履约价格的一部分？	是（2）	是（2）	是	是（2）	—	—	是（2）	是（2）	是
回购收益/亏损是否征税？	是	是	是	是	—	是	否	是	是
按市值调整是否适用？	是	是	是	否	—	否	否	否	否

注：（1）表示不参与期权交易。（2）表示如果期权嗣后被行使了，对发行成本的征税则予以退回。

资料来源：中国金融税制改革研究小组：《中国金融税制改革研究》，中国税务出版社2004年版，第445～446页。

各国对期权的税收处理主要采用合并课税法与分离交易课税法。这两种办法在期权收益和应税性、可扣除性上的处理结果不完全相同，尤其是在什么时候征税方面，两种办法往往导致不同的结果。

1. 合并课税法：美国对股票期权的税收处理

美国对期权的征税方法是，在期权被执行、平仓或失效前不对持有者或发行者课税。具体的税务处理如下：

（1）执行。如果执行的是看涨期权，在持有者获得资产的成本和发行者已实现的销售额中还应包括期权费。例如，对以每股价5个单位，购买X公司股票1 000股的期权，支付期权费100个单位，期权随后执行。持有者购买股票的全部成本是5 100个单位（执行价5 000个单位与期权费100个单位之和），且期权的发行者也被当成是按这一数量售卖股票。如果执行看跌期权，期权费减少了持有者在标的物上的售价与发行者购买该资产的成本。

（2）失效或出售。如果一个期权到期而未被执行，则期权费包括在发行者的应税所得里，并且允许持有者作扣除。如果持有者在到期前出售期权，损益为售卖收入与支付的期权费之差。如果发行者与持有者结清期权，各方确认的损益等于收付净额，包括期权费与清仓交易中的任何支付。在美国，到期或处置期权的损益通常是资本利得，除非期权在纳税人正常的业务中被持有或发行。

这种征税法的局限性是：第一，易为规避利息税的投资人所利用。这种征税法把期权同其是否交易及何时期权被执行联系起来，忽略了发行者在期权期内通过持有期权费而享有的货币时间价值的好处。结果是期权能够被用于规避应计利息（包括债券贴现值）的课税。在发行期权时，如果期权是如此超值，则必定会被执行，那么从经济角度来看，期权费充当了贷款的功能。因为，在市场中，执行价近似于标的物的远期价格减掉期权费及它从发行日到施权日的利息。如果直到期权被执行、售卖或到期终结，才对持有者课税，则仅仅追求利息收益的投资者也许会因规避对应计利息的课税而持有期权。如果税法要求把期权费与贷款同等对待，则这种避税策略就能被挫败。然而，确认期权必定会被执行并非易事，从而使得这类税法难以实施。这一问题也许能够通过一个有争议的但更简单的方法来解决：承认期权价格总是反映了期权费的货币时间价值，并且对各种情况下发生的期权费，无论什么时候，也无论在那里，都规定有应计利息。第二，难以遏制为避税而使用的双重期权。假设 A 购买了 K 公司股票的看涨期权，并且同时卖出一个相同股份、同样执行价格、而到期日稍有不同的看涨期权。除了交易成本，在第一个期权上所支付的期权费近似等于在第二个期权上收到的期权费，并且在每个期权上的任何损益，都将由于另一个期权实际相同的损益而抵消。然而，如果期权价值发生根本性的变化，A 可能在该纳税年度末出售或清仓受损的期权，同时用到期日稍不同于保留下来的期权的第三个期权替代它。这种年末调整对 A 的经济头寸几乎没有影响，然而在缺少反避税规则的情况下，它产生了可扣除损失。这种损失直到期权到期、或在来年清仓时，不会被应税所得所抵消，结果是课税被延期。

2. 分离交易课税法：其他国家对期权的税收处理

在其他国家，当发行者一收到期权费就对之课税，如果期权被执行，则被当做独立的交易，发行者的买卖价格就是期权执行日的收付额，不包括期权费。如果发行者与持有者进行清仓交易，那么发行者在该交易中的任何支付量就是其损益，在清仓时得以确认。

在这种制度之下，期权费在支付时不允许扣除，而在执行期权时，被确认为损益。对一个看涨期权（购买期权）而言，持有者在执行期权时的损益就等于这时的资产价值与持有者的全部成本，包括期权费与施权时的支付之差。对一个看跌期权（出售期权）而言，持有者在执行期权时的损益就等于从标的物收到的净额（施权时收到的数额减去期权费）扣除资产的价值。如果期权到期未被执行，那么允许持有者从其收益中扣除期权费。如果持有者处置期权，确认持有者损益为出售或清仓交易中的收入额与已支付的期权费之差。

在这种征税法下，期权被认为与期权资产相互独立，通常发行者在收到期权费即被课税，而在期权被执行、处置或失效之前，持有者不允许对期权费有任何税收方面的扣除。这将有利于政府，并且能有力地阻止使用期权的双重交易。然而它也有碍于期权交易，期权费像保费一样，对期权费在收到时课税就像对保费课税，没有考虑到损失的可能性。

3. 市价调整征税法：美国对非股票期权的税收处理

美国对非股票期权（不是对单个股票而是对某类财产的交易所交易的期权）的持有者应用市价调整征税法。除非期权被当成是套期交易的一部分，否则这种期权的持有者就要受制于盯市制度，在这种制度下，每年损益等于支付的期权费与年末期权价值的差额（对上年按这一规则确定的损益进行调整），这一方法避免了合并课税法中存在的延付的机会，也避免了对期权发行者尚未完全实现应计所得课税。然而，这种方法仅仅对能够提供每日价格的活跃市场较为适用。

（三）金融互换税制的国际比较

从经济性质来考察，大多数互换能够被当成是一系列的期货合同来分析。例如，如果一种货币互换要求 A 在五年里每年支付 100 美元给 B，而 B 同时支付 1 000 个单位给 A，本质上，该合约是一系列五个期货合同，分别在合约签订后的第一、二、三、四、五年到期。然而，上限、下限与双限合约在效果上相当于一系列期权。这种等价关系在税收政策上有两个相关的含义：首先，这里讨论的问题及其和期权与期货合同之间的联系同样也可应用到税收上；其次，如果对期权、期货合同和互换的税法不一致，纳税人在投资银行的帮助下，将会利用这些不一致进行避税。

1. 金融互换的课税难点

互换的基本支付方式是定期支付，但也存在非定期支付，如某一方也许在合约签订、合约期结束或某个其他时间作一次性总付。对定期支付的互换的税务处理被认为没有多大问题，但是，非定期支付的互换却难于分类以及进行对应的税务处理。

第一，如果非定期支付在它们被支出或收到时，被当成是所得或费用处理，合约各方对称地处理，则纳税人可能利用这种处理方式作为一种减少税收的手段。例如，如果一个公司有一个即将到期的损失结转，它可能签订一个偏离市场的利率互换合约，根据合约规定，在合约签订时它收到一次性总付，将该支付包括在所得中并不会增加公司的税负，因为该所得被损失所抵消。与其根据市场利率互换合约所应该作出的支付相比，公司将会做更大的定期支付，但是在这些支付被做出的年度里，对这些支付的扣除减少了当年应税所得，其结果损失结转实际上被延期了。

第二，在一次性总付被支出和收到时，即对其予以确认则可能使互换市场陷入混乱。如果一个投资银行持有平衡资产组合，且按照一个现实基础分摊一次性总付收入，本质上它从合约上没有净所得或净损失（除去它抽出作为其利润的保证金），因为对支付的扣除大致等于所得。另一方面，如果一次性总付收入一经收到即被确认为所得，则该银行在其资产组合的规模扩展时有虚假净所得（artificial net come），当收缩时有虚假净损失（artificial net loss）。这种虚假所得与损失可能使得它在互换的交易中比根据更现实的处置收入的税法情况更无利可图，或者它可能会诱使投资银行向客户收取更多的费用。因此，要求纳税人分摊互换合约的一次性总付，但是合理、现实地分摊计划是很复杂的。

2. 各国对利率互换的税务处理

在 OECD 成员国中，对于利率互换的税法规定有两类国家：一类按照一般税收法规征税。例如，美国对利率掉期按照一般税收法规征税，这些税收法规独立于会计原则；另一类按照会计处理征税。荷兰、意大利、挪威、瑞典、瑞士和土耳其对利率掉期的税收处理与会计处理一致。

表 13 – 3 **部分经合组织国家对利率掉期的征税**

	澳大利亚	加拿大	法国	德国	意大利	日本	新西兰	英国	美国
利率掉期									
一般税收原则是否适用？	是	是	是	是	是	是	否	是	是
是否对流动支付征税？如何征？	是；普通	是；普通	是；普通	是；普通	是；普通	是；普通	是；普通	是；普通	是；普通
对非定期支付是否享受应计税收待遇？	否（1）	—	是	是	否	否	是	是（2）	是
是否对非居民征收预扣税？	否（1）	否（1）	否	否	否	否	否	是（3）	否
适用于税收待遇的支付分类	普通和其他	普通和资本	普通和其他	普通	普通和其他	普通和其他	普通和其他	普通和其他	普通和其他

注：（1）表示除非掉期是一种隐蔽贷款。（2）表示非交易商和非银行对同一人所作的掉期支付可在实现时扣除。（3）表示除非是向非金融机构支付。

资料来源：《新金融工具税收》，（经合组织 1994）。

从对金融掉期征税的情况看，芬兰、德国、爱尔兰、新西兰、瑞典和美国等一般将不定期掉期付款作应税收入处理；丹麦、希腊、意大利、日本和瑞士等则将付款原则作为普遍原则；荷兰对收款人采用付款原则，但是在合同前期允许付款人延缓纳税，付款人必须在付款的那一年进行扣除；法国在掉期收益实现时征税，而且允许对潜在亏损进行处理；挪威使用符合一般会计原则基础上的应计税处理办法；澳大利亚通常在应收、应付的基础上区分、确认掉期付款，当这类付款作为利息处理时采用应计税处理办法；英国一般允许进行掉期交易的银行或者其他人采用应计税处理办法，条件是这种办法能够适用于金融会计。对其他交易公司来说，在交易过程中发生的不定期付款和抵偿付款可能考虑征税问题。在这种情况下，税收处理方法一般与会计方法一致。各国的具体差异如下：

（1）定期支付与非定期支付的税务处理。大多数国家，对于利率互换所作的定期支付当做普通收支处理，一经支付即被确认（对收入者当做所得，对支付者作为扣除）。但在非定期支付的处理上，各国却大相径庭，主要有以下处理方法：第一，与定期支付处理方式相同。对非定期支付（像定期支付一样）视为收入者的所得、支出者的扣除。第二，分摊方式。对非定期支付在交易工具的期限内进行分摊。第三，按照权责发生制处理。有的国家在掉期交易的全过程中按照权责发生制处理。

从美国来看，1993 年颁布的财政部法规对互换、上限和其他的名义本金交易（名义本金合约）① 实行监管。从一般意义上讲，定期支付款项（在一年或不足一年为一个区间支付的）在其归属的年度得到确认。这类的支付款项因而大致上是以冲抵贷款名义数额有关的利息支付款项来处理的。非定期支付款项是按照它们的"经济实质"来处理的。"经济实质"一般意味着这些非定期支付的款项应该在合约的生效期内包括在内或者是扣除。例如，有关互换的重大的非定期利息支付款项可能就被分割为贷款和互换，或者是一系列现金结算的远期合约。有关上限交易的非定期支付款项可能被当做一系列现金结算的期权处理。最后，终止合约补偿金一般是在终止时才纳入考虑范围。这些规定是将名义本金合约与比照它类似的交易一样处理，而这些交易的征税方式也并不总是一致的。一笔诸如利率互换和上限交易就可能被分解成一系列将利率的条款结构考虑在内的现金结算远期合约。另一方面，一笔市场上的利率互换交易（一般不涉及非定期支付款项）是作为固定收益债权来处理的，它在整个时期内使用的是单一混合利率。

（2）对不同类型利率互换的税收处理。在爱尔兰和英国，对出于交易目的和非交易目的取得的掉期收入采用不同的处理方法；澳大利亚根据有关项目是否被列入套期交易或者非套期交易而采用不同的处理方法。而且在可能没有实际交

① 名义本金合约是指支付有关名义额的交易安排，但该名义金额实际上从未易手。

易的情况下，把套期者的掉期交易付款流量作为利息处理；英国对涉及银行或者其他金融机构和其他掉期分别采取不同的处理方法。

（四）合成衍生工具的税务处理

在传统税制下，纳税人常常能够利用衍生金融工具合并一类资产（如股权）的经济结果与另一类资产（如债务）的税收结果。由此，至少产生所得的错误定性和实现规则的规避问题。

1. 所得的错误定性

在一个纳税人对衍生金融工具随意可得的情况下，普通所得与损失（收入账户）和资本利得与损失（资本账户）之间的差别是难于维持的。例如，如果资本利得不被课税或以低于普通所得的税率课税，纳税人也许使用衍生工具投资，获得收入，这个收入具有普通所得所具有的经济特征，而且也满足资本利得的法律定义。

对此最简单的解决办法是以普通所得同样的税率对资本利得课税。但由于对资本利得课税习惯上被认为是比对衍生工具课税更大的一个问题，所以这个解决方法可能被认为是本末倒置。然而，当纳税人对投资策略非常熟练时，使用衍生金融工具规避不想要的税负特征将变得更普遍，而资本利得与普通所得的差别也许成为了明智的纳税人与愚蠢的纳税人的分界线，而不是不同类型所得的分界线。

对这一问题，美国已经尝试了比较有限的措施。1993年，美国国会采纳了一个条款，规定对全部或部分"转换交易"（conversion transaction）的收益作为普通所得课税。转换交易的特点是，纳税人从交易中获得的全部预期收益应归属于他在这笔交易上的净投资的时间价值。例如，投资者获取某一资产，且同时签订合约卖出资产。如果双重期权（在交易所交易的资产有两个或更多的相互抵消的头寸）的预期收益是来自货币的时间价值，则它也是转换交易。包含在转换交易中的任何头寸的处置或终结所产生的收益是普通所得，除非它超出了"可适用估算应税所得量"。后者是纳税人在该交易上投资的利息，根据相同期限的美国国库券的通行收益率的120%计算。

美国对由外汇合约构成的合成金融工具适用一种更呆板的制度。根据美国的法律，外汇收益是普通所得，除非产生这些收益的远期或期货合约或期权不是双重期权的一部分，而是直接为投资所持有。

美国关于这些问题的解决方法复杂且不完善。实践中的替代方法或是消除来自所得税法对普通所得与资本利得的差别待遇，或是允许纳税人依据其意愿通过使用衍生金融工具不受限制地改变其资产的税收特征。由于衍生金融工具已越来越广泛可得，且越来越被投资者所了解，后一种替代方法对资本利得免税或对资本利得以比普通所得低得多的税率课税，这越来越成为各国政府的难题。

2. 实现规则的规避

根据大多数所得税法的规定，资产的投资损益，只有通过售卖、交换、或对资产的其他处置使之被实现时才能确认。因此，一个已增值的资产的持有者，只要该资产一直被持有，则对增值部分就不会纳税。但是，如果持有者卖出资产并且用售卖收入在其他资产上再投资，这样也许会招致对资本利得的课税。通过使用衍生金融工具，不经售卖或交换资产、获得投资在经济上的等值收益，避免由此招致对资产利得的课税是可能的。

由于市场供给大量灵活多样的衍生工具，任何针对特定投资技术的特定投资结果的税法都能很容易被绕过。因而，各国对于这一避税问题几乎是一筹莫展。目前，人们认为解决这一问题的简单方法是实行盯市制度，要求对未变现的损益逐年确认，从而取消变现原则。这是一个比较偏激的解决方案，为了挫败一个特殊的避税技术，它可能改变了整个对财产损益课税的制度。然而，随着金融衍生工具越来越容易获得，人们对衍生金融工具也越来越理解，变现原则的应用也变得越来越武断，政府也许被迫考虑使用偏激的替代规定。

（五）混合衍生工具的税务处理

1. 混合衍生工具的课税难点

混合衍生工具的典型代表是可转换债券，而可转换债券实质上是一揽子交易，既包含债务工具又包含发行者股票的期权。这些工具产生了几个难以解决的税收问题。（1）它们应该被描述成债务还是股权？它们通常是被当成债务工具，特别是如果或然性与发行者的利润没有关系（如股指），且大多数时候它们同发行者的股权有更直接的联系（如可转换债券）。（2）如果被当成是债务工具，在对这一工具课税中，内置其中的衍生证券怎样得以反映？

2. 混合衍生工具征税方法的选择

（1）分离征税法。该方法是将衍生工具分解成不同的组成部分，同时将各部分作为一个分离的衍生工具课税。例如，结合股指的工具能够被分解为 1 000 美元的零息债券和股指期权。如果该工具的发行价是 1 000 美元，这样一个期权的期权费是 145 美元，则零息债券的发行价可能是 855 美元，发行者与持有者在这两年的债券期将会有 145 美元的贴现（利息）费用与所得。如果在到期时持有者收到 1 250 美元，1 000 美元被当做对债券的支付，剩下的 250 美元应属于期权，期权产生了 105 美元（250 美元减去 145 美元）的收益（对持有者）和损失（对发行者）。

美国财政部在 1991 年提议，对与指数相联系的债券应该被分割成零息债券和看涨期权，对零息债券部分的利息予以征税。但是，美国在采用分离法的过程中，也遇到了困难：第一，不同的分割方法会出现不同的税收结果。既定的衍生工具的性质多变，一个工具常常可由许多方法分解；并且由于不同类型的金融工具，其税收处理也常常相互不一致，某个特定的金融工具通过某种分解可能得出与另一种分解完全不同的结果。当然，可以通过税收法规，描述怎样对这些工具进行分解。但是，持续不断的金融创新将使这些法规难以检验。第二，分解金融工具所必需的市场信息不是总能得到。

（2）公式法。由于分离法的缺陷，美国最终放弃了分离法，转而采用公式征税法对混合衍生工具征税。实行估算投资收益率的 7 种方法，分属投资专有收益率与一般适用收益率两大类。

（3）套期清算账户法。如果纳税人对冲掉内置衍生证券的风险，套期清算账户（将套期与混合工具结合起来）是分离法的一个有益的替代。然而，只要纳税人承受了这种风险，这种方法就能为操纵与滥用大开方便之门。①

第三节　中国金融衍生工具市场税制透析

一、中国金融衍生工具市场税制的现状解析

目前，我国尚未形成系统的金融衍生工具市场税制体系，主要在期货、债转股、员工股票期权三方面制定了相关的税收法规。

（一）我国现行的期货市场税制

伴随着期货市场的发展，我国现已建立了相对系统的期货市场税制，主要是在印花税、增值税、营业税、所得税中制定了相关的征税规定。

1. 印花税

国家税务总局在 1992 年所发布的《关于批发市场交易合同征收印花税问题的通知》，"对各类批发及交易市场上签订的购销合同，应当按照印花税条例的规定征收印花税"。随着批发市场逐步发展成货物期货交易所，这一政策也延用下来。因此，对于期货合约，一般参照《印花税暂行条例》的"购销合同"税目，按 0.3‰对交易双方课征印花税。

2. 增值税

《增值税若干具体问题的规定》（国税发［1993］154 号）明确指出，"货物期货（包括商品期货和贵金属期货），应当征收增值税"。随后，又颁布了《货物期货征收增值税具体办法》作进一步说明，办法规定：

（1）纳税人。第一，交割时采取由期货交易所开具发票的，以期货交易所为纳税人；第二，交割时采取由供货的会员单位直接将发票开给购货会员单位的，以供货会员单位为纳税人。并规定，期货交易所增值税按次计算，其进项税额为该货物交割时供货会员单位开具的增值税专用发票上注明的销项税额，期货交易所本身发生的各种进项不得抵扣。

（2）计税依据。以交割时的不含税价格（不含增值税的实际成交额）为计

---

① 封建强译：《衍生证券与新的金融工具的税收问题》，载于《税收译丛》2000 年第 6 期。中国金融税制改革研究小组编著：《中国金融税制改革研究》，中国税务出版社 2004 年版。

税依据。

（3）纳税环节。以期货的实物交割环节为纳税环节。

由此可见，期货交易中的增值税课征实际上发生于现货的交割环节，而非期货合约的转移过程，因而确切地说，应将其归为现货交易课税。

3. 营业税

目前期货市场中课征的营业税主要涉及期货交易所、期货经纪公司和部分交易者。根据相关法规的规定，尤其是《关于资本市场有关营业税政策的通知》（财税［2004］203号），对期货市场各方当事人的营业税的课征如下：

（1）期货交易所。由于期货交易所和证券交易所的性质基本相同，因而在税收处理上没有本质区别，一般都是对其取得的服务费收入参照《营业税暂行条例》中"服务业"税目，按5%的税率课税。准许上海、郑州、大连期货交易所代收的期货市场监管费从其营业额计税营业额中扣除。

（2）期货经纪公司。根据《营业税税目注释（试行稿）》，期货经纪公司属于"金融保险业"税目下的"金融经纪公司"子目，应就其佣金或手续费收入（可扣除所代收的手续费）课征5%的营业税。

（3）期货交易者。我国税法将期货交易者分为金融机构与非金融机构和个人两类。

金融机构交易者。《关于营业税若干政策问题的通知》（财税［2003］16号），对金融企业买卖金融商品的征税做了以下规定：第一，税目。金融保险业下的"金融商品转让"是指转让外汇、有价证券或其他非货物期货所有权（商品期货和贵金属期货以外的期货，如外汇期货等）的行为，包括股票、债券、外汇及其他金融商品的转让。第二，计税依据。金融企业（包括银行和非银行金融机构，下同）从事股票、债券买卖业务以股票、债券的卖出价减去买入价后的余额为营业额。买入价依照财务会计制度规定，以股票、债券的购入价减去股票、债券持有期间取得的股票、债券红利收入的余额确定。第三，盈亏结转。金融企业买卖金融商品（包括股票、债券、外汇及其他金融商品），可在同一会计年度末，将不同纳税期出现的正差和负差按同一会计年度汇总的方式计算并缴纳营业税，如果汇总计算应缴的营业税税额小于本年已缴纳的营业税税额，可以向税务机关申请办理退税，但不得将一个会计年度内汇总后仍为负差的部分结转下一会计年度。

较之过去的有关条例，本次税法调整涉及的变化是：第一，金融企业从事股票、债券买卖业务计征营业税时，股票、债券持有期间的红利收入也必须从买入价中扣除，即公式：计税营业额＝卖出价－（买入价－红利收入）。而过去是以卖出价减去买入价后的余额为计税依据。第二，将原仅限于同一大类金融商品现扩大到四大类金融商品之间的买卖正负差均可以相互打通计算纳税。第三，允许上一个会计年度内，金融企业买卖金融商品已缴营业税款大于应缴税款的，可以申请退税，但退税额度不得超过当年买卖金融商品的实缴营业税款。第四，不得将一个会计年度汇总后仍为负差的部分结转下一会计年度。即打通计算纳税的规定以一个会计年度为限，不得跨年度沿用。

非金融机构与个人交易者。非金融机构与个人转让金融产品的价差不征营业税。

货物期货交易不征营业税而征增值税。

4. 所得税

所得税的纳税人主要涉及期货交易所、期货经纪公司和交易者。

（1）期货交易所与期货经纪公司。这些中介机构的收益均须缴纳企业所得税。根据《国家税务总局关于期货经纪公司缴纳企业所得税问题的通知》（国税函〔2005〕104号）的规定对实行统一结算、统一风险控制、统一资金调拨、统一会计核算和财务管理的期货经纪公司所属营业部，应以期货经纪公司为企业所得税纳税人，因此，期货经纪公司应在公司总部所在地统一缴纳企业所得税。

（2）法人交易者。对于企事业单位的期货交易所得，应计入当期损益，按规定征收企业所得税；交易中发生的亏损可用下一预缴期的盈利弥补，或至年终汇算清缴。

（3）个人交易者。个人从事期货交易取得的净所得，应适用《个人所得税》中"财产转让所得"应税项目，按20%的税率，课征个人所得税。

（二）关于债转股的课税规定

现行对债权转股权的税法规定，主要包括对金融资产管理公司与实施债转股企业的税收优惠政策。

1. 关于金融资产管理公司的税收优惠规定

《财政部、国家税务总局关于中国信达等4家金融资产管理公司税收政策问题的通知》（财税〔2001〕10号）规定：中国信达资产管理公司、中国华融资产管理公司、中国长城资产管理公司和中国东方资产管理公司，及其经批准分设于各地的分支机构收购、承接、处置不良资产可享受增值税、房产税、土地增值税、营业税、印花税、契税等免税优惠政策。

2. 关于实施债转股企业的税收优惠规定

2005年实施的《财政部　国家税务总局关于债转股企业有关税收政策的通知》（财税〔2005〕29号）对经国务院批准实施债转股的企业在债转股实施过程中涉及的增值税、消费税和企业所得税享受减免税优惠待遇。

现行的债权转股权活动的税务处理实质上属于资产重组的问题，与标准的金融衍生品（混合衍生品）交易范畴有一定的区别，因而应将其归为资产重组的税务处理。

（三）关于企业员工股票期权的课税规定

为适应企业薪酬制度改革，加强个人所得税征管，于2005年7月1日生效的《财政部　国家税务总局关于个人股票期权所得征收个人所得税问题的通知》

对企业员工参与企业股票期权计划而取得的所得征收个人所得税的问题作了系统的规定。

1. 关于员工股票期权所得征税问题

实施股票期权计划企业授予该企业员工的股票期权所得，应按《中华人民共和国个人所得税法》及其实施条例有关规定征收个人所得税。

企业员工股票期权（以下简称股票期权）是指上市公司按照规定的程序授予本公司及其控股企业员工的一项权利，该权利允许被授权员工在未来时间内以某一特定价格购买本公司一定数量的股票。①

2. 关于股票期权所得性质的确认及其征税规定

（1）员工接受实施股票期权计划企业授予的股票期权时，除另有规定外，一般不作为应税所得征税。

（2）员工行权时，其从企业取得股票的实际购买价（施权价）低于购买日公平市场价（指该股票当日的收盘价，下同）的差额，是因员工在企业的表现和业绩情况而取得的与任职、受雇有关的所得，应按"工资、薪金所得"适用的规定计算缴纳个人所得税。

对因特殊情况，员工在行权日之前将股票期权转让的，以股票期权的转让净收入，作为工资薪金所得征收个人所得税。

（3）员工将行权后的股票再转让时获得的高于购买日公平市场价的差额，是因个人在证券二级市场上转让股票等有价证券而获得的所得，应按照"财产转让所得"适用的征免规定计算缴纳个人所得税。

（4）员工因拥有股权而参与企业税后利润分配取得的所得，应按照"利息、股息、红利所得"适用的规定计算缴纳个人所得税。

对于这一税法规定的期权属性应该如何认定？我们必须理解衍生性股票期权与报酬性股票期权是两个不同的概念。所谓衍生性股票期权，是指以股票为标的物的一种合约。期权合约的卖方（立权人）通过收取权利金将执行或不执行该项期权合约的选择权让渡给期权合约的买方（持权人）。持权人将根据约定价格和股票市场价格的差异情况决定执行或放弃该期权合约。在国外，那些进入指数的股票，一般都有标准化的期权合约在市场上交易，这些股票期权合约的交易与发行股票的公司无关。然而，报酬性股票期权则是指把股票期权作为一种报酬，由公司付给其雇员或非雇员的薪酬工具，它是一种公司行为。这种股票期权最早是只给公司的高级经理人员，后来扩大到不仅可以给公司董事、经理和雇员，也可以给公司的管理顾问等其他服务的供应商。因此，在国外股票期权是最主要的一种与股票挂钩的薪酬工具。

---

① 上述"某一特定价格"被称为"授予价"或"施权价"，即根据股票期权计划可以购买股票的价格，一般为股票期权授予日的市场价格或该价格的折扣价格，也可以是按照事先设定的计算方法约定的价格；"授予日"，也称"授权日"，是指公司授予员工上述权利的日期；"行权"，也称"执行"，是指员工根据股票期权计划选择购买股票的过程；员工行使上述权利的当日为"行权日"，也称"购买日"。

由此可见，我国现行的企业员工股票期权的课税规定实质上属于报酬性股票期权课税的问题，与标准的金融衍生品（股票期权）交易范畴有一定的区别，因而可将其归为证券市场的税制问题。

（四）关于推动股权分置改革试点的课税规定

为了促进资本市场发展和股市全流通，推动股权分置改革试点的顺利实施，2005 年 6 月 13 日颁布与实施的《财政部　国家税务总局关于股权分置试点改革有关税收政策问题的通知》就股权分置试点改革中有关税收政策作出了规定：（1）对股权分置改革过程中因非流通股股东向流通股股东支付对价而发生的股权转让，暂免征收印花税。（2）股权分置改革中非流通股股东通过对价方式向流通股股东支付的股份、现金等收入，暂免征收流通股股东应缴纳的企业所得税和个人所得税。

由上述税收法规可见，我国现行金融衍生工具市场税收存在的突出问题是税收政策的导向不清，税负不公平，税制结构散乱，税种缺位，缺乏一个完整合理的税制体系。除了有些关于期货、员工股票期权征税等零星条款以外，对其他形式的期权、互换等金融衍生工具"有市无税"，对每一种金融衍生工具是否征税以及如何征税，几乎没有系统的规定。这种税制滞后的状态将削弱税法的严肃性、税制的公平性与效率性，不利于金融衍生工具市场的规范发展。

❧ 二、中国金融衍生工具市场税制构造的探讨

金融衍生工具市场在我国是一个新生事物，理论界对税制构建中的诸多问题存在争议。只有澄清认识，才能扫清税制构建过程中的障碍。

（一）金融衍生品交易环节的课税问题

1. 关于金融衍生品交易环节是否应课税的探讨

在金融衍生品交易环节应否课税，理论界存在不同的认识。

不应课税论认为，在交易环节课征的交易税将大幅度降低金融衍生工具的成本有效性，妨碍资本的自由流动，甚至产生所谓"投资锁住效应"。假设股票指数期货交易的成本为 0.1%，现金市场的交易成本为 1%，征收 0.5% 的交易税将使期货交易成本增加 5 倍。这会给本国的期权交易带来毁灭性打击。其结果将导致投资者轻易地转向不征收交易税的其他国家的交易场所。[①]

他们认为，对于期货而言，由于期货合约具有一定期限，所以投资者不能也不会长期持有期货合约。既然短线进出、买空卖空是期货交易的一大特征，那么，若在期货交易环节课税就容易造成重复课税，这无疑是对期货投资者的不公平待遇；同时，在期货交易环节课税还会增大交易成本，影响资源的合理配置，妨碍市场风险机制的形成，而且在交易环节课征的税收最终会转嫁到消费者身

---

① 中国金融税制改革研究小组：《中国金融税制改革研究》，中国税务出版社 2004 年版，第 123 页。

上，易诱发通货膨胀，这些都有碍于期货市场的发展，因此，不应在期货交易环节课税。

课税论则认为，金融衍生品交易是一种资本资产交易，若不运用适当税种对交易环节进行税收管理，交易者的资本就会在无税状态下累积扩大，这与税收公平原则不符，因此，应在金融衍生品的交易环节课税。其理由如下：①

第一，对金融衍生品交易环节课税，有利于为资产交易创造公平的税收环境。在我国现行税制中，无论是一般商品资产交易，还是资本资产交易，都要针对其交易环节课税，如对商品交易课征增值税，对劳务交易课征营业税，对证券交易课征证券交易税（印花税）等，如果对这种资产交易形式——金融衍生品交易不课税，显然有违税收公平原则，其低税环境还会吸引过多资金流向金融衍生工具市场，不利于金融衍生工具市场的规范发展。

第二，对金融衍生品交易环节课税，有利于抑止投机行为。在金融衍生品交易环节课税固然会增大交易者的交易成本，但是，对不同类型投资者的影响是不同的：虽然交易环节的课税将对避险型投资者产生负面的影响，但是交易环节的课税将通过增大投机型投资者的成本，产生抑止投机的积极作用。目前我国的套期保值交易者对期货的需求弹性较小，不会因为对其课税而放弃交易，因而，对市场风险机制运行的扭曲较小。

第三，应该区别认识交易环节课税会造成重复课税的问题。无可否认，对以权证为代表的金融衍生品的课税确实存在重复课税的问题。然而，对期货交易环节课税却不一定存在重复课税的问题。由于期货市场不同于证券市场，证券市场中交易者持有的证券量是既定的，而期货市场中的期货合约在一定意义上却是取之不尽的，因而，证券市场中的每一次买卖都是证券在交易者手中的流转，而期货交易者每买入或卖出期货，其本质都相当于与双方都不相知的卖出或买入的对方订立新的期货合约，并非一般人所想象的，期货交易者卖出的是其手中的期货合约，而买入的是其他交易者卖出的期货合约，因此期货合约的多次转让的情况较少，重复课税的严重性也较小。

第四，应该辩证地认识交易环节课税会造成资本流失的问题。分析美国最终未开征金融衍生品交易税的原因，可以发现由于美国是期货交易大国，在国际期货市场上占据十分重要的地位，众多国际资本流向美国期货市场，在这种情形下，开征交易税势必引发投资的"锁住效应"，导致国际资本流动大幅波动，削弱其国际竞争力。反观我国现状，我国金融衍生工具市场发展尚处于初级阶段，对国际投资者而言，充满了新兴的投资与投机机会，因此，交易环节课税，不仅对投资者追逐利益动力的削减程度较小，反而有利于增强金融衍生工具市场的规范化，抑止无序发展。

对于上述两种观点，我们更倾向于后者。我们认为，针对中国的现状，对我

---

① 李佩锋：《我国期货市场课税制度研究》，西南财经大学，硕士论文，1998 年，第 30～31 页。

国的金融衍生品交易应该课税。

2. 关于金融衍生品交易环节税种设置的探讨

在金融衍生品交易环节应该课税这一问题得到肯定后，则面临课征什么税的问题。从我国现状来看，对金融衍生品交易环节的课税主要涉及印花税（实质为交易税）、营业税、增值税（在期货实物交割环节课征）。

（1）关于课征营业税的探讨。如前所述，我国在金融衍生品交易环节的现行课税规定主要分为三类：第一类，对金融机构交易者的非货物期货交易活动就其计税营业额［卖出价－（买入价－红利收入）］，课征营业税；第二类，对非金融机构与个人交易者的非货物期货交易活动不征营业税；第三类，货物期货交易不征营业税而课征增值税。

现行税法规定存在以下问题：第一，税基的非科学性。现行的计税营业额大致等于交易者的损益额，这就形成了营业税和所得税对同一税基计征的状况，既不符合营业税应对流转额课税的特点，又造成了重复课税；若仅以交易者的卖出价作为营业额课税，虽体现了营业税作为流转税的特点，但由于期货交易额是一种虚拟金额，并非真实实现的营业收入，因而对其课征营业税缺乏依据。第二，税负的不公平性。只对金融机构的非货物期货交易课征营业税，而对非金融机构和个人买卖期货则不征收流转税，这种做法也有悖于税收公平原则。

因此，我们认为，在金融衍生品交易环节不适合课征营业税，应该对现行税制进行调整。

（2）关于课征增值税的探讨。国内有的学者建议在金融衍生品交易环节开征增值税，以避免重复课税，实现交易各个环节上税负基本一致。其具体征税设想是：对交易者（包括银行、企业、投资者等）进行的金融衍生工具交易，以及交易所自营金融衍生工具的交易（与中介服务分开核算），征收增值税。比如，可对到期进行实际交割的远期协议、金融期货、金融期权等，按交易金额依率计征增值税。卖方属一般纳税人的，可以抵扣现货资产的进项税额、卖方为非一般纳税人企业或个人的，可按简易办法依征收率计算应纳税额，不得抵扣进项税额。金融期权交易中卖方事先收取的期权费，按全额计算增值税，不得减除任何费用。金融期货的对冲虽不发生增值，但应比照以货易货行为分两次购销计算增值税销项和进项税额。考虑现行增值税率档次少、税负高，应对金融衍生工具税率作适当调整。[①]

我们反对在金融衍生品交易环节课征增值税，这是由于：

第一，金融衍生品交易额的虚拟性，决定了对其课征增值税是不恰当的。以期货为例，期货交易是一种保证金交易，即交易双方每达成一笔交易，只需按成交合约价值的5%～10%向交易所缴存履约保证金，无须交付成交合约总值的货款或备足成交合约数量的实货。交易双方大都在合约到期之前，进行对冲平仓履

---

① 中国金融税制改革研究小组：《中国金融税制改革研究》，中国税务出版社2004年版，第254页。

约，只有2%～3%的持仓部位交易者通过实物交割来履约。因而，可以认为，期货交易中发生的交易额是一种虚拟额，若将其等同于现货交易中的真实交易额而作为课税对象课征流转税，显然是不恰当的，而只有把期货交易行为作为课税对象，课征行为税，才符合期货交易的特点。

第二，金融衍生品交易结果的零和性特点，决定了对其课征增值税不切实际。零和性是指金融衍生品交易双方的总收益为零（不考虑手续费），多头部位的盈余（亏损）总是与空头部位的亏损（盈余）相对应，整个市场的资金总量是不变的，盈亏数额的划转只是存量的调整。在这种情况下，若对金融衍生品交易课征增值税，就整个市场而言，盈利者销项税额大于进项税额的总和恒等于亏损者销项税额小于进项税额的总和，从短期看，只有盈利者才缴纳增值税，但从长期来看，亏损者未抵扣的进项税额可以留待其盈利时予以抵扣，因而，就整个金融衍生品市场而言，增值税形同虚设，几乎未征缴税收。[1]

第三，我们认为，我国现行税制结构的多元性，决定了对金融衍生品交易额课征增值税是难以操作的。以股票期权为例，看涨期权的增值税计算公式以下：

$$卖方应缴增值税 = （期权费 \times 税率）+ [（期权执行价 + \times 税率）$$
$$- （股票售价 \times 税率）]$$

$$买方应缴增值税 = （股票售价 \times 税率）- （期权执行价 + \times 税率） \qquad （13-2）$$

在式（13-2）中，卖方的进项税与买方的销项税均与股票的税款[（股票售价×税率）]有关。换言之，对金融衍生品交易额课征增值税的必要条件是金融基础工具市场与金融衍生工具市场均实行统一的增值税制。然而，众所周知我国对股票交易课征证券印花税，故无法形成增值税的进项税，这势必导致增值税链条的断裂，因此我国现行税制结构的多元性，决定了对金融衍生品交易额课征增值税不具有可行性。

因此，在我国金融衍生品交易环节，不适合开征增值税。

（3）关于课征交易税的探讨。对于能否在金融衍生品交易环节开征交易税也有争议。反对者认为，对金融衍生品课征证券交易税将会增加提供期货合同的成本（卖方必须按此制定价格），因而该税有可能影响金融衍生品市场的发展。[2]

我们认为，资本利得税是一个相对公平和有效率的税种，但在我国对个人资本利得免税的条件下，我们只能选择征收其他税作为替代。由以上分析可见，金融衍生品交易者的不确定性和金融衍生品交易额的虚拟性，决定了在金融衍生品交易环节最适合课征的税种是行为税——交易税，而不是流转税。

（二）金融衍生品收益环节的课税问题

就金融衍生品交易所得课税而言，国内外争论的焦点集中在两个问题上，一

---

① 李佩锋：《我国期货市场课税制度研究》，西南财经大学，硕士论文，1998年，第31～32页。
② 中国金融税制改革研究小组：《中国金融税制改革研究》，中国税务出版社2004年版，第464页。

是是否区别交易性质进行征税，二是采用何种原则确定税基。

1. 关于是否区别交易性质课税的探讨

（1）区别课税法与不区别课税法的比较。金融衍生品（期货）交易按交易动机不同分为套期保值和投机两类，套期保值的目的是为了分散或规避标的资产承担或面临的价格波动风险，它构成了纳税人正常生产经营活动的有机组成部分，因而，其损益应与生产经营者从事生产，销售及其他劳务活动的损益一样，享受一般所得的税收待遇；投机交易则以承担风险为目的，旨在通过买空或卖空赚取价差收益，其损益属于资本损失或收益，因而应适用资本利得税收待遇，这就是理论上的区别课税法。以期货交易为例，区别课税法与不区别课税法的差异主要表现在以下方面：

适用税率不同。不区别课税法下，一般所得与资本利得适用同一税率；在区别课税法下，二者适用不同税率，因为，从理论上讲，一般所得是价值增值，而资本利得是货币增值，并不代表其实际拥有财富的等量增长，因而负税能力较价值增值弱，应该负担较一般所得更轻的税负。

对资本损失的处理办法不同。在不区别课税法下，资本损益与一般损益合并计征所得税，所以，资本损失既可以冲抵资本收益，也可以冲抵一般所得；在区别课税法下，资本损失一般只能在资本收益的范围内予以抵补，当年抵补不足的部分，可以通过资本损失递延，用以后纳税年度的资本收益抵补，也有一些国家的税法规定，资本净损失可冲抵一般所得，但一般都有一定的限额规定，如美国个人所得税法规定每个纳税年度的冲抵额不得超过3 000美元。

税基确定原则和方法不同。不区别课税法下，一般所得和资本利得适用相同的税基确定原则；区别课税法下，对套期保值采用递延结算原则，不受逐日盯市制度的制约，而投机交易则适用推定所得原则或损益实现原则，在推定所得原则下，交易将受逐日盯市的严格限制。

（2）我国征税方法的选择。对于我国期货所得的征税，是否应区别交易性质课税，国内有截然不同的两种观点，根据我国的实际状况，我们赞同实施不区别课税法。

实行区别课税法。这种观点认为，我国期货市场上套期保值严重不足，而投机过度，削弱了期货市场的分散风险功能，因而应在税收政策上对两种交易区别对待，鼓励套期保值，而限制投机。

实行不区别课税法。这种观点的主要论据如下：

第一，以交易者的主观动机为标准来划分所得性质的做法在理论上值得商榷。套期保值者和投机者虽然在交易目的上有所不同，但其交易的本质都是通过预支资本（保证金）来获取未来收益，因而都属于资本资产交易的范畴，其交易所得理应归为资本所得。如若要在理论上为区别课税寻找依据，那也是因为套期保值与相关商品的现货交易紧密相连，降低了其价格风险，而投机交易者却要承担较高的风险，因而应在课税待遇上有所区别。

第二，区别课税法在实践方面面临操作难点。

难点之一：区分两种不同性质的交易。这是区别课税的前提，但由于对期货交易按交易动机和目的进行区分只是一种观念上的方法，二者的界限并不明显，要将其体现为具体的条件面临很多困难，各国都还未寻找到一条行之有效的解决途径，这也是许多国家放弃区别课税方式的原因。就我国的现状而言，期货市场发展尚处于起步阶段，许多方面都亟待完善，其中一些问题直接制约区别课税方式在我国的应用，如国外一般要求对两类交易分别设立套期保值账户和投机账户，这为税收征管提供了极大的方便，而我国并没有这方面的明确要求；又如美国要求投机交易的税务会计处理适用逐日盯市制度，以协助税务机关验明投机者的整个交易流程，我国的税务会计制度还存在很大缺陷，对期货交易的税务会计处理更是难以顾及。诸如此类的问题得对两类交易的认定缺乏条件，加之税收征管水平不高，税务人员素质欠佳，若盲目采用区别课税方式，无疑会产生许多税收纠纷，扰乱期货市场的正常运作。

难点之二：区分长期资本利得和短期资本利得。除了区分一般所得和资本利得，国外还对资本利得区别长短期进行课税，短期资本利得往往与一般所得一视同仁，只有长期资本利得才能享受优惠待遇，而长短期的划分一般是以时间为标准的，如美国将持有时间在一年以上的资产所获得的利得界定为长期资本利得。具体到期货交易所得上，这种判定标准显然是难以适用的，因为期货合约的持有期一般很短，最长也不过九个月，很难称其为长期资本，即便勉强加以划分，如规定持有期在六个月以上的期货合约利得为长期资本利得，也难以准确体现期货交易的性质，因为投机者可能因未寻找到获利机会而较长时间的持有合约，套期保值者也可能因能合理预期未来走势而提早平仓，这一障碍也使得区别课税法难以彻底实施。

第三，投机者与套期保值者是相辅相成，缺一不可的。投机者是套期保值者所希望转移的价格风险的承担者，他提供套期保值者所需的风险资金，增加交易量和市场的流动性，促进避险目的的实现，套期保值者的存在则是体现期货市场功能的客观基础，那种认为投机交易即应是限制对象的观点是片面的。

第四，规范市场是治本之道。我们应认识到期货市场过度投机的责任并不在投机者或投机活动本身，我国的过度投机现象主要是由于期货市场运行不规范、现货市场发育不完善和经济利益主体风险意识不强等原因造成的，期货市场与现货市场严重脱离，现货市场信息闭塞等都降低了期货市场对套期保值者的吸引力，从而引发过度投机。在这种情况下，一味从税收上来抑制投机行为，显然是治标不治本的，它可能减少市场中的投机者数量，但并不能吸引更多套期保值者的参与，最终的结果将是降低期货市场的资本流动性，减少交易量，阻碍我国期货市场的进一步发展。[①]

---

① 李佩锋：《我国期货市场课税制度研究》，西南财经大学，硕士论文，1998 年，第 35～37 页。

2. 关于采用何种原则确定交易所得税基的探讨

如本章第一节所述，国际间已探讨与实施确定金融衍生品所得税税基的原则与方法，主要有合并课税法与分离课税法、收付实现课税法与市价课税法、追溯课税法与公式征税法以及税务与财会处理合一法等方法，这些方法都有其优点和局限性，因此，我国应该针对不同的金融衍生工具、不同的交易的性质以及不同的征管条件选择或组合最佳的征税方法。

第四节　中国金融衍生工具市场税制的创新构造

一、建立金融衍生工具市场税收制度的原则

创新金融交易是现代商业重要的风险管理工具，因而，税收政策必须尽力降低甚至消除对金融工具有效使用的障碍。要实现这一目标，应该坚持以下税收原则。

（一）公平原则

金融产品的公平税制，一方面要求金融产品交易与非金融产品交易之间的税负平衡。金融衍生工具的税收负担不应高过实体经济的税收负担。为降低某一商业交易的风险进行的金融衍生工具交易的税收负担，应该与这一商业交易本身的税收负担相一致。因此，应当采取合理的方式确认金融衍生工具与一般交易的收益和损失。另一方面要求各类金融工具之间保持税负平衡。首先，税制能够选择合适的当事方作为特定收入的所有者，也能保证税收的衡量和时机选择能够尽可能真实地反映每一笔交易的潜在经济结果。其次，对税收规则也要加以公平应用，从而限制各种通过套购和其他策略实现的避税行为。

（二）效率原则

金融产品的税收效率原则具有以下基本要求：

第一，它要求具有相同经济实质的交易享有同等税收待遇。如果税法是建立在金融交易的法律形式而不是经济实质的基础上，很显然是非中性的。由于金融交易可以非常容易地利用各种方法变形而不改变其非纳税经济效应，因此，不对称和不匹配的税收政策可能会导致对国家收入的重大威胁和金融决策方法的无效率。因此，在这一领域实行中性的税收法律既能够促进金融市场的效率，也能够保护税基。

第二，它要求避免惩罚真实对冲交易。对冲是管理商业风险不可或缺的工具，对真实对冲工具的收益在基本对冲资产结清之前应不予以列账，以避免惩罚真实对冲交易。

第三，它要求税制具有确定性。进行金融交易的时候，纳税人希望提前知道税收政策对其影响的结果。如果由于税收处理的不确定性阻碍了交易的进行和金

融产品的发展，经济的有效性就会受到损害。如果纳税者能够最大程度地利用规定的不同解释、选择不匹配的时间、或者利用经济实质上类似而法律形式上严格不同交易的不同税收待遇，不确定性还能促进避税和税收延期。而且，税法应用的不确定性还会导致纳税人和税务机关发生争论，降低征管效率，因此，金融产品的税法必须具有确定性。

第四，它要求税制具有适应性。面对飞速发展的金融产品，税法必须既有广泛性又有灵活性，才能解决新交易和现有交易的形式变化带来的税收问题。税收规定能够反映交易的总体经济结构，也要对新的交易当事方征收合理的税收。理想的形式是一系列广泛的、可有效且灵活变化的规定，以反映金融市场行为和促进金融创新。

依据金融产品的公平与效率原则，我国金融衍生工具税制功能的定位应首先强调税收的调节职能，引导和规范金融衍生工具市场健康发展，其次才是增加财政收入。具体讲，就是做到税负从轻、管理从严、调节适度。这是由新兴金融衍生工具市场中财政收入功能的有限性和宏观调控功能的重要性所决定的。

（三）轻税负原则

金融衍生工具市场的发展，对于扩大对外开放、提高金融市场效率、满足市场规避风险和资产保值需要具有重要意义。目前，中国的金融衍生工具市场正处于起步阶段，亟须国家的扶持和引导。对国家税收的承受能力仍十分脆弱，因此在当前乃至今后较长的一段时期，实行轻税政策是明智的选择。对金融衍生工具税负水平不能定得太高，应与中国目前证券交易税收的总体税负水平基本持平或略低，体现鼓励和扶持原则，避免因采取过重税负政策而扼杀了新兴市场。具体可以在出台各种征税规定时，通过设计过渡性质的低税率或一些减免优惠规定，引导大量的社会闲置资金流向金融衍生工具市场，鼓励风险投资，加速中国金融衍生工具市场由不成熟向成熟、不规范向规范的发展进程，积极培育潜在税源。

（四）与国际惯例接轨的原则

加入 WTO 后，中国金融市场进一步与国际金融体系接轨，要求对不符合规则的行业制度进行清理，金融税制也不例外。这种情况下，迫切需要我们转变税收立法观念，遵行国际通行做法，按照国际惯例健全和规范对金融衍生工具的征税。同时，要针对严重的利用金融衍生工具进行跨国避税的问题，在税法中补充和增加具体的反避税条款，维护国家的税收权益。

（五）便于征收管理的原则

金融衍生工具税制设计应坚持便利原则，一方面要便于纳税人缴税。法律的确定性和概念清晰性、应当获取的信息量和信息类型，纳税申报难易程度等都是影响纳税人守法程度的重要因素，因此努力做好这些方面的制度建设，降低纳税人的守法成本，提高纳税人守法程度。另一方面要便于税务部门征税。这就要求在制定税制应与中国现有的税收征管能力相适应，与税务部门的税源监控能力、征管力量大小以及手段先进程度，以及社会协税护税网络的完备性相配合，尽量减少整个社会的税制运行成本。

二、中国金融衍生工具市场税制的框架构想

由国际比较可见，涉及金融衍生工具的税收主要有签发环节的印花税、交易环节的流转税和收益环节的所得税三类，这些税收或单独或配合运用，从不同侧面影响金融衍生工具市场的运行、社会资本的配置以及政府财政收入。中国金融衍生工具市场税收制度体系建设的目标应该是覆盖金融衍生工具的签发、交易、收益、遗赠四个环节的复合税制体系。即金融衍生工具的签发环节征收印花税，在交易环节征收交易税、营业税及增值税，在收益环节征收所得税，在遗赠环节征收遗赠税。

（一）金融衍生工具签发环节

从我国现状来考虑，签发金融衍生工具的行为大致有三类：第一类是中介交易所提供标准化的金融衍生工具合约的行为。例如，由上市公司发行、证券公司承销、在深沪交易所挂牌交易的企业可转换债券。第二类是金融机构、企业向场外交易提供的非标准化金融衍生工具合约的行为。例如，由非上市公司发行的企业可转换债券。第三类是一些企业为激励员工而向员工提供股票期权的行为。

为了使税法更为规范，建议将现行的"印花税——借款合同"的税目改为"印花税——金融合同"的税目，其适用范围包括所有的金融合同。对于上述各类签发金融衍生工具的行为，都应以签立合约的双方当事人为纳税义务人，按照"印花税——金融合同"的税目，缴纳 0.05% 的印花税。

（二）金融衍生工具交易环节

从我国现状来考虑，在金融衍生工具交易环节，相对于不同的纳税者，可能形成的三种不同的收入，应分别课征不同的税种。

1. 金融商品交易税

如第十二章所述，金融商品交易税是对所有从事金融商品交易的投资者，以其交易额为征税对象，所课征的一种行为税。交易者（包括金融机构、企业、投资者等）进行的金融衍生品交易，以及交易所自营金融衍生品的交易（与中介服务分开核算），都属于该税的征收范围。比如，可对到期进行实际交割的远期协议、金融期货、金融期权等，按交易金额依率计征金融商品交易税。

2. 增值税

在金融商品交易中，主要是对货物期货实物交割环节课征增值税，这一方面使得期货合约对冲平仓和交割平仓都置于税收管理下，另一方面也平衡了期货交易实物交割和现货交易两种相同实质交易形式的税收负担。

3. 营业税

金融机构、交易所以及经纪商提供金融衍生工具交易中介服务，结算单位从

事日常清算和监管实物交割等业务，按服务收费或业务收入全额缴纳营业税。

（三）金融衍生工具收益环节

1. 企业所得税

（1）纳税者。第一，对交易所提供金融中介服务或自营金融衍生工具交易的所得以及结算单位办理各种业务的所得计入损益，征收企业所得税；第二，对法人实体的交易者进行金融衍生工具交易取得的收入，在减除相关费用、成本后，征收企业所得税。

（2）征税对象。改变目前税法对"征税对象"规定的粗糙化与非规范性，依据国际惯例，对"其他所得"做出分类编码界定（见表13-4）。

表 13-4　　　　　　　　　企业所得税征税对象分类表

一级项目	二级项目	三级项目	四级项目
01 生产、经营所得	……		
02 资产投资所得	021 股息		
	022 利息		
	023 特许权使用费		
	024 租金		
	025 其他投资所得		
03 资本利得 （转让财产收益）	031 实物财产 转让收益		
	032 金融资产 转让收益	0321 基础金融资产 转让收益	03211 股票利得 03212 债券利得 03213 其他利得
		0322 衍生金融 资产转让收益	03221 远期合约利得 03222 期货利得 03223 期权利得 03224 其他利得
	033 特许权转让收益		
	034 其他财产转让收益		
04 其他所得			

依据金融衍生品收益的性质，主要涉及投资所得与资本利得两大类所得：第一类，投资所得。金融互换交易的所得一般归属于投资所得。第二类，资本利

得。其他金融衍生品交易收益的性质，有可能涉及基础金融资产转让收益与衍生金融资产转让收益。

（3）税率。为了鼓励金融市场金融衍生工具市场的发展，可在一定时期内，对法人投资者获自金融衍生工具市场的资本利得，按较低税率 20% 课税，以便与证券市场的基础金融工具的税负保持一致。

2. 个人所得税

（1）在条件成熟之际，对个人交易者取得的交易收益（资本利得），在减去有关费用与资本损失后，按财产转让所得计征 10% 的个人所得税（与证券市场同步实施）。

（2）对个人投资者取得的股利收益，近期按 10% 计征个人所得税；远期按税收抵免制计征个人所得税。

3. 预提税

对未在中国境内设立机构、场所而取得来源于中国境内的金融衍生工具交易所得的外国公司、企业，征收预提所得税。

考虑避免重复征税，可不对非居民的外籍个人从金融衍生工具交易中取得的收益征收预提所得税，但是，如果已转化为利息或股息的实际收益部分以及内置贷款，则应照章征收预提所得税。

（四）金融衍生工具遗赠环节

在金融衍生工具遗赠环节课征金融财产税。在今后颁布的遗产税和赠与税的税法中，应将金融衍生工具遗赠纳入调节对象与征税范围，其计税依据为纳税人遗赠金融衍生工具所有权时，按当日市场价格计算的价值。在合理起征点的基础上，允许扣除一定的免征额，对超过免征额的部分，实行 10% ~ 50% 的超额累进税率。

三、中国金融衍生工具税制的分类设计

（一）期货市场税制的设计

期货市场税制作为我国金融衍生工具税收制度中一个相对独立的税收体系，必然在诸多方面体现出自身的特殊性，如税种设置、税率设计、纳税人、纳税环节、税收征管等，以下分别阐述对各税种税制要素的具体设计。①

1. 期货市场的行为与流转税制

（1）金融商品交易税。期货交易税可作为金融商品交易税的一个税目开征。

纳税人。期货交易税的纳税人包括一切从事期货交易行为的单位和个人，不论其为买方还是卖方。

计税依据。我国期货交易税应采取从价计征的方式，其计税依据为期货合约

---

① 李佩锋：《我国期货市场课税制度研究》，西南财经大学，硕士论文，1998 年，第 44 ~ 49 页。

的交易金额，不论该合约为多头还是空头。因此，计税公式为：

$$应纳税额 = 合约交易金额 \times 适用税率$$

税率。无论从鼓励期货市场发展角度出发，还是从期货交易以小博大，短线进出，买空卖空的特性考虑，对期货交易行为课税的税率都不应过高，且应低于证券交易税税率。借鉴国际上对期货交易行为课税的经验，将期货交易税税率确定为 0.1‰ 比较合适，既体现了期货交易的特殊之处，也符合我国国情。

（2）增值税

纳税人。货物期货交割环节增值税的纳税人包括两类：交割时由期货交易所开具发票的，以期货交易所为纳税人；交割时由供货的会员单位直接将发票开给购货的会员单位的，以供货会员单位为纳税人。

计税依据。交易者，因而，在最后交易日结束后所进行的实物交割中，买卖双方的合约价格很难一致，在这种情况下，不论将那方的合约价格作为开具增值税专用发票的含税价格，都是对另一方的不公平课税待遇；若双方各自以合约价为准向期货交易所开具发票，又会造成交易所负担本不该由其负担的税收。合理的做法是，以实物交割时的结算价开具发票，这样对交易所而言，收到卖方开具的发票与开给买方的发票价格一致，不缴纳增值税；对交割双方而言，其合约成交价与结算价的差价视同平仓盈亏划转，在课征所得税时再予以考虑。即：

$$卖方销项税额(买方进项税额) = 不含税结算价 \times 增值税税率 \quad (13-3)$$

$$卖方盈亏 = 卖出合约价 - 结算价 \quad (13-4)$$

$$买方盈亏 = 结算价 - 买入合约价 \quad (13-5)$$

（3）营业税。期货交易中所涉及的营业税纳税人主要包括期货交易所和期货经纪公司两类。

期货交易所的税务处理。期货交易所主要提供交易中介服务，适用营业税中的服务业税目，税率为 5%，应税营业额包括向会员收取的年会费，交易手续费以及其他收入（如咨询收费），期货交易所按规定标准向会员一次性收取的席位占用费、基础保证金以及期货交易过程中收取的交易保证金，均属于交易所的应付款项，可不作为应税收入，但会费利息收入应计入营业额课征营业税。

期货经纪公司的税务处理。期货经纪公司作为金融经纪机构应适用营业税中的金融保险业税目，其税率也为 5%，与期货交易所类同，经纪公司收取的基础保证金和交易保证金都属应付款项，不计入应税营业收入，其营业额主要包括手续费（佣金）、咨询服务收入以及期货交易所转来的基础保证金利息等。

2. 期货市场的所得税制

我国对期货交易所得不单设税种课税，而是并入企业所得税和个人所得税中一并课征。

（1）企业所得税：期货投资者。对期货交易中的法人交易者应就其交易所得课征企业所得税。通过上文的分析，我们已经得出不区别交易性质进行课税的结论，因此无论套期保值，还是投机交易，其交易所得都应作为资本利得予以课税，在企业所得税中设立"期货交易所得"项目，与企业的其他所得分类课征。

计税依据："期货交易所得"项目应纳税所得额为已实现的平仓损益，其中应包括实物交割时按结算价格计算的平仓盈亏。应税所得的确定遵循损益实现原则，即在期货合约对冲或交割平仓时才认列损益。

税率：根据税负从轻原则，按20%进行课税。

资本损失处理办法：期货交易中发生的损失只能用期货交易收益进行抵补，抵补不足的资本净损失，不得冲抵其他所得，但可用以后纳税年度的期货交易所得弥补，弥补期最长不超过5年。

企业所得税：期货中介机构。对期货交易所和期货经纪公司的经营所得征收的企业所得税，适用33%的比例税率。两者应纳税所得额的确定，主要在于正确认定扣除项目。

对于期货交易所，以下项目准予从收入总额中扣除：第一，经营费用。主要指交易所从事经营活动发生的各种开支，可以据实扣除。第二，交易所向政府期货监管部门缴纳的监管费，凡符合国家有关规定的，允许扣除。第三，对于期货交易所按财务规定计提的风险准备金和交易损失准备金，应根据实际发生的损失据实扣除，对于多计提的余额部分，在年终申报缴纳所得税时，应计入当期应纳税所得额，不得以准备金的形式结转以后纳税年度。

对于期货经纪公司，以下项目准予从收入总额中扣除：第一，经营费用。包括向期货交易所缴纳的年会费、支付给期货交易所的手续费以及业务过程中发生的其他各项费用。第二，临时招聘工作人员支付的费用。无论采取佣金方式或是以工资名义支付，都必须按照税法规定的计税工资标准在税前扣除，超出部分应予以纳税调整。第三，风险准备金和交易损失准备金的扣除与对期货交易所的规定相同。以下项目不得从收入总额中扣除：第一，向期货交易所缴纳的会员资格费，应作为长期投资处理，不得作为费用扣除。第二，在基本交易席位之外增加席位而缴纳的席位占用费，应作为其他应收款，不允许税前扣除。第三，客户缴存保证金的利息。此外，对于期货经纪公司收到期货交易所退还原缴纳的会员资格费，如有差额，应作为投资损益，增加或减少当年应纳税所得额。

（2）个人所得税。对期货交易中的个人交易者应就其交易所得课征个人所得税，设立"期货交易所得"项目，与其他所得分类计征。

计税依据：仍为按损益实现原则确定的期货交易的平仓损益。

税率：按10%的税率计征。

（二）期权（权证）税制的设计

随着权证市场的发展，应尽快构建我国的期权（权证）税制。由于印花税、遗赠税可按上述统一的方法计征，因此，我们将着力探讨交易税制与所得税制问题。

1. 期权交易税（目）的设计与实施

目前，我国对股权分置试点的权证交易免征印花税，但是从权证的爆炒情况来看，我们认为有必要对今后的权证交易行为征收金融商品交易税——期权交易税。

（1）关于税制设计的构想。权证交易税制的设计难点是要在适度税负与强化调节功能之间寻求最佳接合点。为了实现这一目标，我们提出实施"权利金浮动征税"方案。该方案包括二层核心内容：

选择以期权合约的市场价格为税基：从理论上讲，期权合约的市场价格等于期权合约的内在价值与市场价值之和。① 但在大多数情况下，受供求关系、市场炒作程度等因素的影响，期权合约的市场价格往往偏离其内在价值。在这样的条件下，交易税的税基就可以有两种选择：或以期权合约的内在价值为税基，或以期权合约的市场价格为税基。

如果我们选择以期权合约的内在价值作为交易税的税基，其优点是符合适度税负原则，因为税收负担随着期权合约的内在价值的变化而变化，在合约初期，合约的内在价值较高时，税负也较高；在合约末期，随着合约内在价值的下降与消失，税负也下降与消失。但其缺点是调节功能弱，由于它与期权合约的市场价格不直接相关，因此，当期权合约的市场价格远远超过期权的内在价值时，它难以抑止投机炒作。

如果我们选择以期权合约市场价格的作为交易税的税基，其优点是调节功能较强，由于它与期权合约的市场价格直接相关，因此，当期权合约的市场价格远远超过期权的内在价值时，它能够起到抑止投机炒作的作用。但其缺点是可能与适度税负原则相悖，因为税收负担不随期权合约内在价值的变化而变化，有可能出现在合约快到期时，虽然合约的内在价值即将为零，但合约的市价还炒得很高，税负也会很高。

对比这两种税基的优劣，我们认为，为了保证我国权证市场有序的健康发展，应该选择交易税的调节功能为重，并可以通过税率设计体现税负的合理性，因此，应该选择以权证合约的市场价格作为权证交易税的税基。

实行浮动税率：以期权（权证）的内在价值为基准，当权证市价在正常范围（假定波动上限为20%）内波动时，按最低税率0.1‰征税；当权证市价超过正常范围（假定波动幅度为20%）时，全额按第二级税率0.2‰征税，以此类推。

下面我们以2005年8月23日上市的宝钢权证为例，对"权利金浮动征税"方案予以说明。

---

① 期权合约的内在价值＝标的资产的市场价格－标的资产的执行价格。

表 13 – 5　　　　　　　　　　宝钢权证上市当日的内在价值与市场价格

项目			
权证的内在价值与时间价值	= 股票除权日市价 – 权证执行价 = 5.19 元 – 4.5 元 = 0.688 元		
市价	开盘价	收盘价	当日涨幅
权证市价	0.688 元（内在价值）	1.23 元	83.58%
股票市价	4.65 元	4.63 元	0.01 元

表 13 – 6　　　　　　　　　　单位权证的税额计算　　　　　　　　　　单位：元

计税方法	税基	市价涨幅（%）	税率（%）	税额
权证内在价值法	0.688 *		0.0001	0.00007
权证市价法	1.23	83.58%	0.0005	0.0006

＊假定时间价值忽略不计，则 0.688 代表权证的内在价值，税率依据表 13 – 7 所确定。

（2）期权交易税目的要素构成。期权（权证）交易税可作为金融商品交易税的一个税目开征，其要素如下：

纳税人。一切从事期权交易行为的单位和个人，不论其为买方还是卖方。

计税依据。计税依据为期权合约的交易金额，不论该合约为多头还是空头。因此，计税公式为：

$$应纳税额 = 合约交易金额 \times 适用税率 \qquad (13 - 6)$$

（3）税率。实行多级比例税率。初始税率为 0.1‰，随着市价涨幅率而逐级提高，最高一级的税率（1‰）与证券交易税率持平。

计算方法如下：

$$市价涨幅率 = 合约交易价格 \div 合约价值 \qquad (13 - 7)$$

表 13 – 7　　　　　　　　　　期权交易税税率表

级次	市价涨幅率	税率‰
1	20% 以内	0.1
2	40% 以内	0.2
3	60% 以内	0.3
4	80% 以内	0.4
5	100% 以内	0.5
6	200% 以内	0.7
7	200% 以上	1

2. 期权所得税制的设计与实施

（1）关于税制设计的构想。期权利得税是指对我国境内从事期权或其他证权交易的单位和个人的交易所得课征的一种税。我国对证权交易所得不单设税种课税，而是并入企业所得税和个人所得税中一并课征。

期权利得税制的设计难点是采用什么原则与方法确定税基。我们认为，我国应该遵循"分期推进原则"确定纳税人的应税所得：近期实行"合并法与收付实现法"的计征方法，远期实行"分离法与市值法"的计征方法。如前所述，虽然分离法与市值法具有较强的反避税功能，更符合税收公平原则与效率原则，但它们需要完善的金融衍生工具市场与较强的征管能力相配套，然而我国目前尚不具备这些条件。因此，在初期，实施征纳成本较低的计征方法；在条件成熟的远期，再实施复杂的计征方法。

近期的选择：合并征税法与收付实现征税法。目前我国的权证交易市场与税收征管均处于起步阶段，因此，应该采用相对简便的计征方法。具体操作方案如下：

权证发行者。目前在深沪市场上，股本权证的发行者主要是实行股权分置改革的上市公司。遵循损益实现原则，当权证发行者（上市公司）收到股票权利金之时，确定为收益实现，归入应税所得。

权证投资者。遵循损益实现原则，在期权被执行、平仓或失效之后才确认损益，据以课税。具体分为三种情况：

（a）权证被执行：

如果执行的是认购权证，买卖双方的应税所得计算公式为：

$$买方损益 = 标的资产市价 - （执行价 + 权利金） \tag{13-7a}$$

$$卖方损益 = （执行价 + 权利金） - 标的资产现价 \tag{13-7b}$$

如果执行的是认沽权证，买卖双方的应税所得计算公式为：

$$买方损益 = 执行价 - （标的资产市价 + 权利金） \tag{13-8a}$$

$$卖方损益 = （标的资产市价 + 权利金） - 执行价 \tag{13-8b}$$

（b）权证被出售或对冲：

$$买方损益 = 卖出合约价格 - 买入合约价格 \tag{13-9a}$$

$$卖方损益 = 收到的权利金 - 支付的权利金 \tag{13-9b}$$

（c）权证被失效：

$$买方损失 = 支付的权利金 \tag{13-10a}$$

$$卖方损益 = 收到的权利金 \tag{13-10b}$$

远期的选择：分离法与市值法。今后，在我国期权市场得到一定的发展与征管能力有所提高的时期，采用分离法与市值法的计征方法。具体操作方案如下：

对有对应的市场价值的期权，按市场价值调整法计税，即在年度终时以市价计算期权交易损益，并据此计税。

$$每年损益＝年末期权价值－支付的期权费 \qquad (13-11)$$

对没有对应的市场价值的期权，按分离法计税。将期权与期权资产独立进行税务处理，发行者在收到期权费就被课税，而在期权被执行、处置或失效之前，不允许持有者对期权费进行扣除。

（2）企业所得税中的权证收益处理。

纳税人。包括获取权证收益的金融机构与企业。①权证发行者。权证的发行人主要有标的证券的发行人（上市公司）或第三方（如大股东或合格的金融机构等）。对权证的发行人应就其发行所得，课征企业所得税。②权证投资者。对期权交易中的法人交易者，应就其交易所得，课征企业所得税。

计税依据。应用合并征税法与收付实现征税法，根据执行、出售、对冲、放弃的不同情况，分别确定。

税率。根据税负从轻原则，按20%进行课税。

（3）个人所得税的税务处理。我们认为，应该遵循"均衡税负与同步推进原则"确定个人获自权证交易的应税所得。具体而言：第一，实行"基础金融商品与衍生金融商品税负均衡原则"。在对个人的证券利得暂免征收个人所得税期间内，也不应对个人的权证利得征税；反之，在恢复对个人证券利得课税之后，也应对一个人权证利得征税，以避免税收不公平与税收扭曲，促进资本市场的健康发展。第二，实行同步推进原则。在对个人权证利得征税的条件下，应该采用与法人权证利得同步的征税方法，以减少征纳成本，提高税务管理效率。

（三）金融互换税制的设计

针对金融互换的特点，其税制主要包括对当事人订立合约课征的印花税、对合约双方互换所产生的营业收入课征的营业税，以及对合约双方互换所产生的营业所得课征的企业所得税。

1. 营业税

将金融互换视为两个独立的营业活动，分别确定应税营业收入及税率，据以课税。例如，将利率互换视为两项独立的贷款业务，按照金融机构贷款的应税营业收入确定规定及税率，课征营业税。

2. 所得税

我们认为应该对定期支付与非定期支付区别对待，采用不同的计征方法，以强化税制的反避税功能。

（1）互换合约定期支付的税务处理。对于金融互换的定期支付，合约双方一经支付，便应确认为损益（收入者为所得、支付者为支出可予扣除），并据以征税。

（2）互换合约非定期支付的税务处理。水平支付法是美国针对互换合约非定期支付而采用的一种分摊收益与支出的方法。该方法将一次性总付视为一系列等值支付的现值，被分期分摊，同时与合约约定的定期支付作为应付款。它是一种相对简便，具有反避税功能的计征方法。[①] 我国也应采用水平支付法，将金融互换的非定期支付在交易工具的期限内进行分摊，从而据以征税。

（四）混合金融衍生品所得税制的设计

1. 近期的选择：收付实现的计征方法

目前，我国金融市场上的混合金融衍生品相对比较简单，主要有可转换债券。具体而言，在转换期内：

（1）当可转债的转股成本＜普通股市价时，投机者可以通过将债权转为股权进行套利，而且我国差异性的税收待遇（对个人债券利息征税，而对个人股票利得免税）更进一步强化了投机者的这种套利与套税行为。

（2）当可转债的转股成本＞普通股市价时，投机者难以通过将股权转为债权进行套利。

鉴于混合金融衍生品交易的现状，我们可依据收付实现原则，按现行税法进行过渡性的课征，即对个人债券利息按20％征税，而对个人股票利得暂免征税。当然，对于这种差异性的税收待遇的扭曲作用，只能通过金融市场税制的深入改革才能消除。

2. 远期的选择：合并征税法与拆分征税法

今后，在我国混合金融衍生品市场得到更大的发展与征管能力有所提高的时期，可采用合并法与拆分法的计征方法。例如，将可转换债券可以被拆分为负债与股权两部分，对负债部分以一般利率为计税基础，据以征税；对股权部分则可归为整合部分征税。

综上所述，通过以上路径构建起合理的中国金融衍生工具市场税制，配合法律制度、会计制度等配套制度的建设，为发展中国金融衍生工具市场奠定良好的基础，促进中国金融衍生工具市场的成长。

---

① 封建强译：《衍生证券与新的金融工具的税收问题》，载于《税收译丛》2000 年第 6 期。

第十四章　金融市场税制体系安排
——资产证券化市场税制构造 ※

资产证券化作为一种新的金融衍生工具，也是一柄"双刃剑"。我国应该在构建完备的监管制度（包括税制）的基础上，有序地发展资产证券化市场。本章将在构造资产证券化税收分析框架的基础上，对资产证券化税制进行国际比较，进而提出中国资产证券化税制的重构方案。

第一节　资产证券化税制的理论分析

一、问题的提出

20世纪70年代资产证券化发源于美国，80年代引入欧洲，90年代金融危机后被亚洲国家迅速推广，目前已成为国际金融市场最为引人注目的金融创新工具。在资产证券化复杂的交易链条中，税收直接决定了各参与主体的投融资成本，因此，税收成为影响资产证券化风险与效率的一个关键因素。

从国际角度来考察，美国、英国、法国、意大利和日本等发达国家资产证券化发展迅猛，其相应税务法规也比较完善。法国、意大利、日本专门对证券化进行立法，在法律中加入了对发起人、SPV、投资者的税收优惠及适用条件，刺激引导资产证券化发展。美国除了其税制本身提供了证券化参与者较多的方法进行税收处理外，更是对免税实体进行了法律创新。英国作为判例法国家，通过判例的高度灵活性达到减少税收负担的目的。

我国的资产证券化实践发端于20世纪90年代中期，现基本处于初级的试点阶段。学界对资产证券化税制研究也处于初步探索阶段。郭颖真（2006）[①] 建议汇总立法、赋予SPV免税载体资格，实行税收优惠。刘燕（2006；2007）[②] 指出应解决好资产转移行为是属于"销售"还是"担保融资"，转让带息债权如何确认转让收入以及计税成本，证券化交易特有的对价方式——次级权益在税法上如何定性等具体问题，并给出自己的标准；建议SPV不承担银行的营业税义务，将其对普通投资人发行的各种权益凭证概括视为债券，相应的收入均作为债务利

[①] 郭颖真：《资产证券化下税收问题的比较研究》，载于《特区经济》2006年第11期。
[②] 刘燕：《我国资产证券化交易中发起人转让资产的所得税问题初探》，载于《涉外税务》2006年第6期。

息收入，明晰 SPV 所得税。尹音频、阮兵（2007）① 在理论上指出了证券化税制优化的原则，即增强公平性、提高效率性、提升协调性。沈彤（2007）② 提出如果证券化交易的内容未显著伴随风险转移，按照我国现行税收政策，交易应属有价证券转让范畴；如果转让了资产的全部风险和资产所有权，而资产对应的具体内容又有所不同，则交易"经济实质"涉及不动产、动产和产权等权益转让，对应营业税多个不同税目。建议对于凡受托机构受托管理的信贷资产信托项目属不良资产、助学贷款项目的，受托机构从其受托管理的信贷资产信托项目中取得的贷款利息收入，在一定期限内，可给予暂免征收营业税的优惠。学界已形成比较一致的观点是：（1）发起人真实销售的拟证券化资产所发生的损失应可在所得税前扣除；（2）若转让资产涉及营业税、印花税应予以减免；（3）SPV 采取国有独资公司或信托形式，享受税收优惠；（4）对投资者的预提税实行减免或者与相关国家签订避免双重征税协定。

　　虽然，我国已颁布了针对信贷资产证券化的税收法规，而且，学界也对资产证券化税制的理论与操作进行了一定的探讨。然而，目前在理论层面，缺乏有深度的资产证券化税收分析框架，在实践层面，有关税法过于粗糙简陋，没有形成系统的税制构建方案。为此，我们力图在理论与实践两方面突破现行研究盲区，实现研究目的。

二、资产证券化的一般分析

（一）资产证券化的内涵与流程

1. 资产证券化的内涵

　　资产证券化起源于 20 世纪 70 年代美国政府支持并积极参与的住房抵押贷款二级市场。1977 年美国投资银行家莱维斯·拉涅利（Lewis S. Ranieri）接受《华尔街日报》记者采访时率先提出"资产证券化"这一术语，但由于证券化的发展阶段以及观察角度的不同，至今对其内涵均未能形成统一的认识。

　　美国证券交易委员会将其定义为一种证券，"这种证券受到来自一组应收款项或其他金融资产构成的资产池所提供的现金流的支持，它可以是固定的或是循环的，并通过特定条款确保在规定时间内转换为现金，同时附加一些必要的权力或其他资产来保证上述担保或按时向持券人分配收益。"③

　　被誉为"证券化之父"的弗兰克·法博齐（Frank J. Fabozzi）认为可将其定义为一个过程，通过这个过程把具有共同特征的贷款、消费者分期付款合同、租赁合同、应收账款或其他不具有流动性的资产包装成可以市场化、具有投资特征的带息证券。

---

① 尹音频、阮兵：《公平与效率：资产证券化的税收政策取向》，载于《财经科学》2007 年第 6 期。
② 沈彤：《进一步完善资产证券化税收政策》，载于《中国发展观察》2007 年第 1 期。
③ John Henderson ed（1997）. Asset Securitization：Current Techniques and Emerging Market Applications，Euromoney Books.

加纳德纳（Gardener）从金融本质上考虑，认为："它是使储蓄与借款者通过金融资产的一部分或全部地匹配的一个过程。在这里，开发的市场信用（通过金融市场）取代了由银行或其他金融机构提供的封闭的市场信用。"[1]

约翰·德亚森（John Deason）结合流程与本质将其定义为："证券化是将产生于资产或发起人（产生应收款的主体）所有的应收款的现金流转化为平稳的偿付流的过程，这样使得发起人可以通过一笔贷款或者债券的发行实现资产担保融资，这些债券本质上对应收款的信用而不是对发起人的整体信用有有限的追索权，并且在融资本质上是自我清偿的。"[2]

我国学者们[3]认为，资产证券化是指将缺乏流动性但能够产生可预见的稳定现金流的资产，通过一定的结构安排，对资产中风险与收益要素进行分离与重组，进而转换成为在金融市场上可以出售和流通的证券的过程。资产证券化过程以基础资产现金流为核心，体现资产重组、风险隔离、信用增级三大机理。

基于上述定义以及资产证券化案例，我们以税法构成要素为切入点，将资产证券化的内涵归纳为以下几个要点：

（1）拟证券化资产的性质。拟证券化的资产是指"缺乏流动性、但预期可产生现金流量的资产或资产集合"。拟证券化资产的类型经历了从住房抵押贷款、其他贷款和应收款、金融资产到可产生稳定现金流的资产的变化，至今甚至被认为"仅受想象力的限制"，它是整个资产证券化过程中参与各方收入的最终来源。同时，根据拟证券化资产是否为抵押资产，可以将证券化分为抵押贷款（包括住房抵押贷款和商业抵押贷款）的证券化（狭义的资产证券化）和非抵押贷款的证券化，与之相对应的是分别产生抵押贷款支持证券（Mortgage-Backed Securities，MBS）和资产担保证券（Asset-Backed Securities，ABS）以及各自的市场。

（2）参与者及其行为。

第一，发起人。拟证券化资产的持有人即发起人，需将拟证券化资产以通过"真实销售"（true sale）的方式出售给特定目的载体 SPV，以实现与发起方的"破产隔离"（risk remoteness）。"真实销售"是针对担保融资而言，目的是使拟证券化的资产可以从发起人的资产负债表中移出，隔离于发起人的信用、破产等财务风险之外，确保 SPV 和投资者的合法权益。

第二，SPV（特殊目的载体）。SPV 取得拟证券化资产后，以该资产未来能够产生的现金流为基础向投资者发行一系列带息证券，并用证券发行收入来支付给予发起人的对价。其中，SPV 必须是在形式（法律和财务）上具有严格独立

①　Paul W. Feeney（1995）. Securitization：Redefining the Bank, St. Martin's Press.

②　John Deason（1998）. Securitization：Principles, Markets and Terms, Asia Law Practice Publishing Ltd.

③　具体可参看宋芳秀、何小峰、沈沛、邓伟利、于凤坤、洪艳蓉、刘燕、沈炳熙、张忠民、刘杉、林发春、陈国根、王玉春等人著作。

性的空壳公司，不从事除接受证券化资产并发行证券以外的其他任何经营性业务，从而自身以及其他证券化资产实现与该资产的"破产隔离"，是资产证券化流程中最重要的参与者。

第三，其他参与者。在证券化操作过程中除发起人、SPV、投资者这三个主要参与主体外，还存在着众多提供特定服务并取得相应收入的机构。这些机构包括信用评级机构、信用增级机构、流动性便利提供机构、担保投资机构、证券交易商、货币与利率风险规避提供机构、资产管理机构等。需要说明的是这种融资形式并不经过商业银行，属于直接融资范畴。

2. 资产证券化流程

一般而言，完整的资产证券化流程可以用图 14 – 1 表示：

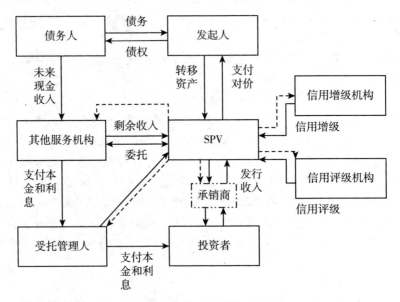

图 14 – 1　资产证券化的一般流程

注：虚线剪头代表 SPV 支付服务费。

（二）资产证券化的作用

通过对资产证券化定义和流程的分析，可以清晰地看出资产证券化创造性地以资产信用取代了银行信用和企业商业信用，将即存的静态债权转化为担保证券发行的流动的信用资产，是一种资产信用的融资方式；其创造性建立了 SPV，在业务流程和参与主体专业分工上结构精巧复杂，是一种结构性融资方式；其使证券化资产和发起人资产的相互隔离，提供了一种可以不增加资产负债表规模的表外融资方式。以上三个特点显示了资产证券化得天独厚的优势，具有促进经济发展的作用。

1. 微观作用

从发起人的角度来考察，资产证券化具有以下作用：（1）开辟新的融资渠道。资产证券化是除传统融资方式以外的另一进入资本市场的渠道，这对那些因自身信用不高、企业规模限制、资负比率过高等因素而无法向银行借款或发行证券但拥有优质债权资产的企业而言尤为重要。（2）分散风险。资产证券化使得发起人可将缺乏流动性的资产在经过一定安排后转化为可以在市场上流通交易的动产，将集中的风险分散到各个投资主体中，并从中及时获取转让收益，改善资产负债比率且不增加负债不影响其经营管理权。（3）获取收益。发起人由于对拟证券化资产的熟悉以及保护商业秘密等的需要往往又可担任资产管理人，从而获取服务费收益。

再从投资者的角度来考察：（1）满足多样投资需求。资产证券化通过对资产的收益和风险的重新配置而设计出多样化的证券种类，满足了投资者不同的投资需求。（2）获取多样的投资工具。相对于企业经营实体而言，资产的未来收益情况更易判定，同时辅之以信用增级、评级等手段，使投资者能获得更高质量、更低风险、较高流动性并可实时监控的投资工具。

2. 宏观作用

从宏观经济层面考察，资产证券化架起了信贷等拟证券化资产市场与证券市场间的资金流动通道，证券市场的资金由此可以进入到资产流动性较低的市场，促进了经济资源的优化配置，深化了金融市场的专业分工，提高了金融体系的运作效率。尤其对于一国的商业银行体系而言，解决了银行资产负债期限不匹配、信贷风险过于集中以及资本充足率难题。

三、资产证券化：税收分析框架

（一）资产证券化税负结构的理论解析

在资产证券化的复杂链条中，税收直接决定了各参与主体的投融资成本，因此，税收成为影响资产证券化公平与效率的关键因素。下面将通过所构造的资产证券化税负结构框架，分析"税收政策—交易主体行为—资产证券化"的相互影响过程。

表 14－1　　　　　　　　　　　资产证券化税负结构

税制	发起人	特殊目的载体（SPV）	投资者
印花税	T_{A1}	T_{B1}	
流转税	T_{A2}	T_{B2}	T_{C2}（证券交易税）
所得税	T_{A3}	T_{B31}—对资产所得的课税 T_{B32}—对服务所得的课税	T_{C3}（对投资所得与资本利得的课税）
预提税		T_{B4}	T_{C4}

1. 发起人运行构架与税收负担

资产证券化运行的第一个环节是发起人把特定资产转移给特殊目的载体（SPV），以便 SPV 以该资产为基础发行债券进行融资。在这一环节，不同的运行构架将承担不同的税收负担，进而影响资产证券化中的风险程度。

（1）担保融资构架与税收负担。在这种构架下，基础资产的所有权未真实转移，发起人保留实质性风险，故一般被认定为提供担保物的"担保融资"行为，无须缴纳流转税与所得税，仅须缴纳印花税。因此，担保融资构架的税收负担很轻（$T_A = T_{A1}$）；但是却难以实现彻底的风险隔离，风险程度非常高。

（2）真实销售构架与税收负担。在这种构架下，基础资产的所有权真实转移，受让人承担风险，故一般被认定为"真实销售"行为，须缴纳印花税、流转税以及所得税。因此，真实销售构架的税收负担很重（$T_A = T_{A1} + T_{A2} + T_{A3}$）；但是可以实现彻底的风险隔离，风险程度非常低。

2. 特殊目的载体（SPV）的运行构架与税收负担

资产证券化运行的第二个环节是 SPV 通过信用增级，以基础资产为支撑，发行证券进行融资。在这一环节，SPV 不同的运行构架将影响其税收负担。

（1）SPV 的设立形式与税收负担。从国外的实践来考察，不同形式的 SPV 享受不同的所得税待遇。第一，特殊目的信托（SPT）。一般未将 SPT 视为独立的纳税实体，SPT 不对信托资产收益负有纳税义务，只有受益人才对信托资产收益负有纳税义务，因此其税收负担较轻（$T_B = T_{B1} + T_{B2} + T_{B32}$）。第二，特殊目的公司（SPC）。一般将 SPC 视为独立的纳税实体，它要对信托资产收益承担纳税义务，因此其税收负担较重（$T_B = T_{B1} + T_{B2} + T_{B31} + T_{B32}$）。第三，政府机构和政策公司。这种 SPV 的形式主要出现在资产证券化的初期，如美国的联邦国民抵押协会、中国香港的按揭证券公司等都是具有政府背景的政策公司，享受极其优惠的税收待遇。

（2）SPV 所发行的证券类型与税收负担。资产证券化主要有转递结构和转付结构两种基本结构。通常转递结构主要以受益权证的形式出现，这种受益权证代表持有人对证券化资产具有不可分割的所有者权益，归属于股权类证券；而转付证券主要以债券的形式出现，这种债券代表持有人对证券化资产的一项债权，而归属于债权类证券。如果 SPV 发行股权类证券，则所支付的股利不能从应税收入中扣除，故所得税税负较重（$T_{B32} \uparrow$）；如果 SPV 发行债权类证券，则所支付的利息可以从应税收入中扣除，故所得税税负较轻（$T_{B32} \downarrow$）。

（3）SPV 的设置地与税收负担。当发起人以折价方式将信用贷款债权转让给非居民 SPV 时，折价部分作为 SPV 的收益，SPV 须向发起人的居住国缴纳预提税。SPV 往往采取以下方式规避利息预提税：一是在避税地（如开曼群岛、英属维尔京群岛）设立 SPV，以规避所得税和预提税；二是通过交易安排，使

SPV 不被认定为在发行地或资产所在地开展业务，不受其地域管辖权的约束，从而达到避税的目的。

3. 投资者与税收负担

资产证券化运行的第三个环节是投资者购买证券，进行投资，获取投资收益。在这一环节，投资者一般要缴纳证券交易税、所得税（$T_c = T_{c2} + T_{c3}$）。投资者的纳税身份将影响其税收负担。居民投资者的投资所得按居住国的税率缴税；而非居民投资者则需就其投资所得在非居住国缴纳预提税（T_{c4}），在居住国缴纳所得税。

由此可见，"税收政策—交易主体行为—资产证券化"是一个复杂的相互影响过程。具体表现为：

（1）税收政策将决定资产证券化的风险性。分离基础资产风险，实现彻底的风险隔离是保证资产证券化安全性的核心因素。从追求金融效率（实现彻底的风险隔离）的目标出发，发起人的最佳选择是真实销售构架；而从降低融资成本（减少税收成本）的目标出发，发起人的最佳选择则是担保融资构架。为此，在发起人课税制度的安排上，应尽量降低税收的扭曲作用，减少税收超额负担。

（2）税收负担将影响资产证券化的规模性。由于税收将直接影响各参与主体的投融资成本，因此，税收负担将决定资产证券化的规模大小。从国外的实践来考察，一般在资产证券化的初期都实行税收优惠政策，以推进资产证券化的发展。

（3）税收制度与资产证券化结构的相互影响。从美国的实践来考察，特殊目的信托（免除重复征税的特殊目的载体）的发展历程就是征纳双方博弈的结果。因此，对于纳税人的避税行为应区别对待：对造成了非公平与非效率效应的税制，就应该调整税制；对具有公平与效率效应的税制，就应该强化税务管理，惩罚避逃税行为。

（二）资产证券化税负构成的比较分析

我们将从两个层面考察资产证券化税负的构成，一是对新增税负考查，即在不考虑证券化与传统融资方式相同税负的情况下，由于其新增操作环节在各国可能而带来的新增税收负担（如图 14 - 2 所示）。二是对传统融资模式与资产证券化融资模式的税负总量进行对比（如表 14 - 2 所示）。①

1. 资产证券化与传统融资模式新增税负的比较

图 14 - 2 以资产证券化流程图为基础，用三种标注符号标示了在省略与传统融资模式相同的税负后，证券化过程中还需承担的新增税负。图中，代表财物流转的箭头上标示的税负双方均需缴纳，而代表证券化参与者的名称

---

① 注：图 14 - 2 和表 14 - 2 均省略了以城市建设维护税以及教育附加费为代表的附加税费所带来的影响，现实中因同时征收上述附加税费，两者差异被放大。

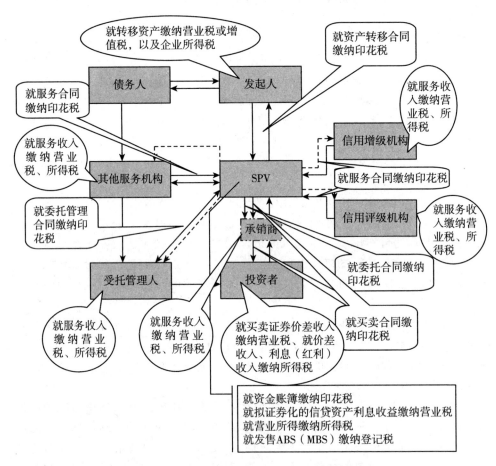

图 14 - 2　资产证券化模式下可能新增的税收负担

之上标示的税负则由该参与者缴纳。为了反映在各国证券化构架导致其新增税负的一般性，图 14 - 2 中并未列出具体征税依据。借助于图 14 - 2，我们可以直观地看出证券化交易行为主体为嵌入 SPV 的创新融资方式而所多付出的税收代价。

2. 资产证券化与传统融资模式税负总量的比较

以我国现行税法的具体课征规则为例，通过假设财政部、国税总局在不考虑资产证券化融资特点的情况下采用一般业务的处理方式对其进行征税，所造成的总体税负与传统融资方式条件下总税负的差异如表 14 - 2 所示。

表 14 - 2　　　　我国现行税法下传统融资方式与资产证券化融资方式的税收比较

		印花税	营业税	增值税	所得税
传统融资方式	债权融资　借款人（银行等金融机构）	就贷款本金缴纳 0.05‰的印花税	就利息收入缴纳 5%的营业税	—	按正常程序计算缴纳所得税，损失可税前抵扣
	贷款人（企业）	就借款本金缴纳 0.05‰的印花税	—	—	按正常程序计算缴纳所得税，借款利息可税前抵扣
	股权融资　股东	缴纳 1‰的证券交易印花税	—	—	机构投资者买卖股票的价差收入、红利收入按规定缴纳所得税；个人投资者就红利收入缴纳个税
	被投资单位（企业）	缴纳 1‰的证券印花税；就新增资本金和资本公积缴纳印花税	—	—	按正常程序计算缴纳所得税，股利（利润）支出可税前抵扣
资产证券化	发起人	就买卖合同缴纳 0.3‰的印花税，或按产权转移书据缴纳 0.5‰的印花税	就转移营业税应税资产缴纳 5%的营业税	就转移应税资产缴纳增值税	按何种程序计算缴纳所得税未定，损失能否税前扣除未定

续表

		印花税	营业税	增值税	所得税
资产证券化	SPV	就资金账簿缴纳 0.5‰印花税；就买卖合同缴纳 3‰ 的印花税，或按产权转移书据缴纳 0.5‰的印花税；就委托管理、服务协议缴纳 0.3‰的印花税；就发售证券缴纳 3‰印税	就信贷资产利息收益缴纳 5% 的营业税	—	就营业所得缴纳所得税
	其他管理服务机构	就委托管理、服务协议缴纳 0.3‰的印花税	就服务收入缴纳 5% 的营业税	—	按正常程序缴纳所得税
	投资者	就买卖证券合同缴纳 1‰ 的证券印花税	金融机构投资者就买卖证券价差收入缴纳营业税		机构就价差收入、利息（红利）收入缴纳所得税；个人投资者就利息（红利）收入缴纳个税

注：本表中，传统融资方式下的税负依照我国现行税法计算，而资产证券化方式下的税负则按未出台财税［2006］5 号文件前的一般税法推断征税。

由表 14－2 所提供的证券化与传统融资税负的差异比较，我们可以得到以下结论：（1）证券化在发起人转让资产、SPV 发售资产支持证券、其他参与者辅助服务各环节均需纳税，其课税环节多于传统融资模式；（2）证券化涉及增值税、营业税、印花税、所得税，其涉及税种多于传统融资模式；（3）证券化课税依据、课征比例一般大于传统融资模式。

四、资产证券化：税制结构分析

相对于传统融资模式，资产证券化模式增加了税收成本，而未增加收益。证券化并没有改变收益的来源和大小，发起人、SPV、投资者、各参与证券化的专业机构，其收入均是由拟证券化资产产生的收入及现金流来实现的。在资产证券化之前，全部的收入是由借款人（即发起人）独得；而资产证券化之后，则由上述主体分享。收益的摊薄，加上累征的税负，最终带来的只能是投资者最终收益水平的降低，甚至可能使得整个证券化交易失去商业意义。因此，有必要对其各环节、各参与主体所涉及的税收问题进行分部考察，系统考虑，从而保证其享受公平的税收环境。

（一）关于拟证券化资产转让的涉税问题

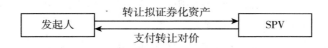

图 14–3　发起人与 SPV 之间的交易流程

1. 发起人转让拟证券化资产交易性质的税法认定

证券化要求资产的转让应通过"真实销售"来保证其独立性，而"真实销售"一般是针对法律意义上而言的，它可能与在会计准则、税法上的认定标准不尽相同。① 在税法上，若此项交易被认为是"真实销售"，那么发起人应在当期就转让行为缴纳流转税（营业税、增值税）、所得税（或资本利得税），就转让合同缴纳印花税；SPV 当期仅就转让合同缴纳印花税。若此项交易被认定为"担保融资"，则发起人只要就借款合同缴纳印花税；SPV 还需在印花税之外缴纳营业税。

2. 发起人将拟证券化资产"真实销售"给 SPV 时的印花税处理

显然，发起人、SPV 均应就拟证券化资产的转让缴纳印花税，但依据何种税目缴纳？即是判定其转让合同为产权转让书据还是买卖合同，或是分拆，需要明确。

3. 发起人将拟证券化资产"真实销售"给 SPV 时的流转税处理

拟证券化的资产可能是银行贷款，可能是企业应收款，也可能是产生稳定收入的房地产等其他实物资产以及无形资产，还可能是上述所有资产的组合，那么转让时应缴纳营业税还是增值税；如果分拆，则应如何分拆又是个难题。

---

① 通常法律意义上的"真实销售"，是指发生在两个主体之间的资产转移行为，资产的财产权利发生了真正的转移，并且这个销售行为将不会因为任何理由而导致无效或者被撤销。而会计上却比法律严格，通常情况下会计是基于谨慎性原则来认定。税法一般更倾向于法律定义，但有时稍有不同，需明确。例如"售后租回"。

4. 发起人将拟证券化资产"真实销售"给 SPV 时的所得税处理

（1）发起人转让拟证券化资产的账面价值（即成本）的确定。一方面，拟证券化资产为带息债权时，该项金融资产的本金和利息收入是否需要分解纳税，对已产生但尚未收取的利息是否计入资产成本？另一方面，通过"超额抵押"、保留"次级权益"等方式实施的证券化内部信用增级，是作为成本的扣减还是算作收益的增加？这些都值得考虑。

（2）资产转让损益的处理问题。毋庸置疑，当资产的转让价格高于账面价值时，发起人的收入应并入应纳税所得额缴纳所得税（或单独计征的资本利得税），但相反情况下的差额能否可作为损失税前扣除却并非那么明确。税务机构可能会将拟证券化资产发生的损失视为由企业非正常经营活动造成，由此不予抵扣，从而加重了证券化的成本负担。

（3）预提税的处理问题。若 SPV 为发起人所在国非居民时，是否会被要求就折价转让资产的折扣部分缴纳预提税？[1] 我国目前没有预提税的专门规定，仅就其在所得税上的规定判定不详。

（二）关于资产支持证券发行的涉税问题

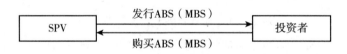

图 14 -4　SPV 与投资者之间的交易流程

1. SPV 所发售的证券性质的认定

根据资产证券（ABS 或 MBS）[2] 所代表的权益性质以及偿付方式的不同，可以将其分为转递证券和转付证券两种基本结构，包括由其衍生的剥离证券和现金流证券。转递证券代表投资者对被证券化资产具有不可分割的所有权，即为股权类证券。转付证券代表投资者对被证券化资产的一项债权，即为债权类证券。这二者的认定虽然没有改变 SPV 获取对价的大小[3]，但是对于 SPV 而言，若证券作为转递证券则会被视为股权融资，不涉及所得税问题；若被视为转付证券则意味着 SPV 需就其买卖价差缴纳所得税。

2. SPV 发售 ABS（MBS）时应缴纳登记税和印花税

同时，投资者购买 ABS（MBS）时应缴纳印花税。

---

① 宋芳秀、何小锋：《我国开展资产证券化的税收问题分析》，载于《税务与经济》2002 年第 5 期；《对资产证券化税收制度安排的博弈论分析》，载于《经济科学》2001 年第 6 期；李晓刚、杨贵芳、方刚：《对我国资产证券化若干问题的思索》，载于《北京工业大学学报》2003 年第 9 期等认为其可能缴纳预提税。

② ABS 为资产担保证券；MBS 为抵押货款支持证券。

③ 此时假定资产证券化行为已经发生。

3. SPV 发售 ABS（MBS）时的所得税处理

若是发售转递证券则无须缴纳所得税；若是发售转付证券，则将就其发售收入与支付的利息支持、服务费支出的差缴纳所得税。

（三）关于资产支持证券收益偿付的涉税问题①

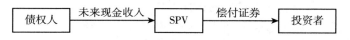

图 14 – 5　债权人、SPV 以及投资者之间证券收益偿付的流程

1. SPV 收取信贷资产证券化所带来的利息收入时的营业税处理

SPV 是否属于金融机构？SPV 是否应就利息收入缴纳营业税？需要明确。

2. SPV 偿付证券时的所得税处理

这与前期 SPV 的身份认定以及 ABS（MBS）的类型有关。若为转递证券，则利息支出可以从税前扣除；若为转付证券，则相应的利息实际上是作为红利（利润）看待，只能在税后列支。此外，SPV 可能就收到的利息收入或其他应收款收入与支付的利息、红利（利润）间的差额缴纳所得税。

3. 投资者收到利息、红利（利润）时应缴纳所得税

投资者为非本国居民的，由此还会产生预提税。

需要说明的是，若该证券化的发起人采用了购买从属证券的形式实现内部信用增级，那么也应包括在投资者这一范畴内。

（四）关于资产证券化其他环节的涉税问题

图 14 – 6　SPV 与其他相关机构之间的服务流程

1. SPV 为资产证券化专门设置的资金账簿应缴纳印花税

2. SPV 与各专业中介机构签订服务协议双方均应缴纳印花税

3. SPV 支付给各专业中介机构的服务费支出可以从税前扣除，相应的，各专业机构应就服务费收入缴纳营业税、所得税

---

①　按图 12 – 1 所示，此操作流程本应是"债务人→其他服务机构→受托管理人→投资者"，然其他服务机构、受托管理人均是与 SPV 签订委托管理服务协议而为的，因此，从权益归属来看用"债务人→SPV→投资者"更能说明本文题旨。

需要说明的是，若该证券化的发起人承担了资产服务机构的角色，那么也应包括在专业机构这一范畴内。

综上所述，诸多税收问题的处理选择对于交易主体的行为，对于资产证券化的发展都有着复杂而重要的影响。一方面，资产证券化本身增加的税收负担可能迫使交易主体放弃通过"真实销售"、"风险隔离"实现资产融资所带来社会、企业所需的非税收益，选取传统的担保融资等方式，从而扭曲交易主体的行为，缩减证券化规模，损失社会效率；另一方面，资产证券化不能获得因势利导，就可能阻碍经济伤及税本，同时鼓励交易主体甘冒税务风险采用各种避税手段降低税负，破坏税款征收规则。国际上，证券化的发展历程往往也伴随着征纳双方税收博弈的历史，如今各国资产证券化税制的现状即是双方力争的结果。因而借鉴发达国家资产证券化税制的经验与教训，消除我国证券化税收障碍十分必要和可行。

第二节 资产证券化税制的国际比较

综观全球，美英实施证券化时间长，规模最大，种类也最为齐全，是可资借鉴的最佳模板，但其英美法系的特点又使得其相关的税收处理散见于各灵活的判例、解释文件中，不易直接移植；而大陆法系的法国、意大利、日本等国，证券化虽发展较晚，但势头强劲，成效显著，且其税法调整多以成文法形式确立，便于学习。因此，我们将着重以上述几个国家为例，就其税务处理进行分析比较，以启迪我国资产证券化税制建设。

🌿 一、发起人面临的税收问题

发起人是拟资产证券化资产的供给者。从供给的角度来讲，发起人之所以选择实施资产证券化，选择供给拟证券化资产，必定是该项行为收益大于成本的理性分析后的结果。同时，他将着力通过各种安排使其成本（包括税收成本）最低。

（一）对资产转移方式的税法区分

发起人向 SPV 转让拟证券化资产是整个证券化环节的始端，根据资产证券化的要求这一环节应通过"真实销售"实现发起人和拟证券化资产的风险隔离，即初步风险隔离。"真实销售"概括来讲是指发起人将与拟证券化的资产相关的风险、报酬或者控制权一并转移给 SPV，使得这些拟证券化的资产与发起人的信用以及其他资产相隔离，从而在发起人出现财务困境业绩不佳时，不被追及或划归为发起人的破产财产，确保其能以资产的信用进行融资。但是由于不同国家的制度环境不同，其证券化发展早期"真实销售"的程度也曾有所区别。例如，美国大多数的资产转移更接近于严格意义上的风险、报酬或控制权的并转，而在欧洲进行的资产转让则多是现在意义上的担保融资。表 14-3 反映了两种融资方式下税收、会计、其他收益的优缺点。①

表 14 - 3　　　　　　**真实销售与担保融资在税收、会计、其他方面的区别**

	真实销售	担保融资
税收处理区别	证券化当期确认应税收入、成本，缴纳所得税（资本利得税）、营业税（增值税）、印花税。	证券化当期收到转移资产收入无须确认应税收入，仅缴纳印花税；后期收到债务人偿付时确认收益，并将利息支出予以税前扣除后缴纳所得税。
会计处理区别	证券化资产移出资产负债表，列入损益表有关项目；证券化收入列入损益表有关项目；交易成本进入当期损益。	证券化资产保留在资产负债表中；证券化收入列入资产负债表中负债栏；交易成本予以资本化。
其他收益区别	增强企业资金流动性；保障资产证券化交易结构的安全性从而可以低成本融资；改善资产负债比率（资本充足率），有利于企业形象和发展。	以企业信用融资成本较高；对拟证券化资产的不利情况承担连带追偿责任；资产负债比率进一步降低，增加企业下次融资难度。

由表 14 - 3 中可以直观对比出，就同一项证券化而言，担保融资方式的税负远轻于真实销售方式，且还可延期纳税。然而，随着证券化相关制度的建立与完善，"真实销售"在非税方面的益处却愈来愈明显，因而国际上绝大多数的证券化资产转移方式还是采用"真实销售"方式。当然鉴于真实销售和担保融资在税收处理上具有重大差别，企业可根据自身的现实需要进行选择，税务机关也要遵循税法的规定进行判断。总之，明确"真实销售"的具体判定标准都是必要的。

巴塞尔银行监管委员会的《新资本协议》中要求紧紧围绕资产证券化的"经济实质"，超越证券化的法律形式和会计处理方式，分别判断银行是否通过证券化交易有效的转移了风险。②

美国坚持以实质主义而非形式主义的标准进行判断，即根据具体交易中双方权利义务分配的实际情况来认定，而不是根据交易声称的法律形式。尤其在附有

---

① 由于欧洲除英国外都是大陆法系国家，转让债权要么不被法律许可，要么履行其相关法律手续不经济（例如民法典有转让应收款应通知债务人的严格要求），这也是欧洲发展证券化晚于英美的重要制度原因。

② 沈彤：《进一步完善资产证券化税收政策》，载于《中国发展观察》2007 年第 1 期。

追索权的情况下，FAS77（《转让人对转让有追索权的应收款的报告义务》）中列明，当满足下列三个条件时，发起人的转让行为可以被视为"真实销售"：（1）转让人必须放弃对应收款任何未来利益的控制权；（2）转让人因转让资产协议中有追索条款而可能承担的负债是能够合理估计的；（3）除非通过转让资产协议中的追索权条款，受让人不能将应收款退还给转让人，否则转让人只能将其视为贷款。总体而言，税务机关在具体进行判断时，借助判例其需要考虑的因素有：（1）应收账款的购买价格是否固定；（2）被转让的应收账款是否能被明确辨认；（3）应收账款的债务人是否收到了转让通知；（4）与所有权相联系的利益和风险由哪方享有和承担；（5）买方是否具备处理应收账款的权力；（6）收取债权的成本和税收负担是否由买方承担等。[①]

意大利 1999 年通过的证券化专门立法（第 130 号法律），设定 SPE[②] 必须达到的一些标准规范，使得 SPE 具备坚实的、可信赖的"法定风险隔离地位"，从而确保"风险隔离"的实现，无须对"真实销售"进行判定。[③]

（二）发起人的涉税处理

1. 资产转让时的印花税等的税务处理

美国对"真实销售"的证券化资产转让征收印花税，但豁免为证券化转让住房抵押贷款过程中的印花税。

英国对资产让与（即一般意义上的"销售"）要依据其转让书据上资产销售额的 1% 征收印花税，抵押贷款资产的让与除外（至 1971 年起取消）。另外，在证券化实务中还存在几种税法予以认可的避免形式，如"采用衡平法上的让与，以书面形式发出要约，以支付资产价款这一行为进行承诺；或者使转让证书的做成和持有始终位于英国之外，这样，只有在有必要依据转让证书于英国国内对资产债务人强制执行时，才引发相应的印花税负担问题"。[④]

法国对及时交易的转让协议不征印花税；对当事人自愿达成的书面协议，征收总量微小的定额印花税。

意大利对资产转让征收少量的比例税率的印花税和 0.5% 的登记税，如为抵押贷款的转让，还需再负担 2% 的抵押税。但 1999 年的《证券化法》特别规定，"作为对转让中的登记税和其他实用的间接税的一种替代方法，如果转让的是贷款或其他融资合同中的应收款，并以此进行证券化操作，其摊偿债款至少是在证券发行之后 18 个月的，那么就按交易总价值的 2% 纳税。此外，该法取消了 2%

---

① 刘燕：《我国资产证券化交易中发起人转让资产的所得税问题初探》，载于《涉外税务》2006 年第 6 期。

② 同 SPV，在意大利被定性为金融中介机构。

③ 吴显亭、马贱阳：《资产证券化的国际实践和中国的发展选择》，载于《中国金融》2006 年第 2 期。

④ 洪艳蓉：《资产证券化法律问题研究》，北京大学出版社 2004 年版，第 122 页。

的抵押税。"①

日本依据 1998 年的《债券转让特例法》规定转让应收款不征收任何登记税。

澳大利亚和中国香港对资产转让不征收印花税。

2. 资产转让时的流转税（增值税或营业税）的税收处理

美国对"真实销售"的证券化资产转让征收销售税。

英国不征收拟证券化资产转让的增值税。

法国豁免拟证券化资产转让的增值税。

3. 资产转让时的所得税（资本利得税）的税务处理

美国若判断该项资产转让是"真实出售"，那么证券化发起人的收益（或损失）必须进行确认，计入（或抵减）应纳所得税额，金融资产转让之后与其有关的偿付不再影响证券化发起人的税务处理；如果是"担保融资"，证券化发起人的收益（或损失）不是在转让收入取得时确认，而是在债务人对金融资产进行偿付时确认，同时能够将利息支付从应税收入中扣除。②

英国税务机关会考虑证券化资产转让时的未清偿资产本金价值、转让价格与市场价格之间的关系，若发现该资产的利率高于当前市场利率，那么即使发起人以资产面值转让时也会被征收资本利得税。

法国对证券化资产的账面价值和转让价格之间的差额，不管是收益还是损失，均允许在证券化当期计入应纳税所得。若发起人以"超额担保"方式对其证券化的资产提供信用支持并保留其在 FCC③ 中的清偿权益，那么在这一项交易中，税收中收益或者损失的确认则取决于清偿权益的数量，并且清偿权益要在 FCC 的资产可能发生违约前不贬值。

意大利在促进证券化交易的过程中，曾于 1999 年出台《证券化法》给予发起人转让资产的税收优惠，即从该法生效之日起 2 年内完成的资产证券化，发起人可在其资产负债表的特殊储备金项目中列明销售资产的损失，并可在当年和随后的 4 年中摊销该损失。

❦ 二、SPV 面临的税收问题

在资产证券化的运作过程中，SPV 是发起人或与发起人无关的第三方专门创设，用以从发起人处购买拟证券化资产，并以其持有的资产发行 ABS（MBS）的载体。它不能像企业法人实体一样从事经营活动和承担债务，只是拟证券化资产的消极载体，然而也因此它成为了证券化得以成功的关键保障，成为了证券化相较传统融资模式被"多出"的操作结构。但若仅仅是因为这衍生的、只存在形式意义的操作结构而带来更多的征税环节、更重的税收负担，使得证券化失去

---

① 洪艳蓉：《资产证券化法律问题研究》，北京大学出版社 2004 年版，第 122 页。

② 章雁：《住房抵押贷款证券化发起人的税收政策浅析》，载于《财会月刊》2005 年第 5 期。

③ 根据 1988 年法国证券化专门立法设立，类似于 SPV。

相对其他融资方式的成本优势，那将会让整个证券化行为变得不经济而无法实施。因此如何通过立法、市场两个层面来减少 SPV 的税负，对保障证券化的顺利实现至关重要。其中，市场层面的解决途径包括在各国税法允许下选择设立 SPV 的地点、组织形式以及发放的证券类别等，一般具有共性；立法层面的降低税负的途径包括由该国政府直接通过立法减免 SPV 的税负，这与各国具体制度环境、政府意图以及证券化发展阶段有关。

（一）SPV 的运行构架与税收负担

1. SPV 组织形式的选择

国际上，SPV 可以采取多种组织形式，即公司（含有限责任公司、有限股份公司以及国有独资公司）、合伙（含有限合伙和无限合伙）、信托（包括所有人信托、授予人信托等）等。不同组织形式的 SPV 在相应的设立条件、税收政策以及其他方面有所不同，大体如表 14 – 4 所示。

表 14 – 4　　　　　SPV 主要组织形式的设立条件、税收政策等的比较

	设立条件	发行证券灵活性	税收政策	破产隔离	其他
公司	高	多发行债券型证券	纳税主体	对于发起人设立的 SPV 与发起人有"实体合并"风险*	运营成本高
合伙	中	多发行权益型证券	免税实体		至少有一名无限合伙人，转让限制严格
信托	低	多发行信托受益凭证	纳税实体**具有导管功能的予以免税或分配扣除	信托资产本身具有独立性，可与"真实销售"同时实现	不少国家没有这项制度，推广不易

注：* "实体合并"是指当符合某种条件 SPV 就被视为发起人的从属机构，其资产和责任在发起人破产时被归并到发起人的资产和负债中，从而使得之前通过"真实销售"创造的资产隔离失去意义。

** 英美等国税法对信托的定位，一般采取"纳税实体"兼"导管实体"理论。我国的信托税法还处于空白地带。

从税收的角度来考虑，公司是最常见的所得税纳税主体，不过通过发行债券型的 ABS（MBS）使得其利息支出与其收入平衡可以降低应纳税所得；被认为

是管道实体的合伙，尤其是有限合伙，一般作为免税实体；符合条件的信托在美国税法中也作为免税实体。通过一定的安排各种组织形式的 SPV 都能为证券化所用，达到减免所得税的功效。在实际中还需考虑本国法律限制、发行证券灵活性、独立性等情况来组织。在美国，公司、有限合伙、信托这三种 SPV 形式都很常见；英国由于信托无权从其借债中获得利息的税收减免以及其他限制，所以 SPV 一般采用公司这种形式；法国在其证券化专门立法中创设了不具有法律人格的共同所有权载体 FCC；意大利的 SPV 作为金融中介机构，可以设立为股份公司、有限责任公司、有限合伙以及投资基金的形式。①

　　根据国际上证券化发展的一般规律，在资产证券化早期以政府组建的政府信用型企业在 SPV 中扮演重要角色，一方面可以政府担保形式提升证券等级，另一方面可获得相应的税收优惠。随着证券化的发展，越来越多的机构开始实施资产证券化。他们除了在既有的税法规则下灵活选择 SPV 的组织形式，各国政府相继创造性地引入新的免税实体。以美国为例，在证券化早期美国政府建立了有政府背景的联邦国民抵押协会（FNMA）、② 政府国民抵押协会（CNMA）、联邦住宅抵押贷款公司（FHLMC）作为 SPV 角色的扮演者。这些特殊载体机构虽然采用的是"公司"这一组织形式，但由于它们的国有性质，除了可以提供证券更强的担保和信用外，也可在税收上享受一定的优待。

　　其后，随着证券化利益的凸显，私人开始愈来愈多地进入证券化市场，为了能与政府机构的 SPV 公平竞争，美国人开始以其发明的授予人信托和所有人信托来建立 SPV。二者虽均是信托的一种，但又有所区别。

　　授予人信托只能发行到期日一致的、转递结构的受益权证，即投资者被认为是资产的所有人，因此发起人以资产交换受益权证不属于应税行为，而授予人信托可以直接被界定为免税实体。但在授予人信托中，受益权证的偿付和资产池现金流同步，SPV 只能对资产进行消极管理，无权利用信托财产进行再投资。

　　所有人信托可说是为了克服授予人信托的局限性而设的，它可以发行股权类证券又可以发行债券类证券，可以根据需要发行到期日不一致的证券，证券偿付无须与资产池现金流一致，闲置资金可以用于再投资。但在税法上，只有当其能符合授予人信托的条件或者被认为是免税的合伙时，才可以作为免税实体对待，反之则为纳税实体，因此投资者有被二次征税的风险。

　　授予人信托在 20 世纪 70 年代兴盛一时，随后所有人信托以灵活性利用率大增。而后，随着现金流重组技术在证券化中的越来越多运用，SPV 越来越像公司，不再具备授予人信托的免税地位，从而面临"双重税负"的问题。为消除 SPV 在避免所得税方面遇到的组织形式选择、股票/债券和转递结构/转付结构的应用以及税收重新认定上的风险，美国国会通过的《1986 年税收改革法》和

---

　　① 洪艳蓉：《资产证券化法律问题研究》，北京大学出版社 2004 年版，第 60~64 页。
　　② 1938 年成立，1968 年分离为两家公司。一家是联邦注册但私人拥有的 FNMA，另一个是政府机构——政府国民抵押协会（GNMA）。这里指未分离前的 FNMA。

《1996 年小企业就业保护法》创设了不动产抵押投资载体（REMIC）和金融资产证券化投资信托（FASIT），给予其联邦税法上的免税地位。不论 SPV 采用何种组织形式或发行何种证券，只要其满足法律规定的"资产检验"和"权益检验"中的条件，就可以被认定为 REMIC 或 FASIT，其发行的证券也被界定为债券。这创新的税收待遇使得证券化交易比较容易地免去了实体层次的税负，降低了证券化的交易费用。

另外，我国香港也主要是通过香港按揭有限证券公司（HKMC）来实施按揭证券化，可对按揭债券提供担保，从而免除了高昂的信用增级费用。一般其只在中国香港发售按揭债券，因此债券没有进行评级。如果在海外发售，则还需信用评级。

2. SPV 发行证券的选择

在美国，一旦 SPV 被认定为 REMIC 或 FASIT，则其发行的证券都可被认定为债券，其权益的偿付可税前扣除。

在其他情况下应区分权益型证券和债权型证券，对权益型证券的偿付视为分配股利（利润）、红利，不得在税前列支；对债权型证券的偿付则可作为税前列支项目，冲减应纳税所得。一般 SPV 发放的证券类型应与发放证券的法定条件、SPV 的组织形式匹配。例如，组建信托形式的 SPV，采用转递结构，发行转递证券，税收由证券持有人负担（即授予人信托）；组建信托形式的 SPV，采用转付结构，发行转付证券，以证券利息的税前扣除抵消信托所有人的应税所得（即所有人信托）；组建合伙形式的 SPV，采用转付结构，发行转付证券，以证券利息的税前扣除抵消合伙人的应税所得；组建公司形式的 SPV，采用转付结构，发行转付证券，以证券利息的税前扣除抵消公司的应税所得。

3. SPV 设立地点的选择

为了避免 SPV 缴纳实体上面的税负，国际上一般考虑将 SPV 设立在避税地、避税港，如英属维尔京群岛，百慕大群岛或开曼群岛等。具体实施情况依据该国家的反避税措施、外汇管理措施等进行调整。

（二）SPV 的涉税处理

1. SPV 印花税等的处理

英国在股票发行环节按 1% 的比例税率向发行公司课征资本税。

日本按应税证券金额的 0.1%～0.5% 向发行公司征收登记许可税，并按发行证券票面金额的一定数额的印花税。[①]

法国豁免 FCC 发行和销售单位的登记税或印花税。

2. SPV 所得税的处理

SPV 所得税的征收与其组织形式相关。国际上的基本经验是：基于转付机构

---

① 严武、李汉国、吴冬梅等：《证券市场管理国际比较研究》，中国财政经济出版社 1998 年版，第 176～177 页。

的 SPV，例如授予人信托，一般不作为纳税主体；基于转递结构的 SPV，通常应纳所得税。各国在具体适用税法上还有一些所得税优惠差异。

美国对依据税法确定为授予人信托、REMIC、FASIT、合伙的 SPV 直接予以免征所得税。

英国根据 SPV 是属于英国税法上的贸易公司还是投资公司来判断其支付给投资者的利息和支付给发起人的一些款项以及支付给服务人的相关服务费用能否税前扣除。SPV 取得证券销售收入时应缴纳公司税。

法国不征收 FCC 的所得税，由持有 FCC 单位的投资者承担。

日本对 SPC 提供多项税收优惠。例如，当 SPC 将应税所得的 90% 以上以股息、红利方式分配的，可以将其视为费用，税前扣除。

3. SPV 预提税的处理

当发起人以折价形式将信贷资产转让给非居民的 SPV 机构时，折扣部分就构成 SPV 的其他所得，发起人需要扣缴预提税。国际上常见的减免预提税的方法有：①签订相关国家之间的避免双重课税条约；②通过一定的结构安排将境外融资转化为境内融资。

英国存在不同于过境预提税的一般预提税，即当特定的利息从一个公司支付给非银行型公司时，就要征收一定比例的预提税。因此当 SPV 从债务人取得相应的现金流时，就要负担这笔预提税支出。

🌿 三、投资者面临的税收问题

（一）印花税的处理

投资者在购买和销售 ABS（MBS）的过程中，一般按照其所在国购买、销售证券的一般税收规定纳税，部分国家给予税收优惠。

法国对投资者购买和销售 FCC 单位的交易免于缴纳印花税。

（二）所得税（资本利得税）的处理

对于国内投资者投资 ABS（MBS）的利息、股息所得和再销售，一般按 SPV 所在国证券发行与管理的有关办法和政策执行，与一般的证券投资者并无区别，部分国家给予税收优惠。

英国对 SPV 向投资者偿付的证券权益征收一定比例的预提税，但对于任何固定期限少于 1 年的票据（包括资产证券化过程中产生的 ABS、MBS）不征收预提税。

法国对投资者要对其持有的 FCC 单位所得纳税，转让该单位而取得的资本收益也要纳所得税，本金偿还则无须纳税。

美国、新加坡对房地产信托投资基金（REITs）分红给予税收优惠，日本、韩国对 REITs 分红和交易都给予税收优惠。

（三）预提税的处理

SPV 支付给非居民投资者的证券收益符合《联合国范本》和《OECD 范本》

对于投资所得的认定标准，因而当 SPV 向境外投资者发行证券时，应就支付的利息部分或债券的折扣部分替投资者代扣代缴预提税。这可能引发对投资者的国际双重征税，从而降低证券化国际融资的吸引力。除按照上文中提及的国际常见减免税方法外，部分国家还对资产证券化国际融资的投资者提供了一定的税收优惠。

美国规定，美国发行人发行的欧洲商业票据如果是以无记名形式发行的折扣证券，且初始到期日不超过 183 天的情况下，符合规定的条件本金（包括折扣）支付就可免除美国代扣税（30% 或 20% 的垫付代扣税）；登记形式的折扣证券且到期日不超过 183 天的，其本金（包括折扣）将被征收 20% 的垫付代扣税；银行团在欧洲商业票据项目持续期内被要求购买票据但不能将其重新出售的，代扣税仍需缴纳。在洛克菲勒中心交易中，在关于利息代扣税撤销条款下，房地产投资信托发行债务的利息通常免征美国代扣税。①

英国规定，发行欧洲债券可以避免引发预提税，将投资收益作为原始发行折扣予以补偿时也不会产生预提税。

意大利依据 1999 年的《证券化法》，当投资者是与意大利签订有双边税收条约，并规定在两国的税收当局之间相互进行信息交换的国家的居民时，可以豁免应纳的所得税。

四、其他参与者的税收问题

其他证券化的参与者是指参与到证券化过程而不属于发起人、SPV、投资者的那部分专业服务机构，这里包括证券化资产管理服务人、公司服务提供人、证券支付权益代理人、信用增级提供人、流动性便利提供人、担保投资提供人、货币与利率风险规避提供人、信用评级机构、证券承销人或证券交易商等，需要指出的是当证券化资产销售机构（即在销售环节的发起人）作为证券化资产管理服务人、内部信用增级提供人、证券支付权益代理人时也包含在内。这部分专业管理服务机构在提供服务时，同一般管理服务业务处理，与其他情况下提供专业服务时的税负相一致。

综上所述，从对美国、英国、意大利、法国、日本等国家的资产证券化税制的分析中，我们可以看出，就上述列明的证券化各环节涉税问题，部分得到了解决，有些甚至达成了国际共识，例如消除资产证券化的重复征税，给予一定税收优惠；还有部分现在仍还存在争议，例如"真实销售"中附带追索权的处理，需要进一步的研究探讨磨合。总之，资产证券化税制伴随着资产证券化的发展而发展，我们要注意吸取现有发达国家的经验教训，也要着眼未来，以我国实际为基础为证券化的发展创造良好的条件。

---

① 陈艳利、宋雷：《美国资产证券化的税收问题》，载于《辽宁经济》2001 年第 12 期。

第三节　中国资产证券化税制构建探索

一、中国实行资产证券化的必要性

推行资产证券化存在着风险，其流程结构复杂、涉及主体众多，对一国现存的法律规范以及监管经验都是巨大的挑战，处理不当可能产生始料未及的金融危机，美国的次贷危机就是前车之鉴。我国作为资产证券化的继受国，大陆法系的特点使我国国内法制（包括税收）可能无法快速提供其各操作流程所需的法律要点以及移植相应的风险防范措施。因而，部分学者认为在当前我国并不具备实施资产证券化的必要法制与信用土壤。然而，我们认为，中国实行资产证券化是一种必然趋势，应该建立与证券化相匹配的、完善的相关法制建设，保障资产证券化的良性运行。

（一）发展资产证券化有助于我国融入金融全球化进程

"经济金融化、金融证券化是 21 世纪国际金融市场一体化的必然趋势。""有专家预言，国际金融市场发展即将步入资产证券化产品主导阶段。"资产证券化是在金融体系历经金融机构本位阶段、市场本位阶段，进入强市场本位阶段的市场选择。

纵观世界，英美法系的美国、英国实施证券化时间最长，规模最大，在美国资产证券化已成为规模超过联邦政府债券市场的固定收益债券市场；大陆法系的欧洲众国也于 20 世纪 80 年代末转变态度，快速发展 ABS；亚洲，在 1997 年金融危机后开始重视引入资产证券化，其中日本、韩国、马来西亚以及中国香港、中国台湾等国家和地区证券化提速明显，已成为该国（地区）经济的重要组成部分。而我国，如今才刚刚进入证券化初级试点阶段，如果抑制其发展，则极有可能在金融全球一体化浪潮中败出。

（二）发展资产证券化有助于扩大我国国内需求

发展资产证券化有助于扩大我国国内需求。一方面，即使四大国有商业银行不存在流动性问题，也可以运用资产证券化将信贷风险分散出去，并借助其表外融资的特性，维持《巴塞尔协议》和我国《商业银行法》不低于 8% 的资本充足率；另一方面，证券化为我国众多的中小商业银行、中小企业解决流动性问题和融资问题开辟了新的渠道，有利于我国经济多元化的发展。

（三）发展资产证券化有助于完善我国金融市场体系

我国金融市场虽然近年已有了长足的发展，但从其内部来看发展极不平衡，股票、国债市场活跃，而一般债券市场受品种单一、企业信用差等因素的影响难以成为市场热点。我们知道，股票市场的过度活跃往往易产生金融泡沫，危及金融安全，而通过资产证券化提供多品种、高质量的债券则可弥补债券市场的缺陷，实现资金分流。

🌿 二、中国资产证券化税制的实证评析

我国的资产证券化实践发端于 20 世纪 90 年代中期，从运作背景来考察，主要有三类：（1）以企业为背景的资产证券化项目。如 1997 年，中国远洋运输总公司以北美航运收入为支撑，以私募形式在美国成功发行了 3 亿美元的浮息票据。深圳中集集团开展的海外应收账款证券化业务。（2）以地方政府为背景的资产证券化项目。如 1996 年 8 月，广东省珠海市人民政府以交通工具注册费和高速公路过路费为支撑，在美国成功发行了 2 亿美元的债券。该债券由摩根斯坦利承销，分别获得了良好的评级和 3 倍超额认购，发行利率高出同期美国国库券利率。（3）以中央政府为背景的资产证券化项目。主要有：（1）金融资产管理公司的资产证券化项目。2003 年中国信达资产管理公司（信达成立一个信托机构）与德意志银行合作，通过在境外发售资产支持债券的方式，合作处置本金总额 15.88 亿元，涉及债权 25.52 亿元的一组不良资产。（2）国有银行的资产证券化项目。2005 年 3 月，中国人民银行正式启动信贷资产证券试点，确定国家开发银行和中国建设银行作为试点单位，分别进行信贷资产证券化和住房抵押贷款证券化试点。显然，这几类资产证券化项目是不同的，前两类是符合市场规则，获取经济效益的运作；而后者主要是以化解不良资产为目的政府干预行为。

我国尚没有专门针对资产证券化税制订立的系统法规，为了推进以中央政府为背景的资产证券化进程，政府先后出台了《关于中国信达等 4 家金融资产管理公司税收政策问题的通知》、《关于信贷资产证券化有关税收政策问题的通知》法规（以下简称《通知》），颁布了对特定资产证券化项目的税收优惠政策。

表 14－5　　　　　　　　　　**中国资产证券化试点的税收政策**

税制	发起人	特殊目的载体（SPV）	投资者
印花税	免征	免征	
营业税	无明确规定	（1）受托机构征税（贷款利息收入缴纳营业税） （2）金融资产管理公司免税（免征从事融资租赁业务应缴纳的增值税、营业税；贷款利息收入应缴纳的营业税）	（1）对金融机构投资者买卖信贷资产支持证券取得的差价收入征税 （2）对非金融机构投资者买卖信贷资产支持证券取得的差价收入免税

续表

税制	发起人	特殊目的载体（SPV）	投资者
证券交易税		免税	免税
其他税收		（1）受托机构征税 （2）金融资产管理公司免税 （契税、房产税、城镇土地使用税、土地增值税）	
企业所得税	征税	（1）信托项目收益的课税 ① 分配给机构投资者的所得免征 ② 未分配给机构投资者的所得征税 （2）受托机构服务所得征税	（1）信托项目收益的课税 ① 在信托环节未纳税的所得征税 ② 在信托环节已完税的所得，按税后收益处理 （2）转让收益征税 （3）清算所得征税

现行资产证券化税收政策虽然对促进信贷资产证券试点起到了一定的积极作用，但也存在以下缺失。

（一）非公平性

1. 差异性的税收政策违背了公平原则

《通知》仅适用于以中央政府为背景的资产证券化项目，而将市场化的资产证券化运作（如上述前两类项目）排斥在外。这种差异性的税收政策完全违背了公平原则，前者享受印花税、营业税、所得税等多税种的减免；而后者不仅无税收减免，而且还要承担重复征税。

2. 特殊目的机构承接发起银行的营业税纳税义务与经济实质不符

《通知》规定，受托机构从起受托管理的信贷资产信托项目中取得的贷款利息收入，应全额缴纳营业税。但是，SPV 仅是投资者参与融资交易的一个管道，其性质类似于证券投资基金。而对证券投资基金则免征营业税，因此，对 SPV 资产池的收入征收营业税，就违反了税收中性原则。

3. 可能导致多环节的重复征税

第一，信托可能面临重复征税的风险。除了《通知》规定的试点业务外，任何使用信托作为 SPV 的组织形式都极有可能被课征实体意义上的所得税，增加融资成本。第二，机构投资者面临重复征税的风险。《通知》关于机构投资者所得税纳税义务的规定存在权责发生制与现金收付制的两种解释，可能引发重复征税。第三，发起银行作为其信贷资产支持证券投资者面临双重征税的风险。发起银行作为其信贷资产支持证券投资者的情况将不少见，例如建行就持有其建元2005－1个人住房抵押贷款支持证券的次级证券。作为发起银行，转让信贷资产所获得的收益已被征收所得税；而作为投资者，银行从信贷资产支持债券中所获得的收益又要缴纳所得税，而这部分收益均来自于贷款利息，这将构成重复征税。

（二）非规范性

1. "真实销售"界定不明

担保融资、"真实销售"等的判断是进行税务处理的重要前提。虽然，财政部《信贷资产证券化试点会计处理规定》（财会［2005］12号）采取风险和报酬分析法和金融合成分析法两种确认方法。然而，《通知》并未明确在信托模式下"真实销售"的判断标准，这将给当事者带来税务风险。

2. 发起银行所得税规定粗糙化

从确定发起银行收入金额的角度考察，一般情况下可以被看做是发起银行从受托机构获取的全部价款，然而在发起银行保留次级权益时，问题就显现出来了。以建元2005－1个人住房抵押贷款证券化信托为例，建行通过转让信贷资产共获得30.17亿元，其中29.26亿元属于受托机构对公众发行的资产支持证券获得的收入，0.91亿元为受托机构对转让方（即建设银行）定向发行的次级资产支持证券的标价。其发行说明书上指出优先级资产支持证券的发行收入与向发起人定向发行的次级资产支持证券一同作为发起人向受托人转让信托财产的对价（30.17亿元）。而发起银行的收益来自于受益凭证的销售收入而非转让对价，从理论上讲，发起银行无须就自身保留次级权益支付任何价款，即发起银行最终仅获得29.26亿元收入，其保留的次级权益是算作留存未转让的部分受益权抵减成本，还是看成非货币收入则颇有争论。

再从确认发起银行成本金额的角度考察，拟证券化的资产是可以带来利息收益的信贷资产（带息债权），其转让的成本是以本金金额确定，还是以本息金额确定？若以本息金额确定，则在转让日该债权很可能已经孳生出一部分利息，但由于尚未到计息日，因此发起银行尚未实际确认利息收入，原始债务人更没有实际支付利息，因此是否能作为成本？现行税法对这类金融债权的转让缺乏明细规定。在建行、国开行的信贷资产证券化试点中，为了简化利息问题，都分别按相关法规的规定，所转让的标的是贷款资产在指定交割日的本金部分，不涉及这些贷款已经孳生的利息。对于购买了该抵押贷款支持证券的投资人来说，其获得的是交割日之后信贷新产生的利息。因此，交易合同直接对带息债权的利息进行了剥离，以此种方式来规避在确认拟证券化资产的计税成本时已孳生利息的问题，从而以债权的账面价值（本金）作为计税成本。①

_____

① 财政部《信贷资产证券化试点会计处理规定》要求，金融资产的转移应按照转让日的公允价值进行计价，如果公允价值难以获得的，则按照账面价值进行计价。

3. 投资者所得税规定疏漏化

最典型的是投资者收入的定性问题。对于投资者收到权益型证券的偿付视为获取股利，机构投资者按照取得税后收益纳税；而对于收到债权型证券的偿付则视为利息收入，金融机构的投资者可能还要缴纳营业税。试点中的证券化资产是信贷资产，投资者收益来源于贷款利息，而机构投资者持有的是信托受益凭证，是将其定性为股权收益，还是贷款利息，《通知》没有明确。随着资产证券化的发展，证券化构架和所匹配的证券类型将更加多样，若无明确的界定，将使对投资者的课税变得更为杂乱。

三、我国资产证券化税制的重构方案

（一）重构资产证券化税制的基本思路

1. 突出法治性

税收法治原则对资产证券化参与主体实施经济决策至关重要，因此政府应尽快出台规范与确定的法规。（1）应明确《通知》中的法律概念。首先，应考察《通知》中"转让"、"信托予"这类字眼与《信托法》中的"委托给"一词的差异，给出明确的解释；其次，应依据信托的基本原理，将《通知》中"转让信贷资产取得的收益"定义为发起银行出售受益权的收入；再次，应将《通知》中对信托资产的表述进行调整，反映与采取非信托方式实施资产证券化业务的区别，以符合信托流程；最后，对资产支持证券 ABS（或 MBS）[1] 是否适用证券法，给出明确界定。（2）应核查《通知》与其他税收政策的匹配情况。一方面是增加相应税收判断标准，明确操作细则，保障各项法规的衔接。具体包括：对"真实销售"、"风险隔离"、SPV 设立形式等证券化关键步骤和环节给出具体的判断标准以及相应的税收处理；制定金融资产转移的成本确认方法；确认发起人次级权益的处理。另一方面是根据应税行为的经济实质，与类似应税行为的税收政策进行对比，例如应调整信托 SPV 与证券投资基金营业税待遇的不一致，保证税收中性。

2. 增强公平性

优良的资产证券化税收政策必须满足税收公平原则的要求，对所有类型的资产证券化参与主体，包括企业背景的证券化主体、地方政府的证券化主体以及中央政府背景的证券化主体，均应依照一致的标准纳税，同等对待，以促进公平竞争。因此，应尽快构建涵盖整个资产证券化领域的统一的税制体系。

3. 提高效率性

优良的资产证券化税收政策必须满足税收效率原则的要求。（1）税负适度。资产证券化作为一项复杂的交易结构，将涉及多个参与主体，经过多环节周转，因此，税制安排应避免重复征税。而且，证券化资产的收益是一个有极限的现金

---

① ABS：资产担保证券的英文缩写；MBS：抵押贷款支持证券的英文缩写。

流，其全部收益都来自利息收入，收益率不可能超过贷款利率，因此，综合税负必须适度。（2）发挥合理的资源配置效率。风险隔离是影响资产证券化效率与风险程度的核心因素，从追求金融安全的目标出发，发起人的最佳选择是真实销售构架；而从减少税收成本的目标出发，发起人的最佳选择则是担保融资构架。为此，在今后的资产证券化税制中，应继续对发起人的"真实销售构架"仅征收所得税的政策，降低真实销售构架与担保融资构架之间的税负差异，减少对发起人选择的税收扭曲。

（二）重构资产证券化税制的路径

1. 发起人税制的设计

（1）"真实销售"的判断。"真实销售"的判断应遵守实质重于形式原则。建议以《信贷资产证券化试点会计处理规定》中的风险和报酬分析法与金融合成分析法为基础，确认税务机关在征纳关系中应重点考虑的因素，包括应收账款的购买价格是否固定、被转让的应收账款是否能被明确辨认、应收账款的债务人是否收到了转让通知、与所有权相联系的利益和风险由哪方享有和承担、买方是否具备处理应收账款的权力、收取债权的成本和税收负担是否由买方承担等，尤其需明确附有追索权、次级权益等情况对"真实销售"判断的影响尺度。

（2）印花税。国际上均对管理证券化资产过程中发生的印花税予以豁免或者实行低税率，建议我国将豁免证券化参与主体免征印花税的范围扩大到所有证券化业务。

（3）流转税。为鼓励证券化发展，英国、法国等对拟证券化资产转让不征或豁免流转税。鉴于我国流转税负较高，建议对所有证券化转让资产业务降低流转税。

（4）所得税。第一，应明确次级权益的处理原则，即是作为收入的增加还是成本的抵减。建议与"真实销售"结合考虑，将次级权益作为判断"真实销售"的重要因素，一旦某项业务被认为是"真实销售"，那么即可将次级权益作为非现金收入折算纳税，而不需重复考虑。第二，明确债权本息的处理原则，即转让本息是否分别计算收入成本。如果对发起人转让拟证券化资产的流转税进行豁免，则进行本息分离是没有意义的，而在本息总额折价出售的情况下也很难区分二者，因此建议本息合并计算盈亏。

2. SPV 税制的设计

（1）SPV 的组织形式。我国以法定形式承认的 SPV 组织形式仅包括有限责任公司、股份有限公司、国有独资公司、普通合伙、有限合伙以及一般意义上的信托。公司形式的 SPV 均需缴纳实体上的企业所得税，易受到重复征税；合伙企业可以避免双重征税，但普通合伙人风险责任很大；国有独资公司、国有企业、上市公司以及公益性的事业单位、社会团体不得成为普通合伙人，制约合伙形式的 SPV 发展。因此建议创设诸如美国所有人信托、授予人信托等特殊税收实体，以此避免 SPV 组织形式选择、股票/债券和转递结构/转付结构的应用以及税收重新认定上的风险，鼓励证券化发展。

（2）印花税。建议将免征印花税的范围扩大到所有证券化业务。

（3）营业税。建议比照《财政部　国家税务总局关于证券投资基金税收政策的通知》等对证券投资基金营业税的规定，对 SPV 免征营业税。

（4）所得税。合伙形式的 SPV 没有所得税纳税义务，由其合伙人分别缴纳。信托形式的 SPV 将就收益当年没有分配给资产支持证券持有人部分缴纳所得税。公司形式的 SPV 缴纳企业所得税。应明确对 SPV 收益的确定方式。我国税法将支出在进行税前扣除时先区分收益性支出和资本性支出，分别适用税前一次性扣除和分期摊销扣除。发起机构与受托机构之间约定的资产转移方式及转让金的支付方式都可能影响对支出性质的判断，从而适用的纳税扣除方法也将有所不同。依据实质重于形式原则，拟证券化资产对价应视为购买相应长期资产，从而统一划为资本性支出较为适当，若考虑对证券化的激励，则建议划为收益性支出更能体现税收优惠。

（5）预提税。为促进资产证券化国际融资，建议对相应的预提税予以减征。

3. 投资者税制的设计

（1）资产支持证券的定性。一般情况下可将资产支持证券化区分为权益型证券和债权型证券，对应不同的税务处理。建议确定资产支持证券类型的划分标准，也可从长远考虑通过设立特殊 SPV，将其发行的证券统一定性。

（2）印花税。我国目前对股票买卖征收1‰的印花税，对债券买卖不征印花税。建议将特殊 SPV 发行的证券统一定性为债券，或者豁免权益型证券的印花税。

（3）所得税。大多数国家对国内投资者投资 ABS（或 MBS）的利息、股息所得和再销售，一般按 SPV 所在国证券发行与管理的有关政策执行，与一般的证券投资者并无区别，或对少部分资产支持证券品种实行税收优惠。建议有选择性地给予具有特殊政府意图的证券税收优惠，其余部分按一般规定纳税。

（4）预提税。为促进资产证券化国际融资，建议对相应的预提税予以减征。

4. 其他证券化参与者的税制

专业管理服务机构在提供服务时，应视同一般管理服务业务处理，与其他情况下提供专业服务时的税负相一致。

总之，通过提升我国资产证券税制体系的法治性、公平性、效率性、协调性，消除与减轻资产证券化进程中的税收扭曲与税收风险，以化解与减轻资产证券化进程中的系统风险，推进我国的资产证券化的稳健发展。

第十五章　金融市场税制体系安排
——金融市场税收管理制度强化 ✠

第一节　金融市场税收管理的理论分析

🌿 一、金融市场税收管理的性质

税收管理是指税务机关依据国家有关税收政策法规的规定，为实施税收分配活动和处理税收分配关系，指导征纳双方正确行使征税权利和履行纳税义务，而对日常活动所进行的计划、组织、控制、协调和监督的过程。税收管理活动贯穿于税收管理制度之中。我们认为，税收管理制度包括征纳客体管理制度与征纳主体管理制度。这两种管理制度通过不同的运作机理与管理工具共同实现管理目标。前者主要是以征税客体为管理对象，依靠实体法的法律制度与计征技术工具及组织的实施制度，从物质基础方面保证管理目标的实现。后者则主要是以纳税主体为管理对象，依靠程序法（如《征管法》，规定了征纳主体双方的权利与义务等）的法律制度与奖惩机制及组织的实施制度，从经济主体利益关系协调方面保证管理目标的实现。

金融市场税收管理具有极为严密与极为困难的双重性。一方面，在当代科学技术工具的基础上，一国政府可以对局部金融市场实行信息全对称管理（如中国深沪证券交易所的电子管理系统），进而就能实现严密的税务管理（电子管理系统进行自动代扣代缴投资者的交易税税款）。另一方面，在跨国金融交易的情况下，一国政府难以实现对投资者境内外金融市场交易的信息全对称管理，在这种信息不对称的状态下，也就难以实现严密的税务管理。具体而言，金融市场税收管理活动具有以下特点：

（一）征管对象主体的高速流动性

相对于实体经济而言，金融投资的虚拟性（如不存在变现困难的固定资产等）决定了金融市场上的投资者具有更强的流动性。尤其是在跨国金融交易的情况下，那些跨国投资者通过网络频繁进出国际金融市场（特别是那些24小时交易型的金融市场），具有高速流动性。因此，在信息不对称的条件下，对金融市场纳税主体的管理更为困难。

（二）征管客体的高速转换性

金融投资的虚拟性与金融衍生工具的出现使得金融市场的征税对象（收入、

所得）成为了具有超级转换性与流动性的税基，从而为纳税人转换或隐瞒其应税收入，进行国际避逃税提供了有利的条件。同时也使得税务当局难以获取涉税信息。

（三）征管依据的高度复杂性

金融衍生工具的不断创新使得金融市场的收入与所得性质不断变化，从而使得征管依据异常复杂。而且，金融衍生工具的创新远远快于税法的规定与变化，从而造成在金融市场税收管理实践中的"无法可依、无据可定"局面，导致税收流失。

（四）征管技术工具的高度先进性

金融市场的高流动性、速变性及复杂性决定了只有具备高度先进管理系统与智能化的征管技术工具，才能实现严密高效的税收管理目标。例如，假定采用传统的手工计算征缴深沪证券市场的税收，则根本无法完成税收征管任务。

金融市场税收管理活动的特殊性决定了要强化税收征管，除了沿用实体经济的征管制度与方法外，还必须采用一套行之有效的金融市场税收管理制度与方法。

二、金融市场税收管理的机理

（一）税收管理机理：A—S 模型分析

根源于贝克尔（Beker，G. S.）对犯罪经济学的研究和阿罗（Arrow，K.）对风险及不确定性问题所进行的分析，阿林厄姆和桑德姆于 1972 年提出的预期效用最大法模型和斯里尼瓦桑于 1973 年提出的预期所得最大法模型（简称 A—S 模型）。A—S 模型从分析税收流失影响因素的角度，构造了税收管理的一般理论框架。

A—S 模型为了分析的方便，在建立模型之前进行了以下假设：作为纳税人的个人是理性的经济人，他以预期效用最大化为目标，是不存在道德是非观念的风险回避者，他的行为符合 V. 诺尔曼—摩根斯顿关于不确定情况下人的行为准则，而且他的效用函数以个人可支配所得作为唯一参数。在这些严格的假设条件下，纳税人的目标函数可以表示为：

$$E(U) = (1-p)U(\omega - \theta x) + pU[(\omega - \theta x) - \pi(\omega - \theta x)] \qquad (15-1)$$

在式（15-1）中：ω 为纳税人在某一时期所取得的全部收入，假定它是纳税人知道而税务部门无法准确掌握的，是外生变量；θ 为税率，这里假定为固定比例税率，因此是一个常数，毫无疑问，有 $\theta > 0$；x 为纳税人决定向税务部门申报的应纳税收入，由于纳税人可以选择是如实申报纳税还是低报，因而其实际收入可以偷逃税。当决定低报实际收入进行偷逃税时，又可以选择低报多少为宜，因此，x 是纳税人作出偷逃税决策时可供选择的变量，显然 $x \geq 0$；p 为纳税人偷逃税行为被税务部门调查审计而发现的概率，即查获概率；π 为罚款率，这里是指当纳税人被税务机关发现偷逃税时，税务部门对其课处的罚款占纳税人未申报收入（$\omega - \theta x$）的比例，显然，有 $\pi > 0$；U 为纳税人可支配所得的效用；$E(U)$ 为纳税人的预期效用。

从式（15 - 1）可知，纳税人可以通过选择申报应纳税所得 x 的多少，来追求其预期效用的最大化。

显然，只有当纳税人预期他能从偷逃税（未申报收入）中得到的效用大于他按依法申报纳税的效用时，他才会进行偷逃税。因此，纳税人进行偷逃税的前提条件是：

$$\frac{dE(U)}{dx} < 0 \qquad (15 - 2)$$

该条件的含意是当纳税人每增加 1 单位的申报额，他的预期效用会因此减少；反过来说，也就是说如果纳税人每减少 1 单位的申报额（即进行偷逃税），他的预期效用会因此增大，那么在这种情况下纳税人就有可能进行偷逃税活动。对式（15 - 1）求微分，可以得到：

$$\frac{dE(U)}{dx} = -\theta(1 - p)U''(\omega - \theta x) - (\theta - \pi)pU''[(\omega - \theta x) - \pi(\omega - \theta x)]$$

如果在 $x = \omega$ 时求解，有

$$\frac{dE(U)}{dx}\Big|_{x=w} = -\theta(1 - p)U''(\omega - \theta x) - (\theta - \pi)$$

$$pU''[(\omega - \theta x) - \pi(\omega - \theta x)] \qquad (15 - 3)$$

根据式（15 - 2）和式（15 - 3），显然纳税人进行偷逃税的条件可以写成：

$$-\theta(1 - p)U''(\omega - \theta x) - (\theta - \pi)pU''[\omega - \theta x - \pi(\omega - x)] < 0$$

所以，有 $p\pi < 0$ \qquad (15 - 4)

式（15 - 4）表明，对纳税人而言，当他预期进行偷逃税时有可能被查获而遭到惩罚（$p\pi$），但即使这样所蒙受的效用损失，也要比他依法纳税而受到的效用损失小，只有满足这一条件时，纳税人才有可能选择进行偷逃税活动。

对于纳税人的预期效用函数，如果假设有内部最优解存在，即 $0 < x < \omega$，则满足最优解的一阶条件是：

$$\frac{dE(U)}{dx} = -\theta(1 - p)U''[Y] - (\theta - \pi)pU''[Z] = 0 \qquad (15 - 5)$$

式中：$Y = (\omega - \theta x)$ $Z = \omega - \theta x - \pi(\omega - x)$，则满足最优解的二阶条件是：

$$D = \frac{d^2 E(U)}{dx^2} = \theta^2(1 - p)U''(Y) - (\theta - \pi)pU''(Z) < 0 \qquad (15 - 6)$$

因为阿林厄姆和桑德姆在建立模型时，假定纳税人是风险回避者，因此 $U'' < 0$，所以式（15－6）能够自动满足。

从原则上说，是可以通过解出式（15－5）来求出纳税人向税务部门申报其所得额 x 的最优解 x^*，它是偷逃税的均衡点，纳税人此时的未申报收入为（$\omega - x^*$），逃税金额为 $\theta(\omega - x^*)$。

由上述分析可知，A—S 模型分析影响纳税人是否进行偷逃税的因素包括纳税人的收入或所得（ω）、税率（θ）、查获概率（p）和罚款率（π），因此可用函数关系来表示纳税人申报额（x）（或者反过来用偷逃税额也一样）与影响因素之间的关系。

$$x = F(\omega、\theta、\pi、p) \qquad\qquad (15-7)$$

分别对以上四个变量求偏导，阿林厄姆和桑德姆考察了纳税人的所得（ω）、税率（θ）、查获概率（p）和罚款率（π）对纳税人偷逃税决策的影响。得到以下结论：（1）个人所得（ω）的变化对纳税人申报额（x）（或反过来说是偷逃税）的影响是不确定的；（2）税率（θ）的变化对纳税人偷逃税的影响也是不确定的；（3）罚款率（π）和查获概率（p）的提高将使得纳税人减少偷逃税活动。这说明强调通过加强征管、提高对偷逃税的处罚力度来抑制偷逃税行为、减少税收流失的主张是有理论依据的。

国内学者梁朋（2000）、马杰、马君（1996）等在 A—S 模型的基础上，进一步放松严格的前提条件，引入了纳税人减少偷逃税的心理成本、纳税人之间的相互影响、征税人的因素等更多的现实因素，对税收管理机理进行了进一步的研究。[①]

（二）金融市场税收管理机理：A—S 模型的拓展分析

金融市场税收管理与实体经济税收管理既有共性，也有其特殊性。我们将应用 A—S 模型，对金融市场税收管理机理进行拓展分析。

假设：（1）税收征收率为 $V = (\omega - x^*)/\omega$。

（2）非同类的应税收入为 ω_i（$i = 0，1，2，\cdots\cdots n$），在此可以理解为对于各类金融商品的收益界定为不同性质的收益（如利息、股息、资本利得等），或是对于某种新型金融衍生品的收益还没有对应的税法规定（即 $\omega_0 = 0$）。

（3）非同类应税收入的税率为 θ_i（$i = 0，1，2，\cdots\cdots n$），在此可以理解为对于各类金融商品的收益按不同税率课征、实行不同的税收待遇（如股利收益与资本利得的差别课税等），或是对于某种新型金融衍生品的收益还没有对应的税法规定（即 $\theta_0 = 0$）。

（4）查获概率为 p，而 p 的高低又取决于从事税收征管的管理员所掌握的涉

---

① 梁朋：《税收流失经济分析》，中国人民大学出版社 2000 年版，第 52～59 页。马杰、马君：《征税人违规行为的经济学分析》，载于《财贸经济》1996 年第 1 期。

税信息的水平（α）和其工作的努力水平（β）。即 $P = P$（α、β）。[①]

（5）罚款率为 π。

在以上基本假定之下，我们将结合金融市场税收管理的特殊性，对金融市场税收管理机理进行分析。

从 A—S 模型来考察，影响税收征收率的因素主要有三类：（1）税收法规与税制因素（ω、θ、π）；（2）纳税者的因素（x）；（3）征税者的因素（p）。

在实体经济的税务管理条件下，由于实体经济应税收入之间的应变性较弱，其税法规定与税制相对成熟与稳定，因此，变量 ω、θ、π 可视为是确定的常量，故 x^* 取决于 p，即 $x^* = F$（$\bar{\omega}$、$\bar{\theta}$、$\bar{\pi}$、p）。因而，如何提高 p 值，使 x^* 逼近 ω，是税务机关提高实体经济税收征收率，治理税收流失的关键。[②]

然而，在虚拟经济的条件下，由于金融商品（尤其是金融衍生品）应税收入之间的超强应变性与流动性，其税法规定与税制相对滞后与不稳定，因此，ω、θ、π 均为不确定的变量，故 $x^* = F$（ω、θ、π、p）。而且，我们认为，在金融市场税收管理中，税制因素（ω、θ、π）将直接决定与影响其他变量，因此，完善税制是税务机关提高金融市场税收征收率，治理税收流失的关键。

（1）当存在国内税法盲区时（对于某种新型金融衍生品的收益还没有对应的税法规定），征收率为零。其运行机理为：税法盲区（$\omega_0 = 0$，$\theta_0 = 0$，$\pi = 0$）→查获率为零（因为无征税的法律依据，即 $\alpha = 0$，$\beta = 0$，故 $P = P(\alpha, \beta) = 0$）→ $x^* = \omega$（应税收入全额逃税）→ $V = 0$（征收率为零）。

（2）当存在国内税法选择区时（纳税人利用金融衍生品之间的变换，在不同的应税收益及税收待遇之间进行选择避税），征收率将下降。其运行机理为：税法选择区（$\omega_1 \neq \omega_2$，$\theta_1 > \theta_2$，$\pi_1 > \pi_2$）→纳税人选择行为（将 ω_1 转变为 ω_2，θ_1 转变为 θ_2，π_1 转变为 π_2）→查获率下降（虽然 $\alpha > 0$，$\beta > 0$，但由于避税的合法性，存在征纳双方的博弈，故实际查获率 p^* 将低于理论查获率 p，即 $0 < P^*(\alpha、\beta) < p \to x^* = (\omega_1 - \omega_2)$（应税收入部分避逃税）→ $V^* \downarrow$（征收率下降）。

（3）当存在国际间税法争议区时（纳税人利用金融衍生品之间的变换，在不同国家的应税收益及税收待遇之间进行选择避税），征收率的变化将不确定。其运行机理为：国际间税法选择区（$\omega_3 \neq \omega_4$，$\theta_3 > \theta_4$，$\pi_3 > \pi_4$）→纳税人选择行为（将 ω_3 转变为 ω_4，θ_3 转变为 θ_4，π_3 转变为 π_4）→查获率的变化不确定。虽然 $\alpha > 0$，$\beta > 0$，但由于国际避税的合法性，存在征税国家之间以及征纳方的多方博弈，故实际查获率 p^* 将不等于理论查获率 p，即 $0 < P^*(\alpha、\beta) \neq p \to x^* = (\omega_3 - \omega_4)$（应税收入部分避逃税）→ $V^* \downarrow \uparrow$（征收率的变化将不确定）。

综上所述，金融市场税收管理的特殊性决定了税制因素将直接决定与影响其他变量，因此，完善税制和参与国际税收协调是税务机关提高金融市场税收征收

---

①② 康昕：《试论税收数据的进一步加工、合成与应用》（工作论文），2005 年。

率，治理税收流失的重要路径。

🌿 三、金融市场税收管理的机制

（一）金融市场税收管理的原则

税收征管是税收制度实施的重要保障，优化税收征管的目的在于建立起有效的税收制度实施机制，促使纳税人诚实地依法纳税，进而保证政府税收政策目标的实现。为此，我们应该遵循整体性、配套性的原则，构建起高效严密的金融市场税收管理的机制。

1. 系统性原则

税收制度与税收征管是互为前提、相互支持、相互制约的。如本节第二部分的分析所示，税收征管与税制的同步优化对于金融市场税收管理显得更为重要。为此。系统性原则要求从整个金融市场税制优化的角度来进行税收征管的优化，要把金融市场税收征管模式、征管方法、征管技术等的选择同金融市场税种设计、税制结构设计、税负设计等有机地结合起来，才能即使税收征管"有法可依，有据可管"，又能保证税制的顺利实施。

2. 配套性原则

配套性原则是指在优化税收征管的同时，对有效实施税收征管的配套条件进行优化。金融市场的市场环境（包括法律制度、交易制度、监管制度、管理技术系统等）与税收制度的内部要素（包括税法、税收征管人员素质、纳税人素质）的质量对于金融市场税收管理机制的有效运作密切相关。因此，必须配套优化，才能实现税收管理目标。

（二）金融市场税收管理机制的构造

要实现税制目标，必须构建高效严密的金融市场税收管理机制。它应该由以下子系统构成：（1）税务日常管理机制。主要由税务登记、纳税鉴定、纳税申报、税款缴纳等制度构成。（2）涉税信息获取与交流机制。在国内税收征管中，通过加强与金融市场监管体系的联系，获取涉税信息；在国际税收征管中，通过加强与国际组织、国家集团、相关国家以及国际金融市场管理体系的联系，获取涉外税务信息。为加强日常税务管理与实施稽查提供信息基础。（3）服务与奖励机制。税务服务与奖励是税务管理的激励工具。通过周到的服务机制，维护纳税者的权利，提高缴税率；通过多元化的奖励机制，实施精神奖励与物质奖励，提高纳税得益，激励纳税行为。（4）稽查与处罚机制。税务稽查与处罚是税务管理的惩罚工具。通过高效的稽查机制，提高查获率，发现偷逃税行为；通过严厉的处罚机制，提高违法成本，抑制偷逃税行为。（5）税务争议协调机制。税务争议协调机制包括征纳双方之间的税务争议协调与各国征税权主体之间的税务争议协调。前者主要通过税务行政复议与税务诉讼制度来实现；后者主要通过国际税务组织与国际税收协定来实现。

第二节　金融市场税收管理体系强化探索

随着全球经济一体化的发展，金融市场全球一体化的进程不断加快，国际金融资本迅猛发展。据统计，在外国投资年平均总流出（流入）量中，证券投资比重从 1976 年至 1980 年期间的 36%（55%）左右猛增到 1991 年至 1995 年期间的 62%（71%）左右。[①] 金融市场全球一体化既充满机会，也充满风险。金融市场全球一体化所带来了税务管理冲击日益受到全世界的关注。本节将剖析国际金融交易对税收管理的冲击，比较各种解决方案，阐述选择实施国际课税权方案的合理性与可行性。

一、国际金融交易对金融市场税收管理体系的挑战

由于国际金融市场的一体化与复杂化（创新金融工具不断出现），国际金融资本流动频繁，以及政府的管理工具滞后于金融市场技术等原因，国际金融交易对金融市场税收管理体系带来了严重的冲击，使税收监控与税收待遇面临重重困难。

（一）税收待遇处理的困难

对设立机构的跨国金融交易的税收冲击主要表现为难以按传统的税收惯例进行处理。

1. 所得的归属问题

在金融衍生商品交易所得发生后，由于金融衍生商品交易一般采用互相冲账（offsetting）的方式来支付相关费用，该所得在各国税务当局之间如何划分，还是一个没有明确的问题。这主要是因为金融衍生商品交易并不只局限于某一金融市场，而是通过各金融机关的子公司、支店等在全世界各金融市场进行交易。例如，位于中国香港的 A 公司与位于日本的 B 公司进行"互换货币协议"（swap）交易，交易地点为伦敦，此时，三个相关联的税务当局：中国香港、日本、英国都有可能对该所得主张拥有征税权，因而形成两重课税甚至三重课税。

2. 代表处、常设机构的课税问题

按照现行《OECD 税收协定》第 7 条的解释以及众多的国内法的规定，各代表处、常设机构从事业务而产生的所得，原则上应归属于代表处、常设机构，所在地国拥有优先的课税主权。但是这种原则如果也适用于金融衍生商品交易所得，就会产生在支店、常设机构的课税问题上理论与客观事实的严重冲突。

从现有的金融衍生商品交易的操作方式来看，这种全球交易一般可分为三种形式：（1）全世界 24 小时交易型。例如，位于纽约的某一金融机构，在纽约证券交易所营业时，本身拥有的各种交易在纽约证券市场进行，当纽约市场关闭

---

① 鲍灵光：《全球化环境中的金融资本课税：预提税的作用》，载于《涉外税务》2000 年第 3 期。

后，再把未完成的交易通过电脑等转移到东京证券市场继续进行交易、这样就可以保证24小时内随时都可以进行交易。（2）中央集权型交易。例如：美国的金融公司在纽约设立总公司，在其他各国相应设立分公司，交易内容由纽约总公司中管理，纽约总公司只是在其子公司所在金融市场开业时限定性地给子公司一些交易。（3）地方分权型交易。位于世界各地的子公司、支店不受总公司的控制，可以自由地签订合同进行交易，但这种交易多依存于总公司、支店的业务支持。

基于以上的三种交易方式，对于金融衍生商品的交易所得，目前普遍认为：可能有三种方式来决定其所得归属：（1）买卖业务说。这种方法认为，金融衍生商品交易所得的创出，是从顾客签订合同时开始的，与顾客签订合同的经济实体具有很大的贡献，因而所得全部应该归属于该经济实体。（2）商业业务说。在金融衍生商品交易过程中，交易的收益、风险的处理都在交易的过程中实现，因此该所得都应该归属于实质进行交易的经济实体。（3）全体业务说。金融衍生商品交易所得是各经济实体协同操作的结果，该所得也应该按照对所得创出的贡献度大小来均衡分派。

目前，金融衍生商品交易多为24小时交易型，某一交易并不局限于在某一代表处、常设机构内进行，而是涉及众多的关联企业，因为，归属于一国税收管辖权下的营业机构以自身名义签订的业务合同有可能通过金融交易全球化活动延伸到归属于其他国家税收管辖权下的营业机构（这些营业机构通常位于不同的时区）。在这种情况下，如果相关国家的税务机构都按传统的常设机构原则进行征税，则会导致对常设机构所得利润多重征税的问题，因而税收竞争与合作问题在所难免。

3. 转让价格的调整问题

传统的独立核算原则在金融衍生品的征税领域遇到了挑战。例如，假定一个X国的公司与它在Y国的分支机构从事衍生证券交易，作为一种避税策略，双方可能达成一些偏离市场通行规定的条款。对这些问题的解决办法只有适用公平交易原则，或者在X国和Y国的国内法中，或者在它们之间的所得税协定中对此予以规定。但是，假定X国的公司与Y国的公司都与一个不相关的避税地Z国银行进行衍生证券的交易，根据交易的条款，这些交易可能在场外进行。这些条款可能使得Z国银行不受损害（在一个合约上的损失，在另一个合约上获得），但却减少了X国和Y国的公司的总的税收负担。

对这一问题的解决将涉及对独立核算原则的更复杂地应用，需要解决如何对金融交易全球化活动中的联属企业的转让定价进行征税？哪些收入和支出可以被包括在内？以什么标准来确认收入或支出？以什么标准来确认归属于不同国家税收管辖权的收入和利润等一系列问题。

（二）税收监控的困难

跨国金融交易的另一税收冲击主要表现为难以实施有效的税收监控。在居住国与非居住国双方分享征税权的模式下，非居住国政府实施地域管辖权，从源课征预提税的方式在相当程度上难以实施；而居住国政府要有效的实施居民管辖权更变得愈来愈困难，因为跨国投资者可将其从来源国汇出的所得长期保存在无税或低税的国际避税地，然后再流向全球，最终还可能以免税的形式汇回居住国，从而逃避居住国居民管辖权的管辖。

1. 跨国金融交易对地域管辖权的冲击

从收入来源国所实施的地域管辖权来看，对金融基础工具的投资收益，能够较有效地课征预提税。然而，要对金融衍生工具的投资收益课税就较为困难。从理论上讲，一国居民向非居民所作的衍生证券支付代表所得从课税国家流出，因而全部应该征收预提税。但是，这种理念难以在实践中得以贯彻。其原因在于：第一，它要求各国对向非居民的所有衍生工具支付都课税。在实践中，OECD 中只有少数国家对互换支付征收预提税，而对期权、期货和期货合同支付不征。然而，互换不是一个独特的金融工具品种，任何互换工具能够实现的经济结果，通过一种或多种期权、期货或期货合同也能实现。因而，对互换支付课征预提税，对其他衍生证券支付免征预提税，其结果是扭曲衍生证券的国际交易，并可能征不到任何税收。第二，它可能造成税基的消失。在许多情况下，对衍生证券支付征收预提税可能使衍生证券交易无利可图，从而使得交易不发生，因此也消除了课税的可能。例如，假定本国银行体系发达，本国居民也许同本国的银行互换。如果本国没有金融机构以有利条款提供互换合约，则本国居民就会不与本国银行签订互换，也就减少了本国的税收。在没有预提税的情况下，居民可能签订互换合约以减少利率成本，如果预提税使得互换无利可图，则使用互换会导致借款成本更高，在扣除利息以后，应税所得也会下降。所以，预提税的净结果是减少税收收入。

在各国普遍对衍生金融工具的支付不征收预提税的情况下，纳税人可以利用衍生金融工具交易逃避对金融基础工具的投资收益（股息与利息）的预提税。例如，如果 X 国居民拥有 Y 国公司的股票，股票 A 的股息可能要课征 Y 国的预提税。然而，X 国的居民通过购买 X 国一公司股票，同 Y 国一银行签订一股权互换协议，互换 X 国公司股票的现金流与 Y 国公司股票的现金流，这样在不缴纳预提税的情况下也能获得同样的经济结果。最终导致收入来源国金融基础工具的投资收益的预提税也流失。

2. 跨国金融交易对居民管辖权的冲击

跨国金融交易将对居民管辖权的产生更强烈的冲击。目前，在世界上存在着许多有利于跨国金融公司活动的国际避税地。这些避税地能提供许多与金融投资经营活动有联系的良好条件，如规避外汇管制、保守金融秘密、降低税收负担等。一些避税地区已成功的步入发达国家或地区的行列，如作为重要的金融中心而发挥作用的新加坡和中国香港。跨国公司可以通过在避税地设立的国际金融公司逃避或减轻对于交易所征收的股息、利息、租金等所得的所得税和资本利得税。

另外，跨国公司还可以通过实体形式的创新和股权创新进行避税。实体形式的创新体现在跨国公司的一些复杂的融资结构方面，如项目融资、ABS（资产支持证券）以及杠杆租赁中，设计"特殊目的公司（SPV）"、特殊"信托"结构等，以尽可能达到风险最小、税负最轻和资金成本最低。股权创新则体现在直接发行的证券上设计一些特殊结构。最常见的是将债权和股权混合，如优先股、可转换债券、可回售股票（puttable stock）等。例如，1993 年美国出现的"月收入优先股"（MIPS）就是在考虑所得税后的一个特殊结构。在这个结构中，Texaco 公司的海外子公司在发行了优先股之后，接着向 Texaco 公司提供了一笔 100 年的贷款。该贷款利息对于 Texaco 是可以抵税的，同时，海外子公司收到的利息收入转到优先股股东手中而不必缴预提所得税，这是一种典型的避税结构。这一结构的关键在于有效地利用于美国的税法。1993 年，美国允许设立"有限生命公司"（limited life companies）。按美国的税法，此类公司可视为合伙制实体，其美国母公司向子公司支付利息时不必负担预提所得税。

因此，在使避逃税变得更为容易的金融市场全球化的环境下，如何最大限度地防止对国际金融投资收入流动的双边不课税（bilateral nontaxation），或至少应不少于一次全额课税（once full taxation）已成为国际税务管理的难题。

二、破解国际金融市场税务管理难题的方案比较

如果对国际金融交易课税的困难长期得不到解决，则日益加剧的税收漏损会造成侵蚀有关国家税基、弱化公平课税与效率课税、恶化国际税收竞争的负面效应。因此，国际组织与国外学者对如何解决国际金融市场的税务管理难题，提出了不同方案。

（一）维持现行国际税收协调框架的方案

对于国际金融交易课税的困难，经济合作发展组织主张在维持现行国际税收协调框架的基点下进行协调。它于 1997 年所发布的《关于金融机构全球征税草案》侧重对金融交易全球化的税收待遇问题进行了探讨。

1. 金融交易全球化的征税原则

该文件讨论了金融交易全球化的征税原则：（1）确定金融机构应税利润的原则。对于金融机构在全球化交易中的收入通常应尽可能按照经合组织 1995 年关于转让定价的文件规定确认，一般不采用利润归属原则。在没有其他合适的处理方法而采用利润归属原则时，对不同地区金融机构参与全球经营所得利润的分配中，应考虑以下因素：客户和经营者的报酬、市场风险、幕后交易、交易规模、资本、管理等。（2）常设机构原则。该文件建议采用经合组织范本所列示的一般处理方法。但是，金融交易全球化征税情况复杂多样，而经合组织文件对这一原则也没有具体的应用指南，如对于一国金融机构在他国的经营活动到什么程度上可算作是构成了常设机构未作具体解释；对于哪些收入和支出可以列支也未作说明，而且没有列出能被人们接受的利润计算公式。

2. 防范风险的策略

该文件专门讨论了金融交易和风险的管理策略：（1）利润分配法的采用。鉴于风险和风险管理的重要性以及与全球化经营的重要关系，在金融业采取全球统一的风险防范和管理措施的基础上，可以采用利润分配法。如果没有全球统一的风险防范措施，而只是在一国进行风险防范管理，那就不能用利润分配法，而只能用传统的独立核算法，因为这将会涉及费用、报酬、成本加成等诸多因素。（2）常设机构风险的防范。目前，最好办法是通过经纪人或代理人（第三方）来开展金融交易全球化的业务活动，从而使归属与一国税收管辖权以下的营业机构可以按照归属于另一国税收管辖权一方的要求从事某些金融交易，并且按市场正常价格收取适当的费用，以避免常设机构可能带来的风险。①

（二）提高收入来源国预提税的方案

近年来，西方学者和一些涉及利息和股息流动的国家提出了通过提高收入来源国的预提税来防止逃税的建议。他们认为，在一个金融市场日趋一体化和资本流动不断加快的世界里，要在现行国际税收实践中和各国税务当局之间开展合作和信息交流的状态下做到对利息和股息的跨国界流动的有效课税已变得越来越困难。在对具有流动性的资本收益的课税方面所能觉察的漏损程度使人们对限制来源国在这些收益上的课税权的现行国际税制的适应性提出质疑。为此，应赋予来源国更多的课税权，通过提高来源国的预提税使课税重心从居住国向来源国转移可能是对付逃税活动的最简单而又最直接的一种方法，因为预提税具有能够有效地捕捉到跨国流动的消极所得与税收管理简便的优点。当然，预提税也具有违背横向公平而造成扭曲，导致国际间的税收收入再分配和其他外溢效应，还容易使非参与国蒙受损失的缺陷。②

（三）取消预提税并加强各国之间信息交流的方案

国际间的另一种观点认为，通过对利息征收较高的预提税以便反避逃税的方法并不容乐观，例如 20 世纪 80 年代末德国的经历说明单方面提高预提税税率会引起严重的资本外逃。而对国际证券利息征税的较好方法是取消预提税并通过改善各国之间的信息交流和反对银行保密法及避税港，努力降低避逃税的可能性。③

（四）建立国际性税收组织的方案

还有一些西方学者认为，面对新的金融市场证券（衍生物及其他外国证券）给税收管理带来的复杂问题，各国税务机关的处理能力滞后于金融市场技术的发展，因此，需要世界建立一个"国际税务组织"，专门负责监督或影响具有跨国外部效应的税收事务。该机构的任务是对具有跨国外部效应的税收进行监督、提

---

① 里察德·库利等：《金融交易全球化的税收待遇》，载于《税收译丛》1998 年第 2 期。
② 鲍灵光：《全球化环境中的金融资本课税：预提税的作用》，载于《涉外税务》2000 年第 3 期。
③ 阿里克思伊森：《论国际所得课税》，载于《税收译丛》2000 年第 1 期。

出税收政策和税务管理标准，发布信息，并提供讨论的论坛。而且该机构还具有征税职能，由它负责征收那些由各国单独征收无法征到的税，将这些税收用于提供国际公共商品，或返还给这些国家。[①]

🌿 三、破解国际金融市场税务管理难题的路径选择

比较上述各种方案，我们认为，通过成立国际税收组织，实施国际课税权来解决国际金融交易征税困难是既具合理性又具可行性的最佳方案。

（一）实施国际课税权的必然性分析

从实施国际课税权的必然性来考察，世界各国经济的发展演化决定着税基的变化，而税基的变化将决定与影响课税权主体与方式的演变。伴随着世界经济的发展，课税权主体与协调方式也必然从低级形式向高级形式发展。

表 15 - 1　　　　　　经济形态—税基—征税权主体之间的演变

经济形态	税基的区域性质	课税权主体与协调
封闭经济	土地—区域固定性	本国政府征税
一定程度的开放经济	跨国商品流转额——跨国时空性	本国政府征税 国际组织协调（WTO）
	跨国所得额——跨国流动性	相关国家政府征税与协调 （如双边税收协定）
区域经济一体化（例如欧盟）	跨国商品流转额	区域集团征税与协调
	跨国所得额	本国政府征税 区域集团协调
互联网下的全球经济一体化	世界性税基	国际税务组织征税与国家征税并存

我们认为，如果以经济形态的开放程度为标准，则经济形态——税基——征税权主体之间的演变经历了以下几个阶段：

1. 国家绝对课税权时代

在漫长的奴隶社会与封建社会的封闭经济形态下，主要的课税客体（税基）是土地与依附于土地的人，经济形态的封闭性与税基的固定性决定了一国政府对本国境内的土地（农作物）与人丁具有绝对的征税权，一般不受其他国家的影响。

2. 国家相对课税权时代

当世界步入资本主义的商品经济时代之后，大部分国家都处于一定程度的开

---

① 维托·坦兹：《经济全球化对税收的影响》，载于《税收译丛》1999 年第 1 期。

放经济形态下，跨国商品流转额与跨国收益所得这类征税对象所引发的国家税收之间的冲突与国际协调在一定程度上弱化了一国政府的税收管辖权。突出表现为：一是为了缓解各国"关税战（高关税壁垒）"，促进国际贸易的发展，国际性关税组织（关贸总协定）应运而生，从而制约了成员国课征关税的水平；二是为了消除与减轻国际重复征税，促进国际资本与人才的流动，相关国家纷纷签订具有国际公法性质的双边国际税收协定，从而约束相关国家的税收管辖权，因此一国政府仅拥有相对课税权。

3. 区域集团课税权与国家相对课税权并存时代

以欧盟为代表的区域国家集团已进入了这一时代。随着欧盟经济一体化进程的发展，欧盟在 20 世纪 60 年代就建立了关税同盟，各成员国按统一的税率对外计征关税，关税收入由集团统一安排使用，因此关税同盟具有集团为征税权主体的性质。虽然，在所得税等税种方面，各成员国还拥有课税自主权，但随着欧元的正式启用，货币政策的国家自主性已消失，税收政策已成为国家主权的最后一道防线，它最终也将趋于集团一体化。

4. 国际课税权与国家相对课税权并存时代

伴随着经济全球化的发展，税基已分化为"国家税基"与"世界性税基"两大类，国家课税权只能与"国家税基"相适应；而只有国际课税权才能与"世界性税基"相适应。这是由于"世界性税基"与"国家税收框架"（主权国家的税收制度与政策）的矛盾冲突所决定的。一方面，互联网的高度发达使得巨额资本交易、商品劳务交易以及数字化产品交易在全球内的转移瞬间完成，并游离于传统的课税手段之外，成为具有超流动性的、难以界定"国籍"的世界性税基（如国际金融投资收益与电子商务交易收益）；另一方面，在"国家税收框架"下，各国政府面对这种超流动性的世界性税基，或强化与坚持各自的税收管辖权，但客观上难以实施，造成税收漏损；或有意削弱各自的税收管辖权（减税或免税），以吸引这类世界性税基，加剧恶性税收竞争。这二者所导致的税收跨国外部效应有悖于国际税收公平原则与效率原则，将导致世界经济福利的下降。"世界性税基"与"国家课税权"的矛盾就好似"公与私"的矛盾，如果我们仍然立足于"私"（国家税收的框架内）寻求修修补补的解决方法（如方案 1、2、3）则是无法适应世界性税基的国际公共性质的，而应该顺应客观经济发展规律，成立权威性国际税收组织，依据国际法授予的权力，实施国际征税权，负责征收、管理与分配具有跨国外部性的"世界性税基"，才能彻底解决"公与私"的矛盾冲突，促进世界经济的发展。

（二）实施国际课税权的可行性分析

从实施国际课税权的可行性来考察，国际税收组织可以通过对金融全球化交易行为与收益的课税实施国际课税权，并将其税收收入用于提供国际公共产品。

在公共收入环节，国际税收组织下的国际税制构成是：（1）对金融全球化交易行为课征"托宾税"。即由国际税收组织通过对国际间金融资产交易的流转额课征税率较低的交易税。（2）对金融全球化交易收益课征市场价值净额所得税。即由国际税收组织通过对国际间金融资产交易的、按市场价值调整的所得额课征税率较低的所得税。在公共支出环节，国际税收组织将其税收收入用于提供全球性公共产品（如用于联合国开支）。

这样做的优点在于：（1）能够较好地解决国际金融投资的税务难题。一方面，从源扣缴的国际税制能够较好地防止国际金融投资的避逃税活动；另一方面，简便易行的国际税制（交易流转税）可以简化征管制度，解决金融全球化交易的税收待遇难题。（2）能够较好地发挥国际税收的筹资职能。据联合国开发计划署估算，如果开征 0.05% 的托宾税，全球一年将可征税 1 500 亿元，[①] 以便用于国际反贫困及环保事业。（3）能够较好地发挥国际税收的调节经济职能。征收托宾税可通过增加频繁进行短期金融交易资金的成本来冷却跨国投机性的资本流动，从而减少短期国际资本流动规模，降低国际金融风险。

综上所述，我们认为成立国际税收组织，实施国际课税权，开征"托宾税"与市场价值净额所得税是破解国际金融市场税务管理难题的次优路径选择。

---

① 黄吴等：《过渡性工具——实施托宾税遏制短期资本流动可行性评述》，载于《国际贸易》2001年第 5 期。

参 考 文 献

[1] Arin K. Peren, Abdullah Mamun, Nanda Purushothman (2009). The effects of tax policy on financial markets: G3 evidence. Review of Financial Economics, Volume 18, Issue 1, January 2009, Pages 33 – 46.

[2] Andrew R. Aziz, Eliezer Z. Prisman (2000). After-tax term structures of real interest rates: Inferences from the UK linked and non-linked gilt markets. Journal of Banking & Finance, Volume 24, Issue 9, Pages 1433 – 1455.

[3] Alan D. Viard (2000). Dynamic asset pricing effects and incidence of realization-based capital gains taxes. Journal of Monetary Economics, Volume 46, Issue 2, Pages 465 – 488.

[4] Alworth. J (1998). Taxation and Integrated Financial Markets: The Challenges Of Derivatives and Other Financial Innovations, International Tax and Public Finance, vol. 5.

[5] Amy v. Puelz (1994). The individual's tax-exempt bond portfolio decision under income uncertainty. Financial Services Review, Volume 3, Issue 1, Pages 59 – 73.

[6] Alberto Giovannini (1990). International capital mobility and capital-income taxation theory and policy. European Economic Review vol. 34, North-Holland.

[7] Assa Birati, Alex Cukierman (1979). The redistributive effects of inflation and of the introduction of a real tax system in the U. S. bond market. Journal of Public Economics, Volume 12, Issue 1, Pages 125 – 139.

[8] Berthold U. Wigger (2009). A note on public debt, tax-exempt bonds, and Ponzi games. Journal of Macroeconomics, Volume 31, Issue 3, Pages 492 – 499.

[9] Been-Lon Chen, Yeong-Yuh Chiang, Ping Wang (2005). Evaluation of interest tax policies in a model of finance and growth. Journal of Macroeconomics, Volume 27, Issue 3, Pages 533 – 552.

[10] Ben Amoako-Adu, M. Rashid, M. Stebbins (1992). Capital gains tax and equity values: Empirical test of stock price reaction to the introduction and reduction of capital gains tax exemption. Journal of Banking & Finance, Volume 16, Issue 2, Pages 275 – 287.

[11] Bradford D. Jordan, Susan D. Jordan (1991). Tax options and the pricing of treasury bond triplets: Theory and evidence. Journal of Financial Economics, Volume 30, Issue 1, Pages 135 – 164.

[12] Christian Keuschnigg, Soren Bo Nielsen (2004). Start-ups, venture capitalists, and the capital gains tax. Journal of Public Economics, Volume 88, Issue 5, Pages 1011 – 1042.

[13] Charles Ka Yui Leung, Guang-Jia Zhang. Inflation and capital gains taxes in a small open economy. International Review of Economics & Finance, Volume 9, Issue 3, Pages 195 – 208.

[14] Catalyst Institute (1995). Securities transaction taxes-false hopes and unintended consequences, Edited by Suzanne Hammond, 1995.

[15] Cummins J. David, Elizabeth Grace (1994). Tax management and investment strategies of property-liability insurers. Journal of Banking & Finance, Volume 18, Issue 1, Pages 43 – 72.

[16] Dean Hanlon, Sean Pinder (2007). An empirical investigation of whether Australian capital gains tax reforms influence individual investor behaviour. Pacific-Basin Finance Journal, Volume 15, Issue 5, Pages 481 – 493.

[17] David A. Guenther, Michael Willenborg (1999). Capital gains tax rates and the cost of capital for small business: evidence from the IPO market. Journal of Financial Economics, Volume 53, Issue 3, Pages 385 – 408.

[18] Duane Stock (1994). Term structure effects on default risk premia and the relationship of default-risky tax-exempt yields to risk-free taxable yields—a note. Journal of Banking & Finance, Volume 18, Issue 6, Pages 1185 – 1203.

[19] Don Fullerton (1987). The indexation of interest, depreciation, and capital gains and tax reform in the United States. Journal of Public Economics, Volume 32, Issue 1, Pages 25 – 51.

[20] David C. L. Nellor (1985). Tax policy, regulated interest rates, and saving. World Development, Volume 13, Issue 6, Pages 725 – 736.

[21] David De Meza, David C. Webb (1989). The role of interest rate taxes in credit markets with divisible projects and asymmetric information. Journal of Public Economics, Volume 39, Issue 1, Pages 33 – 44.

[22] David H. Howard, Karen H. Johnson (1982). Interest rates, inflation, and taxes: The foreign connection. Economics Letters, Volume 9, Issue 2, Pages 181 – 184.

[23] Eliakim Katz, Eliezer Z. Prisman (1997). Tax arbitrage in government bonds: A suggested methodology with policy implications. Journal of Banking & Finance, Volume 21, Issue 8, Pages 1065 – 1083.

[24] Eliezer Z. Prisman, Gordon S. Roberts, Yisong Tian (1996). Optimal bond trading and the tax-timing option in Canada. Journal of Banking & Finance, Volume 20, Issue 8, Pages 1351 – 1363.

[25] Eliezer Z. Prisman (1990). Bond pricing in markets with taxes: The tax-clientele model vs. the non-clientele model. Journal of Banking & Finance, Volume 14, Issue 1, Pages 33 – 39.

[26] Eric C. Chang, J. Michael Pinegar (1986). Return seasonality and tax-loss selling in the market for long-term government and corporate bonds. Journal of Financial Economics, Volume 17, Issue 2, Pages 391 – 415.

[27] Frank H. Westerhoff, Roberto Dieci (2006). The effectiveness of Keynes-Tobin transaction taxes when heterogeneous agents can trade in different markets: A behavioral finance approach. Journal of Economic Dynamics and Control, Volume 30, Issue 2, Pages 293 – 322.

[28] Gerald Auten, David Joulfaian (2001). Bequest taxes and capital gains realizations. Journal of Public Economics, Volume 81, Issue 2, Pages 213 – 229.

[29] Gregory Noronha, Stephen P. Ferris (1992). Capital gains tax policy and the behavior of common stock returns. Economics Letters, Volume 40, Issue 1, Pages 113 – 117.

[30] George M. Constantinides, Jonathan E. Ingersoll (1984). Optimal bond trading with personal taxes. Journal of Financial Economics, Volume 13, Issue 3, Pages 299 – 335.

[31] Harry Grubert (1998). Taxes and the division of foreign operating income among royalties, interest, dividends and retained earnings. Journal of Public Economics, Volume 68, Issue 2, Pages 269 – 290.

[32] Junbo Wang, Chunchi Wu, Frank X. Zhang (2008). Liquidity, default, taxes, and yields on municipal bonds. Journal of Banking & Finance, Volume 32, Issue 6, Pages 1133 – 1149.

[33] John B. Shoven, Clemens Sialm (2004). Asset location in tax-deferred and conventional savings accounts. Journal of Public Economics, Volume 88, Issues 1 – 2, Pages 23 – 38.

[34] Jack Mintz, Michael Smart (2002). Tax-exempt investors and the asset allocation puzzle. Journal of Public Economics, Volume 83, Issue 2, Pages 195 – 215.

[35] James M. Poterba, Kim S. Rueben (2001). Fiscal News, State Budget Rules, and Tax-Exempt Bond Yields. Journal of Urban Economics, Volume 50, Issue 3, Pages 537 – 562.

[36] Jim A. Seida, William F. Wempe (2000). Do capital gain tax rate increases affect individual investors' trading decisions? Journal of Accounting and Economics, Volume 30, Issue 1, Pages 33 – 57.

[37] Jane G. Grave lle (1994). The Economic Effects of Taxing Capital income. The MIT Press Cambridge, Massachusetts London, England.

［38］Jane. G. Gravelle（1994）. The Economic effects Of Taxing capital income, Cambridge, Massachusetts London, England.

［39］James M. Poterba（1989）. Tax reform and the market for tax-exempt debt. Regional Science and Urban Economics, Volume 19, Issue 3, Pages 537 – 562.

［40］James M. Snyder, Gerald H. Kramer（1988）. Fairness, self-interest, and the politics of the progressive income tax. Journal of Public Economics, Volume 36, Issue 2, Pages 197 – 230.

［41］James M. Poterba（1987）. How burdensome are capital gains taxes?: Evidence from the United States. Journal of Public Economics, Volume 33, Issue 2, Pages 157 – 172.

［42］Jonathan I. Leape（1987）. Taxes and transaction costs in asset market equilibrium. Journal of Public Economics, Volume 33, Issue 1, Pages 1 – 20.

［43］Josef Zechner, Peter Swoboda（1986）. The critical implicit tax rate and capital structure. Journal of Banking & Finance, Volume 10, Issue 3, Pages 327 – 341.

［44］Joe Peek, James A. Wilcox（1986）. Tax rate effects on interest rates. Economics Letters, Volume 20, Issue 2, Pages 183 – 186.

［45］Jeffrey L. Skelton（1983）. Banks, firms and the relative pricing of tax-exempt and taxable bonds. Journal of Financial Economics, Volume 12, Issue 3, Pages 343 – 355.

［46］James C. Van Horne（1982）. Implied tax rates and the valuation of discount bonds. Journal of Banking & Finance, Volume 6, Issue 2, Pages 145 – 159.

［47］Kingsley Y. L. Fong, David R. Gallagher, Sarah S. W. Lau, Peter L. Swan（2009）. Do active fund managers care about capital gains tax efficiency? Pacific-Basin Finance Journal, Volume 17, Issue 2, Pages 257 – 270.

［48］Katiuscia Mannaro, Michele Marchesi, Alessio Setzu（2008）. Using an artificial financial market for assessing the impact of Tobin-like transaction taxes. Journal of Economic Behavior & Organization, Volume 67, Issue 2, Pages 445 – 462.

［49］Kanhaya L. Gupta（1992）. Interest rates, income taxes and anticipated inflation: Some new evidence. Journal of Banking & Finance, Volume 16, Issue 5, Pages 973 – 981.

［50］Kanhaya L. Gupta（1992）. Interest rates, income taxes and anticipated inflation: Some new evidence. Journal of Banking & Finance, Volume 16, Issue 5, Pages 973 – 981.

［51］Li Wei（2009）. Ruin probability in the presence of interest earnings and tax payments. Insurance: Mathematics and Economics, Volume 45, Issue 1, Pages

133 – 138.

［52］ Lawrence Kryzanowski, Kuan Xu （1997）. Long-term equilibria of yields on taxable and tax-exempt bonds. International Review of Economics & Finance, Volume 6, Issue 2, Pages 119 – 143.

［53］ Lorenzo Garlappi, Jennifer Huang （2006）. Are stocks desirable in tax-deferred accounts? Journal of Public Economics, Volume 90, Issue 12, Pages 2257 – 2283.

［54］ Martin Lally, Alastair Marsden （2004）. Tax-adjusted market risk premiums in New Zealand: 1931 – 2002. Pacific-Basin Finance Journal, Volume 12, Issue 3, Pages 291 – 310.

［55］ Mark H. Lang, Douglas A. Shackelford （2000）. Capitalization of capital gains taxes: evidence from stock price reactions to the 1997 rate reduction. Journal of Public Economics, Volume 76, Issue 1, Pages 69 – 85.

［56］ Michael C. Ehrhardt, James V. Jordan, Eliezer Z. Prisman （1995）. Tests for tax-clientele and tax-option effects in U. S. treasury bonds. Journal of Banking & Finance, Volume 19, Issue 6, Pages 1055 – 1072.

［57］ Michael Grossman, Fred Goldman, Susan W. Nesbitt, Pamela Mobilia （1993）. Determinants of interest rates on tax-exempt hospital bonds. Journal of Health Economics, Volume 12, Issue 4, Pages 385 – 410.

［58］ McClure Jr J. Harold （1992）. Does reducing the capital gains tax rate raise or lower investment? Economics Letters, Volume 40, Issue 2, Pages 207 – 210.

［59］ Mark Fedenia, Theoharry Grammatikos. Portfolio rebalancing and the effective taxation of dividends and capital gains following the Tax Reform Act of 1986. Journal of Banking & Finance, Volume 15, Issue 3, Pages 501 – 519.

［60］ Martin Feldstein, Shlomo Yitzhaki （1978）. The effects of the capital gains tax on the selling and switching of common stock. Journal of Public Economics, Volume 9, Issue 1, Pages 17 – 36.

［61］ Peter Schwarz （2009）. Why are countries reluctant to exchange information on interest income? Participation in and effectiveness of the EU Savings Tax Directive. International Review of Law and Economics, Volume 29, Issue 2, Pages 97 – 105.

［62］ Paolo Pellizzari, Frank Westerhoff （2009）. Some effects of transaction taxes under different microstructures. Journal of Economic Behavior & Organization, Volume 72, Issue 3, Pages 850 – 863.

［63］ Pengguo Wang （2003）. Choosing a valuation operator for pricing assets with long-short spreads: the impact of transaction costs and taxes. The British Accounting Review, Volume 35, Issue 3, Pages 199 – 214.

[64] Pettit R. Richardson (1977). Taxes, transactions costs and the clientele effect of dividends. Journal of Financial Economics, Volume 5, Issue 3, Pages 419 – 436.

[65] Peter A. Diamond (1970). Incidence of an interest income tax. Journal of Economic Theory, Volume 2, Issue 3, Pages 211 – 224.

[66] Robert L. McDonald (2004). The tax (dis) advantage of a firm issuing options on its own stock. Journal of Public Economics, Volume 88, Issue 5, Pages 925 – 955.

[67] Roni Michaely, Jean-Luc Vila, Jiang Wang (1996). A Model of Trading Volume with Tax-Induced Heterogeneous Valuation and Transaction Costs. Journal of Financial Intermediation, Volume 5, Issue 4, Pages 340 – 371.

[68] Robert J. Shiller, Franco Modigliani (1979). Coupon and tax effects on new and seasoned bond yields and the measurement of the cost of debt capital. Journal of Financial Economics, Volume 7, Issue 3, Pages 297 – 318.

[69] Sheen Liu, Jian Shi, Junbo Wang, Chunchi Wu (2007). How much of the corporate bond spread is due to personal taxes? Journal of Financial Economics, Volume 85, Issue 3, Pages 599 – 636.

[70] Stuart Landon (2009). The capitalization of taxes in bond prices: Evidence from the market for Government of Canada bonds. Journal of Banking & Finance, Volume 33, Issue 12, Pages 2175 – 2184.

[71] Suleyman Basak, Benjamin Croitoru (2001). Non-linear taxation, tax-arbitrage and equilibrium asset prices. Journal of Mathematical Economics, Volume 35, Issue 2, Pages 347 – 382.

[72] Shing-yang Hu (1998). The effects of the stock transaction tax on the stock market-Experiences from Asian markets. Pacific-Basin Finance Journal, Volume 6, Issues 3 – 4, Pages 347 – 364.

[73] Steven R. Umlauf (1993). Transaction taxes and the behavior of the Swedish stock market. Journal of Financial Economics, Volume 33, Issue 2, Pages 227 – 240.

[74] Todd Sinai, Joseph Gyourko (2004). The asset price incidence of capital gains taxes: evidence from the Taxpayer Relief Act of 1997 and publicly-traded real estate firms. Journal of Public Economics, Volume 88, Issues 7 – 8, Pages 1543 – 1565.

[75] Thomas J. Chemmanur, S. Abraham Ravid (1999). Asymmetric Information, Corporate Myopia, and Capital Gains Tax Rates: An Analysis of Policy Prescriptions. Journal of Financial Intermediation, Volume 8, Issue 3, Pages 205 – 231.

[76] Timothy W. Koch, Duane Stock (1997). An analysis of implied tax rates

on long-term taxable and tax-exempt bonds. Journal of Business Research，Volume 38，Issue 2，Pages 171 – 176.

［77］ Tanzi，Vito（1995）. Taxation in an Integrating Word，Washington，D. C. The Brookings Institution.

［78］ Thomas A. Barthold（1983）. In search of a test of investor capital gain realization behavior to capital gain tax rates. Economics Letters，Volume 12，Issue 2，Pages 187 – 191.

［79］ William T. Gavin，Finn E. Kydland，Michael R. Pakko（2007）. Monetary policy，taxes，and the business cycle. Journal of Monetary Economics，Volume 54，Issue 6，Pages 1587 – 1611.

［80］ Wayne R. Landsman，Douglas A. Shackelford，Robert J. Yetman（2002）. The determinants of capital gains tax compliance：evidence from the RJR Nabisco leveraged buyout. Journal of Public Economics，Volume 84，Issue 1，Pages 47 – 74.

［81］ William J. Crowder，Mark E. Wohar（1999）. The changing long-run linkage between yields on Treasury and municipal bonds and the 1986 Tax Act. Review of Financial Economics，Volume 8，Issue 2，Pages 101 – 119.

［82］ William T. Chittenden，Scott E. Hein（1999）. Tax rate changes and the long-run equilibrium relationship between taxable and tax-exempt interest rates. Journal of Economics and Business，Volume 51，Issue 4，Pages 327 – 346.

［83］ 阿兰·J·奥尔巴克、马丁·费尔德斯坦著，匡小平、黄毅译：《公共经济学手册》（第1卷），经济科学出版社2005年版。

［84］ 阿里克思伊森：《论国际所得课税》，载于《税收译丛》2000年第1期。

［85］ 安沃·沙赫主编，匡小平、张文春、罗宁等译：《促进投资与创新的财政激励》，经济科学出版社2000年版。

［86］ 鲍灵光：《全球化环境中的金融资本课税：预提税的作用》，载于《涉外税务》2000年第3期。

［87］ 蔡庆丰等：《我国基金课税制的若干问题探讨》，载于《首都经济贸易大学学报》2003年第6期。

［88］ 陈昌兵：《各地区居民收入基尼系数计算及其非参数计量模型分析》，载于《数量经济技术经济研究》2007年第1期。

［89］ 陈雨露、汪昌云：《金融文献通论》（微观金融卷），中国人民大学出版社2006年版。

［90］ 陈翎：《资产证券化：一种新型融资制度安排——访中国人民银行金融市场司副司长沈炳熙》，载于《中国金融》2006年第2期。

［91］ 陈希孺：《基尼系数及其估计》，载于《统计研究》2004年第8期。

［92］ 陈艳利、宋雷：《美国资产证券化的税收问题》，载于《辽宁经济》

2001 年第 12 期。

[93] 陈志楣：《我国期货市场增值税的处理方法》，载于《税务研究》2001年第 5 期。

[94] 成思危：《虚拟经济论丛》，民主与建设出版社 2003 年版。

[95] 成思危、刘骏民：《虚拟经济的理论与实践——第二届全国虚拟经济研讨会论文选》，南开大学出版社 2003 年版。

[96] 程永宏：《改革以来全国总体基尼系数的演变及其城乡分解》，载于《中国社会科学》2007 年第 4 期。

[97] 程永宏：《二元经济中城乡混合基尼系数的计算与分解》，载于《经济研究》2006 年第 6 期。

[98] 常华兵：《关于构建我国证券税制体系的设想》，载于《河北经贸大学学报》2000 年第 3 期。

[99] 邓伟利：《资产证券化：国际经验与中国实践》，上海人民出版社2003 年版。

[100] ［德］汉斯·沃纳斯恩：《资本所得课税与资源配置》，中国财政经济出版社 1998 年版。

[101] 董进：《中国宏观经济波动背后的政府因素分析》，中国金融出版社2009 年版。

[102] 段军山：《股市财富效应的多重解释——及对我国股市财富效应弱化的实证检验》，载于《上海经济研究》2005 年第 4 期。

[103] 杜莉：《论税收的金融效应与我国金融资产税收政策》，载于《金融研究》2006 年第 6 期

[104] 杜金富：《金融市场学》，中国金融出版社 2007 年版。

[105] 封建强：《衍生证券与新的金融工具的税收问题》，载于《税收译丛》2000 年第 6 期。

[106] 弗兰克·J·法博奇、弗朗哥·莫迪利亚尼著。唐旭等译：《资本市场：机构与工具》，经济科学出版社 1999 年版。

[107] 高铁梅、梁云芳、何光剑：《中国季度宏观经济政策分析——对宏观经济政策效应的模拟分析》，载于《数量经济技术经济研究》2007 年第 11 期。

[108] 高铁梅、刘玉红、王金明：《中国转轨时期物价波动的实证分析》，载于《中国社会科学》2003 年第 6 期。

[109] 高小萍：《税收对金融市场效率的作用分析》，载于《税务研究》2001 年第 6 期。

[110] 高永长：《资本增益课税与证券市场》，载于《财税研究》［台］1994 年第 2 期。

[111] 龚六堂：《公共财政理论》，北京大学出版社 2009 年版。

[112] 龚辉文：《税制竞争力初探》，载于《税务研究》2004 年第 2 期。

［113］龚六堂：《高级宏观经济学》，武汉大学出版社 2001 年版。

［114］谷秀娟：《金融市场——理论、机制与实务》，立信会计出版社 2007 年版。

［115］［日］古川令治、张明：《资产证券化手册》，中国金融出版社 2006 年版。

［116］顾六宝、肖红叶：《中国经济增长路径中的稳定状态推移的政策模拟——基于拉姆齐模型的实证研究》，载于《统计研究》2007 年第 4 期。

［117］顾六宝、肖红叶：《中国消费跨期替代弹性的两种统计估算》，载于《统计研究》2004 年第 9 期。

［118］郭颖真：《资产证券化下税收问题的比较研究》，载于《特区经济》2006 年第 11 期。

［119］郭庆旺等：《当代西方税收学》，东北财经大学出版社 1994 年版。

［120］郭庆旺、贾俊雪：《中国全要素生产率的估算：1979～2004》，载于《经济研究》2005 年第 6 期。

［121］郭特华等：《QFII 税收前瞻》，载于《杭州金融研修学院学报》2004 年第 11 期。

［122］郭根龙：《资产证券化实施的基础条件探讨》，载于《生产力研究》2003 年第 5 期。

［123］国家税务总局金融税收政策研究小组：《关于我国金融税收政策若干问题的研究》，载于《税务研究》2002 年第 11 期。

［124］韩学红、郑妍妍、伍超明：《对我国股票收益率与通货膨胀率关系的解释：1992～2007》，载于《金融研究》2008 年第 4 期。

［125］韩永文：《经济增长要向依靠消费、投资、出口协调拉动转变》，载于《宏观经济研究》2007 年第 7 期。

［126］何辉、尹音频：《调整利息税率对中国居民人均消费影响的实证分析——基于 1985～2008 年的经验数据》，载于《统计研究》2009 年第 6 期。

［127］何辉、尹音频、张清：《利息税的收入再分配效应研究——基于 2000～2007 年中国城镇居民调查数据》，载于《科研管理》2011 年第 5 期。

［128］郝春虹：《税收经济学》，南开大学出版社 2007 年版。

［129］何辉、尹音频、张清：《股息红利所得税的收入再分配效应研究》，载于《统计研究》2011 年第 6 期。

［130］何德旭：《银行不良资产证券化：若干判断与分析》，载于《财贸经济》2000 年第 8 期。

［131］何小锋、宋芳秀：《对资产证券化税收制度安排的博弈论分析》，载于《经济科学》2001 年第 6 期。

［132］何涛等：《关于红股征收个人所得税的探析》，载于《税务研究》2002 年第 4 期。

[133] 贺铿：《中国投资、消费比例与经济发展政策》，载于《数量经济技术经济研究》2006 年第 5 期。

[134] 洪艳蓉：《资产证券化法律问题研究》，北京大学出版社 2004 年版。

[135] 黄继宏：《衍生性金融商品——选择权课税之研究》，载于《财税研究》[台] 1999 年第 1 期。

[136] 胡祖光：《基尼系数理论最佳值及其简易计算公式研究》，载于《经济研究》2004 年第 9 期。

[137] 胡浩：《证券投资基金课税分析》，载于《税务与经济》2000 年第 2 期。

[138] 杰弗瑞·A·杰里、菲利普 J. 瑞尼著，王根培译：《高级微观经济理论》，上海财经大学出版社 2002 年版。

[139] 贾俊雪：《中国经济周期波动特征及原因研究》，中国金融出版社 2008 年版。

[140] 贾俊雪、郭庆旺、曹永刚：《中国货币增长的不确定性及其对宏观经济的影响》，载于《中国软科学》2006 年第 11 期。

[141] [美] 凯文·E·墨菲、马克·希金斯著，解学智等译：《美国联邦税制》，东北财经大学出版社 2001 年版 。

[142] 雷根强、沈峰：《证券税制的发展动态与政策调整》，载于《厦门大学学报》（哲学社会科学版）2007 年第 4 期。

[143] 李占风、袁知英：《我国消费、投资、净出口与经济增长》，载于《统计研究》2009 年第 12 期。

[144] 李俊霖：《宏观税负、财政支出与经济增长》，载于《经济科学》2007 年第 4 期。

[145] 黎林：《金融衍生工具税收套利问题研究》，厦门大学，硕士论文，2007 年。

[146] 李永友：《基于政策目标的存款利息所得税的有效性分析》，载于《税务与经济》2006 年第 5 期。

[147] 李绍荣、耿莹：《中国的税收结构、经济增长与收入分配》，载于《经济研究》2005 年第 5 期。

[148] 李斌：《投资、消费与中国经济的内生增长：古典角度的实证分析》，载于《管理世界》2004 年第 9 期。

[149] 李靖野等：《证券交易税的经济效应分析》，载于《财经问题研究》2002 年第 1 期。

[150] 李明志、余佳：《利息税对消费刺激作用的经济学分析》，载于《数量经济技术经济研究》2000 年第 7 期。

[151] 里察德·库利等：《金融交易全球化的税收待遇》，载于《税收译丛》1998 年第 2 期。

［152］李佩锋：《我国期货市场课税制度研究》，西南财经大学，硕士论文，1995 年。

［153］梁朋：《税收流失经济分析》，中国人民大学出版社 2000 年版。

［154］刘穷志：《经济增长与社会公平：财政激励的数理模型与实证研究》，武汉大学出版社 2009 年版。

［155］刘怡、聂海峰：《增值税和营业税对收入分配的不同影响研究》，载于《财贸经济》2009 年第 6 期。

［156］刘红忠、郁阳秋：《印花税对证券市场波动性影响的不对称性研究》，载于《税务研究》2007 年第 11 期。

［157］刘金全：《宏观经济政策作用机制的理论基础与计量研究》，经济科学出版社 2007 年版。

［158］刘燕：《我国资产证券化中 SPV 税收政策评析》，载于《税务研究》2007 年第 4 期。

［159］刘乐山：《财政调节收入分配差距的现状分析》，经济科学出版社 2006 年版。

［160］刘燕：《我国资产证券化交易中发起人转让资产的所得税问题初探》，载于《涉外税务》2006 年第 6 期。

［161］刘玉红、高铁梅：《中国动态货币政策乘数和总需求曲线分析》，载于《金融研究》2006 年第 12 期。

［162］刘志强：《财政政策作用机制和政策风险的动态计量研究》，上海社会科学院出版社 2006 年版。

［163］刘建红：《资产证券化中的税收问题》，载于《证券信息导报》2005 年第 1 期。

［164］刘勇：《中国股价行为金融计量研究》，上海财经大学出版社 2005 年版。

［165］刘建红：《对金融衍生工具的课税：原则、冲突与实践》，载于《涉外税务》2004 年第 6 期。

［166］刘金全、张鹤：《我国经济中"托宾效应"和"反托宾效应"的实证检验》，载于《管理世界》2004 年第 5 期。

［167］刘怡、聂海峰：《间接税负担对收入分配的影响分析》，载于《经济研究》2004 年第 5 期。

［168］刘勇：《股票交易印花税对股票价格影响研究》，载于《上海管理科学》2004 年第 3 期。

［169］刘广洋：《论金融工具创新对税收的冲击》，载于《财经研究》2003 年第 3 期。

［170］刘金全、邵欣炜、崔畅：《"预防性储蓄"动机的实证检验》，载于《数量经济技术经济研究》2003 年第 1 期。

［171］刘金全：《时变参数选择模型与货币政策的时变反应分析》，载于《中国社会科学》2002 年第 4 期。

［172］刘召：《关于期货交易市场增值税管理情况的调查与思考》，载于《税务研究》2002 年第 6 期。

［173］刘佐：《中国现行金融税制的问题及改革对策》，载于《财政研究》2002 年第 10 期。

［174］刘宇飞：《当代西方财政学》，北京大学出版社 2000 年版。

［175］刘宁：《投资基金的课税研究》，载于《涉外税务》1998 年第 1 期。

［176］刘飞鹏：《税收负担理论与政策》，中国财政经济出版社 1995 年版。

［177］卢嘉瑞、朱亚杰：《股市财富效应及其传导机制》，载于《经济评论》2006 年第 6 期。

［178］罗伯特·J·巴罗、哈维尔·萨拉伊马丁著，何晖、刘明兴译：《经济增长》，中国社会科学出版社 2000 年版。

［179］马栓友：《财政政策与经济增长》，经济科学出版社 2003 年版。

［180］马栓友、于红霞：《地方税与区域经济增长的实证分析——论西部大开发的税收政策取向》，载于《管理世界》2003 年第 5 期。

［181］迈伦斯科尔斯等：《税收与企业战略》，中国财政经济出版社 2004 年版。

［182］迈克尔·G·哈吉米可拉齐斯、卡马·G·哈吉米可拉齐斯：《现代货币、银行与金融市场理论与实践》，上海人民出版社 2003 年版。

［183］曼昆·N·格里高利著，张帆等译：《宏观经济学》，中国人民大学出版社 2009 年版。

［184］聂海峰、刘怡：《增值税转型对收入分配的影响》，载于《税务研究》2009 年第 8 期。

［185］潘雷驰：《我国个人所得税调节收入差距效用的实证分析》，载于《税务研究》2009 年第 3 期。

［186］彭雪梅：《企业年金税收政策的研究》，西南财经大学出版社 2005 年版。

［187］平新乔、梁爽等：《增值税与营业税的福利效应研究》，载于《经济研究》2009 年第 9 期。

［188］钱小安等：《金融期货期权大全》，中国金融出版社 1994 年版。

［189］上海财政大学投资研究所：《2003 中国投资发展报告——转轨经济中的政府投资研究》，上海财经大学出版社 2003 年版。

［190］沈彤：《进一步完善资产证券化税收政策》，载于《中国发展观察》2007 年第 1 期。

［191］沈沛等：《资产证券化的国际运作》，中国金融出版社 2000 年版。

［192］孙国锋、王家新：《消费、投资、净出口与经济增长——基于江苏省

数据的实证分析》，载于《财贸经济》2008 年第 12 期。

　　[193] 孙玉栋：《收入分配差距与税收政策研究》，经济科学出版社 2008 年版。

　　[194] 史晨昱、范幸丽：《证券交易税理论与实践发展》，载于《财贸经济》2004 年第 5 期。

　　[195] 唐绍祥、蔡玉程、解梁秋：《我国股市财富效应——基于动态分布滞后模型和状态空间模型的实证检验》，载于《数量经济技术经济研究》2008 年第 6 期。

　　[196] 唐莉、姚树洁、王建军：《基尼系数分解分析　中国城市居民收入不平等》，载于《数量经济技术经济研究》2006 年第 11 期。

　　[197] 田成诗：《政策事件对中国证券市场波动的影响研究》，东北财经大学出版社 2008 年版。

　　[198] 万慧勇等：《我国现行基金税收政策几大疑问探析》，载于《税务研究》2004 年第 7 期。

　　[199] 王雍君：《税制优化原理》，中国财政经济出版社 1995 年版。

　　[200] 王建华：《证券交易印花税税率调整效应分析及改革设想》，载于《涉外税务》1997 年第 8 期。

　　[201] 汪孝感等：《关于现行证券印花税的制度创新》，载于《税务研究》1999 年第 7 期。

　　[202] 王志强：《公司财务政策的税收效应》，厦门大学，博士论文，2002 年。

　　[203] 王军：《资本市场作用于经济增长的消费需求机制研究》，载于《财经理论与实践》2002 年第 11 期。

　　[204] 王志强：《银行资产证券化选择问题》，载于《世界经济文汇》2004 年第 3 期。

　　[205] 王煜：《中国产出缺口与通货膨胀》，载于《数量经济技术经济研究》2005 年第 1 期。

　　[206] 王祖祥：《中部六省基尼系数的估算研究》，载于《中国社会科学》2006 年第 4 期。

　　[207] 王琦：《流转税与经济增长长期关系的协整检验》，载于《税务研究》2006 年第 8 期。

　　[208] 王亚芬、肖晓飞、高铁梅：《我国收入分配差距及个人所得税调节作用的实证分析》，载于《财贸经济》2007 年第 4 期。

　　[209] 汪伟：《储蓄、投资与经济增长之间的动态相关性研究——基于中国 1952～2006 年的数据分析》，载于《南开经济研究》2008 年第 2 期。

　　[210] 闻媛：《我国现行证券税制及其功能完善》，载于《财经科学》2007 年第 7 期。

［211］［美］威廉·F·夏普、戈登·J·亚历山大、杰弗里·V·贝利：《投资学》（第五版），中国人民大学出版社 1997 年版。

［212］吴云飞：《我国个人收入分配税收调控研究》，复旦大学出版社 2001年版。

［213］吴晓求：《市场一体化和资本证券化的互动》，载于《科学时报》2001 年第 4 期。

［214］吴显亭、马贱阳：《资产证券化的国际实践和中国的发展选择》，载于《中国金融》2006 年第 2 期。

［215］伍治良：《我国信托型资产证券化理论和实践之两大误区——兼评我国信贷资产证券化试点》，载于《现代法学》2007 年第 3 期。

［216］夏德仁、张少春、张奇：《谨慎预期下扩张性财政与货币政策的配合——利息税与存款准备金政策有效性分析》，载于《中国社会科学》2001 年第 5 期。

［217］肖鹏：《论我国金融资产税收体系——美国的经验与启示》，载于《财政研究》2001 年第 11 期。

［218］小艾尔文 C. 瓦尔伦：《美国个人所得税对新金融产品的处理方法》，载于《税收译丛》2003 年第 4 期。

［219］谢子远：《我国国债宏观经济效应实证研究》，浙江大学出版社 2008年版。

［220］徐璋勇：《虚拟资本积累与经济增长——理论分析及中国的实证研究》，中国经济出版社 2006 年版。

［221］许雄奇、谢非：《中国财政赤字的宏观经济效应研究》，中国人民大学出版社 2008 年版。

［222］许为人：《证券交易印花税的理论分歧与国际经验启示》，载于《税务研究》2008 年第 5 期。

［223］许荣：《资产定价与宏观经济波动》，中国经济出版社 2007 年版。

［224］严武、李汉国、吴冬梅等：《证券市场管理国际比较研究》，中国财政经济出版社 1998 年版。

［225］颜鹏飞、王兵：《技术效率、技术进步与生产率增长：基于 DEA 的实证分析》，载于《经济研究》2004 年第 12 期。

［226］杨天宇：《中国的收入分配与总消费理论和实证研究》，中国经济出版社 2009 年版。

［227］姚长辉：《固定收益证券定价与利率风险管理》，北京大学出版社 2006 年版。

［228］姚涛、杨欣彦：《证券交易印花税调整对股价波动性的效应评估》，载于《财经科学》2008 年第 11 期。

［229］姚涛：《证券交易税调整效应的实证分析》，载于《特区经济》2007

年第 6 期。

[230] 姚涛：《证券交易税对股票市场发展的影响——基于中国股票市场的实证研究》，载于《税务与经济》2010 年第 5 期。

[231] 姚涛、杨欣彦：《中国股市超额税收漏损效应评估》，载于《云南财经大学学报》2011 年第 5 期。

[232] 尹音频：《期货课税的国际比较与探索》，载于《税务研究》1995 年第 12 期。

[233] 尹音频：《构造中国证券税制：原则·思路》，载于《四川财政》1998 年第 5 期。

[234] 尹音频：《证券课税的经济效应探析》，载于《财经论丛》1999 年第 1 期。

[235] 尹音频：《对金融税收的效应分析》，载于《四川财政》，2000 年第 1 期。

[236] 尹音频：《税收机制与金融风险相关性的理论分析》，载于《涉外税务》2000 年第 4 期。

[237] 尹音频：《财政运行机制与金融风险探析》，载于《财经论丛》2001 年第 2 期。

[238] 尹音频：《加入 WTO 与中国金融税制改革取向》，载于《财经科学》2001 年第 2 期。

[239] 尹音频等：《反金融风险的财政与财务政策研究》，西南财经大学出版社 2001 年版。

[240] 尹音频：《金融业流转税负的影响因素分析》，载于《财经科学》2003 年第 1 期。

[241] 尹音频：《国际间接投资课税的挑战与国际协调研究》，载于《国际商务》2003 年第 1 期。

[242] 尹音频：《公平与效率：优化金融业税收政策的取向》，载于《涉外税务》2003 年第 11 期。

[243] 尹音频：《资本市场税收机制的理论分析》，载于《财经科学》2005 年第 2 期。

[244] 尹音频、张昆明：《资本市场适度税负的研究与思考》，载于《税务研究》2005 年第 10 期。

[245] 尹音频等：《资本市场税制优化研究》，中国财政经济出版社 2006 年版。

[246] 尹音频：《对资本市场税收管理机理的认识》，载于《涉外税务》2006 年第 10 期。

[247] 尹音频、张昆明：《资本市场环境对税制优化的约束分析》，载于《广东商学院学报》2007 年第 2 期。

［248］尹音频：《我国金融权证工具市场税制构想》，载于《税务研究》2007 年第 4 期。

［249］尹音频、阮兵：《公平与效率：资产证券化的税收政策取向》，载于《财经科学》2007 年第 6 期。

［250］尹音频：《"中性税收"范畴集的再造与理论推想》，载于《涉外税务》2007 年第 12 期。

［251］尹音频、杨欣彦：《中国证券市场超额税负或早已进入"拉弗禁区"》，载于《涉外税务》2008 年第 6 期。

［252］尹音频、何辉：《我国金融衍生工具市场税制构造探析》，载于《税务研究》2009 年第 1 期。

［253］尹音频、何辉：《调整个人储蓄利息所得税率对我国稳态人均消费的影响——基于拉姆齐模型的实证研究》，载于《财经论丛》2009 年第 3 期。

［254］尹音频、辜红帆：《我国资产证券化税制评析与重构》，载于《税务研究》2010 年第 6 期。

［255］尹音频、杨欣彦：《债券定价机制中的税收效应分析》，载于《税务与经济》2011 年第 3 期。

［256］尹音频、杨飞：《上市金融企业税负水平的比较与思考》，载于《上海金融》2011 年第 5 期。

［257］余甫功：《中国资本市场制度分析与机制研究》，中国财政经济出版社 2001 年版。

［258］于凤坤：《资产证券化：理论与实务》，北京大学出版社 2002 年版。

［259］于洪：《中国税负归宿研究》，上海财经大学出版社 2004 年版。

［260］喻强：《资产证券化特殊目的载体（SPV）税负问题国际经验与我国选择》，载于《金融与经济》2004 年第 3 期。

［261］于元全：《资产价格对我国宏观经济的影响研究——基于股价和房价的实证分析》，西南财经大学出版社 2008 年版。

［262］曾康霖：《虚拟经济：经济活动新领域》，中国金融出版社 2003 年版。

［263］张凤娜：《股票交易印花税税率调整对我国股市影响的实证分析》，载于《税务研究》2009 年第 7 期。

［264］张俊生：《权益资产定价中的股利所得税效应》，中国财政经济出版社 2007 年版。

［265］张伦俊、王梅英：《宏观税负与经济增长关系的影响分析》，载于《数理统计与管理》2005 年第 6 期。

［266］章雁：《住房抵押贷款证券化发起人的税收政策浅析》，载于《财会月刊》2005 年第 5 期。

［267］张军、吴桂英、张吉鹏：《中国省际物质资本存量估算：1952 ～

2000》，载于《经济研究》2004 年第 7 期。

[268] 张军、章元：《对中国资本存量 K 的再估计》，载于《经济研究》2003 年第 7 期。

[269] 张馨、杨志勇、郝联峰、袁东：《当代财政与财政学主流》，东北财经大学出版社 2000 年版。

[270] 张鸿羽：《限制国际资本流动的"新"思路》，载于《云南财贸学院学报》1999 年第 3 期。

[271] 赵昕东：《基于菲利普斯曲线的中国产出缺口估计》，载于《世界经济》2008 年第 1 期。

[272] 赵娜、张少辉：《中国资本形成与经济增长的动态相关性——基于协变模型的实证分析》，载于《财经研究》2007 年第 8 期。

[273] 郑挺国、刘金全：《我国货币——产出非对称影响关系的实证研究》，载于《经济研究》2008 年第 1 期。

[274] 家路美：《资产证券化助推银行发展》，载于《证券日报》2007 年 9 月 25 日。

[275] 郑振儒：《宏观税负与经济增长》，载于《财经问题研究》2006 年第 4 期。

[276] 中国金融税制改革研究小组：《中国金融税制改革研究》，中国税务出版社 2004 年版。

[277] 周建、汪伟：《资本形成、投资效率与经济增长之间的动态相关性——来自中国 1978～2004 年数据的实证研究》，载于《财经研究》2006 年第 2 期。

[278] 周战强：《行为金融理论与应用》，清华大学出版社 2004 年版。

[279] 周俊等：《资本市场与实体经济》，中国金融出版社 2003 年版。

[280] 祝树金、赖明勇、张新：《开放经济中财政政策和内生增长的不确定性》，载于《世界经济》2005 年第 6 期。

[281] 邹恒甫：《宏观经济研究》，北京大学出版社 2006 年版。

后　记

在当代世界经济运行中，金融经济正成为一个新的经济领域，并起着越来越重要的作用。为此，与之相关的金融税收问题也成为了税收领域研究的前沿。项目负责人于20世纪90年代中期开始关注这一命题，较早地提出了"金融税收是指政府对金融活动所课征的一切税收，是由金融业税收、金融资产税收、金融市场税收所构成的税收体系"的观点，并且对期货税收问题（1995）、证券市场税收问题（1998、1999）、金融业税收问题（2001、2003），反金融风险的财政与财务政策问题（2001）、资本市场税制优化问题（2006、2007、2008、2009、2010、2011）进行了探索。

2007年下半年我们获得国家社会科学基金项目"金融市场税收政策效应评估与税制优化研究"（项目批准号：07XJY033）。在此后的几年里，我们查阅了大量的文献资料，进行调查研究，反复开展讨论，写作修改，终于完成了课题，本著作就是这一项目研究的最终成果。

本书由西南财经大学博士生导师尹音频教授主持，负责研究框架与总纂修改工作。项目组成员何辉、姚涛、杨欣彦、辜红帆承担了相关章节的撰写工作。具体的分工是：尹音频撰写导论、第一章、第二章、第十一章、第十三章、第十五章；杨欣彦撰写第三章、第十二章；姚涛撰写第四章；何辉撰写第五章、第六章、第七章、第八章、第九章、第十章；辜红帆撰写第十四章。项目组成员史代敏教授、毛洪涛教授、张友树研究员、陈勇明教授参加项目讨论。

在本书申报、立项、研究、撰写的过程中，得到我国著名金融专家曾康霖教授与著名财务专家郭复初教授的帮助，并且得到国家社会科学基金、西南财经大学学术专著出版基金、西南财经大学财税学院的有力支持。在撰写过程中，还吸收了国内外的相关研究成果。在出版过程中，肖勇、朱明静编辑精益求精的工作为本书增色添彩。在此，我们一并表示诚挚的谢意。

我们深深感到金融市场税收（尤其是金融衍生工具税收）问题异常复杂与艰深，我们期望本著作能抛砖引玉，为推进这一领域的研究尽一份力。恳请专家和读者批评指正。

尹音频
2016年春于成都光华园